2014년 상법(보험편) 개정에 따른

보험계약법 해설서

이 천 성 저

대구대학교출판부

이천성

영남대학교 무역학과 졸업

대구대학교 대학원 보험학박사

현) 대구대학교 금융보험학과 겸임교수

현) 천마손해사정사무소 대표 손해사정사

<주요 저서 및 논문>

한 · 일 자동차손해배상 비교(공저, 한국손해사정사회, 2007)

자동차보험 손해사정이론 및 실무(공저, 대구대학교 출판부, 2009)

일실이익 산정에 있어서 합리적인 중간이자공제율(공저, 손해사정연구, 2009)

휴양지 안전사고 손해배상책임의 위험관리방안에 관한 연구(공저, 한국산림휴양학회지, 2010)

자동차사고로 인한 일실이익 산정방법에 관한 비교연구(손해사정연구, 2010)

인적재난사고의 손해배상금 사정에 관한 연구 : 인명피해를 중심으로(대구대학교, 2012)

대형 인명사고의 특별 위로금 지급에 관한 연구(손해사정연구, 2012)

단체보험계약에 관한 연구(업무상 재해이외의 사고를 중심으로)(공저, 보험학회지, 2014)

1판1쇄 | 2014년 10월 30일

1판2쇄 | 2018년 1월 30일

지은이 | 이천성

펴낸이 | 홍덕률

펴낸곳 | 대구대학교출판부

경북 경산시 진량읍 대구대로 201

전화 053) 850-5661~2 | 팩스 053) 850-5669

http://press.daegu.ac.kr/

찍은곳 | 동아문화사

ISBN 978-89-7794-631-6-93320

정가 | 18,000원

머 리 말

보험계약법(상법 '보험편')은 1991년 개정 이후 실로 23년만인 2014년 3월 11일에 개정 · 공포되어 2015년 3월 12일부터 시행된다. 개정 이유는 선량한 보험계약자를 두텁게 보호하기 위하여 보험자의 보험계약자에 대한 보험약관 설명의무를 명시하고 보험계약자의 취소권 행사기간과 보험금 청구권 소멸시효를 연장하며, 보험대리상 등의 권한에 관한 규정 등을 신설하고, 보증보험 · 질병보험 등 신종 보험계약에 관한 규정을 신설하여 보험산업의 성장과 변화를 법령에 반영하는 한편, 일부 정신장애인에 대한 생명보험 가입 허용, 보험사고에 책임이 있는 보험계약자나 피보험자의 가족에 대한 보험대위 금지규정 등을 신설함으로써 장애인과 유족의 보호를 도모하는 등 현행 제도의 운영상 나타난 일부 미비점을 개선 · 보완하려는 것으로 하고 있다.

이번 상법 개정이 23년 만의 것으로 그동안 보험산업의 발전과 보험거래의 현실을 충분히 반영하리란 기대에 미치지는 못하였지만 이 또한 사회적 합의의 결과로 보아야 할 것이다. 즉 보험계약의 양당사자인 보험자와 보험계약자의 각각의 논리인 리스크 단체의 건전성과 보험소비자보호의 충돌에 따른 합의 사항인 것이다. 개정은 중폭 수준으로 총 14개 조문이 개정되었고, 6개 조문이 신설되었으며, 2개 조문이 삭제되었다. 2008년 개정시안 나온 이후 그동안 검토과정에서 논란이 되었던 많은 개정안들은 이번 법 개정에 반영되지 못하였다. 본 교재에서는 법 개정과정에서 논란이 되었던 조항들과 논의과정에서 법 개정에 반영되지 못한 이유에 대해서도 미흡하지만 지면을 할애하려고 노력하였다.

본서는 보험전공자들이 보험계약법을 보다 쉽게 이해하기 위한 교재로서의 역할을 다하기 위한 목적으로 집필하였으나 법학전공자가 아닌 보험학전공자로서의 한계를 인정하며, 앞으로 지속적인 보완을 통해 보다 완성도 있는 교재가 될 수 있도록 하겠다. 학계와 업계 선후배님들의 지도편달도 부탁드리며, 본 교재의 출판에 애써 주신 대구대학교 출판부 여러분에게 깊은 감사를 드린다.

2014년 10월 20일

이천성 씀

차 례

제1장 통칙규정

제1장

통칙규정

상법 제638조 [보험계약의 의의]

보험계약은 당사자 일방이 약정한 보험료를 지급하고 재산 또는 생명이나 신체에 불확정한 사고가 발생할 경우에 상대방이 일정한 보험금이나 그 밖의 급여를 지급할 것을 약정함으로써 효력이 생긴다.
[전문개정 2014.3.11.] [시행일 2015.3.12.]

2014.3.11. 개정 전 상법 규정

제638조 [의의]
보험계약은 당사자 일방이 약정한 보험료를 지급하고 상대방이 재산 또는 신체에 관하여 불확정한 사고가 생길 경우에 일정한 보험금액 기타의 급여를 지급할 것을 약정함으로써 효력이 생긴다.

Ⅰ. 총설

1. 보험법의 의의

넓은 의미의 보험법이란 보험에 관한 모든 법규를 말한다. 따라서 사보험(私保險)에 관한 법규뿐만 아니라 공보험(公保險)에 관한 법규도 포함되며 아울러 보험 사업에 관한 일반적 법률규정인 보험업법도 포함하는 개념이다. 하지만 일반적으로 좁은 의미의 보험법은 보험계약법을 말하며, 그 실질적인 의의(意義)에 있어서는 사보험 특히 영리보험(營利保險)에서의 보험관계 즉, 보험자와 보험계약자 또는 피보험자, 보험수익자 등의 법률관계를 규율하는 법규를 말한다. 우리나라의 보험계약법은 일제 강점기 시대의 의용상법(依用商法)에 규정되어 있다가 1962년 제정된 상법의 제4편에서 규정되어 시행되어 왔다. 이후 1991년 상법 제4편이 대폭 개정되어 현재에 이르고 있다. 한편, 2008년에는 그 동안 보험 산업의 성장 및 변화된 현실을 반영하여 보증보험과 질병보험규정을 신설하는 등의 상법 개정안이 국회에 제출되어 학계, 업계, 법조계의 많은 논의를 거쳐 최초 개정안에서 논란이 되었던 보험사기와 관련한 규정과 같은 몇 가지 개정안은 삭제하여 2014.3.11. 상법 개정안이 국회를 통과하였으며, 개정된 법률은 2015.3.12.부터 시행하게 된다.

2. 보험계약법의 구성

상법 제4편(보험편)은 다음과 같은 체계로 구성되어 있다.

제1장 통칙규정 (상법 제638조 - 제664조)

제2장 손해보험
제1절 통칙 (상법 제665조 - 제682조)
제2절 화재보험(상법 제683조 - 제687조)
제3절 운송보험(상법 제688조 - 제692조)
제4절 해상보험(상법 제693조 - 제718조)
제5절 책임보험(상법 제719조 - 제726조)
제6절 자동차보험(상법 제726조의 2 - 상법 제726조의 4)
제7절 보증보험(상법 제726조의 5 - 726조의 7)

제3장 인보험
제1절 통칙(상법 제727조 - 제729조)
제2절 생명보험(상법 제730조 - 제736조)
제3절 상해보험(상법 제737조 - 제739조)
제4절 질병보험(상법 제739조의 2 - 제739조의 3)

3. 보험법의 상법상 지위

현행 상법은 보험계약을 상행위의 일종으로 규정하고 있고, 제4편에서 보험계약에 대하여 규정하고 있으므로 보험계약법은 상법과 불가분의 일체를 이루고 있다고 할 수 있다. 보험계약법의 중심개념은 보험계약에 관한 사법적인 법률관계를 규정하는 계약법의 일종이지만 이러한 보험계약의 대부분은 일반 대중의 이해관계와 연결되어 있고, 그 특수한 성질 때문에 계약자유의 원칙을 중시하는 일반 민법상의 채권계약과 다를 뿐만 아니라 상법의 일반원칙만으로는 처리할 수 없으므로 상법에서 독립된 규정으로 별도 규정하고 있다.

4. 보험법의 특성

보험제도가 위험에 대비하기 위한 과학적이고 기술적인 특수한 제도이므로 일반적 상행위와는 달리 이를 규율하는 보험법 역시 몇 가지 특수한 성질을 가진다.

1) 상대적 강행법규정

보험계약의 주요내용은 당사자 간의 자유로운 의사에 따라 임의(任意)로 정할 수 있으나 보험계약의 부합계약성이라는 특성상 보험계약의 내용은 대부분 보험자가 미리 작성한 보험약관에 의해 이루어지고 있으며, 일반 보험수요자는 보험약관의 그 전문적인 내용을 전부 이해하고 계약을 체결할 것이라고 예상하는 것은 현실적으로 불가능한 일이다. 즉, 보험계약은 보험에 관한 고도의 전문지식을 갖고 있는 보험자와 보험에 관한 전문지식이 희박한 일반 대중사이에 체결되는 부합계약(附合契約)이므로 보험자는 그 계약내용을 부당하게 자기에게 유리하게 할 우려가 있기 때문에 보험에 대한 지식이 부족한 보험수요자를 보호하기 위한 법의 후견적(後見的) 역할이 요구된다. 그리하여 상법 제663조에서는 이른바 보험계약자 등의 불이익변경금지 조항을 두어 당사자 간의 특별한 약정에 의한 경우라 하더라도 상법의 내용보다 보험약관의 내용을 보험계약자 등에게 불이익하게 할 수 없도록 강제하고 있다. 이러한 규정은 전면적 규정이라 아니라 상대적 또는 반면적인 것으로서 보험계약자의 이익보호를 위해 존재하므로 보험약관의 내용이 상법의 규정보다 보험계약자에게 유리한 경우에는 문제가 되지 않음은 당연하다. 아울러 상대적 강행법규성은 보험지식이 없는 일반보험수요자의 이익보호를 위한 것이기 때문에 보험자와 대등한 관계에서 보험계약의 내용을 정할 수 있는 재보험이나 해상보험등과 같은 기업보험의 경우에는 상법 제663조 상대적 강행 법률의 적용대상에서 제외하는 것으로 규정하고 있다.

2) 사회성 · 공공성

보험은 많은 가입자를 상대로 하므로 계약당사자의 이해관계 뿐만 아니라 일반대중의 이해관계와도 밀접한 관계를 가지게 되며, 그 기능적인 측면에서도 공공(公共)의 이익과 관계되어 있기 때문에 보험법은 사회성 · 공공성을 가지게 된다. 따라서 보험 사업을 영위하는 보험자는 비록 사기업(私企業)이라고 할지라도 보험업법에 의해 감독기관의 실질적이고 엄격한 행정감독을 받고 있다.

3) 기술성

보험은 위험단체를 기초로 수리적 통계(대수의 법칙)에 따른 보험료를 갹출함으로써 위험의 분산이 이루어지는 제도이다. 보험계약자가 부담하는 보험료와 보험자가 부담하는 위험부담과는 서로 대가적인 관계에 있는데, 적정 타당한 보험료를 산정하기 위해서는 보험계약자측이 가지고 있는 위험의 측정이 필요하므로 보험법은 이러한 위험의 측정 및 이에 따른 보험료 산출을 위한 기술적 특성을 가진다. 보험법의 기술적 특성이 보험계약의 구체적 내용으로 표현되는 것이 바로 고지의무제도이다.

4) 단체성

보험계약은 보험자와 보험계약자 사이에 이루어지는 개별적인 계약이나 전체적으로는 보험자를 중심으로 동일한 위험에 처해있는 다수인(多數人)이 결합된 위험단체가 존재하게 된다. 보험제도는 바로 이러한 위험단체를 전제로 성립하게 되는데, 보험법의 단체성은 보험제도가 합리성과 안전성을 확보하기 위해서는 이른바 "대수의 법칙" 을 운용할 수 있을 정도로 다수의 위험을 종합하여야 하며, 위험에 처한 단체구성원 개개의 위험을 단체구성원 전체에게 분산하는 보험의 기술적인 요청에 근거한다. 보험이 단체성을 가짐으로 보험자는 각각의 보험계약자를 평등하게 대우하여야 하며, 보험계약법에서 고지의무제도나 특히 신의성실의 원칙이 강조된다.

5) 선의성 · 윤리성

보험계약은 우연한 사고를 전제로 하는 이른바 사행계약성(射倖契約性)의 성질이 있으므로 각종 보험제도의 폐단이 발생할 가능성이 있다. 즉, 보험제도를 도박(賭博) 등으로 악용(惡用)한다든지 또는 보험사기(保險詐欺) 등의 수단으로 이용할 수 있기 때문에 이러한 도덕적 위험을 방지하기 위해서 보험계약법에서는 보험제도가 당사자 쌍방의 선의(善意)를 바탕으로 하도록 여러 가지 제도적 장치를 하고 있으며, 이를 위반할 경우 강력한 응징수단을 동원하도록 하고 있다. 이렇듯 보험제도가 당사자 쌍방뿐만 아니라 이의 이해관계자들의 선의와 윤리를 바탕으로 한다는 측면에서 보험계약법은 선의성과 윤리성의 특성을 갖는다.

Ⅱ. 보험계약에 대한 주요 학설

보험계약은 사회경제제도인 보험을 이용하는 당사자 사이의 관계를 권리, 의무관계로 형성하기 위한 법률적 수단이다. 이러한 보험계약은 보험종류의 다양성과 신종보험의 발달 등으로 인하여 일률적으로 정의를 한다는 것은 실로 어려운 일이나 보험계약법의 적정한 운용과 그 적용의 범위를 설정하기 위해서는 그 전제로서 보험계약의 정의를 내리는 것은 필요한 것이므로 학설을 중심으로 살피고자 한다.

1. 손해보상계약설

이 설은 해상보험제도만이 존재하던 시기에 주장된 견해로서 “보험계약이란 당사자의 일방인 보험자가 보험계약자로 부터 대가인 보험료를 징수하여 우연한 보험사고로 말미암아 상대방 또는 제3자(피보험자)에게 손해를 보상할 것을 약정하는 계약” 이라는 주장이다. 이 설에서 문제가 되는 것은 후에 발전된 생명보험제도를 설명하는 것으로는 적합하지 못하다는 비판을 받는다. 그 이유는 생명보험의 경우에는 구체적인 손해의 유무와 상관없이 약정한 일정금액을 지급받는 정액보험제도로서 손해라는 관념이 없기 때문이다.

2. 금액급부설(재산급여설)

이 견해는 “보험계약은 특정한 우발적인 사고가 발생한 때에 약정한 금액의 지급(재산적 급여)할 것을 약속하는 계약” 이라고 정의하는 주장으로서, 이 견해는 매우 추상적일 뿐만 아니라 보험계약을 다른 계약과 구별할 수 없다는 비판과 현물보상할 경우 설명할 수 없다.

3. 경제수요충족설

"보험계약은 일정한 사고의 발생으로 인한 장래의 경제적 수요를 충족할 것을 목적으로 하는 계약" 으로 보는 견해로서, 이 주장 역시 수요라는 개념이 막연하고 생명보험의 경우 수요가 없더라도 보험금이 지급되므로 타당치 못하다.

4. 기술설

기술설은 보험계약을 "보험계약은 보험자가 우연한 사고의 발생개연율에 따라 산출된 보험료에 대하여 그 사고의 발생시에 일정한 금액을 상대방에게 지급할 것을 약정하는 계약" 이라고 정의하는데, 보험계약을 보험사업과 혼동하고 있다는 비판을 받고 있다.

5. 이원설

보험계약에 대해 손해보험과 인보험의 공통된 정의를 내리기가 매우 곤란하기 때문에 손해보험계약과 생명보험계약을 나누어서 이원론적으로 정의하려는 견해이나 택일적인 내용의 정의가 이론적으로 불완전하다는 것은 당연하다.

6. 위험부담설

이 견해는 "보험계약은 보험자가 보험보호의 의무를 부담하고(위험부담) 보험계약자가 보험료의 지급의무를 지는 채권법적 쌍무계약" 이라는 주장인데, 보험계약의 성질로서 쌍무계약성을 인정하고 있고 현행 우리 상법이 손해보험계약과 인보험계약에 관하여 본 조항에서 통일적으로 규정하고 있는 이상, 이 견해가 타당하다고 생각되나 보험계약을 완전한 개념으로 정의한다는 것은 불가능한 일임을 시인할 수 밖에 없다.

Ⅲ. 보험계약의 요소

1. 보험계약 관계자

보험계약의 관계자는 보험계약의 직접 당사자와 보험계약에서 이해관계(利害關係)를 가지는 제3자를 말하는데, 전자(前者)는 보험자와 보험계약자이고 후자는 바로 피보험자 및 보험수익자와 기타 보험자의 보조자 등이다.[1)]

1) 보험자

보험자(保險者, insurer)라 함은 보험계약자와 함께 보험계약 체결의 당사자로서 보험사고가 발생한 경우 손해보상을 하여야 할 의무를 부담하는 자이다. 달리 보험업법에서는 보험사업자로 표현되고 있으며, 보험계약법에서는 보험자로 규정된다. 영업자유의 원칙에 따라 누구나 보험자가 될 수 있으나 보험제도가 사회성·공공성의 특성을 갖기 때문에 보험 사업에 대해 실질적인 감독을 목적으로(실질적 감독주의)하는 보험업법에서는 그 자격에 제한을 하고 있다. 따라서 보험 사업을 하고자 하는 자는 관련규정에 따라 일정금액 이상의 자본금 또는 기금을 가진 주식회사나

---

1) 보험자의 보조자로는

① 보험설계사(보험업법 제2조 제9호 및 제84조 이하)

보험설계사는 보험회사·보험대리점 또는 보험중개사에 소속되어 보험계약의 체결을 중개하는 자로서 일정한 자격을 갖추어야 하며, 보험업법에서 정한 소정의 절차에 따라 금융위원회에 등록을 하여야 한다.

② 보험대리점(보험업법 제2조 제10호 제87조 이하)

보험회사를 위하여 보험계약의 체결을 대리하는 자로서 독립된 상인으로서 보험대리점을 경영하고자 하는 자는 보험업법에서 정한 소정의 절차에 따라 금융위원회에 등록을 한 자를 말한다.

③ 보험중개사(보험업법 제2조 제11호 및 제89조 이하)

보험중개사는 독립적으로 보험회사와 보험계약자 사이의 보험계약의 성립을 위하여 보험계약 체결을 중개하는 자를 말하며, 우리나라의 경우 보험업법에서 보험중개사제도를 기존에도 규정하여 두고 있었지만 시행을 유보하여 오다가 1998년부터 시행하고 있다. 보험중개사는 보험대리점 중 중개대리점과 유사하지만 보험중개사는 보험자의 위탁을 받아 보험계약을 중개하는 것이 아니라 불특정다수의 보험회사를 상대로 영업활동을 한다는 점에서 구별된다. 또한 보험중개사는 보험계약 체결권이 없으며, 보험중개사가 되고자 하는 자는 금융위원회에 등록하여야 한다.

상호회사 또는 외국보험사업자로서 금융위원회의 허가를 받아야 보험 사업을 할 수 있다.(보험업법 제4조)

2) 보험계약자

보험계약자(保險契約者, policyholder)는 보험자의 상대방으로서 자기의 명의(名義)로 보험자와 보험계약을 체결하고, 보험료를 지급할 의무를 부담하는 자이다. 보험계약자에 대한 자격에는 제한이 없으며, 자연인이 아닌 법인의 인격을 갖더라도 보험계약자가 될 수 있다. 또한 대리인에 의해 보험계약을 체결할 수도 있다. 보험계약자는 타인을 후술하는 피보험자로 하여 손해보험계약을 체결하는 경우에는 보험계약자와 피보험자가 동일인이 아니나 자기를 위한 손해보험계약인 경우에는 보험계약자의 지위와 피보험자의 지위가 중복된다.

3) 피보험자

피보험자(피보험자, insured)는 보험계약체결 당사자는 아니지만 손해보험계약상 상당히 중요한 지위를 갖는 자이다. 특히 피보험자에 대한 개념은 손해보험계약과 인보험계약에서 각각 그 의미가 다르다.

인보험계약에서는 보험에 붙여지는 자(보험사고의 대상인 보험의 목적)에 불과하지만 손해보험계약에서는 손해보험계약의 절대적 존재 요소인 피보험이익(被保險利益, insurable interest)을 갖는 자로서(피보험이익의 주체) 보험사고가 발생한 경우, 보험자에 대해 손해의 보상(補償)을 청구할 수 있는 권리 즉, 보험금청구권을 갖는 자이다. 물론 손해보험계약에서 이러한 피보험자의 자격에는 특별한 제한이 없지만 보험사고 발생여부와 관련하여 보험의 목적에 대해 이해관계(피보험이익)를 갖고 있어야 하며, 특히 인보험계약 중 생명보험계약에서는 도덕적 위험 등의 방지를 위하여 보험에 붙여지는 자인 피보험자의 자격에 일정한 제한을 두고 있다.(상법 제732조)

4) 보험수익자

보험수익자(保險受益者, beneficiary)는 인보험계약에서만 존재하는 자로서 인보험계약에서 보험사고가 발생한 경우 보험자에 대하여 보험금청구권을 갖는 자이다. 이러한 보험수익자는 보험계약자에 의해 그 지위가 지정(指定) 또는 변경(變更)될 수 있다.(상법 제733조) 보험계약자와 보험수익자가 동일인인지의 여부에 따라 자기를 위한 계약과 타인을 위한 계약으로 나누어진다.

2. 보험의 목적

손해보험계약에서 보험의 목적은 보험계약에서 정한 보험사고의 발생 객체가 되는 경제상의 재화나 재산을 말한다. 보험의 목적으로서 경제상의 재화나 재산은 유체물 기타의 물건에 한정되지 아니하고 일반적 채권이나 배상책임 등도 포함한다. 또한 보험의 목적은 반드시 단일물일 필요가 없고, 집합물이거나 교체가 예정되는 경우의 것이라도 보험의 목적으로 할 수 있다. 보험의 목적이 단일물인지 집합물인지에 따라 개별보험(個別保險)과 집합보험(集合保險)으로 분류되며, 목적물을 보험계약 체결당시에 특정할 것인가의 여부에 따라 특정보험(特定保險)과 총괄보험(總括保險)으로 구분되는데, 이러한 특정보험과 총괄보험은 집합보험의 한 형태인 경우가 대부분이며 특히, 총괄보험은 그 성격상 예정보험(豫定保險)의 형태를 취한다.[2)]

3. 보험사고

보험계약은 경제생활을 위협하는 우연한 사고를 전제로 하여 성립하는 계약이며, 보험자는 보험계약에 의하여 보험의 목적에 불확정한 우연한 사고가 발생한 경우에 보험금지급채무를 부담하므로 보험자의 위험부담의무가 현실적인 손해보상의무로 구체화되는 그 우연한 사고가 바로 보험사고이다. 보험사고는 다음의 몇 가지 요건을 갖추어야 한다.

1) 보험사고의 불확정성

보험사고는 보험계약 성립 당시에 보험사고 발생의 여부, 방법, 시기, 그 정도를 확정할 수 없는 것이어야 한다. 다만 생명보험계약의 사망보험의 경우에는 보험사고의 발생여부는 이미 확정적이지만, 그 시기(時期) 또는 방법이 불확정적이므로 보험사고의 요건을 충족시킨다. 보험사고가 발생 가능한 우연한 것이어야 하므로, 이

---

2) 상법 제687조 "집합된 물건을 일괄하여 보험의 목적으로 한 때에는 그 목적에 속한 물건이 보험기간 중에 수시로 교체된 경우에도 보험사고의 발생 시에 현존한 물건은 보험의 목적에 포함된 것으로 한다."

미 객관적으로 확정되어 있는 경우에는 우연성을 결(缺)하였으므로 이를 보험사고로 하는 보험계약은 무효이다. 다만 계약당사자 쌍방과 피보험자가 이를 알지 못한 경우 즉, 주관적으로 불확정한 경우에는 보험계약의 효력이 인정된다.

2) 보험사고의 발생가능성

보험사고는 발생 가능한 것이어야 한다. 따라서 객관적으로 발생할 수 없는 것인 내용을 보험사고로 할 수는 없다.

3) 대상의 필요성

보험사고는 그 대상(對象, object)을 필요로 하며, 그 대상은 바로 전술(前述)한 보험의 목적이다.

4) 보험사고의 제한성

보험사고는 보험계약 체결당시에 일정한 기준에 의하여 그 범위가 한정될 수 있어야 한다. 보험사고의 범위를 특정 짓는 것은 보험자의 책임범위를 명확하게 하기 위한 것이기 때문이며, 특정 범위 밖의 사고는 보험보호의 대상이 되지 않는다.

4. 보험기간 · 보험계약기간 · 보험료기간

1) 보험기간

보험기간이란 보험사고가 발생할 경우 보험자의 보험금지급 책임이 유효하게 존재하는 시기(始期)와 종기(終期)까지의 기간을 말한다. 즉, 보험자가 인수한 위험에 대해 책임을 부담하는 기간으로서 위험기간 또는 담보기간, 책임기간이라고도 한다. 상법에서는 당사자 간의 특별한 약정이 없는 한 최초의 보험료를 받은 때로부터 보험기간이 개시됨을 규정하고 있다. 다만, 보험기간에 대해서는 사고발생 이후 보험에 가입하는 보험사기의 전형적 내용인 "사고 후 보험가입" 이라는 도덕적인 위험 발생 가능성이 존재할 수 있으며, 보험사고가 보험기간의 종료시점에 걸쳐 발생하는 경우에는 이를 둘러싼 분쟁이 야기(惹起)될 수 있다.[3)]

---

3) 이러한 경우 보험사고의 원인이 보험기간 내에 발생한 이상, 그 원인의 당연한 결과로 손실이 보험기간 이후에 확정되어도 보험기간 내의 보험사고로 인정하여 보험자의 책임은

2) 보험계약기간

보험계약기간은 보험계약관계가 유효하게 존속되는 기간으로서 보험계약의 성립시부터 종료할 때까지의 기간을 말한다. 보험자가 인수한 위험에 대해 책임을 부담하는 보험기간과는 상이(相異)한 개념이다. 보험실무상 대개 보험계약을 체결하면서 보험료의 전부 또는 일부(분할납입시)를 지급하는 것이 통례이므로 이 경우에는 보험계약기간과 보험기간이 대개 일치하지만, 그 이외의 경우에는 반드시 일치하지 아니하고 보험계약기간이 보험기간보다는 대개 장기(長期)인 것이 일반적이다. 하지만 특수한 경우 즉, 해상적하보험에서 많이 이용되는 소급보험(遡及保險)의 경우에는 보험기간이 보험계약체결일 이전부터 개시(開始)하므로 보험기간이 보험계약기간보다 길어진다.

3) 보험료기간

보험료기간은 보험자가 위험을 측정하여 보험료를 산출하기 위해 표준이 되는 최소의 단위기간을 말한다. 보험자가 위험담보의 대가로 지급받는 보험료는 일정기간을 단위로 하여 그 기간 내의 사고발생 개연율과 손해율 등을 기초로 하여 기술적으로 산출되는데, 이 단위기간은 더 이상 최소화할 수 없는 단위기간으로 이 기간에 대한 보험료는 일체적인 것이기 때문에 보험자는 이 기간 중의 일부분이라도 위험을 담보한 경우에는 해당 보험료기간의 보험료 전부에 대한 권리를 갖게 됨은 당연한 것이다. 이를 보험료불가분(保險料不可分)의 원칙이라고 한다. 실제 보험료불가분의 원칙은 보험료 기간 내의 보험료를 불가분의 일체로 보고 그 단위기간 중의 보험사고의 위험도(危險度)를 기준으로 보험료를 산출하는 기술적인 견지에서 인정되는 원칙이나 현실적으로는 보험실무에서 변형되어 운용되기도 한다.[4]

5. 보험료와 보험금액

보험료란 보험자가 위험을 부담하는 대가로 보험계약자가 지급하는 보수로서 통계적인 기초 하에 기술적으로 산출된다.(보험의 기술성) 이러한 보험료는 보험료 지급방식 따라 일시보험료와 분할보험료로 구분되며, 보험료구성 인자(因子)에 따라

인정된다.(손해실)

4) 자동차보험 표준약관(2014.6) 제54조 보험료의 환급 등

순 보험료와 부가보험 등으로 나누어진다.[5]

보험금액이라 함은 보험사고가 발생한 경우에 보험자가 피보험자에게 보상하기로 약정한 계약상 최고한도액이다. 특히, 손해보험계약에서 보험금액은 보험자 보상책임은 법률상 최고한도액인 보험가액(保險價額, insurance value ; 피보험이익의 금전적 평가액)에 의해 제한된다. 인보험계약에서는 피보험이익의 관념이 없으므로 보험가액에 대한 개념 역시 존재하지 않는다.

Ⅳ. 보험계약의 성질(특성)

1. 유상 · 쌍무계약성

보험계약은 당사자 일방이 일정한 사고가 발생한 때에 손해의 보상 또는 일정한 금액의 지급을 하고, 상대방이 이에 대하여 보수를 지급할 것을 약정하는 것이며 이는 서로 대가관계에 있으므로 유상, 쌍무계약(有償, 雙務契約)이라고 한다. 즉, 보험계약은 계약당사자간에 서로 대가(보험자는 보험금지급, 보험계약자는 보험료지급)로서의 뜻을 가진 계약이라는 뜻이며, 이의 반대로는 무상계약이다.(증여계약, 민법 제554조) 한편, 보험계약은 보험계약자의 보험료지급채무는 무조건적인데 반하여 보험자의 보험금지급채무는 보험사고발생이라는 조건을 전제하므로(저축성 보험제외) 보험사고의 발생이 없이 보험기간이 경과한 때에도 대가관계가 성립하는 쌍무계약인가에 대해서는 이견(異見)이 있을 수 있으나, 보험자의 진정한 채무는 보험금지급이 아니라 보험계약자 등의 위험을 대신 부담한다는 것으로 보아 쌍무계약성을 인정하는 것이 타당하다고 생각된다.(위험부담설)

---

5) 보험료의 종류로서

① 일시보험료란 전 보험기간에 대하여 일시불로 전부 지급하는 보험료를 말한다.

② 계속보험료란 보험료가 분할되어 지급될 경우 1회 이후의 보험료를 지칭하는 개념이다.

③ 순 보험료란 이윤이나 사업비용등을 제외한 오로지 위험을 담보하는데 소요되는 보험료를 말한다.

④ 부가보험료란 총 보험료(순 보험료+부가보험료)중 영업비, 관리비 등 사업비용과 이윤을 지칭하는 보험료를 말한다. 달리 영업보험료라고도 한다.

2. 불요식 · 낙성계약성

보험계약은 당사자 쌍방의 의사표시의 합치만으로 성립하는 낙성계약(諾成契約)이며, 보험계약의 성립요건으로서 어떠한 요식적인 절차를 요구하지 아니하므로 불요식계약(不要式契約)이다. 이와 반대의 개념으로는 요식계약과 요물계약이 있다. 한편, 보험계약실무에서는 보험계약의 청약시 정형화된 청약서를 이용하며, 보험증권의 교부에 의하여 승낙통지를 갈음한다든지 또는 보험계약 체결시 보험료를 받는 경우가 있으나, 이는 실거래상의 편의를 위한 것이며 법률상의 요건은 아니다. 또 상법 제656조에서는 "보험자의 책임은 당사자 간에 다른 약정이 없으면 최초의 보험료의 지급을 받은 때로부터 개시한다." 라고 규정하고 있는데, 이는 보험자의 책임개시 요건을 정한 것이며, 보험계약의 효력발생의 전제로서 보험료의 지급을 요한다는 것은 아니다.

3. 상행위성

영리보험으로서 보험계약의 인수는 영업적 상행위(商行爲)이다.(상법 제46조 제17호) 또한, 상법은 보험계약에 관한 규정을 동법 제4편에 둠으로써 보험계약법과 상법은 불가분의 일체를 이루고 있다. 따라서 보험자는 상인이며 영리로서의 보험계약은 상행위 일반에 관한 특칙과 상인의 상행위에 관한 특칙이 적용된다. 이에 반하여 상호보험(상법 제664조)으로서 보험인수는 상행위가 아니다. 다만 상호보험도 보험계약관계에 있어서는 영리보험의 보험인수와 동일하므로 상법의 규정이 준용되고 있다.

4. 사행계약성

사행계약(射倖契約)이란 계약당사자 일방 또는 쌍방의 실제상 급부의 청구여부와 급부범위가 불확정한 사고(확률)에 의하여 좌우되는 계약을 말한다. 보험계약은 우연한 사고발생(보험사고)으로 인하여 보험자의 보험금액의 지급 또는 그 범위가 정해지므로 이른바 사행계약성이 인정된다. 보험계약이 사행계약이면서 인정되는 것은 그것이 개별적으로는 사행계약이지만 보험전체의 구조에서 통계적인 대량관찰에 의하여 살펴보면 우연한 사고의 발생은 규칙적이기 때문이다. 보험계약이 사행계약이기 때문에 후술하는 선의성은 더욱더 요청되는 것이다.

5. 계속계약성

보험계약에 있어 보험계약당사자의 보험계약관계는 일정기간동안 계속되므로 계속계약성(繼續契約性)이 있다. 이와 같이 보험계약이 계속적 성질을 지니고 있으므로 해제권을 다분히 제한하고 있으며, 장래에 대해서만 효력을 잃는 해지권을 인정하는 것이 원칙으로 되어 있다.

6. 부합계약성

보험의 단체성에 의해 보험계약은 다수의 보험계약자를 상대로 맺어지는 다수계약이므로 그 내용을 정함에 있어 보험에 대한 전문지식이 없는 가입자를 상대로 일일이 조건을 정한다는 것은 불가능한 일이다. 따라서 보험자가 미리 작성한 보험약관에 보험계약자는 따를 수밖에 없으므로 보험계약은 부합계약(符合契約)의 성질을 가진다. 보험계약이 부합계약성을 지니므로 보험계약의 내용을 잘 알지 못하는 보험계약자 또는 피보험자를 위하여 상법에서는 상법 제663조에서 강행규정으로서 보험계약자 등의 불이익변경금지를 규정하고 있으며, 보험업법에서는 보험약관에 대한 감독규정을 두고 있다. 한편, 보험계약자 등을 위하여 보험약관의 해석에 관하여서도 표시수령자의 이익의 원칙(작성자 불이익의 원칙) 등이 적용된다.

7. 독립계약성

보험계약은 로마법에서 유래하는 계약 유형의 어느 것에도 속하지 않는 특수한 계약임은 물론이나, 여기서 말하는 독립계약성(獨立契約性)이란 보험계약은 그 자체가 독립하여 존재함을 말한다. 따라서 건축이나 토목공사 등 도급계약의 부대약관에 의하여 도급과 동시에 일정기간동안의 위험을 인수한다든가, 운송인이 운송상의 위험을 인수하거나 위탁 판매인이 보증을 서는 것은 보험계약이 아니다. 여기서 주의할 것은 법률상 보험계약이 독립성을 가진다는 말이며, 다른 계약과 결합하거나 다른 계약에 부대하여 행할 수 없다는 것은 아니다.

8. 선의계약성

모든 계약에 있어 당사자의 권리행사나 의무이행은 신의성실하게 할 것이 요구되는데, 특히 보험계약은 우연한 사고(보험사고)의 발생을 전제로 하는 사행계약성의 존재로 인하여 도덕적 위험 등의 보험제도의 폐단을 방지하기 위한 수단으로서 보험계약의 선의성은 더욱 강조된다. 이러한 선의성은 보험계약에서 그 특수성에 따라 구체적으로 나타나는데 고지의무, 위험변경증가의 통지의무, 위험유지의무, 손해방지의무, 초과 · 중복 보험계약이 사기로 인하여 체결된 경우 그 계약을 무효로 하는 법률 규정 등은 보험계약의 선의성을 법제화한 것으로 볼 수 있다.[6)]

한편, 2008년 상법 개정시안에서는 보험계약 당사자에 대한 기본적 행위규범으로서 보험의 건전성을 확보하고, 재판의 원용규범으로 기능을 위한다는 취지에서 상법 제638조 제2항을 신설하여 "보험계약의 당사자는 보험계약의 체결, 권리의 행사 및 의무의 이행을 최대선의(最大善意)의 원칙에 따라 하여야 한다." 라고 개정안을 마련하였지만, 논의과정에서 신의성실이라는 원칙이 이미 재판의 원용규범으로서의 기능을 하고 있으며, 최대선의의 개념과 신의성실의 원칙의 개념의 차이가 불확실하여 오히려 혼란이 야기될 수 있다는 반론이 있어 2014.3.11. 상법 개정내용에서는 삭제되었다.

---

6) 영국해상보험법(MIA) 제17조에서는 다음과 같이 규정하고 있다.
17. Insurance is uberrimae fidei(제17조 보험은 최대선의에 의거한다.)
A contract of marine insurance is a contract based upon the utmost good faith, and, if the utmost good faith be not observed by either party, the contract may be avoided by the other party.(해상보험계약은 최대선의를 기초로 한 계약이며, 당사자의 일방이 최대선의를 준수하지 않을 경우에는 타방은 그 계약을 취소할 수 있다.)

상법 제638조의 2 [보험계약의 성립]

① 보험자가 보험계약자로부터 보험계약의 청약과 함께 보험료 상당액의 전부 또는 일부의 지급을 받은 때에는 다른 약정이 없으면 30일 내에 그 상대방에 대하여 낙부(諾否)의 통지를 발송하여야 한다. 그러나 인보험 계약의 피보험자가 신체검사를 받아야 하는 경우에는 그 기간은 신체검사를 받은 날부터 기산한다.
② 보험자가 제1항의 규정에 의한 기간 내에 낙부(諾否)의 통지를 해태(懈怠)한 때에는 승낙한 것으로 본다.
③ 보험자가 보험계약자로부터 보험계약의 청약과 함께 보험료 상당액의 전부 또는 일부를 받은 경우에 그 청약을 승낙하기 전에 보험계약에서 정한 보험사고가 생긴 때에는 그 청약을 거절할 사유가 없는 한 보험자는 보험계약상의 책임을 진다. 그러나 인보험 계약의 피보험자가 신체검사를 받아야 하는 경우에 그 검사를 받지 아니한 때에는 그러하지 아니하다. [본조신설 1991.12.31]

1. 보험계약의 성립

본 규정은 보험계약의 성립에 관한 규정이며, 1991년 상법 개정 당시 신설된 법조문이다. 보험계약은 보험계약자의 청약(請約)에 대한 보험자의 승낙(承諾)이라는 의사의 합치만으로 성립하게 되고, 이러한 보험계약자의 청약과 보험자의 승낙의 방식으로는 어떤 요식적 행위를 요하지 않는다.(불요식계약성) 하지만, 대개 보험청약자는 청약서(請約書)에 일정한 사항을 기재하여 보험자에게 교부하고, 보험자가 청약서의 내용을 검토 후(인보험계약의 경우 피보험자가 신체검사를 받아야 하는 진단계약의 경우에는 진단 후) 그 보험의 인수여부를 결정(underwriting)하여 승낙의 통지를 하거나 보험증권을 교부함으로써 승낙에 갈음하는 것이 일반적이다.[7]

7) 생명보험 표준약관 제16조(보험계약의 성립) ① 계약은 계약자의 청약과 회사의 승낙으로 이루어집니다. ② 회사는 피보험자가 계약에 적합하지 않은 경우에는 승낙을 거절하거나 별도의 조건(보험가입금액 제한, 일부보장 제외, 보험금 삭감, 보험료 할증 등)을 붙여 승낙할 수 있습니다. ③ 회사는 계약의 청약을 받고, 제1회 보험료를 받은 경우에 건강진단을 받지 않는 계약은 청약일, 진단계약은 진단일(재진단의 경우에는 최종 진단일)부터 30일 이내에 승낙 또는 거절하여야 하며, 승낙한 때에는 보험증권을 드립니다. 그러나 30일 이내에 승낙 또는 거절의 통지가 없으면 승낙된 것으로 봅니다.

2. 보험계약의 승낙

보험계약의 청약은 보험청약자가 보험자에 대하여 일정한 보험계약을 맺을 것을 목적으로 하는 보험계약자(청약자)의 일방적·확정적인 의사표시이다. 이러한 청약의 방법으로는 구두에 의하든 서면에 의하든 불문(不問)하며, 청약시에 보험료를 지급하여야 하는 것은 아니다. 다만, 보험계약 실무에서는 보험청약시 보험자는 보험계약자에게 양식화된 보험청약서에 소정의 사항을 기재하도록 하고 있어 보험청약의 방법이 요식화 되어 있다고 볼 수 있다. 아울러 보험청약시 청약서에 첨부된 질문표(보험자가 인수할 위험과 관련되는 여러 가지 사항에 관한 질문사항)를 두어 보험계약자 및 피보험자가 이에 기재하도록 하며, 청약서의 질문사항에 대하여 신의성실에 따라 아는 사실을 그대로 정확히 기재하는 것은 바로 고지의무의 이행이 된다.(상법 제651조의 2 조문해설 참조)

3. 보험계약의 승낙 및 승낙통지

보험자의 승낙은 보험청약자의 보험청약에 대한 보험자가 그 계약의 성립을 목적으로 하는 의사표시이다. 보험계약자의 보험청약에 대하여 보험자가 보험청약서를 검토하여, 이를 인수할 것인지의 여부를 결정하여 승낙통지를 발송하면 보험계약은 성립하게 된다. 보험자의 책임은 상법 제656조 규정에 따라 원칙적으로 최초의 보험료를 받은 때로부터 개시되지만, 이는 보험자 책임개시(責任開始)의 시기(時期)를 정한 것 일 뿐이며, 보험계약 성립요건이 아님은 전술한 바와 같다.

한편, 계약법의 일반원칙에 따르면 승낙자는 반드시 청약에 대한 승낙여부의 의사표시를 명백히 하여야 할 의무를 지는 것은 아니고, 상당한 기간 내에 승낙의 통지가 없으면 청약은 효력을 잃게 되어 계약은 성립하지 아니한다.(민법 제529조, 상법 제51조, 제52조) 하지만, 보험계약실무에서는 보험청약시 대개 보험료 상당액을

자동차보험 표준약관 제38조(보험계약의 성립) ① 이 보험계약은 보험계약자가 청약을 하고 보험회사가 승낙을 하면 성립합니다. ② 보험계약자가 청약을 할 때 '제1회 보험료(보험료를 분납하기로 약정한 경우)' 또는 '보험료 전액(보험료를 일시에 지급하기로 약정한 경우)'(이하 '제1회 보험료 등'이라 함)을 지급하였을 때, 보험회사가 이를 받은 날부터 15일 이내에 승낙 또는 거절의 통지를 발송하지 않으면 승낙한 것으로 봅니다. ③ 보험회사가 청약을 승낙했을 때에는 지체 없이 보험증권을 보험계약자에게 드립니다. 그러나 보험계약자가 제1회 보험료 등을 지급하지 않은 경우에는 그러하지 않습니다.

지급하므로 이때에도 일반원칙에 따라 승낙자가 낙부(諾否)의 통지의무를 부담하지 않는다면 보험료 상당액을 지급하고 보험계약을 청약한 후 보험보호를 받을 수 있다고 기대한 보험계약자에게는 불이익을 주는 것이므로 문제가 제기될 수 있다. 이 부분에 대하여 1991년 개정 이전의 상법이 아무런 규정을 두고 있지 않아 상법 제53조의 "상시 거래관계가 있는 자로부터 청약을 받은 때에는 지체없이 낙부의 통지를 발송하여야 하며 이를 해태히 한 때에는 승낙한 것으로 본다" 는 규정을 참조하여 1991년 상법 개정시 "보험자가 보험계약자로부터 보험계약의 청약과 함께 보험료의 상당액의 전부 또는 일부의 지급을 받은 때에는 다른 약정이 없는 한 30일내(낙부통지기간)에 그 상대방에 대하여 낙부(諾否)의 통지를 발송하여야 하고, 이를 해태히 한 때에는 승낙한 것으로 본다." 라고 본 조문을 신설하여 보험자의 낙부통지의무(諾否通知義務)를 인정하고 이를 게을리 한 때에는 승낙한 것으로 보아 보험계약의 성립을 인정하고 있다.(승낙의제)

물론 보험자의 낙부통지의무는 보험청약시 보험료 상당액을 지급하는 경우에 발생하므로 보험료지급 없는 청약에 대해서는 보험자의 낙부통지의무는 발생되지 않으며 따라서 승낙의제(承諾擬制) 규정도 적용되지 않는다.

4. 승낙 전 사고에 대한 보험 보호

보험자가 낙부통지의무를 부담하는 경우 즉, 보험계약의 청약시 보험료 상당액 또는 일부를 지급하면서 청약하는 경우에 전술한 바와 같이 보험자는 청약일로부터 30일 이내 낙부에 대한 통지의무를 부담하게 되는데, 만약 낙부의 통지를 하지 않은 상태에서 낙부의 통지 기간 내에 보험계약에서 정한 보험사고가 발생한 경우에는 당사자 간에 분쟁이 있을 수 있다. 즉, 원칙적으로는 계약이 성립되기 전의 보험사고이므로 보험자의 보험금지급의무가 없다고 할 것이나 보험료를 내면서까지 보험계약을 청약한 보험계약자를 보호하기 위한 법의 후견적 조치로서 개정상법에서는 이 경우에 보험자는 그 청약된 계약을 거절할 사유가 없는 한 보험계약상의 책임을 부담토록 신설규정하고 있다. 여기서 "청약을 거절할 사유" 에 대해서는 상법에서는 명확하게 규정하고 있지 않다. 일반적으로 "청약을 거절할 사유" 란 보험종류에 따라 다소의 차이는 있겠지만 청약시 보험계약자나 피보험자가 제공하는 정보 즉, 보험인수 여부 및 그 조건을 결정짓는 고지의무위반 등이 이에 해당된다고 할 것이며, 이의 입증책임에 대해서는 승낙 전 보험보호제도가 선의의 보험계약자 측을 보호하려는 규정이므로 보험계약자나 피보험자가 부보 적격이었음을 입증하도록 하여야 한다는 견해[8)]와 거절할 사유를 보험자가 입증하여야 한다는 견해[9)]로 나누어져 있다. 이에 대해 위에서 살펴본 바와 같이 "청약을 거절할 사유" 가 고지의무위반과 같은 사항이므로 입증책임이 보험자에게 있다고 해석함이 보험실무상 옳을 듯하다.[10)] 한편, 인보험 계약의 피보험자가 신체검사를 받아야 하는 경우에 그 검사를 받지 아니한 때에는 신체검사 결과에 따라 보험자의 보험인수 여부가 결정될 수 있기 때문에 상법 제638조의 2의 제3항의 승낙 전 보험보호 규정은 적용되지 않는다. 이러한 승낙 전 보험보호 규정은 실제 보험거래상 보험료를 내면서 보험계약을 청약할 경우에는 그 당시 계약이 체결된 것으로 아는 보험계약자를 보호하고, 무보험 상태를 방지하기 위한 내용으로써 보험 실무적으로 합리적인 조치라 할 수 있다.

독일의 경우 우리나라의 승낙 전 보험보호제도와 유사한 잠정적 보험보호제도가 존재하는데, 잠정적 보험보호제도란 보험자의 책임은 원칙적으로 계약이 성립되고 최초의 보험료를 지급받은 때로부터 개시하지만 보험계약자의 청약에 의한 보험자의 승낙으로 보험계약이 성립하므로, 그 기간(승낙기간)동안 일시적 무보험상태에 놓이게 되므로 보험계약을 청약함에 있어 별도의 계약에 의해 즉각적인 보험보호를 받을 수 있는 제도를 말한다.[11)]

8) 김성태, 보험법강론, 법문사, 184면.

9) 최기원, 보험법 3판, 박영사, 112면.

10) 대법원 1991.11 8. 선고 91다29170 판결에서는 원고가 피보험자를 원고의 아들인 소외인으로 하여 피고 보험회사에 가입 청약한 태양보험은 그 약관에 오토바이 사용자를 위험직종으로 하여 애당초 그 가입이 불가능하도록 규정하고 있는데, 원고는 위 소외인이 샷시 제작업에 종사하면서 업무상 오토바이를 운행하여 왔음에도 불구하고 위 보험청약시 위 소외인이 오토바이를 운전하지 않는다고 고지하였고, 그 후 위 소외인이 오토바이 운전 중의 사고로 사망하여 원고가 피고보험회사에 이 사실을 통보하자 피고는 위 소외인이 오토바이 운전자임을 내세워 원고에게 보험가입승낙거절의 통지를 함과 아울러 이미 납부된 제1회 보험료를 반환한 사안에서, 피고보험회사가 보험모집인을 통하여 생명보험 가입청약을 받고 제1회 보험료를 납부 받은 직후 피보험자가 오토바이운전 중 교통사고로 사망하는 보험사고가 발생하였으나 피보험자가 오토바이 사용자라는 위험직종으로서 그 약관에 정한 적격피보험자가 아님을 사유로 피고 보험회사가 적법하게 그 승낙을 거절함으로써 위 보험계약이 성립하지 않았다고 판단하였다.

11) 최기원, 전게서, 115-117면.

상법 第638조의 3 [보험약관의 교부 · 설명의무]

① 보험자는 보험계약을 체결할 때에 보험계약자에게 보험약관을 교부하고 그 약관의 중요한 내용을 설명하여야 한다.
② 보험자가 제1항의 규정에 위반한 경우 보험계약자는 보험계약이 성립한 날부터 3개월 이내에 그 계약을 취소할 수 있다.
[전문개정 2014.3.11.] [시행일 2015.3.12.]

2014.3.11. 개정 전 상법 규정

제638조의 3 [보험약관의 교부 · 명시의무]
① 보험자는 보험계약을 체결할 때에 보험계약자에게 보험약관을 교부하고 그 약관의 중요한 내용을 알려주어야 한다.
② 보험자가 제1항을 위반한 때에는 보험계약자는 보험계약이 성립한 날부터 1월내에 그 계약을 취소할 수 있다. [본조신설 1991.12.31.]

Ⅰ. 규정 취지

본 규정은 보험계약을 체결함에 있어 보험자가 보험계약자에게 보험약관을 교부하도록 하고, 그 교부한 보험약관의 중요한 사항에 대해 알려주어야 함을 명시하고 있다. 상법에서 본 조문과 같은 규정을 두고 있는 이유는 보험계약에 관한 전문적 지식이 없는 보험계약자가 보험계약상 자기의 권리와 의무가 규정된 보험약관의 내용을 제대로 이해하지 못한 상태에서 보험계약을 체결함으로써 예상하지 못했던 보험계약상의 불이익을 받는 경우가 발생할 수 있기 때문이다. 즉, 보험계약은 보험자가 일방적으로 작성하여 제시하는 보험약관에 의해 체결되는 부합계약으로서의 성질이 존재하는데, 본 조문은 이러한 보험계약의 특수성을 고려하여 보험계약자가 보험계약이 성립한 후 보험계약의 내용으로서 계약당사자를 구속하는 보험약관의 내용을 미리 알고 보험계약을 맺도록 하기 위해 보험계약 체결 당시 보험자로 하여금 보험

약관을 교부하고, 그 약관의 중요한 내용을 반드시 설명하도록 규정하고 있다.[12)]

Ⅱ. 보험약관의 교부·명시(설명)의무의 내용

1. 의무이행 시기

보험약관의 교부 · 설명의무는 새로운 보험계약을 체결할 때 보험자에게 부여되는 의무이므로 보험계약이 단순히 갱신되는 경우나 보험의 목적이 양도되는 경우에는 적용되지 않는다.[13)] 보험약관의 교부 · 명시의무의 이행 시기는 이 의무의 내용이 장차 체결할 계약의 내용에 관한 것이고, 보험계약자가 자기가 체결하려고 하는 계약의 내용을 체결 이전에 충분히 이해할 필요가 있으므로 성질상 청약할 때까지라고 하여야 할 것이다. 본 규정의 취지에 부합하려면 보험계약자가 보험청약시 보험자가 약관을 교부하고, 이를 참조하여 보험약관의 중요한 사항을 설명해 주는 것이 가장 적합한 방법이라고 할 것이다.

그러나 상법이 "보험계약을 체결할 때" 라고 규정하여 보험계약자의 청약에 대한 보험자의 승낙 시까지로 명문화하여 규정하고 있는 까닭에 실제 보험계약 실무에서는 보험약관에 대한 설명의무는 청약 시에 이루어지고, 보험약관의 교부의무는 보험계약자의 보험청약에 대한 승낙의 의사표시에 갈음하여 교부한다. 또한 보험자가 보험증권을 교부할 때 보험약관을 동봉하여 우편으로 발송하는 것이 거래의 일반관행이다. 하지만 보험계약의 성립이 보험계약자의 보험청약에 대해 거절할 사유가 없는 한, 실제 청약시점을 보험계약의 성립시점으로 보아야 할 것이므로(상법 제638조의 2 조문해설 참조) 보험증권 교부시점에 보험약관을 교부한다는 것은 본 규정의 취지에 부합한 방법이 아니라고 할 것이다.

12) 대법원 1998.11.27 선고 98다32564 판결. "보험자에게 보험약관의 명시 · 설명의무가 인정되는 것은 어디까지나 보험계약자가 알지 못하는 가운데 약관에 정하여진 중요한 사항이 계약 내용으로 되어 보험계약자가 예측하지 못한 불이익을 받게 되는 것을 피하고자 하는데 그 근거가 있다."

13) 여기에는 기존 보험계약이 종료하여 갱신하는 경우에는 설명의무가 감경될 수 있으나, 면제된다고 볼 것은 아니라는 반대의견이 있다. 김성태, 전게서, 194면.

2. 보험약관의 교부 · 설명의무의 당사자

보험약관의 교부 · 설명의무의 객체는 보험계약자(또는 이의 대리인)이며,[14] 의무의 주체는 보험자이다. 한편 보험대리점, 보험중개사, 보험설계사를 통하여 보험모집이 되는 경우에는 이들도 보험자를 대신하여 본 규정상의 의무를 부담한다고 할 것이다. 보험자를 대리하여 계약을 체결하는 체약대리점은 당연하고, 비록 보험계약 체결권이 없는 중개대리점, 보험중개사, 보험설계사라고 하더라도 실제 보험의 청약이 이들을 통해 이루어지고 있는 거래의 실정에 비추어 이들이 보험약관의 설명의무를 부담하는 것은 당연하다고 할 것이며, 보험모집조직을 규율하고 있는 보험업법에는 이를 명문화하고 있으며,[15] 법원판례 역시 이를 긍정하고 있다.[16]

3. 설명하여야 할 약관의 중요한 내용

보험자가 설명하여야 할 보험약관의 중요한 내용으로는 보험의 종류에 따라 다르므로 일률적으로 정의할 수는 없지만 일반적으로 보험계약자의 이해관계에 중요한 영향을 미칠 수 있는 보험약관의 중요한 요소인 보험 상품의 내용, 보험요율의 체계, 보험청약서상의 기재사항의 변동, 보험료와 그 지급시기(방법), 보험금액, 보험기간, 보험사고의 내용, 보험계약의 하자사유(무효, 취소, 해제, 해지, 실효 등의 사유)와 보험자 면책사유 등이라 할 수 있다. 즉, 사회통념상 설명의무의 객체인 보험계

14) 대법원 2001.7.27 선고 2001다23973 판결. "보험자는 보험계약을 체결할 때 보험계약자에게 보험약관에 기재되어 있는 보험계약의 중요한 내용에 대하여 구체적이고 상세한 명시 · 설명의무를 지고 있다고 할 것이고, 그 설명의무의 상대방은 반드시 보험계약자 본인에 국한되는 것이 아니라, 보험자가 보험계약자의 대리인과 보험계약을 체결할 경우에는 그 대리인에게 보험약관을 설명함으로써 족하다."

15) 보험업법 제97조(보험계약의 체결 또는 모집에 관한 금지행위) ①보험계약의 체결 또는 모집에 종사하는 자는 그 체결 또는 모집에 관하여 다음 각 호의 1의 행위를 하지 못한다.
1. 보험계약자 또는 피보험자에게 보험계약의 내용을 사실과 다르게 알리거나 그 내용의 중요한 사항을 알리지 아니하는 행위.

16) 대법원 1996.3.8 선고 95다53546 판결. "보험자 및 보험계약의 체결 또는 모집에 종사하는 자는 보험계약의 체결에 있어서 보험계약자 또는 피보험자에게 보험약관에 기재되어 있는 보험 상품의 내용, 보험요율의 체계 및 보험 청약서상 기재 사항의 변동 사항 등 보험계약의 중요한 내용에 대하여 구체적이고 상세한 명시 · 설명의무를 지고 있어서……."

약자의 입장에서 계약체결(또는 청약)의 의사결정에 영향을 줄 수 있는 사항이라고 할 것이다.

다만, 법원판례는 보험약관의 중요한 내용이라고 할지라도 보험계약자 또는 그 대리인이 잘 알고 있는 사항, 이미 거래상 널리 알려진 일반적이고 공통된 것이어서 보험자의 별도 설명 없이도 보험계약자가 충분히 예상할 수 있었던 사항, 상법 등의 법령에 규정된 내용을 되풀이하거나 부연하는 정도에 불과한 사항[17]에 대해서는 본 규정에 관한 설명의무의 면제를 인정하고 있다.[18] 이 경우에 보험계약자나 그 대리인이 그 약관의 내용을 충분히 잘 알고 있었다는 점에 대한 입증책임은 이를 주장하는 보험자에게 있음은 당연하다.[19]

17) 대법원 2007.4.27. 선고 2006다87453 판결. "약관에 정하여진 사항이라고 하더라도 거래상 일반적이고 공통된 것이어서 보험계약자가 별도의 설명 없이도 충분히 예상할 수 있었던 사항이거나, 이미 법령에 의하여 정하여진 것을 되풀이하거나 부연하는 정도에 불과한 사항이라면, 그러한 사항에 관하여까지 보험자에게 명시·설명의무가 있다고는 할 수 없다."

18) 대법원 2005.12.9. 선고 2004다26164 및 26171 판결. "보험약관의 중요한 내용에 해당하는 사항이라 하더라도 거래상 일반적이고 공통된 것이어서 보험계약자가 별도의 설명 없이도 충분히 예상할 수 있었던 사항이거나 보험계약자나 그 대리인이 그 내용을 충분히 잘 알고 있는 경우에는 그 약관이 바로 계약 내용이 되어 당사자에 대하여 구속력을 가지므로 보험자로서는 보험계약자 또는 그 대리인에게 약관의 내용을 따로 설명할 필요가 없다. 보험자의 책임은 당사자 간에 다른 약정이 없으면 최초의 보험료의 지급을 받은 때로부터 개시한다고 규정하고 있는 상법의 일반 조항과 다른 내용으로 보험자의 책임개시시기를 정한 경우, 그 약관 내용은 보험자가 구체적이고 상세한 명시·설명의무를 지는 보험계약의 중요한 내용이라 할 것이고, 그 약관의 내용이 거래상 일반적이고 공통된 것이어서 보험계약자가 별도의 설명 없이도 충분히 예상할 수 있었던 내용이라 할 수 없다."

대법원 1999.2.12 선고 98다51374 판결. "보험자에게 보험약관의 명시·설명의무가 인정되는 것은 어디까지 보험계약자가 알지 못하는 가운데 약관에 정하여진 중요한 사항이 계약내용으로 되어 보험계약자가 예측하지 못한 불이익을 받게 되는 것을 피하고자 하는데 그 근거가 있으므로 보험계약자나 그 대리인이 약관의 내용을 충분히 잘 알고 있거나 별도의 설명이 없이도 충분히 알 수 있었던 사항이라면, 보험자로서는 보험계약자나 그 대리인에게 약관의 내용을 따로 설명할 필요가 없다."

19) 대법원 2003.8.22. 선고 2003다27054 판결. 대법원 2001.7.27. 선고 99다55533 판결. "보험계약자나 그 대리인이 그 약관의 내용을 충분히 잘 알고 있다는 점은 이를 주장하는 보험자측에서 입증하여야 할 것이다."

※ 법원 판례상 설명의무의 대상이 된다고 본 구체적 사례

대법원 2006.1.26. 선고 2005다60017, 60024 판결. "피보험자인 피고의 폭행 또는 구타에 기인하는 배상책임은 그 원인의 직접, 간접을 묻지 아니하고 보상하지 아니한다고 규정하고 있음을 알 수 있는바, 이러한 면책조항은 이 사건 보험계약에 있어 중요한 사항이라 할 것인데, 이는 보험약관상 일반적 · 공통적 규정이어서 보험계약자가 별도의 설명 없이도 충분히 예상할 수 있는 사항이라고 할 수 없고, 또 상법 제659조 제1항은 보험사고가 피보험자의 고의 또는 중대한 과실로 인하여 생긴 때에는 보험자는 보험금을 지급할 책임이 없다고 규정하고 있을 뿐인데, 위 면책조항은 피고의 폭행 또는 구타로 예견하지 않았던 중한 결과가 발생한 때에 피고에게 고의 또는 중대한 과실이 없더라도, 중한 결과에 대하여 상당인과관계와 과실이 있음을 전제로 그 중한 결과 전반에 대하여 면책된다는 것이어서, 상법이 이미 정하여 놓은 것을 되풀이 하거나 부연한 정도에 불과하다고 할 수도 없으므로, 위 면책조항은 상법 제659조 제1항의 내용을 초과하는 범위에서 원고의 명시 · 설명의무의 대상이 된다고 할 것이다."

대법원 2005.10.28. 선고 2005다38713, 38720 판결. "보험계약 체결 당시 오토바이 운전자에게는 보험금의 지급이 제한된다는 약관의 내용에 관하여 보험계약자에게 구체적이고 상세한 설명을 하지 않은 경우, 보험자는 명시 · 설명의무를 다 하지 못하였으므로 위 약관의 내용을 보험계약의 내용으로 주장할 수 없다."

대법원 2005.12.9. 선고 2004다26164, 26171 판결. "보험자의 책임은 당사자 간에 다른 약정이 없으면 최초의 보험료의 지급을 받은 때로부터 개시한다고 규정하고 있는 상법의 일반 조항과 다른 내용으로 보험자의 책임개시시기를 정한 경우, 그 약관 내용은 보험자가 구체적이고 상세한 명시 · 설명의무를 지는 보험계약의 중요한 내용이라 할 것이다."

대법원 2003.8.22. 선고 2003다27054 판결. "자동차종합보험계약상 가족운전자 한정운전 특약은 보험자의 면책과 관련되는 중요한 내용에 해당하는 사항으로서 일반적으로 보험자의 구체적이고 상세한 명시 · 설명의무의 대상이 되는 약관이다."

대법원 2001.9.18. 선고 2001다14917, 14924 판결. "다른 자동차 운전담보 특별약관 중 보상하지 아니하는 손해인 '피보험자가 자동차정비업, 주차장업, 급유업, 세차업, 자동차판매업 등 자동차 취급업무상 수탁 받은 자동차를 운전 중 생긴 사고로 인한 손해' 조항이 보험계약의 중요한 내용에 대한 것으로서 설명의무의 대상이 된다."

대법원 1999.3.9. 선고 98다43342, 43359 판결. "보험계약의 청약을 유인하는 안내문에 보험약관의 내용이 추상적, 개괄적으로 소개되어 있을 뿐 그 약관 내용이 당해 보험계약에 있어서 일반적이고 공통된 것이어서 보험계약자가 충분히 예상할 수 있거나 법령의 규정에 의하여 정하여진 것을 부연하는 것과 같은 것이 아닌 이상, 그러한 안내문의 송부만으로 그 약관에 대한 보험자의 설명의무를 다하였다거나 보험계약자가 그 내용을 알게 되어 굳이 설명의무를 인정할 필요가 없다고는 할 수 없으며, 이와 같은 보험약관의 명시·설명의무에 관한 법리는 보험료율이 낮다거나 보험계약의 체결 방식이 통상의 경우와 다르다고 하여 달라지지 아니하며, 통신판매 방식으로 체결된 상해보험계약에서 보험자가 보험약관의 개요를 소개한 안내문과 청약서를 보험계약자에게 우송한 것만으로는 보험자의 면책약관에 대한 설명의무를 다한 것으로 볼 수 없다."

대법원 1999.5.11. 선고 98다59842 판결. "업무용자동차보험계약 체결시 보험자가 유상운송면책 약관에 관한 명시·설명의무를 위반한 경우, 피보험자의 유상운송 중 발생한 사고에 대하여 면책을 주장할 수 없다."

대법원 1998.4.10. 선고 97다47255 판결. "보험계약자가 주운전자에 관한 고지의무를 위반하였으나 보험자가 그에 관한 설명의무를 다하지 아니하여 보험계약자의 고지의무위반을 이유로 보험계약을 해지할 수 없다."

대법원 1997.9.26. 선고 97다4494 판결. "보험자가 보험계약자에게 보험약관을 우송하면서 주운전자를 허위로 기재하면 보험금을 받지 못하는 경우가 있으므로 기존의 계약내용 중 잘못된 분이 있으면 이를 즉시 수정 신고해야 한다는 취지의 안내문을 동봉하여 우송한 사정만 가지고서 바로 보험계약자가 주운전자제도와 관련된 보험약관의 구체적인 내용을 알고 있었다거나, 보험자가 보험계약자에게 주운전자를 부실 신고한 경우에 입게 되는 계약 해지의 불이익에 관하여 구체적이고도 상세한 설명을 하였음을 추인하기에 부족하다."

대법원 1995.8.11. 선고 94다52492 판결. "피보험자가 보험기간 중 재해를 직접원인으로 사망한 경우 주 계약 보험금의 10배를 지급하는 내용으로서 위험직종 1급 또는 2급으로 분류되는 오토바이 사용자는 가입할 수 없도록 되어 있는데, 이 사건 보험계약의 체결 당시 보험모집인이 보험계약자나 그 대리인에게 위 오토바이를 운전하는지 여부에 관하여 묻거나 이 점에 관한 보험계약상의 고지의무에 관하여 설명하지도 아니한 채 스스로 그 보험청약서를 기재하였다면, 보험모집인 또는 보험자가 보험계약의 중요 내용인 위 고지의무에 관한 설명의무를 다하지 못하였다고 할 것이다."

※ 법원 판례상 설명의무의 대상이 되지 않는다고 본 구체적 사례

대법원 2007.4.27. 선고 2006다87453 판결. "자동차보험의 경우 피보험자동차의 양도에 관한 통지의무를 규정한 보험약관은 거래상 일반인들이 보험자의 개별적인 설명 없이도 충분히 예상할 수 있었던 사항인 점 등에 비추어 보험자의 개별적인 명시·설명의무의 대상이 되지 않는다."

대법원 2005.10.7. 선고 2005다28808 판결. "복합화물운송주선업자들이 통상 체결하는 복합화물운송 배상책임보험계약의 보상한계 또는 별도의 부보위험을 담보하는 특약의 구체적인 담보 내용은, 보험모집인이 그에 관하여 구체적이고 상세하게 명시·설명하였다고 하더라도 보험계약자가 거액의 보험료를 추가로 지출하면서까지 위 특약에 가입하였을 것으로는 볼 수 없는 점 등에 비추어 명시·설명의무의 대상이 되는 약관의 중요한 내용에 해당한다고 볼 수 없다."

대법원 2004.4.27. 선고 2003다7302 판결. "무보험자동차에 의한 상해보상특약에 있어서 보험금액의 산정기준이나 방법은 보험약관의 중요한 내용이 아니어서 명시·설명의무의 대상에 해당하지 아니한다."

대법원 2003.5.30. 선고 2003다15556 판결. "계약자 또는 피보험자가 손해의 통지 또는 보험금청구에 관한 서류에 고의로 사실과 다른 것을 기재하였거나 그 서류 또는 증거를 위조하거나 변조한 경우를 보험금청구권의 상실사유로 정한 보험약관이 설명의무의 대상이 아니다."

대법원 2000.5.30. 선고 99다66236 판결. "어떤 면허를 가지고 피보험자동차를 운전하여야 무면허운전이 되지 않는지는 보험자의 약관설명의무의 범위에 포함되지 않는다."

대법원 1994.10.25. 선고 93다39942 판결. "객관적으로 보아 보험계약자가 약관면책조항의 배우자에 사실혼관계의 배우자가 포함됨을 알았더라면 보험회사와 보험계약을 체결하지 아니하였으리라고 인정할 만한 사정도 엿보이지 않는다면 위 사항은 설명의무의 대상이 되는 약관의 중요한 내용에 해당하지 않는다."

4. 보험약관 설명의 정도, 방법 및 입증책임

보험약관의 중요한 내용에 대해 설명할 때 어디까지 하는가에 대해서는 보험자는 보험계약자의 평균적 이해수준을 기준으로 구체적이고 상세하게 설명하고, 그 약관에 기재된 의무사항을 이행하지 아니한 경우에 보험계약자가 입게 되는 구체적 불이익의 내용까지 설명하여야 한다는 것이 판례의 태도이다.[20] 다만, 구체적이고 상세하게 설명하여야 한다고 해서 보험계약자의 주관적 사정을 고려하여 설명하여야 할 정도는 아니라고 할 것이다. 설명의 방법으로는 구두설명이 일반적이나 그 밖의 방법도 유효하다고 할 것이며, 판례는 보험안내문을 발송하는 정도의 서면에 의한 설명방법에 대해서는 이를 인정하고 있지 않다.[21] 보험약관 설명의무의 이행에 대한 입증책임은 당연히 보험계약의 성립을 주장하는 보험자에게 있으며, 입증방법으로는 청약서 작성시 보험약관의 중요한 내용에 대해 설명을 들었다는 것에 대한 보험계약자의 자필서명을 받는 형태와 통신판매의 경우 전화에 의한 구두설명에 대한 녹취의 방법이 일반적으로 이용되고 있다.

Ⅲ. 보험약관의 교부·설명의무위반의 효과

1. 보험계약자에 의한 보험계약의 취소

보험자가 보험약관의 교부 및 그 약관의 중요한 내용에 대해 설명의무를 다하지 않은 경우에는 개정 전 상법은 보험계약 성립일로부터 1월내에 그 계약을 취소할 수 있도록 규정하였으나 개정 상법은 취소권 행사가능 기간을 3개월로 연장하여 규정하였다. 취소권 행사가능 기간인 3개월의 기간은 소멸시효가 아니라 제척기간이며, 제척기간을 3개월로 연장하여 규정한 이유는 보험자가 보험약관 교부 · 설명의무를 위반한 경우 기존의 상법 규정이 보험계약자가 취소권을 행사할 수 있는 기간이 1개월로 그 기간이 지나치게 짧아 취소권 행사에 어려움이 있어 보험계약자의

---

20) 대법원 1997.9.26. 선고 97다4494 판결, 대법원 1998.4.10. 선고 97다47255 판결 참조.

21) 대법원 1999.3.9. 선고 98다43342, 43359 판결. "보험약관의 개요를 소개한 안내문과 청약서를 보험계약자에게 우송한 것만으로는 보험자의 면책약관에 대한 설명의무를 다한 것으로 볼 수 없다."

취소권 행사를 용이하게 행사할 수 있도록 한 것이다.

다만, 전술한 바와 같이 보험거래의 관행상 보험약관의 교부가 보험증권을 교부할 때 동봉하여 발송되는 경우가 일반적이어서, 보험계약자가 보험약관의 내용을 정확히 이해하지 못한 상태에서 보험계약자의 취소권을 행사할 수 있는 제척기간이 기산되는 것은 본 규정의 취지에 어긋날 뿐만 아니라 보험증권 교부의무(상법 제640조 해설참조)를 보험자가 성실히 이행할 수 있도록 지도할 수 있다는 점에서 보험계약의 성립일로부터 기산하는 것이 아니라 보험증권교부일로 기산하도록 하는 방안이 필요할 것으로 생각된다.[22)]

보험계약자가 계약을 취소한 경우에는 그 효과로서 보험계약의 효력이 소급하여 처음부터 무효(민법 제141조)가 되므로 지급한 보험료가 있을 경우에는 보험료 전액을 반환받을 수 있다.

2. 취소권을 행사하지 아니하고 제척기간이 경과한 경우

보험계약자가 보험자의 보험약관의 교부·설명의무 위반에 대해 취소권을 행사하지 아니하고 제척기간이 경과하였다면, 이러한 규정을 특별히 상법에서 규정하고 있는 취지를 존중하여 약관규제법의 적용을 배척하고 보험약관은 계약조항으로서 유효하다는 것이 통설이지만,[23)] 법원판례는 반대의 입장이다.[24)] 즉, 현행 상법이 보

22) 대한변호사협회, 상법개정안에 대한 의견, 2008.4.21. 대한변협의 상법개정안에 대한 의견 중 본 조항과 관련하여 "대다수 손해보험(자동차보험 등)의 경우 보험기간이 1년 이내이며, 보험기간이 초단기인 여행자보험과 같은 상품도 존재하므로 이러한 보험의 특성을 무시하고 취소권 행사기간을 일률적으로 보험증권 교부일로부터 1개월로 정할 경우, 사고 발생 후 보험계약자가 보험사고인지 여부를 판단한 후 보험의 보호를 받지 못할 경우에는 보험계약을 취소하여 보험료를 반환받는 등의 도덕적 해이가 발생할 수 있으므로 본 조항의 취소권 행사기간에 대해서는 단서를 두어 보험의 성격에 따라 보험기간이 1년 이내의 상품인 경우에는 1개월, 보험기간이 1년 이상인 상품에 대해서는 3개월로 하여야 한다." 는 의견이 있었다.

23) 장덕조·양승규, 보험법의 쟁점(보험계약의 기본구조), 법문사, 10면; 김성태, 전게서, 187-190면.

24) 대법원 1998.11.27. 선고 98다32564 판결. "상법 제638조의3 제2항은 보험자의 설명의무 위반의 효과를 보험계약의 효력과 관련하여 보험계약자에게 계약의 취소권을 부여하는 것으로 규정하고 있으나, 나아가 보험계약자가 그 취소권을 행사하지 아니한 경우에 설명의무를 다하지 아니한 약관이 계약의 내용으로 되는지 여부에 관하여는 아무런 규정

험자의 보험약관 교부·설명의무 위반이 있는 경우 보험계약자에게 보험계약 취소권을 부여하고 있을 뿐 보험계약자가 그 취소권을 행사하지 않은 경우에 대해서는 별다른 규정을 두고 있지 않아서 약관의 효력 유무와 관련하여 약관규제법 제3조 제3항[25]이 적용되는지 여부에 관하여 해석상 논란이 있었다.[26] 이에 대한 법원판례는 일관되게 보험자의 보험약관 교부·명시의무 위반으로 보험계약자가 제척기간 내에 취소권을 행사하지 않았더라도 약관규제법을 근거로 설명을 듣지 아니한 약관의 효력을 다툴 수 있다는 견해이다.

3. 약관의 내용을 잘못 설명한 경우

보험약관의 설명의무자인 보험자가 보험약관의 내용을 사실과 다르게 잘못 설명

도 하지 않고 있을 뿐만 아니라 일반적으로 계약의 취소권을 행사하지 아니하였다고 바로 계약의 내용으로 되지 아니한 약관 내지 약관 조항의 적용을 추인 또는 승인하였다고 볼 근거는 없다고 할 것이므로, 결국 상법 제638조의3 제2항은 약관의 규제에 관한 법률 제16조에서 약관의 설명의무를 다하지 아니한 경우에도 원칙적으로 계약의 효력이 유지되는 것으로 하되 소정의 사유가 있는 경우에는 예외적으로 계약 전체가 무효가 되는 것으로 규정하고 있는 것과 모순·저촉이 있다고 할 수 있음은 별론으로 하고, 약관에 대한 설명의무를 위반한 경우에 그 약관을 계약의 내용으로 주장할 수 없는 것으로 규정하고 있는 약관의 규제에 관한 법률 제3조 제3항과의 사이에는 아무런 모순·저촉이 없으므로, 따라서 상법 제638조의3 제2항은 약관의 규제에 관한 법률 제3조 제3항과의 관계에서는 그 적용을 배제하는 특별규정이라고 할 수가 없으므로 보험약관이 상법 제638조의3 제2항의 적용 대상이라 하더라도 약관의 규제에 관한 법률 제3조 제3항 역시 적용이 된다."

대법원 1996.4.12. 선고 96다4893 판결. "상법 제638조의3 제2항에 의하여 보험자가 약관의 교부 및 설명의무를 위반한 때에 보험계약자가 보험계약 성립일로부터 1월내에 행사할 수 있는 취소권은 보험계약자에게 주어진 권리일 뿐 의무가 아님이 그 법문상 명백하므로, 보험계약자가 보험계약을 취소하지 않았다고 하더라도 보험자의 설명의무 위반의 법률효과가 소멸되어 이로써 보험계약자가 보험자의 설명의무 위반의 법률효과를 주장할 수 없다거나 보험자의 설명의무 위반의 하자가 치유되는 것은 아니다."

25) 약관의 규제에 관한 법률 제3조 제3항 "사업자가 약관의 명시·설명의무를 위반하여 계약을 체결한 때에는 당해 약관을 계약의 내용으로 주장할 수 없다."

26) 상법 1차 개정 법률에서는 보험계약자가 계약을 취소하지 않은 경우 약관의 효력 유무에 관한 해석상 논란을 방지하기 위하여제 제2항의 후단에 "보험계약자가 보험계약을 취소하지 아니한 때에는 보험계약 관계는 그 보험약관의 규정에 따른다." 라고 신설규정안을 두었으나 논의과정에서 제외되었다.

한 경우에는 잘못 설명한 내용이 보험계약의 내용이 될 것이다.[27] 하지만 실제 보험계약 실무에 있어서는 직접 보험자에 의해 보험계약이 체결되기 보다는 보험설계사의 중개를 통해 계약이 체결되는 경우가 대부분일 것이다. 보험설계사가 보험계약 체결을 중개하는 과정에서 보험약관의 내용을 과장하는 등 잘못 설명하고 보험계약자가 이를 믿고 계약이 체결되었을 경우, 법률적 처리와 관련하여 논란이 있다. 즉, 보험설계사는 보험계약 체결 대리권이 없지만 보험약관의 설명의무자로서 그 잘못 설명된 내용이 보험계약의 내용으로 변경되어 보험자는 보험계약상의 책임을 져야한다는 견해로서 법원 판례의 입장이다.[28] 이에 반하여, 학설은 대리권이 없는 보험설계사의 과장되거나 잘못 설명한 내용대로 보험약관이 변경되어 당해 보험계약의 내용으로 된다는 것은 계약법과 대리법의 기본원리에 반할 뿐만 아니라 보험의 단체성·기술성에도 정면으로 배치되므로, 이 경우 보험자에게 보험업법상의 손해배상책임을 부담케 하여야 한다는 견해이다.[29]

Ⅳ. 보험약관

보험제도는 위험단체를 전제로 다수의 가입자와 보험계약을 체결해야 하는 다수계약으로서 일일이 보험에 대한 전문지식이 없는 수많은 가입자와 보험계약의 내용을 정한다는 것은 재보험 및 해상보험과 같은 기업보험(企業保險)의 경우 이외에는 불가능하므로 보험계약은 보험자가 계약의 조건이나 내용을 미리 작성하여 제시하는 보험약관(保險約款)에 따를 것이 요구되는 부합계약성을 가지게 된다. 이러한 보

27) 보험회사가 제작한 보험안내장의 내용이 약관의 내용과 다른 경우 보험계약자에게 유리한 내용으로 계약이 성립된 것으로 본다. “생명보험 표준약관(2011.1) 제37조(회사가 제작한 보험안내자료 등의 효력), 자동차보험 표준약관(2011.5) [21] 보험안내장 등의 효력”

28) 대법원 1989.3.28. 선고 88다8645 판결.

29) 권기범, 보험모집인의 법적 지위, 보험법 연구(3)(1999.8), 129-131면; 장경환, 보험약관의 교부·설명의무, 제46집(1995) 112면; 정호열, 보험모집인의 과대설명과 보험자의 책임, 상사판례연구Ⅱ(1996), 31면
보험업법 제102조(모집을 위탁한 보험회사의 배상책임) “보험회사는 그 임직원·보험설계사 또는 보험대리점이 모집을 함에 있어서 보험계약자에게 가한 손해를 배상할 책임을 진다.”

험약관의 종류로는 보통보험약관, 부가약관, 특별약관 등이 있는데 보통보험약관을 중심으로 설명하고 특별약관은 후술하고자 한다.

1. 보통보험약관의 의의 및 존재이유

1) 의의

보통보험약관이란 보험자가 미리 작성한 보험계약의 내용을 이루는 정형적, 일반적, 표준적, 보편적인 계약조항으로서 반대의 의사가 없는 한 계약당사자간의 쌍방을 구속하는 계약상의 법원(法源)으로서 중요한 의미를 지닌다.

2) 존재이유

보험계약에 관한 상법 규정은 일반적이고 세부적인 사항은 규정하고 있지 않으므로 상법에 없는 사항이나 보험종목별 특수한 사항에 대해서는 당사자 간의 약정에 의할 수밖에 없고, 그러한 내용을 보험계약자마다 개별적으로 정한다는 것은 불가한 일이다. 따라서 보험계약은 다수보험계약자를 상대로 하여 대량적으로 처리하여야 하는 기술적인 요청과 보험계약이 위험단체의 관념에서 기초를 두고 있으므로 그 구성원을 개별적으로 다루지 아니하고, 동일하게 취급하여야 한다는 보험경영의 일반원칙(계약자평등대우의 원칙)의 측면에서 보통보험약관은 존재하게 된다.

3) 상법과의 관계

보통보험약관에서 규정하고 있는 내용이 상법의 규정을 그대로 채용한 조항을 채용조항(採用條項) 또는 수용조항(收用條項)이라고 하며, 상법의 규정을 보충하여 규정한 것을 보충조항(補充條項), 상법의 규정을 변경한 것을 변경조항(變更條項)이라 한다. 물론 보충조항 및 변경조항은 상법 제663조의 보험계약자 등의 불이익 변경금지조항에 반하지 않는 범위 내에서 그 효력이 인정됨은 당연하다.

2. 보통보험약관에 기재하여야 할 사항

보험약관에 기재할 사항은 일반적으로

① 보험자가 보험금을 지급하여야 할 사유.

② 보험계약의 무효의 원인.
③ 보험자의 면책사유.
④ 보험자의 의무의 범위를 정하는 방법과 그 의무이행의 시기.
⑤ 보험계약자 또는 피보험자가 그 의무를 이행하지 아니한 경우에 받는 손실.
⑥ 보험계약의 전부 또는 일부의 해지원인과 해지한 경우의 당사자의 권리의무.
⑦ 보험계약자, 피보험자 또는 보험금액을 취득할 자가 이익이나 잉여금의 배당을 받을 권리가 있는 경우는 그 범위 등이다.

3. 보통보험약관에 대한 감독

보통보험약관은 보험자가 일방적으로 작성한 것이고 그 내용이 복잡하고 어려운데 비하여 보험계약자는 보험에 관한 전문지식이 없으므로 보험계약자 등의 이익을 해할 우려가 있어 여러 방면에서 규제가 가해진다.

1) 보험업법 및 약관규제법상 규제

보험업을 경영하려는 자는 허가신청서에 보험약관을 첨부하여야 하며, 보험약관을 변경할 경우에도 금융위원회의 신고하도록 보험업법 제4조와 제127조에서 규정하고 있다. 이 외에도 동법 제97조에서는 계약조항 중 중요한 사항을 보험계약자나 피보험자에게 알리도록 규정하고 있다. 그리고 약관규제법에서도 약관이 계약에 편입되었는지의 여부에 관한 편입통제(약관규제법 제3조 및 제4조), 해석문제에 따른 해석통제(약관규제법 제5조), 공정성여부의 통제(약관규제법 제6조 및 제7조)등 일반적 규제를 하고 있다.

2) 상법상 규제

상법상 규제로는 상법 제638조의 3의 규정 외에도 상법 제663조가 있다. 상법 제663조는 이른바 상대적 강행규정으로서 보험자가 보험약관의 내용을 상법의 규정보다 보험계약자 등에게 불이익하게 변경할 수 없도록 하고 있다. 단, 상법은 제663조의 내용이 상법 보험편의 모든 규정에 적용됨을 명시하고 있으며, 아울러 재보험이나 해상보험등과 같은 기업보험의 경우는 예외로 하고 있다.

4. 보험약관의 구속력

보험계약자는 보험약관의 내용을 알고 계약을 체결하였는지의 여부를 불문하고 보험계약이 체결되면 계약당사자는 반대의 의사표시가 없는 한 보험약관에 의하여 구속된다. 이러한 보험약관의 구속력(拘束力)을 인정하는 근거에 관하여는 몇 가지 학설이 있다.

1) 의사설 또는 의사추정설

의사설(意思說)의 견해는 보험약관이 구속력을 갖는 것은 그 자체가 법규범적 성질을 가진 약관이기 때문이 아니라 보험계약의 당사자가 반대의 의사표시가 없는 한 보험약관에 따르겠다는 의사로써 계약을 체결한 것으로 추정할 수 있기 때문에 당사자를 구속한다는 주장이다.

2) 법규범설

보험약관은 사회에 타당한 규범으로서 그 자체가 가지는 규범성에 의해 구속력을 가진다는 주장이다.

3) 소결론

학설로는 의사추정설이 당사자의 반증(反證)에 의하여 용이하게 약관의 구속력이 부인(否認)되므로 보험약관의 이용이 필연적인 보험계약의 부합계약성이 위협을 받을 수 있다는 비판이 있으며, 보험단체의 구조적 측면에서 약관의 구속력을 보다 강하게 인정하려는 법규범설이 대세인 듯하다.[30] 이 부분에 대해서는 상법 第638조의 3 에서는 보험자가 약관의 교부, 설명의무를 규정하고 이를 게을리 한 때에는 보험계약자가 계약 성립일로부터 1월내에 취소할 수 있음을 규정하고 있고(의사추정설), 취소권을 행사하지 않는 한 그 효력은 인정된다고 볼 것이므로(법규범설), 의사추정설과 법규범설의 공통된 입장을 취하고 있는 듯하다. 하지만 지금까지의 법원판례는 의사추정설의 입장이다.[31]

---

30) 양승규, 보험법 3판, 삼지원, 71면.

31) 대법판례, 1991.9.10. 선고 91다20432 판결. "보통보험약관이 계약당사자에게 구속력을 갖는 것은 그 자체가 법규범 또는 법규범적 성질을 가진 약관이기 때문이 아니라 보험

5. 약관의 해석원칙

보험약관의 문언(文言)에 대한 질의(質疑)를 하는 것은 보험사고가 발생하여 보험금 지급유무를 결정할 때인 손해사정업무를 수행하는 과정에서 발생하는 것이 대부분이다. 이러한 업무를 수행하는 손해사정 전문가는 약관에 대한 깊은 지식과 올바르게 해석할 수 있는 제반원칙을 이해하고 있어야 함은 물론이다.

1) 기본원칙

보험약관의 해석은 일반적이며 보편적인 원칙에 의하여 이루어져야 하며 당사자의 진의(眞意)가 어디에 있는지를 찾아내어야 한다.

(1) 신의칙의 원칙

보험약관은 보험계약의 성질과 관련하여 보험계약자에 따라 다르게 해석되어서는 안 되고 신의성실의 원칙에 따라 공정하게 해석해야 한다.

(2) 목적론적 해석의 원칙

약관을 해석함에 있어 그 기본적인 맥락은 당해 약관작성시의 취지나 목적에 중점을 두고 해석하여야 하는 목적론적 해석이 되어야 한다.

(3) 표시수령자 이익우선의 원칙

당사자 일방의 표시가 그 진의(眞意)를 전달하는데 부적당하여 상대방이 보통의 이해력을 지니고 있었음에도 불구하고 진의와 다른 것을 진의로 믿고 행동한 경우에는 표시수령자(보험계약자나 피보험자)에게 이익이 되도록 해석을 하여야 한다. 이는 후술하는 작성자 불이익의 원칙과도 연결된다.

계약당사자 사이에서 계약내용에 포함시키기로 합의하였기 때문이라고 볼 것이며, 일반적으로 당사자 사이에서 보통보험약관을 계약내용에 포함시킨 보험계약서가 작성된 경우에는 계약자가 계약의 내용을 알지 못한 경우에도 그 약관의 구속력을 배제할 수 없는 것이 원칙이나, 당사자 사이에서 명시적으로 약관의 내용과 달리 약정한 경우에는 위 약관의 구속력은 배제된다."

2) 보조원칙

(1) 보통의미의 해석원칙

보험약관의 문언은 평이한 통상의 의미로 해석되어야 한다는 원칙이다.

(2) 관습준거(慣習準據)의 원칙

보험약관의 문언은 확립된 관습에 따라 특별한 의미를 지닐 때가 있는데 보험약관의 문언이 오랜 관습에 의해 확립된 특수한 뜻을 가진 경우에는 그에 따라야 한다.

(3) 동종제한(同種制限)의 원칙

약관 내용 중의 일반문언은 그에 선행하는 열거사항과 동종의 사항만 지칭하는 것으로 해석하여야 한다. 이 원칙은 같은 종류의 특정문언이 몇 개가 열거된 다음에 일반어(一般語)가 계속된 때에는 그 일반어는 동종제한의 원칙에 따라 해석되어 동 종류에 속하는 것만을 의미하는 것이 된다는 것이다. 다만 이 경우에도 그 문언 다음에 다른 말이 추가되어 이 원칙을 적용하지 않는 것으로 한 경우에는 예외로 한다.

(4) 작성자 불이익의 원칙

보험약관의 문언이 애매해서 여러 가지 해석을 할 수 있는 경우에는 작성자에게는 엄격하고 불리하게, 보험계약자 측에 유리하게 해석되어야 한다. 이 외에도 수기우선의 원칙, 유효해석의 원칙, 제한적 해석의 원칙(면책약관), 특별약관 우선의 원칙 등이 있다.

6. 특별약관

특별약관은 보통보험약관에서 보험자가 담보하는 위험을 확장하거나 축소하는 경우에 많이 이용되고 있는데, 그 종류로는 특수한 보험에 있어서는 보통보험약관만으로는 불충분하여 당사자가 다시 세부적인 약정을 하는 부가약관 또는 특별보통보험약관이 있으며, 이와는 달리 구체적인 사정에 따라서 보통보험약관의 내용을 변경하는 특별약관이 있다. 이러한 특별약관은 해상보험 등 기업보험에서 예외적으로 사용되고 있지만 보험단체의 이익을 해(害)하지 않는 범위 내에서 이용되어야 함은 당연하다.

용어해설

제척기간

제척기간이란 권리관계를 신속히 확정시키기 위하여 일정한 권리에 대하여 법률이 정한 존속기간을 말한다. 따라서 권리의 존속기간인 제척기간이 만료하게 되면 그 권리는 당연히 소멸하는 것이 된다. 이러한 제척기간은 형식적인 측면에서 소멸시효 제도와 비슷하지만, 시효와 같은 정지, 중단이라는 것이 없으며, 시효의 이익은 당사자가 원용함으로써(시효이익을 포기할 수 있음) 재판에서 고려되는 것이지만, 제척기간은 당연히 효력이 발생하기 때문에 법원은 이를 기초로 재판하여야 한다. 어느 것이 제척기간에 해당하는 지를 법률은 언급하고 있지 않지만 대개 법률조문에 "시효에 의하여" 라고 규정된 것 이외에는 모두 제척기간으로 해석되고 있다. 상법 보험편에서는 제662조(소멸시효) 규정을 제외하고는 모두 제척기간이다. 제척기간의 예; 상법 제638조의 3(약관교부 및 설명의무 위반시 보험계약자의 취소권), 상법 제651조(고지의무위반시 보험자의 계약해지권, 상법 제652조(보험기간 중 위험의 현저한 변경증가 통지의무위반시 보험자의 계약해지권, 상법 제653조(위험유지의무 위반시 보험자의 계약해지권) 등

출전 : 오세경 편저, 법률용어사전, 법전출판사

상법 제639조 [타인을 위한 보험계약]

① 보험계약자는 위임을 받거나 위임을 받지 아니하고 특정 또는 불특정의 타인을 위하여 보험계약을 체결할 수 있다. 그러나 손해보험계약의 경우에 그 타인의 위임이 없는 때에는 보험계약자는 이를 보험자에게 고지하여야 하고, 그 고지가 없는 때에는 타인이 그 보험계약이 체결된 사실을 알지 못하였다는 사유로 보험자에게 대항하지 못한다. [개정 1991.12.31]
② 제1항의 경우에는 그 타인은 당연히 그 계약의 이익을 받는다. 그러나 손해보험계약의 경우에 보험계약자가 그 타인에게 보험사고의 발생으로 생긴 손해의 배상을 한 때에는 보험계약자는 그 타인의 권리를 해하지 아니하는 범위 안에서 보험자에게 보험금액의 지급을 청구할 수 있다. [신설 1991.12.31]
③ 제1항의 경우에는 보험계약자는 보험자에 대하여 보험료를 지급할 의무가 있다. 그러나 보험계약자가 파산선고를 받거나 보험료의 지급을 지체한 때에는 그 타인이 그 권리를 포기하지 아니하는 한 그 타인도 보험료를 지급할 의무가 있다. [개정 1991.12.31]

1. 타인을 위한 보험계약의 뜻

타인을 위한 보험계약이라 함은 타인인 제3자를 보험의 수익자로(손해보험계약인 경우 피보험자, 인보험계약인 경우 보험수익자)하여 보험계약자가 자기명의로 체결하는 보험계약을 말한다. 이 경우에도 그 타인을 특정하지 아니하고 계약을 체결할 수 있으며(불특정 타인을 위한 보험계약), 또한 그 타인으로부터 위임을 받았는지의 여부를 불문한다. 이러한 타인을 위한 보험계약은 보험계약자가 동시에 피보험자나 보험수익자인 자기를 위한 보험계약과 구별됨은 당연하다.

2. 효용

타인을 위한 보험계약은 처음 해상보험에서 거래를 비밀리 행하기 위해 이용되었으나, 근래에는 보험계약자의 신용을 이용하여 신속하게 보험계약을 체결하기 위해 모든 보험에 있어 이용되고 있다. 구체적으로는 운송업자, 창고업자 등이 송하인,

임치인 등을 위하여 이들을 피보험자로 하여 계약을 체결함으로써 타인의 이익과 더불어 계약자인 자기의 이익을 위해서도 이용된다. 상법 개정 법률에서 신설 규정하고 있는 보증보험(제726조의 5 ~ 제726조의 7)은 전형적인 타인을 위한 보험계약의 일종이라고 할 수 있다.

3. 법적 성질

1) 상법상 특수한 계약설

이 주장은 민법상의 제3자를 위한 계약은 그 제3자가 계약상의 수익의 의사를 표시함으로써 권리가 확정되나,(민법 제539조 제2항) 타인을 위한 보험계약에 있어 타인은 그 계약상의 권리취득을 위한 어떠한 의사표시도 필요하지 아니하며 다만, 그 권리는 법률상 당연히 발생되므로 상법상의 특수한 계약이라고 보는 견해이다.[32)]

2) 제3자를 위한 계약설

이 주장은 타인을 위한 보험계약의 법적성질을 민법 제539조상의 제3자를 위한 계약으로 이해하려는 견해이다.[33)] 상법 제639조의 타인을 위한 보험계약의 법적근거를 어디에서 찾느냐하는 것은 결국은 그 계약의 당사자가 아닌 제3자(타인)가 피보험자 또는 보험수익자로서 보험계약상의 지위를 갖는 법적 성질의 다툼이라고 볼 수 있고, 민법 제539조 제2항에서 규정하는 그 제3자의 수익의 의사표시는 계약의 본질적인 요건이 아니고, 타인을 위한 보험계약의 경우에 보험계약자의 임의해지권이 일정한 경우에 제한(상법 제649조 제1항)되는 점 등을 고려하여 볼 때 제3자를 위한 계약설로 봄이 타당하다고 생각된다.

4. 타인을 위한 보험계약의 체결요건

1) 타인을 위한다는 의사표시

타인을 위한 보험계약 체결시 보험계약 당사자 간에 타인을 위한다는 의사의 합의가 있어야 함은 물론이다. 이때에도 타인을 반드시 특정할 필요가 없음은 전술한

32) 손주찬, 상법(하), 박영사, 499면.

33) 최기원, 전게서, 125면; 서돈각, 상법(하), 법문사, 372면; 정희철, 상법(하), 박영사, 405면.

바와 같으며, 특정하지 않은 경우에는 보험사고가 발생할 때의 피보험이익의 귀속자를 피보험자(손해보험의 경우)로 하거나 법정상속인을 보험수익자(생명보험의 경우)로 하는 계약도 유효하다. 그러나 만약 타인을 위한 것인지의 여부가 불분명할 경우에는 자기를 위한 보험계약으로 추정될 것이다. 단, 타인을 위한 손해보험계약에서는 그 타인은 보험의 목적에 관하여 피보험이익의 주체로서 피보험이익을 갖는 자 이어야 함은 당연하다.

2) 위임요건의 배제

상법에서는 타인을 위한 보험계약을 체결할 경우에 보험계약자는 그 타인으로 부터의 위임여부에 관계없이 계약을 체결할 수 있음을 규정하고 있다. 이때 위임을 받았을 경우에는 보험계약자와 그 타인은 위임관계가 있게 되고, 위임이 없을 경우에는 통상적으로 그 관계가 사무관리인 경우일 것이다. 한편, 타인을 위한 보험계약은 법률상 또는 계약상의 의무이행을 보증하는 수단으로도 이용된다.(보증보험)

다만, 여기서 문제가 되는 것은 위임을 받지 아니하고 타인을 피보험자로 하는 손해보험계약을 체결하는 경우에 피보험자의 고지의무이행 여부이다. 즉, 상법 제651조에서는 보험계약자, 피보험자는 보험계약 체결시 “중요한 사항” 을 고지하도록 규정하고 있는 이른바 고지의무에 관하여 규정하고 있는데 가령, 타인을 피보험자로 하는 손해보험계약을 체결하였을 경우에 보험의 목적의 지배자이며, 피보험이익의 주체로서 보험계약의 체결을 알고 있는 피보험자는 당연히 고지의무를 부담하여야 하나, 위임을 받지 않고 타인을 위한 보험계약을 체결할 경우에는 피보험자는 자기도 모르는 사이에 보험계약이 체결되었다는 항변을 할 수 있다. 이에 따라 상법에서는 위임없이 타인을 위한 손해보험계약을 체결할 경우, 보험계약자가 그 피보험자의 위임이 없이 보험계약을 체결한다는 사실을 보험자에게 고지하여야 하고, 그 고지가 없는 때에는 타인인 피보험자가 그 보험계약이 체결된 사실을 알지 못하였다는 사유로 항변할 수 없도록 규정하고 있다.

5. 타인을 위한 보험계약의 효과

타인을 위한 보험계약의 체결로 그 타인은 법률상 당연히 보험계약의 이익을 가진다. 이 경우 물론 보험계약자는 보험계약상의 실질적인 이익을 가지지는 못하나 일정한 경우에 있어 상법에서는 보험계약자의 보험금 청구권을 인정하고 있다.(상법 제639조 제2항 단서규정)

1) 보험계약자의 지위

(1) 의무

보험계약자는 그 주된 의무로서 보험료지급의무 뿐만 아니라 고지의무, 각종 통지의무, 위험유지의무 등의 각종의무를 부담하게 되며, 특히 손해보험계약에 있어서는 보험사고가 발생한 경우 손해방지의무를 부담한다.

(2) 권리

보험계약자가 가지는 권리로는 보험료감액청구권, 보험료반환청구권, 보험증권교부청구권 등이 있으며 다만, 보험계약자의 임의해지권은 이 경우 그 타인의 동의를 얻거나 보험증권을 소지한 경우에 한하여 행사할 수 있다.(상법 제649조 조문해설 참조) 한편, 손해보험계약의 경우 보험계약자가 피보험자에게 보험사고의 발생으로 인한 손해의 배상을 한 때에는 보험계약자는 피보험자의 권리를 해하지 않는 범위에서 보험자에게 보험금액의 지급을 청구할 수 있음을 규정하고 있는데, 이 규정은 보험계약자의 이익보호와 피보험자의 이중이득을 방지하기 위한 것일 뿐만 아니라 보험자의 대위권행사를 제한한 것으로 풀이할 수 있다. 즉, 가령 창고업자(보험계약자)가 고객을 피보험자로 하는 타인을 위한 손해보험계약을 체결한 경우, 창고업자의 과실로 고객이 손해를 입었다면, 그 고객은 창고업자에 대해서는 손해배상청구권, 보험자에 대해서는 피보험자로서 손해보상(보험금)청구권을 갖게 된다. 이때 만약 고객이 보험자에 대해 손해보상청구를 한다면 보험자는 피보험자인 고객이 입은 손해액을 보상하고, 상법 제682조 규정에 따라 피보험자가 제3자에 대해 갖게 되는 손해배상청구권을 대위 행사할 수 있는데, 창고업자는 당해 보험계약 당사자인 보험계약자이지만 상법 제682조에서 규정하고 있는 제3자의 범위에서 벗어날 수 없기 때문에 보험계약자는 낭패를 볼 수 있으며, 이 경우 타인을 위한 보험계약의 효용성이 문제가 될 것이다. 상법 제639조 제2항의 단서규정은 이러한 이유로서 1991년 상법 개정 당시 신설된 조항이다.[34] 인보험계약에서 보험계약자는 그 타인(보험수익

34) 대법원 1989.4.25. 선고 87다카1669 판결. "타인을 위한 손해보험계약은 타인의 이익을

자)을 지정하지 않았을 경우 수익자지정권 및 수익자지정한 후 수익자변경권을 가진다.(상법 제733조 조문해설 참조)

2) 피보험자, 보험수익자의 지위

(1) 의무

피보험자는 보험계약의 당사자는 아니지만 보험계약자와 동일하게 고지의무, 통지의무, 위험유지의무,(보험수익자도 의무를 부담) 손해보험의 경우에는 손해방지의무를 부담한다. 한편, 특정 타인을 위한 보험계약의 수익자는 보험계약의 당사자가 아니므로 원칙적으로 보험료지급의무를 부담하지 않으나, 보험계약자가 파산선고를 받거나 보험료지급이 지체될 경우에는 그 권리를 포기하지 않는 이상 보험계약상의 수익자인 피보험자나 보험수익자도 보험료지급의무를 부담하게 된다. 따라서 타인을 위한 보험계약에 있어 보험자가 보험료지급의 지체를 이유로 계약을 해지하기 위해서는 보험계약자와 그 타인에게도 상당기간을 정하여 최고한 후가 아니면 계약을 해제 또는 해지할 수 없다.

(2) 권리

타인을 위한 보험계약에서 그 타인(피보험자 또는 보험수익자)은 그 계약의 이익을 수익할 의사표시를 하지 아니하여도 법률상 당연히 그 보험계약상의 이익을 받으므로 보험사고가 발생하면 직접 보험자에 대해 보험금을 청구할 수 있음은 당연하며, 이 권리는 그 타인의 고유의 권리이므로 자유로운 의사에 따라 처분하거나 행사하게 된다. 물론 이때에도 보험자는 보험계약자에 대한 사유로서 수익자(피보험자나 보험수익자)에게 대항할 수 있다. 한편, 인보험계약의 경우에는 보험계약자의 보험수익자의 지정 · 변경권에 의하여 그 범위 내에서 제한되므로, 그 지위가 불안정한 상태이라고 할 수 있다.(상법 제733조 조문해설 참조)

위한 계약으로서 그 타인(피보험자)의 이익이 보험의 목적이지 여기에 당연히(특약없이) 보험계약자의 보험이익이 포함되거나 예정되어 있는 것은 아니므로 피보험이익의 주체가 아닌 보험계약자는 비록 보험자와의 사이에서는 계약당사자이고 약정된 보험료를 지급할 의무자이지만 그 지위의 성격과 보험자대위 규정의 취지에 비추어 보면 보험자대위에 있어서 보험계약자와 제3자를 구별하여 취급할 법률상의 이유는 없는 것이며 따라서 타인을 위한 손해보험계약자가 당연히 제3자의 범주에서 제외되는 것은 아니다."

3) 보험계약자와 수익자(제3자)와의 관계

타인을 위한 보험계약에 있어서 보험계약자와 수익자 사이에는 내부관계가 존재하게 되는데, 그 내용은 주로 위임여부, 보험증권의 교부의무여부, 보험계약상의 권리의무관계와 당사자 간의 권리의무관계 등 다양하지만, 이러한 내용은 보험계약의 효력과는 관계가 없다.

6. 상법 제649조와 관련한 해지권 여부와 집합보험에서의 의제

상법 제649조에 의하면 보험계약자는 보험사고가 발생하기 전에는(책임보험계약, 인보험계약 경우는 보험사고 발생 후에도 가능) 언제든지 계약을 해지할 수 있음을 규정하고 있는데, 타인을 위한 보험의 경우에는 단서조항에서 그 타인의 동의가 없거나 보험증권을 소지하지 않을 경우에는 보험계약자의 임의해지권이 제한되도록 규정하여 타인인 수익자(피보험자, 보험수익자)의 이익을 보호하고 있다. 한편, 화재보험에 관한 규정인 상법 제686조에서는 “집합된 물건을 일괄하여 보험의 목적으로 한 때에는 피보험자의 가족과 사용인의 물건도 보험의 목적에 포함된 것으로 한다. 이 경우에는 그 보험은 그 가족 또는 사용인을 위하여도 체결한 것으로 본다.” 라고 규정하여 화재보험이 집합보험의 형태로 계약이 체결될 경우에는 그 계약을 피보험자의 가족과 사용인(使用人)을 위한 계약으로 의제(擬制)하고 있다.

용어해설

위임(委任)

당사자의 일방(위임인)이 법률행위나 그 밖의 사무의 처리를 상대방(수임인)에게 위탁하고 상대방이 이를 승낙함으로써 성립하는 계약을 말한다.(민법 제660조 - 제692조) 무상을 원칙으로 하고 있지만, 묵시의 의사표시 또는 관습에 의하여 유상의 위임이라고 인정해야 할 경우가 적지 않다. 더구나 상인은 그 영업범위 내에서 타인을 위하여 행위를 한 때에는 이에 대하여 상당한 보수를 청구할 수 있다.(상법 제61조) 수임은 위임의 본지를 좇아서 “선량한 관리자의 주의” 로써 위임사무를 처리할 의무를 부담한다.(민법 제681조) 이 주의의무는 위임계약의 기초가 되는 당사자 사이의 신뢰관계에 입각하고 있으므로 보수의 유무나 그의 다소를 불문한다.

사무관리(事務管理)

법률상의 의무 없이 타인을 위하여 사무를 관리할 때 사무관리라는 법정채권관계가 발생한다.(민법 제734조) 어떤 사람(사무관리자)이 타인을 위한 의사로서 어떤 사무관리를 시작한 경우에는 한편으로 관리자에게 관리계속의 의무를 지게하고, 다른 한편으로는 관리자가 지출한 비용을 본인에게 청구할 수 있게 함으로써 당사자의 생활관계를 원활하게 해결하도록 마련된 제도이다. 사무관리의 성립요건은 타인을 위한 의사와 법적 의무가 없는 타인의 사무관리를 시작하는 것이다. 타인을 위한 의사란 관리에 의한 이익을 사실상 본인에게 귀속시키려는 의사이며, 이 의사는 구태여 표시할 것을 요하지 않는다.

출전 : 오세경 편저, 법률용어사전, 법전출판사

상법 제640조 [보험증권의 교부]

① 보험자는 보험계약이 성립한 때에는 지체없이 보험증권을 작성하여 보험계약자에게 교부하여야 한다. 그러나 보험계약자가 보험료의 진부 또는 최초의 보험료를 지급하지 아니한 때에는 그러하지 아니하다. [개정 1991.12.31]
② 기존의 보험계약을 연장하거나 변경한 경우에는 보험자는 그 보험증권에 그 사실을 기재함으로써 보험증권의 교부에 갈음할 수 있다. [신설 1991.12.31]

본 규정은 보험계약의 효과로서 보험계약이 성립하고, 보험계약자의 보험료납입을 조건으로 한 보험자의 보험증권 교부의무에 관하여 규정하고 있다. 일반적으로 보험증권(insurance policy)이라 함은 보험계약의 성립과 내용을 증명하기 위하여 보험자가 소정의 사항을 기재하고, 기명날인 또는 서명하여 보험계약자(타인을 위한 보험계약의 경우에도 보험계약자에게 교부하여야 함)에게 교부하는 증권을 말한다.[35] 이러한 보험증권의 발행은 계약당사자의 편의를 위한 것이며, 계약의 성립요건이 아님은 당연하다.(보험계약의 불요식, 낙성계약성) 또한 보험자만이 서명하므로 계약서도 아니다. 그리고 현행 상법은 보험증권에 기재할 사항에 관해서는 크게 각종 손해보험계약에서 공통되는 기재사항(상법 제666조)과 인 보험계약에서 공통되는 기재사항(상법 제728조)으로 나누어 정하고 그 밖에 보험의 종류에 따라 다시 구분하여 기재하여야 할 사항을 각각 정하고 있다.(상법 제685조, 제690조, 제695조의 3, 제726조, 제735조) 이렇듯 보험 증권에 기재하여야 할 사항이 법정화 되어 있으므로 요식증권이라 할 수 있으나 엄격한 요식증권은 아니어서 법정사항의 기재를 결하거나 다른 사항을 기재하여도 보험증권의 법률상의 효력에는 아무런 영향이 없다. 또 보험증권은 보험계약자가 아무런 이의 없이 수령한 때에는 계약의 성립과 내용에 관하여 사실상의 추정적 효력을 가지므로 증거증권성을 가진다.

보험증권은 발행방식에 따라 기명식과 무기명식 보험증권으로 구분되며, 손해보

35) 해상보험에서 보험자가 보험계약 인수의 증거로서 계약의 명세를 기재한 서면을 교부하는 경우가 있는데, 이를 “cover note” 라고 하며, 가(보험)증권이라고 하기도 한다.(손주찬 · 정동윤, 주석상법(보험), 한국사법행정학회, 92면)

험계약에서 피보험자의 성명, 인보험계약에서 보험수익자의 성명을 기재한 것을 기명식 보험증권, 이를 기재하지 않은 것을 무기명식 보험증권이라 한다. 상법상 손해보험계약의 경우 피보험자의 성명을 법정기재사항으로 규정하고 있지 않으므로 무기명식 보험증권이 인정되는데, 이는 보험증권의 유통을 위함이다. 인보험계약의 경우 보험수익자를 지정한 경우에는 주소, 성명, 생년월일을 기재하도록 상법 제728조에서 규정하고 있으나 보험수익자를 정하지 않을 수 있으므로 기명식과 무기명식 모두 허용된다. 보험증권은 보험계약자의 청구가 없어도 보험자는 보험계약이 성립한 때에 지체없이 이를 작성하여 보험계약자에게 교부하여야 한다. 또한 본 조문의 단서에는 "보험료의 전부 또는 최초의 보험료를 지급하지 아니한 때에는 그러하지 아니하다." 라고 규정하고 있으므로 보험자의 보험증권 교부의무는 보험계약이 성립하고 보험계약자가 보험료의 전부 또는 최초의 보험료를 받은 경우에 한하여 발생한다고 해석할 수 있다. 기존의 보험계약을 연장하거나 변경한 경우에는 보험자는 보험증권에 그 사실을 기재함으로써 보험증권의 교부에 갈음할 수 있다.

※ 보험증권의 법적성질

1. 요식증권성

보험증권은 법률에서 정하고 있는 일정한 사항을 기재하고 보험자가 기명날인하거나 서명하여야 하므로 요식증권이라고 할 수 있다. 다만, 보험증권은 본문에서도 언급한 바와 같이 어음이나 수표와 같이 엄격하지 않으므로 법률에서 정하고 있는 사항을 결하거나 다른 사항을 기재하더라도 보험증권의 효력에서는 영향이 없다.

2. 증거증권성

보험증권은 보험계약의 성립요건이나 계약서는 아니지만 보험자가 작성하여 교부하고 보험계약자가 이의 없이 이를 교부받은 때에는 당해 보험계약의 성립과 그 내용에 관하여 사실상의 추정적 효력을 가지게 되므로 하나의 증거증권으로서의 성질을 갖는다. 다만, 그 보험증권의 내용이 실제의 내용과 다른 때에는 보험증권 이외의 사실로 다툴 수 있다.[36)]

3. 면책증권성

보험자는 보험금을 지급함에 있어 보험증권을 제시하는 자의 자격유무를 조사할 권리는 있으나 의무는 없다. 따라서 보험자의 악의 또는 중과실 없이 보험증권 제시자에게 보험금을 지급한 경우에는 면책되므로 면책증권성을 갖는다.

4. 유가증권성

일반적으로 기명식으로 발행되는 보험증권은 손해보험증권이든 인보험증권이든 당연히 유가증권성이 부정된다. 다만, 보험증권 중 손해보험증권이 지시식이나 무기명식으로 발행될 경우 유가증권성을 인정할 수 있는가에 대해서는 견해가 나누어지나 적하보험증권 등은 선하증권, 화물상환증의 이전에 따라 유통될 경제적 필요성이 있으므로 유가증권성을 인정할 수 있다는 것이 통설이다.[37] 인보험증권의 경우 무기명식으로 발행된다고 하더라도 보험수익자를 지정 및 변경할 때에는 보험자에 대하여 통지하여야 하며, 보험계약으로 인한 권리를 피보험자 이외의 자에게 양도할 때에는 피보험자의 동의를 얻어야 하므로 유가증권성이 인정되지 않는다.

5. 상환증권성

보험약관에 따라서는 보험금청구권자가 보험자에 대해 보험금 청구를 할 때 보험증권을 제시하도록 규정하고 있으나(생명보험약관 제16조) 모든 보험약관에서 이를 규정하고 있지는 않다. 설령, 보험약관에서 보험금 청구시 보험증권을 제시하도록 하더라도 다른 방법으로 보험금청구권자임을 입증하면 되므로 상환증권으로서의 성질이 절대적이지 않다.

6. 유인증권성

보험증권의 효력은 보험계약의 효력에 의해 영향을 받는다는 점에서 무인증권이 아닌 유인증권성을 지닌다. 따라서 각종 보험계약상의 의무위반 등 계약이 유효하게 존속하지 못하는 사유로 보험계약이 해지되면, 그 보험증권 소지인에게도 영향을 미치게 되므로, 보험증권 소지인은 보험자에 대해 보험증권 내용대로 주장할 수 없다.

36) 대법원 2003.4.25. 선고 2002다64520 판결. "일반적으로 보험계약은 당사자 사이의 의사합치에 의하여 성립되는 낙성계약으로서 별도의 서면을 요하지 아니하므로 보험계약을 체결할 때 작성·교부되는 보험증권은 하나의 증거증권에 불과한 것이어서 보험계약의 성립 여부라든가 보험계약의 내용 등은 그 증거증권만이 아니라 계약 체결의 전후 경위 등을 종합하여 인정할 수 있다. 기평가보험으로 인정되기 위한 당사자 사이의 보험가액에 대한 합의는, 명시적인 것이어야 하기는 하지만 반드시 보험증권에 협정보험가액 혹은 약정보험가액이라는 용어 등을 사용하여야만 하는 것은 아니고 당사자 사이에 보험계약을 체결하게 된 제반 사정과 보험증권의 기재 내용 등을 통하여 당사자의 의사가 보험가액을 미리 합의하고 있는 것이라고 인정할 수 있으면 충분하다."

동일 취지의 판결로는 대법원 1992.10.27 선고 92다32852 판결; 대법원 1996.7.30 선고 95다1019 판결.

37) 손주찬 · 정동윤, 전게서, 90면.

상법 제641조 [증권에 관한 이의약관의 효력]

보험계약의 당사자는 보험증권의 교부가 있는 날로부터 일정한 기간 내에 한하여 그 증권내용의 정부에 관한 이의를 할 수 있음을 약정할 수 있다. 이 기간은 1월을 내리지 못한다.

본 규정은 보험증권상의 기재사항에 대하여 이의 신청기간을 정할 수 있음을 규정하고 있다. 보험증권은 그 성질상 증거증권으로서 기재사항이 법정화 되어 있으나(상법 제666조 등) 엄격하지 않고, 또한 보험증권상의 기재내용이 실제 계약과 다를 때에는 이를 정정(訂正)하여 당사자 사이의 불필요한 분쟁을 막을 필요가 있으므로 이 경우 보험계약의 당사자는 일정한 기간 내에 이의를 제기할 수 있음을 약정할 수 있도록 하고 있다. 이것을 정한 보험약관을 이의약관이라 하며, 이러한 이의약관은 명시적으로 약정한 때에만 그 효력이 인정되며 그 기간도 1월을 내리지 않는 기간 즉, 보험증권 교부일로부터 일정한 기간 내로 약정할 수 있으나 보험계약자의 이익보호를 위해 1월 이내로는 정할 수 없게 하고 있다. 본 조문의 규정상 보험증권에 대한 이의권자는 보험계약 당사자인 보험자와 보험계약자이지만 보험자는 보험증권을 작성하여 교부하는 위치에 있으므로 실제에 있어서는 이의권자로 보험계약자를 염두에 둔 규정이라고 할 것이다.

한편, 본 조문에서는 보험증권에 대해 이의를 제기할 수 있는 기간을 보험계약 당사자 간의 약정에 의해 1개월 미만으로 한 경우에 대해서는 명확한 규정을 두고 있지 않다. 만약 본조의 규정을 위반하여 이의기간을 1개월 미만으로 약정한 경우에는 이는 보험계약자에게 불리한 내용이므로 상법 제663조 "보험계약자 등의 불이익변경금지" 규정에 의하여 무효라고 할 것이다. 이의약관의 정함이 있을 때에는 보험계약 당사자는 보험약관이 정한 기간 안에서만 그 보험증권상의 기재내용의 정정을 청구할 수 있다. 그러므로 이의약관에서 정한 기간이 지나면 보험증권의 기재내용은 확정적 효력을 가진다고 볼 수 있으나, 이때에도 명백한 착오인 경우에는 민법의 일반원칙에 따라 취소권의 행사가 가능하다.

상법 제642조 [증권의 재교부청구]

보험증권을 멸실 또는 현저하게 훼손한 때에는 보험계약자는 보험자에 대하여 증권의 재교부를 청구할 수 있다. 그 증권작성의 비용은 보험계약자의 부담으로 한다.

본 규정은 보험증권의 재교부청구에 대하여 규정하고 있다. 보험증권은 보험금청구서류에 첨부되는 것이 일반적이나 보험증권이 엄격한 상환증권성이 없으므로 보험계약자는 보험금을 청구할 때, 반드시 보험증권을 소지하여야 함을 요하지는 않는다. 하지만 보험증권은 보험계약의 증거방법의 하나로서(증거증권성) 보험계약의 내용을 입증하기가 용이하다. 그리하여 상법은 보험계약자가 보험증권을 멸실하거나 또는 현저하게 훼손한 때에는 보험계약자는 자기의 비용으로 보험증권의 재교부를 청구할 수 있도록 한 것이다. 특히 생명보험계약은 보험계약기간이 장기이므로 재교부에 대한 필요성이 있다.

상법 제643조 [소급보험]

보험계약은 그 계약전의 어느 시기(時期)를 보험기간의 시기(始期)로 할 수 있다.

1. 개요

본 조항은 소급보험에 관하여 규정하고 있다. 소급보험이라 함은 보험계약 성립 전의 어느 시기(時期)를 보험기간의 시기(始期)로 하는 보험을 말한다.[38] 즉, 보험계약기간이 보험기간(policy period)보다 단기(短期)인 경우로서 일반적으로 보험계약기간이라는 것은 보험계약이 유효하게 존속되는 기간을 말하고, 보험자가 보험금지급 채무를 부담하는 기간인 보험기간과 일치하거나 혹은 보험기간보다 장기(長期)인 경우가 일반적이다. 하지만 보험의 성질이나 사후절차의 편의를 위하여 보험자의 책임개시 시기(始期)를 보험계약전의 일정한 시점으로 정할 수 있는데, 본 조항이 바로 그러한 소급보험에 관하여 규정하고 있고 이러한 소급보험은 보험의 특성상 해상보험, 운송보험 등의 손해보험계약과 생명보험계약에서 이용된다.

2. 인정 근거

상법 제644조에서는 보험계약 당시에 보험계약자 또는 보험자가 이미 보험사고가 발생하였거나 발생할 수 없는 것임을 안 때에는 무효이지만 당사자 쌍방과 피보험자가 이를 알지 못한 때에는 유효함을 규정하고 있다. 즉, 보험사고의 불확정성은 반드시 객관적인 것뿐만 아니라 주관적으로 불확정한 것도 유효하며, 이것이 소급보험이 인정될 수 있는 법률적 근거이다.

38) 소급보험의 반대의 개념으로 당사자가 보험기간을 보험계약 성립 이후 일정시점으로 미루는 경우가 있는데 이러한 보험을 추급보험(追及保險)이라 한다.

3. 소급보험이 되기 위한 요건

1) 보험기간의 소급적 시기(始期)

소급보험은 보험기간의 시기(始期)가 보험계약이 성립하기 이전의 어느 시점이어야 한다. 즉, 보험계약기간보다 보험기간이 앞서야 한다.

2) 당사자 간의 소급보험에 대한 합의

당사자 간에 소급적 효력을 인정하는 합의가 있어야 하고, 만약 이에 대한 다툼이 있을 경우에는 소급보험의 효력을 주장하는 측에서 이를 입증하여야 할 것이다.

3) 보험사고 발생에 관한 주관적 불확정

유효한 소급보험계약이 체결되기 위해서는 보험계약 당사자 및 피보험자가 보험사고 발생여부에 대한 정보가 없어야 한다. 즉, 보험사고 발생여부가 주관적으로 불확정한 상태이어야 한다. 보험기간의 시기(始期)를 보험계약체결 이전의 어느 시점으로 하기 때문에 보험자가 보상책임을 부담하는 시점은 시간적으로는 이미 과거이기 때문이다.

4. 소급보험의 효과

소급보험에 있어 보험자는 보험계약성립 전의 어느 시기(時期)로부터의 위험에 대해서 담보하게 되므로 그 계약 성립 전의 사고에 대해서도 보험금을 지급할 책임을 지게 된다. 하지만 보험자의 보험금지급채무에 관한 일반원칙은 다른 약정이 없는 한 최초의 보험료를 받은 때로부터 개시되므로(상법 제656조) 소급보험의 경우에도 계약이 성립하여도 초회의 보험료의 지급이 없는 한 보험자의 책임은 없다할 것이고, 또한 보험계약당사자가 이미 그 보험사고가 발생한 것임을 안 때나 발생할 수 없음을 안 때에는 그 보험계약은 당연히 무효가 된다.(상법 제644조) 한편, 상법 제638조의 2의 제3항의 보험계약의 성립과 관련한 승낙 전 보험보호제도의 이론적 근거를 해제조건부 소급보험의 형태로 이해하기도 한다.[39]

---

39) 최기원, 전게서, 105면; 손주찬, 전게서, 506면.

상법 제644조 [보험사고의 객관적 확정의 효과]

보험계약 당시에 보험사고가 이미 발생하였거나 또는 발생할 수 없는 것인 때에는 그 계약은 무효로 한다. 그러나 당사자 쌍방과 피보험자가 이를 알지 못한 때에는 그러하지 아니하다.

본 조문은 보험사고가 객관적으로 확정된 경우에 있어 그 효과에 관하여 규정하고 있다. 보험의 본질상 보험사고는 일정한 보험의 목적에 관하여 발생 가능함을 전제한 우연성을 지닌 불확정적인 사고이어야 한다. 보험계약은 이러한 보험사고로 인하여 발생될 수 있는 장래의 위험에 대비하여 체결되는 것이므로 보험계약 체결 당시에 이미 보험사고가 발생하였거나 발생할 수 없는 것으로 확정되었을 때에는 그 계약은 무효로 함이 당연하다. 보험사고의 불확정성은 객관적으로 관찰하여야 할 것이나 반드시 객관적으로 우연하여야 함을 요하지 아니하고 계약당사자와 피보험자의 주관적인 판단으로 우연하여도 무방하다. 이는 보험사고가 객관적으로 확정되어 있다고 할지라도 계약당사자와 피보험자의 주관적 부지(不知)를 그 요건으로 하는 한 도덕적 위험(moral hazard) 등 악용될 염려가 없고, 또한 선의의 보험계약자를 보호할 필요가 있다는 점과 운송보험 등에 있어서 소급보험을 위하여 실익이 있기 때문에 인정된 것이라고 볼 수 있다.

그리하여 상법은 보험사고의 발생여부에 관하여 객관적으로 확정된 경우에는 원칙적으로 무효로 규정함과 동시에 보험계약의 당사자 쌍방과 피보험자가 이를 알지 못한 때에는 그 보험계약은 유효한 것으로 규정하고 있다.(본조 단서) 따라서 보험사고가 확정된 사실을 어느 일방만이 알고 상대방이 모를 경우에는 그 보험계약은 무효가 된다고 해석이 된다.[40](삭제된 상법 제645조) 물론 보험사고의 확정여부에

40) 1991.12.31 삭제된 상법 제645조에서는 "제1항 보험계약 당시에 보험계약자 또는 피보험자만이 보험사고가 이미 발생한 것을 안 때에는 보험금액을 청구하지 못한다. 제2항 보험계약 당시에 보험자가 보험사고가 이미 발생할 수 없는 것임을 안 때에는 보험료를 청구하지 못한다." 라고 규정하여 보험사고의 발생 여부를 보험계약 당사자 중 어느 일방이 이미 알았을 때에는 그 계약은 이미 무효인데, 본 조문의 규정이 마치 그 보험계약이 유효한 것으로 오해될 수 있는 여지가 있어 삭제되었다.

관한 지(知), 부지(不知)의 판단은 보험계약성립시를 표준으로 정하여야 한다. 보험계약이 전부 또는 일부가 무효인 경우에는 보험계약자와 피보험자 또는 보험수익자가 선의이며, 중대한 과실이 없는 때에는 보험자는 보험료의 전부 또는 일부를 반환하여야 할 의무를 부담하게 되는데 이에 관한 내용은 상법 제648조의 조문해설에서 다루기로 한다.

용어해설

무효(無效)

무효란 계약 당사자가 행한 법률행위에서 당사자가 기도한 법률상의 효과가 생기지 않는 것을 말한다. 즉, 무효란 누구의 주장이나 행위를 기다리지 않고 당연히 처음부터 효력이 없고, 시간이 경과하여도 유효로 되지 않는다. 효력이 없어지는데 있어 특정인의 주장이 있어야 함을 요하는 취소와는 구별된다. 또한 법률행위의 성립을 전제로 한다는 점에서 불성립(不成立)과도 구별된다. 계약이 무효가 되면 원상회복의 문제가 생긴다.

보험계약법에서 보험계약이 무효가 되는 사유로는 상법 제644조(보험사고의 객관적 확정의 효과), 상법 제655조의 2(사기에 의한 계약), 상법 제732조(15세 미만자 등에 대한 계약의 금지)등과 상법 제731조(타인생명의 보험)의 타인의 생명을 보험사고로 하는 보험계약에서 타인의 동의는 효력발생요건이므로, 보험계약 성립시 동의가 없으면 그 계약 자체는 무효이다.[41)]

출전 : 오세경 편저, 법률용어사전, 법전출판사
강원희, 손해사정이론, 보험연수원

---

41) 대법원 2008.8.21. 선고 2007다76696 판결. "……서면동의 요건 흠결로 인한 보험계약의 무효……." 대법원 2006.9.22. 선고 2004다56677 판결. "상법 제731조 제1항에 의하면 타인의 생명보험에서 피보험자가 서면으로 동의의 의사표시를 하여야 하는 시점은 '보험계약 체결시까지' 이고, 이는 강행규정으로서 이에 위반한 보험계약은 무효이므로, 타인의 생명보험계약 성립 당시 피보험자의 서면동의가 없다면 그 보험계약은 확정적으로 무효가 되고, 피보험자가 이미 무효가 된 보험계약을 추인하였다고 하더라도 그 보험계약이 유효로 될 수는 없다." 대법원 1998. 11. 27. 선고 98다23690 판결. "타인의 사망을 보험사고로 하는 보험계약에는 보험계약 체결시 피보험자인 타인의 서면에 의한 동의를 얻지 아니하면 강행법규인 상법 제731조 제1항의 규정에 위배되어 그 보험계약은 무효가 된다."
생명보험 표준약관(2013.12) 제19조(계약의 무효) 다음 중 한 가지에 해당되는 경우에는 계약을 무효로 하며 이미 납입한 보험료를 돌려 드립니다. 다만, 회사의 고의 또는 과실로 계약이 무효로 된 경우와 회사가 승낙 전에 무효임을 알았거나 알 수 있었음에도 보

험료를 반환하지 않은 경우에는 보험료를 납입한 날의 다음 날부터 반환일까지의 기간에 대하여 회사는 이 계약의 보험계약대출이율을 연단위 복리로 계산한 금액을 더하여 돌려드립니다.

1. 타인의 사망을 보험금 지급사유로 하는 계약에서 계약체결시까지 보험대상자(피보험자)의 서면에 의한 동의를 얻지 아니한 경우. 단, 단체가 규약에 따라 구성원의 전부 또는 일부를 보험대상자(피보험자)로 하는 계약을 체결하는 경우에는 이를 적용하지 아니합니다.

2. 만15세미만자, 심신상실자 또는 심신박약자를 보험대상자(피보험자)로 하여 사망을 보험금 지급사유로 한 계약의 경우

3. 계약체결시 계약에서 정한 피보험자(보험대상자)의 나이에 미달되었거나 초과되었을 경우. 다만, 회사가 나이의 착오를 발견하였을 때 이미 계약나이에 도달한 경우에는 그러하지 아니하나 제2호의 만15세 미만자에 관한 예외가 인정되는 것은 아닙니다.

상법 제645조

삭제. [1991.12.31]

상법 제644조와 관련하여 해석상의 오류가 있어 삭제된 내용으로 삭제된 조문의 내용은 상법 제645조(보험사고의 주관적 확정의 효과) 제1항 "보험계약 당시에 보험계약자 또는 피보험자만이 보험사고가 이미 발생한 것을 안 때에는 보험금액을 청구하지 못한다." 제2항 "보험계약 당시에 보험자가 보험사고가 이미 발생할 수 없는 것임을 안 때에는 보험료를 청구하지 못한다." 라고 규정하고 있었다.(상법 제644조 조문해설 참조)

상법 제646조 [대리인이 안 것의 효과]

대리인에 의하여 보험계약을 체결한 경우에 대리인이 안 사유는 그 본인이 안 것과 동일한 것으로 한다.

본 규정은 대리인에 의하여 체결한 보험계약의 효과에 관하여 규정하고 있는데, 일반적으로 대리라 함은 A가 B의 이름으로 C에 대하여 법률행위를 하거나, 또는 C로부터 의사표시를 수령함으로써 C로부터 받은 의사표시의 효과가 직접 B에게 귀속하는 제도로서 이때 A를 대리인, B를 본인, C를 상대방이라 한다. 본 조문에서 규정하고 있는 대리인에 의하여 체결한 보험계약이라 함은 언급한 대리인으로 하여금 보험계약을 체결하게 함으로써 본인이 보험계약의 당사자(보험자 또는 보험계약자)가 되는 경우를 말한다. 따라서 보험계약이 대리인에 의해 체결되는 경우 그 효력은 보험자 또는 보험계약자에게 미치게 된다.[42] 구체적으로 보험자를 대리하여 계약을 체결하는 경우로는 상법상 독립된 상인[43]으로서 보험업법 제87조 규정에 따라 등록한 보험대리점(체약대리점)이 있을 수 있고, 보험계약자를 대리하여 계약을 체결하는 자는 반드시 상인이어야 할 필요는 없으며 누구이든 불문한다. 대리인에 의하여 보험계약을 체결하는 경우 본인을 명시할 필요는 없으나[44] 만약 이를 명시하지 않음으로써 "본인을 위한 것인지" 의 여부가 불분명한 때에는 대리인 자신을 위한 것으로 보아야 할 것이다.[45] 한편 대리인이 대리행위를 함에 있어 불법행위를 야기한 경우에 그로 인한 손해배상책임은 대리의 효과로서 본인에게 구속되지 않으나, 본인이 대리인의 사용자로서의 책임은 인정될 수 있다.

42) 민법 제114조(대리행위의 효과) "대리인이 그 권한 내에서 본인을 위한 것임을 표시한 의사표시는 직접 본인에게 대하여 효력이 있다."

43) 상법 제87조(대리상의 의의) "일정한 상인을 위하여 상업사용인이 아니면서 상시 그 영업부류에 속하는 거래의 대리 또는 중개를 영업으로 하는 자를 대리상이라 한다."

44) 상법 제48조(대리의 방식) "상행위의 대리인이 본인을 위한 것임을 표시하지 아니하여도 그 행위는 본인에 대하여 효력이 있다. 그러나 상대방이 본인을 위한 것임을 알지 못한 때에는 대리인에 대하여도 이행의 청구를 할 수 있다."

45) 민법 제115조(본인을 위한 것임을 표시하지 아니한 행위) "대리인이 본인을 위한 것임을 표시하지 아니한 때에는 그 의사표시는 자기를 위한 것으로 본다."

상법 제646조의 2 [보험대리상 등의 권한]

① 보험대리상은 다음 각 호의 권한이 있다.
1. 보험계약자로부터 보험료를 수령할 수 있는 권한
2. 보험자가 작성한 보험증권을 보험계약자에게 교부할 수 있는 권한
3. 보험계약자로부터 청약, 고지, 통지, 해지, 취소 등 보험계약에 관한 의사표시를 수령할 수 있는 권한
4. 보험계약자에게 보험계약의 체결, 변경, 해지 등 보험계약에 관한 의사표시를 할 수 있는 권한

② 제1항에도 불구하고 보험자는 보험대리상의 제1항 가 호의 권한 중 일부를 제한할 수 있다. 다만, 보험자는 그러한 권한 제한을 이유로 선의의 보험계약자에게 대항하지 못한다.
③ 보험대리상이 아니면서 특정한 보험자를 위하여 계속적으로 보험계약의 체결을 중개하는 자는 제1항 제1호(보험자가 작성한 영수증을 보험계약자에게 교부하는 경우만 해당한다) 및 제2호의 권한이 있다.
④ 피보험자나 보험수익자가 보험료를 지급하거나 보험계약에 관한 의사표시를 할 의무가 있는 경우에는 제항부터 제3항까지의 규정을 그 피보험자나 보험수익자에게도 적용한다. [본조신설 2014.3.11.] [시행일 2015.3.12.]

Ⅰ. 신설 규정의 취지

본 개정 법률은 보험계약의 체결과정에 있어 보험자의 보조자로서 보험대리상(보험대리점)의 권한에 대해 규정하고 있다. 보험업이라는 영업적 상행위는 보험계약의 체결 즉, 보험모집을 통해 이루어진다. 하지만 "보험" 이라는 상품의 특성이 일반 재화와는 달리 무형의 상품이며, 보험 상품의 내용이 매우 전문적이라서 일반인이 이해하기가 어렵기 때문에 적극적인 수요 유발이 어렵다. 이러한 보험 상품이 갖는 특성으로 인해 보험업은 보험모집에 관하여 일정한 지식을 갖춘 보험보조자를 필요로 하게 된다. 보험대리점, 보험중개사, 보험설계사가 이러한 보험보조자이며, 이들

보조자는 수요에 대해 소극적인 보험 상품을 적극적으로 홍보하여 보험수요자의 수요욕구를 유발시키고 보험수요자가 원하는 보험 상품을 구매, 선택할 수 있도록 설명하는 역할을 하는 자로서 역할을 수행하게 된다.

이러한 보험모집에 관련된 보험자의 보조자 중 특히, 보험설계사는 보험계약의 체결의 중개라는 사실행위만 하는 자이므로 보험계약과정에서 있을 수 있는 여러 가지 법률행위에 대해 아무런 권한이 없는 자이다. 하지만 보험설계사는 보험계약의 최일선에서 보험소비자와 접촉하게 되므로 보험에 대해 전문지식이 없는 일반 보험소비자가 대개 보험설계사의 법률상 지위를 보험자와 동일시하는 경향이 있음을 부인할 수 없는 것이 현실이다. 뿐만 아니라 실제 보험계약 실무에서도 보험설계사의 현실적 역할에 따른 법률적 지위의 불안정으로 인해 보험소비자의 피해가 많았다. 즉, 보험 보조자인 보험대리상이나 보험설계사는 실제 보험계약실무에서는 보험청약과 관련된 의사표시 통지권 및 이의 수령권, 보험료영수권, 보험증권교부권을 실제적으로 행사하지만, 이러한 보조자들의 명확한 권한에 대한 규정이 없어 보험계약 당사자 간에 발생하는 분쟁의 주요 원인이었다. 특히, 보험설계사에 대하여 법원판례는 보험설계사의 보험계약체결 중개권 이외는 보험계약 체결과정에 필요한 일체의 권한을 부정하고 있다.[46] 이렇듯 보험계약 체결과정에서 발생되는 분쟁의 주요 원인을 미연에 방지하기 위하여 2014년 개정 상법에서는 보험대리상에 대해서는 보험료영수권, 보험증권교부권, 의사표시통지권 및 수령권을 인정하고 있으며, 특정한 보험자를 위하여 계속적으로 보험계약의 체결을 중개하는 보험설계사에 대해서는 보험자가 작성한 영수증을 교부하는 경우 보험료수령권, 보험증권교부권을 인정하고 있다.

46) 대법원 1989.11.28. 선고 88다카33367 판결. "보험료 가수증을 보험회사로부터 부여받은 보험모집인(보험설계사)에게 제1회 보험료의 수령권이 있다고 보는 것이 보험업계의 실정이다." 라고 하여 제1회 보험료 영수권을 인정한 사례가 있다.

Ⅱ. 보험대리상의 지위

1. 보험대리상의 정의

보험대리상(보험대리점)이란 일정한 보험자를 위하여 계속적으로 보험계약의 체결을 대리하거나 중개함을 영업으로 하는 독립된 상인을 밀하며, 일반적으로 계약체결 대리권 존재 여부에 따라 체약대리점과 중개대리점으로 나누어지나 현행 보험업법 제2조 제9호에서 "보험대리점이라 함은 보험회사를 위하여 보험계약의 체결을 대리하는 자를 말한다." 라고 규정함으로써 보험계약 체결을 대리하는 체약대리점만을 인정하고 있다.[47] 따라서 현재 우리나라에서 영위되고 있는 보험대리점은 체약대리점으로서 보휨업법 제87조에서 정하고 있는 소정의 절차를 거쳐 금융위원회에 등록을 한 자를 말한다.

2. 보험대리상의 권한

보험자를 대신하여 보험계약에 대한 체결대리권이 있는 보험대리상은 법률상 당연히 보험료 영수권을 비롯한 보험계약에 따른 당사자 간의 의사표시권 및 이의 수령권(약관설명의무, 고지수령권, 계약의 변경, 해지권)이 있으며,[48] 보험대리상의 지(知), 부지(不知)는 보험자의 지(知), 부지(不知)와 동일시되며 민법상 표현대리에 관한 규정도 적용된다고 해석하였다.[49] 그러나 개정 상법 규정에서는 보험대리상의 권한을 보험료수령권, 보험증권교부권, 보험계약자로부터 청약, 고지, 통지, 해지, 취소 등 보험계약에 관한 의사표시를 수령할 수 있는 권한, 보험계약자에게 보험계약의 체결, 변경, 해지 등 보험계약에 관한 의사표시를 할 수 있는 권한을 신설 규정함으로서 보험대리상의 권한을 명확히 하였다는 점에서 그 의미가 있다고 할 것이다.

---

47) 2007.9.3 상법개정안(수정개정안)에는 체약대리점과 중개대리점으로 구분하여 규정하는 시도가 있었으나 보험업법과의 충돌문제가 있어 삭제됨. 따라서 현행 보험업법 체제에서는 중개대리점에 관한 논의는 실익이 없다.

48) 대법원 2000.7.4. 선고 98다62909, 62916 판결; 대법원 1995.5.26. 선고 94다60615 판결.

49) 이기수, 보험법 · 해상법학 5판, 박영사, 55면; 보험법연구, 사법연수원(2007), 22면; 서울고법 1990.4.11. 선고 89나32847 판결. 다만, 보험자의 소송상의 대리권이나 보험계약자(피보험자)의 청구에 대한 승인, 손해액 결정 등의 권한은 인정되지 않는다.(김성태, 전게서, 120면)

3. 보험자의 보험대리상에 대한 권한의 일부 제한

본 개정 상법 규정의 제2항에서는 보험자가 보험대리상이 갖는 제1항의 권한 중 일부를 제한할 수 있도록 하되, 보험자는 보험대리상의 권한 제한을 이유로 선의의 보험계약자에게 대항하지 못함을 규정하고 있다.

Ⅲ. 보험설계사[50]의 지위

1. 보험설계사의 정의

현행 보험업법 제2조 제8호에서 보험설계사라 함은 "보험회사 · 보험대리점 또는 보험중개사에 소속되어 보험계약의 체결을 중개하는 자로서 보험업법 제84조의 규정에 따라 금융위원회에 등록된 자" 라고 규정하고 있다. 물론 보험계약법상으로는 금융위원회의 등록여부와는 상관없이 보험회사를 위하여 사실상의 보험계약체결의 중개를 하는 자는 보험설계사의 지위를 가진다고 할 것이다.[51] 이러한 보험설계사는 특정보험회사 등에 소속되어 있다는 점에서 보험중개사와 구분되며, 보험계약체결대리권이 없다는 점에서 보험대리상과도 구별된다.

2. 보험설계사의 권한

일반적으로 보험설계사는 보험계약의 체결을 권유하고 중개하는 사실행위만을 하는 자를 말하며, 보험업법에서는 보험설계사에게 특정 보험회사 등을 위하여 보험계약의 체결을 중개할 수 있는 지위만 부여하고, 고지수령권이나 보험료 영수권 등의 권한을 규정하고 있지 않음으로 인해 실제 보험계약 체결과정에서의 보험설계사의 역할에 따른 법적 안정성이 확보되지 않아 계약체결이나 보험료 납입과 관련한 잦은 분쟁과 보험소비자의 피해가 많았다. 개정 상법 규정 제3항에서는 "보험대리상이 아니면서 특정한 보험자를 위하여 계속적으로 보험계약의 체결을 중개하는 자

---

50) 기존의 명칭인 "보험모집인" 을 보험업계에서 일반적으로 통용되는 명칭인 "보험설계사" 로 2003년도 보험업법 개정시 변경되었다.

51) 권기범, 전게서, 111면.

는 보험자가 작성한 영수증을 보험계약자에게 교부하는 경우에는 보험료를 수령할 수 있는 권한과 보험자가 작성한 보험증권을 교부할 수 있는 권한이 있다." 라고 규정하여 보험설계사의 권한을 명확히 하고 있다. 다만, 이번에 신설된 본 규정이 검토과정에서 법원판례나 주요 학설상 인정되는 보험설계사의 약관설명의무 규정도 신설하는 것이 필요하다는 견해가 있었으나 논의과정에서 상법에서 규정하는 것이 보험업법 제97조 등과 충돌하는 문제가 있으므로 반영되지 않았다.[52)]

Ⅳ. 피보험자나 보험수익자에 대한 동규정의 적용

본 신설 규정인 보험자의 보조자로서 보험대리상 및 보험설계사의 권한 규정은 보험계약당사자인 보험계약자에게만 적용되는 것이 아니며, 피보험자나 보험수익자가 보험료를 지급하거나 보험계약에 관한 의사표시를 할 의무가 있는 경우에는 제1항부터 제3항까지의 규정이 그 피보험자나 보험수익자에게도 적용하도록 하고 있는데, 이는 보험계약당사자는 아니지만 피보험자나 보험수익자는 보험계약에 있는 중요한 이해관계자일 뿐만 아니라 일정한 경우 보험계약당사자로서의 역할을 수행하여야 하는 경우도 있으므로[53)] 당연한 규정이라고 할 것이다.

---

52) 대한변호사협회, 상법개정안에 대한 의견.(2008.4.21)

53) 상법 제639조 제3항에서는 타인을 위한 보험계약의 경우 보험계약자가 파산선고를 받거나 보험료의 지급을 지체한 때에는 그 타인이 그 권리를 포기하지 아니하는 한 그 타인도 보험료를 지급하여야 할 의무가 있으며, 상법 제650조 제3항에서는 특정한 타인을 위한 보험의 경우에 보험계약자가 보험료의 지급을 지체한 때에는 보험자는 그 타인에게도 상당한 기간을 정하여 보험료의 지급을 최고한 후가 아니면 그 계약을 해제 또는 해지하지 못함을 규정하고 있다.

용어해설

표현대리

대리권이 없는 자가 행한 대리행위(무권대리)는 무효이다. 그러나 무리(無理)없는 사정이 있어서 상대방이 무권대리인을 유권대리인이라고 오신(誤信)한 경우에는 본인은 그 무권대리 행위에 대하여 책임을 지며, 무효를 주장할 수가 없다. 이것이 표현대리이다. 이는 외형을 신뢰한 자를 보호한다는 점에서 선의취득과 동일한 원리에 입각한 제도이다.

민법 제125조 [대리권수여의 표시에 의한 표현대리] 제3자에 대하여 타인에게 대리권을 수여함을 표시한 자는 그 대리권의 범위 내에서 행한 그 타인과 그 제3자간의 법률행위에 대하여 책임이 있다.

출전 : 오세경 편저, 법률용어사전, 법전출판사

상법 제647조 [특별위험의 소멸로 인한 보험료의 감액청구]

보험계약의 당사자가 특별한 위험을 예기하여 보험료의 액을 정한 경우에 보험기간 중 그 예기한 위험이 소멸한 때에는 보험계약자는 그 후의 보험료의 감액을 청구할 수 있다.

본 조문은 보험계약 체결당시에 특별한 사정을 예기하여 보험료를 결정한 경우, 그 예기한 특별한 사정이 소멸하게 되었다면 사정변경의 원칙에 따라 보험계약자에게 보험료의 감액을 청구할 수 있도록 한 내용이다. 보험계약자가 위험을 보험자에 전가시키는 대가로서 부담하는 보험료는 그 위험의 발생 개연성과 범위 등 위험의 평가에 의하여 정해진 요율에 따르게 되고, 보험계약 체결 당시 약정된 보험료는 당사자 간의 합의 없이 어느 일방이 임의적으로 이를 변경할 수 있는 것이 아니다. 본 조문에서는 보험계약을 체결할 당시 어떤 특별한 위험을 예기(전제)하고 계약을 체결하였을 경우, 그 전제한 위험이 소멸하였을 경우에는 보험계약자의 보험자에 대한 보험료의 감액을 청구할 수 있음을 명확히 하고 있다. 이것은 상법 제652조 및 653조 등의 규정과 비교하여 당연하다고 할 것이다. 즉, 보험계약 체결 당시 보험계약자가 일반적인 위험이 아닌 특수한 위험(보험단체의 평균위험보다 높은 위험)이 있을 것이라고 예상하고 그 위험에 합당한 보험료를 정하였다면, 그 예상한 위험이 소멸된 후에도 보험자가 여전히 그에 해당하는 보험료를 받는다는 것은 부당이득임이 자명하다. 이에 상법에서는 보험계약자는 특별위험이 소멸하였음을 입증하고, 그 후의 보험료에 대하여 감액을 청구할 수 있음을 정하고 있다. 그리고 본 조문에서 말하는 "그 후의 보험료" 라 함은 특별한 위험이 소멸한 때의 보험료기간 이후의 미경과기간에 대한 보험료(미경과보험료; 미경과 보험료란 책임준비금의 일종으로서 당해 사업연도에 받은 보험료 중에 당해 사업연도 이후에 걸친 보험료기간에 대한 보험료를 말하며, 다음 사업연도에 있어서의 보험자의 책임에 대비하여 적립하는 보험료를 말한다)를 말한다. 따라서 보험자가 비록 보험료기간의 일부에 대해서만 특별한 위험을 부담하였다고 하더라도 특별한 약정이 없는 한 보험료불가분의 원칙에 의해 그 보험료기간에 대한 보험료는 보험자에게 귀속된다. 이러한 보험계약자의 보험료감액청구권은 형성권의 일종이며, 정당한 사유없이 보험자가 그 감액청구를 거부한 때에는 보험계약자는 보험자에 대해 채무불이행에 대한 손해배상책임을 물을 수 있다.

다만, 본 조문에서는 보험계약자의 보험료감액청구권이 "...그 예기한 위험이 소멸한 때에...." 에 할 수 있으며, 특별위험이 감소한 경우에 대해서는 별도의 규정이 없다. 이에 대해 특별위험이 소멸하지 않고, 감소(현저한 감소도 포함)한 경우에는 보험계약자의 보험료감액청구권이 인정되지 않는다는 견해[54]와 상법 제652조, 제653조의 규정과의 균형을 위해서 보험계약자의 보험료감액청구권을 인정하여야 한다는 견해가 있다.[55] 보험계약자의 보험료감액청구권은 본 조문의 규정 이외에도 상법 제669조 제3항 규정에 의해 초과보험의 경우 즉, 보험기간 중에 보험금액이 보험가액을 현저하게 초과한 때에도 보험료감액청구권을 행사할 수 있다.

용어해설

사정변경(事情變更)의 원칙(原則)

일단 계약을 체결한 이상 이것을 당연히 지켜야 한다. 그러나 어떤 경우를 막론하고 계약을 지키라고 한다면 때로는 당사자 일방이 불리한 경우도 있다. 예를 든다면 사변 전에 토지를 빌려 지대를 결정하였는데, 그 후 인플레이션으로 인하여 일반 물가가 수백 배로 폭등하였다고 할 경우에 약속을 지켜야 하니까 약속한 대로 싼 지대로 토지를 빌리라고 한다면 오히려 불공평한 것이 된다. 이와 같이 당사자의 책임없는 사유로 계약 당시에는 당사자가 미처 예상할 수도 없었던 것 같은 현저한 사정의 변경이 발생하였을 경우에는 신의칙, 공평의 원칙상 계약내용을 개정하든가 만약에 그것이 불가능할 때는 계약의 해제를 인정해야 한다는 것이 사정변경의 원칙이다. 법문상 일반적으로 이 원칙을 승인한 규정은 없지만 학설상 주장되고 있으며, 판례에도 이 원칙을 적용한 것이 있다. 그러나 계약의 변동을 쉽게 인정하게 되면 실제 거래실무분야에는 많은 혼란이 생길 우려가 있기 때문에 이 원칙은 신중히 적용되어야 한다.

출전 : 오세경 편저, 법률용어사전, 법전출판사

54) 최기원, 전게서, 238면.

55) 손주찬 · 정동윤, 전게서, 112면.

상법 제648조 [보험계약의 무효로 인한 보험료반환 청구]

보험계약의 전부 또는 일부가 무효인 경우에 보험계약자와 피보험자가 선의이며 중대한 과실이 없는 때에는 보험자에 대하여 보험료의 전부 또는 일부의 반환을 청구할 수 있다. 보험계약자와 보험수익자가 선의이며 중대한 과실이 없는 때에도 같다.

본 규정은 보험계약이 무효가 된 경우에 있어 보험계약자의 보험료반환 청구에 관하여 규정하고 있다. 보험계약은 계속계약의 성질로 인하여 한 번 성립한 보험계약은 일정 기간(보험계약기간) 유효하게 존속하게 된다. 하지만, 여러 가지 계약관계의 하자(瑕疵)가 있을 경우 그 계약은 무효, 취소, 실효, 해지, 해제 등으로 계약관계가 종료하게 되며, 상법은 각각의 하자사유의 내용에 따라 계약 당사자가 주장할 수 있는 권리관계를 달리하고 있다.

계약에 있어 "무효" 란 계약당사자가 행한 법률행위에서 당사자가 의도한 법률상의 효과가 생기지 않는 것을 말하며, 계약이 무효가 됨에 있어 누구의 주장이나 행위를 기다리지 않고, 법률이나 계약내용에서 무효의 사유가 발생하면 당연히 생기는 것으로, 무효가 되면 그 계약의 효력은 처음으로 소급하여 소멸하게 된다. 보험계약법에서 규정하고 있는 무효사유로는 상법 제644조(보험사고의 객관적 확정의 효과), 상법 제669조(사기로 인한 초과보험), 상법 제672조(사기로 인한 중복보험), 상법 제732조(15세 미만자 등에 대한 계약의 금지) 등의 규정이 있다.

보험계약자가 보험계약의 무효를 이유로 보험료반환청구권을 행사하기 위해서는 객관적 요건으로서 보험계약이 위의 내용에 따라 무효가 되어야 하며, 주관적 요건으로서 손해보험계약의 경우 보험계약자와 피보험자, 인보험계약의 경우 보험계약자와 보험수익자가 선의(善意)[56]이며, 중대한 과실이 없어야 한다. 보험계약이 무효가 되면, 계약은 처음부터 효력이 없으므로 지급받은 보험료가 있을 경우에는 보험

56) 자신의 행위가 법률관계의 발생, 소멸 및 그 효력에 영향을 미치는 사실을 모르는 것을 말하며, 도덕적으로 착하다는 말과는 구별됨.

자는 지급받은 보험료 전액을 반환하는 것은 당연하다. 하지만 보험계약자의 악의(惡意)[57]로 보험계약이 체결되어 그 사유로 보험계약이 무효가 된 경우에도 보험계약자가 보험료 전부를 반환받을 수 있다면, 보험계약이 악용될 여지가 있을 수 있다. 이러한 경우에는 적절한 제재(制裁)가 필요하므로 본 조문에서는 보험계약이 무효가 되어 보험료의 반환 문제가 생긴 경우, 보험계약자가 보험료를 반환받기 위해서는 일정한 요건을 필요로 함과 보험계약자가 비록 선의라고 하더라도 과실이 있는 경우에 그 과실의 경중에 따라 차등적으로 보험료를 반환받을 수 있음을 규정하고 있다.[58]

하지만 보험계약이 무효가 되는 사유 중에 이른바 "보험계약자가 선의이며, 중대한 과실이 없는 경우" 를 설명하기가 쉽지 않다는 점에서 본 조문의 적용상의 한계를 발견할 수 있다. 상법상 보험계약이 무효가 되는 경우로는 상법 제644조(보험사고의 객관적 확정의 효과), 상법 제669조(사기로 인한 초과보험), 상법 제672조(사기로 인한 중복보험), 상법 제732조(15세 미만자 등에 대한 계약의 금지) 등이 있다. 보험계약자의 사기로 인한 초과 · 중복보험계약의 체결은 보험계약자가 악의적이므로 이 규정에 의해 보험료가 반환되는 경우는 없다고 할 것이다.

하지만 상법 제644조의 경우 단서에서는 "계약당사자 쌍방과 피보험자가 보험사고가 이미 발생하였거나 발생할 수 없는 것임을 알지 못하였을 때에는 그러하지 아니하다." 라고 규정하여 보험사고가 객관적으로 확정되어 있더라도 보험계약 당사자 쌍방과 피보험자가 이를 알지 못하였을 경우에는 보험계약이 유효함을 인정하고 있다. 따라서 보험계약과 관련하여 보험계약자 측이 선의이며 중대한 과실이 없을 경우에는 보험사고가 객관적으로 확정되어 있더라도 계약 자체가 무효가 되지 않는다고 해석될 것이므로[59] 보험계약자 등이 선의이며, 중대한 과실이 없음을 이유로 보

57) 법률관계의 발생 · 소멸 · 효력에 영향을 미칠 수 있는 어떤 사정을 알고 있는 것을 말하며, 도덕적으로 나쁘다는 뜻과는 구별됨.

58) 보험계약자 등이 선의이며, 중대한 과실이 없는 경우에 보험료 반환을 청구할 수 있으며, 이 경우에도 "보험료의 전부 또는 일부" 의 반환을 청구할 수 있다.

59) 또한, 상법 개정 법률(신설)인 상법 제655조의 2(사기에 의한 계약)에서도 "보험계약이 당사자 또는 피보험자의 사기로 인하여 체결된 보험계약은 무효이며, 이 경우 보험자는 그 사실을 안 때까지의 보험료를 청구할 수 있다." 라고 신설규정하고 있으며, 상법 개정 법률 제732조(15세 미만자 등에 대한 계약의 금지)의 단서규정에서도 "15세 미만자, 심신상실자 또는 심신박약자의 사망을 보험사고로 한 보험계약은 무효로 한다. 다만, 심

험계약이 무효가 되는 경우는 거의 없다할 것이고, 따라서 보험계약자에게 본 조문의 규정에 의하여 보험료반환청구권이 허용되는 일은 사실상 매우 적을 것이다.[60]

다만, 현행 생명보험 표준약관 제4조에서는 "타인의 사망을 보험사고로 하는 보험계약에서 계약체결시까지 피보험자의 서면에 의한 동의를 얻지 아니 하거나, 15세 미만, 심신상실자 또는 심신박약자의 사망을 보험사고로 한 계약은 무효로 하며, 이 경우 이미 납입한 보험료를 반환한다." 라고 규정하고 있으나, 타인의 사망을 보험사고로 하는 보험계약의 경우 이는 보험계약이 당연 무효가 되는 것이 아니고, 타인(피보험자)의 동의는 계약의 효력발생요건이므로 본 조문의 규정과 성격이 일치한다고 할 수 없다.[61]

본 규정에 의한 보험계약자의 보험료 반환청구권은 상법 제662조 규정에 따라 무효사유가 발생한 날로부터 2년간 그 권리를 행사하지 않으면 소멸시효가 완성된다. 또한 본 조문에서는 "보험계약이 전부 또는 일부가 무효" 라고 규정하고 있지만 상법이나 보험약관에서 어떤 경우에 "일부가 무효" 로 되는지에 대해 관련 규정을 찾을 수 없다. 보험계약이 해지된 경우의 있어 보험료 반환에 관하여는 상법 제649조의 조문해설에서 다루기로 한다.

한편, 기존의 자동차보험 표준약관 [17]-1-(1) 및 [17]-2 에서는 보험계약의 무효 및 이에 따른 보험료 반환에 관하여 다음과 같이 규정하고 있다.(아래 자동차보험 약관참조) 즉, 자동차보험의 경우 보험약관에서 보험계약이 무효로 되는 사유로 보험계약자 또는 보험계약자의 대리인의 사기행위에 의해 보험계약 체결된 경우로 규정하고 있을 뿐, 달리 무효 사유를 규정하고 있는 사항은 없다. 하지만 보험료 환급 규정에서는 마치 다른 사유로 보험계약이 무효로 될 수 있는 것처럼 즉, 보험계약

신박약자가 보험계약을 체결하거나 제731조에 따른 서면 동의를 할 때에 의사능력이 있는 경우에는 그러하지 아니하다." 라고 신설 규정하고 있다.

60) 상법 제638조의 3에서 규정하고 있는 보험약관의 교부·설명의무를 위반한 경우 보험계약자는 계약성립일로부터 1개월 이내에 그 계약을 취소할 수 있는데, 보험계약자가 취소권을 행사한 경우 보험계약은 무효가 되므로 보험료의 전부에 대한 반환청구권이 인정된다.

61) 상법 개정 법률 제732조에서는 "심신박약자의 경우에도 본인이 직접 보험계약을 체결할 수 있는 의사능력이 있을 때에는 무효가 되지 않는다." 고 규정하고 있으므로 만약 이 규정대로 상법이 개정될 경우에는 동 약관 규정의 수정이 불가피 할 것으로 생각된다.

자가 선의이며, 중대한 과실이 없는 사유로 보험계약이 무효로 될 수 있음을 전제하여, 무효의 유형별 보험료를 환급한다고 규정하고 있는 것은 명확한 오류였으며, 현행 자동차보험 표준약관은 이러한 보험계약의 무효규정이 삭제되고 보험금 환급에 관한 규정이 별도 신설되었다.

※ 기존의 자동차보험 표준약관

[17]-1-(1). 보험계약의 무효
보험계약이 보험계약자 또는 보험계약자의 대리인의 사기행위에 의하여 맺어진 경우에는 무효로 됩니다.
[17]-2. 보험료의 환급
보험회사는 보험계약이 소멸된 경우에는 다음의 규정에 의한 보험료를 보험계약자에게 환급합니다.
[17]-2-(1). 보험계약이 무효로 된 경우

무효의 유형	환 급 방 법
보험계약자 또는 피보험자가 선의이며 중대한 과실이 없는 경우	보험료의 전액을 환급
보험계약자 또는 피보험자의 과실이 있는 경우	보험회사가 무효사실을 안 날까지의 경과기간에 대하여 단기요율로 계산한 보험료를 공제하고 나머지를 환급
보험계약자 또는 피보험자의 고의 또는 중대한 과실이 있는 경우	보험료를 환급하지 아니함

※ 현행 자동차보험 표준약관

제54조(보험료의 환급 등) ① 보험기간이 시작되기 전에 보험료가 변경된 때에는 변경 전 보험료와 변경 후 보험료의 차액을 더 받거나 돌려 드립니다.

② 보험회사의 고의·과실로 보험료가 적정하지 않게 산정되어 보험계약자가 적정보험료를 초과하여 납입한 경우, 보험회사는 이를 안 날 또는 보험계약자가 반환을 청구한 날부터 10일 이내에 적정보험료를 초과하는 금액 및 이에 대한 이자(납입한 날부터 반환하는 날까지의 기간에 대해 보험개발원이 공시한 정기예금이율에 따라 연 단위 복리로 계산한 금액)를 돌려드립니다. 다만, 보험회사에게 고의·과실이 없을 경우에는 적정보험료를 초과한 금액만 돌려드립니다.

③ 보험회사는 보험계약이 취소되거나 해지된 때, 또는 그 효력이 상실된 때에는 다음과 같이 보험료를 돌려드립니다.

1. 보험계약자 또는 피보험자의 책임 없는 사유에 의하는 경우: 제39조 제4항에 의해 계약이 취소된 때에는 보험회사에 납입한 보험료의 전액, 효력 상실되거나 해지된 경우에는 경과하지 않은 기간에 대하여 일단위로 계산한 보험료
2. 보험계약자 또는 피보험자의 책임 있는 사유에 의하는 경우: 이미 경과한 기간에 대하여 단기요율로 계산한 보험료를 뺀 잔액
3. 보험계약이 해지된 경우, 계약을 해지하기 전에 보험회사가 보상하여야 하는 사고가 발생한 때에는 보험료를 환급하지 않습니다.

④ 제3항에서 '보험계약자 또는 피보험자에게 책임이 있는 사유'라 함은 다음의 경우를 말합니다.

1. 보험계약자 또는 피보험자가 임의 해지하는 경우(의무보험의 해지는 제외)
2. 보험회사가 제50조(보험계약의 취소) 또는 제53조(보험회사의 보험계약 해지)에 따라 보험계약을 취소하거나 해지하는 경우
3. 보험료 미납으로 인한 보험계약의 효력 상실

⑤ 보험계약이 해제된 경우에는 보험료 전액을 환급합니다.

상법 제649조 [사고발생전의 임의해지]

① 보험사고가 발생하기 전에는 보험계약자는 언제든지 계약의 전부 또는 일부를 해지할 수 있다. 그러나 제639조의 보험계약의 경우에는 보험계약자는 그 타인의 동의를 얻지 아니하거나 보험증권을 소지하지 아니하면 그 계약을 해지하지 못한다. [개정 1991.12.31]
② 보험사고의 발생으로 보험자가 보험금액을 지급한 때에도 보험금액이 감액되지 아니하는 보험의 경우에는 보험계약자는 그 사고발생 후에도 보험계약을 해지할 수 있다. [신설 1991.12.31]
③ 제1항의 경우에는 보험계약자는 당사자 간에 다른 약정이 없으면 미경과보험료의 반환을 청구할 수 있다. [개정 1991.12.31]

1. 규정의 취지

본 규정에서는 보험계약자에게 보험사고 발생 전에는 언제든지 계약을 해지할 수 있는 권리 즉, 임의해지권에 대하여 규정하고 있다. 본 조문의 규정에 의한 계약해지는 보험계약자만이 할 수 있으며, 해지의 의사표시는 명시적(明示的)으로 보험자에게 하여야 한다.[62] 만약 보험계약자의 임의해지 의사표시가 묵시적(默示的)일 경우 오히려 보험자로부터 보험료지급의 지체로 인한 해지를 당할 수 있다. 이는 임의해지의 의사표시가 묵시적인 경우, 보험계약자는 임의해지를 하였다고 생각하여 보험계약 관계가 종료한 것으로 믿고 당연히 보험료를 지급하지 않지만 임의해지의 의사표시가 명시적으로 보험자에게 전달되지 않는 한 계약은 해지되지 아니하고, 유효하게 존속되고 있기 때문이다. 이 경우에 오히려 보험자는 보험료지급의 지체를 이유로 상법 제650조 규정에 따라 해지권을 행사 할 수 있기 때문이다. 상법이 보험계약자에게 이러한 보험계약의 임의해지권을 인정하고 있는 이유는 보험사고가 발생하기 전에 계약이 해지되는 이상 보험자는 불이익을 받는 일이 없고, 또한 보

62) 민법 제543조 (해지, 해제권) ①계약 또는 법률의 규정에 의하여 당사자의 일방이나 쌍방이 해지 또는 해제의 권리가 있는 때에는 그 해지 또는 해제는 상대방에 대한 의사표시로 한다. ②전항의 의사표시는 철회하지 못한다.

험계약자로서도 보험료의 부담이라는 경제적 이유와 보험자의 신용에 대한 의혹 등의 사유로 보험계약의 유지가 어려운 경우도 있을 수 있기 때문이다. 보험계약이 본 조문의 규정에 의하여 해지될 경우 계약당사자 간에 특별한 약정을 하지 않는 한 보험계약자는 지급한 보험료 중에서 미경과기간에 대한 보험료의 반환을 청구할 수 있다.

한편, 보험계약자의 임의해지권은 책임보험이나 상해보험의 경우와 같이 보험사고가 발생하여 보험금이 지급되더라도 보험금액이 감액되지 않는 보험(전액주의 보험)[63]인 경우에는 보험사고가 발생한 이후에도 보험계약자는 나머지 보험기간 동안에 대하여 보험계약을 해지할 수 있음을 규정하고 있다. 단, 이 경우에는 보험자가 보험사고 발생 전에 보험계약을 해지한 때와는 달리 미경과기간에 대한 보험료의 반환의무를 부담하는 것은 아니다.(본 조문 제3항)

2. 해석상의 문제

특히 본 조문의 제1항의 단서규정은 1991년 상법 개정 당시 신설된 규정인데, 이는 타인을 위한 보험계약의 성질을 민법 제539조의 타인을 위한 계약으로 이해하고, 민법상 제3자를 위한 계약에서는 제3자의 권리가 확정된 후에는 계약당사자는 이를 변경 또는 소멸시키지 못하므로[64] 그 타인의 동의가 없는 한 보험계약자는 임의로 계약을 해지할 수 없다는 학계의 고 주장을 반영하여 "타인을 위한 보험계약의 경우에는 보험계약자는 그 타인의 동의를 얻지 아니하거나 보험증권을 소지하지

---

63) 어떤 보험의 목적에 대하여 분손 사고가 발생하여 분손금을 지급한 후 동일 보험기간 중에 계속 동일 보험의 목적에 손해가 발생한 경우 그 각각의 손해에 대하여 언제나 보험금액을 한도로 손해보상책임을 지는 보험을 전액주의 보험이라고 하며, 주로 해상보험, 자동차보험, 운송보험, 항공보험에서 이용된다.
전액주의 보험은 보험금 지급 후에도 보험금액이 감액되지 않는데 비해 체감주의 보험은 지급한 보험금만큼 보험금액이 감액되는 보험을 말한다. 즉, 동일한 보험의 목적물이 동일한 보험기간 중에 여러 차례 분손 사고가 발생하였을 경우에 보험자의 보상책임액은 보험금액에서 그때마다 지급되는 보험금을 차감한 액, 다시 말해서, 잔존보험금액을 한도로 하고 보험금을 지급할 때마다 체감시킨다. 체감주의 보험은 전통적으로 화재보험에서 이용된다.(강원희, 손해사정이론, 보험연수원)

64) 민법 제541조(제3자의 권리의 확정) "제539조의 규정에 의하여 제3자의 권리가 생긴 후에는 당사자는 이를 변경 또는 소멸시키지 못한다."

아니하면 계약을 해지하지 못한다." 라고 규정하고 있다. 그러나 본 조문 제1항의 단서규정은 그 취지와는 달리 다음과 같은 법조문의 기술상(記述上)의 오류가 있다.[65] 본 조문은 단서규정의 내용을 살펴보면, 보험계약자가 계약을 해지하지 못하는 조건으로 두 가지, 타인의 동의를 얻지 아니하는 경우와 보험증권을 소지하지 아니하는 경우를 "가리지 않는다." 라는 뜻의 연결어미인 "~거나" 를 사용하여 열거하고 있다. 이는 두 경우 중 가리지 않고 어느 한 경우가 되어도 계약을 해지하지 못한다는 것이다. 예를 들면, 보험증권만 소지한 보험계약자가 타인의 동의 없이 보험계약을 해지하려는 경우 단서의 조건인 "그 타인의 동의를 얻지 아니하거나" 에 걸려 계약을 해지할 수 없다. 결국, 동의도 얻고 증권도 소지하여야 계약을 해지할 수 있다는 것으로 해석되어지는 오류가 있다. 동 단서가 입법취지와 다르게 표현되었다는 것을 논리학적인 방법으로 증명을 해보면,

<기본명제>

> 타인을 위한 보험계약의 경우에 보험계약자는 그 타인의 동의를 얻지 아니하거나 보험증권을 소지하지 아니하면 그 계약을 해지하지 못한다.

<증명>

P를 "타인의 동의" , Q를 "증권의 소지" 그리고 R을 "해지" 라고 하자. 그러면 상법 제649조 제1항의 단서 즉, 위의 기본명제는 다음과 같이 표현할 수 있다.
$(\sim P \lor \sim Q) \Rightarrow \sim R$. 여기서 $\sim P$는 P의 부정(denial; not P), $P \lor Q$는 P와 Q 중 최소한 하나(disjunction; at least one of P or Q), $P \Rightarrow Q$는 P이면 Q이다(If P, then Q)를 의미한다. 위 명제의 대우(contrapositive)는 다음과 같이 표현 할 수 있다.
$\sim(\sim R) \Rightarrow \sim(\sim P \lor \sim Q)$. 드모르간의 법칙(De Morgan's Law)에 의해 $R \Rightarrow (P \land Q)$.
여기서 $P \land Q$는 P와 Q 둘 다(conjunction; both P and Q)를 의미한다. 이 대우를 다시 풀어쓰면 해지(R)를 하려면 타인의 동의(P)와 증권의 소지(Q)가 모두 필요하다는 결론을 얻을 수 있다. 이것은 동 법률의 입법취지와는 전혀 다른 것이다.

대우가 "거짓(false)" 이면 기본명제도 "거짓(false)" 이므로 동 조항의 단서규정 역

65) 이원돈, 상법 제649조 제1항 단서의 해석, 보험학회지 제59집(2001.8).

시 입법취지와 다른 것이다. 따라서 보험계약자가 타인을 위한 보험계약을 해지하는 경우 필요한 조건으로서 타인의 동의와 보험증권의 소지를 선택적으로 적용시키려는 입법취지와는 틀리게 단서를 추가한 것이다. 그러므로 동 규정은 "그러나 제639조의 보험계약의 경우에는 보험계약자는 그 타인의 동의를 얻거나 보험증권을 소지한 경우에 한하여 계약을 해지할 수 있다." 로 개정되어야 할 것이다.[66]

또한, 본 조문의 규정은 보험계약자가 임의해지권을 행사하기 위한 필요조건으로서 "타인의 동의" 또는 "보험증권의 소지" 를 규정하고 있으므로 해석상 "보험증권의 소지" 와 "타인의 동의" 가 동일시 될 수 있다는 것을 의미하는데, 이는 보험계약자에게 보험증권 재교부청구권이 인정되는 까닭에 "보험증권의 소지" 라는 규정에 실익이 있는지가 의문시 된다. 가령 채권자가 채무자에게 채무보증에 대해 보증보험증권을 요구하는 경우, 보증보험계약을 체결한 보험계약자인 채무자가 이 보험계약의 피보험자인 채권자에게 보험자로부터 받은 보험증권을 교부하고, 상법 제642조의 규정에 따라 보험증권을 재발행 받아 이를 보험자에게 제시하고 임의해지권을 행사할 수 있기 때문이다.

66) 이 표현은 1988년 제3차 상법개정 보험실무소위원회에서 양승규 위원이 제시한 것이기도 하다.

상법 제650조 [보험료의 지급과 지체의 효과]

① 보험계약자는 계약체결 후 지체없이 보험료의 전부 또는 제1회의 보험료를 지급하여야 하며, 보험계약자가 이를 지급하지 아니하는 경우에는 다른 약정이 없는 한 계약 성립 후 2월이 경과하면 그 계약은 해제된 것으로 본다.
② 계속보험료가 약정한 지급기일에 지급되지 아니한 때에는 보험자는 상당한 기간을 정하여 보험계약자에게 최고하고, 그 기간 내에 지급되지 아니한 경우에는 그 계약을 해지할 수 있다.
③ 특정한 타인을 위한 보험의 경우에 보험계약자가 보험료의 지급을 지체한 때에는 보험자는 그 타인에게도 상당한 기간을 정하여 보험료의 지급을 최고한 후가 아니면 그 계약을 해제 또는 해지하지 못한다. [전문개정 1991.12.31]

1. 최초의 보험료 지체시 효과

보험계약은 유상계약(有償契約)으로서 보험사고 발생시 보험자의 보험금지급채무에 대한 대가로서 보험계약이 성립하면 보험계약자는 보험자에 대하여 보험료를 지급하여야 한다.(상법 제638조) 이러한 보험료지급의무 보험계약자가 보험계약의 효과로서 부담하는 가장 주된 의무중의 하나라고 할 수 있다. 또한 계약이 성립하더라도 특별한 약정이 없는 한 최초의 보험료를 지급받기 전에는 보험자의 책임이 개시되지 아니하므로(상법 제656조) 보험자에 대한 보험계약자의 보험료 지급은 보험계약의 본질적인 요소라 할 수 있다.

본 규정의 각 항은 보험계약자의 보험료의 지급과 지체시 그 효과에 관하여 규정하고 있다. 보험료 지급은 한꺼번에 지급하는 일시지급과 나누어 지급하는 분할지급의 방법이 있다. 일시지급인 경우에는 보험료의 전부를, 분할지급인 경우에는 제1회의 보험료를 보험계약체결 후 지체없이 지급하여야 하며, 이를 지급하지 아니하고 2월이 경과하면 특별한 약정이 없는 한 보험계약은 해제[67]된 것으로 보아(해제의제) 보험자의 계약해제의 의사표시 없이 처음부터 그 계약은 효력을 갖지 않는

67) 해제의 법률적 효과는 원상회복이다. 즉, 계약이 행하여지지 않았던 것과 같은 상태로 복귀 된다.

것으로 규정하고 있다. 특히 2월이라는 기간을 둔 것은 보험관계를 취급하는 사정을 감안하여 가급적 신속한 처리가 요망되기 때문이다.

2. 계속보험료 부지급(不支給)의 효과

본 규정 제2항에서는 보험료가 분할하여 지급되는 경우에 있어 제2회 이후의 보험료(계속보험료)가 약정한 시기에 지급되지 아니하고 지체될 경우에는 보험자는 상당한 기간을 최고(催告)한 후 보험계약을 해지할 수 있음을 규정하고 있다. 보험자가 보험료의 지체를 이유로 계약을 해지하기 위해서는 그 전제로서, 보험료 지체에 대해 상당한 기간을 최고하여야 한다.

즉, 계속보험료가 지체될 경우에 보험자가 계약을 해지하기 위해서는 첫째, 계속보험료의 납입지체가 있어야 하며 둘째, 상당기간에 걸쳐 지체된 보험료에 대한 납입최고를 하여야 하고 셋째, 최고기간 내에도 계속보험료의 납입이 없을 경우 넷째, 보험자의 해지권 행사로 계약이 소멸된다.

이 경우 보험자의 최고 및 해지의 의사표시가 상대방에게 전달되어야 함은 당연하다. 상법이 이러한 절차를 규정하고 있는 이유는 보험계약자가 차기(次期) 보험료가 지체되는 것을 단순한 과실로 모르고 있을 경우, 아무런 안내 절차 없이 일방적으로 해지권을 행사한다는 것은 너무 가혹하기 때문이다. 물론 이 경우에도 보험계약자가 미리 보험료의 지급을 하지 않겠다는 의사표시를 하였다면 보험자는 최고의 절차를 거치지 아니하고 계약을 해지 할 수 있다고 할 것이다.(민법 제544조 단서 참조)[68]

계속보험료 지체를 원인으로 하는 보험자에 의한 계약 해지의 전제로서 최고 기간에 대해서 상법은 "상당한 기간" 이라고만 규정하고 있는데, 이 기간은 보험거래의 실정을 참작하여 결정하여할 문제로서 현행 각종 보험약관에서는 납입기일 다음 날부터 납입기일이 속하는 달의 다음 달 말일까지로 정하고 있다.[69]

---

68) 민법 제544조 (이행지체와 해제) "당사자 일방이 그 채무를 이행하지 아니하는 때에는 상대방은 상당한 기간을 정하여 그 이행을 최고하고 그 기간 내에 이행하지 아니한 때에는 계약을 해제할 수 있다. 그러나 채무자가 미리 이행하지 아니할 의사를 표시한 경우에는 최고를 요하지 아니한다."

69) 자동차보험 약관 보험료 분할납입 특별약관 제3조 제1항(분할보험료의 납입최고) 보험계약자가 약정한 제2회 이후의 분할보험료를 납입하지 아니하는 때에는 약정한 납입일자

3. 타인을 위한 보험의 경우

특정한 타인을 위한 보험의 경우에 보험계약자가 보험료의 지급을 지체한 때에는 그 타인은 그 권리를 포기하지 아니하는 한, 그 타인도 보험료를 지급할 의무가 있다.(상법 제639조 제3항) 따라서 보험계약이 성립한 이후 보험계약자가 보험료의 전부 또는 제1회 보험료를 지급하지 아니한 때에는 그 타인에게 그러한 사실을 알려 보험료를 지급하도록 최고하지 아니하면 그 보험계약을 해제된 것으로 볼 수 없고,

---

가 속하는 달의 다음 달 말일까지 납입최고 기간을 둡니다. 제2항 위 1항의 납입최고기간안에 분할보험료를 납입하지 아니하는 때에는 납입최고기간이 끝나는 날의 24시부터 보험계약은 해지됩니다. 제3항 보험계약자가 약정한 납입일자까지 분할보험료를 납입하지 아니한 경우, 회사는 보험계약자 및 기명피보험자에게 납입최고기간이 끝나는 날 이전에 위 1항 및 2항의 내용을 서면으로 최고합니다.

생명보험 표준약관(2013.12) 제26조(보험료의 납입이 연체되는 경우 납입최고(독촉)와 계약의 해지) ① 계약자가 제2회 이후의 보험료를 납입기일까지 납입하지 않아 보험료 납입이 연체 중인 경우에 회사는 14일(보험기간이 1년 미만인 경우에는 7일) 이상의 기간을 납입최고(독촉)기간(납입최고(독촉)기간의 마지막 날이 영업일이 아닌 때에는 최고(독촉)기간은 그 다음 날까지로 합니다)으로 정하여 아래 사항에 대하여 서면(등기우편 등), 전화(음성녹음) 또는 전자문서 등으로 알려드립니다. 다만 해지 전에 발생한 보험금 지급사유에 대하여 회사는 보상하여 드립니다.

1. 계약자(보험수익자와 계약자가 다른 경우 보험수익자를 포함합니다)에게 납입최고(독촉)기간 내에 연체보험료를 납입하여야 한다는 내용

2. 납입최고(독촉)기간이 끝나는 날까지 보험료를 납입하지 않을 경우 납입최고(독촉)기간이 끝나는 날의 다음 날에 계약이 해지된다는 내용(이 경우 계약이 해지되는 때에는 즉시 해지환급금에서 보험계약대출원금과 이자가 차감된다는 내용을 포함합니다) ② 회사가 제1항에 따른 납입최고(독촉) 등을 전자문서로 안내하고자 할 경우에는 계약자에게 서면, 전자서명법 제2조 제2호에 따른 전자서명 또는 동법 제2조 제3호에 따른 공인전자서명으로 동의를 얻어 수신확인을 조건으로 전자문서를 송신하여야 하며, 계약자가 전자문서에 대하여 수신을 확인하기 전까지는 그 전자문서는 송신되지 않은 것으로 봅니다. 회사는 전자문서가 수신되지 않은 것을 확인한 경우에는 제1항에서 정한 내용을 서면(등기우편 등) 또는 전화(음성녹음)로 다시 알려드립니다. ③ 제1항에 따라 계약이 해지된 경우에는 제32조(해지환급금) 제1항에 따른 해지환급금을 계약자에게 지급합니다.

장기손해보험 표준약관 제11조(보험료의 납입연체시 납입최고(독촉)와 계약의 해지) ① 계약자가 제2회 이후의 보험료를 납입기일까지 납입하지 아니하는 때에는 납입기일 다음날부터 납입기일이 속하는 달의 다음 달 말일까지를 납입최고(독촉)기간으로 하며, 회사는 제3항에서 정한 바에 따라 최고(독촉)하고 납입최고(독촉)기간 안에 보험료가 납입되지 않은 경우 납입최고(독촉)기간이 끝나는 날의 다음날 계약을 해지합니다. 납입최고(독촉)기간 안에 발생한 사고에 대하여 회사는 약정한 보험금을 지급합니다.

또 제2회 이후의 계속보험료일 경우에는 약정기간에 보험료의 지급이 없으면 보험계약자와 더불어 그 타인에게도 보험료의 지급을 최고하여야 하며 그러하지 않을 경우 보험자는 그 타인에게 보험계약의 해지권을 행사할 수 없다고 할 것이다. 다만, 불특정타인을 위한 보험계약에서는 보험계약자 이외에 최고할 대상이 없으므로 계약체결 이후 2개월 이내에 보험료(분할납입의 경우 초회 보험료)의 납입이 없을 경우에는 보험계약은 해제된 것으로 보며, 분할납입의 경우 계속보험료가 지체될 때에는 보험계약자에게 최고하고, 그 최고기간 내에도 계속보험료의 납입이 없을 경우에는 계약 해지가 가능하다.

4. 실효약관의 효력[70)]

현행 자동차보험 보험료 분할납입 특별약관에서는 “납입 최고 기간 안에 분할보험료를 납입하지 아니하는 때에는 납입 최고 기간이 끝나는 날의 24시부터 보험계약은 해지됩니다.” 라고 규정하여 본 조문에서 규정하고 있는 해지의 의사표시가 생략되어 있다. 이러한 규정은 대법원 전원합의체 판결에서 계약자 등의 불이익변경금지 원칙에 반하여 무효라고 판시한 바 있는 소위 “실효약관” 과 유사한 내용으로 그 효력이 문제시 된다.[71)]

---

70) 대법원 1995.11.16. 선고 94다56852 전원합의체 판결. “상법 제650조는 보험료가 적당한 시기에 지급되지 아니한 때에는 보험자는 상당한 기간을 정하여 보험계약자에게 최고하고 그 기간 내에 지급하지 아니한 때에는 계약을 해지할 수 있도록 규정하고, 같은 법 제663조는 위의 규정은 보험당사자 간의 특약으로 보험계약자 또는 피보험자나 보험수익자의 불이익으로 변경하지 못한다고 규정하고 있으므로, 분납 보험료가 소정의 시기에 납입되지 아니하였음을 이유로 위와 같은 절차를 거치지 아니하고 막바로 보험계약이 해지되거나 실효됨을 규정하고 보험자의 보험금지급 책임을 면하도록 규정한 보험약관은, 위 상법의 규정에 위배되어 무효라고 보아야 할 것이고(당원 1992.11.24.선고 92다23629 판결 및 1995.10.13.선고 94다19280, 19297 판결 참조), 위 상법 제650조의 규정이 보험료 미납을 이유로 보험자의 일방적인 의사표시로서 보험계약을 해지하는 경우의 그 해지 요건에 관한 규정일 뿐 보험자의 의사표시를 기다릴 필요 없이 분납 보험료가 연체되거나 혹은 그 분납 보험료의 납입 유예 기간이 경과되면 바로 보험계약이 실효되거나 보험자가 면책되는 것으로 규정하는 경우까지 적용되는 것은 아니라고 해석할 것은 아니다. 따라서 이와 다른 견해를 취한 당원 1977.9.13. 선고 77다329 판결, 1987.6.23.선고 86다카2995 판결 및 1992.11.27.선고 92다16218 판결은 이를 변경하기로 한다.”

71) 장경환, 상법 제650조 제2항과 실효약관, 보험법연구(3)(1999.8), 205-223면에서는 보험료

즉, "실효약관" 에서는 "일정한 납입유예기간을 두고, 납입유예기간 내에 보험료의 납입이 없을 경우에는 그 다음날부터 계약은 효력을 상실(실효)" 함을 그 내용으로 하고 있다. 이 약관은 본 조문에서 규정하고 있는 계약소멸의 절차로서 최고 및 해지의 의사표시를 생략하고 있다는 점에서 보험자에게는 유리한 반면, 보험계약자에게는 불이익한 조항임이 분명하다. 이러한 "실효약관" 은 1995년 11월 16일 대법원에서 무효 판결을 받기 전까지 자동차보험, 생명보험, 장기손해보험 등에서 널리 이용되었으며, 대법원 판결이후 자동차보험을 제외하고는 실효조항이 삭제되고, 본 조문에서 규정하는 바와 같이 약관이 개정되었다.

물론 자동차보험의 경우에도 과거 "실효약관" 에서 규정하고 있던 "납입유예기간" 을 "납입최고기간" 이라고 문구를 수정하고, 그 기간도 "15일" 에서 "약정한 납입일자가 속하는 달의 다음 달 말일까지" 로 하고 "효력을 상실합니다." 를 "보험계약은 해지됩니다." 로 수정하였지만, 여전히 "보험계약은 해지됩니다." 라는 말은 보험자에 의한 해지의 의사전달 없이 계약이 자동적으로 소멸됨을 뜻하므로 위 대법원의 판결취지에 어긋난 규정이라 할 것이다.[72]

부지급으로 인한 계약해지 절차인 최고통지의 전달방법 및 비용 등, 실무상 어려움과 전체 보험계약자의 불이익을 방지하기 위한 해결책으로서 상법 제650조 제2항의 개정론을 주장하기도 한다.

72) 이에 대한 법원 판결로는 대법원 2002.2.5. 선고 2001다70559,70566 판결; 대법원 2003.4.11. 선고 2002다69419 판결; 대법원 2005.6.9. 선고 2005다19408 판결(하급심: 인천지방법원 2005.3.18. 선고 2004나4522 판결)에서 "보험약관에서 [납입유예기간이 지나면 그 다음날부터 계약은 효력을 상실합니다.] 라고 규정하고 있는 점을 들어 보험회사가 보험계약이 실효되었음을 주장하는 사안에 대하여 동 규정은 상법 제650조, 제63조의 규정에 위배되어 무효라고 할 것이나, 위의 상법 규정의 취지가 보험자가 보험계약자에게 보험료 미납사실을 알려주어 이를 납부할 기회를 줌으로써 불측의 손해를 방지하고자 하는 것임에 비추어, 보험자가 보험계약을 해지하기 위해서는 반드시 최고와 해지의 의사를 별도로 하여야 한다고 볼 것은 아니고, 보험료의 납입을 최고하면서 보험료가 납입되지 않고 납입유예기간을 경과하면 별도의 의사표시 없이 보험계약이 해지된다는 취지의 통지 역시 그것이 상당한 기간을 정한 최고이고 그 최고기간의 종기가 이 사건 약관이 정한 납입유예기간의 종기보다 앞선 것이 아니라면, 최고 기간 내의 불이행을 정지조건으로 하는 해지의 의사표시로서 특별히 계약자에게 불이익을 주지 않으므로 유효하다고 할 것이다."라고 판시하고 있다.

상법 제650조의 2 [보험계약의 부활]

제650조 제2항에 따라 보험계약이 해지되고 해지환급금이 지급되지 아니한 경우에 보험계약자는 일정한 기간 내에 연체보험료에 약정이자를 붙여 보험자에게 지급하고 그 계약의 부활을 청구할 수 있다. 제638조의 2의 규정은 이 경우에 준용한다. [본조신설 1991.12.31]

Ⅰ. 총설

보험계약이 성립하게 되면 보험계약의 효과로서 보험계약자는 약정한 보험료를 지급하여야 할 의무가 있고, 이러한 보험료지급의무는 보험자의 보험금지급의무에 대한 대가로서의 성질을 가진다. 그리고 보험자는 보험료를 받기 전에는 보험계약상의 책임을 부담하지 않게 된다.(상법 제656조) 한편, 상법 제650조 1항에서는 보험계약이 성립한 후에 2월이 지나도록 최초의 보험료(분할 납입시 1회 보험료)의 지급이 없을 때에는 보험계약이 해제됨을 규정하고 있다. 이러한 보험계약자의 보험료지급의무의 이행방법으로는 보험료의 전액을 일시금으로 지급하는 일시지급과 나누어서 지급하는 분할지급의 방법이 있으며, 보험료가 분할 지급되는 경우에 제1회 이후의 보험료(계속보험료)의 지급이 약정한 날에 지급되지 아니하고, 지체될 때에는 보험자가 상당한 기간을 정하여 최고한 후에 그 기간 내에도 보험료의 지급이 없을 때에는 보험계약을 해지할 수 있음을 상법 제650조 2항에서 규정하고 있다.

보험계약의 부활은 이러한 보험료부지급(保險料不支給)으로 인해 보험계약이 해지된 경우, 계약 당사자인 보험자와 보험계약자의 이익보호를 위해 일정한 요건 하에서 해지전의 상태로 회복하는 제도로서 1991년 상법 개정 당시에 신설된 규정이다.

Ⅱ. 보험계약의 부활의 의의

1. 의의

보험계약의 부활(復活)이란 보험계약자가 약정한 시기에 제1회 이후의 계속보험료를 지급하지 아니하여 계약이 해지된 경우에, 연체(延滯)된 보험료의 지급 등 소정의 절차를 밟음으로써 종전의 계약이 해지 또는 실효되지 않은 것과 동일한 효과를 갖게 하는 제도이다. 보험계약의 부활은 이미 보험계약실무에서 약관규정에 의해 인정되고 있던 내용을 보험거래의 실정에 맞추기 위해 1991년 상법 개정 당시 손해보험 및 인보험의 통칙규정으로서 신설규정하고 있다.

2. 효용

보험계약의 부활을 인정하는 이유는 보험계약자가 새로운 보험계약을 체결하는 것보다 그 해지된 계약을 회복시키는 것이 바람직한(보험계약자 등에게 이익이 됨) 경우가 있고, 고객을 잃지 않는다는 점에서 보험자에게도 이익이 될 수 있기 때문이다.

3. 성질

보험계약 부활의 법적성질에 관하여는 보험계약의 부활은 보험계약자의 부활청구가 있을 경우 당연히 부활되는 것이 아니라 보험계약 체결시와 같은 절차 즉, 보험계약자의 부활청구라는 청약행위와 보험자의 부활 승낙이라는 과정(당사자 간의 합의)을 통해 실효전의 계약상태가 회복되는 특수한 계약이라는 것이 일반적인 견해이다.[73)]

이에 대해 보험계약자의 일방적인 의사표시에 의하여 종전의 계약을 부활시키는 것이라는 견해(단독행위설)가 있으나 보험계약의 부활시 상법 제638조의 2의 규정이 준용되므로 보험계약자가 해지된 보험계약의 부활을 청구하였다고 하더라도 보험자

73) 양승규, 전게서, 171면; 손주찬 · 정동윤, 전게서, 130면; 최기원, 전게서, 275-276면.
이에 반하여 부활의 법적성질을 해지(解止)나 실효(失效)전의 계약과 동일한 내용의 새로운 계약의 체결이라는 신계약(新契約)이라는 견해가 있다.

가 이를 승낙하지 아니한 경우에는 보험계약이 부활되지 않는다. 따라서 보험계약자의 단독행위로 보험계약이 부활되는 것이 아니며, 계약 당사자의 합의에 의해 부활이 이루어진다고 할 것이다.

Ⅲ. 부활의 절차(요건)

보험계약자의 보험계약의 부활청구는 일정한 절차에 의해서 할 수 있음을 명시하고 있는데 첫째, 계속보험료의 지체로 인한 계약이 해지되고 둘째, 해지환급금이 지급되지 아니하여야 하며 셋째, 일정한 기간 내에 연체보험료에 약정이자를 붙여 보험자에게 지급함으로써 부활을 청구할 수 있음을 규정하고 있다.

1. 계속보험료의 연체로 인한 계약의 해지

보험료가 분할 지급되는 경우에 제1회 이후의 보험료가 지체됨으로서 보험계약이 보험자의 의사표시에 의하여 해지된 후라야 한다. 따라서 보험료의 부지급(不支給)으로 인해 해제되거나 또는 동법 규정에 의해 무효 또는 취소나 다른 사유로 계약이 해지된 경우에는 보험계약의 부활은 인정되지 않는다.

2. 해지환급금의 미지급

보험계약이 해지되거나 실효됨으로서 미경과 기간에 대한 보험료나 약관에서 정한 해지환급금이 있을 경우에는 이러한 해지환급금을 보험자로부터 되돌려 받지 아니하여야 한다. 이는 보험계약자가 보험자로부터 이러한 해지환급금을 받았을 경우에는, 그것으로 보험자와의 보험관계가 완전히 끝나게 됨으로 부활을 인정할 필요가 없기 때문이다.

3. 부활의 청구와 효과

보험계약자의 부활의 청구는 일정한 기간 내에 하여야 하는데, 여기서 말하는 일정한 기간 내라는 것은 실무적으로 보험약관에서 규정하고 있지만 보험약관에서 정한 보험기간이 종료하기 전이어야 함은 당연하다.[74] 아울러 보험계약의 부활에 대해서는 상법 제638조의 2가 준용되는데, 이것은 보험계약의 부활청구가 해지나 실효된 계약을 회복시키는 것을 목적으로 하지만 새로운 계약의 체결과 같은 절차를 밟아야 한다는 것을 의미한다. 따라서 부활 청구시 중요한 사항이 발견되었을 때에는 고지의무(告知義務)를 부담하게 되며, 보험계약자의 부활청구에 대하여 보험자는 청구를 받은 날로부터 30일내에 낙부(諾否)의 통지를 하여야 하고, 이를 게을리 한 때에는 부활청구를 승낙한 것으로 간주된다.(부활에 대한 승낙의제)

보험계약자의 부활 청구에 의해 보험계약이 부활된 경우에는 계약이 해지 또는 실효되기 전의 상태로 계약관계가 회복되므로 일반적 보험계약의 효과로 인한 계약당사자 및 피보험자의 지위가 복원된다. 한편, 보험계약의 부활은 상법 제638조의 2가 준용되므로, 보험계약의 부활에 대해서도 부활 승낙전 보호제도가 인정된다. 즉, 보험자의 부활 승낙 전에 보험사고가 발생한 경우라도 부활청구에 대해 거절할 사유가 없는 한 보험자는 보험계약상의 책임을 면하지 못한다. 하지만 보험계약이 해지된 기간 내의 사고에 대해서는 보험자는 책임을 질 이유가 없으며, 약관에서는 이러한 내용을 명시하고 있다.[75] 이는 보험사고가 발생한 이후 미납된 보험료를 납입하고 보험계약을 부활시키려는 악의적 보험계약자의 도덕적 위험을 방지하기 위함이다.[76]

---

74) 생명보험 표준약관(2011.1) 제13조(보험료의 납입연체로 인한 해지계약의 부활(효력회복) 제1항 "제12조(보험료의 납입 연체시 납입최고(독촉)와 계약의 해지)에 따라 계약이 해지되었으나 해약환급금을 받지 아니한 경우 계약자는 해지된 날부터 2년 이내에 회사가 정한 절차에 따라 계약의 부활(효력회복)을 청약할 수 있으며, 회사가 이를 승낙한 때에는 부활(효력회복)을 청약한 날까지의 연체된 보험료에 이 계약의 예정이율 + 1% 범위 내에서 각 상품별로 회사가 정하는 이율로 계산한 금액을 더하여 납입하여야 합니다. 다만, 금리연동형보험은 각 보험종목별 사업방법서에서 별도로 정한 이율로 계산합니다."

75) 자동차보험 보험료분할납입 특별약관 제5조(보험계약의 부활) 1항 "이 특별약관 제3조 제2항에 의하여 보험계약이 해지되고 해지환급금이 지급되지 아니한 경우, 보험계약이 해지된 후 30일안에 보험계약자가 보험계약의 부활을 청구하고 당해 분할보험료를 납입한 때에는 이 보험계약은 유효하게 계속됩니다." 2항 "전1항의 경우, 회사는 보험계약이 해지된 때로부터 당해 분할보험료를 영수한 날의 24시까지에 생긴 사고에 대해서는 보상하지 아니합니다."

76) 대법원 1987.6.23. 선고, 86다카2995 판결. "보험계약자가 보험료납입유예기간 경과시까지 보험료를 납입하지 아니하여 보험계약이 실효된 후에도 보험계약자가 미납보험료를 납

Ⅳ. 보험계약의 부활에 대한 문제점

보험계약 당사자의 편익을 위해 인정되고 있는 보험계약 부활제도는 다음과 같은 문제점이 노출된다. 즉, 보험계약자가 보험계약의 부활을 청구할 경우 연체된 보험료 전액과 약정이자를 지급하여야 하며, 또한 보험계약의 부활청구에 대해 보험자의 승낙이 있을 경우라고 할지라도 해지된 기간 동안에 발생된 보험사고에 대해서는 보험자의 보험금지급의무가 없기 때문에, 보험계약자가 보험계약의 부활 청구시 지급하는 보험료는 보험자의 위험부담에 대한 대가(對價)로서 성격이 아니다. 따라서 보험자가 수취하는 해지 기간에 대한 보험료는 위험부담에 대한 보수(報酬)가 아닌 보험자의 부당이득이므로 보험계약의 부활 청구시 연체보험료의 지급에 대한 제도적 보완이 필요할 것으로 생각된다.

입한 때에는 보험계약은 유효하게 계속되나 그 경우 보험계약이 실효된 때로부터 미납보험료를 영수한 날의 오후 6시까지 생긴 사고에 대하여는 보상하지 아니하기로 약정하였다면 보험자가 납입유예기간 경과 후에 보험계약자로부터 미납보험료를 영수하면서 아무런 이의가 없었다 하더라도 그로 인하여 납입유예기간 경과 후 미납보험료 영수 전에 발생한 사고에 대하여는 보험자는 보험금을 지급할 책임이 없다."

상법 제651조 [고지의무 위반으로 인한 계약 해지]

보험계약 당시에 보험계약자 또는 피보험자가 고의 또는 중대한 과실로 인하여 중요한 사항을 고지하지 아니하거나 부실의 고지를 한 때에는 보험자는 그 사실을 안 날로부터 1월내에, 계약을 체결한 날로부터 3년내에 한하여 계약을 해지할 수 있다. 그러나 보험자가 계약당시에 그 사실을 알았거나 중대한 과실로 인하여 알지 못한 때에는 그러하지 아니하다. [개정 1991.12.31]

상법 제651조의 2 [서면에 의한 질문의 효력]

보험자가 서면으로 질문한 사항은 중요한 사항으로 추정한다.
[본조신설 1991.12.31]

Ⅰ. 고지의무의 의의

1. 고지의무(representation)의 뜻

상법 제4편(보험편)에서 말하는 고지의무란 보험계약자 또는 피보험자가 보험계약 체결 당시에 보험계약 내용과 관련된 중요한 사항을 보험자에게 사실대로 성실히 알려주어야 하고, 또 이러한 중요한 사항을 고의 또는 중대한 과실로 알려주지 않거나 부실하게 알려주어서는 아니 될 의무를 말한다.

2. 법률적 성질

일반적으로 "의무" 라는 것은 의무자의 의무이행 의사여부에 관계없이 반드시 따라야 하는 것으로서 법률에 의해 강제되는 것을 말한다. 사법상 의무자가 그 의무를 성실히 이행하지 않으면 상대방인 권리자가 직접 그 이행을 강제하거나 그 불이행으로 인한 손해배상을 청구할 수 있는 것이 보통이다.

그러나 보험계약에 있어 고지의무의 법률적 성질은 위의 내용과는 달리 고지의무의 상대방인 보험자가 의무자인 보험계약자나 피보험자에게 그 이행을 강요하거나 불이행에 대하여 손해배상을 청구할 수 있는 것이 아니라 그 의무위반의 효과로서 보험자는 일정한 요건 하에서 보험계약을 해지(解止)할 수 있을 뿐이며, 보험자의 해지권 행사에 대한 효과로서 의무자인 보험계약자나 피보험자는 보험계약상의 불이익을 받을 뿐이다. 그리하여 고지의무는 보험계약의 효과로서 생기는 진정한 의미의 의무는 아니고 보험계약자 또는 피보험자가 보험자의 해지권 행사에 의한 불이익을 면하기 위하여 부담하는 일종의 구속에 지나지 않는 간접의무 또는 자기의무라고 해석하는 것이 일반적이다.

3. 고지의무의 존재이유

언더라이팅(underwriting)과정에서 문제시 되는 고지의무는 보험계약에 있어 중요한 부문의 하나이다.[77] 보험계약에 관하여 상법이 이와 같은 특별한 고지의무 제도를 규정하고 있는 이유에 관하여는 학자에 따라 각각 그 주장하는 바가 다르나 보험제도의 기술성이라는 특성에 비추어 보아 "사고발생의 개연율을 측정하기 위하여 위험측정의 자료를 수집하는데 있다." 라고 해석하는 위험측정설(또는 기술설)이 지배적이다.[78] 즉, 이 주장에 의하면, 보험계약은 우연한 사고의 발생을 전제로 보험자가 책임을 지게 되는 일종의 사행계약(射倖契約)이며, 또 보험의 단체성 측면에서 보험사업이 합리적으로 운영되기 위해서는 보험사고의 발생률과 이로 인한 손해의 개연성을 미리 측정하여야 한다. 보험자는 이러한 자료를 기초로 하여 그 위험을 인수할 것인가의 여부(위험의 선택)와 인수한다면 이에 타당한 보험료의 책정금액은 얼마로 할 것인가(위험의 측정)를 정하여야 하는데, 이를 결정하기 위해서는 보험자는 인수할 위험에 관하여 정확한 평가가 요구된다. 이와 같이 보험자가 인수할 보험계약자 측의 위험을 정확히 평가하기 위한 자료가 되는 사실은 보험자의 일방적 조사만으로는 불충분하고(보험자는 다수의 보험계약자를 상대하여야 하기 때문에), 보험자에게 담보하려는 위험에 대한 지배자 또는 관련자로서, 담보위험에 대해 많

77) 원칙적으로 고지의무는 보험계약 인수과정인 언더라이팅에서의 이루어지지만, 실제 고지의무 위반의 문제는 계약이 성립한 이후에는 보험사고가 발생한 후 보험금 지급절차인 손해사정과정에서 고지의무위반의 문제가 드러나게 된다.

78) 서돈각, 전게서, 354면; 양승규, 전게서, 118면; 최기원, 전게서, 157면.

은 정보를 가지고 있는 보험계약자 측의 협력이 필요하게 된다. 상법 보험편에서 고지의무 제도를 두고 있는 이유는 바로 이러한 점에서 찾을 수 있다는 내용이다. 하지만 고지의무제도는 위험측정설 이외에도 보험계약 당사자 간의 정보비대칭(information asymmetry)에 의한 역선택(adverse selection)[79]과 관련된 보험계약의 선의성 측면에서도 그 근거를 찾을 수 있을 것이다. 결론적으로 위험측정의 기술로서 상대방의 조력을 구하지 않을 수 없다는데서 나온 것이 고지의무 제도이며, 따라서 고지의무는 위험측정의 기술의 발전과 상관관계에 있다고 할 것이다. 위험측정 기술의 발달에 따라 고지의무의 내용도 상대적, 유동적인 것으로 변화되어가고 있으며, 또한 의무자가 고지사항을 찾아내어 능동적으로 하는 것이 아니라 후술하는 질문표 제도에 의해 수동적으로 응하는 것으로 변화하고 있다.

Ⅱ. 고지의무의 내용

1. 고지의무 당사자

상법은 고지의무자로서 보험계약자와 피보험자를 규정하고 있으며, 보험계약이 대리인에 의하여 체결되는 경우에는 그 대리인도 고지의무를 부담하게 된다.(상법 제646조) 고지수령권자로는 보험자와 보험자를 위하여 고지를 받을 대리권을 가지고 있는 자인데, 구체적으로 보험대리점, 보험의 등이다. 이와 관련하여 문제가 되는 것은 보험설계사의 고지수령권 여부이다.

1991년 이전 상법에서는 보험설계사의 지위에 관하여 명확한 규정을 두고 있지

79) 역선택(adverse selection)이란 감추어진 특성의 상황에서 정보수준이 낮은 측이 사전적으로 바람직하지 못한 상대방과 거래할 가능성이 높아지는 현상을 의미하는 경제학 용어이다. 즉, 다른 말로 정보의 비대칭성(한쪽은 정보를 가지고 숨기고 있고, 다른 쪽은 그 정보를 모르는 상황) 때문에 일어나는 현상이라 말할 수 있다. 보험제도에서의 역선택의 의미는 평균적인 사고발생확률에 기초하여 보험료를 정하면 사고위험이 높은 그룹이 주로 보험에 가입하려는 현상을 말한다. 역선택에 의한 위험이 동일보험단체에 집중해지면 대수의 법칙에 의한 수지상등의 원칙이 무너져 보험사업 경영의 기초에 영향을 미치게 되므로 보험회사는 일반보험계약자(보험단체)의 이익을 위하여 역선택을 방지할 필요성을 갖는다.

않아서 보험설계사의 고지수령권을 인정하여야 한다는 주장과 이에 반대하는 주장이 대립하였다. 즉, 고지의무수령권이 보험계약체결 대리권과 반드시 불가분의 관계에 있지 않기 때문에 보험계약자의 이익을 충분히 보호하기 위하여 고지수령권을 긍정하여야 한다는 주장과 보험모집인은 보험계약체결을 권유, 중개하는 사실행위만을 하는 사람이라는 점에서 고지수령권을 인정할 수 없다는 주장이 그것이다. 법원판례 역시 보험설계사의 고지수령권에 대해서는 부정적인 견해였다.[80] 하지만 개정 법률에서는 제646조의 2를 신설하여 보험설계사의 그 권한 범위를 보험료 수령권과 보험증권교부권으로 명확히 하고 있는 바, 보험설계사의 고지수령권에 관한 문제는 해결된 것으로 보아야 할 것이다. 다만, 실제 보험계약실무에서는 보험설계사의 권유나 중개에 의해 보험계약이 체결될 경우 보험에 관한 지식이 없는 일반 보험수요자는 보험청약서 및 고지사항에 관한 질문표를 기재함에 있어 보험설계사의 도움을 받는 경우가 대부분이다. 또한 질문표에 상세하게 기재하지 않은 내용에 대해서는 보험설계사에게 진술하는 형태로 고지의무를 다한 것으로 오해할 수 있는 여지가 여전히 남아 있을 수 있으므로 보험자에게 보험설계사에게는 고지의무에 관한 수령권이 없다는 것을 의무자에게 고지할 의무를 부과시켜야 한다는 주장도 있다.[81] 가령 보험설계사에게 고지수령권이 있는지의 여부를 모르는 보험계약자가 보험계약에 관한 중요한 내용을 보험설계사에게 고지하였으나 보험설계사의 악의 또는 중대한 과실로 보험계약이 체결되었다면, 후술하는 바와 같이 이는 고지의무가 이루어진 상태에서 계약이 체결된 것이 아니기 때문에 보험자는 보험계약의 해지권을 행사할 수 있으며, 이 경우 보험계약자는 보험업법 제102조의 규정에 따라 보험설계사의 불법행위를 근거로 한 손해배상을 받을 수 있다.[82]

---

80) 대법원 1979. 10. 30. 79다1234 판결. "보험가입청약서에 기왕병력을 기재하지 아니하고 보험회사의 외무사원에게 이를 말한 것으로는 보험회사에 대하여 고지하였다고 볼 수 없다."
이 외에 대법원 1989.11.28. 88다카33367 판결; 보험분쟁심의위원회, 1980.10.31. 판정 80-73등.

81) 이원석, 해상법 · 보험법, 세영사, 301면.

82) 보험업법 제102조(모집을 위탁한 보험회사의 배상책임) "보험회사는 그 임직원, 보험설계사 또는 보험대리점이 모집을 함에 있어서 보험계약자에게 가한 손해를 배상할 책임을 진다."

2. 고지의 시기, 방법

보험계약자나 피보험자가 고지의무를 이행하여야 할 시기는 보험계약 청약시가 아니라 보험계약이 성립할 때까지이다. 따라서 보험청약시 고지내용이 불충분하였어도 보험자가 그 청약을 승낙할 때까지 시정보완이 이루어지면 되고, 고지의 방법으로는 법률상 제한이 없으므로 구두에 의하든 서면에 의하든, 명시적이든 묵시적이든 불문한다. 실제 보험실무에서는 보험계약청약서에 질문표를 두어 그에 기재하도록 하고 있다. 질문표의 법률적 효과에 대해서는 후술하기로 한다.(상법 제651조의 2 조문해설 참조)

3. 고지사항

고지의무자가 성실히 하여야 할 고지의무의 대상이 되는 사항은 보험자의 적정한 위험의 평가와 측정에 영향을 미칠 수 있는 이른바 "중요한 사항" 이다. 여기서 "중요한 사항" 이라 함은 보험자가 그 보험계약에 있어서 보험사고발생율과 손해정도의 개연성을 측정하여 이를 인수할 것인지의 여부와 인수한다면 보험료는 얼마로 할 것인가를 판단하는데 있어서 영향을 미칠 수 있는 모든 사항으로서, 객관적으로 보아 보험자가 그 사실을 안다면 계약을 체결하지 않든가 또는 적어도 동일한 조건으로는 계약을 체결하지 않으리라고 판단되는 사항이라고 할 것이다.[83] 이러한 판단은 보험기술상 객관적인 기준에 따라야 할 것이고, 당사자의 주관적 판단에 따를 문제는 아니다.

고지의무자는 위의 "중요한 사항" 을 보험계약의 선의성에 따라 능동적으로 성실히 고지함이 바람직하나, 보험계약관계에 대해 전문적인 지식이 없는 보험계약자나 피보험자가 구체적으로 어느 것이 고지를 하여야 할 사항이며, 또 어느 것이 고지를 하지 아니하여도 되는 것인지를 판단하기는 실제 어려운 것이다. 이러한 고지의무 이행의 기술적인 문제를 해결하기 위하여 상법 제651조의 2는 "보험자가 서면으

83) 대법원 2004.6.11. 선고 2003다18494 판결. "중요한 사항이란 보험자가 보험사고의 발생과 그로 인한 책임부담의 개연율을 측정하여 보험계약의 체결 여부 또는 보험료나 특별한 면책조항의 부가와 같은 보험계약의 내용을 결정하기 위한 표준이 되는 사항으로서 객관적으로 보험자가 그 사실을 안다면 그 계약을 체결하지 아니하든가 또는 적어도 동일한 조건으로는 계약을 체결하지 아니하리라고 생각되는 사항을 말한다."

로 질문한 사항은 중요한 사항으로 추정한다." 라고 하여 보험청약시 보험계약자나 피보험자가 보험청약서에 첨부된 질문표를 두어 고지의무자가 이에 사실대로 답하도록 하고 있다.[84)]

Ⅲ. 고지의무의 위반과 그 효과

1. 고지의무의 위반

1) 주관적 요건

고지의무 위반이 되기 위해서는 주관적 요건으로 고의 또는 중대한 과실과 객관적 요건으로 중요한 사항에 대한 불고지 또는 부실고지가 있어야 한다. 여기서 "고의" 라 함은 중요한 사항을 알고 있으면서 고지하지 않은 경우와 부실하다는 것을 알고서 고지하는 경우이다. 또한 "중대한 과실" 이란 의무자가 고지하여야 할 사실은 알고 있었지만 현저한 부주의로 인하여 그 사실의 중요성의 판단을 잘못하거나 그 사실이 고지하여야 할 중요한 사실이라는 것을 알지 못하는 것을 말한다.[85)] 이

84) 자동차보험 표준약관(2014.6) 제44조(계약 전 알릴 의무)

① 보험계약자는 청약을 할 때 다음의 사항에 관해서 알고 있는 사실을 보험회사에 알려야 하며, 제3호의 경우에는 기명피보험자의 동의가 필요합니다.

1. 피보험자동차의 검사에 관한 사항
2. 피보험자동차의 용도, 차종, 등록번호(이에 준하는 번호도 포함하며 이하 같음), 차명, 연식, 적재정량, 구조 등 피보험자동차에 관한 사항
3. 기명피보험자의 성명, 연령 등에 관한 사항
4. 그 밖에 보험청약서에 기재된 사항 중에서 보험료의 계산에 영향을 미치는 사항

② 보험회사는 이 보험계약을 맺은 후 보험계약자가 계약 전 알릴 의무를 위반한 사실이 확인되었을 때에는 추가보험료를 더 내도록 청구하거나, 제53조(보험회사의 보험계약 해지) 제1항 제1호, 제4호에 따라 해지할 수 있습니다.

생명보험 표준약관(2013.12) 제13조(계약 전 알릴 의무) 계약자 또는 피보험자는 청할 때(진단계약의 경우에는 건강 진단할 때를 말합니다) 청약서에서 질문한 사항에 대하여 알고 있는 사실을 반드시 사실대로 알려야(이하 '계약 전 알릴 의무'라 하며, 상법상 '고지의무'와 같습니다) 합니다. 다만, 진단계약에서 의료법 제3조(의료기관)의 규정에 따른 종합병원과 병원에서 직장 또는 개인이 실시한 건강진단서 사본 등 건강상태를 판단할 수 있는 자료로 건강진단을 대신할 수 있습니다.

에 대해서는 고지의무가 본래 보험자가 부담하여야 할 것을 법률이 특별히 고지의무자에게 부담시키고 있다는 점, 자칫 고지의무 위반의 내용을 확대 해석할 경우 의무자에게 조사의무 내지 탐지의무를 부담시키는 결과를 초래할 염려가 있다는 점, 질문표에 의해 질문한 내용에 대해 중요한 사항으로 추정하는 법률적 효력을 인정하고 있는 점에 비추어 고지사항 자체를 중대한 과실로 알지 못한 경우에는 이른바 여기서 말하는 "중대한 과실" 에서 제외된다는 견해가 있지만[86] 다수 견해는 "중대한 과실" 이란 고지·불고지에 관한 것뿐만 아니라 고지하여야 할 중요한 사실을 알지 못한 것에 대한 경우도 포함한다고 한다.[87]

2) 객관적 요건

객관적 요건으로서의 불고지(不告知)라 함은 "중요한 사항" 을 알면서 알리지 아니하는 묵비(默秘)를 말하며, 부실고지(不實告知)라 함은 사실과 다르게 말하는 것 즉, 허위진술을 말하며 가장 흔한 양상이 보험청약서상의 질문표에 부정확한 진술로 나타난다. 이러한 불고지와 부실고지는 보험계약의 선의성에 역행하는 단적인 예라고 할 수 있다.

3) 고지의무위반의 입증책임

고지의무 위반이 되기 위해서는 주관적 요건과 객관적 요건이라는 의무위반의 입증이 있어야 하며, 고지의무위반에 따른 계약해지권이 있는 보험자에게 이에 대한 입증책임이 있음은 당연하다.

2. 고지의무 위반의 효과

1) 보험자의 보험계약 해지권

고지의무위반이 주관적, 객관적 요건을 충족시킬 경우 보험자는 그러한 사실을 입증함으로써 고지의무위반은 성립하게 된다. 고지의무위반이 있을 경우 계약은 당

---

85) 대법원 1996.12.23 96다27971 판결.

86) 양승규, 전게서, 122면.

87) 최기원, 전게서, 173; 이기수, 전게서, 75면; 서돈각, 전게서, 359면; 손주찬, 전게서, 521면.

연 무효가 아니고, 보험자는 보험계약을 해지할 수 있을 뿐이다. 보험자의 해지권은 형성권[88]의 일종으로 보험자의 일방적인 의사표시에 의하여 그 행사가 가능하므로 보험자가 고지의무위반 사실을 입증하고 보험계약자[89]에게 통고하여 행사한다. 또한 이 권리는 계약의 성립과 동시에 발생하므로 보험사고발생의 전후를 불문하고 이를 행사할 수 있으며 해지의 효력은 그 의사표시가 보험계약자에게 도달한 때에 생긴다.(도달주의, 민법 제543조 및 제550조)[90]

해지의 일반적인 효력은 장래에 한하여 그 효력이 발생하지만, 보험계약에 있어 보험계약자 측의 각종의무위반(상법 제650조, 제651조, 제652조, 제653조)으로 해지가 된 경우에는 보험자의 보험계약 해지가 보험사고가 발생한 후라고 하더라도 보

88) 형성권이란 권리의 작용에 의한 분류(지배권, 청구권, 항변권, 형성권) 중 권리자의 일방적인 의사표시에 의하여 법률관계의 발생, 변경, 소멸을 생기게 하는 권리이며, 가능권이라고도 한다. 법률행위의 취소권, 계약의 해지, 해제권 등이 이에 속한다.(김주수, 민법개론 4판, 삼영사, 21면.)

89) 대법원 2002.11.8. 선고 2000다19281 판결. "보증보험계약은 보험계약자인 채무자의 채무불이행으로 인하여 채권자가 입게 되는 손해의 전보를 보험자가 인수하는 것을 내용으로 하는 타인을 위한 손해보험계약이라고 할 것인바, 이러한 보증보험계약에 있어서 보험계약자의 고지의무 위반을 이유로 한 해지의 경우에 계약의 상대방 당사자인 보험계약자나 그의 상속인(또는 그들의 대리인)에 대하여 해지의 의사표시를 하여야 하고, 보험금수익자에게 해지의 의사표시를 하는 것은 특별한 사정(보험약관상의 별도기재 등)이 없는 한 효력이 없다고 할 것이며, 이러한 결론은 그 보증보험계약이 상행위로 행하여졌다거나 혹은 보험계약자의 소재를 알 수 없다는 이유만으로 달라지지는 않는다."
동일 취지의 판결 대법원 1989.2.14. 선고 87다카2973 판결. "생명보험계약에 있어서 고지의무위반을 이유로 한 해지의 경우에는 계약의 상대방 당사자인 보험계약자나 그 상속인(또는 그들의 대리인)에 대하여 해지의 의사표시를 하여야 하고, 타인을 위한 보험에 있어서도 보험수익자에게 해지의 의사표시를 하는 것은 특별한 사정(보험약관에 별도기재 등)이 없는 한 효력이 없다."

90) 대법원 2000.1.28. 선고 99다50712 판결. "보험계약의 해지권은 형성권이고, 해지권 행사기간은 제척기간이며, 해지권은 재판상이든 재판외이든 그 기간 내에 행사하면 되는 것이나 해지의 의사표시는 민법의 일반원칙에 따라 보험계약자 또는 그의 대리인에 대한 일방적 의사표시에 의하며, 그 의사표시의 효력은 상대방에게 도달한 때에 발생하므로 해지권자가 해지의 의사표시를 담은 소장 부본을 피고에게 송달함으로써 해지권을 재판상 행사하는 경우에는 그 소장 부본이 피고에게 도달할 때에 비로소 해지권 행사의 효력이 발생한다 할 것이어서, 해지의 의사표시가 담긴 소장 부본이 제척기간 내에 피고에게 송달되어야만 해지권자가 제척기간 내에 적법하게 해지권을 행사하였다고 할 것이고, 그 소장이 제척기간 내에 법원에 접수되었다고 하여 달리 볼 것은 아니다."

험자는 보험금액을 지급할 책임이 없고, 만약 이미 지급한 보험금액이 있을 경우에는 그 반환을 청구할 수 있도록 소급적 효력을 인정하고 있다. 다만, 고지의무위반 사실이 보험사고의 발생에 영향을 미치지 아니하였음이 증명된 때에는 계약을 해지하더라도 보험금을 지급하여야 한다.(상법 제655조 단서규정 및 조문해설 참조) 그리고 해지하기까지 이미 받은 보험료는 보험계약자에게 반환할 의무가 없으며, 미경과 기간에 대한 보험료(미경과보험료)에 대해서는 반환하여야 할 의무를 진다. 한편, 생명보험계약에 있어 보험자가 받은 보험료 중 보험수익자를 위하여 적립한 금액인 보험적립금은 계약이 해지되더라도 보험계약자에게 지급하여야 한다.(상법 제736조 조문해설 참조)

2) 해지권의 제한

보험계약자나 피보험자의 고지의무위반으로 인한 보험자의 보험계약 해지권은 상법 제651조의 단서규정에 따라 그 권리가 제한이 된다.

(1) 보험자가 계약당시에 그 사실을 알았거나 중과실로 알지 못한 때

이는 원래 고지의무제도가 보험계약자 또는 피보험자가 지배하고 있는 위험을 보험자에게 성실히 알림으로써 위험인수를 함에 있어 이를 적정하게 평가하도록 하는데 그 의의가 있는 것이므로 보험자가 이미 알고 있거나 알 수 있으리라고 생각되는 사항에 대해서는 고지의무의 대상이 되지 않기 때문이다. 또한 보험자의 중대한 과실로 알지 못하였을 때는 자기 과실에 의한 위험선택이라는 점에서 해지권을 제한한 것으로 해석이 된다.

(2) 제척기간의 경과

보험자가 고지의무위반의 사실을 안 날로부터 1월, 계약이 성립한 날로부터 3년이라는 제척기간이 경과한 때에는 계약을 해지할 수 없으며, 이 기간은 제척기간이다. 이는 법률관계를 조속히 확정하려는 목적으로서 특히 약관에서 이러한 내용을 규정하고 있는 조항을 불가항쟁조항이라 한다. 하지만 실제 생명보험계약의 약관에서는 "회사는 그 사실을 안 날로부터 1개월 이상 지났거나 또는 책임개시일로부터 보험금 지급사유가 발생하지 아니하고 2년(진단계약의 경우 질병에 대하여는 1년)이

지났을 때" 는 해지권 행사를 하지 않는다고 규정하고 있다.

3) 고지의무위반으로 인한 보험자 해지권과 관련된 기타사항

(1) 인과관계의 부존재

2014년 개정 전 상법 제655조의 단서규정에는 "고지의무위반 사실이 보험사고의 발생에 영향을 미치지 아니하였음이 증명된 때에는 그러하지 아니하다." 라고 규정하여 고지의무위반과 보험사고와의 사이에 인과관계의 부존재가 보험자의 해지권 제한 사유로 해석할 것인가의 여부에 논란이 있었다. 즉, 개정 전 상법 제655조 단서규정을 보험자의 해지권 제한 내용으로 보는 견해[91]와 동 규정은 고지의무의 성격과 관련하여 보험자가 계약당시 고지의무위반의 대상이 된 사항에 대하여 미리 알았다면 계약을 아예 체결하지 않았다든가 적어도 동일한 조건으로는 계약을 체결하지 않았을 것인데, 이를 보험사고의 발생과 더불어 사후적으로 문제시 한다는 것은 논리적으로 모순이라는 주장이 있었다.[92] 하지만, 2014년 개정 상법 규정에서는 제655조의 단서를 "다만, 고지의무를 위반한 사실 또는 위험이 현저하게 변경되거나 증가된 사실이 보험사고의 발생에 영향을 미치지 아니하였음이 증명된 경우에는 보험금을 지급할 책임이 있다." 라고 개정하여 규정하고 있으므로 인과관계의 부존재가 증명된 때라고 하더라도 보험금은 지급하되 보험자의 해지권 행사는 가능하도록 명확히 하고 있다.(상법 제655조 조문해설 참조)

(2) 해지권의 포기

보험계약자나 피보험자의 고지의무위반으로 갖게 되는 보험자의 보험계약해지권은 보험자의 권리이므로 이에 대한 행사여부는 보험자의 자유로운 의사에 달려있다고 할 것이다. 하지만 보험이란 제도가 보험단체를 떠나서는 존재할 수 없고, 보험경영의 일반원칙적인 측면에서도 다수의 보험가입자를 평등하게 대우하여야 할 것이 요구되며, 보험자의 보험가입자 어느 1인에 대한 해지권의 포기는 그 1인에게는 유익할지언정 전체 보험단체의 측면에서는 오히려 해(害)가 될 것이고, 권리의 행사는 신의에 따라 성실하게 하여야 한다는 신의성실의 원칙에도 반한다고 할 것이므

---

91) 손주찬, 전게서, 525면; 최기원, 전게서, 184면.

92) 양승규, 전게서, 125-126면.

로 이 부분에 대해서도 입법론적 접근이 있어야 할 것으로 생각된다.

Ⅳ. 고지의무위반과 착오·사기와의 관계

민법상 사기나 착오로 인한 법률행위는 취소할 수 있다.[93] 고지의무 위반행위가 동시에 민법상의 사기나 착오를 구성할 경우에 보험자는 이를 이유로 계약의 취소를 주장할 수 있는가에 대해서는 학설이 대립되어 있다.

1. 민법 적용을 배제하는 견해

민법적용을 부인하는 견해는 상법이 해지권만을 규정하고 있는 이유가 고지의무위반이 있는 경우에 보험계약이 그 계약체결당시에 소급하여 무효로 되는 것을 피하려는 것이므로 민법의 적용을 배제하고 상법의 규정에 따라서만 해결하여야 한다는 주장이다.[94]

2. 민법 적용을 긍정하는 견해

민법적용을 긍정하는 견해는 상법상의 고지의무제도와 민법상의 착오 · 사기에 관한 규정은 그 근거와 요건, 효과를 달리하는 것이므로 동시에 적용된다는 견해이다.[95]

3. 절충적 견해

보험자의 착오인 경우에는 민법의 적용을 배제하고, 보험계약자의 악의적인 사기

93) 민법 제109조 (착오로 인한 의사표시) "의사표시는 법률행위 내용의 중요부분에 착오가 있는 때에는 취소할 수 있다. 그러나 그 착오가 표의자의 중대한 과실로 인한 때에는 취소하지 못한다."
민법 제110조 (사기, 강박에 의한 의사표시) "사기나 강박에 의한 의사표시는 취소할 수 있다."

94) 정희철, 전게서, 389면.

95) 채이식, 상법강의(하), 법문사, 464-466면.

일 경우에는 민법을 적용하여야 한다는 견해이다.[96] 즉, 고지의무위반에 있어 사기라 함은 악의가 없는 착오와는 달리 보험자를 일부러 속여서 착오에 빠지게 하는 법률행위이므로 사기인 경우에는 악의의 보험계약자를 보호할 필요가 없고, 고지의무위반의 성립요건으로서의 "고의" 의 개념에는 반드시 사기적인 악의의 의사를 묻지 않으므로 고지의무위반 내용이 착오인 경우에는 상법규정에 따라 해지권을 인정하고 사기인 경우에는 상법상의 계약해지권과 제척기간 경과 후라고 하더라도 민법을 적용하여 보험자에게 취소권[97]을 부여함이 타당하다는 견해이며, 법원의 판례 역시 같은 견해를 취하고 있다.[98]

3. 기타

2008년 상법 개정시안에서는 상법 제655조의 2(사기에 의한 계약) 규정을 신설하여 "보험계약이 당사자 또는 피보험자의 사기로 인하여 체결된 보험계약은 무효로 하며, 보험자는 그 사실을 안 때까지의 보험료를 청구할 수 있다."라는 내용의 개정시안이 마련되었지만 2014년 개정 상법에는 포함되지 않았다. 상법 개정시안에서 이러한 규정을 신설한 이유는 보험사기가 보험료 인상 및 중대 범죄를 유발하는 요인으로 작용할 뿐만 아니라 선량한 보험가입자에게 피해를 주는 행위임에도 현행 상법은 이에 대해 아무런 규정을 두고 있지 않아서 보험사기에 효과적으로 대처하지 못한다는 점에 근거를 두고 있다.[99] 하지만 이러한 개정 법률에 관하여서는 다음과 같은 비판적 견해가 있다.

첫째, 사기에 의한 법률행위에 대해 민법 제110조는 취소사유로 규정하고 있음에

---

96) 손주찬 · 정동윤, 전게서, 157-159; 손주찬, 전게서, 348면; 양승규, 전게서, 128면; 최기원, 전게서, 202-206면.

97) 취소권이 인정될 경우에는 상법 제651조의 제척기간의 완료와 상관없이 민법의 일반원칙(민법 제146조)에 따라 소멸시효 내(10년)에서 취소권을 행사할 수 있다.
민법 제141조 (취소의 효과) "취소한 법률행위는 처음부터 무효인 것으로 본다."

98) 대법원판례, 1991.12.27. 선고 91다1165 판결. "보험계약자의 고지의무위반이 사기에 해당하는 경우에는 보험자는 상법의 규정에 의하여 계약을 해지할 수 있음은 물론 민법의 일반원칙에 따라 그 보험계약을 취소할 수 있는 것이라 할 것이다."

99) 화재보험 표준약관(2011. 1) 제27조(사기에 의한 계약) 계약자, 피보험자 또는 이들의 대리인의 사기에 의하여 계약이 성립되었음을 회사가 증명하는 경우에는 계약체결일부터 5년 이내(사기의 사실을 안 날부터 1개월 이내)에 계약을 취소할 수 있습니다.

반하여, 개정 법률이 사기계약에 대하여 철저하게 대처하고 일반예방의 효과를 위한다는 취지에서 모든 보험계약에 대하여 "무효" 사유로 규정하는 것은 민법규정과의 형평성 문제를 초래할 수 있으며, 특히 사기에 의한 보험계약의 효력을 무효로 하는 것은 응징이 강력하면 사기에 의한 보험계약이 없어질 것이라는 구시대적인 응보주의 사상에 바탕을 두고 있는 것이고, 보험자에게 특별한 기간이나 방법의 제한 없이 사기계약의 효력을 원천적으로 부인할 수 있게 하여 사기의 효과로서는 지나치게 과중하다는 것이다.

둘째, 보험사기로 인한 무효의 경우에도 보험자가 사기의 사실을 안 때까지의 보험료를 보험계약자 등에게 청구할 수 있도록 한 개정안은 사기행위를 예방하고 사기행위에 대하여 제재를 가하려는 취지이긴 하나, 현행 규정이 손해보험에서 초과보험과 중복보험에 한하여 보험료청구권을 인정하고 있는 것과는 달리, 개정안이 모든 보험계약으로 확대하여 보험료청구권을 인정하는 것은 보험자의 일방적인 사기계약 주장에 근거하여 보험계약자 등 관계자와 분쟁을 초래하는 등 보험자에게 지나치게 이익을 주는 것이다.

셋째, 사기 여부에 대한 다툼이 있는 계약에서 보험계약자의 권리 보호가 상대적으로 소홀해 질 우려가 있으므로, 무효가 되는 보험계약의 원인을 규정할 필요가 있다면 "사기" 대신에 "중대한 범죄" 로 보다 엄격하게 규정할 필요가 있다.

넷째, 사기에 의한 모든 보험계약을 무효로 하는 규정은 보험자에게 강력한 이익주장의 근거로 작용하여 보험계약이 사기에 해당하는지 여부에 대한 분쟁을 빈발하게 초래할 가능성이 높고, 개정 법률 제657조의2에서 사기에 의한 보험금 청구에 대한 제재규정을 신설하여 사기청구에 의해 보험금이 누수(漏水)되는 것을 실질적으로 방지할 수 있도록 하고 있으며, 현재도 사기에 의한 보험계약에 대하여 취소 또는 해지를 통하여 어느 정도 보험자를 보호하고 있는 점 등을 고려하여, 현행과 달리 모든 종류의 보험계약에 대하여 사기를 이유로 무효로 하는 규정을 두는 것에 대해서는 보다 신중하게 검토할 필요가 있다는 의견[100]에 따라 이번 개정 법률에는 포함되지 않았다.

100) 상법 일부개정 법률안 검토보고서, 법제사법위원회, 2008. 46-50면.

상법 제652조 [위험변경증가의 통지와 계약해지]

① 보험기간 중에 보험계약자 또는 피보험자가 사고발생의 위험이 현저하게 변경되거나 증가된 사실을 안 경우에는 지체없이 보험자에게 통지하여야 한다. 이를 해태한 때에는 보험자는 그 사실을 안 날로부터 1월내에 한하여 계약을 해지할 수 있다.
② 보험자가 제1항의 위험변경증가의 통지를 받은 때에는 1월내에 보험료의 증액을 청구하거나 계약을 해지할 수 있다. [신설 1991.12.31]

Ⅰ. 총설

1. 위험의 변경·증가 통지의무의 의의

본 조문은 보험기간 중에 보험계약자 또는 피보험자가 사고발생의 위험이 현저하게 변경 또는 증가된 사실을 안 때에는 지체없이 보험자에게 통지하여야 함을 규정하고 있다. 보험계약에 있어 보험자가 위험인수의 대가로 받는 보험료는 보험사고의 발생에 관한 개연율(빈도 및 심도)에 의하여 결정되는데(보험제도의 기술성), 보험료 산출에 기초가 되는 위험에 관하여는 계약 체결 이전에는 보험계약자 측이 부담하는 고지의무(상법 제651조)로서 그 자료를 제공하게 되지만, 상법에서 본 조문과 같은 통지의무를 둔 이유는 계약체결 이후 보험료 산정에 기초가 된 위험이 현저하게 변경 또는 증가된 경우에는 사정변경의 원칙에 따라 보험계약자, 피보험자로 하여금 보험자에게 통지케 하여 보험자로 하여금 변경 또는 증가된 위험에 능동적으로 대처할 수 있게 하기 위함이다.

2. 법적 성질

위험의 변경·증가 통지의무의 법률적 성격은 순수한 의미에서의 채무라고 볼 수는 없고, 보험계약의 성립 이후에 부담하는 의무로서 그 의무를 게을리 한 경우에 있어 의무자인 보험계약자가 계약의 해지(解止)라는 불이익한 결과를 피하기 위한

전제조건으로서의 간접의무라고 해석한다.[101]

본 조문의 규정은 위험의 변경 · 증가에 대해 의무자 측의 주관적인 의사 개입이 없다는 측면에서 "객관적 위험의 변경증가" 라고 하기도 하며, 보험계약자 측의 주관적 의사 개입으로 인한 위험의 변경 또는 증가에 관한 규정인 동법 제653조와 구별된다. 여기서 위험의 변경은 증가와 감소의 양자를 뜻하는 것이지만, 실제에 있어서는 위험의 증가만을 의미함으로 "변경" 이란 문구의 불필요를 주장하는 견해도 있다.[102]

Ⅱ. 위험의 변경·증가의 통지의무의 내용

1. 위험의 변경 · 증가의 통지의무 요건

1) 객관적 위험의 변경 · 증가

위험의 변경 또는 증가가 보험기간 중에 발생하여야 하며 객관적 이어야 한다. 따라서 보험계약 체결 이전에 부담하는 고지의무(상법 제651조)와 구별되며, 객관적 증가란 보험계약자, 피보험자의 의사가 개입될 수 없는 자연적이거나 제3자의 행위로 인한 위험의 현저한 변경 · 증가를 말한다.

2) 현저한 위험의 변경 · 증가

여기서 "현저한 위험의 변경 · 증가" 라는 것은 사실문제로서 법률이 아닌 사회통념에 따라서 판단하여야 할 것이지만, 일반적으로 보험자가 변경 또는 증가된 위험의 정도를 사전에 알았더라면 그 위험을 아예 인수를 하지 않았든가 또는 적어도 동일한 조건(보험료)으로는 보험계약을 체결하지 않았을 것으로 생각될 정도의 위험의 변경 · 증가를 말한다.

3) 보험계약자 또는 피보험자의 위험 변경 · 증가 사실의 인지(認知)

보험계약자 등이 위험의 증가나 변경을 알지 못하였을 때에는 통지의무를 부담

---

101) 서돈각, 전게서, 367면.

102) 손주찬, 전게서, 551면; 최기원, 전게서, 256면.

하지 아니하며, 위험의 증가를 반드시 알아야만 한다는 것은 문제가 되지 않으나 다만, 의무자인 보험계약자 등이 그의 사기로 회피한 경우에는 알고 있는 것과 동일시 할 수 있을 것이다.

2. 통지의 시기와 방법

위험의 현저한 변경·증가 시에 보험계약자나 피보험자가 부담하는 보험자에 대한 통지의무의 이행의 시기는 통지할 사실의 발생을 안 때에는 지체없이 그 통지를 발송하여야 하며, 통지방법으로는 서면이나 구두로 하여도 무방하나 보험계약실무에서는 서면에 의하도록 약관에서 정하는 경우가 많다.

Ⅲ. 의무해태의 효과

1. 보험자의 계약해지

보험계약자, 피보험자가 위험의 현저한 변경 또는 증가를 알면서 보험자에게 알리지 않은 경우 통지의무위반이 된다. 이 경우 보험자는 통지의무위반 사실을 안 때로 부터 1월내에 계약을 해지할 수 있으며, 1월의 기간은 제척기간이다. 본 조문의 규정에 의해 보험계약이 해지된 경우 보험자는 해지한 때까지의 보험료기간에 대한 보험료를 청구할 수 있고, 계약 해지 후 보험사고가 발생하였을 때에는 당연히 보험금을 지급하지 않는다. 또 보험사고 발생 후 계약을 해지한 때에도 보험계약자나 피보험자가 위험의 변경·증가된 사실이 보험사고의 발생에 영향을 미치지 아니하였음을 입증하지 못하는 한 보험자는 보험금지급 책임이 없다.(해지의 효과에 대해서는 제655조 조문해설 참조)

2. 통지의무 이행 이후의 보험계약관계

보험자는 본 규정 제2항의 규정에 따라 위험의 현저한 변경, 증가의 통지를 받은 때에는 1월내에 보험료의 증액을 청구하거나 계약을 해지할 수 있음을 규정하고 있다.

상법 제653조
[보험계약자 등의 고의나 중과실로 인한 위험증가와 계약해지]

보험기간 중에 보험계약자, 피보험자 또는 보험수익자의 고의 또는 중대한 과실로 인하여 사고발생의 위험이 현저하게 변경 또는 증가된 때에는 보험자는 그 사실을 안 날부터 1월 이내에 보험료의 증액을 청구하거나 계약을 해지할 수 있다. [개정 1991.12.31]

본 규정은 보험기간 중의 위험의 변경·증가라는 측면에서는 상법 제652조의 규정과 크게 다를 바 없으나, 상법 제652조의 위험의 변경·증가가 객관적인데 비해, 본 조문의 규정은 보험계약자, 피보험자 또는 보험수익자의 주관적인 위험의 변경·증가라는 점에서 구별되어진다. 또한 상법 제652조의 규정에서는 보험기간 중에 보험계약자 측의 주관적 의사의 개입이 없이 객관적으로 위험이 현저하게 변경, 증가된 사실을 알았을 때에는 지체없이 보험자에게 통지하도록 하고 있으나 본 조문의 규정은 위험의 현저한 변경·증가가 보험계약자 등의 고의나 중과실로 인해 주관적으로 이루어졌으므로 전자(前者)와 같이 통지의무를 규정하고 있지 않고, 보험계약자 등에 의해 위험이 주관적으로 변경·증가되었을 경우, 이를 안 보험자는 일정한 기간 내에 보험계약을 해지하거나 보험료의 증액을 청구하는 등 보험계약의 내용을 변경시킬 수 있음을 규정하고 있다. 특히 본 조문의 규정이 보험계약 체결 당시에 약정한 위험은 상대방인 보험자의 동의 없이 보험계약자 등이 보험기간 중에 임의로 변경하거나 증가시키지 말아야 함이 요구됨은 보험계약 성질상 당연하고, 만약 보험계약자 등이 불가피한 사정으로 보험계약에서 약정한 위험을 변경하거나 증가시킬 경우에는 보험계약의 사행성이나 선의성에 비추어 보아 보험자의 동의를 구함으로써 상대방인 보험자가 이에 대해 합리적으로 대처할 필요가 있다는 측면에서 그 규정의 취지를 찾을 수 있다.

이에 따라 보험계약자나 피보험자 등은 선량한 위험의 관리자로서 보험계약체결 시의 위험의 상태를 항상 일정하게 유지시켜야 함이 요구된다고 하여, 본 조문의 규정을 “보험계약자 등의 위험유지의무” 라고도 한다. 보험계약자 등이 고의나 중과실로 약정한 위험을 현저하게 변경시킬 경우 보험자는 계약을 해지하거나 보험료의 증액을 청구함으로서 보험자 자신의 보호와 나아가서는 보험단체의 이익을 보호할 수 있다.

상법에서는 보험계약자 등에 의해 위험이 현저하게 변경 또는 증가가 된 사실을 보험자가 안 때에는 1월내에 보험료의 증액을 청구하거나 계약을 해지할 수 있도록 선택적으로 규정하고 있다. 다만, 보험자가 위험의 변경 또는 증가를 안 이후 1월내에 계약을 해지하지 아니하거나 보험료의 증액을 청구하지 않을 경우에는 그 변경 또는 증가된 위험을 승인한 것으로 볼 수 있고, 또한 보험자가 계약을 해지하기 전에 그 위험의 변경, 증가한 상태가 이전의 상태로 회복되었을 경우에는 해지권을 행사할 수 없다고 해석한다. 다만, 보험사고 발생 이후에도 보험사고의 발생과 주관적 위험의 변경, 증가와 인과관계가 없음을 보험계약자 측이 입증할 경우에는 보험자는 해지권 행사는 가능하지만 보험금 지급책임을 면할 수는 없다.(상법 제655조 조문해설)

상법 제654조 [보험자의 파산선고와 계약해지]

① 보험자가 파산의 선고를 받은 때에는 보험계약자는 계약을 해지할 수 있다.
② 제1항의 규정에 의하여 해지하지 아니한 보험계약은 파산선고 후 3월을 경과한 때에는 그 효력을 잃는다. [개정 1991.12.31]

본 규정은 보험자가 파산한 경우의 보험계약관계에 대하여 규정하고 있다. 보험계약은 계속계약성으로 인하여 계약이 유효하게 성립하게 되면 계약당사자간에는 일정기간 동안 보험관계가 유지된다. 따라서 보험자가 파산한다고 하여 보험계약관계가 당연히 종료되는 것이 아니나, 만약 보험자가 파산하고 그 후 보험사고가 발생하였다면 보험계약자 측은 보험금의 지급을 받을 확신은 거의 없다. 그리하여 보험자가 파산선고를 받은 때에는 보험계약자에게 계약의 해지권(보험자가 파산하였으므로 해지의 상대방은 파산관재인이 된다.)을 인정하여 하루 속히 파산한 보험자와의 보험관계를 청산하고 다른 신용이 있는 보험자와 새로운 보험계약을 체결할 수 있도록 한 것이다. 한편 보험계약자가 본 규정 제1항 규정에 의한 해지권을 행사하지 않은 경우에는 보험자가 파산선고를 받은 날로부터 3개월이 경과하면 실효함을 규정하고 있는데, 이는 파산절차를 신속히 하여 언제 발생할지도 모르는 보험사고로부터 보험계약자를 보호하기 위함이다.

상법 제655조 [계약해지와 보험금청구권]

보험사고가 발생한 후라도 보험자가 제650조, 제651조, 제652조 및 세653조에 다라 계약을 해지하였을 때에는 보험금을 지급할 책임이 없고 이미 지급한 보험금의 반환을 청구할 수 있다. 다만, 고지의무를 위반한 사실 또는 위험이 현저하게 변경되거나 증가된 사실이 보험사고 발생에 영향을 미치지 아니하였음이 증명된 경우에는 보험금을 지급할 책임이 있다. [전문개정 2014.3.11.] [시행일 2015.3.12.]

2014.3.11. 개정 전 상법 규정

제655조 [계약해지와 보험금액청구권]
보험사고가 발생한 후에도 보험자가 제650조, 제651조, 제652조 및 제653조의 규정에 의하여 계약을 해지한 때에는 보험금액을 지급할 책임이 없고 이미 지급한 보험금액의 반환을 청구할 수 있다. 그러나 고지의무에 위반한 사실 또는 위험의 현저한 변경이나 증가된 사실이 보험사고의 발생에 영향을 미치지 아니하였음이 증명된 때에는 그러하지 아니하다. [개정 1991.12.31]

본 규정은 보험계약자나 피보험자등이 각종 보험계약상의 의무위반으로 계약이 해지되었을 경우 그 효과에 관하여 규정하고 있다. 형성권의 일종으로서 보험계약의 해지권은 상대방에 대한 일방적이고 명시적인 의사표시로 행사하게 되며, 계약해지권은 포기할 수는 있으나 이미 행사한 해지권은 철회하지 못한다.[103] 해지(解止)의 일반적인 효력은 민법 제550조의 규정에 따라 해지를 한 때로부터 장래에 대하여 계약은 효력을 잃게 되며,[104] 그 효력이 소급되지 않는 것이 원칙이다. 하지만 본 조문에서는 보험료의 지체(상법 제650조), 고지의무위반(상법 제651조), 객관적

103) 민법 제543조(해지, 해지권) ①계약 또는 법률의 규정에 의하여 당사자의 일방이나 쌍방이 해지 또는 해제의 권리가 있는 때에는 그 해지 또는 해제는 상대방에 대한 의사표시로 한다.

104) 민법 제550조(해지의 효과) 당사자 일방이 계약을 해지한 때에는 계약은 장래에 대하여 그 효력을 잃는다.

또는 주관적 위험의 변경·증가(상법 제652조, 제653조) 등의 사유로 보험사고 발생 이전에 계약을 해지한 경우에는 당연히 보험금을 지급할 책임이 없을 뿐만 아니라 해지 전에 이미 보험사고가 발생하여 지급한 보험금이 있을 경우에도 그 반환을 청구할 수 있음을 규정하여 소급적 효력을 인정하고 있다. 이러한 해지의 소급효는 보험자가 이미 지급한 보험금에 대하여만 적용되고, 보험계약자가 지급한 보험료에 대해서는 적용되지 않으므로 상대적 소급효라 할 것이다. 따라서 보험자가 위 열거한 사항을 이유로 계약을 해지할 경우에는 보험사고의 발생 유무를 불문하고 해지권을 행사할 수 있게 된다. 보험계약이 해지된 경우에는 당사자 간의 특별한 약정이 없는 한 보험자는 보험계약자가 이미 지급한 보험료 중 미경과 기간에 대한 보험료에 대해서는 당연히 반환을 하여야 할 의무를 부담하며, 생명보험의 경우 보험수익자를 위하여 적립한 보험료적립금은 반환하여야 한다.(상법 제736조 조문해설 참조)

한편, 개정 전 상법이 "그러나 고지의무에 위반한 사실 또는 위험의 현저한 변경이나 증가된 사실이 보험사고의 발생에 영향을 미치지 아니하였음이 증명된 때에는 그러하지 아니하다." 라고 규정하여 고지의무위반 사실이나 위험의 현저한 변경, 증가된 사실이 보험사고의 발생에 영향을 미치지 아니하였을 때(인과관계가 없을 때)에는 보험자의 계약해지권이 제한되는지, 아니면 계약의 해지는 가능하고 보험금지급책임을 부담하는지에 대해 그 해석을 둘러싸고 많은 논의가 있었다.[105] 이에 2014년 개정 상법 규정에서는 "다만, 고지의무를 위반한 사실 또는 위험이 현저하게 변경되거나 증가된 사실이 보험사고 발생에 영향을 미치지 아니하였음이 증명된 경우에는 보험금을 지급할 책임이 있다." 라고 고지의무위반 등과 보험사고간에 인과관계가 인정되지 않을 경우 보험자는 보험금은 지급하되 보험계약은 해지할 수 있음을 규정하고 있는 것이 특징이다. 보험계약자의 의무위반사실과 보험사고간에

105) 상법 제655조의 단서 규정인 "……그러하지 아니하다."에 대해 보험자의 보험금지급 책임은 면할 수 없으나 보험자의 계약해지는 가능하다는 것이 통설이었지만 이에 대해서는 반대의 의견도 있다. 즉, 양승규, 전게서, 126면과 최기원, 전게서, 184면에서는 본조의 단서규정을 보험자의 해지권 제한 사유로 보고 있다. 한편 정찬형, 상법 제651조와 동 제655조 단서와의 관계, 고시연구 2000.4 통권 제313호에서 고지의무위반과 보험사고 발생과의 사이에 인과관계가 없을 경우 보험금지급책임은 면할 수 없지만 계약의 해지권 행사는 가능하다고 주장하고 있다.

인과관계가 존재하지 않음에 대한 입증책임은 당연히 의무자인 보험계약자 측에 있다고 할 것이다.(상법 제651조 조문해설 참조)

※ 법원 판례(해지권 행사가 가능하다는 판례)

서울고등법원 2011.5.26. 선고 2010나44271 판결. "보험계약자인 원고가 상법 제655조 단서 규정을 근거로 고지의무위반과 보험사고 사이의 인과관계가 인정되지 아니하는 이상 보험자인 피고는 고지의무위반을 이유로 보험계약을 해지할 수 없다고 주장하는 사안에서, 상법 제655조는 보험계약 해지에 관한 규정이 아니라 고지의무위반 등으로 계약을 해지한 때에 보험금액청구에 관한 규정이어서, 그 본문뿐만 아니라 단서도 보험금액청구권의 존부에 관한 규정으로 해석함이 상당하므로, 보험계약자에게 고지의무 위반에 대한 고의 또는 중대한 과실이 인정되는 이상, 이를 이유로 한 보험자의 보험계약 해지는 고지의무 위반과 보험사고 사이의 인과관계 존부와 관계없이 가능하다."

대법원 2010.7.22. 선고 2010다25353 판결. "상법 제651조는 고지의무 위반으로 인한 계약해지에 관한 일반적 규정으로 이에 의하면 고지의무에 위반한 사실과 보험사고 발생 사이에 인과관계를 요하지 않는 점, 상법 제655조는 고지의무 위반 등으로 계약을 해지한 때에 보험금액청구에 관한 규정이므로, 그 본문뿐만 아니라 단서도 보험금액청구권의 존부에 관한 규정으로 해석함이 상당한 점, 보험계약자 또는 피보험자가 보험계약 당시에 고의 또는 중대한 과실로 중요한 사항을 불고지 · 부실고지하면 이로써 고지의무 위반의 요건은 충족되는 반면, 고지의무에 위반한 사실과 보험사고 발생 사이의 인과관계는 '보험사고 발생 시' 에 비로소 결정되는 것이므로, 보험자는 고지의무에 위반한 사실과 보험사고 발생 사이의 인과관계가 인정되지 않아 상법 제655조 단서에 의하여 보험금액 지급책임을 지게 되더라도 그것과 별개로 상법 제651조에 의하여 고지의무 위반을 이유로 계약을 해지할 수 있다고 해석함이 상당한 점, 고지의무에 위반한 사실과 보험사고 발생 사이의 인과관계가 인정되지 않는다고 하여 상법 제651조에 의한 계약해지를 허용하지 않는다면, 보험사고가 발생하기 전에는 상법 제651조에 따라 고지의무 위반을 이유로 계약을 해지할 수 있는 반면, 보험사고가 발생한 후에는 사후적으로 인과관계가 없음을 이유로 보험금액을 지급한 후에도 보험계약을 해지할 수 없고 인과관계가 인정되지 않는 한 계속하여 보험금액을 지급하여야 하는 불합리한 결과가 발생하는 점, 고지의무에 위반한 보험계약은 고지의무에 위반한 사실과 보험사고 발생 사이의 인과관계를 불문하고 보험자가 해지할 수 있다고 해석하는 것이 보험계약의 선의성 및 단체성에서 부합하는 점 등을 종합하여 보면, 보험자는 고지의무를 위반한 사실과 보험사고의 발생 사이의 인과관계를 불문하고 상법 제651조에 의하여 고지의무 위반을 이유로 계약을 해지할 수 있다. 그러나 보험금액청구권에 관해서는 보험사고 발생 후에 고지의무 위반을 이유로 보험계약을 해지한 때에는 고지의무에 위반한 사실과 보험사고 발생 사이의 인과관계에 따라 보험금액 지급책임이 달라지고, 그 범위 내에서 계약해지의 효력이 제한될 수 있다. 고혈압 진단 및 투약 사실에 관한 피보험자의 고지의무 위반과 백혈병 발병이라는 보험사고 사이에 인과관계가 인정되지 않지만, 보험자가 고지의무 위반을 이유로 보험계약을 해지할 수 있다."

※ 법원 판례(해지권 행사가 불가능하다는 판례)

대법원 1994.2.25. 선고 93다52082 판결. "보험계약을 체결함에 있어 고지의무 위반사실이 보험사고의 발생에 영향을 미치지 아니하였다는 점 즉, 보험사고의 발생이 보험계약자가 불고지하였거나 부실 고지한 사실에 의한 것이 아니라는 것이 증명된 때에는 상법 제655조 단서의 규정에 의하여 보험자는 위 불실고지를 이유로 보험계약을 해지할 수 없는 것이지만 위와 같은 고지의무 위반사실과 보험사고 발생과의 인과관계의 부존재의 점에 관한 입증책임은 보험계약자에게 있다."

상법 제656조 [보험료의 지급과 보험자의 책임개시]

보험자의 책임은 당사자 간에 다른 약정이 없으면 최초의 보험료의 지급을 받은 때로부터 개시한다.

보험계약은 보험계약자가 약정한 보험료를 지급하고 보험자는 이에 대하여 불확정적인 사고(보험사고)가 발생하였을 경우에 보험금 및 기타의 급여를 지급할 책임이 있는(상법 제638조) 유상, 쌍무계약이다. 보험자의 보험금지급채무는 보험계약자의 보험료의 지급에 대한 대가로서의 보험자가 부담하는 의무 중에서 가장 주된 의무라 할 수 있다. 본 규정은 이러한 보험자의 책임이 개시되는 시기에 관하여 규정하고 있다. 본 조항에서 보는 바와 같이 당사자의 특별한 약정이 없는 한 보험자의 보험금지급책임은 최초의 보험료를 지급받은 때로부터 개시되므로 보험계약이 성립하여도 최초의 보험료 지급이 없는 한 보험사고가 발생하여도 보험자는 책임을 지지 않는다. 이러한 규정은 일반원칙으로서 해상보험 등에서는 특칙을 두고 있기도 하며,(상법 제699조) 화재보험약관에서는 최초의 보험료를 받은 날의 24시 혹은 오후4시부터 책임이 개시된다는 규정을 두고 있기도 하다.

한편, 보험료의 지급방법과 관련하여서는 보험료의 지급을 어음이나 수표로 결제한 경우에 그 효과에 관하여는 견해가 갈린다.

첫째, 지급받은 수표나 어음의 부도(不渡)를 해제조건으로 하여 현금지급과 동일한 것으로 본다는 견해로서 보험자가 보험계약자로부터 어음과 수표로서 보험료를 받은 때에는 그때로 부터 보험자의 책임은 개시되고 그것의 지급이 거절된 때에는 그때부터 보험자의 책임은 해제가 된다는 주장이다.(해제조건부 대물변제설)

둘째, 보험계약자가 교부한 어음, 수표를 보험자가 수령한 때에는 보험료지급을 유예한 것으로 보는 견해 즉, 어음, 수표가 결제되기까지는 보험자의 보험료채권이 존속한다는 주장이 있다.(유예설)

생각건대, 어음이나 그 지급일자가 명시되어 있는 선일자수표(수표 발행일자를 실제 발행일 이후의 날짜로 기재한 수표)인 경우에는 현실적인 보험료 수수(收受)라고 보기 어려우므로 유예설로 이해함이 타당할 듯하고, 수표인 경우에는 수표는 어음과는 달리 신용증권이 아니라 금전 지급수단으로 쓰이는 것이므로 대물변제설로 이해함이 타당할 듯하다.[106)]

106) 대법원 1989.11.28. 선고 88다카33367 판결. “선일자수표는 대부분의 경우 당해 발행일자 이후의 제시기간내의 제시에 따라 결제되는 것이라고 보아야 하므로 선일자수표가 발행 교부된 날에 액면금의 지급효과가 발생된다고 볼 수 없으니, 보험약관상 보험자가 제1회 보험료를 받은 후 보험청약에 대한 승낙이 있기 전에 보험사고가 발생한 때에는 제1회 보험료를 받은 때에 소급하여 그때부터 보험자의 보험금 지급책임이 생긴다고 되어 있는 경우에 있어서 보험모집인이 청약의 의사표시를 한 보험계약자로부터 제1회 보험료로서 선일자수표를 발행받고 보험료 가수증을 해주었더라도 그가 선일자수표를 받은 날을 보험자의 책임발생 시점이 되는 제1회 보험료의 수령일로 보아서는 안 된다.”

상법 제657조 [보험사고발생의 통지의무]

① 보험계약자 또는 피보험자나 보험수익자는 보험사고의 발생을 안 때에는 지체없이 보험자에게 그 통지를 발송하여야 한다.
② 보험계약자 또는 피보험자나 보험수익자가 제1항의 통지의무를 해태함으로 인하여 손해가 증가된 때에는 보험자는 그 증가된 손해를 보상할 책임이 없다.
[신설 1991.12.31]

보험계약법에서 보험계약자, 피보험자 등이 지는 통지의무는 보험계약의 효과로서 부담한다는 점에서 고지의무와는 구별된다. 보험계약자나 피보험자, 보험수익자 등은 보험사고가 발생하였음을 안 때에는 지체없이 이러한 사실을 보험자에게 통지하여야 한다. 이러한 의무를 지우는 것은 보험사고발생의 사정을 즉시, 용이하게 알 수 없는 보험자의 이익보호, 나아가서는 보험단체의 이익을 위함이다. 즉, 이 통지에 의하여 보험자가 사고발생의 상황을 명확히 하여 보험금 지급책임의 유무 및 그 범위 등을 파악하는 동시에 손해보험의 경우에 손해의 확대를 방지하고 손해가 제3자에 의하여 발생하여 손해배상청구권 등의 권리가 있을 경우에는 그 권리(구상권)의 보존에 필요한 조치를 강구할 필요가 있기 때문이다. 그리고 본 규정의 법적성질에 관하여는, 이 의무 위반시 그로 말미암아 보험자에게 손해가 발생되었을 경우 그 손해에 대해서는 배상을 하여야 하므로 일반적으로 진정한 의무라고 풀이한다. 하지만 본 규정 제2항에서 명시하고 있듯이 현실적으로는 손해배상이 아니라 지급될 보험금에서 감액될 뿐이다. 통지의 상대방은 통지의 수령권한이 있는 자로서 보험자와 대리인(상법 제646조) 및 보험대리점(체약대리점) 등이다. 통지의 내용으로는 보험자가 담보한 위험이 발생한 것을 알림으로써 보험자로 하여금 적당한 조치를 취할 수 있을 정도의 내용을 가지고 있으면 된다. 그리고 통지의 시기는 보험사고가 발생한 때가 아니라 그 발생을 안 때이며, 그 때부터 지체없이 통지하면 된다. 한편 통지의 방법으로는 서면 또는 구술로 할 수 있는데 유선에 의한 구술이 실무상 대부분이다. 이러한 보험사고발생의 통지의무를 게을리 한 때에는 그로 말미암아 늘어난 손해는 보상을 하지 아니하는데,(본조 제2항) 이 경우에도 통지의 지체가 보험자가 보험금을 정함에 있어 아무런 영향을 주지 아니한 때에는 동 조항은 적용되지 않는다. 물론 보험계약자 등의 보험사고발생통지의무의 위반은 그 자체로서 보험자의 보험계약해지사유는 아니나, 피보험자 등이 그 의무를 게을리 하고 한 걸음 더 나아가 사고원인에 대한 증거의 인멸 또는 손해의 증가 등 사기적인 행위를 하였을 때에는 보험자는 보험금지급을 거절할 수 있다고 볼 수 있다.(보험금청구권의 실권 부분 참조)

상법 제658조 [보험금액의 지급]

보험자는 보험금액의 지급에 관하여 약정기간이 있는 경우에는 그 기간 내에, 약정기간이 없는 경우에는 제657조 제1항의 통지를 받은 후 지체없이 지급할 보험금액을 정하고 그 정하여진 날부터 10일내에 피보험자 또는 보험수익자에게 보험금액을 지급하여야 한다. [전문개정 1991.12.31]

보험사고가 보험기간 중에 발생하였을 경우에는 보험자는 보험계약의 효과로서 면책사유에 해당하지 않는 한 피보험자(손해보험) 또는 보험수익자(인보험)에게 보험금액을 지급하여야 하는데, 이러한 보험금지급의무는 보험계약자의 보험료지급의무와 대응하는 것으로 보험자의 주된 의무라 할 수 있다.

본 규정에서는 이러한 보험자의 보험금액지급의무의 그 이행시기에 관하여 약정기간이 있는 경우에는 그 기간 내에, 약정기간이 없는 때에는 보험사고발생 통지를 받은 후 지체없이 지급할 보험금액을 정하고 그 정하여진 날로부터 10일내에 피보험자 또는 보험수익자에게 지급한다고 규정하고 있다. 손해보험의 경우 보험사고발생의 통지를 받으면 그 사고의 원인, 손해의 범위 등 필요한 모든 조사를 하여 손해액을 확정하는 절차를 밟아야 하기 때문이며, 손해보험에 있어 이러한 일련의 업무는 바로 손해사정업무이다. "......지체없이 지급할 보험금을 정한다." 함은 보험사고의 통지를 받은 후 지체없이 손해사정을 한다는 뜻이며, 만약 특별한 사유없이 보험금 확정절차를 지체한 때에는 그로 인한 손해는 보험자가 책임을 져야함은 당연하다.(제2항 단서규정) 손해액을 조사하고 지급할 보험금을 확정하여 최종적으로 보험금을 지급하는 손해사정업무는 보험이라는 메커니즘(mechanism)에서 매우 중요한 분야로 적정한 손해사정은 나아가서 보험사업의 합리적인 경영과 올바른 위험선택 및 평가와도 밀접한 관계를 가지는데, 손해사정업무는 고도의 손해사정지식과 폭 넓은 실무경력을 겸비한 손해사정사에 의하여 이루어지고, 특별한 사정이 없는 한 손해사정사의 손해사정서가 작성되어 교부되었을 때에는 보험자가 지급할 보험금이 확정되었으므로 손해사정서가 작성 및 교부된 날로부터 10일 이내 보험자는 보험금을 지급하여야 한다. 보험업법 제188조에서는 손해사정사의 업무범위에 관하여 규정하고 있으나, 현행 보험업법의 규정만으로는 그 구체적인 업무의 범위나 손해사정사의 신분 보장에 미흡함이 사실이고, 따라서 공인회계사법이나 공인노무사법과 같은 독립된 법제정이 요구된다고 할 것이다.[107)]

손해조사 및 보험금 확정을 위한 손해사정업무의 절차는 다음과 같다.

첫째, 손해발생사실의 확인 및 관련법규 적용의 적정여부는 손해사정업무의 이른바 조사(investigation) 단계로서 구체적으로는 사고원인의 조사나 손해액의 조사 그리고 보험자 면, 부책 판단 여부이다.

둘째, 손해액 및 보험금의 사정 단계는 평가(evaluation)에 해당하는 부분으로서 손해액의 평가 및 계산과 지급보험금액의 평가와 계산이다. 하지만 이 부분에 있어 지급보험금액의 결정은 평가된 손해액을 토대로 사정되어야 하나 실무적으로는 손해액 평가자체가 아무런 의미가 없는 경우가 많다.

셋째, 피보험자(보험금청구권자)와의 절충, 합의에 관한 일련의 업무로서 특히 이 단계를 종결(termination)이라고 한다. 이는 피보험자 또는 이해관계자(배상책임보험에서의 피해자)로부터 손해사정에 관한 일련의 업무를 위임받은 선임손해사정사가 지급할 보험금액을 정함에 있어 보험자와 이에 관하여 의견 개진하는 행위를 포함한다.

넷째, 대위(subrogation)의 단계로서 보험금지급후의 권리취득에 관한 일련의 업무이다. 주로 구상권 행사나 잔존물 대위에 의한 권리행사 등이다.

한편, 보험금 청구에 있어서 보험사고의 원인이나 손해의 정도 등에 관한 정확한 서류는 손해액을 정확히 산정하여 피보험자에게 보상하여야 할 책임이 있는 보험자

107) 보험업법상의 손해사정사의 업무범위와 변호사법의 충돌로 인해 다수의 손해사정사가 두 차례에 걸쳐(1998년 및 2003년) 집단으로 기소되는 사례가 있었다.
보험업법상의 손해사정사의 업무범위는
제188조(손해사정사 등의 업무) 손해사정사 또는 손해사정업자의 업무는 다음 각 호와 같다.
1. 손해발생사실의 확인
2. 보험약관 및 관계법규 적용의 적정여부 판단
3. 손해액 및 보험금의 사정
4. 제1호 내지 제3호의 업무와 관련한 서류의 작성, 제출의 대행
5. 제1호 내지 제3호의 업무의 수행과 관련한 보험회사에 대한 의견의 진술

에 있어 필요불가결한 것이고, 여기에는 보험계약의 선의성이나 이득금지의 원칙 등에 의해서도 실제보다 과장된 허위의 서류를 보험자에게 제출하는 사기행위에 대해서는 제재가 필요하므로 보험약관에서는 이를 규정하고 있다. 보험금청구와 관련된 사기행위의 주류는 손해의 정도의 과장이 대부분이며, 이 경우 문제는 보험금청구권의 상실이 위조·변조된 부분에 대해서만 그 효력을 미치는지 아니면 전체에 대해 미치는지가 의문시 된다.

이와 관련하여 법원의 판결은 다소 소극적인 견해이다.[108] 그러나 보험계약의 선

108) 대법원 2009.12.10. 선고 2009다56603,56610 판결. " '계약자 또는 피보험자가 손해통지 또는 보험금청구에 관한 서류에 고의로 사실과 다른 것을 기재하였거나 그 서류 또는 증거를 위조 또는 변조한 경우에는 피보험자는 손해에 대한 보험금청구권을 잃게 된다.' 라고 규정하고 있는 화재보험 약관조항의 취지는 보험자가 보험계약상의 보상책임 유무의 판정, 보상액의 확정 등을 위하여 보험사고의 원인, 상황, 손해의 정도 등을 알 필요가 있으나 이에 관한 자료들은 계약자 또는 피보험자의 지배·관리영역 안에 있는 것이 대부분이므로 피보험자로 하여금 이에 관한 정확한 정보를 제공하도록 할 필요성이 크고, 이와 같은 요청에 따라 피보험자가 이에 반하여 서류를 위조하거나 증거를 조작하는 등으로 신의성실의 원칙에 반하는 사기적인 방법으로 과다한 보험금을 청구하는 경우에는 그에 대한 제재로서 보험금청구권을 상실하도록 하려는 데 있다. 다만, 위와 같은 약관조항을 문자 그대로 엄격하게 해석하여 조금이라도 약관에 위배하기만 하면 보험자가 면책되는 것으로 보는 것은 본래 피해자 다중을 보호하고자 하는 보험의 사회적 효용과 경제적 기능에 배치될 뿐만 아니라 고객에 대하여 부당하게 불리한 조항이 된다는 점에서 이를 합리적으로 제한하여 해석할 필요가 있으므로, 위 약관조항에 의한 보험금청구권의 상실 여부는 그 취지를 감안하여 보험금청구권자의 청구와 관련한 부당행위의 정도 등과 보험의 사회적 효용 내지 경제적 기능을 종합적으로 비교·교량하여 결정하여야 한다."

대법원 2007.12.27. 선고 2006다29105 판결. "피고의 화재보험보통약관 제20조 제1호가 '계약자 또는 피보험자가 손해통지 또는 보험금청구에 관한 서류에 고의로 사실과 다른 것을 기재하였거나 그 서류 또는 증거를 위조 또는 변조한 경우에는 피보험자는 손해에 대한 보험금청구권을 잃게 된다.' 고 규정하고 있음은 원심이 인정한 바와 같다. 피고의 화재보험보통약관에서 이와 같은 조항(아래에서는 '이 사건 약관조항' 이라고 한다)을 둔 취지는 보험자가 보험계약상의 보상책임 유무의 판정, 보상액의 확정 등을 위하여 보험사고의 원인, 상황, 손해의 정도 등을 알 필요가 있으나 이에 관한 자료들은 계약자 또는 피보험자(아래에서는 '피보험자' 라고 한다)의 지배·관리영역 안에 있는 것이 대부분이므로 피보험자로 하여금 이에 관한 정확한 정보를 제공하도록 할 필요성이 크고, 이와 같은 요청에 따라 피보험자가 이에 반하여 서류를 위조하거나 증거를 조작하는 등으로 신의성실의 원칙에 반하는 사기적인 방법으로 과다한 보험금을 청구하는 경우에는 그에 대한 제재로서 보험금청구권을 상실하도록 하려는 데 있는 것으로

의 · 윤리성에 비추어 도덕적 위험 등 보험제도의 폐단을 막을 필요가 있고, 현행 상법 제669조 제4항, 제672조 제3항 등과 상법 개정 법률에서 신설규정하고 있는 제657조의 2에서는 "사기(詐欺)로 인한 보험금 청구에 대해서는 그 청구권 전체를 상실함을 규정" 하고 있으므로 이러한 취지에서 볼 때에 보험금 청구에 관하여 악의의 사기행위가 있을 경우에는 보험금 전부에 대해 그 권리를 실권시키는 것이 합리적이고 나아가서는 손해보험계약의 대원칙인 손해보상, 이득금지의 원칙과 형평의 원칙에도 적합하다고 볼 것이다. 그러나 이러한 규정을 적용함에 있어 자칫 선량한 보험금청구권자를 해(害)할 우려가 없는지에 대한 신중한 검토가 선행되어야 할 것이다.

보아야 할 것이다(대법원 2006. 11. 23. 선고 2004다20227, 20234 판결 참조). 다만, 이 사건 약관조항을 문자 그대로 엄격하게 해석하여 조금이라도 약관에 위배하기만 하면 보험자가 면책되는 것으로 보는 것은 본래 피해자 다중을 보호하고자 하는 보험의 사회적 효용과 경제적 기능에 배치될 뿐만 아니라 고객에 대하여 부당하게 불리한 조항이 된다는 점에서 이를 합리적으로 제한하여 해석할 필요가 있으므로, 이 사건 약관조항에 의한 보험금청구권의 상실 여부는 이 사건 약관조항을 둔 취지를 감안하여 보험금청구권자의 청구와 관련한 부당행위의 정도 등과 보험의 사회적 효용 내지 경제적 기능을 종합적으로 비교 · 교량하여 결정하여야 할 것이다. 따라서 피보험자가 보험금을 청구하면서 실손해액에 관한 증빙서류 구비의 어려움 때문에 구체적인 내용이 일부 사실과 다른 서류를 제출하거나 보험목적물의 가치에 대한 견해 차이 등으로 보험목적물의 가치를 다소 높게 신고한 경우 등까지 이 사건 약관조항에 의하여 보험금청구권이 상실되는 것은 아니라고 해석함이 상당하다 할 것이다."

용어해설

보험금의 환부

보험금 청구권에 대한 채권자의 채권 기타의 담보권설정은 보험의 목적이 담보물인 경우에 담보권자가 그 담보물이 보험사고의 발생으로 인하여 멸실 또는 오손되어 담보물의 교환가치가 소멸되거나 감소하는 것에 대비하여 채권 또는 물상 대위권을 확보하기 위한 것이 보통이다. 보험금의 환부라 함은 이와 같이 보험금청구권이 질입(質入) 또는 신탁 양도되고 있는 경우에 보험사고가 발생하였다면 당연히 보험금 청구권에 대한 담보권자인 채권자가 보험금을 취득하게 되나 일정한 경우에 한하여 보험금 또는 보험금청구권을 담보권설정자인 피보험자에게 환부하는 것을 말한다. 즉, 보험의 목적인 담보물의 일부가 보험사고로 손해를 입은 경우에 소액의 보험금을 채권자가 수령하여 채권의 일부변제에 충당하기 보다는 피보험자인 담보권 설정자에게 보험금을 수령시켜 피해 목적물을 수복토록 함으로써 담보물의 가치를 복원시키는 방법이라 할 수 있다.

보험금의 환부 방법으로는 보험금을 채권자가 먼저 수령하고 담보물의 수복조건을 채무자인 피보험자에게 교부하는 방법과 채권에 바탕을 둔 우선변제를 포기하고 보험자로 부터 직접 피보험자에게 수령케 하는 방법이 있으며, 물론 이 경우 담보권자의 승낙서가 있어야 함은 당연하다.

보험금청구권과 물상대위

보험의 목적에 대하여 질권(質權) 또는 담보권을 가지고 있는 담보물권자는 채권을 확보하기 위하여 담보권설정자인 피보험자의 보험금 청구권을 질입 또는 신탁 양도케 하거나 저당보험(담보권자가 피보험자) 등을 이용하여 담보물의 교환가치의 감소 또는 멸실(滅失)에 대비하는 것이 일반적이다. 그러나 담보물인 보험의 목적에 대하여 보험사고가 발생하였을 경우에 위의 방법에 의해 담보권자가 직접 보험금 청구권을 행사할 수 없을 경우에 문제가 발생하게 된다.

물상대위라 함은 민법 제342조의 규정상 담보물이 멸실, 오손, 또는 공공징수로 인해 질권설정자가 받을 금전, 기타 물건에 대해서도 질권자가 이를 행사할 수 있는 제도로서 단, 그 지급전에 압류조치를 필요로 한다. 따라서 담보물을 보험의 목적으로 한 보험계약에 있어 그 내용상 채무자 자신을 위한 보험계약을 체결한 경우에는 보험사고(담보물의 오손, 멸실)가 발생하였을 때에 민법상의 물상대위가 여기에도 효력을 미치는가에 대해 상법상 명문규정이 없으므로 다툼이 있을 수 있다. 일설로는 그 효력을 부인하는 설도 있지만 통설로는 담보물권은 그 담보물의 교환가치를 취득함을 목적으로 하므로 보험금 청구권에 대해 압류규정이 없는 한 그 물상대위권의 효력이 미친다고 풀이하고 있다.

보험금 청구권의 상실

보험계약에서 보험사고의 발생으로 보험자의 보험금 지급채무가 구체화되었다고 할지라도 보험자 면책규정에 의해 그 책임을 면하거나, 보험계약상의 하자가 있을 경우에는 보험금을 지급할 책임이 없다. 보험금 청구권의 상실이란 보험금청구권자의 측면에서 본 개념으로서 보험계약자나 피보험자가 보험금청구에 관하여 사기의 행위가 있을 경우에 보험금청구권의 전부 또는 일부를 상실시키는 것을 말한다. 기존 화재보험 표준약관 제22조에서는 계약자 또는 피보험자가 손해의 통지 또는 보험금 청구에 관한 서류에 고의로 사실과 다른 것을 기재하였거나 그 서류 또는 증거를 위조 또는 변조한 경우와 계약자, 피보험자 또는 이들의 대리인이 상당한 이유없이 손해의 조사를 방해 또는 회피한 때에는 그 해당 손해보험계약자 또는 피보험자가 손해의 통지 또는 보험금 청구에 관한 서류에 고의로 사실과 다른 것을 기재하였거나 그 서류 또는 증거를 위조 또는 변조하였을 때에는 보험금 청구권을 상실한다고 규정하고 있었다.

출전 : 강원희, 손해사정이론, 보험연수원

상법 제659조 [보험자의 면책사유]

① 보험사고가 보험계약자 또는 피보험자나 보험수익자의 고의 또는 중대한 과실로 인하여 생긴 때에는 보험자는 보험금액을 지급할 책임이 없다.
② 삭제. [1991.12.31]

Ⅰ. 총설

보험사고가 보험기간 내에 발생하였을 때에는 보험자는 보험금을 지급하여야 할 책임이 있으며,(상법 제638조) 이러한 경우에도 일정한 사유가 있을 때에는 그 책임을 면하게 되는데 이를 보험자 면책이라고 하며 보험자가 면책되는 사유를 면책사유(免責事由)라고 한다.

본 규정은 상법 제660조 규정과 함께 이러한 보험자의 면책사유에 대해 규정하고 있다. 상법에서 보험자의 면책사유를 규정하고 있는 취지는 보험이란 우연한 사고라는 위험을 효율적으로 분산시켜 위험에 대비하기 위한 기술적인 제도이고 또 우연한 사고를 전제로 보험자의 책임을 인정하는 사행계약의 일종으로서 이러한 보험사고는 보험계약자 등의 의사와는 관계없이 발생한 것이어야 하는데 우연성이 결여된 보험사고라든지 통상의 위험이 아니라 이상위험 또는 거대위험에 의한 보험사고 시 보험자에게 그 책임을 부담케 한다는 것은 보험계약의 사행계약성, 선의계약성에 비추어 보아 자기가 손해를 발생시키고 이것을 다른 사람에게 전가시키는 것은 당사자에게 요구되는 신의성실의 원칙 및 공익적인 측면에서도 반하므로 보험자의 책임을 면하게 하여 보험사기, 보험사고의 유발 등 각종 도덕적 위험으로 인한 보험제도의 폐단을 방지하고 보험 사업을 합리적으로 운영하기 위함이다.

Ⅱ. 면책사유의 종류

1. 법정 면책사유와 약관상 면책사유

면책사유의 규정이 법률상으로 규정되어 있는 것을 법정면책사유라 하고, 면책사유가 법률이 아니라 보험약관에 규정되어 있는 것을 약관상 면책사유라고 한다. 약관상 면책사유는 또다시 보험사고의 원인이나 상황과 관련하여 보험자의 책임을 면제하는 책임면제사유와 보험자가 담보하고 있는 범위에서 제외하는 담보제외 면제사유가 있다.

2. 일반적 면책사유와 특수한 면책사유

상법의 면책규정이 통칙 편에 규정되어 있는 것을 일반적 면책사유라 하며(상법 제659조, 제660조, 제678조) 각 보험종목별로 면책이 규정되어 있는 것을 특수한 면책사유라 한다.(상법 제692조, 제702조, 제703조, 제706조)

3. 절대적 면책사유와 상대적 면책사유

보험자가 어떤 위험을 담보하고 있을 때에 그것을 담보위험이라고 하며, 이와는 달리 면책으로 규정하고 있는 것을 면책위험이라고 한다. 이러한 면책위험 중 보험자가 어떠한 경우에도 담보할 수 없고, 이를 보험자가 담보한다는 것은 공서양속에 반하거나 보험의 본질에 반하여 이를 인정할 수 없는 위험을 절대적 면책위험 또는 절대적 면책사유라 한다. 보험계약자 등의 고의로 인한 사고유발 등이 그 대표적인 예이다. 반면에 이와 대비되는 것으로 상대적 면책사유라 함은 보험자 면책으로 규정하고 있는 위험이 공서양속에 반하거나 보험제도의 본질에 반하는 것은 아니나 보험기술상 또는 보험가격상 보험자가 담보하고자 하는 위험이 통상(보통)의 위험이 아니라서 이의 측정이 어렵거나 측정이 가능한 경우라도 보험가격이 고액이라서 면책으로 규정한 위험을 말하며 이는 당사자 간의 특약으로 보험자가 담보할 수 있다는 점에서도 절대적 면책위험과 구별된다.

Ⅲ. 보험계약자 등의 고의, 중과실로 인한 보험사고

본 규정은 보험계약자 또는 피보험자나 보험수익자의 인위적으로 보험사고를 일으킨 경우에 대하여 규정하고 있는데, 이는 총설에서 언급한 바와 같이 상법에서 고의 또는 중과실로 인한 보험사고를 보험자 면책으로 규정한 것은 보험사고의 요건 중 불확정성에 어긋나는 것이고 또 주관적인 위험을 배제하고 보험사기 등의 도덕적 위험을 방지하기 위함이다. 그리고 고의를 보험자 부책으로 하는 특약이 있다면 이는 보험의 본질 및 비도덕적이고 선량한 풍속에 반하는 행위이므로 무효이다.(절대적 면책사유) 여기서 고의(미필적 고의)라 함은 보험사고를 발생시킬 의사를 가진 경우뿐만 아니라 일정한 결과를 인식하고 그것을 용인하여 감히 그러한 행위를 한 경우도 포함한다. 또한 반드시 보험금을 타기 위한 의사가 있었는지의 여부는 불문한다. 그리고 중과실이라는 것은 일반거래관계에서 필요로 하는 주의를 현저한 정도로 위반한 경우를 말한다.

그러나 책임보험에서는 상법의 명문규정은 없으나 약관에서는 책임보험이라는 특성상(피해자 보호, 보험사고의 성격 등) 보험계약자나 피보험자의 중과실로 인한 보험사고를 보험자 부책으로 하고 있다. 보험자 면책의 범위는 보험계약자, 피보험자, 보험수익자 그 본인의 고의 또는 중대한 과실로 보험사고를 발생케 한 경우는 물론 제3자로 하여금 보험사고를 일으키게 한 경우에도 본 규정의 내용에 따라 보험자는 면책을 주장할 수 있다. 한편, 보험계약자나 피보험자 또는 보험수익자의 의사의 개입도 없고 아무런 관계가 없는 제3자의 고의나 중과실로 인해 보험사고가 발생되었을 때에는 보험자는 면책을 주장할 수 없으나, 이들과 일정한 관계에 있는 제3자의 고의나 중과실로 인한 보험사고인 경우에는 보험자는 면책을 주장할 수 있다는 견해가 있는데, 이것이 이른바 대표자 책임이론이다.

상법 제660조 [전쟁위험 등으로 인한 면책]

보험사고가 전쟁 기타의 변란으로 인하여 생긴 때에는 당사자 간에 다른 약정이 없으면 보험자는 보험금액을 지급할 책임이 없다.

본 규정은 보험사고가 전쟁, 기타의 변란으로 인하여 발생하였을 때 즉, 당사자의 의사와는 관계없이 전쟁 등으로 보험사고가 발생하였을 경우에 보험자 면책을 규정하고 있다. 이러한 성질의 면책위험을 상대적 면책위험이라고도 하며, 절대적 면책위험인 "고의" 와는 구별된다. 본 조항에서 보듯이 당사자 간에 특별한 약정이 있을 경우에는 보험자는 면책되지 아니한다.

보험제도는 그 기술적 특성으로 말미암아 보험자가 위험인수의 대가로 받는 보험료는 과학적인 기초 하에 정확한 위험의 측정으로 산출되는데 보통보험료산정의 기초가 되는 위험은 보통 또는 통상의 위험을 기준으로 산정이 되고 보통의 위험이 아닌 전쟁이나 기타 변란 등과 같은 규모가 막대한 위험은 합리적인 보험료 산정이 어렵고 또한 보통의 보험료로서 보험자는 담보할 수 없으므로 면책을 규정하고 있다. 이 경우 당사자 간에 특별한 약정으로 그 위험에 따른 추가보험료 받고 보험자가 위험을 인수할 수 있음은 물론이다. 여기서 전쟁이란 반드시 국제법상의 전쟁이어야 할 필요는 없으며 보통의 위험을 초과하는 국권발동에 의한 전투행위가 있으면 되며 선전포고의 유무는 불문한다. 또한 변란이란 내란, 폭동 또는 소요와 같은 상태를 말한다. 한편, 각종 보험약관에서는 이와 성질이 비슷한 천재지변으로 인한 보험사고도 보험자면책을 규정하고 있는데 이러한 약관은 상법 제663조의 보험계약자 등의 불이익변경금지 원칙에 반하지 않는 한 유효하다 할 것이다.

상법 제661조 [재보험]

보험자는 보험사고로 인하여 부담할 책임에 대하여 다른 보험자와 재보험계약을 체결할 수 있다. 이 재보험계약은 원보험계약의 효력에 영향을 미치지 아니한다.

1. 개요

재보험계약(再保險契約)이라 함은 어떤 보험자가 보험계약에 의하여 인수한 보험계약상 책임의 전부 또는 일부를 다른 보험자에게 부보하는 제2의 보험계약을 말한다. 이에 대하여 제1의 보험을 원보험(原保險) 또는 주보험(主保險)이라고 한다.

보험자는 보험경영의 일반원칙으로서 위험의 분산화(分散化)를 필요로 하는데 원보험자는 이러한 재보험계약을 통하여 자기가 인수한 위험을 양적, 질적으로 또는 지역적으로 그리고 수직적으로 재분산 함으로써 보험사업의 합리화를 도모할 수 있다. 뿐만 아니라 보험금액이 거액(巨額)인 계약의 청약을 받은 경우에 재보험에 가입함으로서 청약자로부터 신뢰도를 높일 수 있다.

2. 법적성질

재보험의 법적성질에 대해서는 여러 가지 견해가 있으나 재보험계약은 원보험이 인보험이든 손해보험이든 묻지 아니하고 계약을 체결할 수 있다. 또한, 재보험은 원보험계약이 인보험이든 손해보험이든 항상 손해보험계약이 되며, 특히 원보험계약에 의한 책임을 메워주기 위한 보험이므로 책임보험의 일종이라고 보는 것이 통설이다.[109] 그리하여 상법 제726조에서도 책임보험에 관한 규정을 재보험에 준용한다고 규정하고 있다.

109) 손주찬, 전게서, 650면; 서돈각, 전게서, 430면.

3. 재보험의 종류

1) 임의재보험과 특약재보험

임의재보험이란 원보험자가 인수한 개개의 보험계약에 대하여 위험의 전가 또는 분산이 필요하다고 인정되는 경우에 임의적(개별적)으로 재보험계약을 체결하는 것을 말하며, 달리 개별적 재보험 또는 특정 재보험이라고도 한다. 이에 반해 특약재보험이란 원보험자와 재보험자가 미리 담보할 위험 기타의 조건에 관하여 포괄적으로 약정을 하여 두고, 원보험자가 그 조건에 합치되는 원보험계약을 체결한 경우에는 자동적으로 재보험계약관계가 생기는 재보험관계를 말하며 달리 포괄적 재보험 또는 일반적 재보험이라고도 한다. 후자가 많이 이용된다.

2) 비례적 재보험과 비비례적(非比例的)재보험

원보험계약과 재보험계약의 관계와 재보험자가 인수하는 위험의 양(量)을 비율로 정할 것인지 비비율(非比率)로 정할 것인지에 따른 분류이다.

(1) 비례적 재보험

① 비례특약(quota share treaty)

원보험계약의 보험금액에 대하여 재보험자가 반드시 관여(關與)하고 일정한 비율로 위험을 인수할 권리와 의무를 가진다. 이는 원보험자의 부담은 가볍게 되지만 소액의 원보험계약이라도 재보험자가 관여하므로 원보험자는 그만큼 불리하다.

② 초과액특약(surplus share treaty)

각 보험계약에 있어서 원보험자의 보유액(保有額)을 초과하는 보험금에 대하여만 위험을 인수할 권리와 의무를 가진다. 이 특약은 한 위험당 적정 보유액만 정확히 산정된다면 전자의 폐단은 없겠으나 적정보유액을 정확히 산정한다는 것은 쉬운 일이 아니며 번거롭다.

(2) 비비례적 재보험

① 초과손해액 특약(excess of loss treaty)

원보험자의 손해액이 재보험계약에서 정하여진 협정액에 달할 때 까지는 원보험자가 부담하고 이를 초과할 경우에는 초과한 부분을 재보험자가 부담하는 방법이다.

② 초과손해율 특약(stop loss)

이것은 초과손해액 특약의 변형으로서 전자는 원보험자의 손해액이 기준이 되지만 초과손해율 특약은 원보험자의 손해율이 기준이 된다.

4. 원보험계약과 재보험계약간의 법률관계

1) 원보험자와 재보험자와의 관계

원보험계약과 재보험계약은 법률상 서로 독립된 계약이므로 각 계약관계에서 생기는 문제는 다른 계약에 영향을 미치지 아니한다.(상법 제661조 후단) 따라서, 원보험자는 재보험자의 재보험금 지급의 불이행을 이유로 원보험계약의 피보험자에 대하여 원보험금의 지급을 거절하지 못한다. 원보험자, 재보험자가 동시에 보험금지급의무를 이행하지 않을 경우와 원보험계약자와 재보험계약자가 동시에 보험료지급의무를 이행하지 않을 때에는 원보험계약의 피보험자 또는 보험수익자는 원보험자가 재보험자에 대하여 가지는 재보험금청구권을, 재보험자는 원보험자가 원보험계약자에 대하여 가지는 원보험료지급청구권을 대위 행사할 수 있다.(민법 제404조)[110]

2) 원보험계약의 피보험자(보험수익자)와 재보험자와의 관계

상법 제726조에서는 책임보험(제2장 제4절)에 관한 규정이 재보험계약에 준용됨을 규정하고 있다. 이에 따라 원보험계약의 피보험자나 보험수익자가 재보험자에 대하여 재보험계약의 지급보험금 범위 내에서 직접청구권을 행사할 수 있다.(상법 제724조 제2항)

하지만 이에 대해서는 책임보험계약에서의 피해자 보호를 위하여 인정된 피해자의 보험자에 대한 직접청구권은 피해자와 피보험자의 책임관계에 기인하고, 그 법률적 성격 또한 단순한 보험금청구권이 아니라 손해배상청구권이다. 그러나 재보험계약은 원보험계약의 피보험자나 보험수익자와 원보험자의 관계가 책임관계가 아닌 계약관계를 전제하며, 따라서 재보험계약에서 원보험계약의 피보험자나 보험수익자

---

110) 민법 제404조(채권자대위권) ① 채권자는 자기의 채권을 보전하기 위하여 채무자의 권리를 행사할 수 있다. 그러나 일신에 전속한 권리는 그러하지 아니하다. ② 채권자는 그 채권의 기한이 도래하기 전에는 법원의 허가없이 전항의 권리를 행사하지 못한다. 그러나 보전행위는 그러하지 아니하다.

가 원보험자에 대해 갖는 권리는 손해배상청구가 아닌 보험금지급청구권이므로 그 법률적 성격이 또한 다르기 때문에 상법 제724조 제2항의 규정은 적용되지 않는다는 견해도 있다.[111] 상법 제726조의 개정 법률에서는 상법 제724조 제2항 등의 규정이 재보험계약의 성질과 관련하여 논란이 있으므로 "그 성질에 반하지 아니하는 범위에서" 재보험에 준용되는 것으로 개정하여 규정하고 있다.(상법 제726조 조문해설 참조)

5. 계약당사자간의 관계

재보험계약에 있어 원보험자는 보험계약자로서 부담하는 각종 권리, 의무를 가지며, 특히 재보험계약의 성질상 계약의 지속기간동안 재보험에 관한 사무를 최대선의로 집행할 의무를 진다. 반면 재보험자는 손해보상의무 등 보험자로서의 권리, 의무를 가진다. 한편, 원보험의 피보험자가 제3자에 대하여 가지는 권리 등은 보험자대위규정(상법 제682조)에 의해 원보험자에게 이전되며, 이것은 다시 재보험금을 받은 한도 내에서 재보험자에게 이전된다. 이 경우 실제 거래에 있어서는 재보험자가 직접 행사하지 아니하고 원보험자가 자기명의로 그 권리를 행사하고 회수한 금액을 재보험자에게 교부한다.

111) 손주찬 · 정동윤, 전게서, 640면. 같은 취지의 견해로서 "책임보험계약에서 피보험자의 책임있는 사고로 제3자가 손해를 입은 경우 피해자의 보험금청구권을 인정하고, 재보험의 경우 책임보험에 관한 규정이 준용되므로 원보험자가 그 보험계약에 대하여 재보험계약을 체결하였을 때에 원보험계약의 피보험자 또는 보험수익자는 재보험자에 대하여 그가 지급할 보험금의 한도에서 직접 보험금청구권을 행사할 수 있는 것으로 보인다. 그러나 재보험은 위험의 합리적 분산을 위하여 이용되는 기업보험이라는 점에서 피해자 보호기능을 전제한 책임보험계약의 피해자 직접청구권이 그대로 준용하도록 할 수는 없다."(양승규, 보험법 3판, 391면)

상법 제662조 [소멸시효]

보험금청구권은 3년간, 보험료 또는 적립금의 반환청구권은 3년간, 보험료청구권은 2년간 행사하지 아니하면 시효의 완성으로 소멸한다.
[전문개정 2014.3.11.] [시행일 2015.3.12.]

2014.3.11. 개정 전 상법 규정

제662조 [소멸시효]
보험금액의 청구권과 보험료 또는 적립금의 반환청구권은 2년간, 보험료의 청구권은 1년간 행사하지 아니하면 소멸시효가 완성한다.

1. 규정의 취지

본 규정은 보험계약의 효과로서 보험계약관계자에게 발생된 권리(채권)의 소멸시효에 관한 규정이다. 소멸시효라 함은 일정한 권리가 있음에도 일정기간 동안 그 권리를 행사하지 않을 경우에는 권리가 소멸하게 되는 것을 말한다. 민법상의 일반채권에 관한 소멸시효는 10년이며, 상법상의 상사채권은 5년이다.[112] 하지만 개정 전 규정에서는 보험금청구권은 2년간, 보험료 또는 적립금의 반환청구권은 2년간, 보험료청구권은 1년간 행사하지 아니하면 소멸시효가 완성된다고 규정하여 단기 소멸시효를 채택하였다. 보험계약에 관하여 상법이 단기 소멸시효를 규정하는 이유는 보험제도의 특성에 비추어 보험계약에서 생기는 권리의무관계를 신속하게 처리함으로써 보험사업을 원활히 하기 위함이었다.

하지만 2014년 개정 상법 규정에서는 보험금청구권 등의 소멸시효가 외국의 입법례에 비추어 지나치게 단기(短期)라는 비판이 있어, 지나친 단기 소멸시효로 인한

112) 민법 제165조(판결 등에 의하여 확정된 채권의 소멸시효) "판결에 의하여 확정된 채권은 단기의 소멸시효에 해당한 것이라도 그 소멸시효는 10년으로 한다."
상법 제64조(상사시효) "상행위로 인한 채권은 본법에 다른 규정이 없는 때에는 5년간 행사하지 아니하면 소멸시효가 완성한다."

보험자와 보험계약자의 불이익을 줄이기 위해 보험금청구권과 보험료, 적립금반환청구권을 2년에서 3년으로, 보험료청구권은 1년에서 2년으로 각각 연장하여 규정하고 있다.

소멸시효에 관한 상법규정은 강행규정이므로 당사자 간의 특약으로도 소멸시효의 기간을 단축할 수 없음은 상법 제663조 보험계약자 등의 불이익변경금지 규정에 비추어 당연하다고 할 것이며, 반대로 보험계약자 측의 권리에 대한 소멸시효의 기간을 연장하는 특약이 있는 경우에는 그 효력이 인정될 것이다.

2. 보험금, 보험료, 적립금에 관한 청구권의 소멸시효 기산점

본 규정에서는 보험금청구권, 보험료청구권 및 적립금반환청구권의 소멸시효 기간만 규정하고 있으며, 그 기산점에 대해서는 명문화된 규정을 두고 있지 않다. 그러나 일반적으로 소멸시효는 권리를 행사할 수 있는 때로부터 진행하므로, 그 기산점은 권리를 행사할 수 있을 때라고 할 것이다.[113] 따라서 보험금청구권은 보험사고가 발생한 것을 안 때로부터 발생하므로 보험금청구권의 소멸시효 기산점은 보험금청구권자가 보험사고의 발생을 안 때로부터 기산된다고 할 것이며, 보험계약자의 보험료반환청구권 및 적립금반환청구권은 보험계약이 취소, 해지, 실효, 무효가 된 때,[114] 보험자의 보험료지급청구권은 보험료를 지급하여야 하는 때부터 진행한다고 할 수 있다. 다만, 보험금청구권의 소멸시효의 기산점에 보험사고의 발생에 대해서는 보험금청구권자가 그 사실을 알았거나 객관적으로 알 수 있었던 때로부터 진행하므로, 보험사고의 발생여부가 객관적으로 분명하지 아니하여 보험금청구권자가 보험사고의 발생여부를 알지 못한 경우에는 소멸시효가 진행되지 않는다. 이와 관련된 대법원 판례를 소개하면 다음과 같다.

---

113) 민법 제166조(소멸시효의 기산점) "소멸시효는 권리를 행사할 수 있는 때로부터 진행한다."

114) 해지, 실효가 된 경우에는 미경과기간에 대한 보험료(보험계약의 해지시점이 속하는 보험료기간 이후의 보험료기간에 해당하는 보험료)를 반환하여야 하며, 무효인 경우에는 보험계약자측이 선의이며 중대한 과실이 없는 경우에 한하여 보험료의 반환을 청구할 수 있다. 또한 보험계약자는 상법 제638조의 3의 규정에 따라(약관교부설명의무위반시) 취소권을 행사할 수 있으며, 이 경우 보험자의 잘못으로 계약이 취소되었으므로 보험계약자가 지급한 보험료 전액을 반환하여야 한다.

"보험금청구권은 보험사고가 발생하기 전에는 추상적인 권리에 지나지 아니할 뿐 보험사고의 발생으로 인하여 구체적인 권리로 확정되어 그때부터 그 권리를 행사할 수 있게 되는 것이므로, 특별한 다른 사정이 없는 한 원칙적으로 보험금액 청구권의 소멸시효는 보험사고가 발생한 때로부터 진행한다고 해석해야 할 것이고, 다만 보험사고가 발생한 것인지의 여부가 객관적으로 분명하지 아니하여 보험금청구권자가 과실 없이 보험사고의 발생을 알 수 없었던 경우에도 보험사고가 발생한 때로부터 보험금청구권의 소멸시효가 진행한다고 해석하는 것은, 보험금 청구권자에게 너무 가혹하여 사회정의와 형평의 이념에 반할 뿐만 아니라 소멸시효 제도의 존재이유에 부합된다고 볼 수도 없으므로 이와 같이 객관적으로 보아 보험사고가 발생한 사실을 확인할 수 없는 사정이 있는 경우에는 보험금청구권자가 보험사고의 발생을 알았거나 알 수 있었던 때로부터 보험금액 청구권의 소멸시효가 진행한다고 해석할 것" 이라고 판단하고 있다.[115)]

또한 상법 제658조(보험금액의 지급)와 관련하여 "보험자는 보험금액의 지급에 관하여 약정기간이 있는 경우에는 그 기간 내에, 약정기간이 없는 경우에는 제657조 제1항의 통지를 받은 후 지체없이 지급할 보험금을 정하고, 그 정하여진 날부터 10일 이내에 피보험자 또는 보험수익자에게 보험금을 지급하여야 한다." 라고 각각 정하고 있으므로 보험금청구권 소멸시효의 기산점이 동 법률조항에서 정한 보험금 지급유예기간(정하여진 날로부터 10일)이 경과한 한 때 기산하느냐의 여부에 대해서도 논란이 있을 수 있으나, 이에 대한 법원판례는 상법 제658조의 보험금 지급유예기간이 끝나는 다음날부터 진행한다고 볼 수 없다는 취지로 판결하고 있으므로 상법 제658조는 소멸시효의 기산과 관련이 없음을 명확히 하고 있다.[116)]

---

115) 대법원 1993.7.13. 선고 92다39822 판결; 대법원 1997.11.11. 선고 97다36521 판결; 대법원 2001.4.27. 선고 2000다31168 판결; 대법원 2001.12.28. 선고 2001다61753 판결; 대법원 2005.12.23. 선고 2005다59383,59390 판결.

116) 대법원 2005.12.23. 선고 2005다59383,59390 판결. "보험금청구권은 보험사고가 발생하기 전에는 추상적인 권리에 지나지 아니할 뿐 보험사고의 발생으로 인하여 구체적인 권리로 확정되어 그때부터 그 권리를 행사할 수 있게 되는 것이므로, 특별한 다른 사정이 없는 한 원칙적으로 보험금액청구권의 소멸시효는 보험사고가 발생한 때로부터 진행한다고 해석해야 할 것임은 위에서 본 바와 같으므로, 이 사건 보험약관 제27조(보험금지급) 제1항에서 [회사는 손해발생 통지 및 보험약관 제22조의 보험금 청구서류를 접수한 때에는 접수증을 교부하고 그 서류를 접수한 날로부터 3일 이내에 지급하여 드립

용어해설

시효제도(時效)

시효(時效)라는 것은 일정한 사실상태가 일정기간동안 계속되어 온 경우에, 그 사실상태가 진정한 권리관계와 합치하는지의 여부를 불문하고 법률상 그 사실 상태에 대응하는 법률효과를 인정하여 주는 제도를 말한다. 즉, 일정한 사실상태가 일정한 기간 동안 계속됨으로써 법률상으로 권리의 취득 또는 권리의 소멸이 일어나게 하는 법률요건을 시효라고 한다. 이러한 시효에는 타인의 물건을 오래 동안 점유함으로써 권리를 취득하게 되는 취득시효와 장기간 권리를 행사하지 않음으로써 권리가 소멸되는 소멸시효가 있다.

시효제도를 두고 있는 이유는

(1) 어떤 사실상태가 영속하게 되면 이를 기초로 하여 여러 가지 법률관계가 구축되는데, 후에 진정한 권리자가 나타나서 이 사실 상태를 뒤엎어 버리게 되면 사회질서가 혼란에 빠진다는 점.

(2) 영속한 사실상태가 과연 진정한 권리관계와 합치하는가 여부의 다툼은 결국 소송에 의하여 가려지게 되는데, 그 동안 증거자료의 산일, 멸실 등 채증의 곤란이 따른다는 점.

(3) 권리를 가지고 있는 자가 오래도록 방치하고 권리행사를 하지 않는 것은 이른바 "권리위에 잠자는 자를 보호할 필요가 없다" 는 원리에서 보호의 가치가 없다는데 있다.

시효가 완성되어 권리나 의무가 득실 가능한 상태에 놓여 있더라도 당사자의 주장이 없는 이상 법원은 시효 완성사실을 가지고 재판할 수 없다. 당사자의 시효의 주장을 시효의 원용이라고 하며, 시효의 효과는 기산일에 소급한다.(민법 제167조) 그러므로 취득시효에서는 처음 점유를 하거나 권리행사를 한 때부터 권리자였던 것이 되고, 소멸시효에서는 권리를 행사할 수 있었던 때부터 소멸한 것이 된다. 시효의 완성을 방해하는 사유로는 시효의 중단과 정지가 있으며, 이미 완성한 시효의 이익을 받지 않겠다는 의사표시가 있을 때는 시효이익을 포기할 수 있다.

출전 : 오세경 편저, 법률용어사전, 법전출판사

니다.]라고 규정하고 있으며, 상법 제658조(보험금액의 지급)에서 [보험자는 보험금액의 지급에 관하여 약정기간이 있는 경우에는 그 기간 내에, 약정기간이 없는 경우에는 제657조 제1항의 통지를 받은 후 지체없이 지급할 보험금액을 정하고 그 정하여진 날부터 10일 내에 피보험자 또는 보험수익자에게 보험금액을 지급하여야 한다.]라고 각각 정하고 있다고 하여 상고이유의 주장과 같이 보험금청구권의 소멸시효가 위 약관 또는 법률조항에서 정한 보험금 지급유예기간(서류를 접수한 날로부터 3일 또는 정하여진 날로부터 10일)이 경과한 다음날부터 진행한다고 볼 수도 없다."

상법 제663조 [보험계약자 등의 불이익변경 금지]

이 편의 규정은 당사자 간의 특약으로 보험계약자 또는 피보험자나 보험수익자의 불이익으로 변경하지 못한다. 그러나 재보험 및 해상보험 기타 이와 유사한 보험의 경우에는 그러하지 아니하다. [개정 1991.12.31]

본 규정은 보험에 관한 전문지식이 없는 보험계약자 등을 보호하기 위하여 상법 보험편의 규정이 상대적(반면적) 강행규정임을 밝혀두고 있다. 즉, 보험계약은 보험계약자와 보험자 사이에 체결되는 계약으로서 계약의 내용은 원칙적으로 당사자가 임의로 정할 수 있다.(계약자유의 원칙) 그러나 보험제도의 기술적, 사회적, 단체적 특성 등으로 말미암아 이를 그대로 인정할 수 없다. 다시 말하여 보험계약은 일반적으로 보험에 관한 고도의 지식을 가지고 있는 보험자와 보험에 관한 지식이 희박한 일반대중 사이에 체결되는 부합계약이므로 보험자는 그 계약내용을 부당하게 자기에게 유리하게 할 우려가 있기 때문에 당사자 간의 특약으로도 보험계약자 등에게 불리하게 하지 못함을 규정하여 보험계약자 측을 보호할 필요가 있다. 따라서 보험약관의 어떤 조항이 상법의 규정보다 보험자에게 불리할 경우에는 유효하나 반대로 보험계약자 측에 불리할 경우에는 무효가 된다.(상대적 강행법규성)

한편, 본 조항의 상대적 강행규정이 보험지식이 없는 일반가입자를 보호하기 위한 취지이므로 보험자와 대등한 경제적 관계에서 계약의 내용을 정할 수 있는 재보험이나 해상보험 등과 같은 기업보험에서는 본 조항과 같은 후견적 배려를 요하지 않음으로 본 조문 후단에서는 단서조항으로서 “재보험 및 해상보험 기타 이와 유사한 보험의 경우에는 그러하지 아니하다.” 라고 규정하여 두고 있다.

상법 제664조 [상호보험, 공제 등에의 준용]

이 편의 규정은 그 성질에 반하지 아니하는 범위에서 상호보험, 공제, 그 밖에 이에 준하는 계약에 준용한다. [전문개정 2014.3.11.] [시행일 2015.3.12.]

2014.3.11. 개정 전 상법 규정

제664조 [상호보험에의 준용]
이 편의 규정은 그 성질이 상반되지 아니하는 한도에서 상호보험에 준용한다. [개정 1991.12.31.]

본 규정은 영리보험에 관한 규정을 상호보험과 공제, 그 밖에 이에 준하는 계약에도 준용할 수 있음을 규정하고 있다. 상호회사라는 것은 일반 영리보험회사(주식회사)와는 달리 상법에 의하여 설립되는 회사가 아니라 보험사업 특유의 제도로서 보험업법 제34조117)에 의하여 설립되는 회사이다. 즉, 보험료에 의한 이득을 목적으로 설립된 회사가 아니다. 그러나 보험경영의 방법에 있어서는 영리보험회사와 동일한 방법으로 운용되고 있는 까닭에 본 조문에서는 본 편의 규정은 그 성질이 상

117) 제34조(정관기재사항) 상호회사의 발기인은 정관을 작성하여 다음 각 호의 사항을 적고 기명날인하여야 한다.
1. 취급하려는 보험종목과 사업의 범위
2. 명칭
3. 사무소 소재지
4. 기금의 총액
5. 기금의 갹출자가 가질 권리
6. 기금과 설립비용의 상각 방법
7. 잉여금의 분배 방법
8. 회사의 공고 방법
9. 회사 성립 후 양수할 것을 약정한 자산이 있는 경우에는 그 자산의 가격과 양도인의 성명
10. 존립시기 또는 해산사유를 정한 경우에는 그 시기 또는 사유

반되지 아니하는 한도에서 상호보험에 준용할 수 있음을 명시하고 있다. 본 조문에서 규정하고 있는 공제는 그 가입자(조합원)가 일정범위에서 제한될 뿐 공제계약이 보험계약과 동일하므로 상법 개정 법률에서 이를 포함하여 규정하고 있다. 현행 우리나라에서 운용되고 있는 공제제도는 상호보험과 그 성격이 흡사하다고 할 것이다. 다만, 우리나라 보험업법은 이상적인 보험제도로서 상호회사에 관한 조항을 외국의 입법례를 참고로 하여 규정하여 놓고 있지만 현실적으로 단 1개사의 상호보험회사도 존재하고 있지 않음은 안타깝다.

제2장

손해보험

제1절 통칙

> **상법 제665조 [손해보험자의 책임]**
>
> 손해보험계약의 보험자는 보험사고로 인하여 생길 피보험자의 재산상의 손해를 보상할 책임이 있다.

1. 손해보험계약의 개요

손해보험계약은 보험계약자가 약정한 소정의 보험료를 지급하고 보험자는 보험사고로 발생될 수 있는 피보험자의 재산상의 손해를 보상하기로 약정한 계약을 말한다.(보험계약의 유상, 쌍무계약성) 피보험자의 손해를 보상한다는 점과 보험의 목적이 물건 또는 재산이라는 측면에서 보험사고 발생시 일정한 정액을 보험금으로 지급하고 보험의 목적도 재화가 아닌 사람의 신체 또는 생명인 인보험과는 구별된다. 손해보험계약에서는 손해보상의 원칙과 이에 수반되는 이득금지의 원칙에 의해 지배되고 있는데, 손해보상의 원칙이라는 말은 손해보험계약이 피보험자가 입은 재산상의 손해를 보상하는데 그 본질적인 목적이 있으므로 피보험자가 입은 손해 이상으로 보상을 받을 수 없다는 원칙을 말하며, 이득금지의 원칙 역시 손해보험제도가 피보험자에게 이익을 추구하는 수단이 아니라는 측면에서 그 본질적인 취지는 손해보상의 원칙과 크게 다를 바 없다. 한편 상법은 이러한 두 원칙에 입각하여 피보험이익 관념(보험가액 및 평가), 초과, 중복보험의 제한, 보험자 대위 등 여러 제도를 규정하고 있다. 여기서 "손해" 의 개념은 사고발생전의 상태와 사고발생후의 상태의 차이정도를 말하며, 또한 "손해의 보상" 이란 "손해의 배상" 과 다른 개념으로서 전자는 일반적으로 당사자 간의 계약에 의하여 생기는 것이고, 후자는 일정한 요건이 갖추어진 경우에 법률상 당연히 생기는 것이다.

2. 손해보험계약의 보험자 보상책임 발생요건

본 조문에서는 손해보험계약에 있어 보험자의 보상책임에 관하여 규정하고 있다. 보험자의 피보험자에 대한 손해보상의무는 보험계약에 따르는 당연한 효과로서 발생하게 되는데, 이는 보험계약의 성질상 가장 주된 의무이며 보험가입자가 보험에 가입하는 이유이다. 이렇듯 보험자가 손해보상의 책임을 부담하기 위해서는 아래와 같이 일정한 요건이 필요하며, 이러한 요건을 충족하기 전에 하자가 없는 유효한 보험계약이 존재함을 전제하는 것은 당연하다.

1) 보험사고의 발생

보험사고가 보험기간 내에 발생하여야 하며, 보험사고는 보험자가 담보하고 있는 담보위험에 대해 발생한 사고이어야 한다. 보험기간이라는 것은 보험자가 위험을 담보하는 기간이고, 이 기간 내에 발생한 사고이어야 함은 당연하다. 그러나 보험사고가 보험기간 내에 발생한 이상 손해가 그 기간 후에 생기거나 확정되더라도 그에 대한 보상책임을 부담하게 된다.(이재설, 상법 제675조문해설 참조)

2) 피보험자의 재산상 손해발생

피보험자의 재산상에 손해가 발생하여야 한다. 여기서 말하는 손해는 피보험이익에 대해서 발생하는 손해로서 당사자 간에 특별한 약정이 없는 한 피보험이익에 생긴 직접적인 손해로 한정된다.(상법 제667조) 따라서 보험사고가 발생하더라도 현실적으로 피보험자에게 손해가 발생하지 않으면 보험자는 보상책임을 부담하지 않는다.

3) 인과관계의 존재

보험사고와 피보험자가 입은 손해와의 사이에는 상당한 정도의 인과관계(因果關係)가 있어야 한다. 상당한 정도의 인과관계라 함은 후행사실은 선행사실을 그 원인으로 하여 발생되었으며, 그리고 선행사실이 있으면 사회통념상 후행사실의 발생정도는 예견될 정도의 인과관계 정도를 말한다.

3. 보험자 보상책임의 발생

상기 언급한 요건들이 충족이 되면 손해보험계약의 보험자는 보상책임이 발생되는데, 이때에도 보험자가 아직 지급받지 못한 보험료가 있으면 지급되는 보험금에서 공제할 수 있고,(상법 제677조) 손해가 발생한 이상 보험사고 이외의 사고로 보험의 목적이 멸실된 때에도 보험자는 책임을 면하지 못한다.(상법 제675조) 그리고 손해액산정에 필요한 비용(상법 제676조)과 손해방지경감에 소요된 비용역시 보험자가 부담할 부분이며, 이 경우에도 보험자가 책임을 면하게 되는 일정한 사유 즉, 면책사유가 있을 때에는 보험자는 책임을 면하게 되는 것은 당연하다.

용어해설

담보와 보상의 의미

담보(擔保)와 보상(補償)이라는 말은 보험약관에서 빈번히 사용되는 용어로서 혼용하기 쉬운데, 보험계약에 있어 '담보' 란 보험자가 피보험자가 가지고 있는 위험(사고발생의 가능성)을 부담하는 그 자체이며(to cover), 이때 보험자가 담보하고 있는 이러한 위험을 담보위험이라고 한다. '보상' 이란 보험자가 담보한 그 위험에 현실화되어 손해가 발생하였을 때에 그 손해에 대한 보전할 의무를 구체적으로 이행하는 것을 '보상한다.'(to pay) 라고 표현하고 있다. 또 전자는 관념적이고 장래급부적인 성질이 있는 반면, 후자는 금전적이고 현실적인 급부의 성질로 이해할 수 있다.

담보범위의 확장

담보범위의 확장이란(Extension of coverage) 보험자가 보통보험약관에 의해 담보하고 있는 위험의 범위를 특약에 의해서 보험종목에 따른 특성이나 기능적인 효과를 고려하여 그 범위를 여러 가지 형태로 확장하는 것을 말한다. 담보범위가 확장되는 예로는 해상적하보험의 보통약관에서 정하는 보험자 책임의 시기와 종기는 화물의 선적시부터 양하시까지 이지만 보험약관에서 이를 전후로 연장하여 육상운송기간까지 보험기간을 확장시키는 형태라든지(door to door claus, warehouse to warehouse Claus), 화재보험에서 화재에 부대하여 폭발이나 지진, 풍수해 등의 위험을 담보하는 등 위험의 종류를 확대시키는 형태 및 보험자의 손해보상범위를 확장하는 형태(예; 특약에 의해 간접손해를 포함)가 있다.

결과적 손해

손해보험계약은 담보위험으로 인한 직접적인 손해를 보상한다. 그러나 현실적으로는 담보위험의 결과로서 간접적인 손해가 수반되는 경우가 많다. 예컨대, 화재로 인한 냉동기의 고장으로 생긴 냉동물의 부패나 연결성물건들의 일부분이 화재로 인하여 전체가 손해를 입는 경우 등 결과적으로 발생한 손해의 사례가 많다. 이러한 결과적 손해는 통상 보통보험약관에의 담보대상에서 제외되고 있으나 특별약관으로 이를 담보할 수도 있다.(간접손해와 같은 의미로 이해할 수 있다.)

간접손해

간접손해(loss not proximately)란 위험에 근인(近因)이 없는 손해라는 의미이다. 즉, 위험으로부터 불가피하게 생겼다고 말할 수 없는 손해를 뜻한다. 가령, 화재발생시의 혼란한 틈에 도난이 발생하여도 도난은 화재의 불가피한 결과라고 말할 수 없으므로 화재위험에 대해서는 간접손해이다. 선박이 해난 때문에 능률이 저하된 결과 용선자가 용선계약상의 선택권을 행사하여 용선계약을 해지함으로써 선주가 용선료수입을 상실한 손해는 용선해지의 선택여부에 따른 것이므로 '바다 고유의 위험' 에 대해서는 간접손해이다. 그러나 해난에 의한 선박의 능률저하가 자동적이고, 용선자의 자유의사의 개입 없이 용선자의 해지를 초래하였다면 이로 인한 손해는 '바다 고유의 위험' 의 직접손해가 된다.

출전 : 강원희, 손해사정이론, 보험연수원

상법 제666조 [손해보험증권]

손해보험증권에는 다음의 사항을 기재하고 그 보험자가 기명날인 또는 서명하여야 한다. [개정 2014.3.11.] [시행일 2015.3.12.]

1. 보험의 목적
2. 보험사고의 성질
3. 보험금액
4. 보험료와 그 지급방법
5. 보험기간을 정한 때에는 그 시기와 종기
6. 무효와 실권의 사유
7. 보험계약자의 주소와 성명 또는 상호

7의 2. 피보험자의 주소, 성명 또는 상호

8. 보험계약의 연월일
9. 보험증권의 작성지와 그 작성 연월일

2014.3.11. 개정 전 상법 규정

제666조 [손해보험증권]

손해보험증권에는 다음의 사항을 기재하고 그 보험자가 기명날인 또는 서명하여야 한다.

1. 보험의 목적
2. 보험사고의 성질
3. 보험금액
4. 보험료와 그 지급방법
5. 보험기간을 정한 때에는 그 시기와 종기
6. 무효와 실권의 사유
7. 보험계약자의 주소와 성명 또는 상호
8. 보험계약의 연월일
9. 보험증권의 작성지와 그 작성 연월일

보험자는 보험계약이 유효하게 성립하고 보험계약자로부터 일정한 보험료를 지급받은 때에는 지체없이 보험증권을 작성하여 교부하여야 할 의무를 규정하고 있다.(상법 제640조문해설 참조) 보험증권에는 본 조문의 내용과 같은 일정한 사항을 기재하여야 하므로 요식증권이라고도 하는데, 이러한 기재사항은 엄격한 것이 아니어서 기재사항을 결하더라도 증권의 효력에는 영향이 없다. 또한 본 조문의 내용은 각종 손해보험의 통칙규정으로서 각종 손해보험증권에 공통적인 기재사항을 규정하고 있으며, 각종 보험에서는 보험종목의 특성에 따라 구체적이고 개별적인 기재사항을 규정하고 있다.(상법 제685조, 제690조, 제695조, 제728조, 제738조 등) 한편, 2014년 개정 상법 규정에서는 손해보험계약에서 피보험목적에 대해 직접적인 이해관계를 가지고 있는 피보험자의 주소와 성명 또는 상호 등을 추가로 기재하도록 7의 2를 신설 규정하고 있다.

상법 제667조 [상실이익 등의 불산입]

보험사고로 인하여 상실된 피보험자가 얻을 이익이나 보수는 당사자 간에 다른 약정이 없으면 보험자가 보상할 손해액에 산입하지 아니한다.

본 규정은 상실이익(喪失利益)의 보상여부에 관하여 규정하고 있다. 즉, 보험자의 보상책임은 계약당사자 간의 특별한 약정이 없는 한 보험의 목적에 대해 발생한 직접손해를 보상하고, 소극적 관념으로서 상실이익이나 보수(報酬) 등의 간접손해는 원칙적으로 보험자가 보상할 손해액에 산입하지 않음을 명확히 하고 있다. 본 조문에서 규정하고 있는 상실이익이나 보수의 예로는 임대료수입, 영업이익 등이 있다. 손해보험계약은 보험사고로 피보험자가 피보험목적물에 대해 입은 직접손해만을 보상하는 계약이므로, 피보험목적물에 부수하여 생성되는 이익에 대한 손해에 대해서는 원칙적으로 보험자가 보상할 손해액에 산입하지 않음을 규정하고 있는 것이다. 물론, 본 조문의 규정이 임의 규정이므로 피보험자가 얻을 수 있었던 상실이익이나 보수에 관하여 계약당사자 사이에 별도의 약정으로 보험자가 담보할 경우에는 이를 보상하여야 한다. 가령, 운송보험계약의 경우 운송물의 도착으로 인하여 얻을 이익(상법 제689조 2항)에 대해서는 계약당사자간의 약정에 의해 보험가액에 산입하여 보험자가 보상책임을 부담하게 하거나 또는 해상적하보험계약의 경우 적하의 도착으로 인하여 얻을 이익이나 보수(상법 제698조)에 대해서는 이를 피보험이익으로 하여 별도의 보험계약(희망이익보험)을 체결할 수 있음을 규정하고 있다.

한편, 본 조문에서 규정하고 있는 상실이익 등의 주체는 피보험자이므로 책임보험계약에서 피해자인 제3자가 입은 상실이익(또는 일실이익)과는 그 내용을 달리한다. 즉, 책임보험계약에 있어 손해의 발생은 피보험자에게 직접적으로 발생하는 것이 아니며, 직접적인 손해는 피해자인 제3자에게 발생되고, 피보험자는 제3자에게 발생한 손해(정신적 손해, 적극적 손해, 소극적 손해)에 대해 손해배상책임을 짐으로써 입은 재산상의 손해를 보험자가 보상하는 계약이기 때문이다. 책임보험계약의 일종인 자동차보험 배상책임담보에서는 피해자가 입은 상실이익(상실수익액, 휴업손해), 휴차료, 대차료, 영업손실 등의 소극적 손해에 대해 피보험자가 그 손해를 배상할 책임이 있는 경우에는 당연히 이를 보상한다.

상법 제668조 [보험계약의 목적]

보험계약은 금전으로 산정할 수 있는 이익에 한하여 보험계약의 목적으로 할 수 있다.

1. 피보험이익의 의의

손해보험계약은 피보험자가 보험기간중의 보험사고로 인하여 입은 재산상의 손해를 보험자가 보상할 것을 그 내용으로 하는 계약인데, 여기서 피보험자가 "재산상의 손해" 를 입기 위해서는 그 "손해" 를 문제 삼을 어떠한 대상이 필요한데 그것이 바로 피보험이익(insurable interest)이며, 이를 설명하는 데는 이익설과 관계설로 나누어지나, 그 표현방식의 차이일 뿐 내용상으로는 다를 바 없다.[118] 개념적으로 피보험이익이라 함은 보험의 목적에 대해 장래 발생할지도 모를 보험사고로 말미암아 피보험자가 손해를 받을 우려가 있는데, 아직은 보험의 목적이 손해를 받지 아니하는데 대하여 피보험자가 가지는 경제적 이익이라고 표현하는 것이 적절하다. 즉, 손해보험계약은 보험사고의 발생가능성을 전제로 하는 계약이므로 피보험이익은 보험사고로 피보험자에게 재산상 손해가 발생될 수 있는 그 어떤 대상으로 파악함이 타당하다.

2. 보험목적과 구별

피보험이익을 현행 상법은 "보험계약의 목적"이라고 표현하고 있으며, 이는 보험사고의 대상인 보험목적과 구별됨은 당연하다. 따라서 동일한 보험목적이라 할지라도 그에 따른 경제적 이해관계에 따라 피보험이익은 여러 가지 형태로 나타날 수 있고, 이를 보험계약의 목적으로 체결한 보험계약은 각각 별개의 보험계약이 된다.

---

118) 관계설은 보험사고가 발생하여 손해를 입게 되는 경우에 피보험자와 그 보험 목적과의 관계를 피보험이익으로 보려는 학설이며, 이익설은 보험의 목적에 대하여 보험사고가 발생하지 않음으로써 피보험자가 경제상의 이익 또는 가치를 갖게 되는데 바로 이것을 피보험이익으로 보는 설이며, 이익설이 통설이다.

3. 피보험이익의 손해보험계약상 지위

손해보험계약은 보험사고의 발생으로 피보험자가 가지는 이러한 피보험이익에 발생한 손해를 보상하는 것이고, 이에 해당하는 보험금을 지급받는 이상 이것이 손해의 전보에 충당되므로 어떠한 적극적인 이득의 발생은 불가능하므로 손해보험계약에 있어 피보험이익은 절대적 중심요소로 설명하는 것이 일반적이다.(절대설)[119] 물론 여기에는 반대설이 있다. 즉, 상대설로서 상법 제669조 및 제670조 등의 내용을 피보험이익의 결여(缺如)로 보고, 피보험이익이 결여된 경우에도 현행 상법이 당연무효로 하고 있지 않기 때문에 피보험이익의 존재를 손해보험계약의 필요 불가결한 제1차적 중심요소라기 보다는 보험계약의 도박화를 방지하기 위한 일종의 보험 정책적 견지에서 피보험이익의 관념을 인정하려는 주장이다. 한편, 피보험이익은 손해보험계약 특유의 관념으로서 생명보험에서는 이를 인정하고 있지 아니하다.

4. 피보험이익의 요건

1) 이익의 경제적 산정가능성

첫째 요건으로서 피보험이익은 금전으로 산정할 수 있는 경제적 이익이어야 함을 필요로 하며, 그 산정은 객관적인 것이어야 한다. 이는 손해보험계약이 피보험자의 재산상 손해의 보상(금전의 지급 및 기타 경제적 급여)을 본질적인 목적으로 하기 때문에 금전으로 산정할 수 없는 이상 손해의 산정이 불가능하고, 경제적이고 금전적이지 못한 이익을 인정할 경우에 피보험자는 보험을 악용하여 실손해 이상으로 손해보상을 받을 우려가 있기 때문이다. 또한 그 이익이 객관적이지 못하고 개인의

---

119) 영국해상보험법 제4조 제2항 "피보험자가 피보험이익을 가지지 아니하고 또 그러한 피보험이익을 취득할 기대가능성도 없이 체결한 보험계약은 도박보험으로서 무효이다."라고 규정하고 있다.

MIA(INSURABLE INTEREST) 4.

(1) Every contract of marine insurance by way of gaming or wagering is void.

(2) A contract of marine insurance is deemed to be a gaming or wagering contract

(a) Where the assured has not an insurable interest as defined by this Act, and the contract is entered into with no expectation of acquiring such an interest; or

(b) Where the policy is made "interest or no interest" or "without further proof of interest than the policy itself" or "without benefit of salvage to the insurer" or subject to any other like term.

특수한 가치로 볼 수 있는 도덕적 이익이라든지 종교적, 감정적, 기호적인 이익은 피보험이익이 되지 못한다. 그리고 경제적 이익인 이상 법률상의 권리임을 요하지 아니하고 사실상의 권리도 피보험이익으로 볼 수 있다.(예; 물건의 점유자나 사무관리자의 피보험이익)

이렇듯 금전적으로 평가할 수 있는 이익인 이상 그 이익이 적극적 이익(현실적 손해), 소극적 이익(상실이익), 또한 현재의 이익이든 장래에 생길 이익이든 불문한다. 하지만 재산보험이며 소극보험인 책임보험에서는 보험목적이 일정한 재화가 아니라서 피보험이익을 "금전으로 산정할 수 있는 이익" 이라고 협의로 해석할 경우에는 피보험이익의 관념을 인정하기가 곤란하나, 책임보험계약에 있어 피보험자 역시 보험계약에 의해 보험보호를 받을 수 있는 어떠한 경제적 이익이 존재하므로 피보험이익의 관념을 인정하는 통설이다.

2) 이익의 적법성

둘째 요건으로서 피보험이익의 적법성은 피보험이익이 손해보험계약의 목적이라고 볼 때 계약의 목적이 선량한 풍속 기타의 사회질서에 반하는 경우, 계약 그 자체가 무효가 됨을 규정하고 있는 법률행위의 일반원칙[120]의 측면에서도 당연하다. 따라서 적법하지 못한 이익은(예; 밀수, 탈세, 절도, 도박으로 인한 이익 등) 피보험이익이 되지 못한다. 그리고 그 적법성의 여부는 객관적인 문제이며, 객관적으로 적법하지 않는 한 당사자나 피보험자의 주관적 입장에서 그것이 선의이든 악의이든 불문한다.

3) 이익의 확정가능성

셋째 요건으로서 피보험이익은 적어도 보험사고가 발생할 때까지는 그 존재, 소속, 종류 등의 내용이 확정되어 있어야 한다. 이는 피보험이익이 확정되지 않는 한 손해액을 확정할 수 없어 결국 보험자가 보상을 할 수 없기 때문이다. 또한 확정적 피보험이익은 보험계약 성립시에 그 내용이 구체적으로 확정되어야 하는 것은 아니며, 계약 성립시 또는 보험사고가 발생한 때나 발생하기 전까지 확정할 수 있도록

120) 민법 제103조(반사회질서의 법률행위) "선량한 풍속 기타 사회질서에 위반한 사항을 내용으로 하는 법률행위는 무효로 한다."

그 요소가 정해져 있으면 된다. 따라서 현존하는 이익이나 과거부터 존재하는 이익(소급보험), 장래의 이익(희망이익보험)이라도 무관하다.

5. 피보험이익의 효용

전술한 바와 같이 손해보험계약의 절대적 요건으로서 피보험이익의 존재는 그 자체로서 다음과 같은 기능을 가진다.

1) 보험자 보상책임범위의 결정

손해보험계약은 피보험자가 가지는 피보험이익에 대한 결손의 보상을 그 본질적인 목적으로 하므로 보험자의 보상책임은 그 최고한도가 바로 이러한 피보험이익의 가액(보험가액)을 한도로 결정된다.

2) 초과, 중복보험의 판단기준

보험은 이익추구의 수단이 아니므로 보험금액이 보험가액을 초과하는 초과보험이나 중복보험은 상법에서 일정하게 규제를 가하는데, 이는 피보험이익의 가액은 초과, 중복보험의 판단기준으로서 그 역할을 다한다.

3) 도덕적 위험의 방지

보험사고의 발생으로 피보험자가 보험자로부터 보상을 받는 것은 피보험이익의 결손(缺損)된 부분에 대한 가액을 손해액으로 보상을 받게 되고, 또한 보험자가 보상하여야 할 그 최고한도는 피보험이익의 전체 가액인 보험가액을 기준으로 하게 된다. 따라서 피보험이익의 존재로 말미암아 피보험자가 실제 손해액보다 더 많은 보상을 받기위해 보험을 도박에 악용하거나 보험금을 타기 위한 인위적인 사고의 유발 등 각종 도덕적 위험을 방지할 수 있게 된다.

4) 보험계약의 동일성을 구별하는 표준

동일한 보험의 목적에 대해 피보험이익은 여러 가지 형태로 나타날 수가 있는데, 피보험이익이 다르면 그에 따라 각각 독립된 보험계약을 체결할 수가 있어 피보험이익의 동일성 여부는 곧 보험계약의 동일성 여부를 판단하는 표준이 된다.

6. 피보험이익의 종류

1) 소유자 이익

어떤 재물의 소유자가 그 재물이 보험사고의 발생으로 인하여 멸손(滅損)된 경우 당연히 직접적, 제1차적으로 손해를 입는 관계에 있어 인정되는 피보험이익을 말한다.

2) 수익이익과 사용이익

어떤 물건의 소유자나 또는 사용자를 불문하고 그 물건을 현실적으로 사용할 권리가 있는 자는 그 물건을 사용함으로써 생기는 경제적인 수익을 얻을 수 있는데, 보험사고가 발생함으로써 그 기대한 수익을 상실하고 손해를 입는 관계에 있는 피보험이익을 말한다. 특히 이러한 수익이익은 어떤 물건의 소유자가 스스로 사용하여 얻을 수 있는 이익을 사용이익이라고 하고, 타인에게 사용케 함으로써 얻을 수 있는 이익을 수익이익이라고 한다.

3) 담보이익

채권관계에 있어 채권자가 채무자에 대한 채권확보의 수단으로 어떤 특정한 물건에 대해 담보권(저당권, 채권)을 가지고 있을 때, 그 담보물에 위험이 발생하게 됨으로써 손실을 받게 될 이익(담보권이 소멸됨으로서)을 피보험이익으로 하는 경우에 그 피보험이익을 담보이익이라고 한다.

4) 책임이익

책임보험계약의 피보험이익의 일종으로서 타인의 물건에 대해 책임을 지는 자의(창고업자, 운송업자) 과실에 의해 당해 물건에 손해가 발생하여 손해배상책임을 부담함으로써 손해를 입게 되는 관계에 있는 이익을 책임이익이라고 한다. 이 때 그 물건의 소유자는 별도로 소유자로서 그 물건에 손실을 받게 될 이익을 가질 수 있는데 이 때 이러한 피보험이익은 바로 소유자 이익이 된다.

5) 비용이익

재물이 이재(罹災)를 입은 경우에 재물자체의 손해와는 별도로 각종 비용의 지출을 필요하게 됨으로써 손실을 입게 되는 관계에 있는 이익을 말한다.

6) 대상이익

어떤 대상의 취득을 목적으로 비용이 지출되는 경우 보험사고로 인하여 그 대상의 취득이 저해(沮害)를 받는데 대한 피보험이익을 말한다. 가령 선비운송(船費運送)에 의한 화물의 증가가치를 취득할 목적으로 화주로부터 지출되는 운송비 등이 지출되고 선비, 운송비 등은 결정적으로 지출된 이상 보험사고의 발생으로 잃게 될 성질은 아니며 잃을 우려가 있는 이익은 바로 선비나 운송임의 대상으로서 취득이 기대되는 증가가치이고 이를 보험에 붙이는 것이다.

7) 취득기대이익(희망이익)

특정한 보험사고의 객체가 보험계약의 체결 시에는 특정인 재산의 일부를 구성하고 있지는 않고 있으나, 그 특정인이 법률상 또는 계약상 어떠한 이득의 취득을 기대할 수 있는 경우에는 보험사고의 발생에 의하여 그 취득기대가 저지되고 재산의 상대적 감소를 가져오는 점에 있어서 취득 기대자가 입게 되는 손해에 대한 피보험이익을 말한다.

8) 채권이익

금전의 대차관계(貸借關係)에서 채무자의 불성실, 도산, 담보물의 멸실(滅失) 등 지급불능으로 인하여 채권자가 입을 수 있는 손해에 대한 피보험이익을 말한다.

> **상법 제669조 [초과보험]**
>
> ① 보험금액이 보험계약의 목적의 가액을 현저하게 초과한 때에는 보험자 또는 보험계약자는 보험료와 보험금액의 감액을 청구할 수 있다. 그러나 보험료의 감액은 장래에 대하여서만 그 효력이 있다.
> ② 제1항의 가액은 계약 당시의 가액에 의하여 정한다. [개정 1991.12.31]
> ③ 보험가액이 보험기간 중에 현저하게 감소된 때에도 제1항과 같다.
> ④ 제1항의 경우에 계약이 보험계약자의 사기로 인하여 체결된 때에는 그 계약은 무효로 한다. 그러나 보험자는 그 사실을 안 때까지의 보험료를 청구할 수 있다.

1. 초과보험의 일반

본 조문의 초과보험(超過保險, over insurance)은 중복, 일부보험과 더불어 보험가액과 보험금액의 불일치로 인하여 발생되는 문제로서 여기에 대비되는 개념으로는 보험가액과 보험금액이 일치하는 전부보험이 있다. 손해보험제도는 피보험자가 입은 실손해를 보상하는 제도로서 보험사고의 발생으로 인하여 피보험자에게 어떠한 적극적인 이득을 주는 이익추구의 수단은 아니다. 그리하여 손해보험계약은 손해보상계약성과 이득금지원칙이라는 대원칙에 의해 지배되어 보험자의 보상책임은 피보험이익의 평가액인 보험가액에 의해 그 법률상의 최고한도액이 결정되어지고 이 범위 내에서 보험계약체결 당사자 간에 약정한 보험금액(계약상 최고한도액)에 따라 그 범위가 정해진다. 이렇듯 보험가액과 보험금액 양자의 개념은 전혀 상이하고 보험가액의 평가자체가 보험의 종목에 따라 곤란하고, 그 특성상 물가에 따라 수시로 변동하기 때문에 보험가액과 보험금액이 불일치하는 경우가 있는데, 이로 인한 문제가 바로 본 조의 초과보험이나 중복, 일부보험의 문제이다.

전술한 바와 같이 보험금액이 곧 보험자가 보상해야 될 보험금은 아니어서 아무리 보험금액을 고액으로 하더라도 보험사고의 발생으로 피보험자가 입은 실손해 이상의 이득을 취할 수는 없을 것이다. 그러나 현실적으로 보험사고 발생시 적정한 보험가액의 평가는 상당히 난해하여 실무적으로는 당사자가 약정한 보험금액을 보험가액과 같이 취급하여 손해액과 보험자가 부담하여야 할 보상액을 정하는 경우가 많다. 이렇게 할 경우 만일 보험금액을 실제의 보험가액보다 높게 정하여 피보험자가 입은 실손해 이상으로 보상을 받을 수 있으므로 자칫 피보험자 등이 부당한 이득을 목적으로 한 보험사고를 고의적으로 유발하거나 보험을 도박의 목적으로 악용하는 등 각종 보험제도의 폐단이 있을 수 있다. 이에 따라 상법은 이러한 문제가 발생될 수 있는 초과, 중복보험에 대해 일정하게 제한하는 규정을 두고 있다.

2. 초과보험의 의의

초과보험은 중복, 일부보험과 더불어 보험가액과 보험금액의 불일치로 인하여 발생되는 문제로서 여기에 대비되는 개념으로는 보험가액과 보험금액이 일치하는 전부보험이 있다. 초과보험이란 보험계약체결 당사자 간에 약정한 보험금액이 보험가액을 현저하게 초과하는 경우로서 자동차보험 대인배상(II)담보가 대인배상(I)담보를 초과하는 형태의 초과보험과는 구별된다.[121] 보험금액의 보험가액 초과는 보험계약체결 당시부터 초과하는 경우가 있고, 보험기간 중에 물가의 하락으로 말미암아 보험가액이 하락하여 생기는 경우가 있다.

3. 초과보험의 성립요건

1) 보험금액의 보험가액에 대한 현저한 초과

초과보험이 되기 위해서는 보험금액이 보험가액을 초과하되, 그 초과되는 부분이 현저하여야 한다. “보험금액의 보험가액의 현저한 초과” 란 법률문제가 아닌 사실문제로서 사회거래의 통념에 따라 판단할 문제이다.

2) 보험가액의 산정시기

이때의 가액평가(산정)는 보험계약체결 당시의 가액에 의하고 보험기간 중에 경기의 변동으로 초과보험이 된 때에는 그 때의 가액을 기준으로 함을 상법에서는 정하고 있다. 이는 결국 초과보험인지 또는 아닌지가 문제시 될 때, 그 때의 가액을 기준으로 판단함을 말한다.

---

121) 이러한 형태의 보험을 “excess insurance” 라고 한다.

3) 초과보험의 효과

초과보험의 효과에 대해 현행 상법은 그 초과된 부분에 대해서는 당연 무효로 하는 객관주의가 아니라 보험계약자 측의 선의, 악의에 따라 그 효력을 달리하는 주관주의를 채택하고 있다.

(1) 보험계약자의 선의(善意)인 경우

보험계약자 측의 선의(물가의 하락으로 보험가액이 낮게 평가되는 경우)로 단순하게 초과보험이 된 경우에 보험계약자와 보험자는 각각 보험료감액청구와 보험금액의 감액청구를 인정하고 있으며 단, 보험료의 감액청구는 보험료불가분의 원칙에 의해 장래에 대해서만 그 효력이 있다. 물론 보험사고의 발생 후 손해사정과정에서 초과보험임이 확인될 경우 보험자는 보험가액을 한도로 보상책임이 발생됨은 당연하다.

(2) 보험계약자의 악의(惡意), 사기(詐欺)인 경우

보험계약자의 악의나 사기로 초과보험계약이 체결되었을 경우에는 초과된 부분만 무효가 되는 것이 아니라 보험계약 전부가 무효가 되며, 보험자는 이미 받은 보험료를 반환할 필요도 없을 뿐만 아니라 그 사실을 안 때까지의 보험료를 청구할 수 있다. 이는 보험계약의 선의성, 윤리성 및 손해보험의 대원칙인 실손해보상 원칙, 이득금지 원칙 등과 관련하여 민법의 관련규정에 대한 특칙(민법 제110조)으로서 보험을 악용하려는 악의의 보험계약자를 응징하려는 법의(法意)라고 할 것이다.

상법 제670조 [기평가보험]

당사자 간에 보험가액을 정한 때에는 그 가액은 사고발생시의 가액으로 정한 것으로 추정한다. 그러나 그 가액이 사고발생시의 가액을 현저하게 초과할 때에는 사고발생시의 가액을 보험가액으로 한다.

피보험이익의 금전적 평가액으로서 보험사고 발생시 보험자가 보상하여야 할 손해액 산정의 기준이 되는 보험가액(保險價額)은 보험사고가 발생한 때와 곳의 가액에 따라 결정하는 것이 일반적인 원칙이나(상법 제671조) 보험가액은 경기변동에 따라 수시로 변하는 성질(보험가액의 가변성) 등으로 말미암아 보험가액의 객관적이고 적정한 평가는 결코 쉬운 일이 아니다. 이러한 보험가액의 성질과 평가에 따른 이해관계의 중요성으로 인하여 보험가액의 평가를 둘러싸고 계약당사자 사이에 분쟁이 일어날 염려가 많은 것이 현실이다. 이러한 이유로 본 조문에서는 보험가액의 평가를 둘러싼 분쟁을 미리 예방하고 신속한 보상을 할 수 있도록 하기 위하여 보험계약을 체결할 때 계약당사자간 보험가액에 관하여 합의를 하는 경우가 있다. 이때 당사자 간의 합의를 통해 정해진 보험가액을 협정보험가액(協定保險價額)이라고 하며, 평가에 의미를 둘 경우 보험사고 발생 이전에 보험가액을 정한 것이므로(기평가) 이러한 가액으로 체결된 보험계약을 기평가보험(旣評價保險)이라고 한다.

다만, 보험계약 당사자가 보험가액에 관하여 협정한 이상, 그 가액은 사고발생시의 가액으로 추정적 효력만을 인정하므로 협정한 보험가액이 보험사고 발생시의 가액을 현저하게 초과할 경우에는 협정보험가액의 추정적 효력은 무시되고, 보험사고 발생시의 가액이 보험가액이 된다. 이 경우 협정보험가액이 보험사고 발생시의 가액을 현저하게 초과한다는 사실의 입증책임은 보험자에게 있음은 당연하다.[122)]

상법이 협정보험가액에 관하여 추정적 효력만을 부여하고 있는 이유는 계약당사

122) 대법원 1999.4.23. 선고99다8599 판결. “초과보험계약이라는 사유를 들어 사고 발생 당시의 보험가액을 한도로 한 보험금지급의무의 제한을 주장하는 경우 그 입증책임은 이를 주장하는 보험자가 부담하여야 한다.” 같은 취지의 판결, 1997.9.5. 선고95다25268판결, 1988.2.9. 선고86다카2933, 2934, 2935판결.

자가 이미 보험가액을 합의를 통해 협정한 이상 그 액의 많고 적음에 관하여 다툴 수 없다. 하지만 협정한 그 가액이 사고발생시의 가액을 현저하게 초과할 경우에도 이의 구속력을 인정할 경우, 피보험자가 실제 입은 손해보다 초과하여 보상을 받을 수 있는 가능성이 존재함으로써 보험의 폐단인 도덕적 위험이 발생될 우려가 있기 때문이다. 이는 손해보험의 대원칙인 "실손보상의 원칙" 이나 "이득금지의 원칙" 에도 반하기 때문이라고 할 것이다. 하지만 협정보험가액의 효력에 관하여는 협정에 관한 당사간의 의사표시에 하자가 없고, 협정 자체가 강행법규나 공서양속에 반하지 않으며 공정하게 이루어진 이상 추정적 효력이 아니라 확정적 효력을 인정하여야 한다는 견해도 있다.[123)]

123) 양승규, 전게서, 202면.

상법 제671조 [미평가보험]

당사자 간에 보험가액을 정하지 아니한 때에는 사고발생시의 가액을 보험가액으로 한다.

1. 미평가보험의 의의

미평가보험(未評價保險)이란 보험계약 체결당시에 당사자 사이에 보험가액에 관하여 아무런 약정이 없는 즉, 아직 보험가액에 대한 평가가 이루어 지지 않은 보험을 말한다. 이는 보험계약을 체결할 당시 당사자 간의 협정에 의해 보험가액을 정하는 기평가보험(상법 제670조)과는 구별되는 개념이다. 미평가보험은 손해보험계약이 보험사고로 인하여 피보험자가 입은 실손해를 보상하는 것이므로 이 실손해는 손해발생시의 가액에 의하는 것이 이론상 합당하다는데 그 근거를 두고 있다. 상법 제671조에서는 당사자 간에 보험가액을 정하지 아니한 때에는 사고발생시의 가액을 보험가액으로 한다고 규정하고 있는데, 이 경우 보험가액은 물가에 따라 변동하는 것이고 필요한 때에는 수시로 평가를 해야 하므로 본 조문이 이러한 포괄적인 내용은 포함하지 못하고 있으나 각각 보험사고가 발생하기 이전이라도 필요에 의해 보험가액의 산정을 할 수 있다.(상법 제669조 제2항) 그리고 상법에서는 “보험사고시의 가액” 이라고 하여 장소에 관하여는 규정이 없으나 보험사고가 발생한 때와 발생한 그 곳의 가액에 의해 평가된다고 볼 것이다.[124)]

2. 보험가액의 불변경주의 및 법정보험가액

보험금액은 고정적인데 비해 보험가액은 물가에 따라 변동하는 가변적인 성질이 있다. 보험의 종목에 따라 보험의 목적이 이동되는 보험에서는 보험사고가 발생한 때와 장소의 결정이 비교적 난해한 보험에서는 보험기간이 대체로 짧고, 보험기간 사이에 가액의 변동이 비교적 적은점 등을 고려하여 가액의 평가가 용이한 시점의 가액을 전 보험기간을 통한 보험가액으로 할 수 있는데, 이렇게 정한 보험가액은

124) 서돈각, 전게서, 382면.

법률에 의한 것으로 어떠한 경우에도 변경되지 아니하므로 이를 보험가액의 불변경주의라고 한다.(예; 상법 제689조, 제696조, 제697조, 제698조)

한편, 이렇듯 보험가액이 계약당시에 당사자 사이에 협정에 의해 이루어 지지 않았을 경우에는 각종 법률규정에 의해 그 가액의 판단시기가 결정되는데, 이렇듯 법률에 의해 보험가액이 정해지는 것을 특히 법정보험가액이라 한다.(상법 제669조 2항, 제671조, 제676조, 제689조, 제696조, 제697조, 제698조) 즉, 보험자의 보상책임은 일단은 보험금액에 의해 결정되지만 이러한 보험금액은 특별한 약정(신가보험)이 없는 한 다시 보험가액에 의해 제한이 되기 때문이다.[125]

125) 상법 제676조(손해액의 산정기준) "보험자가 보상할 손해액은 그 손해가 발생한 때와 곳의 가액에 의하여 산정한다. 그러나 당사자 간에 다른 약정이 있는 때에는 그 신품가액에 의하여 손해액을 산정할 수 있다."

> **상법 제672조 [중복보험]**
>
> ① 동일한 보험계약의 목적과 동일한 사고에 관하여 수개의 보험계약이 동시에 또는 순차로 체결된 경우에 그 보험금액의 총액이 보험가액을 초과한 때에는 보험자는 각 자의 보험금액의 한도에서 연대책임을 진다. 이 경우에는 각 보험자의 보상책임은 각 자의 보험금액의 비율에 따른다. [개정 1991.12.31]
> ② 동일한 보험계약의 목적과 동일한 사고에 관하여 수개의 보험계약을 체결하는 경우에는 보험계약자는 각 보험자에 대하여 각 보험계약의 내용을 통지하여야 한다. [개정 1991.12.31]
> ③ 제669조 제4항의 규정은 제1항의 보험계약에 준용한다.

1. 중복보험의 의의

중복보험(重複保險, double insurance)이라 함은 어떤 보험의 목적에 관하여 피보험자와 피보험이익(보험계약의 목적), 보험사고가 동일하고 보험기간이 동일하거나 중복되는 계약을 수인의 보험자와 수개의 보험계약을 체결하여 그 보험금액의 총액이 보험가액을 초과하는 보험을 말한다.[126] 이는 수인의 보험자가 공동으로 위험을 인수하는 공동보험과는 구별됨은 당연하다. 또 중복보험계약이 동시에 체결된 경우를 동시중복보험이라 하며 순차적으로 체결된 경우를 이시중복보험이라 한다.[127] 이러한 중복보험계약은 보험의 목적이 고액인 경우, 보험자 1인만의 보험계약으로는 불안하거나 또는 이미 자기를 위한 보험계약이 체결되어 있음에도 불구하고 제3자가 이를 모르고 타인을 위한 보험계약을 체결함으로서 생길 수 있다.

---

126) 이 경우에도 보험금액의 총액이 보험가액을 초과하지 아니하는 보험을 병존보험이라고 하며 이러한 병존보험은 일부보험이 수개일 뿐이다. 따라서 보험자 상호간에는 중복보험과 같은 연대책임을 부담하지 않으므로 아무런 관계가 없다.

127) 가령, 가액이 1,000원인 보험의 목적에 대해 소유자가 화재를 보험사고로 하여 보험자 A와 보험금액을 800원으로 하여 계약을 체결하고, 또 B라는 보험자와 보험금액을 500원으로 보험계약을, C라는 보험자와 보험금액을 500원으로 보험계약을 체결하고 보험기간의 동일하거나 적어도 중복된 보험계약을 말한다.

2. 중복보험의 성립요건

1) 피보험이익 및 피보험자의 동일

중복보험이 되기 위해서는 피보험이익이 동일하여야 한다. 상법에서는 "보험계약의 목적이 동일"이라고 규정하여 피보험이익이 동일하여야 함을 명확히 하고 있다. 동일한 보험목적에 대하여 피보험이익은 여러 가지가 존재할 수 있으므로 보험의 목적은 동일하더라도 피보험이익이 다르면 별개의 보험계약이 성립될 수 있다. 아울러 피보험이익의 귀속주체인 피보험자가 동일하여야 함은 당연하다.

2) 보험사고의 동일

피보험이익이 같더라도 가령 하나는 화재를 보험사고로 하고 또 다른 하나는 도난을 보험사고로 하였다면 서로 별개의 계약이므로 중복보험이 아니다. 따라서 중복보험이 되기 위해서는 보험사고가 동일하여야 한다.

3) 보험기간이 동일 또는 중복

보험기간이 동일하거나 적어도 부분적으로 중복되어야 한다. 부분적으로 중복이 될 때에는 그 중복하는 기간 동안에만 중복보험의 문제가 생긴다고 할 것이다.

4) 수인의 보험자와 수개의 보험계약의 체결

수인의 보험자와 수개의 보험계약을 체결하여야 하며, 그 수개의 보험계약의 보험금액 총액이 보험가액을 초과하여야 한다. 따라서 보험자가 동일하면 초과보험이 되며, 보험금액의 총액이 초과보험의 경우처럼 보험가액을 현저하게 초과할 필요는 없다.

3. 동위계약(同位契約) 및 이위계약(異位契約)과 구별

중복보험 또는 병존보험의 경우 그 각각의 보험계약의 보상방식이 동일한지 유무에 따라 동위(동종)계약, 이위(이종)계약으로 나누어진다. 일반적으로 동위계약일 경우에는 비례보상주의에 의해 분담부분이 정해지고, 이위 계약인 경우에는 독립책임액 비례보상주의에 의해 결정된다.

4. 중복보험의 효과

중복보험도 초과보험과 마찬가지로 피보험자가 보험가액이상으로 손해보상을 받아 불로의 이중이득을 취할 수 있는 도덕적 위험이 있으므로 상법에서는 이를 제한하고 있다.

1) 보험계약자의 선의인 경우

보험계약자가 선의인 경우 중복보험은 당연 무효가 되지 아니하고, 다음의 방식에 의해 보상금을 지급한다.

(1) 우선주의

동시중복보험일 경우에는 각 보험금액의 총 보험금액에 대한 비율로 부담하고 이시중복보험일 경우에는 먼저 체결한 보험자가 먼저 보험금액의 범위 내에서 보상책임을 부담하고 부족한 부분에 대해서는 그 후에 체결한 보험자가 보험금액의 범위 내에서 보상하는 방법이다.

(2) 연대주의

각 보험자는 보험가액까지의 실손해에 대해서는 연대책임을 지고, 손해보상을 한 보험자는 보험금액의 총 보험금액에 대한 비율에 따라 다른 보험자에 대해 구상권을 가진다는 보상방법이다.

(3) 비례보상주의

동시, 이시중복보험을 불문하고 각 보험자는 각자의 보험금액의 총 보험금액에 대한 비율에 따라 보상책임을 부담하는 방법이다.

(4) 독립책임액 비례주의

중복보험계약에 있어서 각 보험계약의 보상액을 산정하는 방식의 하나로서 각 보험계약에 대하여 각각 다른 보험계약이 없는 것으로 하여 그 보상책임액을 산출하고 그 합계액이 손해액을 초과하는 경우에는 합계액에 대한 각각의 보상책임액의 비율을 손해액에 곱한 금액으로 각 보험계약의 보상액으로 하는 방식을 말한다. 이는 중복보험을 이루는 각각의 보험이 대체로 일부보험이기 때문에 일부보험의 보상방식이 비례보상원칙인지 실손보상인지에 따라 각각의 보험자의 보상책임은 그 부담하고 있는 보험금액의 크기에만 좌우되는 것이 아니기 때문에, 단순한 비례보상주의 보다는 독립책임액 비례보상주의에 입각한 보상방식이 보다 타당하고 진보된 제도라 할 수 있다. 중복보험에 있어 독립책임액 비례보상주의는 궁극적으로 보험자의 보상책임을 각각의 보험자가 담보하고 있는 보험금액이 아니라 보험계약자가 지급하는 보험료의 내용에 대응하여 분담하려는 사고(思考)로서 비례보상주의가 보험자의 보상책임을 단순히 각각의 보험자가 담보하고 있는 보험금액에 대응하여 분담시킨다는 점에서 두 보상방식은 차이가 있다.

(5) 상법 규정

현행 상법에서는 비례보상주의와 연대책임주의를 병용하고 있다. 즉, 보험자는 각자가 담보하고 있는 보험금액의 총 보험금액에 대한 비율에 따라 보상할 책임을 지고, 또한 다른 보험자의 피보험자에 대한 보험금 지급불능 일 때는 각자의 보험금액 한도 내에서 연대책임을 부담하게 된다. 다만 실제보험실무에서는 독립책임액비례주의에 의해 보상하는 것이 일반적이다.

2) 보험계약자의 악의, 사기인 경우

중복보험이 사기로 체결되었을 경우에는 초과보험의 경우와 같이 그 보험계약의 전부는 무효가 되며, 보험자는 그 사실을 안 날까지 보험료를 청구할 수 있는데, 이는 보험계약의 선의성과 악의의 보험계약자를 응징하려는 취지에서 당연한 규정이라고 할 수 있다. 한편 보험가액의 관념이 없는 책임보험에서도 동일한 수개의 보험계약이 있을 경우 본 조문의 규정이 준용될 수 있다.

상법 제673조 [중복보험과 보험자 1인에 대한 권리포기]

제672조 규정에 의한 수개의 보험계약을 체결한 경우에 보험자 1인에 대한 권리의 포기는 다른 보험자의 권리의무에 영향을 미치지 아니한다.
[개정 1991.12.31]

본 규정에서는 중복보험계약에 있어 보험자 어느 1인에 대한 권리포기의 효과에 관하여 규정하고 있다. 중복보험의 경우에 보험자 상호간에는 연대책임이 부여되고 있기 때문에 그로 인한 폐단을 방지하기 위하여 규정한 것이다. 즉, 중복보험의 각 보험자의 보상책임액이 확정되면(독립책임액 비례보상주의든지 단순 비례보상주의든 불문) 각 보험자는 그 부분만 보상을 하면 될 것이나, 이때에 피보험자가 보상책임이 있는 어느 1인의 보험자와 공모(共謀)하여 그 공모한 보험자에 대하여 권리를 포기할 경우에는 다른 보험자들의 이익을 해할 염려가 있기 때문이다.(보험자 각자가 부담하고 있는 보험금액 한도 내에서 연대책임을 부담하므로) 따라서 피보험자가 어느 1인의 보험자에 대해 권리를 포기하였을 때에는 그 포기한 부분에 대하여 다른 보험자에게 보험금의 지급을 청구할 수 없으며, 만약 이미 다른 보험자가 지급하였을 경우에는 그 부분에 대해서는 민법 제425조 규정이 정하는 바에 따라 구상권을 행사할 수 있을 것이다.

상법 제674조 [일부보험]

보험가액의 일부를 보험에 붙인 경우에는 보험자는 보험금액의 보험가액에 대한 비율에 따라 보상할 책임을 진다. 그러나 당사자 간에 다른 약정이 있는 때에는 보험자는 보험금액의 한도 내에서 그 손해를 보상할 책임을 진다.
[개정 1991.12.31]

1. 일부보험의 의의

일부보험(一部保險, under insurance)이라 함은 초과보험과는 반대되는 개념으로서 보험금액이 보험가액에 미달되는 보험을 말한다. 이러한 일부보험은 보험계약을 체결할 당시부터 보험계약자가 보험료의 절약이라든지 위험발생에 대한 주의력 이완을 스스로 방지하기 위하여 의식적으로 하는 경우(의식적 일부보험)와 처음에는 전부보험이었으나 경기변동에 따라 수시로 변동하는 보험가액의 성질에 의하여 보험기간 중에 물가가 앙등함으로서 자연적으로 일부보험이 되는 경우가 있다.(자연적 일부보험) 의식적 일부보험의 경우 보험에 담보되지 아니하는 부분은 자가보험(自家保險)의 형태로 보험계약자 또는 피보험자가 스스로 부담하게 된다. 이러한 의식적 일부보험은 보험정책적 측면에서 일정한 부분을 보험계약자의 자기부담부분으로 남겨둠으로서 위험발생에 대한 주의력 이완방지, 인위적 사고의 유발 방지 등의 효용이 있어 합리적이라 할 수 있다. 그리고 이러한 일부보험은 보험가액의 개념이 존재하지 않는 재산보험(책임보험)에서는 문제되지 않는다.

2. 일부보험의 성립요건

보험금액이 보험가액에 미달하여야 하며, 이때 보험가액의 기준은 의식적 일부보험일 경우 보험계약체결시의 보험가액에 의해, 자연적 일부보험일 경우에는 일부보험이냐 아니냐를 다툴 때의 보험가액에 의해 판단하게 된다.

3. 일부보험의 효과

1) 비례부담의 원칙

일부보험으로 판명된 경우에는 계약당사자간에 특별한 약정(실손보상계약)이 없는 한 보험자는 보험금액의 보험가액에 대한 비율로서 보상책임이 결정되는데 이를 비례부담의 원칙이라고 한다. 가령, 가액이 1000원 보험목적을 800원의 보험금액으로 계약을 체결하였을 경우에 보험사고로 인해 500원의 손해액이 발생하였다면 보험자가 보상하여야 할 보상책임액은 (손해액 500원 × 보험금액 800원 / 보험가액 1000원)의 산식에 의해 결정된다. 물론 이때에도 손해액이 전손인 경우 당연히 보상책임액은 보험금액(800원) 전부이다.

2) 실손 보상계약

일부보험에 있어서도 상기와 같이 비례부담의 원칙에 따라 보상을 하지 아니하고 보험금액 한도 내에서 피보험자가 입은 실제 손해를 보상하기로 하는 특약을 할 수 있는데, 이를 제1차 위험보험 또는 실손(實損) 보상계약이라고 한다.[128] 이러한 실손보상계약은 피보험자가 보험가액 이상으로 부당하게 이득을 받을 우려가 없으므로 현행 상법에서는 이를 인정하고 있다.

---

128) 이 외에도 보험가액의 일정담보비율을 보험계약자에게 지정 또는 선택하게 하여 그 담보비율을 충족시킨 경우에 한하여 실손 보상을 하는 담보비율조건부 실손 계약이 있다.

상법 제675조 [사고발생 후의 목적 멸실과 보상책임]

보험의 목적에 관하여 보험자가 부담할 손해가 생긴 경우에는 그 후 그 목적이 보험자가 부담하지 아니하는 보험사고의 발생으로 인하여 멸실된 때에도 보험자는 이미 생긴 손해를 보상할 책임을 면하지 못한다.

본 규정은 보험자가 담보하고 있는 위험에 대해 보험사고가 이미 발생하고 보험자가 보상책임이 없는 여러 가지 사유로 보험의 목적이 멸실되었을 경우에 보험자의 보상책임에 대해 규정하고 있다. 즉, 보험사고가 발생하여 손해가 발생한 경우에는 그 후에 보험계약과 관계가 없는 사고의 발생으로 보험의 목적이 멸실하였다고 할지라도 보험자는 이미 발생한 손해에 대해서는 보험의 목적이 멸실되었다는 이유로 책임을 면할 수 없는 것이다. 물론 이때에도 보험자는 손해의 전부를 보상할 필요는 없고 보험사고로 발생된 손해부분만 보상하면 된다.

다만, 본 규정의 해석과 관련하여 본 조문의 규정 중 "...보험자가 부담하지 아니하는 보험사고의 발생으로..." 라고 규정된 문언은 "...보험자가 부담하지 아니하는 사고의 발생으로..." 라고 개정되는 것이 바람직할 것으로 생각된다. 보험사고라는 것은 보험자가 담보하고 있는 위험에 대해 사고가 발생하는 것으로 좁은 의미로는 보험자의 보상책임을 구체화시키는 사고를 말하며, 보험자가 부담(담보)하지 않는 사고는 일반적으로 "보험사고" 라고 하기 보다는 "사고" 라는 문언이 적절한 것이므로 본 조문의 취지에 부합되게 원활히 해석되기 위해서는 위와 같이 문언의 수정이 요구된다.

용어해설

손해설과 이재설(위험설)

본 조문의 규정과 유사한 형태로써 손해사정 실무상 보험기간과 관련된 내용으로써 보험기간의 종기(終期)에 걸쳐서 손해(보험사고)가 발생한 경우로서(가령 ; 2010년 01월 01일 00시 00분부터 2010년 12월 31일 24시 00분까지를 보험기간으로 약정한 화재보험계약에서 화재가 2010년 12월 31일 22시 00분에 발생하여 2011년 01월 01일 03시에 진화가 되었을 경우) 이에 대한 보험자의 보상책임범위에 관하여는 견해가 갈린다.

첫째, 손해설이라는 견해는 보험의 목적에 화재라는 보험사고가 발생하여 손해가 생긴 경우에는 보험기간의 만료시점 안에 있는 현실적 손해만 분리하여 보상해야 한다는 견해이다. 하지만 이 견해는 이론상으로는 당연할지 모르지만 실무적으로는 손해사정이 난해하고 객관성의 확보가 어렵다.

둘째, 이재설(또는 위험설)이라는 견해는 보험기간 중에 화재라는 보험사고가 발생하여 이재를 입은 이상, 이재의 발생시점이 보험기간 만료 전이므로 손해액이 보험기간 만료 후에 확정되더라도 그 손해의 전부를 보험자가 보상하여야 한다는 설로서 통설이다.

출전 : 강원희, 손해사정이론, 보험연수원

상법 제676조 [손해액의 산정기준]

① 보험자가 보상할 손해액은 그 손해가 발생한 때와 곳의 가액에 의하여 산정한다. 그러나 당사자 간에 다른 약정이 있는 때에는 그 신품가액에 의하여 손해액을 산정할 수 있다. [개정 1991.12.31]
② 제1항의 손해액의 산정에 관한 비용은 보험자의 부담으로 한다. [개정 1991.12.31]

손해보험계약은 실손보상계약성(손해보상계약성)과 이득금지의 원칙이라는 대원칙하에 피보험자가 입은 실손해를 보험자가 보상할 것을 목적으로 하는 계약이므로 보험자가 보상을 하기 위해서는 먼저 정확하고 객관적인 손해액의 산정이 필요하다. 본조에서는 이러한 손해액산정에 관하여 규정하고 있다. 보험자가 보상할 손해액의 산정에 관한 기준은 보험사고가 발생한 때와 곳의 가액에 의하여 결정이 되며, 이때 소요되는 그 비용은 보험자가 부담하게 된다. 하지만 손해액산정에 관하여 보험자와는 별도로 보험계약자나 피보험자가 독립손해사정사를 선임하여 손해액을 산정할 경우 손해사정사 선임비용은 보험계약자나 피보험자가 부담하게 된다. 그리고 당사자 사이에 보험가액에 관한 협정이 있거나(상법 제670조, 협정보험가액 또는 기평가보험) 보험종목의 특성상 보험가액을 법정화한(보험가액불변경주의) 경우에는 예외이다. 한편, 보험의 목적이 보험계약을 체결할 때에는 신품이었으나 시간이 경과함에 따라 중고품으로 되는 것은 당연한 이치이다. 중고품에 대해 보험사고가 발생하였을 경우에도 손해보험의 일반원칙에 따라 피보험자는 보험사고가 발생한 때의 가액을 한도로 하여 보상을 받을 경우, 그 지급받은 보험금만으로는 신품으로 대체할 수 없다. 그리하여 보험의 목적이 보험사고 발생시 중고품이라 할지라도 신품가액을 손해액으로 산정하기로 하는(신구교환공제를 하지 않음) 이른바 신가보험이 이용되어 왔으나 신가보험이 손해보험의 대원칙인 실손보상계약성과 이득금지의 원칙에 정면으로 위배되고 아울러 보험금액이 보험가액을 현저히 초과하는 초과보험의 문제도 생길 수 있어 그 효력이 불분명하였다. 현행 상법에서는 이러한 신가보험을 동 조문에서 인정을 하고 있으며, 물론 이는 이득금지원칙의 예외로서 보험거래실정의 요청에 따른 규정이라 할 것이다.

용어해설

신가보험(新價保險)

일반적으로 손해보험계약은 실손보상계약성(이득금지의 원칙)이라는 대원칙이 지배하므로 손해보험 중 물건보험에 있어 보험자의 보상책임은 보험사고 발생시의 보험의 목적의 가액을 법률적인 한도로 하여 보험계약 체결시 보험자가 보상하기로 약정한 보험금액내에서 결정되며 이러한 보험을 시가보험(신구교환차익을 공제하고 보상)이라 한다. 신가보험은 이러한 시가보험에 상대개념으로서 신구교환에 따르는 차익을 공제하지 아니하고 신품가액에 소요되는 비용을 보상하는 보험으로서 특히 기계보험이나 화재보험에서 많이 이용된다.

신구교환공제(NEW FOR OLD)

신구교환공제라는 개념은 물건보험 분야인 해상보험, 화재보험, 기계보험, 자동차보험 등에서 이용되는 제도로서 보험의 목적이 중고품인 때에 원상회복에 따르는 수리를 하게 되면 중고부품을 신품으로 교환하게 되는 등 그 결과 보험의 목적이 부분적으로 개선의 효과가 생기게 된다. 따라서 수리비 전액을 보상받을 피보험자는 개선효과만큼의 이득을 얻게 되며, 이러한 이익을 신구교환차익이라고 한다. 다만, 실무적으로는 신구교환차익이 현저한 경우 또는 신제품의 대체로 보험의 목적 전체의 가액이 증가된 것으로 평가된 경우에만 공제하기도 한다. 각 보험종목별 운용특징을 살펴보면 다음과 같다.

첫째, 화재보험의 경우 건물의 일부를 새로운 재료로 수리하였을 경우 그 수리로 인하여 건물전체의 가치가 증가하였다고 인정되었을 경우에 한하여 공제를 한다.

둘째, 해상보험의 경우 선박보험의 경우에는 선박의 내선성 유지를 위해서도 당연히 새로운 재료로서 수리하게 되므로 신구교환차익이 발생하고 이를 공제하게 되어 있으나 현실적으로는 어느 정도의 가치증가가 발생하였는지의 판정이 곤란하기 때문에 공동해손정산의 경우를 제외하고는 수리비에서 신구교환차익의 공제를 하지 않는다.

셋째, 자동차보험의 경우 자동차보험 중 차량손해담보에서는 수리시 지정된 주요부품에 한하여 공제하는 것으로 약관에서는 명시하고 있다.[129]

출전 : 강원희, 손해사정이론, 보험연수원

129) 자동차보험 표준약관(2011.5) 자기차량손해담보 [13]-1-(2)-①-다 "피보험자동차를 고칠 때에 부득이 새 부분품을 쓴 경우에는 그 부분품의 값과 그 부착 비용을 합한 금액. 다만, 엔진, 미션 등 중요한 부분을 새 부분품으로 교환한 경우 그 교환된 기존 부분품의 감가상각에 해당하는 금액을 공제합니다."

상법 제677조 [보험료 체납과 보상액의 공제]

보험자가 손해를 보상할 경우에 보험료의 지급을 받지 아니한 잔액이 있으면 그 지급기일이 도래하지 아니한 때라도 보상할 금액에서 이를 공제할 수 있다.

보험계약은 그 성질상 유상, 쌍무계약으로서 보험자의 위험담보에 대한 대가로서 보험계약자는 약정한 보험료를 지급하여야 할 의무를 부담하게 된다. 만약 이러한 보험료 납입의무를 성실히 이행하지 않을 경우 보험료지체에 따른 효과로서 보험자는 상법 제650조에서 규정하고 있는 바에 따라 보험계약을 해지할 수 있다.(상법 제650조 조문해설 참조) 본 조문은 손해보험계약에 있어 보험사고가 발생하여 보험자가 피보험자에 대한 손해보상책임이 발생된 경우, 아직 보험자가 지급받지 못한 보험료의 잔액은 보상할 금액에서 공제할 수 있음을 규정하고 있다. 즉, 이는 민법 제492조 상계의 법리[130]에 따라 보험자가 피보험자에게 지급하는 보험금액(손해보상액)에서 공제할 수 있음을 명문화한 것이다. 보험료의 지급방법은 일시지급과 분할지급이 있으며, 일시지급인 계약에서 보험료 미지급의 경우에는 상법 제656조 규정에 따라 보험자의 책임이 개시되지 않으므로,[131] 본 조문의 규정은 보험료가 분할하여 지급되는 경우를 전제한 조항이다. 분할 보험료로서 아직 보험자가 지급받지 못한 미납 또는 잔액보험료는 그 지급일이 도래하여 경과한 것이든[132] 도래하지 않은 것이든 보상할 금액에서 공제할 수 있다고 할 것이다.

---

130) 민법 제492조(상계의 요건) "쌍방이 서로 같은 종류를 목적으로 한 채무를 부담한 경우에 그 쌍방의 채무의 이행기가 도래한 때에는 각 채무자는 대등액에 관하여 상계할 수 있다."

131) 일시지급이라고 하더라도 외상보험처럼 일시지급보험료의 미납액이 있을 경우에도 본 조문이 적용될 수 있을 것이다.

132) 분할(계속)보험료가 지급일을 경과하였음에도 미지급된 경우 보험자는 해지권을 행사할 수 있으며, 해지한 때에는 손해보상책임을 부담하지 않는다. 다만, 분할(계속)보험료의 미지급시 보험자가 해지권을 행사하기 위해서는 상당기간에 걸쳐 최고하여야 하므로, 분할(계속)보험료가 미지급된 상태에서도 보험자의 보상책임이 생길 수 있다.

상법 제678조 [보험자의 면책사유]

보험의 목적의 성질, 하자 또는 자연소모로 인한 손해는 보험자가 이를 보상할 책임이 없다.

1. 규정 취지

손해보험계약의 보험자는 보험법 총론에서 규정하고 있는 일반적 면책규정(상법 제659조 및 제660조) 이외에 본 조문에서 규정하고 있는 바와 같이 손해보험 통칙으로서 보험의 목적의 성질, 하자 또는 자연소모로 인한 손해에 대해서도 손해보상 책임을 부담하지 않음을 규정하고 있으며, 일반적으로 이러한 면책규정을 보험목적의 성질에 기인한 면책조항이라고 한다.

손해보험계약은 약정한 보험기간 중에 보험사고가 발생하여 피보험자가 재산적 손해를 입은 경우에 이를 보상하는 계약이다. 본 조문에서 규정하고 있는 보험의 목적의 성질, 하자 또는 자연소모로 인한 손해는 그 성질상 우연성을 그 전제로 하는 보험사고의 관념으로 볼 수 없기 때문이다. 즉, 보험계약을 체결할 당시부터 이러한 성질의 손해는 이미 객관적으로 확정이 되어 있다고 볼 수 있으므로 보험자 면책으로 규정하고 있다. 이러한 규정은 영국해상보험법에서도 찾을 수 있다.[133)]

---

133) MIA 55.(Included and excluded losses)(제55조 보상손해와 면책손해)

② In particular ⓒ Unless the policy otherwise provides, the insurer is not liable for ordinary wear and tear, ordinary leakage and breakage, inherent vice or nature of the subject-matter insured, or for any loss proximately caused by rats or vermin, or for any injury to machinery not proximately caused by maritime perils.(특히, 보험증권에 별도로 규정하고 있는 경우를 제외하고, 보험자는 통상의 자연소모, 통상의 누손과 파손, 보험의 목적의 고유의 하자나 성질에 대하여 쥐 또는 충(蟲)에 근인하는 모든 손해 또는 해상 위험에 근인하지 않는 기계장치의 손상에 대해 책임이 없다.)

2. 보험목적의 성질, 하자, 자연소모의 의미

보험목적의 성질에 기인한 손해라는 것은 보험목적의 고유의 성질에 기인하는 손해(예, 생선이나 과일의 부패, 화약의 자연발화, 가연물질의 자연발산)를 말한다. 보험목적의 하자라 함은 보험목적의 결함이나 흠결로 인한 손해(예, 운송물 포장의 미비, 자동차의 결함) 등으로 생긴 손해를 말하는데, 보험목적의 하자로 인한 손해는 발생 자체가 객관적으로 확정되어 있는 것은 아니지만 위험에 노출되어있는 정도가 심하여 손해 발생 가능성이 대단히 클 뿐 아니라 만약 이를 보험자 부책(負責)으로 할 경우 보험계약자 등의 중대한 과실을 보험자가 담보하는 결과를 초래할 수 있기 때문이다.[134] 또한 자연소모라 함은 시간이 경과함으로서 필연적으로 생기는 손해로서(예, 자동차보험의 차량의 타이어 마모, 차량의 부식) 보험자의 보상책임에서 이러한 손해들은 제외하고 있다.

본 규정의 면책사유는 그 사유의 존재와 보험사고와의 인과관계 여부에 대한 입증책임은 면책을 주장하는 보험자에게 있음은 당연하다. 아울러 본 규정은 손해보험계약 중에서 보험의 목적이 물건인 물보험(物保險)을 전제하므로 재산보험인 책임보험에서는 적용되지 아니한다.

134) 보험목적의 성질, 하자로 인한 손해를 보험자 면책으로 규정하고 있는 이유는 본 규정이 보험의 본질에 근거한 것이 아니라 피보험자 측의 고의, 중과실로 인한 보험사고 유발의 입증이 어려운 점을 참작한 것에 불과하기 때문에 당사자 간의 특약에 의해 담보될 수 있다는 견해도 있다.(손주찬 · 정동윤, 전게서, 306면)

상법 제679조 [보험목적의 양도]

① 피보험자가 보험목적을 양도한 경우 양수인은 보험계약상의 권리와 의무를 승계한 것으로 추정한다. [개정 1991.12.31]
② 제1항의 경우에 보험목적의 양도인 또는 양수인은 보험자에게 지체없이 보험목적의 양도 사실을 통지하여야 한다. [신설 1991.12.31]

Ⅰ. 총설

1. 보험목적 양도의 뜻

본 조항은 보험목적이 보험기간 중에 양도가 된 경우에 있어 보험관계를 규정하고 있다. 보험목적의 양도란 피보험자가 기존 보험계약의 대상이던 목적물을 그 개별적인 의사표시에 의하여 타인에게 양도하는 것을 말한다. 이러한 양도의 방법으로는 매매, 증여 등이 있을 수 있으며, 보험목적의 양도가 개별적인 양도라는 점에서 보험의 목적과 함께 보험계약상의 권리의무 관계가 포괄적으로 승계되는 상속, 회사의 합병등과는 구별된다. 보험목적의 양도는 목적물 자체의 양도로서 보험계약관계를 변동시킨다는 점에서 단순한 채권양도의 일종인 보험금청구권의 양도와도 구별된다.

2. 보험목적의 양도를 인정하는 이유

손해보험계약은 피보험이익의 존재를 절대적인 요소로 하고 있으며, 피보험이익과 피보험자의 동일성은 바로 보험계약의 동일성을 나타내게 된다. 따라서 현실적으로 피보험자가 보험의 목적물을 그 의사표시에 의하여 타인에게 양도하면 양도인은 그 물건에 관하여 가지고 있던 종래의 피보험이익이 소멸하게 된다. 뿐만 아니라 양수인은 양도인과 양도되는 보험목적에 대해 보험계약을 체결한 보험자와는 아무런 관계가 없으므로 원칙적으로 보험계약은 효력을 상실하게 된다. 그러나 이렇게 되면 양수인이 새로운 보험계약을 체결할 때 까지 그 목적물은 무담보상태에 놓일 위험이 있다. 양도인 역시 이미 지급한 보험료를 회수하지 못하고 낭비한 결과가 되고, 보험자 역시 고객을 잃게 되는 등 모든 보험관계자에게 불리한 결과를 초래하게 된다. 이러한 실제적 불합리와 보험제도의 경제적 가치를 높이려는 취지(趣旨)에서 상법은 피보험자가 보험목적을 양도한 때에는 보험계약으로 인하여 생긴 권리와 의무의 승계를 인정하고 있다.135)

3. 승계를 위한 요건

1) 양도당시 유효한 보험계약의 존속

보험목적이 양도될 당시 양도인과 보험자간에 유효한 보험계약이 존속하여야 함은 당연하다. 유효한 보험계약이 존속하고 있는 한 보험계약은 양수인에게 이전(移轉)되고 보험자는 면책사유가 있을 경우 그 사유로 양수인에 대하여 대항할 수 있음도 물론이다.(보험계약의 하자로 인한 권리행사도 마찬가지, 예; 취소권 또는 해지권 등)

2) 보험목적의 제한

양도되는 보험의 목적이 물건이어야 함을 원칙으로 한다. 따라서 상법 제679조의 규정 내용은 손해보험 중 물건보험을 한정(限定)하는 것으로 파악할 수 있다. 여기서 물건이란 동산, 부동산 또는 유가증권이든 불문하나 그 물건은 특정되고 개별화되어야 한다. 그러므로 보험목적이 개별화 되어있지 않은 집합보험의 경우에는 그 물건의 일부를 양도하여도 보험관계의 이전의 문제는 발생되지 않는다. 그리고 보험목적의 양도는 물건에 관한 것이므로 의사나 변호사 등이 그 지위에서 생기는 책임에 관하여 보험계약을 체결한 배상책임보험의 경우에는 동 조항이 적용되지 않게 된다. 그 이유는 의사나 변호사 등의 전문직은 그 지위가 법에 의해 일정자격을 갖춘 본인에게 일신전속(一身專屬)적으로 부여되는 것이기 때문에 그 지위를 타인에게 양도한다는 것은 있을 수 없는 일이기 때문이다.

---

135) 2008년 상법 개정 시안에서는 양수인의 권리와 의무의 승계에 대한 추정적 효력이 아닌 확정적 효력을 인정하여 현행 상법규정인 "피보험자가 보험목적을 양도한 때에는 양수인은 보험계약상의 권리와 의무를 승계한 것으로 추정한다." 라고 규정을 "... 승계한다." 라고 개정안을 마련하였으나 2014.3.11. 개정에서는 이 내용이 삭제되었다.

그러나 자동차에 관한 배상책임보험의 경우에는 그 자동차가 비록 보험의 목적이 라고는 볼 수 없으나, 그것이 자동차사고로 인한 배상책임의 매개체로서 보험목적에 준(準)하는 것으로 볼 수 있기 때문에 동 조항의 규정이 준용된다는 것이 종래의 통설 이였으나,[136] 상법 제726조의 4에서 자동차보험의 경우 별도로 양도에 관한 규정을 신설하여 두고 있으므로 동조항의 적용여부는 문제시 되지 않는다.

3) 물권적 이전

보험목적의 현실적인 이전이 있어야 하며, 여기서 이전은 물권적(物權的) 이전을 의미한다. 따라서 채권적 계약만으로는 부족하고 소유권이 양수인에게 이전되었을 때, 비로소 보험관계가 이전된다.(피보험이익이 이전되는 시점인 물권행위 시점이 본조에서 말하는 양도의 시점이다) 다만 여기서 말하는 양도는 원칙적으로 임의양도를 가리키는 것이지만, 강제경매와 같은 강제집행의 결과로 보험목적에 관한 권리가 이전하는 경우에도 동 조항이 유추 적용될 것이다.[137]

4. 양도의 효과

1) 보험계약상 지위의 이전

피보험자가 보험목적을 양수인에게 양도한 때에는 보험계약상의 권리와 의무가 양수인에게 승계된다. 이러한 규정은 양수인을 위한 규정이므로 양수인이 보험계약의 승계를 원하지 않을 경우에는 반대의 의사표시로서 보험계약이 승계되는 것을 배제할 수 있다. 보험목적의 양도로 모든 보험관계가 이전되므로 양수인은 보험계약자, 피보험자로서의 권리와 의무를 가지게 된다.(예; 보험료지급의무, 각종통지의무, 위험유지의무, 손해방지의무, 임의해지권, 보험금청구권, 보험료감액 및 반환청구권 등)

2) 양도의 통지의무

보험목적의 양도시 양도인이나 양수인은 보험자에 대해 양도사실을 통지하여야 한다. 이는 보험목적의 양도와 여러 가지 점에서 중요한 이해관계를 가지고 있는

136) 서돈각, 전게서, 396면; 손주찬, 전게서, 599면; 최기원, 전게서, 342면.
137) 서돈각, 전게서, 395면.

보험자에게 양도의 사실을 지체없이 통지하는 것이 공평의 원칙이나 신의성실의 원칙상 요구되는 것이기 때문이다. 그러나 동 조항이 통지의무만 규정하고 있을 뿐, 양도 사실의 통지를 이행하지 아니한 때에 대한 효과에 대해서 현행 상법에서는 명문규정을 두고 있지 않음으로써 즉, 양도인 또는 양수인이 보험자에 대한 양도의 통지의무를 이행하지 아니한 경우 보험자의 보험계약 해지권 행사 또는 보험자의 면책 여부 등과 관련하여 해석상 논란이 있었다.[138)]

이와는 달리 자동차보험의 경우에는 본 조항의 규정과는 달리 보험계약상의 권리와 의무가 승계되기 위해서는 양수인이 보험자의 승낙을 얻은 경우에 한하여 보험계약으로 생긴 권리와 의무가 승계됨을 규정하고 있는데, (상법 제726조의 4 조문해설 참조) 이는 자동차보험의 경우 보험요율 체계가 피보험자동차를 실제적으로 지배하고 있는 운전행위자에 중심을 두고 있기 때문이다.

3) 보험자 그 밖의 제3자에 대한 관계

보험목적의 양도로 인하여 보험계약상의 권리와 의무가 양수인에게 승계됨에 있어 양도 당사자 간에는 문제가 되지 않으나 그 양도의 효과로서 양수인이 보험자 기타 제3자에게 대하여 권리를 주장하는데 대해 민법상의 대항요건[139)]을 갖추어야

---

138) 보험목적의 양도는 보험계약의 내용과 보험자가 담보하는 위험의 변경을 초래하는 내용이므로 보험자는 상법 제653조 규정에 따라 보험자의 보호규정을 유추 적용할 수 있다는 주장이 있었다.(정희철, 전게서, 431면; 양승규, 보험법, 264면)
한편, 2008년 개정 시안에서는 이러한 해석상의 논란을 없애기 위해 상법 제679조 제2항의 단서규정에서 "양도인 또는 양수인이 양도의 통지를 하지 아니한 상태에서 양도일부터 1개월을 지나 보험사고가 발생하고, 보험자가 제1항의 승계를 하지 않으리라는 사정이 인정되는 경우 보험자는 보험금을 지급할 책임을 면한다." 라고 규정하였으며, 여기서 "...승계를 하지 않으리라는 사정" 이란 양도로 인하여 위험이 현저하게 변경 또는 증가가 있을 수 있는 경우일 것이며, 이는 악의적 양도·양수 행위를 방지하기 위함이다. 또한 2008년 개정 시안 제679조 제2항의 단서규정은 독일보험계약법 제71조 "통지를 지체없이 하지 아니하면 그 통지가 보험자에게 도달할 때로부터 1개 이후에 생긴 때에는 보험자는 보험금 지급책임을 면한다." 와 일본 상법 제650조 "양도가 있었던 날로부터 15일을 경과한 다음에 생긴 보험사고에 대하여는 그 손해의 전보책임을 지지 않는다." 규정을 도입한 개정안을 마련하였으나 2014.3.11. 개정에서는 삭제되었다.

139) 민법 제450조(지명채권양도의 대항요건) 제1항 "지명채권 양도는 양도인이 채무자에게 통지하거나 채무자가 승낙하지 아니하면 채무자 기타 제3자에게 대항하지 못한다."
제2항 "전 항의 통지나 승낙은 확정일자 있는 증서에 의하지 아니하면 채무자 이외의

한다는 대항요건구비설과 보험계약상의 권리이전은 상법의 규정에 의하여 당연히 생기는 것으로 대항요건을 구비할 필요가 없다고 보는 대항요건불구비설로 견해가 갈린다. 보험목적의 양도는 일반채권양도와는 다르며, "대항요건을 필요로 한다." 라고 해석할 경우에는 "승계" 가 무의미하게 될 것이므로 대항요건을 필요로 하지 않는다고 보는 견해가 많다.

한편 상법 제679조 2항의 통지의무 규정 자체를 대항요건으로 볼 오해는 있을 수 있으나, 이는 민법상 대항요건의 측면과 그 성질을 달리한다. 즉, 대항요건으로서의 통지(양도인만이 통지)는 채권양도에 관한 통지이고, 제2항의 통지의무규정은 양도인 또는 양수인의 보험목적의 양도가 이루어 졌음을 통지하는 것이다. 해상보험에서는 해상보험의 특성상 선박보험에 있어 선박이 양도되었을 때에는 보험계약이 종료함을 원칙으로 하고 있다. 다만, 보험자가 동의한 경우에는 그러하지 아니함을 규정하고 있다.(상법 제703조의 2 조문해설 참조)

4) 보험목적의 양도로 인한 위험의 증가

보험의 목적의 양도로 인하여 보험사고의 발생 가능성이 현저하게 변경 또는 증가된 경우에 관하여 상법은 직접적인 규정을 두고 있지 아니하지만 이는 상법 제653조의 규정에 따라 해결할 문제이다.

5. 타인을 위한 손해보험계약에서의 보험목적의 양도

본조 제1항에서는 "피보험자가 보험목적을 양도한 경우" 라고 규정하고 있어 보험목적의 양도 주체는 피보험자임을 밝히고 있다. 이러한 이유로 타인을 위한 손해보험계약의 경우, 피보험자가 보험목적을 양도하였다면 양수인에게 보험계약자의 지위도 승계되는 것인지, 아니면 피보험자의 지위만 양수인에게 승계되고 보험계약자의 지위는 여전히 남아 있는지에 대해 논란이 있을 수 있다.[140)]

이에 대해 현행 상법 규정의 "피보험자가 보험목적을 양도한 경우" 를 "보험계약자가 보험목적을 양도한 경우" 로 개정하거나 피보험자라는 문구를 삭제하여야 한다는 주장이 있으며,[141)] 타인을 위한 보험계약에 관해서는 일본 상법과 같이 별도

제3자에게 대항하지 못한다."

140) 김성태, 전게서, 496면.

의 규정을 신설하는 것이 바람직하다는 견해가 있다.142)

6. 보험금 청구권의 양도와 구별

보험금 청구권의 양도는 단순한 채권의 양도로서 보험관계의 변화를 가져오는 보험목적의 양도와는 관계없이 채권을 양도하는 것이므로 상법 제679조의 문제는 아니다. 이러한 보험금 청구권의 양도는 크게 보험사고 발생 후의 경우와 보험사고 발생 전의 경우로 나누어지는데 설명하면 다음과 같다.

1) 보험사고 발생 후의 보험금 청구권의 양도

보험사고 발생 후에는 이미 보험금 청구권이 구체화되어 일반채권에 불과하므로 민법 제450조의 지명채권 양도규정에 따라서 해결하면 될 것이다.

2) 보험사고 발생 전의 보험금 청구권의 양도

보험사고가 발생하기 전, 장래에 구체화될지도 모를 불확정적인 보험금 청구권을 신탁제공이나 채무변제 등의 목적으로 양도하여 보험사고 발생시 이들 양수인이 보험금을 수령하는 경우가 있다. 왜냐하면, 보험금 청구권이라는 권리도 법률에 의해 금지되지 아니한 이상에는 일반재산상의 권리와 마찬가지로 처분이나 압류의 대상이 될 수 있기 때문이다. 물론 이 경우에 보험사고가 발생하기 전의 보험금 청구권은 미필적인 일종의 기대권(期待權)에 불과하나 그것대로 양도를 할 수 없는 것은 아니므로 이 경우에도 민법의 지명채권 양도규정에 따르면 될 것이다. 이에 대해 손해보험계약의 경우 그 본질상 피보험이익을 가지지 않는 자가 보험금 청구권만을 취득할 수 없으며, 이를 인정할 경우에 보험의 도박화 등 폐단이 염려된다는 견해도 있으나 보험금청구권을 양도하는 경우에 있어서도 피보험자는 여전히 피보험자로서의 권리의무를 가지고, 단지 피보험자로서 받을 것을 양수인에게 받게 하는데 불과하므로 문제시 되지 않는다고 볼 것이다. 즉, 보험금청구권의 양도로 피보험자와 보험금청구권은 분리가 되나 보험계약상 피보험자의 지위는 변동되지 않는다.

---

141) 최기원, 전게서, 346면.

142) 손주찬 · 정동윤, 전게서, 321면.

> **상법 제680조 [손해방지의무]**
>
> ① 보험계약자와 피보험자는 손해의 방지와 경감을 위하여 노력하여야 한다. 그러나 이를 위하여 필요 또는 유익하였던 비용과 보상액이 보험금액을 초과한 경우라도 보험자가 이를 부담한다. [개정 1991.12.31]
> ② 삭제. [1991.12.31]

1. 총설

본 규정에서는 보험사고 발생 후의 의무로서 보험사고가 발생하였을 경우에 보험계약자와 피보험자가 손해의 방지와 경감에 노력하여야 할 손해방지경감의무에 관하여 규정하고 있다. 이는 피보험자가 보험의 목적에 관하여 가지는 피보험이익의 손해액에 따라 손해보상을 하여야 할 책임이 있는 보험자에 대하여 피보험자가 지켜야 할 신의성실의무의 하나라고 볼 수 있으며, 이와 아울러 보험단체의 이익보호와 나아가서는 공익의 보호라는 점에서 국민경제적으로도 유익한 것이기 때문에 상법에서는 손해보험총론에서 이를 규정하고 있다.

2. 법적성질

본 조항 의무의 법적성질은 보험료지급의무, 고지의무, 각종 통지의무(위반시 계약해지)와는 달리 단순한 계약상의 의무라고 만은 볼 수가 없고, 보험계약의 사행성에 비추어 보험의 목적에 대한 선량한 관리자인 피보험자와 보험계약자에게 법률이 특별히 인정한 의무라고 한다. 또한 상법에서는 명문규정이 없으나 의무 위반시 보험자의 소극적 이익의 침해로서 일반원칙에 의하여 보험자는 손해배상을 청구할 수 있고, 피보험자에게 지급할 손해보상액에서 당연히 공제할 수 있는 것이므로 순수한 법적의무라고 풀이한다.

3. 손해방지경감의무의 내용

1) 의무발생 시기

손해방지경감의무에서 말하는 손해의 방지와 경감은 이미 발생한 손해의 확대를 방지하거나 경감하는 것뿐만 아니라 보험사고가 발생한 이상 손해의 발생 그 자체의 방지도 포함한다고 볼 것이다. 그러나 보험사고 발생의 방지는 이 의무의 내용이 아니다. 즉, 이 의무의 발생 시기는 보험사고가 발생(보험사고와 같게 볼 수 있는 상태가 생긴 경우 포함) 한 때부터 생긴다고 볼 것이므로 보험사고의 발생을 전제한다. 상법 개정 법률에서는 "손해방지경감의무의 발생 시기(時期)는 보험사고가 발생한 때로부터 개시" 됨을 명확히 하고 있다. 한편 보험사고발생의 방지를 고의 또는 중대한 과실로 부당하게 해태한 때에는 부작위에 의하여 보험사고를 일으킨 것으로 되어 보험자가 면책될 수 있으므로(상법 제659조 제1항) 이는 손해방지경감의무위반의 문제는 아니다.

2) 손해방지경감의무의 의무자

손해방지경감의무를 부담하는 자는 이러한 의무를 수행할 적합한 위치에 있는 보험계약자나 피보험자이며, 손해방지경감행위는 의무자가 직접 행하거나 타인으로 하여금 하게 하든 상관없다.

3) 의무의 내용

손해방지경감을 위한 의무자의 노력의 정도에 대해서는 일률적으로 판단할 문제가 아니라 보험사고가 발생한 상황에 따라 피보험이익이 보험에 담보되어 있지 않다고 가정한 상태에서 자기의 이익에 대한 손해를 방지 및 경감하기 위하여 노력하는 정도라고 볼 것이다. 그리고 손해방지경감을 위해 적극적으로 노력하면 되고, 반드시 그 결과로서 어떤 효과가 있어야 함은 필요로 하지 않는다.

4. 의무위반의 효과

보험사고 발생 후 보험계약자나 피보험자가 손해의 방지 및 경감의무를 고의 또는 중대한 과실로 위반한 경우에는 그로 인하여 늘어난 손해에 대해서는 보상하지

않는다.[143)]

5. 비용의 부담

이 의무에 따르는 비용에 관하여 의무자가 이 의무를 수행하기 위해 지출한 필요하거나 유익한 비용은 보험자가 이를 부담하여야 하며, 그 비용과 보상액의 합계액이 보험금액을 초과한 경우라도 보험자가 이를 부담하여야 한다.

143) 2008년 상법 개정 시안에서는 손해방지 및 경감의무의 의무위반요건으로서 의무자의 고의 또는 중대한 과실을 전제함과 동시에 이의 효과로서 의무위반과 인과관계가 있는 손해에 대해서는 보상액에서 공제함으로써 보상책임을 부담하지 않음을 명확히 하기 위해 제2항을 신설하여 "보험계약자나 피보험자가 제1항의 의무를 고의 또는 중대한 과실로 위반한 경우에는 보험자는 그 의무가 이행되었더라면 방지하거나 줄일 수 있었던 손해액을 보상액에서 공제할 수 있다. 다만, 제1항의 의무 위반이 손해의 발생 및 확대에 영향을 미치지 아니한 경우에는 그러하지 아니하다." 라고 신설 규정을 마련하였으나 2014.3.11. 개정에서는 삭제되었다.

상법 제681조 [보험목적에 관한 보험대위]

보험의 목적의 전부가 멸실한 경우에 보험금액의 전부를 지급한 보험자는 그 목적에 대한 피보험자의 권리를 취득한다. 그러나 보험가액의 일부를 보험에 붙이 경우에는 보험자가 취득할 권리는 보험금액의 보험가액에 대한 비율에 따라 이를 정한다.

상법 제682조 [제3자에 대한 보험대위]

① 손해가 제3자의 행위로 인하여 발생한 경우에 보험금을 지급한 보험자는 그 지급한 금액의 한도에서 그 제3자에 대한 보험계약자 또는 피보험자의 권리를 취득한다. 다만, 보험자가 보상할 보험금의 일부를 지급한 경우에는 피보험자의 권리를 침해하지 아니하는 범위에서 그 권리를 행사할 수 있다.
② 보험계약자나 피보험자의 제1항에 따른 권리가 그와 생계를 같이 하는 가족에 대한 것인 경우 보험자는 그 권리를 취득하지 못한다. 다만, 손해가 그 가족의 고의로 인하여 발생한 경우에는 그러하지 아니하다.
[전문개정 2014.3.11.] [시행일 2015.3.12.]

2014.3.11. 개정 전 상법 규정

제682조[제3자에 대한 보험대위]
손해가 제삼자의 행위로 인하여 생긴 경우에 보험금액을 지급한 보험자는 그 지급한 금액의 한도에서 그 제삼자에 대한 보험계약자 또는 피보험자의 권리를 취득한다. 그러나 보험자가 보상할 금액의 일부를 지급한 때에는 피보험자의 권리를 해하지 아니하는 범위 내에서 그 권리를 행사할 수 있다.

Ⅰ. 보험자 대위의 일반

1. 보험자 대위의 의의

보험사고가 발생하여 보험금액을 지급한 보험자는 피보험자나 보험계약자가 보험의 목적물이나 제3자에 대하여 가지는 권리를 법률상 당연히 취득하게 되는데, 이를 보험자 대위라고 한다. 이러한 보험자 대위에는 잔존물 대위와 제3자에 대한 청구권 대위의 두 가지 형태가 있다. 보험자 대위는 원칙적으로 손해보험에서만 인정되는 개념이며, "손해" 라는 개념이 없는 인보험에서는 인정되지 않는 것이 원칙이다. 다만, 현행 상법은 인보험계약이라도 손해보상성이 있는 상해보험의 경우에는 당사자 간의 약정에 의해 피보험자의 권리를 해하지 아니하는 범위 내에서 보험자의 대위를 인정하고 있다.(상법 제729조)

2. 인정근거

보험사고로 인하여 손해가 생긴 경우에 보험자가 피보험자에 대하여 보험금을 지급하는 것은 보험계약자의 보험료 지급에 대한 대가급여의 성질로서 위험부담의 현실화에 지나지 않기 때문에 보험사고가 보험관계의 밖에서 어떻게 피보험자에게 경제적 영향을 주었는가는 보험계약과는 관계가 없는 일이다.

그러나 보험사고가 발생하여 손해가 발생한 경우에 피보험자가 보험의 목적에 관하여 아직 잔존물을 가지고 있거나 또는 제3자에 대하여 손해배상청구권을 가지는 경우가 있을 수 있는데, 이때에도 보험자가 이에 관계없이 보험금을 지급하게 된다면 피보험자에게 이중의 이득을 주는 결과가 되므로 상법에서는 이러한 피보험자나 보험계약자의 권리를 보험자에게 이전하도록 법정화하고 있다. 또한 이에 대한 법적근거에 대해서는 손해보험계약의 성질적인 측면과 보험정책적인 측면 또는 기술적인 측면에서 논의될 수 있다.

1) 손해보상계약설

손해보험은 손해보상계약성과 이득금지의 원칙이라는 기본 원칙이 지배하고 있고, 보험이라는 제도가 보험사고의 발생으로 피보험자에게 어떠한 적극적인 이득을 주려는 제도가 아니라 단순히 손해의 보전내지 보상만을 목적으로 한다는 점에서 피보험자의 이득을 방지하기 위하여 상법이 제681조와 제682조에서 보험자 대위를 규정하고 있다는 주장이며, 통설이다.

2) 보험정책설

상법에서 보험자 대위 규정을 두고 있는 것은 보험제도가 피보험자나 보험계약자 등에 의해 보험사고의 유치 등 부정하고 부도덕한 행위에 악용될 염려가 있으므로, 이러한 도덕적 위험을 방지하기 위한 수단으로써 인정된 것이라고 보는 견해이다.

3) 기술설

잔존물이나 제3자에 대해 권리가 있을 경우에는 그 이득의 가액을 보상할 금액에서 공제하여야 하는데, 그것이 기술적으로 용이하지 않고 신속한 처리를 기할 수 없기 때문에 보험자 대위의 규정이 존재한다는 견해이다.

이러한 견해를 종합하여 보건데, 보험자 대위의 근거를 기술적 측면에서 찾는다는 것은 부적합하고 보험자 대위의 근거를 손해보험의 성질의 관점에서 볼 것인가 아니면 보험정책적인 측면에서 볼 것인가의 문제에 대한 논쟁은 관점의 차이일 뿐 근본적으로는 차이가 없다고 할 것이다. 즉, 손해보험계약은 피보험자의 피보험이익의 결손을 담보로 하는 계약이며, 피보험자에게 어떠한 적극적인 이득을 주기 위한 것은 아니기 때문에(이득금지의 원칙, 손해보상계약의 원칙) 보험자 대위 규정에 의해 보험사고의 발생으로 피보험자나 보험계약자가 보험금을 받는 것 이외에 다시 보험목적의 잔존물에 대한 소유권을 가지거나 제3자부터 손해배상을 받을 수 있을 때에는 그 권리를 보험자에게 이전시킴으로써 보험사고에 대하여 책임이 있는 자가 면책이 되는 것을 방지할 수 있을 뿐 만 아니라 피보험자 등의 이중이득을 방지할 수 있고, 나아가 이로 인한 보험사고의 유발이나 도덕적 위험 등 보험제도의 폐단을 방지할 수 있게 된다. 따라서 보험자 대위 규정을 손해보험계약의 손해보상 원리에 따른 법적 제도로 이해하고, 기술설은 피보험자의 이익보호를 위한 운용상의 방법으로 이해함이 타당할 것이다.

3. 보험자 대위 법적 성질

피보험자의 보험의 목적에 관한 권리나 제3자에 대한 권리를 보험자가 취득하는 것은 그 권리의 이전이 당사자의 의사표시에 의해 양도되는 것이 아니다. 따라서 권리이전에 대한 당사자 간에 아무런 의사의 표시가 없어도 보험금을 지급한 보험자는 동 조문의 규정에 의해 당연히 그 권리를 취득하게 되므로 민법상의 대위(민법 제399조)[144]와 같은 성질의 것이다. 그러므로 잔존물 대위의 경우 그 잔존물의 권리를 보험자가 취득함에 있어 인도 또는 등기를 요하는 등의 민법상의 물권변동 절차를 거쳐야 하는 것은 아니며, 제3자에 대한 청구권 대위에서도 보험자가 그 제3자에게 대항하기 위한 민법상의 대항요건을 필요로 하지 않고 당연히 그 권리를 취득하게 된다.(민법 제186조 및 민법 제450조)

Ⅱ. 보험목적에 관한 대위(잔존물 대위)

1. 잔존물 대위의 의의

보험의 목적의 전부가 멸실한 경우에 보험금액의 전부를 지급한 보험자는 그 보험의 목적에 대한 피보험자의 권리를 법률상 당연히 취득하게 되는데, 이를 보험의 목적에 관한 보험자 대위(잔존물 대위 또는 목적물 대위)라고 한다. 이러한 잔존물 대위는 해상보험에서 인정되고 있는 보험위부(상법 제710조)와는 그 목적물에 관한 권리가 보험자에게 이전된다는 점에서는 비슷하지만 잔존물 대위는 그 권리가 법률상 당연히 이전되는데 비해, 보험위부는 보험의 목적에 관한 권리의 이전에 피보험자의 일정한 의사표시가 있어야 함을 요하므로 이점에서 양자는 구별된다.

2. 인정이유

이론상으로 보험자는 지급할 보험금에서 잔존물의 가액을 공제한 차액을 보상하면 되겠지만, 그렇게 하기 위해서는 그 계산을 위한 비용과 시간을 필요로 할 뿐

144) 민법 제399조 "채권자가 그 채권의 목적인 물건 또는 권리의 가액전부를 손해배상으로 받은 때에는 채무자는 그 물건 또는 권리에 관하여 당연히 채권자를 대위한다."

만 아니라 당사자 간에 분쟁이 생길 수 있으므로 피보험자의 이익보호를 위하여 보험금 전액을 지급하고 그 대신 잔존물에 대한 권리를 취득하게 된다.

3. 권리취득의 요건

보험자가 잔존물에 대한 권리를 취득하기 위해서는 첫째, 보험의 목적이 전부 멸실되어야 하며 둘째, 보험금을 전부 지급하여야 한다.

첫째 요건으로서 보험의 목적이 전부 멸실되어야 하는데, 여기서 말하는 전부멸실(전손)의 개념은 보험계약 체결 당시 보험의 목적이 가진 경제적 가치가 전부 멸실한 것뿐만 아니라 보험의 목적의 성질과 관련하여 그 본래의 용도에 따른 경제적 가치가 멸실한 것도 포함한다.(현실전손) 따라서 잔존물이 어느 정도의 금전적인 가치를 지니고 있더라도 전손으로 다룰 수 있으며, 당사자 간의 약정으로 원상회복에 소요되는 비용이 보험의 목적의 가액을 초과하거나 수리불능인 경우(기술적 전손), 또는 손해액이 일정한 수준에 도달할 경우(추정전손) 전손으로 처리하는 것도 가능하다.

둘째 요건으로서 보험금을 전부 지급하여야 하며, 일부만을 지급할 때에는 제3자에 대한 청구권 대위와는 달리 그 지급한 부분에 대하여 권리를 대위취득 할 수 없다. 여기서 보험금의 전부지급이란 보험의 목적에 대해 피보험자가 입은 손해액 뿐만 아니라 손해방지비용이나 보험자가 부담하여야 하는 각종 비용(상법 제676조 제2항)까지 포함하여 지급하여야 한다.

4. 권리이전의 효과

보험자는 보험금액을 전부 지급한 때로부터 보험의 목적에 관한 피보험자의 권리를 취득하게 되는데, 이러한 권리의 이전은 법률상 당연한 것으로써 전술한 바와 같이 물권변동의 절차를 필요로 하지 않는다.

1) 권리취득의 시기

보험자가 권리를 취득하는 시기는 각종 비용을 포함한 보험금액의 전부를 지급한 때이며, 보험자가 권리를 취득하기 전에 피보험자가 이를 임의로 처분할 수 없고,

만약 이를 임의로 처분하였을 경우 보험자는 피보험자에 대하여 손해배상을 청구하거나 지급할 보험금에서 공제할 수 있다.

2) 이전되는 권리의 범위

보험자가 잔존물 대위 규정에 의해 취득하는 권리를 피보험자가 보험의 목적에 관하여 가지는 소유권이다. 하지만 보험자가 취득하는 권리를 소유권에 한정할 필요는 없고, 저당보험에서의 저당권과 같은 채권 등 보험의 목적에 관계되는 모든 권리를 포함한다는 주장이 있는데, 이는 보험자 대위의 법적성질을 민법 제399조와 같은 의미로 파악한다면 당연한 논리이다.

3) 일부보험의 경우

보험금액이 보험가액의 일부인 일부보험의 경우에는 보험자가 담보하고 있는 비율에 따라 그 범위 내에서 권리를 대위취득하게 된다.(본조 단서규정) 따라서 보험자와 피보험자가 잔존물에 관하여 공유관계에 위치하는 경우가 있다.

4) 대위권의 포기

보험의 목적에 대한 보험자의 권리 취득은 공법상의 잔존물 제거의무(개항질서법 제26조)[145)]를 부담하는 일이 있어 오히려 보험자가 불이익을 받을 경우가 생기는 경우, 보험자는 보험약관에 의해 잔존물에 관한 권리를 포기하고 보험계약자나 피보험자에게 이를 전가할 수 있다.[146)]

5) 피보험자의 협조의무

잔존물 대위 규정에 의해 보험자가 보험의 목적에 관한 권리를 취득하더라도 그 권리를 행사하기 위해서는 피보험자의 협조가 불가피한 경우가 많다. 그리하여 보

---

145) 제26조(장해물 등의 제거) ①국토해양부장관은 개항의 항계안 등이나 개항의 항계 부근에서 선박의 항행을 방해하거나 항행에 위험을 미칠 우려가 있는 표류물·침몰물 등의 물건("장애물 등" 이라 한다)을 발견한 경우에는 그 장애물 등의 소유자 또는 점유자에게 그 제거를 명할 수 있다.

146) (구)화재보험 표준약관 제17조 "회사가 잔존물을 인수하지 아니할 뜻을 나타내고 손해를 보상한 경우에는 그 잔존물은 피보험자의 소유가 됩니다."

험약관에서는 보험자가 대위권을 행사함에 있어 피보험자 등의 협조의무를 규정하고 있으며, 이러한 협조의무 위반시 지급할 보상액에서 공제하고 있다. 이와 같은 피보험자 등의 협조의무는 신의칙상 당연한 규정이라 할 것이다.

Ⅲ. 제3자에 대한 보험자 대위

1. 의의

피보험자에게 발생한 손해가 제3자의 행위로 인하여 생긴 경우에 보험금액을 지급한 보험자는 그 지급한 금액의 한도 내에서 그 제3자에 대한 보험계약자나 피보험자의 권리를 취득하게 되는데, 이를 제3자에 대한 보험자 대위(또는 청구권 대위)라고 한다.

2. 인정근거

보험사고(또는 손해)가 제3자의 행위로 인하여 생긴 경우에는 피보험자는 제3자에 대한 손해배상청구권과 보험자에 대한 보험계약상의 권리인 보험금청구권을 동시에 취득하게 된다. 이러한 법률적 근거가 다른 두 청구권은 별개의 독립된 권리이기 때문에 양립할 수 있어 자칫 피보험자가 보험사고의 발생으로 불로의 이중이득을 받을 우려가 있고, 또한 보험자의 보험금액의 지급으로 손해발생에 관한 책임이 있는 제3자가 피보험자에 대한 채무가 면제됨은 불합리하므로 상법에서는 이 경우 제3자에 대한 권리를 보험금을 지급한 보험자가 그 지급한 금액의 한도 내에서 취득함을 규정하고 있다.

3. 제3자에 대한 보험자대위의 요건

보험자가 제3자에 대한 보험계약자나 피보험자의 권리를 대위취득하기 위해서는 보험사고(손해)가 제3자에 의하여 발생하고, 그 결과 보험계약자나 피보험자가 그 제3자에 대하여 손해배상청구권 등 권리를 가지고 있어야 하며, 이 때 보험금을 지급한 보험자는 비로소 그 권리를 법률상 당연히 취득하게 되는 것이다. 따라서 보험자가 보험계약자나 피보험자의 제3자에 대한 권리를 대위취득하기 위해서는 다음의 몇 가지 요건을 충족하여야 한다.

1) 제3자에 의한 보험사고(손해)의 발생

"제3자에 의한 손해의 발생" 이라 함은 피보험자가 보험의 목적에 대해 가지는 피보험이익의 결손을 초래하는 행위가 제3자에 의해 발생함을 뜻하고, 이러한 제3자의 행위는 불법행위뿐만 아니라 채무불이행은 물론 해상보험에 있어 선장의 공동해손처분(상법 제832조, 제694조)과 같은 적법한 행위도 포함한다. 다만, 여기서 문제가 되는 것은 제3자의 범위에 대한 것으로서 특히 타인을 위한 손해 보험계약(운송인이 화주를 피보험자로 한 계약 또는 창고업자가 물건의 소유자를 피보험자로 한 계약)의 경우 피보험이익을 가지지 아니하는 보험계약자도 "제3자" 에 포함시켜 피보험자가 보험계약자에 대하여 가지는 권리를 보험자가 대위 취득할 수 있느냐의 여부인데, 여기에는 보험계약자를 제3자로 볼 수 있다는 긍정설과 그렇지 않다는 부정설로 갈린다.

생각건대, 이 경우 운송인이나 창고업자의 화주나 소유자에 대한 손해배상책임은 대개 과실책임이며, 이때에는 보험계약자의 중과실로 인한 손해이므로 보험자 면책이어서 보험자 대위가 성립될 여지가 없겠으나, 문제는 채무불이행의 경우인데(임차인의 실화로 인한 임차물의 반환불능 등) 이때에도 타인을 위한 보험계약의 효용적인 측면과 상법이 피보험자뿐만 아니라 보험계약자의 제3자에 대해 가지는 권리도 포함하여 대위 취득함을 규정하고 있는 취지가 타인을 위한 보험계약(가령 창고업자가 소유자를 위하여 소유자를 피보험자로 체결한 계약)일 경우 보험계약자가 그 제3자에게 손해배상청구권을 취득할 수 있으므로 이러한 경우를 예상한 것이고, 또한 상법 제639조 2항에서는 보험계약자가 피보험자에게 손해배상을 한 경우에는 그 한도 내에서 보험자에게 보험금액의 지급을 청구할 수 있도록 한 취지 등에 비추어 보아 이 경우 계약당사자인 보험계약자를 제3자로 볼 수는 없다고 봄이 타당할 듯하다. 아울러 제3자의 범위에는 피보험자의 가족에 대해서는 보험자 대위에 관한 규정이 적용되지 않는다고 보는 것이 외국의 입법례와 통설인데, 그 이유는 피보험자의 가족의 과실로 인하여 손해가 생긴 경우에도 이 규정을 적용할 때에는 사실상 피보험자로부터 보험의 이익을 박탈하는 것과 같은 결과를 초래하기 때문이다.

이러한 이유로 2014년 개정 상법 규정에서는 "보험계약자나 피보험자의 제1항의 권리가 그와 생계를 같이 하는 가족에 대한 것인 경우에는 보험자가 그 권리를 취득하지 못한다. 다만, 손해가 그 가족의 고의로 인하여 발생한 경우에는 그러하지 아니하다." 라고 제2항을 신설한 규정을 두고 있다.

2) 제3자에 대한 보험계약자나 피보험자의 권리존재

보험자가 피보험자 등의 권리를 대위취득하기 위해서는 보험사고가 제3자에 의해 발생하고 그 결과 피보험자나 보험계약자가 그 제3자에 대하여 손해배상청구권 등 일정한 권리를 가지고 있어야 한다. 이때 만약 피보험자나 보험계약자가 보험자의 동의 없이 이미 그 제3자에 대한 권리를 행사하였거나 포기 또는 처분 하였다면, 피보험자는 그 행사한 권리의 한도 내에서 보험자에 대한 청구권을 잃게 되어 보험자는 지급할 보험금에서 이를 공제하고 지급하면 될 것이고, 이 경우에는 당연히 보험자의 대위권은 발생하지 않게 된다.

3) 보험금의 지급

위의 두 가지 요건이 갖추어 지더라도 보험자는 보험금액을 지급하기 전에는 그 권리를 대위 취득할 수 없다. 따라서 제3자에 대한 보험계약자나 피보험자의 권리를 대위취득하기 위해서는 보험금액을 지급하여야 하는데, 잔존물대위와는 달리 보험금액의 전부를 지급하여야 함을 요하는 것은 아니고, 보험자는 지급한 보험금액의 한도 내에서 그 권리를 대위취득하게 된다.

4. 대위의 효과

1) 권리취득의 시기, 범위

제3자에 대한 보험자 대위의 요건이 충족됨과 더불어 당사자의 의사표시를 요하지 아니하고 제3자에 대한 대항요건도 갖출 필요 없이 당연히 제3자에 대한 권리를 보험자는 대위취득하게 된다. 즉, 보험자의 권리취득의 시기는 보험금을 지급한 때이다.

2) 권리의 내용

제3자에 대한 보험자대위에 의해 취득하는 권리는 불법행위나 채무불이행에 의한 손해배상청구권과 적법행위에 의한 청구권도 포함된다.(예; 공동해손분담청구권)

3) 대위의 제한

첫째, 보험자가 지급한 보험금액이 피보험자가 입은 손해의 일부인 경우에는 보험자는 지급한 한도 내에서 권리를 취득하고 보험자의 권리행사는 피보험자의 권리를 해하지 않는 범위 내에서 그 권리를 행사할 수 있음을 규정하고 있다.(상법 제682조 단서) 이는 피보험자가 보험자로부터 보험금의 일부를 지급 받았어도 완전한 손해의 전보가 되지 않고 그럴 경우 피보험자가 책임 있는 제3자에게 손해배상을 청구하여야 하는데, 그때 제3자의 배상능력이 부족할 경우 보험자의 대위권 행사에 의해 자력(資力)이 부족한 제3자의 피보험자에 대한 배상이행능력을 소멸시킬 우려가 있으므로 피보험자를 보호하기 위한 것이다. 이 경우에도 상법은 보험금액의 일부를 지급한 때라고만 규정하고 있으나 전부를 지급한 경우에도 보험계약자나 피보험자의 제3자에 대한 권리가 아직 남아 있는 한 동일하게 보아야 할 것이다.

둘째, 일부보험의 경우에 상법은 잔존물 대위규정과 같이 명문규정을 두고 있지 않아 논란이 있을 수 있다. 즉, 하나는 잔존물 대위와 같이 보험금액의 보험가액에 대한 비율에 따라서 보험자가 권리를 행사할 수 있다는 상대설, 다음은 피보험자에게 우선권을 인정하고 보험자는 피보험자의 권리를 해하지 아니하는 범위 내에서 권리를 행사하여야 한다는 차액설, 또 하나는 절대설로서 지급한 보험금의 한도에서 전액을 대위 행사할 수 있다는 주장이 있다. 언급한 단서조항의 취지와 보험자대위를 인정하는 근거가 피보험자가 불로의 이중이득을 얻는 것을 방지하는데 있는 것이므로 피보험자의 손해액을 충당한 나머지의 손해배상액에 대해 보험자가 행사할 수 있는 차액설이 타당하다고 볼 것이다.

4) 피보험자 등의 협조의무

보험자가 대위규정에 의해 권리를 취득하더라도 피보험자 등의 협조가 없으면 그 권리의 행사가 용이하지 않는 경우가 있으므로 그 제3자에 대한 권리의 내용과 보존방법 등에 관하여 잘 알고 있는 피보험자 등의 협조의무가 인정됨은 전술한 잔존물대위의 경우와 같다고 할 것이다.

5. 재보험에 있어 보험자 대위

재보험자가 원수보험자에게 보험금액을 지급하면 그 지급한 한도 내에서 원수보험자가 그의 피보험자에 대하여 가지는 권리를 대위취득하게 되는데, 이 경우에 재보험자의 권리행사 방법으로는 상관습(商慣習)에 의한 방법 즉, 재보험자가 대위규정에 의해 취득한 권리를 직접 행사하지 아니하고 재보험자의 위임에 따라 원수보험자가 자기 명의로 행사하고 그 회수한 금액을 재보험자에게 교부하는 방법과 Loan Form에 의한 방법이 있다. Loan Form에 의한 방법이란 재보험자가 곧바로 재보험금을 지급하지 아니하고 원수보험자에게 재보험금액 상당액을 대부하여 주고 원수보험자로 하여금 제3자에 대한 권리를 행사시켜 원수보험자가 회수한 범위에서 재보험자에게 위의 금액을 반환하도록 하는 방법이다.

용어해설

구상권(求償權)

타인을 위하여 재산상의 이익을 부여한 자가 그 타인에 대하여 지니고 있는 반환청구권(일종의 손해배상청구권)을 말한다. 즉, 연대채무자의 1인이 채무를 변제하였을 경우에 다른 연대채무자에게, 보증인.물상보증인이 채무를 변제한 경우에 주채무자에게, 저당부동산의 제3취득자가 저당권자에게 변제한 경우에는 채무자에게 각각 반환을 청구할 수 있는 권리이다. 민법에서는 이 밖에도 타인의 행위에 의하여 배상의무를 부담하게 된 자가 그 타인에게(민법 제465조, 제756조, 제758조의 경우), 타인 때문에 손실을 입은 자가 그 타인에게 (민법 제1038조, 제1051조, 제1056조의 경우) 그리고 변제에 의해서 타인에게 부당이득을 발생하게 하였을 경우에는 변제자가 그 타인에게(민법 제745조의 경우) 각각 반환청구를 인정하고 있는데, 이러한 경우에도 구상권이라는 용어가 쓰여 지고 있다.

대위권(代位權)

권리의 주체 또는 객체인 지위에 대신한다는 정도의 뜻으로 민법상 여러 가지 경우에 쓰인다. 첫째, 채권자 대위권(민법 제404조)은 채권자(대위자)가 자기의 채권을 보전하기 위하여 필요한 경우에 채무자가 행사를 해태하고 있는 권리를 자기의 이름으로 대신하여 행사하는 권리를 말한다. 둘째, 대위변재(민법 제480조), 배상자 대위(민법 제399조), 보험자 대위(상법 제681조 및 제682조)의 경우는 피대위자가 가진 일정한 물건 또는 권리가 법률상 당연히 대위자에게 이전함을 말하는 것이다. 셋째, 물상대위(物上代位, 민법 제342조)의 경우로서 담보물권은 그 목적물이 멸실 . 훼손 . 공용 수용된 때에는 그 대가물 위에 담보물권의 효력이 미친다. 즉, 담보가옥이 소실한 경우 저당권자는 그 화재보험금을 우선적으로 수령할 수 있고, 그 이외 담보물권의 목적물이 멸실하였을 때에도 담보물권이 소멸하지 않고 손해배상금 등의 청구권 위에 잔존한다. 매매.임대 등의 경우에는 물상대위가 인정되지 않는다. 물상대위권은 가치권의 변형에 있는 권리의 추급이므로 물상대위가 실효성이 있게 하려면 보험금이나 손해배상금 등이 채무자에게 지급되지 전에 이를 압류하여야 한다.(민법 제342조)

출전 : 오세경 편저, 법률용어사전, 법전출판사

제2절 화재보험

상법 제683조 [화재보험자의 책임]

화재보험계약의 보험자는 화재로 인하여 생긴 손해를 보상할 책임이 있다.

본 규정은 화재보험계약에 있어 보험자의 보상책임에 관한 규정인데, 화재보험계약이라 함은 화재로 인하여 발생하는 손해의 보상을 목적으로 하는 손해보험계약을 말한다. 화재보험계약에서 보험사고인 "화재" 라는 개념에 대해서는 정확한 정의를 내리기는 어려우나 일반적으로 "사회통념상 보통 말하는 화재로 볼 수 있는 성질과 규모의 연소력을 가진 연소 작용으로 인한 재해" 라고 해석하는 것이 통설이다. 또한 화재보험에 있어 보험의 목적은 동산이든 부동산이든 불문하나 반드시 유체물이여야 한다. 이와 같이 화재보험은 화재를 보험사고로 보험의 목적인 유체물에 생긴 손해를 보상하는 손해보험계약인데, 만약 여러 가지 위험을 종합적으로 담보하여 그 가운데 화재로 인한 손해를 포함시키고 있는 것은 화재보험이라고 할 수 없다.

본 규정에서는 "...화재로 인한 손해를 보상할 책임..." 이라고만 규정하고 있어 화재의 원인이 무엇이었는가를 묻지 않고 있다. 이렇듯 어떠한 위험의 발생으로 인하여 보험의 목적에 손해가 발생한 이상 보험자는 그 위험의 원인이 무엇이었는가를 불문하고 이를 보상할 책임을 면하지 못하는데 이를 "위험보편의 원칙" 이라고 한다.(예를 들어 가스의 폭발이나 지진, 벼락 등으로 화재가 발생하였을 때에는 그로 인한 직접적인 손해를 제외하고 화재로 인한 모든 손해를 보험자가 책임을 부담한다) 그러나 이 원칙은 법률이나 보험약관의 면책규정에 의해 제한이 됨은 당연하다.

상법 제684조 [소방 등의 조치로 인한 손해의 보상]

보험자는 화재의 소방 또는 손해의 감소에 필요한 조치로 인하여 생긴 손해를 보상할 책임이 있다.

본 규정은 소방 조치나 손해의 감소에 필요한 조치로 인한 손해의 보상에 관하여 규정하고 있다. 보험사고가 발생한 때에는 보험계약자나 피보험자는 손해의 방지와 경감에 적극적으로 노력하여야 할 손해방지경감의무를 부담하게 되는데, 화재보험의 특성상 "화재" 라는 보험사고가 발생하였을 때에는 소방 또는 기타 손해의 감소에 필요한 노력을 하여야 함은 당연하다. 본 규정은 화재의 소방 또는 손해의 감소에 필요한 조치로 인하여 손해(보험계약자, 피보험자의 조치로 인한 손해 뿐 아니라 소방서원이나 그 밖의 사람들의 조치로 인한 손해 포함)를 입었을 경우에도 보험자가 그 손해를 보상함을 규정하고 있다. 이러한 손해는 화재의 발생시에 불가피하게 생길 수 있는 것이고, 화재와 소방 또는 손해의 감소에 필요한 조치로 인하여 생긴 손해와의 사이에는 상당한 인과관계가 있다고 볼 수 있어 당연한 것일 뿐만 아니라 손해방지경감비용(상법 제680조)을 보험자가 부담하는 취지에서도 당연하다고 할 것이다. 하지만 상법이 법률로서 명문화 한 것은 화재로 인한 직접적인 손해가 아니므로, 이에 대한 불필요한 분쟁을 해소하기 위해 규정한 것이다. 또한 일부 외국의 입법례로는 "구조 조치로 보험의 목적에 생긴 물적 손해는 직접적인 물적 손해로 추정한다." 라고 규정하고 있다.

상법 제685조 [화재보험증권]

화재보험증권에는 제666조에 게기한 사항 외에 다음의 사항을 기재하여야 한다.
1. 건물을 보험의 목적으로 한 때에는 그 소재지, 구조와 용도
2. 동산을 보험의 목적으로 한 때에는 그 존치한 장소의 상태와 용도
3. 보험가액을 정한 때에는 그 가액

본 규정은 화재보험증권의 기재사항에 대해 언급하고 있다. 화재보험의 경우에도 보험계약이 성립된 후에는 보험계약의 효과로 당연히 보험자가 보험증권을 보험계약자에게 교부하여야 하는데,(상법 제640조) 그 보험증권에는 상법 제666조에 정한 일반사항을 기재하여야 하나 이외에도 본 조문에서는 보험종목의 특성상 화재보험 특유의 기재사항에 대해 규정을 하고 있다. 화재보험계약의 보험의 목적은 화재로 인하여 손해를 입을 염려가 있는 유체물인데, 본 조문은 보험의 목적이 건물이나 동산인 경우를 예상하고 있으나 그 밖의 목조의 교량, 입목 등도 대상이 될 수 있다. 보험의 목적이 건물인 때에는 이미 완성된 건물뿐만 아니라 건축 중인 건물도 보험의 목적이 될 수 있다. 이때에는 그 소재지나 건축물의 구조 및 용도를 보험증권에 기재하여야 한다. 또 목적물이 동산(물건)일 경우에는 그것을 존치한 장소의 상태와 용도를 증권에 기재하여야 하며, 보험가액이 당사자 간의 협정에 의해 정해진 경우에도 그 가액을 증권에 기재하여야 한다. 이렇듯 언급한 내용들을 보험증권에 기재하도록 하는 것은 보험사고 발생 후 보험의 목적에 포함되어 있었느냐의 여부와 보험가액에 관하여 당사자 간에 분쟁이 일어날 가능성뿐만 아니라 도덕적 위험의 방지를 위함이다.

상법 제686조 [집합보험의 목적]

집합된 물건을 일괄하여 보험의 목적으로 한 때에는 피보험자의 가족과 사용인의 물건도 보험의 목적에 포함된 것으로 한다. 이 경우에는 그 보험은 그 가족 또는 사용인을 위하여서도 체결한 것으로 본다.

본 조는 집합보험(集合保險)에 관한 규정이다. 보험의 목적이 단수인지, 복수인지에 따라 개별보험과 집합보험으로 나누어진다. 개별보험이 경제적으로 독립된 개개의 사람이나 물건을 보험의 목적으로 하는데 비해 집합보험은 한 개의 보험계약에서 경제적으로 독립한 다수의 사람이나 물건의 집단을 보험의 목적으로 하는 보험을 말한다. 특히, 사람의 단체를 보험의 목적으로 하는 경우를 집합보험 중에서도 단체보험(상법 제735조의 3 조문해설 참조)이라고 한다. 집합보험은 가재도구나 상품 등을 일일이 따로 보험의 목적으로 하는 것은 번잡하고 같은 위험에 놓여 있는 이러한 물건들을 하나로 일괄하여 보험계약을 체결하는 것이 편리하기 때문에 이용되고 있다.

물론 이러한 집합보험은 화재보험에서만 나타나는 것이 아니라 손해보험 중에서 물건보험이나 인보험 등에서도 나타날 수 있지만 유체물을 목적으로 하는 화재보험에서 특히 많이 생기는 문제이므로 상법에서는 제2절의 화재보험에 규정하고 있는 것이다.(물건보험에 있어서는 개별보험은 드물며 보험의 목적이 집합물인 경우가 대부분이다) 또한 상법은 집합보험의 경우에 피보험자의 물건뿐만 아니라 피보험자의 가족이나 사용인의 물건도 보험의 목적에 포함된 것으로 보며, 이때에 그 보험은 가족이나 사용인을 위해서도 체결한 것으로 보는데, 이는 이른바 집합보험에서의 타인을 위한 보험계약을 인정하고 있다.

상법 제687조 [동전]

집합된 물건을 일괄하여 보험의 목적으로 한 때에는 그 목적에 속한 물건이 보험기간 중에 수시로 교체된 경우에도 그 보험사고의 발생시에 현존한 물건을 목적에 포함된 것으로 한다.

본 규정은 총괄보험에 관하여 규정하고 있다. 총괄보험(總括保險)이란 집합보험의 일종으로서 집합된 보험의 목적의 변동이나 교체를 인정하는 보험을 말하며, 주로 창고보험에서 이용된다. 이에 반하여 집합보험이라고 할지라도 집합된 물건이 특정되어 있는 경우를 특정보험이라고 하여 총괄보험과 구별된다. 총괄보험계약에서 보험의 목적이 특정되지 않았다고 하여 그 범위(보험목적의 범위)가 무한정한 것은 아니다. 즉, 보험의 목적의 교체와 변동은 인정을 하되 그 범위와 표준을 보험계약에서 정하여 두고 그 범위 내에서 물건의 변동과 교체를 인정하여 보험사고의 발생시 현존하는 물건을 보험의 목적으로 하는 보험이다. 예를 들면, 어떠한 창고에 일정기간 내에 보관되는 물건의 전부에 대해 개괄적으로 보험계약을 체결하였을 경우에는 그 기간 중에 보관물의 입고나 출고가 있었다고 할지라도 보험자가 보상할 책임을 지는 보험 목적물의 범위는 보험사고 발생시에 현존하는 물건으로 하는 것이다. 또한 총괄보험은 이렇듯 집합된 물건이 수시로 교체되는 것이 어느 정도 예정되어 있으므로 예정보험(계속보험)의 형태로 이루어진다. 여기서 유의 하여야 할 것은 집합된 물건의 일부가 피보험자의 소유로부터 이탈되어 타인에게 양도되었다고 할지라도 보험의 목적의 양도는 아니다. 이는 보험의 목적의 양도가 개별적이고 특정화되어야 하는 요건을 전제하기 때문인데, 전술한 바와 같이 집합보험이나 총괄보험은 보험의 목적을 개별적으로 보험에 붙인 것이 아니고 또한 특정화되지 않기 때문이다.

제3절 운송보험

상법 제688조 [운송보험자의 책임]

운송보험계약의 보험자는 다른 약정이 없으면 운송인이 운송물을 수령한 때로부터 수하인에게 인도할 때까지 생길 손해를 보상할 책임이 있다.

본 규정은 운송보험계약에 있어 보험자의 보상책임에 대해 규정하고 있다. 운송보험계약이라 함은 운송 중에 있는 운송물에 관한 사고로 인하여 발생할 피보험자의 손해를 보험자가 보상할 것을 그 목적으로 하는 손해보험계약이다. 일반적으로 운송보험이라 함은 넓게는 해상운송의 운송물에 관한 보험계약도 포함하나 상법상 단순히 운송보험계약이라 함은 육상운송만을 말한다. 또한 육상운송에서 "육상" 이라는 것은 육지이외에 호천이나 항만도 포함하나(상법 제125조) 실제 운송보험에서는 호천만 포함시키고 있고 항만에서의 보험사고는 해상보험에서 담보되는 것이 보통이다. 운송보험에 있어 보험의 목적은 운송중인 운송물이며, 해상보험과는 달리 운송에 이용되는 용구자체는 운송보험의 목적이 아니다. 또한 운송 중에 생긴 사고라고 할지라도 운송중인 승객이 사상하였을 때에도 이는 생명보험, 상해보험 또는 책임보험에서의 담보내용이므로 운송의 목적으로는 될 수 있으나 운송보험의 목적은 아니다. 운송보험에 있어 보험사고는 운송 중에 발생할 수 있는 모든 사고로서 운송에 따른 특유의 사고뿐만 아니라 운송과 관련하여 손해를 발생시키는 일체의 원인을 보험사고로 한다. 이는 운송 중에 있는 운송물은 피보험자인 운송인의 점유하에 놓여 있고, 손해가 발생하더라도 손해의 원인을 입증하기 곤란하기 때문이다. 따라서 운송보험의 경우에 보험사고를 운송위험이라고 하지만 운송자체가 보험사고가 되는 것은 아니고 운송과 관련되는 모든 위험(포괄책임주의)을 보험자가 담보하므로 이른바 "위험보편의 원칙" 이 넓게 적용된다고 볼 것이다. 물론 이러한 내용은 보험약관에 의해 제한될 수 있음은 당연하다. 한편, 운송보험에 있어 피보험자가 가지는 피보험이익은 여러 가지의 형태로 존재할 수 있는데, 운송물의 소유자로서 소유자이익과 운송물의 도착으로 얻을 수 있는 이익(희망이익; 상법 제689조 2항)과 운송인의 운임에 대한 이익 등이 있을 수 있다. 운송기간 즉, 보험기간에 대해서는 본 조의 규정에 의해 특별한 약정이 없으면 운송인이 운송물을 수령한 때로부터 수하인에게 인도할 때까지 이다.(법정 보험기간) 하지만 가령, 운송인이 운송물을 수령한 이후에 보험계약이 체결되었을 때에는 보험자의 책임이 소급하여 개시된다는 특약이 없는 한 계약 성립한 때로부터 보험자의 책임이 개시되는 것으로 보며, 또한 운송물을 수하인에게 인도할 수 없는 경우에는 법률이 정하는 바에 따라 이를 공탁이나 경매한 때에는 인도한 것으로 준하여 보험기간이 만료하게 된다.

용어해설

포괄책임주의

보험계약에 의해서 보험자가 담보하는 위험이 복수인 경우에는 그 담보위험의 범위를 한정하는데 있어 위험을 일일이 열거하는 방식(열거책임주의)과 포괄적으로 규정하는 방식이 있는데 후자가 바로 포괄책임주의이다. 주로 해상보험이나 운송보험 및 항공보험 등이 이러한 포괄책임주의를 채택하고 있다. 그러나 보험자의 담보위험이 포괄적으로 규정되어 있다는 것은 결코 보험자가 모든 위험을 담보한다는 것을 의미하는 것은 아니고 면책규정에 의해 제한됨은 당연하다.

출전 : 강원희, 손해사정이론, 보험연수원

상법 제689조 [운송보험의 가액]

① 운송물의 보험에 있어서는 발송한 때와 곳의 가액과 도착지까지의 운임 기타의 비용을 보험가액으로 한다.
② 운송물의 도착으로 인하여 얻을 이익은 약정이 있는 때에 한하여 보험가액 중에 산입한다.

본 규정은 운송보험에 있어 보험가액에 관하여 규정하고 있다. 손해보험의 일반원칙에 따르면 보험계약 당사자 간에 보험가액에 관한 협정이 없는 때에는 사고 발생시의 가액을 보험가액으로 하게 되는데,(상법 제671조) 운송물을 보험의 목적으로 하는 운송보험에 있어서는 보험사고가 생긴 때와 곳의 가액을 조사하여 산정한다는 것은 실무적으로 곤란하거나 불가능한 경우가 많다. 뿐만 아니라 보험기간도 대체로 단기간이어서 보험가액의 변동이 거의 없으므로 본 조문에서는 당사자 간에 특별한 약정이 없는 보험가액의 판단시점을 운송물을 발송한 때와 곳의 가액과 도착지까지의 운임과 기타비용의 합산액으로 함을 법정(法定)하고 있다.(법정보험가액) 따라서 본 조문은 발송지주의에 입각하여 산정한 보험가액이 보험기간 전체의 보험가액으로 하는 보험가액불변경주의(상법 제671조 조문해설 참조)를 채택하고 있으므로 보험기간중의 가액변동은 문제되지 않는다. 물론 운송물의 멸실로 인하여 운임이라든지 기타비용(세금, 노임, 공과금)의 지출이 없을 경우에는 보험가액의 산정에 있어 공제되어야 함은 당연하다. 한편, 운송보험은 그 성질상 운송물의 장소적 이동에 따른 판매에 의해 이익을 얻고자 하는 것이 일반적인데, 이렇듯 운송물의 도착으로 인하여 얻을 희망이익도 당연히 피보험이익이 될 수 있는데, 제2항에서는 이러한 경우에 당사자 간에 특별한 약정으로 이를 보험가액에 산입할 수 있도록 하고 있다.

상법 제690조 [운송보험증권]

운송보험 증권에는 제666조에 게기한 사항 외에 다음의 사항을 기재하여야 한다.
1. 운송의 노순과 방법
2. 운송인의 주소와 성명 또는 상호
3. 운송물의 수령과 인도의 장소
4. 운송기간을 정한 때에는 그 기간
5. 보험가액을 정한 때에는 그 가액

본 규정은 운송보험계약에 있어 증권의 기재사항에 관하여 규정하고 있다. 보험자는 보험계약이 성립한 때에는 지체없이 보험 증권을 작성하여 교부하여야 하는 것은 다른 손해보험과 동일하다.(상법 제640조 제1항) 운송 보험 증권에는 상법 제666조의 사항 외에 본 규정의 각호에서 규정하고 있는 내용을 기재하여야 하는데, 제1호에서 명시하고 있는 내용은 필요에 의해 변경할 수 있으며,(상법 제691조) 제2호는 운송인의 동일성을 표시할 수 있는 정도면 된다.

상법 제691조 [운송의 중지나 변경과 계약효력]

보험계약은 다른 약정이 없으면 운송의 필요에 의하여 일시 운송을 중지 하거나 운송의 노순 또는 방법을 변경한 경우에도 그 효력을 잃지 아니한다.

본 규정에서는 운송의 중지나 변경시 보험계약의 효력에 관하여 규정하고 있다. 상법 제653조에서는 보험기간 중에 피보험자나 보험계약자가 보험사고의 발생가능성을 현저하게 증가시키지 말아야 할 의무가 있다.(위험유지의무) 운송보험계약에 있어서도 일시운송을 중지하거나 노순 또는 방법을 변경하는 것은 보험계약에 영향을 미친다고 볼 수 있으나 육상의 운송과 관련된 일체의 위험을 담보하는 운송보험은 해상보험과는 달리 운송의 노순이나 방법의 변경 등은 운송의 성질상 빈번할 수 있고 또한, 이러한 내용은 보험자가 담보하고 있는 위험에 본질적인 영향은 없다고 볼 수 있다. 이러한 까닭으로 상법은 특별히 계약당사자간에 특별한 약정이 없는 한 운송의 필요에 따라 일시적으로 운송을 중지하거나 노순, 방법의 변경이 있을 때에도 보험계약의 효력을 그대로 인정해 주고 있다. 다만 이 경우에도 그 운송의 일시적 정지나 노순, 방법의 변경이 보험계약자나 피보험자의 고의, 또는 중대한 과실로 인한 경우에는 상법 제653조에 따라 보험자가 해지할 수 있다고 볼 것이다.

이는 본 조문의 규정에서도 "...운송의 필요에 의하여 일시 운송을 중지하거나 노순(路順) 또는 방법을 변경한 경우에는..." 이라고 하여 일시 운송의 중지나 노순 등의 변경은 운송의 필요에 의할 것을 한정하고 있다고 볼 수 있고 아울러 언급한 바와 같이 본 조문의 예외규정이 보험자가 담보하고 있는 위험에 본질적인 영향을 미치지 않는 것으로 보기 때문에 고의 또는 중대한 과실로 인하여 현저할 정도로 위험의 변경 · 증가를 가져올 경우에는 상법 제653조를 적용할 수 있다고 볼 것이다.

상법 제692조 [운송보조자의 고의 · 중과실과 보험자의 면책]

보험사고가 송하인 또는 수하인의 고의 또는 중대한 과실로 인하여 발생한 때에는 보험자는 이로 인하여 생긴 손해를 보상할 책임이 없다.

본 규정은 송하인이나 수하인의 고의나 중대한 과실로 인하여 보험사고가 발생하였을 때의 보험자 보상책임에 관하여 규정하고 있다. 상법 제659조에서는 보험계약자나 피보험자의 고의나 중대한 과실로 인하여 보험사고가 발생하였을 때에는 보험자가 면책됨을 규정하고 있다. 본 규정은 이러한 일반적 면책규정의 상세 규정으로서 운송보험의 특성상 송하인이나 수하인의 고의나 중대한 과실로 인한 보험사고도 보험계약자나 피보험자에 의한 것과 동일시 취급하여 설령, 보험계약자나 피보험자의 고의나 중과실이 없어도 보험자가 면책됨을 규정하고 있다.(임의 규정) 이는 송하인 또는 수하인이 보험계약의 관계자는 아니지만 운송계약에 있어 일정한 지위를 가지기 때문이다. 또한 송하인이나 수하인의 사용인(이행보조자 포함)의 행위도 송하인이나 수하인의 행위와 같이 취급됨으로 이들의 고의나 중과실로 인한 보험사고도 마찬가지로 면책된다.

제4절 해상보험

상법 제693조 [해상보험자의 책임]

해상보험계약의 보험자는 해상사업에 관한 사고로 인하여 생길 손해를 보상할 책임이 있다. [개정 1991.12.31]

본 규정은 해상보험계약의 보험자 보상책임에 관한 조항으로서 해상보험계약이라 함은 해상사업에서 발생할 사고로 인한 손해를 보험자가 보상하기로 하는 보험을 말한다. 1991년 이전 상법에서는 "해상보험계약의 보험자는 항해에 관한 사고..." 라고 규정하였으나 현행 상법에서는 "해상보험계약의 보험자는 해상사업에 관한 사고..." (the losses incident to marine adventure)라고 보다 넓게 규정하여 항해에 따르는 고유한 위험뿐만 아니라 해상운송에 부수한 육상운송(창고간 약관; from warehouse to warehouse clause)에서 발생한 사고도 포함하고 있다.(상법 제699조 2항) 해상보험은 특히 바다를 무대로 한다는 특성상 국제적인 성질이 짙으며, 특히 영국해상보험법이나 런던보험협회의 협회약관의 영향을 많이 받고 있는 것이 현실이며, 해상보험에 관한 상법의 내용도 그렇다.

한편, 해상보험에 있어 보험의 목적은 해상운송물(적하)이나 운송용구로서의 선박이며, 보험사고는 언급한 바와 마찬가지로 해상사업에 관한 모든 사고이다. 보험가액에 관하여는 당사자 간에 특별한 협정이 없으면(상법 제670조) 해상보험의 특수성을 고려하여 상법에서 정한 특별규정에 따른다.(보험가액불변경주의) 이러한 해상보험은 피보험이익에 따라서 선박보험(상법 제696조), 적하보험(상법 제 697조), 희망이익보험(상법 제698조), 운임보험(상법 제706조), 선비보험 등으로 분류되며, 또 보험기간을 정함에 따라 항해보험, 기간보험, 혼합 보험 등으로 분류된다. 또한 보험계약 체결 시 보험 증권에 기재할 내용이 확정된 확정보험과 미확정된 예정보험(상법 제704조)으로 분류할 수 있다.

상법 제694조 [공동해손분담액의 보상]

보험자는 피보험자가 지급할 공동해손의 분담액을 보상할 책임이 있다. 그러나 보험의 목적의 공동해손 분담가액이 보험가액을 초과할 때에는 그 초과액에 대한 분담액은 보상하지 아니한다. [개정 1991.12.31]

본 규정은 피보험자가 공동해손의 분담액을 지급할 경우에 이를 보험자가 보험가액 한도에서 보상함을 규정하고 있다. 공동해손이라 함은 선박과 적하의 공동위험을 면하기 위하여 선장의 처분으로 인하여 생긴 손해와 비용으로서 이러한 공동해손은 일정한 비율에 따라 이해관계인이 분담하여 부담하게 된다.(상법 제832조, 제833조) 이때, 피보험자가 지급하는 공동해손분담액은 보험의 목적에 직접 발생하는 손해가 아니라 일종의 간접손해(비용손해) 또는 소극손해(책임손해)이므로 단순히 선박이나 적하를 보험의 목적으로 한 경우에는 선박이나 적하 그 자체의 손해가 아닌 이러한 공동해손분담에 따르는 손해도 포함되는가 하는 것이 불분명할 수 있다.

상법은 이러한 점을 명백히 하기 위해서 피보험자가 부담하는 공동해손분담에 따르는 손해를 경제적으로 선박이나 적하 자체에 대한 피보험이익의 손실과 같이 다루도록 하고 있다. 그리하여 피보험자가 지급할 공동해손분담액을 보험자가 보험가액의 범위 내에서 보상하도록 하고 있다. 한편 일부보험일 경우에는 보험자의 부담액은 보험금액의 보험가액에 대한 비율에 따라 정하면 될 것이다. 그리고 선장의 공동해손처분은 일종의 해상위험으로서 그 처분으로 인하여 피보험자가 직접 선박이나 적하에 대해 손해를 입은 때에는 보험자가 그 손해의 전부를 보상하고, 피보험자가 다른 공동해손분담의무자에게 가지는 공동해손분담청구권을 보험자 대위 규정에 따라 대위권을 취득한다.

상법 제694조의 2 [구조료의 보상]

보험자는 피보험자가 보험사고로 인하여 발생하는 손해를 방지하기 위하여 지급할 구조료를 보상할 책임이 있다. 그러나 보험의 목적물의 구조료 분담가액이 보험가액을 초과할 때에는 그 초과액에 대한 분담액은 보상하지 아니한다.
[본조신설 1991.12.31]

상법 제694조의 3 [특별비용의 보상]

보험자는 보험의 목적의 안전이나 보존을 위하여 지급할 특별비용을 보험금액의 한도 내에서 보상할 책임이 있다. [본조신설 1991.12.31]

위 두 조문의 규정은 각각 구조료와 특별비용에 대한 보험자보상책임에 관하여 규정하고 있다. 해상보험에서 구조료(salvage charges)라 함은 일반적으로 상법 제849조 이하의 내용으로서 선박 또는 적하가 해상에서 위난에 부딪쳤을 경우 제3자(해난구조자)로부터 도움이나 구조를 받았을 때에는, 그 결과에 대해 상당한 보상금을 지급하여야 하는데 이러한 비용을 해난 구조료라고 한다. 보험의 목적이 해난구조를 받은 것은 바로 보험사고로 말미암아 발생하는 손해를 방지한 결과(손해방지경감비용은 아님)가 되므로 현행 상법은 보험가액의 범위 내에서 보상하도록 규정하고 있으며, 보험의 목적의 안전이나 보존을 위해 지급한 특별비용(예; 보관, 건조, 포장 등의 비용) 역시 같은 취지로 보험금액을 한도로 하여 보상함을 규정하고 있다. 이러한 구조행위나 보험목적의 안전이나 보존을 위한 행위가 손해방지의무의 이행행위가 되면 보험자는 보험금액을 초과하더라도 그 비용을 청구할 수 있다고 할 것이나,(상법 제680조) 통설은 구조료는 구조된 목적물의 가액을 초과하지 못하므로 문제되지 않는다.(상법 제850조 이하)

상법 제695조 [해상보험증권]

해상보험증권에는 제666조에 게기한 사항 외에 다음의 사항을 기재하여야 한다. [개정 1991.12.31]

1. 선박을 보험에 붙인 때에는 그 선박의 명칭, 국적과 종류 및 항해의 범위
2. 적하를 보험에 붙인 경우에는 선박의 명칭, 국적과 종류, 선적항 · 양륙항 및 출하지와 도착지를 정한 때에는 그 지명
3. 보험가액을 정한 때에는 그 가액

보험자는 보험계약이 유효하게 성립하고 보험계약자로부터 일정한 보험료를 지급받은 때에는 지체없이 보험증권을 작성하여 교부하여야 할 의무를 부담한다.(상법 제640조 조문해설 참조) 본 규정은 해상보험증권에 관한 규정으로 제1호는 선박보험, 제2호는 적하보험의 증권기재사항이다. 그리고 제3호에서는 보험가액에 대해 계약 당사자 간에 협정이 있을 경우에 이를 기재하도록 하고 있다.(기평가 보험증권)

상법 제696조 [선박보험의 보험가액과 보험목적]

① 선박의 보험에 있어서는 보험자의 책임이 개시될 때의 선박가액을 보험가액으로 한다.
② 제1항의 경우에는 선박의 속구, 연료, 양식, 기타 항해에 필요한 모든 물건은 보험의 목적에 포함된 것으로 한다. [개정 1991.12.31]

본 규정은 해상보험 계약 중 선박보험의 보험가액과 보험의 목적에 관하여 규정하고 있다. 선박보험이란 해상운송용구인 선박을 보험의 목적으로 한 보험계약으로서 이러한 선박보험의 피보험이익은 선박소유자의 이익 이외에 담보권자의 이익, 선박임차인의 사용이익 등이 있을 수 있으며, 이때의 보험가액은 당사자 간의 특별한 약정이 없는 한 보험자의 책임이 개시될 때의 선박가액을 보험가액으로 법이 강제하고 있다. 즉, 보험가액에 관하여 보험계약관계자 상호간에 합의가 있을 경우에는 그에 따르지만(협정보험가액, 기평가보험) 그렇지 않은 경우에는 일반원칙에 따라 보험사고가 발생한 때의 가액을 기초하여 평가가 이루어지게 된다. 하지만 해상보험에서는 보험기간의 일반손해보험과는 달리 비교적 짧고, 가액의 변동 또한 심한 것이 아니며, 보험사고의 발생시점 및 장소를 정확히 판단한다는 것은 실무상 어려움이 있으므로 상법에서는 특별규정을 두어 일정한 시점의 가액을 전보험기간의 보험가액으로 하는 이른바 "보험가액 불변경주의" 를 따르고 있다. 그리고 선박보험의 보험가액은 선박이 항해를 함에 필요한 모든 필요 물건(속구, 연료, 양식 등) 역시 보험의 목적에 포함된 것으로 본다.(선박보험의 보험기간의 개시에 관하여는 상법 제699조의 조문해설을 참조)

상법 제697조 [적하보험의 보험가액]

적하의 보험에 있어서는 선적한 때와 곳의 적하의 가액과 선적 및 보험에 관한 비용을 보험가액으로 한다.

본 규정은 적하보험의 보험가액에 관하여 규정하고 있다. 적하보험이란 해상운송의 목적으로서 유체물인 적하를 보험의 목적으로 하는 보험계약을 말한다. 이때의 보험가액에 관하여는 당사자 간에 협정이 없는 한 선박보험이나 희망이익보험의 경우와 같은 보험가액불변경 조항으로서 적하를 선적한 때와 곳의 적하의 가액과 선적 및 보험에 관한 비용을 보험가액으로 한다. 적하는 선박에 실려져 해상 운송되는 것으로서 선박보험에 있어 선박의 가액산정과 마찬가지로 부단히 그 소재지를 이동하고 손해의 발생한 때와 곳의 결정이 어렵기 때문이며, 보험기간도 짧고 가액변동이 적기 때문에 만약, 보험사고 발생한 때와 곳의 가액을 보험가액으로 한다는 일반원칙으로는 가액산정이 불가능하기 때문이다. 또한 적하보험의 보험가액에는 적하의 가액뿐만 아니라 선적 및 보험에 관한 비용을 포함한 가액을 말한다. 이때의 적하의 가액이라 함은 통상적인 적하의 가액으로서 대개 송장에 기재된 가액이나 매입가액이 표준이 되나 매입 후 적하의 값이 인상되거나 인하된 때에는 물론 그렇지 않다. 또 선적에 관한 비용은 보험의 목적인 적하를 선적하기 위해 해상 운송인에게 인도할 때까지의 소요 비용을 말하며(포장비, 통관수수료, 수출세 등) 보험에 관한 비용은 보험료와 보험에 가입하기 위해 소요된 비용을 포함한다.

상법 제698조 [희망이익보험의 보험가액]

적하의 도착으로 인하여 얻을 이익 또는 보수의 보험에 있어서는 계약으로 보험가액을 정하지 아니한 때에는 보험금액을 보험가액으로 한 것으로 추정한다.

본 규정은 이른바 희망이익보험의 보험가액에 관하여 규정하고 있다. 적하는 원칙적으로 선적지로 부터 도착지에 도착함으로써 그 가액이 증가하게 되는데, 만약 해상사고로 인해 적하가 멸실되거나 오손될 경우에는 그 이익은 소멸하거나 감소하게 될 것이다. 희망이익보험이라 함은 이렇듯 적하의 장소적 이동에 따르는 차익을 피보험이익으로 하여 보험에 붙이는 것을 말한다. 이러한 희망이익보험에 있어 보험금액은 보험계약자가 적절하게 정할 수 있으나 적하의 도착으로 발생될 수 있는 희망이익은 매우 추상적인 것이라서 그 액을 정하기가 곤란하기 때문에 적하의 가액의 일정비율(통상 10%)을 적하보험의 특약으로 부보 하는 것이 일반적이며, 이때의 보험가액은 당사자 간에 특별한 약정이 없으면 보험금액으로서 보험가액으로 추정한다. 그리고 이때의 보험금액은 적하가액의 10%를 초과할 수 없다는 것이 일반적인 해석이다. 이때의 피보험자는 적하의 도착으로 이익을 얻는 적하의 소유자가 되며, 적하의 도착으로 인하여 얻을 보수(수수료나 구전)의 보험에 있어서는 바로 운송주선인, 중개인, 위탁매도인 등이다. 한편 희망이익보험은 적하보험과 함께 부보 하므로 적하보험과 동일시하여 희망이익보험에 관한 상법 규정은 본 조문의 규정을 제외하고 이전 상법 제695조 2항, 제703조, 제706조 제2호의 내용을 삭제하였다.

상법 제699조 [해상보험의 보험기간의 개시]

① 항해단위로 선박을 보험에 붙인 경우에는 보험기간은 하물 또는 저하의 선적에 착수한 때에 개시한다.
② 적하를 보험에 붙인 경우에는 보험기간은 하물의 선적에 착수한 때에 개시한다. 그러나 출하지를 정한 경우에는 그곳에서 운송에 착수한 때에 개시한다.
③ 하물 또는 저하의 선적에 착수한 후에 제1항 또는 제2항의 규정에 의한 보험계약이 체결된 경우에는 보험기간은 계약이 성립한 때에 개시한다.
[개정 1991.12.31]

본 규정은 해상보험에 있어 보험기간의 개시에 관하여 규정하고 있다. 일반적으로 보험기간이라 함은 보험자가 피보험자의 피보험이익에 대해 발생할 수 있는 위험을 담보하여 주는 기간 즉, 책임내지 담보기간을 말한다. 보험자는 보험기간 중에 발생한 위험에 대해 보상하므로 이 기간은 매우 중요하며, 이 기간은 보험계약에서 정한다. 또한 해상보험 중 일정한 기간을 표준으로 보험기간을 정하는 기간보험의 경우에는 보험기간이 일정하게 정해지나 항해를 단위로 보험기간을 정하는 항해보험에 있어서는 그 시기와 종기를 어떻게 정하느냐에 대해 의문이 있으므로 상법에서는 이에 관하여 상법 제699조 및 상법 제700조와 같은 특별규정을 두고 있다. 상법 제699조의 내용은 보험기간의 개시에 관한 규정으로 이에 대한 일반규정은 상법 제656조의 내용이다. 상법 제699조의 규정에 따르면 항해를 단위로 한 선박보험에 있어 보험기간은 하물 또는 저하의 선적에 착수한 때에 개시한다고 명시하고 있는데 이는 항해를 위한 하물 또는 저하의 선적에 착수한 때에는 이미 항해에 관한 위험이 사실상 개시하였다고 볼 수 있기 때문이다. 이때 "하물(荷物)" 은 운송물이나 여객 또는 여객의 수하물을 말하며(만약 운송물 또는 여객의 운송을 하지 않는 경우에는 선원의 소지품이나 선원의 승선), "저하" 는 선박의 중심을 잡기 위해 선박의 하저에 싣는 물이나 모래 같은 것을 말한다. 그리고 적하보험에 있어서도 보험기간은 하물의 선적에 착수한 때에 개시하며, 현행 상법에서는 단서 조항을 두어 출하지(出荷地)를 정한 때에는 그곳에서 운송에 착수한 때에 개시한다고 규정하여 보험자의 담보범위를 넓히고 있다. 즉, 반드시 해상에서의 사고뿐만 아니라 해상운송에 부수한 육상운송 역시 포함하여 보험자가 담보하고 있다. 그리고 이미 하물이나 저하의 선적이 완료된 후에 보험계약이 체결된 경우에는 보험기간의 개시는 보험계약이 성립한 때에 개시한다.

상법 제700조 [해상보험의 보험기간의 종료]

보험기간은 제699조 제1항의 경우에는 도착항에서 하물 또는 저하를 양륙한 때에 동조 제2항의 경우에는 양륙항 또는 도착지에서 하물을 인도한 때에 종료한다. 그러나 불가항력으로 인하지 아니하고 양륙이 지연된 때에는 그 양륙이 보통 종료될 때에 종료된 것으로 한다. [개정 1991.12.31]

본 규정은 상법 제699조와는 달리 해상보험의 보험기간의 종료에 관하여 규정하고 있다. 즉, 선박보험의 경우에는 하물이나 저하를 양륙한 때에, 적하보험의 경우에는 양륙항 또는 도착지에서 하물을 인도한 때에 종료함을 규정하고 있다. 이전 상법에서는 적하보험의 경우에 "...하물을 양륙한 때..." 라고 규정한 반면 현행 상법에서는 "...도착지에서 하물을 인도한 때..." 라고 하여 담보범위를 실질적으로 넓히고 있다. 또한 도착항에서 하물의 양육이나 인도가 불가항력(전염병의 유행, 항구의 봉쇄 등)으로 인한 경우는 항해에 관련된 위험으로서 보험자가 보험기간의 연장으로 인한 위험을 부담하나 보험계약자나 피보험자의 책임 있는 사유로 하물의 양륙이나 인도(引導)가 지연되었을 경우에는 그 양륙이 보통 종료된 때를 보험기간의 종료시점으로 보게 된다. 여기서 불가항력(不可抗力)은 엄격한 의미가 아니라 보험계약자나 피보험자의 귀책사유로 인한 보험기간의 연장은 보험자에게 불합리하기 때문이다. 또한 현행 상법은 희망이익보험에 관하여는 별도의 규정이 없는데, 이는 적하의 도착으로 얻을 희망이익이나 보수가 분리되어 별도로 부보 되는 것이 아니라 적하보험의 특약형식으로 부보 되기 때문에 적하보험과 동일하므로 삭제한 것이다.

상법 제701조 [항해변경의 효과]

① 선박이 보험계약에서 정하여진 발항 항이 아닌 다른 항에서 출항한 때에는 보험자는 그 항해의 변경이 결정된 때부터 책임을 지지 아니한다.
② 선박이 보험계약에서 정하여진 도착항이 아닌 다른 항을 향하여 출항한 때에도 제1항의 경우와 같다.
③ 보험자의 책임이 개시된 후에 보험계약에서 정하여진 도착항이 변경된 경우에는 보험자는 그 항해의 변경이 결정된 때부터 책임을 지지 아니한다.
[전문개정 1991.12.31.]

항해의 변경은 곧 보험자가 담보하고 있는 위험의 내용이 달라지는 것이므로 1991년 이전 상법에서는 보험계약의 실효를 규정하였으나 현행 상법에서는 보험자 면책으로 규정하고 있다. 여기서 말하는 항해의 변경이란 보험계약에서 정한 발항항 또는 도착항을 변경한 것을 뜻한다.(도착항이 보험계약에서 정한 항이 아닌 다른 항을 향하여 출발한 경우도 포함) 그리고 이러한 항해의 변경은 선박보험 뿐만 아니라 적하보험 등 모든 해상보험에서 일어날 수 있으므로, 본 조문의 내용은 해상보험 전반에 적용된다.

항해의 변경을 다음의 두 가지로 크게 구분하여 규정하고 있는데, 첫째로는 선박이 보험계약에서 정하여진 발항 항이 아닌 다른 항에서 출항하는 경우이다. 이때 항해단위로 보험에 붙인 선박보험이나 적하보험은 출발항과 도착항 사이의 항해에서 생기는 사고를 보험자가 담보하므로 피보험자나 보험계약자가 그 항해를 변경한 것은 보험자가 담보하고 있는 위험의 내용을 변경한 것이므로 보험자가 책임을 지지 않게 된다. 물론 이 경우 이들의 책임 있는 사유로 인한 것이냐 아니냐는 불문한다. 이 때 보험계약에서 정하여진 도착항이 아닌 다른 항을 향해 출항하는 경우에도 마찬가지이다. 둘째로는 책임개시 후 도착항의 변경된 때로서 그 변경이 결정된 때로 부터 보험자는 책임을 지지 않는다. 따라서 도착항의 변경 결정이 된 이상은 처음 예정된 원항로를 이탈하지 않더라도 보험자는 책임을 지지 않는다. 한편, 협회적하약관 제10조에서는 "보험개시 후 목적지가 피보험자에 의해 변경된 경우 보험자에게 지체없이 통지할 것을 조건으로 담보가 계속됨." 이라고 규정하고 있다. 다만 이 경우 전쟁이나 항구의 봉쇄 등으로 인한 피보험자나 보험계약자의 책임없는 사유(항해변경에 관하여 피보험자의 관여 없이 선장의 단독행위도 포함)로 항해를 변경한 때에는 보험자가 보상책임을 면하지 못한다고 풀이한다.

상법 제701조의 2 [이로]

선박이 정당한 사유없이 보험계약에서 정하여진 항로를 이탈한 경우에는 보험자는 그때부터 책임을 지지 아니한다. 선박이 사고발생 전에 원항로로 돌아온 경우에도 같다. [본조신설 1991.12.31]

이로(離路)라는 것은 항로를 이탈한 것을 말하며, 일반적으로 항로라 하는 것은 항해의 경험과 관행으로 한 지점에서 다른 지점까지 가장 가깝고 안전한 길을 말한다. 이러한 항로를 벗어난다는 것은 대단히 위험한 일로서 이로 인한 보험사고의 발생 가능성은 변경되거나 증가 될 수밖에 없다. 이전의 상법에서는 항로의 변경 즉, 이로일 경우 그로 인하여 위험의 현저한 변경 또는 증가된 때에만 보험자가 책임을 면한다고 규정하였으나 현실적으로 이의 입증은 상당히 곤란한 경우가 많으므로 정당한 사유없이 항로를 이탈한 경우에는 이로 자체를 위험의 변경 또는 증가로 보아 사고발생과 인과관계를 묻지 아니하고 보험자의 면책을 규정하고 있으며, 항로를 이탈한 이상 원래의 항로로 돌아온 경우에도 마찬가지다. 그리고 여기서 정당한 사유라 함은 피보험자로서는 어쩔 수 없는 악천후이거나 인명구조를 위하여 이로를 한 경우이나 이는 사실의 문제로서 구체적인 사정에 따라 판단할 문제이다.

상법 제702조 [발항 또는 항해의 지연의 효과]

피보험자가 정당한 사유없이 발항 또는 항해를 지연한 때에는 보험자는 발항 또는 항해를 지체한 이후의 사고에 대하여 책임을 지지 아니한다.
[전문개정 1991.12.31]

본 규정은 해상보험계약에 있어 항해의 변경, 이로, 발항 또는 항해의 지연 그리고 선박을 변경할 경우와 양도할 경우 그 효과에 관하여 규정하고 있다. 상법 제652조 및 제653조에서는 위험의 현저한 변경 또는 증가된 때에는 보험자가 보험계약을 해지할 수 있음을 규정하고 있는데, 해상보험에서는 그 특성상 위험의 변경에 대한 상법의 일반원칙 외에 구체적으로 규정하고 있다.

상법 제702조의 규정은 발항 또는 항해를 지연한 때에는 보험자는 발항 또는 항해를 지체한 이후의 사고와 적하보험에 있어 선박변경 및 선박보험에서 피보험목적물인 선박의 양도 등의 효과에 관한 규정이다. 해상보험은 거의 모두가 선박을 매개체로 하는 것이므로 특히, 항해를 정당한 사유없이(정당한 사유가 있을 경우에는 제외, 상법 제701조의 2 조문해설 참조) 발항이 지체되거나 기타의 이유로 항해가 지연되는 경우는 원래 인수된 위험의 변경으로 이후에 생긴 사고에 대해서는 보험자가 책임을 지지 않는다.

상법 제703조 [선박변경의 효과]

적하를 보험에 붙인 경우에 보험계약자 또는 피보험자의 책임있는 사유로 인하여 선박을 변경한 때에는 보험자는 그 변경 후의 사고에 대하여 책임을 지지 아니한다. [개정 1991.12.31]

본 조문은 적하보험의 경우에 있어서 해상운송용구인 선박을 변경하였을 경우 그 효과에 관하여 규정하고 있다. 적하보험계약에서 선박에 관한 사항은 보험자의 위험판단에 중요한 자료이므로 보험계약자나 피보험자가 보험자의 동의를 받지 않는 등 책임있는 사유로 선박을 변경한 후에 발생한 사고에 대해서는 보험자가 책임을 지지 않는다. 선박의 변경은 소형선박에서 대형선박으로 변경한 때에도 마찬가지이다. 선박의 변경에 대해 보험자가 책임을 지지 않는 이유는 선박은 명칭, 국적, 선적항, 통수 및 연령 등에 의해 그 개성이 정하여지고, 보험자는 그 개성에 따라 보험을 인수하였기 때문이다. 하지만 선박의 운항불능 등으로 다른 선박으로 변경한 경우에는 보험계약자나 피보험자의 책임 있는 사유로 말미암은 것이 아니므로 보험자는 면책될 수 없다. 한편, 선박의 변경에 관하여 상법은 적하보험에서만 규정하고 있으나 선박보험에 있어 선박의 변경은 바로 피보험이익의 소멸이므로 문제가 되지 않기 때문이다.(상법 제703조의 2 조문해설 참조)

상법 제703조의 2 [선박의 양도 등의 효과]

선박을 보험에 붙인 경우에 다음의 사유가 있을 때에는 보험계약은 종료한다. 그러나 보험자의 동의가 있는 때에는 그러하지 아니하다.
1. 선박을 양도할 때
2. 선박의 선급을 변경한 때
3. 선박을 새로운 관리로 옮긴 때 [본조신설 1991.12.31]

본 조문의 규정은 선박보험에 있어 피보험목적물인 선박의 양도(讓渡), 선급(船級, ship's classification)의 변경, 관리의 변경 등의 경우 그 효과에 관하여 규정하고 있다. 본 규정은 상법 제652조, 제653조, 제679조의 특칙(特則)으로 이해할 수 있다. 선박보험에 있어 선주는 피보험목적물인 선박의 관리주체로서 선주에 손해율이 다르기 때문에 선박이 양도되어 선주(船主)가 변경되는 것은 인수한 위험이 변경되는 것과 다름없기 때문에 상법 제679조의 목적물 양도에 관한 일반원칙을 배제하고, 선박의 매각 등으로 인하여 선박이 양도된 때에는 보험계약이 자동적으로 종료함을 규정하고 있다. 제3호의 선박을 새로운 관리로 옮긴 때(선박관리자 변경)에도 마찬가지이다. 제2호 선박보험에서는 부보선박의 선급을 유지하여야 하며, 선박의 선급은 보험계약의 중요사항으로서 선급의 변경 역시 위험의 변경과 다를 바 없기 때문에 보험계약이 자동 종료됨을 규정하고 있는 것이다.[147] 다만, 보험자가 선박의 양도, 선급의 변경, 관리자 변경에 대해 동의 즉, 승인(承認)한 때에는 자동 종료되지 않고 계약관계가 지속될 수 있다.

147) 선박보험약관 제11조(계약의 종료) 아래와 같은 사유가 있을 때에는 그 시점부터 이 계약은 종료 됩니다. 그러나 이에 관하여 회사가 사전에 서면으로 동의한 경우에는 그러하지 아니합니다.
① 선박을 양도한 때
② 선박을 새로운 관리로 옮긴 때
③ 선박의 소유자가 선박을 나용선(bareboat charter)조건으로 임대한 때

상법 제704조 [선박미확정의 적하예정보험]

① 보험계약의 체결 당시에 하물을 적재할 선박을 지정하지 아니한 경우에 보험계약자 또는 피보험자가 그 하물이 선적되었음을 안 때에는 지체없이 보험자에 대하여 그 선박의 명칭, 국적과 하물의 종류, 수량과 가액의 통지를 발송하여야 한다. [개정 1991.12.31.]
② 제1항의 통지를 해태한 때에는 보험자는 그 사실을 안 날로부터 1월내에 계약을 해지할 수 있다. [개정 1991.12.31]

본 규정은 적하보험이 예정보험의 형태로 체결될 경우에 보험계약자 또는 피보험자의 통지의무와 해태 시 그 효과에 관하여 규정하고 있다. 일반적으로 예정보험이라 함은 보험계약체결당시에 보험증권에 기재하여야 할 사항의 일부 또는 전부가 개괄적으로는 그 결정의 표준은 정하여져 있어도 세부적으로는 확정되어 있지 아니한 보험형태를 말한다. 예정보험은 이미 보험계약이 체결된 상태이고 다만, 그 내용의 일부가 미확정한 것에 불과하며 그 사항이 확정된 때에는 보험자가 보상할 책임을 지는 것이므로 후일 보험계약을 체결할 것을 약정하는 보험계약의 예약과는 구별된다. 예정보험에 대한 반대개념은 확정보험이다. 보험종목의 특성에 따라서 계약내용의 일부를 확정할 수 없는 경우가 있을 것이고,(특히 적하보험) 이것이 확정될 때까지 기다리는 동안 무보험상태에 놓이게 될 것이고, 따라서 신속하게 보험계약을 체결하여 미확정된 것이 확정되는 대로 보험의 보호를 받을 필요가 있다. 여기서 예정보험의 효용을 찾을 수 있으며, 본 조문과 같이 해상보험의 경우에만 이용되는 것이 아니라 운송보험, 해상재보험, 또는 화재보험에 있어 총괄보험 역시 예정보험의 형태로 이루어 질 수 있다. 본 규정에서는 적하보험에 있어 하물을 적재할 선박이 미확정되었을 경우 하물이 선적되었을 때에는 피보험자 또는 보험계약자가 지체없이 선박의 명칭과 국적, 하물의 종류, 수량과 가액을 보험자에 대해 통지하도록 규정하고 있다. 이는 이전 상법이 선박미확정의 예정보험에 관하여만 규정하였으나 현행 상법에서는 보험자에 대한 통지의 내용으로 선박의 명칭이나 국적뿐만 아니라 "...하물의 종류, 수량과 가액..." 이라고 하여 하물을 한꺼번에 선적하지 아니하는 경우를 예정하여 미확정의 내용을 선박 이외에 적하에까지 넓이고 있다.

한편, 보험계약자 또는 피보험자는 그 하물이 선적되었음을 안 때에는 지체없이 보험자에 대해 그 통지할 의무를 부담하며, 통지를 게을리 한 때에는 보험자는 이를 안 날로 부터 1월내에 보험계약의 해지권을 행사할 수 있다. 통지의무를 규정한 것은 적하를 운송할 선박 또는 적하의 종류 및 수량과 가액은 적하에 대해 발생하는 위험 및 손해의 범위와 밀접한 관계가 있으므로 보험자로 하여금 적하가 과연 계약조항에 합치하는 선박에 선적되었는가를 알 수 있게 하기 위함이다. 이때 통지의무의 법적성질은 의무 해태시 계약해지의 불이익을 받는다는 점에서 간접의무로 볼 수 있으며, 통지의무 해태시 효과에 관하여는 이전 상법은 계약의 실효를 규정하였으나 이는 보험계약자에게 너무 가혹하므로 보험자에게 해지권을 인정하고 있다. 해지의 효과에 관하여는 상법 제655조의 규정에 따른다.

상법 제705조

삭제. [1991.12.31]

상법 제706조 [해상보험자의 면책사유]

보험자는 다음의 손해와 비용을 보상할 책임이 없다. [개정 1991.12.31]
1. 선박 또는 운임을 보험에 붙인 경우에는 발항 당시 안전하게 항해를 하기에 필요한 준비를 하지 아니하거나 필요한 서류를 비치하지 아니함으로 인하여 생긴 손해
2. 적하를 보험에 붙인 경우에는 용선자, 송하인 또는 수하인의 고의 또는 중대한 과실로 인하여 생긴 손해
3. 도선료, 입항료, 등대료, 검역료, 기타 선박 또는 적하에 관한 항해 중의 통상비용

본 규정은 해상보험에 있어 보험자의 면책사유에 관한 규정이다. 해상보험계약은 해상사업에 관하여 발생하는 위험을 보험자가 포괄적으로 담보하고 있으나 해상보험계약의 특수성을 고려하여 일반적인 면책사유 뿐만 아니라(상법 제659, 제660조, 제678조 등) 면책사유에 대한 약간의 특칙을 두어 면책위험을 상세하게 규정하고 있다. 먼저, 선박보험이나 운임보험인 경우에는 발항할 당시 안전하게 항해를 하기에 필요한 준비를 하지 아니하거나 필요한 서류를 비치하지 않음으로 인하여 발생한 손해는 보험자가 보상할 책임을 부담하지 않는다. 선박이 안전하게 항해하기 위해서는 이른바 감항능력(堪航能力)이 있어야 함이 요구되는데, 이러한 감항능력은 항해에 필요한 인적, 물적 설비를 정비한 상태뿐만 아니라 항해에 필요한 서류를 비치하여 둔 상태를 말한다.(상법 제787조 참조)

제1호의 보험자 면책규정은 이러한 감항성의 흠결(欠缺)로 인한 손해를 말하는 것으로서 선박이 발항 당시에 내항능력을 갖추지 아니할 경우에는 항해 중에 사고의 발생가능성이 현저하게 높기 때문이다. 그리고 감항능력의 흠결 그 자체가 보험자 면책사유이므로 감항능력 흠결에 대한 보험계약자나 피보험자의 과실여부는 불문한다. 물론 이러한 감항성은 항해기간 전반에 요구되는 것이나 본 조문의 규정에는 발항 당시에 존재하여야 함을 명시하고 있으므로, 발항 후 불감항의 상태가 생긴 경우에는 본 조 규정의 문제가 아니다. 한편, 상법은 적하보험에 관하여는 규정

하고 있지 않지만 실제 보험약관에서 피보험자가 감항능력의 흠결을 알고 있을 때에는 보험자 면책으로 규정하고 있다.(협회적하약관 제5조 제2항)

본 규정 제2호의 용선자(傭船者), 송하인(送荷人), 수하인(受荷人)의 고의 또는 중대한 과실로 생긴 손해의 면책규정은 상법 제692조의 내용과 같은 취지로서 이들은 보험계약의 직접적인 관계자는 아니지만 적하보험에 있어 용선자와 송하인은 해상물건운송계약의 당사자이고 수하인은 운송물을 수령할 권리가 있는 자로서 이들의 고의 또는 중과실로 인한 보험사고는 보험계약자나 피보험자의 그것과 같이 볼 수 있기 때문이다. 본 규정 제3호의 도선료, 입항료, 등대료, 검역료 등 기타 선박 또는 적하에 관한 항해의 통상비용은 이른바 소손해로서 이는 우연한 사고에 의해 발생되는 것이 아니라 이러한 비용은 항해 중에 통상적으로 생길 수 있는 비용이기 때문에 면책으로 규정한 것이다. 하지만 예상할 수 없는 사고로 인하여 불가피하게 생긴 입항료나 등대료 등은 보험자가 보상하여야 할 것이다.

상법 제707조

삭제. [1991.12.31]

상법 제707조의 2 [선박의 일부손해의 보상]

① 선박의 일부가 훼손되어 그 훼손된 부분의 전부를 수선한 경우에는 보험자는 수선에 따른 비용을 1회의 사고에 대하여 보험금액을 한도로 보상할 책임이 있다.
② 선박의 일부가 훼손되어 그 훼손된 부분의 일부를 수선한 경우에는 보험자는 수선에 따른 비용과 수선하지 아니함으로써 생긴 감가액을 보상할 책임이 있다.
③ 선박의 일부가 훼손되었으나 이를 수선하지 아니한 경우에는 보험자는 그로 인한 감가액을 보상할 책임이 있다. [본조신설 1991.12.31]

본 규정은 선박의 일부에 손해가 발생한 경우에 있어 보험자의 보상책임에 관하여 규정하고 있다. 이전 상법은 적하의 일부손해에 대해서만 상법에 특별규정을 두었으나 현행 상법에서는 균형을 이루기 위해 선박의 일부손해에 대해 규정하고 있다. 즉, 선박의 일부가 훼손되어 손해가 발생한 경우에 그 부분에 대해 전부 수선을 하였을 경우에는 보험금액의 한도 내에서 1회의 사고에 대해 수선에 소요된 비용을 보상하며, 훼손된 부분의 일부분을 수선하고 그 이외의 부분은 수선을 하지 않은 경우에는 수선에 소요된 비용과 수선을 하지 않은 부분에 대해서는 수선을 하지 아니함으로써 생긴 감가액(減價額)을 보상하며, 전혀 수선을 하지 않은 경우에는 그로 인한 감가액 전부를 보상하도록 규정하고 있다. 한편, 선박의 분손(分損)인 경우에도 적하보험의 규정과 같은 취지에서 비율보상을 하여야 할 것이나 실무상 어려움으로 이를 무시한 것이다. 이 규정은 영국해상법(MIA) 제69조의 선박의 분손(分損)의 취지에 따른 규정이다.148)

148) 69. Partial Loss of Ship(제69조 선박의 분손)
Where a ship is damaged, but is not totally lost, the measure of indemnity, subject to any express provision in the policy, is as follows(선박이 손상되지만 전손이 아닌 경우에, 손해보상의 한도는 보험증권에 어떠한 명시적인 규정이 있는 경우를 제외하고 다음과 같다.)
(1) Where the ship has been repaired, the assured is entitled to the reasonable cost of the repairs, less the customary deductions, but not exceeding the sum insured in respect

of any one casualty: (1) 선박이 수리된 경우에, 피보험자는 관습상의 공제액을 차감한 합리적인 수리비를 보상받을 수 있는 권리가 있다. 그러나 매 1회의 사고에 대하여 보험금액을 초과하지 아니한다.

(2) Where the ship has been only partially repaired, the assured is entitled to the reasonable cost of such repairs, computed as above, and also to be indemnified for the reasonable depreciation, if any, arising from the unrepaired damage, provided that the aggregate amount shall not exceed the cost of repairing the whole damage, computed as above: (2) 선박이 오직 일부분만이 수리된 경우에, 피보험자는 상기와 같이 계산된 일부분의 수리에 대한 합리적인 수리비를 보상받을 수 있는 권리가 있으며, 미수리 된 손상으로부터 발생하는 합리적인 감가액에 대해, 어떠한 감가액이 있는 경우, 손해보상을 받을 수 있는 권리가 있다. 단, 그 총액은 상기와 같이 계산된 전체 손상의 수리비를 초과하지 아니한다.

(3) Where the ship has not been repaired, and has not been sold in her damaged state during the risk, the assured is entitled to be indemnified for the reasonable depreciation arising from the unrepaired damage, but not exceeding the reasonable cost of repairing such damage, computed as above. (3) 선박이 수리되지 않고 위험기간 중에 손상상태로 매각되지 않은 경우에, 피보험자는 미수리 손상으로부터 발생하는 합리적인 감가액에 대해 손해보상을 받을 수 있는 권리가 있다. 그러나 상기와 같이 계산된 그러한 손상의 합리적인 수리비를 초과하지 아니한다.

상법 제708조 [적하의 일부손해의 보상]

보험의 목적인 적하가 훼손되어 양륙항에 도착한 때에는 보험자는 그 훼손된 상태의 가액과 훼손되지 아니한 상태의 가액과의 비율에 따라 보험가액의 일부에 대한 손해를 보상할 책임이 있다.

본 규정은 적하보험에 있어 적하의 일부가 훼손되어 양륙항에 도착하였을 때의 보험자 보상책임에 관하여 규정하고 있다. 전손인 경우에는 보험가액의 전부가 손해액이 되므로 문제가 없으나 분손인 경우에는 손해액을 산정한다는 것은 용이한 일이 아니다. 따라서 상법은 본 조문과 같은 특별조항을 두어 적하가 훼손되어 양륙항에 도착하였을 경우에는 훼손된 상태의 가액(훼손가액)과 훼손되지 아니한 상태의 가액(건전가액)과의 차액을 산정한 후, 그 차액의 건전가액에 대한 비율을 산정하고 보험가액을 곱한 금액을 손해액으로 하여 보험자가 보상하도록 규정하고 있다.

이러한 방법에 따라 보험자의 보상책임범위를 결정하는 이유는, 적하보험의 보험가액은 보험가액불변경주의에 의해 적하를 선적한 때와 곳의 가액을 보험가액으로 하므로 이 가액은 양륙항의 가액과는 다를 수 있기 때문이다. 위의 경우 일부보험의 경우라면 위의 손해액 산출방법에 의해 산출된 손해액에서 보험금액의 보험가액에 대한 비율을 곱한 금액이 보험자 보상책임액이 된다.

상법 제709조 [적하매각으로 인한 손해의 보상]

① 항해 도중에 불가항력으로 보험의 목적인 적하를 매각한 때에는 보험자가 그 대금에서 운임 기타 필요한 비용을 공제한 금액과 보험가액과의 차액을 보상하여야 한다.
② 전항의 경우에 매수인이 대금을 지급하지 아니한 때에는 보험자는 그 금액을 지급하여야 한다. 보험자가 그 금액을 지급한 때에는 피보험자의 매수인에 대한 권리를 취득한다. [개정 1991.12.31]

본 규정은 적하의 매각으로 인한 손해에 대한 보험자의 보상책임에 관하여 규정하고 있다. 즉, 선박이 적하를 싣고 항해도중 불가항력(不可抗力)으로 보험의 목적인 적하를 매각할 경우에는 매각대금과 보험가액의 차액은 보험자가 보상하여야 한다. 이때 적하 자체의 훼손으로 인한 손해는 아니지만 이 경우 매각되는 가액이 통상의 경우 보다 저렴한 것이 보통이므로 그로인한 차액 부분은 피보험자로서는 어떻든 손해가 아닐 수 없다.

그리하여 상법은 순수한 매각대금 즉, 매각대금에서 운임이나 관세 매각비용 등 기타 필요한 비용을 공제한 금액과 보험가액과의 차액은 보험자가 보상하도록 하고 있다. 운임이나 기타 필요한 비용은 피보험자가 운송인이나 기타 적하와 관련된 이해관계인에게 지출하여야 하는 비용이므로 매각대금에서 공제하는 것이며, 여기서 불가항력이란 선박수선료, 해난구조료, 기타 항해에 필요한 비용을 지급하기 위한 선장의 적하처분권이 인정되는 경우이다. 한편, 적하를 매각하고 매수인으로 부터 매각대금을 지급받지 못한 경우에는 보험자가 이를 보상하고 그 지급한 한도 내에서 피보험자가 매수인에 대해 가지는 매각대금청구권을 대위취득 한다.

상법 제710조 [보험위부의 원인]

다음의 경우에는 피보험자는 보험의 목적을 보험자에게 위부하고 보험금액의 전부를 청구할 수 있다. [개정 1991.12.31]
1. 피보험자가 보험사고로 인하여 자기의 선박 또는 적하의 점유를 상실하여 이를 회복할 가능성이 없거나 회복하기 위한 비용이 회복하였을 때의 가액을 초과하리라고 예상될 경우
2. 선박이 보험사고로 인하여 심하게 훼손되어 이를 수선하기 위한 비용이 수선하였을 때의 가액을 초과하리라고 예상될 경우
3. 적하가 보험사고로 인하여 심하게 훼손되어서 이를 수선하기 위한 비용과 그 적하를 목적지까지 운송하기 위한 비용과의 합계액이 도착하는 때의 적하의 가액을 초과하리라고 예상될 경우

1. 보험위부(保險委付)의 일반

상법 제710조부터 제718조까지는 해상보험 특유의 제도인 보험위부에 관한 규정인데, 본 규정은 위부의 요건에 관하여 규정하고 있다. 보험위부(保險委付)라 함은 해상보험에 있어 보험의 목적이 현실적으로 전손이 확정되지 않더라도 전부 멸실된 것과 동일시 할 수 있는 일정한 사유가 있을 경우에는 피보험자의 요청에 의해 피보험자가 보험의 목적에 관한 모든 권리를 보험자에게 위부하고, 보험금액의 전부를 청구할 수 있는 제도를 말한다.

해상보험의 독특한 특징에 따라 16세기경에 확립된 보험위부제도를 현행 우리상법에서 규정하고 있는 취지는 다음으로 요약할 수 있다. 즉, 손해보험의 일반원칙에 따르면 보험의 목적에 대해 보험사고가 발생하여 손해가 현실적으로 피보험자에게 발생하였음을 피보험자가 입증함으로써 보험자의 손해보상의무가 구체화 되는데, 해상보험은 보험사고의 특성상 보험사고에 따른 손해발생을 피보험자가 현실적으로 입증이 곤란한 경우라든지(이 경우 입증을 하지 못하면 결국 보험금의 지급을 거절하는 결과를 초래하며, 입증이 가능한 경우라도 그 입증을 위하여 상당한 시간 및 경비가 소요되는 등 불합리하다) 비록 전손이 아니더라도 전손이 확실시 되거나 또

는 경제적으로 전손과 동일시 할 수 있는 일정한 사유가 있을 경우에는 보험자는 보험의 목적에 대한 모든 권리를 취득하고 피보험자에게 보험금을 지급함으로써 하루빨리 해상사업에 투입된 자금의 원활한 순환을 희망하는 피보험자를 보호할 수 있을 뿐만 아니라 앞서 언급한 불합리를 방지하기 위한 취지로 볼 수 있을 것이다. 이러한 위부는 피보험자가 위부를 함에 있어 어떠한 요식을 갖추지 않고도 행사할 수 있으며, 또한 위부를 함에 있어 보험자의 승낙을 요하지 않으므로 불요식 단독행위로서 형성권의 일종이다.

2. 보험위부의 원인

피보험자가 보험위부를 하기 위해서는 위부를 할 수 있는 원인(실질적 요건)이 있어야 한다. 위부의 원인에 관하여 이전 상법에서는 위부의 원인으로 ①선박의 침몰 ②선박의 행방불명 ③선박의 수선불가능 ④선박이나 적하가 포획된 때 ⑤선박이나 적하가 관공서에 압수되어 6개월 이상 환부되지 않을 때 등 다섯 가지로 구체적으로 규정하였으나, 현행 상법에서는 그 내용을 대폭 개정하여 ①선박이나 적하의 점유권 상실 ②선박의 경제적 수선불능 ③적하의 경제적 수선불능 등 세 가지로 규정하고 있다. 본 조문에 관한 현행 상법의 특징은 이전 상법이 선박의 행방불명일 경우를 위부의 원인으로 규정하였는데 반해, 현행 상법에서는 위부의 원인이 아니라 전손으로 추정하여(추정전손) 보험사고로 다루어 처리가 가능하며, 또한 선박의 침몰은 그 자체를 보험사고로 보아야 할 것이다.

특히, 적하보험의 목적인 적하에 관하여는 적하가 구조되었느냐의 여부에 따라서 보험사고의 발생이 될 수 있다. 이렇듯 위부의 원인을 다소 포괄적으로 규정하고 있는 것이 보험위부에 관한 개정상법의 특징이라고 할 수 있다. 이는 영국해상보험법 제60조 2항의 추정전손의 개념을 도입한 것이다.[149)]

---

149) 60. Constructive Total Loss Defined(제60조 추정전손의 정의)

(1) Subject to any express provision in the policy, there is a constructive total loss where the subject-matter insured is reasonably abandoned on account of its actual total loss appearing to be unavoidable, or because it could not be preserved from actual total loss without an expenditure which would exceed its value when the expenditure had been incurred. (1) 보험증권에 명시규정이 있는 경우를 제외하고, 보험의 목적의 현실전손이 불가피한 것으로 생각되기 때문에, 또는 비용이 지출되었을 때에는 보험의 목적의

1) 선박, 적하의 점유권 상실

상법은 보험사고로 피보험자가 자기의 선박이나 적하에 대한 점유권을 상실하여 이를 회복할 가능성이 없거나, 회복하기 위한 비용이 회복하였을 때의 가액을 초과하리라고 예상될 경우에 위부할 수 있다고 명시하고 있다. 따라서 선박이나 적하의 현실적인 점유권상실만 있으면 되고 점유권상실의 원인은 불문한다. 여기서 선박이나 적하의 점유권 상실의 구체적인 예로는 선박이나 적하의 나포, 선박의 침몰, 선박이나 적하의 압수 등이다. 이전 상법에서는 위의 것들이 각각 별도로 위부의 원인이었으나 현행 상법은 점유권 상실로 인한 보험위부의 원인으로 포함되는 것이 특징이라고 할 것이다. 또한 이 경우 이전 상법에서는 선박이나 적하가 압수되어 6

가액을 초과할 비용의 지출 없이는 현실전손으로부터 보험의 목적이 보존될 수 없기 때문에, 보험의 목적이 합리적으로 포기된 경우에, 추정전손이 있다.

(2) In particular, there is a constructive total loss…….

(i) There the assured is deprived of the possession of his ship or goods by a peril insured against, and (2) 특히, 다음의 경우에는 추정전손이 있다. (i) 피보험자가 피보험위험으로 인하여 자기의 선박 또는 화물의 점유를 박탈당하고,

(a) It is unlikely that he can recover the ship or goods as the case may be, or (b) the cost or recovering the ship or goods, as the case may be, would exceed their value when recovered; or (a) 피보험자가 선박 또는 화물을 회복할 수 있는 가능성이 없는 경우, 또는 (b) 선박 또는 화물의 회복하는 비용이 회복되었을 때의 가액을 초과할 경우, 또는

(ii) In the case of damage to a ship, where she is so damaged by a peril insured against, that the cost of repairing the damage would exceed the value of the ship when repaired. In estimating the cost of repairs, no deduction is to be made in respect of general average contributions to those repairs payable by other interests, but account is to be taken of the expense of future salvage operation and of any future general average contributions to which the ship would be liable if repaired; or (ii) 선박의 손상의 경우에는, 선박이 피보험위험으로 인하여 손상을 입은 결과로 손상의 수비용이 수리되었을 때의 선박의 가액을 초과할 경우. 수리비를 견적함에 있어, 그러한 수리비에 대하여 다른 이해관계자가 지불할 공동해손 분담금을 수리비에서 공제하여서는 안 된다. 그러나 장래의 구조작업의 비용과 선박이 수리될 경우에 선박이 부담하게 될 일체의 장래의 공동해손분담금은 수리비에 가산하지 않으면 안 된다. 또는

(iii) In the case of damage to goods, where the cost of repairing the damage and forwarding the goods to their destination would exceed their value on arrival. (iii) 화물의 손상의 경우에는, 그 손상을 수리하는 비용과 그 화물을 목적지까지 계속 운송하는 비용이 도착시 화물의 가액을 초과할 경우

개월 이상 압수되어 환부되지 아니하였음을 요하였으나 현행 상법에서는 그러한 요건을 요하지 않는다.

2) 선박의 경제적, 상대적 수선불능

선박이 보험사고로 인하여 심하게 훼손되어 이를 수선(修繕)하기 위한 비용이 수선하였을 때의 가액을 초과하리라고 예상될 경우에는 위부를 할 수 있다. 이는 바로 선박의 경제적 수선불능을 말한다. 이전 상법이 "선박이 수선을 할 수 없게 된 때" 가 위부의 원인으로 규정되어 있었고, 여기에는 절대적 수선불능을 포함하였으나 현행 상법에서는 절대적 수선불능은 보험사고로 보게 된다.

3) 적하의 경제적 수선불능

적하가 보험사고로 인하여 심하게 훼손되어 이를 수선하기 위한 비용과 그 적하를 목적지까지 운송하기 위한 비용과의 합계액이 도착하는 때의 적하의 가액을 초과하리라고 예상될 경우에도 위부를 할 수 있다.

상법 제711조 [선박의 행방불명]

① 선박의 존부가 2월간 분명하지 아니한 때에는 그 선박의 행방이 불명한 것으로 한다.
② 제1항의 경우에는 전손으로 추정한다. [개정 1991.12.31]

본 규정은 선박의 행방불명(行方不明)에 관하여 규정하고 있다. 선박의 행방불명이라 함은 선박이 실종한 경우로서 최후의 소식이 있은 때로부터 2개월간 그 존부가 불분명한 때에는 행방불명으로 하여 추정전손이 된다. 이전 상법에서는 선박이 일정기간 동안 행방불명되었을 경우는 위부의 원인으로 규정하였으나, 현행 상법은 이 경우에 위부의 원인이 아니라, 추정전손으로 보아 피보험자의 보험금청구권을 인정하고 있으며, 그 기간도 3월간에서 2월간으로 단축하여 규정하고 있는데 이는 통신의 발달 등으로 인한 보험거래의 실제와 부합시킨 것이라 할 수 있다.

상법 제712조 [대선에 의한 운송의 단속과 위부권의 소멸]

제710조 제2호의 경우에 선장이 지체없이 다른 선박으로 적하의 운송을 단속한 때에는 피보험자는 그 적하를 위부 할 수 없다. [개정 1991.12.31]

본 규정은 적하보험의 경우 선박의 수선 불능시 다른 선박에 의한 적하의 운송시 위부권의 여부에 관하여 규정하고 있다. 즉, 선박의 수선불능인 경우에는 위부의 원인(경제적 수선불능)이 되거나 추정전손이 될 수 있는데,(절대적 수선불능) 이 경우에도 그 선박에 의해 운송되고 있는 적하가 다른 선박에 의해 운송이 가능한 경우에는 그 적하가 전손되지 않았음이 분명하므로 이때에는 그 적하에 대해서는 위부를 할 수 없음을 본 조에서 규정하고 있는 것이다.

상법 제713조 [위부의 통지]

① 피보험자가 위부를 하고자 할 때에는 상당한 기간 내에 보험자에 대하여 그 통지를 발송하여야 한다. [개정 1991.12.31]
② 삭제. [1991.12.31]

본 규정은 위부의 형식적인 요건으로서 피보험자의 보험자에 대한 위부의 통지에 관하여 규정하고 있다. 피보험자가 해상보험의 보험의 목적에 대해 위부권을 행사하기 위해서는 보험자에 대해 그 의사표시를 하여야 하는데 이것이 바로 보험자에 대한 위부의 통지이다. 이전 상법은 위부원인 발생일로부터 2월내에 위부의 통지를 하도록 규정하였으나 현행 상법에서는 "상당한 기간" 이라고 규정하고 있다. 따라서 이전 상법에서는 위부의 원인이 발생하고 피보험자가 2개월 내에 위부의 원인을 입증하지 못하면 위부권을 상실하게 되었으나, 현행 상법은 "상당한 기간" 이라고 하여 피보험자가 위부의 원인을 증명하여 위부권을 행사할 수 있도록 합리적이고 신축성 있게 규정하고 있다. 또한, 통지의 방법으로는 서면 또는 구두에 의하든 제한이 없으며, 통지의무자는 피보험자나 이의 대리인이다. 만약 이러한 위부의 통지를 게을리 한 때에는 피보험자는 보험자에 대해 위부권을 행사할 수 없으며, 이 경우에는 통상의 방법에 따른 손해의 입증으로 보험금을 청구할 수 있을 뿐이다. 또한 위부의 통지가 보험자에게 도달된 때에는 피보험자는 이를 철회할 수 없다고 해석하는 것이 통설이다.

상법 제714조 [위부권 행사의 요건]

① 위부는 무조건이어야 한다.
② 위부는 보험의 목적의 전부에 대하여 이를 하여야 한다. 그러나 위부의 원인이 그 일부에 대하여 생긴 때에는 그 부분에 대하여서만 이를 할 수 있다.
③ 보험가액의 일부를 보험에 붙인 경우에는 위부는 보험금액의 보험가액에 대한 비율에 따라서만 이를 할 수 있다.

본 규정은 위부권 행사의 요건에 관하여 규정하고 있다.

그 첫째로, 상법은 피보험자가 위부를 함에 있어 무조건적이어야 함을 명시하고 있다. 이는 위부라는 것이 전손으로 볼 수 있는 일정한 경우에 보험의 목적에 관한 일체의 권리를 보험자에게 위부하고 보험금의 지급을 청구하는 제도이므로 위부를 함에 있어 기한이나 기타의 조건을 붙인다는 것은 상법이 위부를 인정하고 있는 근본적인 취지(당사자 간의 법률관계의 신속종료)에 어긋나기 때문이다.

둘째로, 보험위부는 그 원인이 생긴 보험 목적의 전부에 대해 하여야 하는 불가분성을 그 요건으로 하고 있다. 이것은 위부가 전손의 경우와 동일시 할 수 있는 경우에 인정되는 제도이기 때문이다. 하지만 위부의 원인이 보험의 목적의 일부에 대하여 생긴 때에는 그 목적의 일부분에 대하여만 위부를 할 수 있다.

마지막으로 일부보험의 경우에는 일부보험의 특성상 위부를 함에 있어서도 보험금액의 보험가액에 대한 비율에 따라 할 수 있음을 명시하고 있다.

상법 제715조 [다른 보험계약 등에 관한 통지]

① 피보험자가 위부를 함에 있어서는 보험자에 대하여 보험의 목적에 관한 다른 보험계약과 그 부담에 속한 채무의 유무와 그 종류 및 내용을 통지하여야 한다.
② 보험자는 제1항의 통지를 받을 때까지 보험금액의 지급을 거부할 수 있다. [개정 1991.12.31]
③ 보험금액의 지급에 관한 기간의 약정이 있는 때에는 그 기간은 제1항의 통지를 받은 날로부터 기산한다.

본 규정은 피보험자가 위부를 함에 있어 다른 보험계약이나 보험의 목적에 관하여 채무관계가 있을 때에, 그 내용에 관하여 통지하여야 함을 규정하고 있다. 즉, 이러한 내용을 두는 취지는 만약 중복보험일 경우에는 피보험자의 위부권 행사에 의해 보험자가 지급하게 될 보험금에 영향을 미치는 것은 당연할 뿐만 아니라 보험의 목적에 관하여 담보권을 가지고 있는 채권자의 권리행사(물상대위에 의한 보험금청구)에 대비하기 위함이다. 따라서 보험자는 이러한 내용에 관하여 통지를 받기 전에는 보험금의 지급을 거절할 수 있으며, 또한 보험금의 지급에 관하여 기간의 약정을 한 때에도 제1항의 통지받은 때로부터 기산(起算) 하도록 법정화하고 있는 것은 당연한 규정이라 할 것이다.

상법 제716조 [위부의 승인]

보험자가 위부를 승인한 후에는 그 위부에 대하여 이의를 하지 못한다.

상법 제717조 [위부의 불승인]

보험자가 위부를 승인하지 아니한 때에는 피보험자는 위부의 원인을 증명하지 아니하면 보험금액의 지급을 청구하지 못한다.

위 두 조문의 규정은 피보험자의 위부권 행사에 대한 보험자의 승인여부에 관하여 규정하고 있다. 보험위부는 단독행위로서 피보험자가 위부권을 행사함에 있어 보험자의 승낙을 필요로 하는 것은 아니지만, 보험자가 위부를 승인하지 아니하면 피보험자는 위부의 원인을 증명하지 못하는 한 보험위부에 의한 보험금의 지급을 청구할 수 없다. 따라서 보험자의 위부에 대한 승인은 위부의 원인에 대한 증명을 필요로 하지 않는 것으로 해석할 수 있으며, 일단 보험자가 이를 승인한 이후에는 그 승인한 위부에 대하여는 이의를 하지 못한다.(금반언의 원칙) 위부의 승인여부 또는 이의는 위부의 효력 그 자체에 관한 문제가 아니라 단지 위부원인의 증명여부에 관한 것이다.

상법 제718조 [위부의 효과]

① 보험자는 위부로 인하여 그 보험의 목적에 관한 피보험자의 모든 권리를 취득한다.
② 피보험자가 위부를 한 때에는 보험의 목적에 관한 모든 서류를 보험자에게 교부하여야 한다.

본 규정은 위부의 효과에 관하여 규정하고 있다. 피보험자의 위부권 행사에 의해 위부가 이루어지면 그 효과로서 보험자가 피보험목적에 관한 일체의 권리를 취득함과 동시에 피보험자는 보험자에 대해 보험금의 지급을 청구할 수 있게 된다. 이 두 가지의 권리는 위부의 효과로서 양자가 모두 피보험자의 위부의 의사표시에 따른 효과로서 발생한다.150) 따라서 피보험목적에 관한 권리이전의 시기는 위부가 성립되어 효력이 발생한 때(의사표시가 전달된 때)로서 보험금액의 지급여부를 불문하여 권리를 취득한다. 이때 취득하는 보험자의 권리는 피보험자가 보험의 목적에 관하여 가지는 일체의 권리로서 소유권뿐만 아니라 제3자에 대해 가지는 손해배상청구권이나 공동해손처분권 등도 포함한다고 해석하는 것이 통설이다. 한편, 위부시 제3자에 대해가지는 권리는 보험위부에서의 문제가 아니라 보험자대위의 효과로서 취득하는 권리라는 주장이 있으나, 보험위부의 제도적 측면에서 전자의 입장이 타당하다고 생각된다. 이외에도 피보험자는 보험의 목적에 관한 모든 서류를 보험자에게 교부하여야 한다. 한편 보험위부가 성립하면 피보험자는 보험자에 대해 보험금의 지급을 청구할 수 있는데, 이때 지급하는 금액은 보험금액의 전부이다.(일부보험인 경우에는 보험가액의 보험금액에 따른 금액) 또한 이때의 보험가액은 가평가보험인 경우에는 특별한 사정이 없는 한 그에 따르고, 미평가보험인 경우에는 상법 제696조, 제697조, 제696조의 규정에 따른다.

150) 손주찬, 전게서, 630면. 이에 대해서는 설이 갈린다. 즉, 보험위부는 보험자대위와는 달리 보험의 목적에 관한 권리이전이 보험금 지급을 불문하기 때문에 피보험목적의 권리이전이 의사표시의 효과이며, 보험금청구권은 법률상 효과라는 설(최기원)과 위부의 궁극적 목적은 보험금청구에 있다고 보아 피보험자의 보험금 청구권이 의사표시의 효과라는 설(서돈각, 양승규)이 있다.

제5절 책임보험

상법 제719조 [책임보험자의 책임]

책임보험계약의 보험자는 피보험자가 보험기간 중의 사고로 인하여 제3자에게 배상할 책임을 진 경우에 이를 보상할 책임이 있다.

Ⅰ. 총설

본 규정은 책임보험계약의 내용으로서 보험자의 보상책임에 관하여 규정하고 있다. 책임보험계약이라 함은 보험기간 중에 발생한 사고로 인하여 피보험자가 제3자에 대하여 배상할 책임을 진 경우에 보험자가 피보험자의 제3자에 대한 책임이행으로 인하여 생길 재산상의 손해를 보상할 것을 목적으로 하는 손해보험계약을 말한다.

Ⅱ. 책임보험의 성질 및 효용

1. 손해보험성, 재산보험성, 소극보험성

책임보험은 피보험자의 제3자에 대한 배상책임으로 인한 손해를 보험자가 보상하는 보험이므로 손해보험성을 가진다. 그리하여 우리 상법은 책임보험을 손해보험의 한 절(제4절)로 규정하고 있다. 하지만 책임보험은 피보험자가 제3자에 대하여 어느 정도의 책임을 지게 될지 알 수 없기 때문에 보험가액이라는 관념이 없다는 점이 일반손해보험과는 다르다고 할 수 있으며, 책임보험이 제3자에 대한 보험계약자의 책임을 면책시키므로 보험계약자를 보호하는 권리보호보험의 일종이다.[151] 또한, 책

151) 최기원, 전게서, 353면; 양승규, 전게서, 336면.

임보험은 어떠한 특정된 물건에 발생된 손해를 보상하는 것이 아니라 피보험자의 전 재산의 보전을 목적으로 하므로 재산보험이다.(재산보험성) 아울러 피보험자에게 직접적(적극적)으로 발생된 손해를 보상하는 것이 아니라, 피보험자가 제3자에 대해 배상책임을 짐으로써 발생된 간접손해를 보상하므로 소극적 성질의 보험이다.(소극보험성) 이러한 책임보험계약은 가해자(피보험자)와 피해자와 간의 책임법률관계와 피보험자와 보험자간의 보험계약관계, 그리고 피해자(제3자)와 보험자와의 관계(상법 제724조 2항)라는 특수한 관계가 연결되어 있다.

2. 효용

오늘날 우리가 영위하고 있는 사회생활에는 각종 다양한 위험이 내재되어 있고, 이러한 위험은 아무리 철저하게 대책을 강구하더라도 어느 정도의 위험은 불가피하게 발생하게 된다. 이러한 다양한 성질의 위험 발생으로 가해자(책임의무자)에 부담되는 책임도 과실책임주의에서 무과실책임주의로 점차 엄격하고 가중되어 많은 배상책임법률이 가해자에게 무거운 책임을 부담시키고 있다.

그러나 아무리 엄격한 책임을 가해자에게 부담케 한다고 하더라도 현실적으로 가해자가 피해자에게 배상할 자력이 없다면 그러한 법률조항은 무용지물에 불과할 뿐일 것이다. 그리하여 책임보험은 경제생활에서 남(타인)에게 손해배상책임을 지게 될 위험에 놓여있는 사람들이 그 위험을 합리적으로 분산하여, 피해자에 대한 배상책임으로 인한 불안이나 경제적 파멸을 방지함으로써 경제생활의 안정을 추구할 수 있다.(피보험자의 권리보호기능) 이와 동시에 제도적으로 피해자의 권리를 확보케 하여 피해자가 손해를 입고서도 가해자의 무자력(無資力)으로 인하여 배상을 받지 못하는 모순을 방지할 뿐만 아니라 책임보험의 구체적인 이익이 피해자에게 돌아가도록 하여 피해자의 재산적 구제를 신속하고, 확실하게 하는 기능(피해자보호기능, 사회보장기능)을 한다. 오늘날 책임보험은 사회보장제도의 하나로도 이용되고 있을 만큼 그 기능은 중시되고 있다.(강제보험 ; 자동차손해배상책임보험, 산업재해보험 등)

Ⅲ. 책임보험의 특색

1. 보험의 목적

책임보험계약에 있어 보험의 목적은 일반손해보험과는 달리 특정한 물건이 아니라 바로 피보험자가 제3자에 대해 부담하는 배상책임이며, 배상책임의 담보가 되는 것은 바로 피보험자의 전 재산이다. 따라서 책임보험계약에서 피보험자의 손해는 채무의 부담이나 재산의 감소 등 특수한 형태로 발생한다. 상법은 피보험자가 제3자의 청구를 막기 위해 지출한 재판상 또는 재판외의 비용 역시 보험의 목적에 포함된 것으로 하고 있으며,(상법 제720조) 영업책임보험에서는 피보험자의 대리인 또는 그 사업 감독자의 제3자에 대한 책임도 포함하고 있다.(상법 제721조)

2. 보험사고

일반적으로 보험사고라 함은 보험자의 보험금지급채무를 구체화시키는 보험목적에 대해 발생하는 우연한 사고를 말한다. 책임보험계약은 소극적 보험성과 피해자, 피보험자, 보험자와의 각각의 관계 등으로 말미암아 피해자의 손해발생과 피보험자의 손해발생이 직접적으로 결합되지 않는 특수성이 있기 때문에 어떠한 사실을 보험사고로 볼 것이냐가 문제된다.

이는 상법 제662조의 보험금청구권 소멸시효의 일반적 기산점을 보험사고 발생시로 볼 때, 시간적 흐름의 순서에 따라 손해사고, 책임확정, 배상청구, 채무이행 등으로 이루어 질 수 있는데, 이 가운데 어느 것을 보험사고로 볼 것인가의 문제는 소멸시효의 기산점과도 관계있는 것으로서 학설을 중심으로 살펴본다.

1) 손해사고설

이는 피보험자가 제3자에게 손해를 입게 한 사고가 발생한 것을 보험사고라고 보는 견해이다.[152] 즉, 현행 개정된 상법이 피해자의 보험자에 대한 직접청구권을 인정하고 있을 뿐만 아니라 책임보험의 이익은 궁극적으로 피해자에게 귀속되므로 손해사고와 보험사고를 구분할 필요가 없고, 손해보험의 일반원칙상 보험사고는 보험

152) 서돈각, 전게서, 425면; 정희철, 전게서, 454면; 양승규, 전게서, 347면

기간 중에 발생하여야 보험자가 책임을 지는데, 손해사고를 보험사고로 볼 경우에는 보험기간 중에 손해사고가 발생한 이상 손해배상청구를 보험기간이 지난 후에 하더라도 해석상 문제가 되지 않는다는 장점을 들고 있다. 그러나 이 견해는 피보험자가 제3자(피해자)에게 발생시키는 손해사고와 피보험자가 보험자에 대해 손해보상(보험금)청구권을 가지게 되는 보험사고를 구별하고 있지 못하다는 점과 피해자는 직접보험관계자가 아니며, 피해자에게 손해가 발생하더라도 그 책임의 유무나 범위가 확실치 못하다는 모순, 그리고 피해자가 손해배상을 청구하지 않는 한 피보험자가 피해자에 대해 부담하는 배상의무는 잠재적일 뿐이라는 모순을 가지고 있다.

2) 배상청구설

피보험자가 제3자로부터 책임에 대한 배상청구를 받은 시점을 보험사고로 보는 견해로 이 주장은 프랑스, 독일, 일본 등 외국의 입법례에서도 찾을 수 있다.[153)]

상법 제720조에서는 “피보험자가 제3자의 청구를 방어하기 위하여 지출한 재판상 또는 재판외의 필요비용을 보험의 목적에 포함된 것으로 한다.” 라고 규정하고 있는데, 여기서 보험사고의 대상이 되는 것이 보험의 목적이므로 배상청구를 받은 때를 보험사고의 발생시점으로 보는 것이 이론상 타당할 뿐만 아니라 상법 제722조에서는 “피보험자가 제3자로부터 배상의 청구를 받은 때에는 지체없이 보험자에게 통지하여야 한다.” 라는 규정 역시 이를 뒷받침 하고 있다는 주장이다. 그러나 이 주장 역시 피보험자에 대한 청구는 피해자의 주관적 의사에 따라 결정될 것이므로 객관적으로 결정하여야 할 보험사고가 제3자의 청구의사에 좌우되는 모순과 피보험자가 제3자에 대해 손해를 입힌 사고가 보험기간 중에 발생하였더라도 보험기간 후에 배상청구를 할 경우에는 보험사고가 보험기간 중에 발생하였다고 볼 수 없는 문제가 있다.

3) 책임발생설(책임부담설, 책임확정설)

이 주장은 피보험자가 제3자에 대해 배상책임이 발생한 때를 보험사고로 보는 견해이다.[154)] 물론 이 설도 상법 제720조의 “……청구를 방어하기 위한 필요비용이

153) 최기원, 전게서, 358면.

154) 손주찬, 전게서, 637면; 채이식, 전게서, 599면.

보험의 목적에 포함된 것으로 한다." 라는 것을 설명할 수 없는 모순이 있으나,[155] 피해자에게 손해를 발생시킨 사고가 보험기간 중에 발생되고 피보험자의 책임발생이 보험기간이 지난 후에 발생되었을 경우에는 보험사고의 원인이 되는 사실이 보험기간 중에 발생한 것을 조건으로 함으로써 해결할 수 있다. 또한, 책임보험계약에 관한 일반규정인 상법 제719조의 내용과 합치될 뿐만 아니라, 이 설에 따를 경우에는 보험금청구권의 발생시기와 보험사고 발생 시기를 같이 할 수 있다는 점에서 보험약관에 구체적인 규정이 없는 한 이 설이 가장 타당하다고 생각된다.

4) 배상책임이행설

이 주장은 피보험자가 제3자에 대하여 손해배상의무를 이행하는 것을 보험사고로 보는데, 이 견해의 근거로는 상법 제724조의 제1항의 "보험자는 피보험자가 책임을 질 사고로 인하여 생긴 손해에 대해 제3자가 그 배상을 받기 전에는 보험금의 전부 또는 일부를 피보험자에게 지급할 수 없다." 라는 규정을 들고 있다. 그러나 이는 피해자를 보호하기 위한 정책적인 규정이라고 볼 수 있으며, 만약에 피보험자가 무능력자라서 배상을 이행할 수 없을 때에는 보험사고가 발생하지 않은 것으로 되어 책임보험계약이 가지는 피해자 보호라는 효용이 무시될 수 있다. 뿐만 아니라 이 주장에 따를 경우에 상법 제724조 제2항의 피해자 직접청구권은 그야말로 무용지물이다.

3. 피보험이익 및 보험가액

책임보험계약에 있어 피보험이익은 피보험자가 제3자에 대하여 배상책임을 지게 됨으로써 전 재산에 손해가 발생할 우려가 있는 이익 내지 경제적 이해관계라고 풀이 할 수 있다. 이러한 피보험이익은 일반 손해보험과는 달리 책임보험계약의 보험목적이 특정재화가 아니어서 보험사고 발생시까지는 피보험자가 제3자에게 얼마만큼의 배상책임을 질 것인지는 불확정적인 것이어서 그 가액의 산정은 불가능하게 된다. 따라서 책임보험계약은 특별한 경우를 제외하고는 보험가액이 원칙적으로 존재하지 않는다.[156] 따라서 책임보험계약에서는 일부보험이나 초과, 중복보험은 문제

155) 방어비용은 일종의 손해방지비용으로 볼 수 있는데, 이 경우에 손해방지경감의무는 보험사고 발생 후에 생기는 의무이다.

시 되지 않는다.

4. 배상책임

책임보험계약은 피보험자의 제3자에 대한 배상책임을 전제로 이루어지는 보험관계이므로 피보험자의 배상책임은 책임보험계약에 있어 중심이 된다. 이러한 배상책임은 법률상, 계약상이든 불문하며, 보험종목에 따라서는 일정한 범위 내에서 형사책임도 담보하고 있다.[157)]

5. 보험자 면책사유

책임보험계약도 상법의 통칙 및 손해보험 일반에서 규정하고 있는 면책규정에 의해 보험자 면책이 되나, 책임보험은 그 특성상 일반손해보험과는 면책규정이 다르다. 즉, 상법 제659조의 보험계약자나 피보험자의 중대한 과실로 인한 보험사고는 면책한다는 규정은 책임보험계약에서는 적용되지 않는다는 점이다. 이는 책임보험에 있어 피보험자의 제3자에 대한 배상책임은 거의 대부분이 피보험자나 보험계약자의 과실에 의해 발생되는 것이고 또한 경과실과 중과실의 판단은 극히 어려운 일일 뿐만 아니라 이를 보험자 부책으로 한다고 하더라도 보험의 본질이나 공서양속에 반한다고 볼 수는 없고, 만약 이를 일반규정과 같이 보험자 면책으로 할 경우에는 책임보험계약은 유명무실해 지기 때문이다.

---

156) 책임보험에서 다음과 같은 경우에는 보험가액이 존재할 수 있다. 즉, 운송인이나 창고업자와 같이 타인의 물건을 보관하는 자가 그 물건의 멸실이나 오손에 대한 타인으로부터의 배상책임을 보험자에게 담보하는 보관자 책임보험(상법 제725조)에 가입하였을 경우에는 피보험자의 타인에 대한 배상책임범위의 최고한도를 알 수 있다. 따라서 이때에는 초과, 중복, 일부보험이 문제시 될 수 있다. 책임보험계약에 있어 보험가액이 존재하지 않는다는 점에 대해서는 반대의 견해가 있을 수 있다. 즉, 책임보험은 재산보험으로서 보험의 목적이 피보험자의 전 재산이라고 단정하여 피보험자가 제3자에 대해 배상책임을 부담할 수 있는 것은 전 재산을 한도로 할 수 밖에 없으므로 전 재산의 가액이 곧 책임보험계약의 보험가액이라고 주장하는 견해가 있을 수 있으나 책임보험의 보험의 목적은 피보험자가 제3자에 대해 부담하는 배상책임이며, 배상책임의 담보가 되는 것이 바로 피보험자의 전 재산이 되는 것이므로 이러한 이론전개는 모순이다.

157) 자동차보험의 한 종류인 운전자보험의 경우 피보험자인 운전자가 기소(起訴)되어 법원으로부터 형사적 처벌인 벌금을 선고받았을 경우 이를 보상한다는 규정이 있다.

6. 계약상 배상책임(Contractual liability)

불법행위에 의거한 손해배상책임은 책임의 직접적인 가해자(불법행위자)가 부담하게 되나 어떠한 형식이나 사정에 의해 타인이 대신하여 책임을 부담하는 경우가 있는데, 이때에 그 타인이 계약에 의해 배상책임을 대신하는 경우를 계약상의 배상책임이라고 한다. 예를 들어 피보험자(불법행위자 또는 배상의무자)가 피해자에 대해 부담하는 손해배상책임을 보험계약을 통해 보험자가 대신하는 경우가 이에 해당된다. 일단 책임을 대신하기로 계약에 의해 약정한 이상 배상사고가 생긴 경우에는 일체의 책임은 대신하기로 한 자가 부담하고 피대신자는 책임이 없는 것으로 한다. (무책특약, 면책특약)

7. 징벌적배상책임액(punitive damages)

불법행위자의 행위가 극단적인 부주의나 악질적인 사기, 비행으로 말미암은 경우에 피해자가 입은 실질적인 손해액 이외에 불법행위자를 응징하는 의미에서 불법행위자에게 과하여지는 여분(餘分)의 배상액을 말한다. 배상책임보험에서 문제가 되는 것은 이 징벌적배상액을 보험자가 담보하는가의 문제이다. 즉, 이 징벌적배상액은 가해자(피보험자)의 주관적인 문제에 대한 배상금으로서 보험자가 담보하는 “피보험자의 제3자에 대한 법률상의 손해배상책임” 의 범위에 포함시키는 것은 공서양속에 반하므로 이를 인정하지 않은 판례도 있으며, 이를 인정한 판례도 있다.[158)]

생각건대, 현행 우리나라 판례에서는 징벌적배상의 관념이 구체적으로 나타난 것은 보이지 않으며, 이러한 사고는 위자료의 산정이나 과실판정에 가미(加味)되어 표현되고 있는 듯하다. 또한 징벌적배상액에 대한 보험자의 담보여부는 약관에 구체적 명문규정이 없는 한 이것은 피보험자의 주관적인 문제이므로 자동차 종합보험의 피보험자가 제3자와의 계약으로 늘어난 손해는 면책규정의 취지와 같이 보험자가 부담하는 담보범위에 포함된 것으로 보기는 어렵다.

158) 양승규, 전게서, 348면 각주)19.

상법 제720조 [피보험자가 지출한 방어비용의 부담]

① 피보험자가 제3자의 청구를 방어하기 위하여 지출한 재판상 또는 재판 외의 필요비용은 보험의 목적에 포함된 것으로 한다. 피보험자는 보험자에 대하여 그 비용의 선급을 청구할 수 있다.
② 피보험자가 담보의 제공 또는 공탁으로써 재판의 집행을 면할 수 있는 경우에는 보험자에 대하여 보험금액의 한도 내에서 그 담보의 제공 또는 공탁을 청구할 수 있다.
③ 제1항 또는 전 2항의 행위가 보험자의 지시에 의한 것인 경우에는 그 금액에 손해액을 가산한 금액이 보험금액을 초과하는 때에도 보험자가 이를 부담하여야 한다. [개정 1991.12.31]

본 규정은 책임보험계약의 보험자 보상책임의 범위로서 각종 비용에 대한 보험자 책임을 규정하고 있다. 책임보험계약의 보험자는 피보험자가 제3자에 대한 책임으로 인한 손해를 보상하는 보험이어서 상법 제723조의 변제, 승인, 화해 또는 재판상의 판결로 인한 확정된 채무가 순수한 보험자의 채무라고 할 수 있으나, 상법 제720조 제1항의 제3자로부터의 배상청구를 방어하기 위해 지출한 재판상 또는 재판 외 필요비용은 보험의 목적에 포함된 것으로 보아 보험자가 보상하여야 할 뿐만 아니라 피보험자는 이 비용을 보험자로 부터 선급 받을 수 있다. 이러한 비용은 일반 손해보험의 손해방지경감비용과 같은 의미로 파악할 수 있으나 엄격한 의미에서 손해방지비용은 아니다.

한편, 이외에도 피보험자가 담보의 제공 또는 공탁으로써 재판의 집행을 면할 수 있는 경우에는 보험자에 대해 보험금액의 한도 내에서 담보의 제공이나 공탁을 청구할 수 있다. 이는 결국 재판의 집행으로 피보험자에게 손해가 발생할 경우에 보험자가 그 손해를 보상하여야 하므로 보험자에게 별다른 불이익이 없으며, 책임보험계약의 피보험자를 보호하기 위한 조치라고 볼 수 있다. 결국 이러한 비용은 피보험자뿐만 아니라 보험자에게도 유익한 비용이므로 보험자의 지시에 의해 비용을 지출하였을 때에는 비용과 손해액의 합산액이 보험금액을 초과하더라도 보상하여야 한다. 단, 여기서 문제가 되는 것은 상법 제720조 제1항의 배상청구를 방어하기 위한 필요비용은 보험의 목적에 포함된 것이기 때문에 제3항과 관련하여 문제가 제기될 수 있다. 즉, 제1항에서는 배상청구를 방어하기 위해 지출한 필요비용은 보험사고의 대상인 보험의 목적으로 본다고 규정하고 있으므로 비용 그 자체가 손해액으로 파악할 수 있는데, 이에 반하여 제3항에서는 "...그 금액에 손해액을 가산..." 이라고 규정하여 단순한 비용으로 보고 있다.

상법 제721조 [영업책임보험의 목적]

피보험자가 경영하는 사업에 관한 책임을 보험의 목적으로 한 때에는 피보험자의 대리인 또는 그 사업 감독자의 제3자에 대한 책임도 보험의 목적에 포함된 것으로 한다.

본 규정은 영업책임보험에 있어 보험목적의 범위에 관하여 규정하고 있다. 영업책임보험이란 피보험자가 경영하는 사업에 관련하여 발생한 사고로 제3자에 대해 배상책임을 짐으로써 입은 손해를 보험자가 보상하기로 한 손해보험을 말한다. 현행 우리 상법은 영업책임보험의 경우에는 피보험자의 제3자에 대한 책임뿐만 아니라 피보험자의 대리인이나 사업 감독자의 제3자에 대한 책임도 보험의 목적으로 포함된 것으로 법정하고 있다. 이러한 규정은 배상책임법리나 책임보험의 성질상 당연한 규정이며 일종의 담보범위의 확장이라고도 볼 수 있다.[159]

여기서 "피보험자가 경영하는 사업" 이라 함은 반드시 영리의 추구를 목적으로 하는 사업뿐만 아니라 넓은 의미로 해석하여야 하며,[160] "피보험자의 대리인" 은 일

159) 자동차보험 표준약관(2014.6) 제1편 용어의 정의 및 자동차보험의 구성
13. 피보험자 : 보험회사에 보상을 청구할 수 있는 자로서 다음 중 어느 하나에 해당하는 자를 말하며, 구체적인 피보험자의 범위는 각각의 보장종목에서 정하는 바에 따릅니다.
가. 기명피보험자 : 피보험자동차를 소유 · 사용 · 관리하는 자 중에서 보험계약자가 지정하여 보험증권의 기명피보험자란에 기재되어 있는 피보험자를 말합니다.
나. 친족피보험자 : 기명피보험자와 같이 살거나 살림을 같이 하는 친족으로서 피보험자동차를 사용하거나 관리하고 있는 자를 말합니다.
다. 승낙피보험자 : 기명피보험자의 승낙을 얻어 피보험자동차를 사용하거나 관리하고 있는 자를 말합니다.
라. 사용피보험자 : 기명피보험자의 사용자 또는 계약에 따라 기명피보험자의 사용자에 준하는 지위를 얻은 자. 다만, 기명피보험자가 피보험자동차를 사용자의 업무에 사용하고 있는 때에 한합니다.
마. 운전피보험자 : 다른 피보험자(기명피보험자, 친족피보험자, 승낙피보험자, 사용피보험자를 말함)를 위하여 피보험자동차를 운전 중인 자(운전보조자를 포함)를 말합니다.

160) 최기원, 전게서, 361면.

반적으로 피보험자를 대신하여 법률행위를 할 수 있는 자이며,(상법 제646조 조문해설 참조) 사업 감독자는 피용자의 개념으로 이해할 수 있다. 따라서 영업책임보험의 경우 피보험자뿐만 아니라 피보험자의 사업과 관련된 피보험자의 대리인이나 피용자의 제3자에 대한 책임을 보험에 부보(付保)함으로써 제3자에 대한 책임을 둘러싼 분쟁해소를 꾀할 수 있다.

상법 제722조 [피보험자의 배상청구 사실 통지의무]

① 피보험자가 제3자로부터 배상청구를 받은 때에는 지체없이 보험자에게 그 통지를 발송하여야 한다.
② 피보험자 제1항의 통지를 게을리 하여 손해가 증가된 경우 보험자는 그 증가된 손해를 보상할 책임이 없다. 다만, 피보험자가 제657제 제1항의 통지를 발송한 경우에는 그러하지 아니하다. [전문개정 2014.3.11.] [시행일 20145.3.12]

2014.3.11. 개정 전 상법 규정

제722조 [피보험자의 사고통지의무]
피보험자가 제3자로부터 배상청구를 받은 때에는 지체없이 보험자에게 그 통지를 발송하여야 한다.

본 규정은 피보험자가 제3자로부터 배상청구를 받은 경우 통지의무만을 규정하고 통지의무를 게을리 한 경우의 효과에 관하여는 별다른 규정을 하고 있지 않아 논란이 있었던 규정이다. 2014년 개정 상법 규정에서는 피보험자가 제3자로부터 배상청구를 받은 때에는 지체없이 보험자에 통지하여야 할 의무를 규정함과 동시에 피보험자가 제3자로부터 받은 배상청구에 대한 통지를 게을히 하여 손해가 증가된 경우 그 증가된 손해에 대해서는 보험자가 보상책임을 면하도록 보완하였으며, 아울러 책임보험의 피보험자가 이미 이 법에 따른 보험사고발생 통지(상법 제657조)를 한 때에는 별도의 통지를 하지 않아도 되도록 이를 보완하여 규정하고 있다. 책임보험계약 역시 일반 손해보험과 마찬가지로 보험사고가 발생하였을 때에는 보험자에게 통지를 하여야 하는데, 상법 제719조에서 언급하였듯이 보험사고의 시점에 관하여는 여러 가지 견해가 있음을 살펴보았다. 본 조의 규정은 상법 제657조의 보충적 의미를 가진 특별조항으로서 책임보험계약의 특성상 피보험자가 제3자로부터 배상청구를 받은 때에는 지체없이 보험자에게 통지하도록 규정하고 있다. 이러한 통지의무를 규정하고 있는 이유는 제3자의 피보험자에 대한 청구는 보험관계에 의해 결국 보험자가 부담하기 때문에 보험자가 이에 대해 적절한 대비와 조치를 취할 수 있도록 하기 위함이다.[161] 또한 제3자의 피보험자에 대한 청구는 반드시 재판상의 청구만을 의미하는 것은 아니며, 구두, 서면 또는 묵시에 의한 청구도 그 의사가 분명한 때에는 제3자의 청구로 볼 수 있다.

---

161) 자동차보험 표준약관(2014.6) 제46조(사고발생 시 의무)

① 보험계약자 또는 피보험자는 사고가 생긴 것을 알았을 때에는 다음의 사항을 이행하여야 합니다.

1. 지체 없이 손해의 방지와 경감에 힘쓰고, 다른 사람으로부터 손해배상을 받을 수 있는 권리가 있는 경우에는 그 권리(공동불법행위에서 연대채무자 상호간의 구상권을 포함하며 이하 같음)의 보전과 행사에 필요한 절차를 밟아야 합니다.
2. 다음 사항을 보험회사에 지체 없이 알려야 합니다.
가. 사고가 발생한 때, 곳, 상황 및 손해의 정도
나. 피해자 및 가해자의 성명, 주소, 전화번호
다. 사고에 대한 증인이 있을 때에는 그의 성명, 주소, 전화번호
라. 손해배상의 청구를 받은 때에는 그 내용
3. 손해배상의 청구를 받은 경우에는 미리 보험회사의 동의 없이 그 전부 또는 일부를 합의하여서는 안 됩니다. 그러나 피해자의 응급치료, 호송 그 밖의 긴급조치는 보험회사의 동의가 필요하지 않습니다.
4. 손해배상청구의 소송을 제기하려고 할 때 또는 제기 당한 때에는 지체 없이 보험회사에 알려야 합니다.
5. 피보험자동차를 도난당하였을 때에는 지체 없이 그 사실을 경찰관서에 신고하여야 합니다.
6. 보험회사가 사고를 증명하는 서류 등 꼭 필요하다고 인정하는 자료를 요구한 경우에는 지체 없이 이를 제출하여야 하며, 또한 보험회사가 사고에 관해 조사하는 데 협력하여야 합니다.

② 보험회사는 보험계약자 또는 피보험자가 정당한 이유 없이 제1항에서 정한 사항을 이행하지 않은 경우 그로 인하여 늘어난 손해액이나 회복할 수 있었을 금액을 보험금에서 공제하거나 지급하지 않습니다.

상법 제723조 [피보험자의 변제 등의 통지와 보험금액의 지급]

① 피보험자가 제3자에 대하여 변제, 승인, 화해 또는 재판으로 인하여 채무가 확정된 때에는 지체없이 보험자에게 그 통지를 발송하여야 한다.
② 보험자는 특별한 기간의 약정이 없으면 전항의 통지를 받은 날로부터 10일내에 보험금액을 지급하여야 한다.
③ 피보험자가 보험자의 동의 없이 제3자에 대하여 변제, 승인 또는 화해를 한 경우에는 보험자가 그 책임을 면하게 되는 합의가 있는 때에도 그 행위가 현저하게 부당한 것이 아니면 보험자는 보상할 책임을 면하지 못한다.

본 규정은 책임보험계약에 있어 채무확정의 통지와 보험금액 지급시기에 관하여 규정하고 있다. 즉, 제3자에 대하여 변제, 승인, 화해 또는 재판으로 인하여 채무가 확정된 때에는 지체없이 그 사실을 보험자에게 통지를 하여야 한다. 이는 보험자가 피보험자의 배상채무가 확정됨을 알아야만 보험금지급의 범위를 명확히 알 수 있게 되고, 그 지급준비를 할 수 있기 때문이다. 이러한 채무확정의 통지는 보험금 지급시기를 정하는 기준으로서 통지의무를 게을리 하였다고 해서 보험자가 면책되는 것은 아니다.(상법 제657조, 제722조 조문해설 참조) 그리고 보험자는 위 내용의 통지를 받은 때는 특별한 약정이 없는 한 10일내에 보험금액을 지급하여야 하며 이는 상법 제658조의 특별규정이다.

한편, 피보험자가 제3자와 변제, 승인, 화해를 함에 있어 반드시 보험자의 동의가 있어야 하는 것은 아니나 만약 이를 무한히 인정한 때에는 피해자와 피보험자가 공모하는 등, 사기의 가능성(moral risk)이 있을 수 있으므로 상법 제723조 제3항에서는 "피보험자가 보험자의 동의 없이 제3자에 대하여 변제, 승인, 화해[162]를 한 경우에 그 책임을 면한다고 하는 특약이 있는 때에도 그 행위가 현저하게 부당한 것이 아니면 보험자는 보상할 책임을 면하지 못한다." 라고 규정하여 간접적으로 보험자

162) 변제는 채무자가 채권자에 대한 채무내용에 따라 채무를 이행하는 행위이며, 승인은 채무자가 채권자에 대해 일정한 채무가 있음을 인정하는 행위, 그리고 화해는 채무, 채권자가 서로 양보하여 채권채무관계에 대한 분쟁을 해소하는 행위이다.

의 동의를 요함을 인정하고 있다. 또한 일부 약관에서는 동의를 구하도록 하고 있으며, 동의를 구하지 아니한 때에는 그로 인해 늘어난 손해는 보상하지 않음을 정하고 있다. 그러나 이 경우에도 채무확정의 내용이 현저하게 부당한 것이 아니면 면책을 주장할 수 없다.

상법 제724조 [보험자와 제3자와의 관계]

① 보험자는 피보험자가 책임을 질 사고로 인하여 생긴 손해에 대하여 제3자가 그 배상을 받기 전에는 보험금액의 전부 또는 일부를 피보험자에게 지급하지 못한다.
② 제3자는 피보험자가 책임을 질 사고로 입은 손해에 대하여 보험금액의 한도내에서 보험자에게 직접 보상을 청구할 수 있다. 그러나 보험자는 피보험자가 그 사고에 관하여 가지는 항변으로써 제3자에게 대항할 수 있다. [개정 1991.12.31]
③ 보험자가 제2항의 규정에 의한 청구를 받은 때에는 지체없이 피보험자에게 이를 통지하여야 한다. [신설 1991.12.31]
④ 제2항의 경우에 피보험자는 보험자의 요구가 있을 때에는 필요한 서류 · 증거의 제출, 증언 또는 증인의 출석에 협조하여야 한다. [신설 1991.12.31]

본 규정은 피보험자와 제3자와의 법률 또는 계약상의 책임관계, 피보험자와 보험자사이의 보험관계로 구성된 책임보험계약관계에 있어, 보험자와 제3자와의 관계에 대하여 규정하고 있다. 즉, 책임보험계약관계에 있어 제3자의 직접청구권에 관한 규정으로서 1991년 이전의 상법과는 달리 혁신적으로 제3자에 대한 직접청구권을 명문화하여 인정하고 있는 것이 특징적이다.

책임보험계약은 보험계약관계와 책임법률관계로 분리되어 있으며, 계약법의 일반원칙에 따른 보험관계에 있어 제3자는 보험자에 대해 아무런 권리를 가질 수 없고 다만, 가해자(피보험자)에 대해 손해배상청구권만 가질 뿐이며 보험자에 대한 보험금 청구권은 특별한 사정이 없는 한 피보험자 고유의 권리이다. 하지만 이러한 원칙을 고수하다보면 보험금을 수령한 피보험자가 이를 제3자(피해자)에 대한 채무변제에 충당하지 아니하고 다른 목적으로 유용하거나 피보험자에 대한 또 다른 채무자가 피보험자가 가지는 보험금 청구권의 신탁양도나 질권을 설정할 경우에는 피해자는 아무런 보호를 받을 수가 없다. 따라서 상법 제724조 제1항에서는 제3자가 배상을 받기 전에는 보험금액의 전부 또는 일부를 피보험자에게 지급할 수 없도록 규정하였으며, 이 경우에 상법 제724조 제2항에서는 "제3자는 피보험자가 책임을 질

사고로 입은 손해에 대해 보험금액의 한도 내에서 보험자에 대해 직접 보상을 청구할 수 있도록 규정" 하여 이른바 제3자의 직접청구권을 인정하고 있다. 즉, 책임보험계약의 성질이나 효용적인 측면에서 보험계약상의 이익은 궁극적으로 제3자(피해자)에게 귀속이 되며, 피해자의 합리적인 보호를 한층 더 강화하기 위해 이전의 상법이 간접적으로 보험자가 제3자에게 직접 보험금을 지급할 수 있는 규정을(1991년 이전 상법 제724조 1항 및 2항: 피보험자가 제3자에 대하여 그 배상을 받기 전에는 보험금액의 전부 또는 일부를 피보험자에게 지급할 수 없으며, 보험자는 보험계약자에게 통지하거나 보험계약자의 청구가 있는 때에는 제3자에 대해 보험금액의 전부 또는 일부를 직접 지급할 수 있다) 현행 상법에서는 이를 제3자가 보험자에 대해 직접 보험금을 청구할 수 있음을 인정하고 있다. 또한 이 경우에 상법 제724조 제3항에서는 보험자로 하여금 피보험자에게 통지하도록 하여 이러한 내용을 알리도록 하고 있다. 이러한 제3자의 보험자에 대한 직접청구권의 인정은 오늘날 각종 책임보험계약에서 보험자가 피보험자를 대신하여 피해자와 합의, 중재, 소송을 대행하고 있는 실정으로 보아[163] 시대적인 요청이라고 할 것이다.

책임보험계약에 있어 보험계약관계자가 아님에도 불구하고 제3자에게 보험자에 대해 직접 손해보상청구권을 인정하고 있는 근거에 대해서는 첫째, 책임보험은 본래 피해자 보호를 위한 것으로 가해자의 보호는 피해자의 만족의 반사적 효과에 불과하며 책임보험에 있어 제1차적인 피보험자는 피해자라고 하는 책임보험성설과 둘

---

163) 자동차보험 표준약관(2014.6) 제36조(합의 등의 협조·대행) ① 보험회사는 피보험자의 협조 요청이 있는 경우 피보험자의 법률상 손해배상책임을 확정하기 위하여 피보험자가 손해배상청구권자와 행하는 합의·절충·중재 또는 소송(확인의 소를 포함)에 대하여 협조하거나, 피보험자를 위하여 이러한 절차를 대행합니다.

② 보험회사는 피보험자에 대하여 보상책임을 지는 한도(동일한 사고로 이미 지급한 보험금이나 가지급금이 있는 경우에는 그 금액을 공제한 금액. 이하 같음) 내에서 제1항의 절차에 협조하거나 대행합니다.

③ 보험회사가 제1항의 절차에 협조하거나 대행하는 경우에는 피보험자는 보험회사의 요청에 따라 협력해야 합니다. 피보험자가 정당한 이유 없이 협력하지 않는 경우 그로 인하여 늘어난 손해에 대하여는 보상하지 않습니다.

④ 보험회사는 다음의 경우에는 제1항의 절차를 대행하지 않습니다.

1. 피보험자가 손해배상청구권자에 대하여 부담하는 법률상의 손해배상책임액이 보험증권에 기재된 보험가입금액을 명백하게 초과하는 때
2. 피보험자가 정당한 이유 없이 협력하지 않는 때

째, 피보험자가 책임면제를 위하여 조건부권리이전을 약속하고 보험자가 이를 승낙함으로써 피해자가 직접청구권을 갖게 된다는 계약당사자 의사설 셋째, 피해자의 직접청구권은 법률규정에 의한 효과라는 법 규정의 효과설 등이 있다. 이전 상법에서는 피해자의 직접청구권을 직접적으로 인정하고 있지 않았으며, 사회정책적인 견지에서 영위되는 강제보험에서는 법률에 의해 피해자의 보험자에 대한 직접청구권이 인정되었고,[164] 또 일부 책임보험에서는 약관[165]에서 이를 인정하는 경우가 있어 이러한 다툼이 가지는 의미가 있었으나 현행 상법이 책임보험 일반에서 피해자의 직접청구권을 인정하고 있는 이상 이러한 다툼은 실익이 없다고 볼 것이며, 직접청구권의 인정이유를 명확히 이해하면 될 것이다.

한편, 보험자는 피해자로부터 손해보상에 관하여 직접청구를 받은 경우에는 피보험에 대한 항변사유(예; 계약의 하자로 인한 무책사유나 면책사유 등)로서 피해자에게 대항할 수 있음은 당연하다. 이는 피해자의 직접청구권이 법률규정에 의해 인정된 권리라고 할지라도 보험자에 대한 피보험자의 권리를 전제로 이루어지기 때문이다. 사회보장적인 면에서 그 가입이 강제되는 의무적 책임보험에서는 이러한 항변은 다소 제한될 수 있다. 또한 보험자는 피보험자가 그 사고에 관하여 가지는 항변으로써 제3자에게 대항할 수 있다.(본조 제2항 단서) 이 역시 보험자의 보상책임 범위 내에서 피보험자의 제3자에 대한 배상책임은 곧 보험자의 책임이 되며, 피해자의 보험자에 대한 직접청구도 보험금액 한도 내에서 이루어지므로 당연하다. 아울러 보험자가 제3자로부터 직접청구를 받은 경우에는 그 책임이나 책임의 범위를 결정하기 위해 보험자가 필요로 하는 서류, 증거의 제출, 증언 또는 증인의 출석에 협조하여야 한다.(상법 제724조 제4항)

만약, 이러한 협조의무를 이행하지 않았을 경우에는 이로 말미암아 늘어난 손해에 대해서는 보험자는 보상할 책임을 부담하지 않는다. 그리고 피해자의 직접청구권과 피보험자의 보험금청구권은 양자 병존할 수 있는 권리이나, 본 규장 제1항 및 제2항 규정으로 보아서 직접청구권이 피보험자의 보험금청구권 보다 우선한다고 할 것이다. 제3자(피해자)의 보험자에 대한 직접청구권과 피보험자에 대한 손해배상청

164) 자동차손해배상보장법 제10조, 산업재해보상보험법 제36조, 화재로 인한 재해보상과 보험가입에 관한 법률 제9조 등.

165) 1993.1.1 이전 자동차보험약관 제16조.

구권과의 관계에 있어서는 제3자는 두 권리 중 선택하여 행사할 수 있으며, 어느 한 청구권을 행사한 때에는 그 행사한 범위 내에서 다른 권리 또한 소멸된다고 할 것이다.

제3자가 보험자에 대해 가지는 직접청구권의 발생요건에 관하여는 상법에 명문규정은 없으나 피보험자가 제3자에 대해 손해배상책임이 발생되고 보험자가 피보험자에 대해 보상책임이 발생되는 것을 요건으로 하며, 소멸시효 또한 상법에서는 자세하게 규정하고 있지 않으나 직접청구권이 피보험자의 보험자에 대한 손해보상(보험금)청구권을 전제로 하므로 보험금 청구권의 소멸시효와 마찬가지로 직접청구권을 행사할 수 있는 날로부터 2년이라고 본다.

상법 제725조 [보관자의 책임보험]

임차인 기타 타인의 물건을 보관하는 자가 그 지급할 손해배상을 위하여 그 물건을 보험에 붙인 경우에는 그 물건의 소유자는 보험자에 대하여 직접 그 손해의 보상을 청구할 수 있다.

본 규정은 보관자 책임보험에 관하여 규정하고 있다. 보관자 책임보험이라 함은 임차인이나 기타 타인의 물건을 보관하는 자가 보험기간 중에 그 보관 중이던 물건의 멸실, 오손으로 말미암아 물건의 소유자에게 손해배상책임을 지게 될 경우에 보험자가 보상하기로 한 책임보험을 말한다. 이때의 피보험자는 보관중인 물건의 소유자가 아닌 보관자 자신이며, 보험의 목적은 보관중인 물건이 멸실, 오손됨으로써 소유자에게 손해배상을 하여야 할 보관자(창고업자)의 책임이다. 따라서 전적으로 보관자 자신을 위하여 자기명의로 체결하는 보험이며 물건의 소유자를 위한 보험계약은 아니나, 보관자 책임보험의 특성상 물건의 소유자가 직접 보험자에 대해 보상을 청구할 수 있다는 점이 특색이다.(직접청구권 인정) 이 규정은 상법 제724조 제2항이 신설되기 전까지는 직접청구권에 관한 규정으로서 책임보험계약의 일반에 미치는 영향이 지대하였다. 보험계약법리상 보험자에 대한 손해보상(보험금)청구권은 특별한 사정이 없는 한 피보험자 고유의 권리이나 보험관계에서 물건의 소유자는 제3자일뿐이다. 하지만 피해자(물건의 소유자)의 보험자에 대한 손해보상청구권, 이른바 직접청구권은 피해자 보호라는 책임보험의 효용적 측면에서 법률이 특별히 인정한 규정이라고 할 수 있다.

상법 제725조의 2 [수개의 책임보험]

피보험자가 동일한 사고로 제3자에게 배상책임을 짐으로써 입은 손해를 보상하는 수개의 책임보험계약이 동시 또는 순차로 체결된 경우에 그 보험금액의 총액이 피보험자의 제3자에 대한 손해배상액을 초과하는 때에는 제672조와 제673조의 규정을 준용한다. [신설 1991.12.31]

본 규정은 동일한 내용으로 수개의 책임보험계약이 체결된 경우에 그 효과에 관하여 규정하고 있다. 책임보험계약은 보험가액이 존재하지 않기 때문에 보관자 책임보험 등 일정한 경우를 제외하고는 원칙적으로 초과, 중복보험 등이 문제되지 않는다. 하지만 보험계약자가 수개의 책임보험계약을 체결하고 그 각각의 보험금액 총액이 피보험자가 제3자에 대해 부담하는 손해배상책임을 초과할 수 있어, 실질적으로는 피보험자의 부당이익을 초래할 수 있는 중복보험과 같은 문제가 생길 수 있다.

그리하여 현행 상법에서는, 이 경우 상법 제672조 및 제673조를 준용하도록 하는 내용의 본 조문을 규정하고 있다. 물론 상법에서 이러한 규정을 하기 전에는 보험약관에서 본 조문과 같은 내용을 정해두어 보험실무에 이용하여 왔다.166) 따라서

166) 자동차보험 표준약관(2014.6) 제33조(보험금의 분담)

1. 이 보험계약과 보상책임의 전부 또는 일부가 중복되는 다른 보험계약(공제계약을 포함합니다)이 있는 경우에, 다른 보험계약이 없는 것으로 하여 각 보험계약에 의해 산출한 보상책임액의 합계액이 손해액보다 많게 되는 경우에는 다음의 산식에 따라 보험금을 지급합니다.

$$\text{손해액} \times \frac{\text{이 보험계약에 의해 산출한 보상책임액}}{\text{다른 보험계약이 없는 것으로 하여 각 보험계약에 의해 산출한 보상책임액의 합계액}}$$

2. '배상책임' 담보의 경우에 동일한 사고로 인하여 이 보험계약에서 배상책임이 있는 피보험자가 둘 이상 있게 되는 경우에는 '배상책임' 중 '1.(2)' 에서 규정하는 보상한도와 범위에 따른 보험금을 각 피보험자의 배상책임의 비율에 따라 분담하여 지급합니다.
3. (1) 및 (2) 규정에도 불구하고 대리운전업자(대리운전자를 포함합니다)가 가입한 보험계약에서 보험금이 지급될 수 있는 경우에는 그 보험금을 초과하는 손해를 보상합니다.

수개의 책임보험계약의 체결로 보험금액총액이 제3자에 대한 손해배상책임을 초과할 경우에는 각 보험자는 부담하고 있는 보험금액의 한도 내에서 연대책임을 부담하고 보험금액총액에 대한 각자의 보험금액의 비율에 따라 책임을 지게 된다. 아울러 보험계약자는 각각의 보험자에 대해 보험계약의 내용을 통지하여야 하며, 보험계약자의 보험자 어느 1인에 대한 권리의 포기는 다른 보험자에 대해 영향을 미치지 아니한다.

상법 제726조 [재보험에의 적용]

이 절(節)의 규정은 그 성질에 반하지 아니하는 범위에서 재보험계약에 준용한다. [전문개정 2014.3.11.] [시행일 2015.3.12.]

2014.3.11. 개정 전 상법 규정

제726조 [재보험에의 준용]
이 절의 규정은 재보험계약에 준용한다. [개정 1991.12.31.]

본 규정은 책임보험계약에 따른 상법의 일반규정을 재보험계약에 준용함을 규정하고 있다. 재보험계약이란 어떠한 보험자가 보험계약에 의해 인수한 보험계약상 책임의 전부 또는 일부를 다른 보험자에게 다시 담보하도록 하는 보험계약을 말한다. 이러한 재보험은 그 성질상 원 보험계약에 의한 책임을 메워주기 위한 보험이므로 책임보험의 성질을 띠고 있으므로 재보험의 법률관계는 책임보험에 관한 규정이 적용됨을 본 조에서 밝히고 있다. 재보험에 관한 자세한 해설은 상법 제661조 조문 해설을 참조하기 바란다.

상법 개정 법률에서 "그 성질에 반하지 아니하는 범위에서" 재보험에 준용됨을 규정하고 있는 것은 상법 제720조(피보험자가 지출한 방어비용의 지출), 제724조 제2항(제3자의 직접청구권) 등이 재보험계약의 성질상 준용함이 적당하지 아니한 규정이다.

제6절 자동차보험

> **상법 제726조의 2 [자동차보험자의 책임]**
>
> 자동차보험계약의 보험자는 피보험자가 자동차를 소유, 사용 또는 관리하는 동안에 발생한 사고로 인하여 생긴 손해를 보상할 책임이 있다.
> [본조신설 1991.12.31]

경제의 성장과 더불어 자동차수가 급속히 늘어나고 있으며, 손해보험 중에서 자동차보험의 비중이 절반을 넘어서고 있는 현실 속에서 일반대중은 직, 간접적으로 자동차보험과 연관을 맺고 있다고 볼 수 있고, 또한 자동차사고로 인한 위험을 분산함으로써 피보험자인 자동차 보유자나 운전자의 재산보호와 피해자 보호를 위하여 현행 상법에서는 손해보험의 각론으로 자동차보험에 관한 조항을 제6절에서 본 조항 이외에 상법 제726조의 3, 4를 별도로 규정하고 있다. 본 조항에서 말하는 자동차 보험계약이란 자동차를 소유, 사용 또는 관리하는 동안에 발생한 사고로 인하여 생긴 손해를 보상할 것을 내용으로 하는데, 여기에는 피보험자 자신이 피보험자동차와 관련하여 직접 입은 손해를 보상하는 차량손해담보, 자기신체손해담보 그리고 자동차사고와 관련하여 제3자에게 손해배상책임을 짐으로써 입은 손해를 보상하는 배상책임담보로 구성되는 손해보험계약을 말한다. 물론 그 중에서 중심이 되는 것은 배상책임담보라 할 수 있다. 제6절에 규정된 내용은 자동차보험에서 보험자의 보상책임과 보험 증권에 기재하여야 할 사항 및 자동차의 양도시 보험관계에 관한 규정이며, 그 밖에는 자동차보험약관, 상법의 손해보험규정 및 통칙규정이 적용된다.

상법 제726조의 3 [자동차보험증권]

자동차보험증권에는 제666조에 게기한 사항 외에 다음의 사항을 기재하여야 한다. [본조신설 1991.12.31]

1. 자동차소유자와 그 밖의 보유자의 성명과 생년월일 또는 상호
2. 피보험자동차의 등록번호, 차대번호, 차형연식, 기계장치
3. 차량가액을 정한 때에는 그 가액

보험자는 보험계약이 성립한 때에는 보험계약의 내용을 명백하게 하기 위하여 지체없이 보험증권을 작성하여 보험계약자에게 교부하여야 하는데,(상법 제640조) 이렇게 보험자가 작성하여 교부하는 보험 증권은 일종의 요식증권으로서 손해보험의 경우 상법 제666조에서 규정하는 일정한 사항을 기재하고 보험자가 기명날인 하여야 하는데, 본 조항에서는 자동차보험 특성상 이러한 일반적인 내용 이외에도 ①자동차의 소유자와 그 밖의 보유자의 성명과 생년월일 또는 상호 ②피보험자동차의 등록번호, 차대번호, 기계장치 ③차량가액을 정한 때에는 그 가액을 기재하도록 하고 있다.

상법 제726조의 4 [자동차의 양도]

① 피보험자가 보험기간 중에 자동차를 양도한 때에는 양수인은 보험자의 승낙을 얻은 경우에 한하여 보험계약으로 인하여 생긴 권리와 의무를 승계한다.
② 보험자가 양수인으로부터 양수 사실을 통지받은 때에는 지체없이 낙부를 통지하여야 하고 통지받은 날로부터 10일 내에 낙부의 통지가 없을 때에는 승낙한 것으로 본다. [본조신설 1991.12.31]

우리 민법은 물권변동에 관하여는 형식주의를 채택하고 있어 독립하여 거래의 객체가 될 수 있는 동산소유권 양도를 함으로써 효력이 발생하나(민법 제188조), 자동차의 양도에 있어서는 단순한 자동차의 인도(引渡)만으로는 양도가 이루어 졌다고 볼 수 없고, 소유권을 이전등록 하여야 그 효력이 생긴다고 볼 수 있다. 따라서 자동차 양도라는 것은 매매계약 또는 증여 등으로 인하여 소유권을 이전하는 것을 말한다. 자동차보험이 여러 가지 종합적인 보험성격을 가진 보험이고, 또 보험종목이 무엇이든 자동차보험인 이상 자동차를 떠나서는 성립할 수 없다. 그러므로 자동차의 양도는 "자기차량손해담보" 뿐만 아니라 "자동차배상책임담보, 자기신체사고담보 및 무보험자동차에 의한 상해담보" 에서도 이루어 질 수 있다.

자동차보험 중 "자기차량손해담보" 에서는 자동차(피보험자동차)가 보험의 목적이 되지만, 자동차의 소유 · 사용 · 관리 중 발생한 사고로 인한 손해배상책임을 담보하는 "대인 및 대물배상책임담보" 와 상해보험 성격을 가진 "자기신체사고담보 및 무보험자동차에 의한 상해담보" 에서 자동차는 보험의 목적이라고 볼 수 없다. 1991년 이전 상법에서는 상법규정에 자동차보험에 관한 규정이 없었고, 상법 제679조 즉, "보험의 목적을 양도한 때에는 보험계약상의 권리도 동시에 양도한 것으로 추정한다." 라는 규정만 존재하였을 뿐이었으며, 기존의 (구)자동차보험 보통약관 42조(피보험자동차의 양도)에서는 "자동차를 양도하였을 경우 보험계약이 이전되지 아니하고 단, 보험자에게 통지하여 승인배서를 받은 때에는 계약의 이전을 인정" 하여 상법 제679조와 관련하여 많은 논란이 있었다. 그리하여 현행 상법은 자동차보험에 있어 자동차가 양도되었을 경우 양수인이 자동차보험계약상의 권리와 의무를 승계받아 보험의 보호를 받기 위해서는 자동차양도의 사실을 보험자에게 알리고 승낙을 받아야 함을 규정하고 있으며, 보험자는 양수인으로부터 양수 사실을 통지받은 때에는 지체없이 보험계약의 승계에 대한 낙부의 통지를 하여야 하고, 통지받은 날로부터 10일내에 낙부의 통지가 없을 때에는 승낙한 것으로 보아 양수인을 보호하고 있다.[167]

---

167) 자동차보험 표준약관(2014.6) 제48조(피보험자동차의 양도)

① 보험계약자 또는 기명피보험자가 보험기간 중에 피보험자동차를 양도한 경우에는 이 보험계약으로 인하여 생긴 보험계약자 및 피보험자의 권리와 의무는 피보험 자동차의 양수인에게 승계되지 않습니다. 그러나 보험계약자가 이 권리와 의무를 양수인에게 이전하고자 한다는 뜻을 서면 등으로 보험회사에 통지하여 보험회사가 승인한 경우에는 그 승인한 때부터 양수인에 대하여 이 보험계약을 적용합니다.

② 보험회사가 제1항에 의한 보험계약자의 통지를 받은 날부터 10일 이내에 승인 여부를 보험계약자에게 통지하지 않으면, 그 10일이 되는 날의 다음날 0시에 승인한 것으로 봅니다.

③ 제1항에서 규정하는 피보험자동차의 양도에는 소유권을 유보한 매매계약에 따라 자동차를 '산 사람' 또는 대차계약에 따라 자동차를 '빌린 사람'이 그 자동차를 피보험자동차로 하고, 자신을 보험계약자 또는 기명피보험자로 하는 보험계약이 존속하는 동안에 그 자동차를 '판 사람' 또는 '빌려준 사람'에게 반환하는 경우도 포함합니다. 이 경우 '판 사람' 또는 '빌려준 사람'은 양수인으로 봅니다.

④ 보험회사가 제1항의 승인을 하는 경우에는 피보험자동차의 양수인에게 적용되는 보험요율에 따라 보험료의 차이가 나는 경우 피보험자동차가 양도되기전의 보험계약자에게 남는 보험료를 돌려드리거나, 피보험자동차의 양도후의 보험계약자에게 추가보험료를 청구합니다.

⑤ 보험회사가 제1항의 승인을 거절한 경우 피보험자동차가 양도된 후에 발생한 사고에 대하여는 보험금을 지급하지 않습니다.

⑥ 보험계약자 또는 기명피보험자가 보험기간 중에 사망하여 법정상속인이 피보험자동차를 상속하는 경우 이 보험계약도 승계된 것으로 봅니다. 다만, 보험기간이 종료되거나 자동차의 명의를 변경하는 경우에는 법정상속인을 보험계약자 또는 기명피보험자로 하는 새로운 보험계약을 맺어야 합니다.

제7절 보증보험(개정 법률 신설규정)

상법 제726조의 5 [보증보험자의 책임]

보증보험계약의 보험자는 보험계약자가 피보험자에게 계약상의 채무불이행 또는 법령상의 의무불이행으로 입힌 손해를 보상할 책임이 있다.
[본조신설 2014.3.11.] [시행일 2015.3.12.]

상법 제726조의 6 [적용 제외]

① 보증보험계약에 관하여는 제639조 제2항 단서를 적용하지 아니한다.
② 보증보험계약에 관하여는 보험계약자의 사기, 고의 또는 중대한 과실이 있는 경우에도 이에 대하여 피보험자에게 책임이 있는 사유가 없으면 제651조, 제652조, 제653조 및 제659조 제1항을 적용하지 아니한다.
[본조신설 2014.3.11.] [시행일 2015.3.12.]

상법 제726조의 7 [준용규정]

보증보험계약에 관하여는 그 성질에 반하지 아니하는 범위에서 보증채무에 관한 「민법」의 규정을 준용한다.
[본조신설 2014.3.11.] [시행일 2015.3.12.]

Ⅰ. 총설

현행 상법은 보증보험과 관련된 법률 조항을 두고 있지 않다. 보증보험은 그 특성상 보증과 보험의 양면성으로 인해 보증보험의 성질에 관하여 견해가 대립하는 등 보증보험의 법률관계가 불명확 한 것이 사실이다. 이번 상법 개정 법률에서는 이러한 점을 고려하여 상법 보험편에 보증보험에 관한 규정을(상법 제4편 제2장 제7절)을 신설하여 보증보험자의 책임, 보험편 규정 중 보증보험의 성질상 적용이 부적절한 규정의 적용 배제, 민법상 보증규정의 준용 등을 마련하고 있다. 이러한 상법 개정 법률은 보증보험에 관한 법률관계를 상법에 직접 규정함으로써 법적 안정성 제고에 하기 위함이다.

1. 보증보험(保證保險)의 의의

보증보험(guaranty insurance)이라 함은 보험자가 보험료를 받고 채무자인 보험계약자가 채권자인 피보험자에게 계약상의 채무불이행 또는 법령상의 의무불이행으로 손해를 입힌 경우에 그 손해를 보상하는 것을 목적으로 하는 신종보험이다. 보증보험계약은 보험자가 보험계약자의 보증인의 입장에서 대가를 받고 보험계약자의 채권자인 피보험자에 대한 채무의 이행을 담보하고 있는 특수한 형태의 보험이라 할 수 있다.

보증보험은 그 기초에 있어서 채무자의 신용(信用)을 뒷받침하기 위한 수단으로 이용되는 점에서 신용보험과 비슷한 점이 있다. 그러나 신용보험은 보험계약자가 동시에 피보험자로서 피보증인의 채무불이행 그 밖의 행위로 말미암아 생긴 손해의 보상을 위하여 체결되는 자기를 위한 보험이라는 점에서 채무자인 보험계약자가 채권자를 피보험자로 하여 체결하는 타인을 위한 보험의 형태를 취하고 있는 보증보험과는 구별된다.

2. 보증보험의 특수성

보증보험은 보통의 연대보증과도 성질상 다를 뿐만 아니라 미국의 bond나 일본의 보증약관과도 성질이 다르다. 특히 일반보험과는 여러 가지 측면에서 특수성을 가지며, 일반보험과 구별되는 점은 다음과 같다

1) 보험계약 당사자

일반 손해보험계약의 계약당사자는 보험자와 보험계약자가 원칙이고, 타인을 위

한 보험계약의 경우에는 그 타인(피보험자)과 보험계약자는 이해관계가 일치하거나 동질적이지만, 보증보험계약에 있어서는 타인(피보험자)은 보험계약 당사자는 아니다. 보증보험계약에서는 반드시 제3자로서의 피보험자의 존재가 필요하며, 계약 성립의 유효요건이다. 또한 보험계약자와 별개의 인격이며 이해관계가 서로 상반된다. 다만, 신원보증보험 등 몇 개의 종목에 있어서 예외인 경우가 있다.

2) 보험사고 발생의 인위성

보증보험의 보험사고는 불법행위 또는 채무와 의무의 불이행으로 발생되며, 그 불법행위 또는 채무 등의 불이행은 보험계약자의 고의 또는 과실에 의하여 인위적으로 발생하게 되므로 보증보험회사의 손해방지를 위하여 이른바 채권보전조치를 취하게 된다. 채권보전조치는 인적, 물적 담보가 요구되는 때가 있다

3) 보험사고의 동시다발성

보증보험계약의 경우에는 채무불이행을 담보함으로써 특정종목에 보험사고가 발생하면 다른 종목까지도 동시에 사고가 발생하는 동시다발성이 있다. 따라서 보증보험은 보험계약자별로 현존하는 보험계약의 합계액(유효보험가입금액)의 집계를 필요로 한다.

4) 보험사고 불발생의 전제

일반보험의 경우 보험료는 예정보험사고율을 기초로 하여 계산되기 때문에 그 예정했던 보험사고율에 대한 보험사고의 발생을 구조적으로 전제하고 있다. 그러나 보증보험의 경우 채권자와 채무자간의 거래에 있어서 채무자의 부족한 신용을 보증보험이 보충하는 기능을 갖고 있으므로 보증보험 가입자의 보험사고를 전제하여서는 안 된다.

5) 보증보험 책임의 연대성

보증보험은 보험이란 형식을 통하여 행하여지는 보험사업이므로 기본적으로 상행위에 속한다. 따라서 보증보험회사는 채권자에 대하여 주채무자와 함께 연대보증채무를 부담한다.(상법 제57조)

6) 보험료의 성격

보증보험은 지급보험금에 대한 구상을 전제로 위험을 인수하기 때문에 보증보험의 보험료는 보증업무 취급수수료의 성격을 지니고 있다. 따라서 보험료의 산출은 사고확률에 의하여 산출되기 보다는 은행금리나 지급보증료 등 금융비용의 일정률을 적용하는 경우가 많다.

7) 보험자와 보험계약자의 계약해지권의 제한

보증보험계약의 채무담보적 기능에 비추어 볼 때, 채권채무관계가 소멸하지 않는 한 채권자인 피보험자의 동의가 없으면 보험계약자가 임의로 해지할 수 없고, 해지사유가 보험계약자에게만 귀책사유가 있다면 보험자도 임의로 해지 할 수 없다. 이러한 이유는 보험계약자나 보험자가 상법상 인정되는 보험계약 해지권을 행사하게 되면 피보험자에 대한 채권담보기능을 상실하게 되기 때문이다. 다만, 채권자인 피보험자의 동의가 있거나 채권자의 고의 또는 중과실로 인한 경우에 한하여서는 가능하다.

8) 구상권 및 대위권

보증보험회사는 피보험자인 채권자에 대하여 자기의 채무(보험금지급의무)를 변제(辨濟)하고, 주채무자인 보험계약자에 대하여는 타인의 채무를 변제하는 것이므로 주채무자인 보험계약자에 대하여 구상권을 갖게 되며, 채권자의 권리를 대위하는 대위권을 갖게 된다. 따라서 보증보험에 있어서 위험의 최종 담보자는 위험단체인 보증회사가 아니라, 보험계약자인 주채무자라고 볼 수 있다.

9) 경기변동의 민감성

보증보험은 경기변동에 매우 민감하다. 불황이면 보험사고 발생이 급증하고 또한 악성보험계약의 청약이 증가된다. 그러나 호황인 경우에는 이와 반대의 상황이 일어난다. 따라서 위험선택에 있어서 금융기관의 경우와 같이 주채무자의 성격, 능력, 자본, 환경, 담보 등을 기본으로 삼는다.

Ⅱ. 보증보험의 종류

1. 신원보증보험

신원보증보험은 피용인이 업무를 취급함에 있어 자기 직무상의 지위를 이용하여 단독으로 또는 제3자와 공모하여 절도, 강도, 사기, 횡령 또는 배임행위를 함으로써 고용주(피보험자)에게 재산상의 손해를 끼쳤을 때, 그 손해를 담보하는 보험으로 보험자가 피용인(피보증인)의 신원보증책임을 부담하는 것이다. 이 보험은 사회조직이 복잡하여지고 개인주의 사상이 고조됨에 따라 인정이나 지역적 연대의식이 강하던 가족주의사상이 점점 희박하여짐에 따라 보증인을 구하기 어렵게 되고, 설혹 보증인을 구한다 하여도 보증인에게 크나 큰 심적 부담을 주게 되는 결과가 되어 상호간에 미묘한 관계에 놓이게 된다. 또한 고용주 입장에서도 매우 가변성이 심한 현대사회에 있어서 어떤 특정개인의 보증만으로 안전한 보증이익을 추구한다는 것은 매우 불안한 일이다. 이러한 사정 하에서의 신원보증보험제도는 위와 같은 문제점을 해결하여 주는 매우 바람직한 제도로 인정되고 있다. 그러나 이 보험제도에 대한 이해부족과 보험료가 기업경영의 필수비용이라는 인식부족으로 아직 대량 보급되지 못하고 있는 실정이나 앞으로의 전망은 매우 밝은 보험종목이다.

2. 이행보증보험

건설공사계약, 납품계약 등 각종 계약에 따르는 채무의 이행을 보증하여 주는 보증보험이다. 즉, 채무자가 자기의 채무의 이행을 불이행함으로 인하여 채권자에게 발행될 손해를 보상하는 것이다. 이 보험제도는 일정한 보험금을 대치하였다가 계약을 불이행하였을 경우에 이를 몰수하여 채권자의 손해를 충당하는 보증금제도와 보증인제도에 대한 결점을 해소하고자 하는데 그 의의가 있다.[168]

---

168) 이행보증보험의 종류로는

(1)이행(입찰)보증보험 : 응찰자(보험계약자)가 각종 계약에 응찰하여 낙찰되었음에도 불구하고 계약을 체결하지 아니하거나 관계법령에서 정한 입찰보증금의 귀속사유가 발생하였을 경우, 계약발주자(피보험자)가 입게 되는 손해를 보상하는 보험이다.

(2)이행(계약)보증보험 : 채무자(보험계약자)가 계약에서 정한 채무를 이행하지 아니함으로써 채권자(피보험자)가 입게 되는 손해를 보상하는 보험이다.

3. 납세보증보험

정부 또는 지방자치단체에서 조세에 관한 법령에 의하여 세수의 확보를 위하여 납세담보제공의무자에게 일정한 담보를 제공하도록 하고 있는 경우가 있다. 이때 납세의무자는 일정한 담보나 보증인을 두도록 되어 있다. 그러나 이러한 담보나 보증인을 구하는 것이 쉬운 일이 아니며, 구한다고 하더라도 상당한 대가를 치러야 할 경우가 있다. 이러한 경우에 납세담보제공의무자가 납세담보나 보증대신에 이 보험증권을 대신 제공하고 납세의무를 납기 안에 이행하지 아니함으로써 피보험자인 정부나 지방자치단체가 입을 손해를 보상하는 것이 납세보증보험이다.

4. 할부판매보증보험

금액을 분할하여 대금을 결제하도록 하는 할부판매방법을 택하는 경우가 많이 있다. 이러한 경우 상품의 매수자인 채무자가 할부판매계약에 의한 할부금납입을 이행하지 않을 경우에 발생하는 채권자의 손해를 보상하는 보험이 할부판매보증보험이다.

5. 인 · 허가 보증보험

인 · 허가보증보험은 관광사업 또는 매장물 발굴 등 공공기관으로부터 인 · 허가를

(3)이행(차액)보증보험 : 예정가격 미만으로 낙찰된 계약의 채무자(보험계약자)가 계약을 이행하지 아니함으로써 차액보증금이 채권자(피보험자)에게 귀속되는 사유가 발생하였을 경우 채권자가 입게 되는 손해를 보상하는 보험이다.

(4)이행(하자)보증보험 : 계약이행이 완료되어 준공검사 또는 검수가 끝난 후, 하자 보증기간 중에 발생하는 하자에 대하여 채무자(보험계약자)가 하자보수요청을 받고도 이를 이행하지 아니함으로써 채권자(피보험자)가 입게 되는 손해를 보상하는 보험이다.

(5)이행(선급금)보증보험 : 선급금(전도금) 또는 전도자재가 지급되는 각종계약에서 채무자 (보험계약자)가 선금급 등을 지급 받고 계약을 이행하지 아니할 경우, 지급된 선급금(전도금) 또는 전도자재에 대하여 채권자 (피보험자)가 입게 되는 손해를 보상하는 보험이다.

(6)이행(상품판매대금)보증보험 : 각종 물품매매계약에서 물품대금 지급채무를 지는 채무자 (보험계약자)가 계약에서 정한 대금지급채무를 이행하지 아니함으로써 채권자(피보험자)가 입게 되는 손해를 보상하는 보험이다.

(7)이행(지급)보증보험 : 기타 각종 계약에서 정한 채무를 채무자(보험계약자)가 이행하지 아니할 경우 채권자(피보험자)가 입게 되는 손해를 보상하는 보험이다.

받고자 할 때 일정액의 보증금을 납부하여야 할 경우 채무자가 보증금 대신에 이 보험증권을 제공하고 채무자가 인가, 허가, 특허, 면허 등에 따른 제반 조건을 이행하지 아니함으로써 채권자 또는 제3자가 입는 재산상의 손해를 보상하는 보험이다.

6. 지급계약보증보험

각종 지급계약상의 지급채무가 있는 경우 채무자가 담보금 대신에 보험증권을 제공하고 채무자가 각종 지급계약상의 채무를 이행하지 아니함으로써 채무자(**피보험자**)가 입는 손해를 보상하는 것이다.

Ⅲ. 보증보험의 법적성질

1. 손해보험성

일정한 계약상의 채무불이행 등으로 인해 생긴 손해를 보상할 것을 목적으로 하는데, 이 보험계약의 성질이 일반적인 손해보험계약인가에 대해서는 부정설과 긍정설이 있다. 이에 대해서는 보증보험의 경우에도 채무불이행 등이라는 보험사고의 우연성이 인정된다는 점과 피보험자의 고의 중대한 과실로 보험사고가 발생한 경우에 보험자가 보상책임을 부담한다는 것이 반드시 신의칙이나 사회질서에 반한다고 보기 어렵다는 점, 실거래에서 요구하는 보증의무를 보험계약의 형태로 영위하고 있는 점 등을 고려하여 볼 때, 이는 일종의 손해보험으로 보아야 한다.[169)]

169) 대법원 1999.2.9. 선고 98다49104 판결. "이행보증보험은 채무자인 보험계약자가 채권자인 피보험자에게 계약상의 채무를 이행하지 아니함으로써 손해를 입힌 경우에 보험자가 그 손해의 전보를 인수하는 것을 내용으로 하는 손해보험으로서 보험계약자의 피보험자에 대한 계약상의 채무이행을 담보하는 것이므로, 이행보증보험계약에 의하여 보험자가 피보험자에게 담보하는 채무이행의 내용은 채권자와 채무자 사이에서 체결된 주계약에 의하여 정하여지고, 이러한 주 계약을 전제로 이행보증보험계약이 성립하지만, 그 주계약이 반드시 이행보증보험계약을 체결할 당시 이미 확정적으로 유효하게 성립되어 있어야 하는 것은 아니고 장차 체결된 주 계약을 전제로 하여서도 유효하게 이행보증보험계약이 체결 될 수 있다."

2. 책임보험성

보증보험은 보험계약자의 손해배상책임을 보험자가 부담한다는 점에서 책임보험적 성질을 가지고 있지만 배상책임의 당사자와 발생원인면에서 책임보험과는 다르다. 책임보험은 피보험자의 책임질 사고로 인한 배상책임손실을 보상하며 피해자가 누구인지 보험계약 체결당시 확정이 되어 있지가 않다. 손실액을 확정할 수 없다는 점에서도 다르다. 자동차손해배상보장법상 의무보험의 경우를 제외하고는 보험계약자, 피보험자의 고의로 인한 사고는 보험자가 보상하지 않지만, 보증보험은 보험계약자의 고의에 의한 사고에도 보상한다.

3. 보증성

보증보험은 주채무자인 보험계약자의 채무이행이 없을 때에 보험자가 그 담보책임을 진다는 점에서 민법상의 보증계약과 유사한 보증성을 가지고 있다. 법원 판례는 보증보험계약에서의 보험자의 보상책임의 법적성질은 보증책임과 같다고 해석하고 있다.[170)]

4. 타인을 위한 보험성

형식적으로는 보험계약자인 채무자의 계약상의 채무불이행 또는 법령상의 의무불이행으로 인하여 채권자가 입게 되는 손해를 보험자가 보상할 것을 목적으로 하는 손해보험이기 때문에 채권자가 피보험자가 되는 타인을 위한 보험의 일종이다. 즉, 보증보험은 채무자가 보험계약자로서 보험료 납부의무를 부담하고 피보험자를

---

170) 대법원 2004.2.13. 선고 2003다43858 판결. "보험계약자인 채무자의 채무불이행으로 인하여 채권자가 입게 되는 손해의 전보를 보험자가 인수하는 것을 내용으로 하는 보증보험계약은 손해보험으로, 형식적으로는 채무자의 채무불이행을 보험사고로 하는 보험계약이나 실질적으로는 보증의 성격을 가지고 보증계약과 같은 효과를 목적으로 하므로 민법의 보증에 관한 규정, 특히 민법 제441조 이하에서 정한 보증인의 구상권에 관한 규정이 보증보험계약에도 적용된다.(대법원 1997.10.10. 선고 95다46265 판결 등 참조) 또 보증채무자가 주 채무를 소멸시키는 행위는 주 채무의 존재를 전제로 하므로, 보증인의 출연행위 당시 주채무가 성립되지 아니하였거나 타인의 면책행위로 이미 소멸된 경우에는 비채변제가 되어 채권자와 사이에 부당이득반환의 문제를 남길 뿐, 주채무자에 대한 구상권은 발생하지 않는다."

채권자로 하는 방식을 취한다. 그러나 보험계약자는 담보를 제공하는 대신에 보증보험계약을 체결하는 것이므로 보증보험은 실질적으로는 보험계약자 자신을 위한 보험과 피보험자인 채권자를 위한 타인을 위한 보험의 결합 형태이다.

Ⅳ. 보증보험계약의 법률관계

1. 보증의 의의

금전소비대차 등에서 채권자는 채무자가 계약을 지키지 않고 채무의 내용을 이행하지 않을 경우를 대비하여 채권의 확보방안으로 채무자 이외의 제3자의 재산으로 채권을 담보하는 제도가 보증이다.

이 경우 채무자 이외의 제3자를 보증인이라 하고, 보증인이 부담하는 채무를 보증채무라고 하며, 보증채무를 발생케 하는 계약을 보증계약이라고 한다. 보증은 보증인의 일반재산으로 채권을 담보하나 다른 채권자에 우선할 수 있는 우선변제권이 없는 점에서 채권자가 다른 채권자에 우선하여 부동산이나 동산·주식 등의 특정재산으로부터 우선변제를 받을 수 있는 저당권, 질권 등 물적 담보제도와 구별된다.

2. 보증의 성립

1) 보증계약의 당사자

보증은 주채무자로부터 보증인이 되어 달라는 부탁을 받고 보증인이 되는 경우와 부탁 없이 자청하여 보증인이 되는 경우가 있으나 어느 경우나 보증인과 채권자가 보증계약의 당사자이고 주채무자는 보증계약과는 직접 관계가 없다. 그러나 현실적으로는 주채무자가 보증인의 사전 허락을 받아 대리인으로서 채권자와 보증계약을 체결하는 경우가 일반적이다. 보증인이 채권자와 보증계약을 함에 있어서 주채무자에 의하여 기만당하거나 채무자의 자력, 담보 등에 관하여 착오가 있더라도 이를 보증계약의 내용으로 하지 않는 한 보증계약을 취소할 수 없다.

보증계약은 특별한 방식을 요구하지 않으므로 보증에 관한 당사자(보증인과 채권자)의 합의만 있으면 성립하나, 다툼을 피하기 위해서는 서면으로 명확히 할 필요가 있다.

2) 보증인의 자격

보증계약도 일반계약능력 및 행위능력은 필요하다. 한편 법률상 또는 계약상 보증인을 세워야 할 의무가 있는 경우에는 그 보증인은 행위능력과 변제능력이 있어야 하고, 보증인이 변제 자력이 없게 된 경우에는 채권자는 자신이 특정인을 보증인으로 지명한 때 이외에는 그 요건을 갖춘 자로 보증인의 변경을 요구할 수 있다.

3. 보증채무와 주채무의 관계

보증채무는 주채무의 존재를 필요로 하므로 주채무가 불성립하거나 소멸하였을 때에는 무효이며, 주채무가 취소된 때에는 보증계약도 소급하여 무효가 되고, 주채무가 조건부로 효력이 생길 때에는 보증채무도 조건부로 효력이 생긴다. 장래의 채무를 위한 보증이나 장래 증감하는 채무를 결산기에 있어서 일정한 한도액까지 보증하는 근보증(根保證) 또는 계속적보증도 가능하다.

4. 보증의 내용

1) 일반보증 내용은 보증계약에 의하여 정하여 진다.

보증채무의 범위는 주채무의 범위보다 넓어서는 안 되며, 만약 넓을 때에는 주채무의 한도로 감축된다. 그러나 보증채무가 주채무보다 적은 것은 무방하다. 특약이 없는 한 보증채무는 주 채무의 이자, 위약금, 손해배상 기타 주채무에 종속한 채무를 포함하나, 보증계약 성립 후에 주채무자와 채권자가 계약으로 주채무의 내용을 확장하는 경우 등과 같이 동일성이 없는 경우에는 보증채무가 확장되지 않는다.

2) 근보증 또는 계속적보증

계속적 보증계약기간의 약정이 없는 때에는 보증인은 보증계약 체결후 상당한 기간이 경과되면 보증계약을 해지할 수 있으며, 계속적 보증은 원칙적으로 상속되지 아니한다. 약정이 없는 때에는 보증인은 보증계약 체결 후 상당한 기간이 경과되면 보증계약을 해지할 수 있으며, 계속적 보증은 원칙적으로 상속되지 아니한다. 또한, 보증계약체결당시 예상할 수 없었던 특별한 사정 즉, 채무자의 자산상태가 급격히 악화된 경우에는 상당한 기간이 경과되지 않더라도 보증계약을 해지할 수 있다. 채

권자는 주채무자가 채무의 이행을 하지 않는 때에는 보증인에게 보증채무의 이행을 청구할 수 있다.

5. 보증의 효력

1) 보증채무 청구

채권자는 주채무자가 채무의 이행을 하지 않는 때에는 보증인에게 보증채무의 이행을 청구할 수 있다.

2) 보증인의 최고 · 검색의 항변권 등

보증인은 채권자가 주채무자에게 청구를 하여 보지도 않고 보증인에게 청구하여 온 때에는 주채무자가 변제능력이 있다는 사실 및 그 집행이 용이하다는 것을 증명하여 먼저 주채무자에게 청구할 것을 요구할 수 있다. 그러나 연대보증인은 최고 · 검색의 항변권이 없다. 최고 · 검색의 항변권을 행사하였음에도 불구하고 채권자가 주채무자에게 청구하는 것을 태만히 하여, 그 후 주채무자로부터 주채무의 전부나 일부를 변제 받지 못하게 된 때에는 곧 청구하였으면 변제 받을 수 있었을 한도에서 보증인은 그 채무를 면하게 된다. 보증인은 주채무자가 채권자에 대하여 가지는 항변사유로 채권자에게 대항할 수 있다.

3) 주채무자와 보증인에 발생한 사유의 효력

주채무자에 관하여 생긴 사유는 원칙적으로 모두 보증인에게 효력이 생긴다. 따라서 주채무가 소멸하는 때에는 보증채무도 소멸한다. 그러나 보증인에게 생긴 사유는 주채무를 소멸시키는 행위(변제, 대물변제, 공탁, 상계 등) 이외에는 주채무자에게 영향을 미치지 않는다.

6. 보증인의 구상권

첫째, 보증인은 채권자에 대한 관계에 있어서는 자기의 채무를 변제하는 것이지만, 주채무자에 대한 관계에 있어서는 타인의 채무를 변제하는 것이 된다. 따라서 보증인의 변제 등으로 주채무자가 채무를 면하게 된 경우에는 보증인은 주채무자에 대하여 구상할 수 있는 권리를 가진다. 주채무자의 부탁으로 보증인이 된 자가 과실 없이 변제 기타의 출재로 주채무의 전부 또는 일부를 소멸하게 한 때에는 출재한 금액의 한도 내에서 주채무자에게 구상할 수 있는 권리를 가진다. 주채무자의 부탁 없이 보증인이 된 자가 변제 기타 자기의 출재로 주채무의 전부 또는 일부를 소멸하게 한 때에는 채무를 면하게 한 행위 당시 또는 구상권을 행사할 당시에 주채무자가 이익을 받고 있는 한도 내에서 구상할 수 있는 권리를 가진다.

둘째, 보증인이 통지의무를 게을리 하면 구상할 수 있는 권리가 제한된다. 보증인이 주채무자에게 미리 통지하지 않고, 변제 기타 출재로 주채무를 소멸하게 한 경우에 주채무자가 채권자에게 대항할 수 있는 사유가 있었을 때에는 그 사유로 보증인에게 대항할 수 있어 그 범위에서 보증인의 구상권이 제한된다. 한편, 주채무자가 통지를 게을리 하여 부탁 받은 보증인이 선의로 이중 변제한 경우에는 보증인은 주채무자에게 구상할 수 있다.

7. 연대보증

연대보증이라 함은 보증인이 주채무자와 연대하여 채무를 부담함으로써 주채무의 이행을 담보하는 보증채무를 말한다. 연대보증은 채권의 담보를 목적으로 하는 점에서 보통의 보증과 같으나 보증인에게 최고·검색의 항변권이 없으므로 채권자의 권리담보가 보다 확실하다. 채권자는 연대보증인이 수인인 경우 어느 연대보증인에 대하여서도 주채무의 전액을 청구할 수 있다. 연대보증은 보증인이 주채무자와 연대하여 보증할 것을 약정하는 경우에 성립한다. 연대보증인에게는 앞서 설명한 최고·검색의 항변권이 없으나 주채무자가 채권자에 대하여 가지는 항변권과 구상권 등은 가지고 있다.

8. 신원보증

1) 신원보증의 의의와 종류

신원보증은 고용계약에 부수하여 체결되는 보증계약이다. 신원보증에는 ①노무자가 장래 고용계약상의 채무불이행으로 인하여 사용자에 대하여 손해배상채무를 부담하는 경우에 그 이행을 담보하는 일종의 장래채무의 보증 또는 근보증 ②이보다 넓게 노무자가 사용자에 대하여 채무를 부담하는지 부담하지 않는지를 묻지 않고 노무자 고용에 의하여 발생한 모든 손해를 담보하는 일종의 손해담보계약 ③기타 모든 재산상의 손해뿐만 아니라 노무자의 신상에 관하여 노무자 본인이 고용상의 의무를 위반하지 않을 것과 질병 기타에 의하여 노무에 종사할 수 없는 경우에 사용자에게 일체의 폐를 끼치지 않을 것을 담보하는 신원인수가 있다. 통상의 경우 신원보증은 손해담보계약으로 볼 수 있으나 구체적으로는 당사자의 의사에 따라 결정된다.

2) 신원보증의 내용과 효력

신원보증도 보증인과 사용자와의 신원보증계약에 의하여 성립하는데 신원보증의 계약 내용이 광범위하고 장기간에 걸쳐 있는 것이 일반적이므로 신원보증시 노무자의 성실성, 노무의 내용, 보증 기간 등에 유의하여 신원보증계약을 체결하여야 한다. 또한, 신원보증법에 위반하여 신원보증인에게 불리한 계약을 체결하는 것은 무효이다.[171] 피용자를 고용한 사용자는 다음의 경우에 신원보증인에게 지체없이 통지하여 신원보증인에게 계약해지의 기회를 주어야 한다. 피용자가 업무상 부적임하거나 불성실하여 이로 말미암아 신원보증인의 책임을 야기할 염려가 있음을 안 때, 피용자의 임무 또는 임지를 변경함으로써 신원보증인의 책임을 가중하거나 또는 그 감독이 곤란하게 될 때, 신원보증인의 보증책임이 발생한 경우 법원은 신원보증인의 손해배상의 책임과 그 금액을 정함에 있어 피용자의 감독에 관한 사용자의 과실의 유무, 신원보증인이 신원보증을 하게 된 사유 및 그에 대한 주의정도, 피용자의 임무·신원의 변화 기타 일체의 사정을 참작하도록 하고 있다. 신원보증계약은 신원보증인의 사망으로 그 효력은 상실하고 상속되지 않는다. 단, 이미 발생한 채무는 상속된다.

---

171) 신원보증법에 제3조(신원보증계약의 존속기간 등) ①기간을 정하지 아니한 신원보증계약은 그 성립일부터 2년간 효력을 가진다. ②신원보증계약의 기간은 2년을 초과하지 못한다. 이보다 장기간으로 정한 경우에는 그 기간을 2년으로 단축한다. ③신원보증계약은 갱신할 수 있다. 다만, 그 기간은 갱신한 날부터 2년을 초과하지 못한다.

9. 보증보험제도

보증보험제도는 특수한 보증제도로서 보증보험회사와 이용자가 보증보험계약을 체결하고 그 보험증권으로 보증을 대신할 수 있는 제도이다. 인적담보제도는 보증인의 자력에 의존하는 것이므로 그 자력이 부족하면 채권을 담보할 수 없게 되므로 보증인의 자력확보가 문제였으나 이를 보완할 수 있는 제도가 보증보험제도이다.

보증보험은 가압류, 가처분 등의 보증공탁시 공탁금을 보증보험증권으로 대체함으로써 비교적 많은 금액을 현금으로 납입해야 하는 불편을 덜어주며, 각종 할부구매, 신원보증의 경우는 물론 형사사건의 보석보증금 납부 필요시에도 이용된다. 보증보험계약체결시 보증보험회사에 납부하여야 할 보험료는 보험 상품에 따라 차등이 있으나, 공탁보증보험과 보석보증보험의 경우 보험가입금액의 1%인 저렴한 보험료로 각종 보증을 대신할 수 있는 편리한 제도이다.

Ⅴ. 보증보험의 사회적 기능

1. 채권담보적 기능

경제활동 과정에서 채권자는 채무자의 채무불이행으로 인한 손실발생의 위험을 보상받을 수 있는 안전장치를 필요로 하게 되는데, 이러한 경제적 수요를 충족시켜주는 기능을 채권담보적 기능이라고 한다. 하지만 과거의 담보제도는 절차와 기간소요 등의 문제로 인해 최근에는 채권자들이 담보물의 직접취득을 기피하는 경향이 증가하고 있는 것이다. 보증보험제도는 이러한 사회적 요구에 부응하여 생겨난 제도로서 채권자와 채무자에게 다 같이 이익을 공여하는 제도로 발전을 거듭하고 있는 것이다. 따라서 보증보험은 공신력이 있는 보험회사가 보증인으로서 채무자와 채무불이행으로 인한 채권자의 손해를 담보하고 있기 때문에 채권담보적 기능이 가장 강하다고 할 수 있다.

2. 신용공여의 특징

보증보험은 보험적 기술을 이용하여 보증업무를 수행하는 결과, 다른 보증기관에 비하여 신용을 공여하는 기능이나 범위가 광대하고 점차로 확대되어 가는 기능이 있다. 이에 따라 보증보험은 신용상태가 각각 상이한 기업들의 신용을 일정한 수준 이상으로 규격화 내지는 정형화시키는 기능을 가진다고 할 것이다.

Ⅵ. 보증보험의 이용과 보험담보

1. 보험자의 구상권의 성질

보증보험에서는 보험사고가 보험계약자인 주채무자가 피보험자인 채권자에게 그 의무를 이행하지 아니함으로써 채권자가 입은 손해라는 점에서 일반 손해보험과는 다르다 할 것이다. 보증보험약관은 "보험자가 보험금을 지급할 때에는 보험계약자에 대하여 구상권을 피보험자가 가지는 권리를 대위하여 가진다." 라는 보험자의 구상권 내지는 대위권 조항을 두고 있다. 이것은 보험자가 보증인으로서 가지는 구상권을 나타낸 것이라 할 것이다.

2. 구상권 행사의 근거

1) 법적인 근거

일반적으로 타인을 위한 보험계약의 경우 보험자는 피보험자의 보험계약자에 대하여 가지는 권리를 대위할 수 없다고 보아야 할 것이다. 그러나 보증보험의 경우에는 보험자는 보험계약자의 보증인으로서 채권자에 대하여는 그 의무를 이행하여야 할 책임을 지고, 보험계약자인 주채무자와의 관계에서는 타인의 채무를 대신 지급하여 주는 것이므로, 보험계약자에 대하여는 당연히 구상권을 가지는 것이라 할 수 있다.

2) 이론적인 근거

보증보험의 경우에는 고의로 채무를 이행하지 않거나 주의의무 소홀로 사회적 불안을 조장할 위험이 있기 때문에 보험자의 구상권을 인정할 수밖에 없다.

3. 위험의 자기부담과 담보 제공

현실적으로 보증보험계약 체결시에 보험회사가 그 채무불이행시의 구상권을 확보하기 위해 담보를 받거나 보증을 세우도록 하여 채권보전 조치를 취하는 것은 그 범위 내에서 보증보험의 신용공여의 기능을 퇴색시키고 있다고 할 것이다. 그러나 채권자가 채무자의 채무불이행으로 말미암아 있을지도 모를 번잡한 채권행사를 피하기 위하여 공신력 있는 기관에 의한 보증을 요구함으로써 보증보험을 이용하는 보험계약자로서는 자신의 신용을 담보하는 방안을 강구하는 것은 오늘날 우리의 거래의 실정에서는 불가피한 현상이라 할 것이다.

제3장

인보험

제1절 통칙

상법 제727조 [인보험자의 책임]

① 인보험계약의 보험자는 피보험자의 생명이나 신체에 관하여 보험사고가 발생할 경우에 보험계약으로 정하는 바에 따라 보험금이나 그 밖의 급여를 지급할 책임이 있다. [개정 2014.3.11.]
② 제1항의 보험금은 당사자 간의 약정에 따라 분할하여 지급할 수 있다,
[신설 2014.3.11.]
[제목개정 2014.3.11.] [시행일 2015.3.12.]

2014.3.11. 개정 전 상법 규정

제727조 [인보험자의 책임]
인보험계약의 보험자는 생명 또는 신체에 관하여 보험사고가 생길 경우에 보험계약의 정하는 바에 따라 보험금액 기타의 급여를 할 책임이 있다.

1. 인보험계약의 의의

본 조문에서는 인보험자의 책임에 관하여 규정하고 있다. 인보험계약(contract of personal insurance)은 보험자가 보험료를 받고 사람의 생명 또는 신체에 관하여 보험사고가 생길 경우에 보험계약에서 정하는 바에 따라 보험금액 기타의 급여를 책임지는 보험계약을 말한다. 인보험은 보험사고의 대상 즉, 보험의 목적이 사람의 생명이나 신체인 보험으로서 보험사고의 대상이 피보험자의 재산 또는 특정 물건인 재산(물건)보험에 대응하는 개념이다. 현행 우리의 상법은 손해보험과 인보험으로 크게 구분하고 있는데, 이는 어디까지나 법률 조문의 기술상의 편의에 따른 것이지 정확한 구분은 아니다. 그 이유는 인보험 중에서 생명보험을 제외한 상해보험이나

질병보험, 간병보험 등의 보험금 지급방식이 손해보험성을 갖기 때문이다.

한편, 상법은 제4편 보험편에서 제1장을 통칙, 제2장을 손해보험, 제3장 인보험을 인보험이라고 구분하면서, 제3장을 다시 제1절 통칙(상법 제727조~제729조), 제2절 생명보험(상법 제730조~제736조), 제3절 상해보험(상법 제737조~제739조의 3)으로 구분하여 기술하고 있다. 인보험의 종류로는 생명보험, 상해보험, 질병보험, 간병보험 등이 있으며 상법에서는 질병보험에 관하여는 금번 개정 법률에 신설하여 규정하고 있으나 간병보험에 관한 규정을 두고 있지 않다.[172)]

2. 인보험계약의 특성

1) 피보험이익 관념의 부인(否認)

손해보험계약에서 절대적 중심요소인 피보험이익의 관념이 인보험계약에서는 부인(否認)된다. 피보험이익이란 보험사고 발생여부와 관련하여 피보험자가 보험의 목적에 대해 갖게 되는 경제적 이익(경제적 이해관계)을 말하며, 이의 경제적 평가액을 보험가액이라고 한다. 인보험계약에서 보험의 목적은 사람의 생명이나 신체는 금전적인 가치평가가 불가능하다는 점에서 피보험이익의 관념을 인정하고 있지 않다. 이에 따라 피보험이익의 존재를 전제로 하는 초과, 중복, 일부보험의 문제는 인보험계약에서 생기지 않는다.[173)]

---

172) 보험업법 제2조(정의)에서는 “질병보험, 상해보험, 간병보험” 을 제3보험 분야로 생명보험과 구분하여 정의하고 있다.
일본 보험법에서도 생명보험과 상해 및 질병보험을 구분하여 규정하고 있다. 즉, 일본 보험법 제2조(정의)규정에서는 제7호 “傷害疾病損害保險契約 損害保險契約のうち、保險者が人の傷害疾病によって生ずることのある損害(当該傷害疾病が生じた者が受けるものに限る)をてん補することを約するものをいう。” (상해질병손해보험계약 - 손해보험계약 중 보험자가 사람의 상해질병에 의해 생긴 손해(당해 상해질병이 발생한 자가 받는 것에 한한다)를 전보할 것을 약정한 것을 말한다.) 제8호에서 “生命保險契約 保險契約のうち、保險者が人の生存又は死亡に關し一定の保險給付を行うことを約するもの(傷害疾病定額保險契約に該当するものを除く。)をいう。” (생명보험계약 - 보험계약 중 보험자가 사람의 생존 또는 사망에 관하여 일정한 보험급부를 행할 것을 약정한 것(상해질병정액보험계약에 해당하는 것을 제외한다)을 말한다.) 제9호 “傷害疾病定額保險契約 保險契約のうち、 保險者が人の傷害疾病に基づき一定の保險給付を行うことを約するものをいう。” (상해질병정액보험계약 - 보험계약 중 보험자가 사람의 상해질병에 근거하여 일정 보험급부를 행할 것을 약정한 것을 말한다.)라고 규정하고 있다.

2) 보험의 목적과 보험사고

손해보험계약에서 보험사고의 대상(對象, object) 즉, 보험의 목적은 물건이나 기타 재산이지만 인보험계약에서의 보험의 목적은 사람의 생명이나 신체라는 점에서 구별된다. 또한, 손해보험계약의 보험사고는 일반적으로 발생 그 자체가 불확정적이지만 인보험계약 중에 사망을 보험사고로 하는 경우에는 사망 그 자체는 확정적이며, 다만 발생시기와 방법이 불확정적이라는 점에서 차이가 있다.

3) 피보험자의 의미와 보험수익자의 존재

보험계약관계자로서 피보험자는 손해보험계약과 인보험계약에서 그 의미가 완전히 다르다. 즉, 손해보험계약에서 피보험자는 피보험이익의 주체로서 보험사고 발생시 보험자에 대해 보험금을 청구할 수 있는 사람이지만, 인보험계약에서는 자기의 생명이나 신체가 보험에 붙여지는 자로서 보험사고의 대상인 보험의 목적에 불과하며, 손해보험계약에서와 같은 보험금청구권이 없다. 인보험계약에서 보험금청구권을 갖는 자는 보험수익자이며, 보험수익자의 개념은 손해보험계약에서는 존재하지 않는다.

4) 보험자 대위의 금지

인보험계약에서는 그 특성상 보험자 대위가 인정되지 않는다. 인보험계약에서 보험의 목적이 사람이 생명이나 신체이므로 잔존물의 관념을 인정할 수 없기 때문에 잔존물 대위는 존재할 수 없고, 제3자에 대한 청구권 대위 역시 원칙적으로 금지하고 있다.(상법 제729조) 이는 제3자에 대한 청구권 대위가 피보험자가 입은 실제 손해액의 보상 이외에 이익을 취하는 것을 방지하기 위한 정책적인 이유에서 인정되는 제도이므로, 손해와 이익의 개념이 없는 정액보험(定額保險)의 형태인 인보험계약에서는 이를 원칙적으로 인정할 수 없다.

다만, 인보험계약 중 손해보험적 성질이 있는 상해보험에서는 제3자에 대한 청구권 대위를 인정할 필요가 있어 당사자 간의 특약에 의해 보험자 대위를 인정될 수

173) 일본의 경우는 우리나라와 동일하게 인보험계약에서 피보험이익을 인정하고 있지 않지만, 영미법과 중국보험법에서는 인보험계약에서도 피보험이익(근친관계에서의 애정이나 피보험자의 사상과 관련된 이해관계)을 인정하고 있다.

있다.(상법 제729조 단서)

5) 보험금 지급방식

손해보험계약은 피보험자가 피보험이익에 생긴 손해를 보험자가 보상하는 실손해 보상 방식인데 반하여, 인보험계약은 일반적으로 보험계약 당시에 보험사고 발생시 일정한 금액을 정액(定額)으로 지급할 것을 정하는 방식이다. 그러나 인보험계약 중 상해보험의 경우에는 보험금 지급방식이 정액으로 지급하는 방식과 부정액으로 지급하는 방식이 혼재되어 있는 특성이 있다.

상법 제728조 [인보험증권]

인보험증권에 제666조에 게기한 사항 외에 다음의 사항을 기재하여야 한다. [개정 1991.12.31]

1. 보험계약의 종류
2. 피보험자의 주소·성명 및 생년월일
3. 보험수익자를 정한 때에는 그 주소·성명 및 생년월일

본 조문은 보험증권의 일반적인 기재사항(상법 제666조 조문해설 참조) 이외에 인보험계약의 특성에 따라 특유한 기재사항을 기재하여 교부하도록 규정하고 있다. (상법 제640조 조문해설 참조) 인보험증권에 기재하여야 할 법정 기재사항으로는 보험계약의 종류, 피보험자와 보험수익자의 주소·성명 및 그 생년월일을 기재하도록 하고 있다. 보험계약의 종류를 기재하여야 하는 것은 체결된 보험계약이 어떤 종류의 보험인지에 대한 증명이며, 피보험자와 보험수익자의 주소·성명 및 생년월일을 기재하여야 하는 것은 인보험계약 중에 생명보험계약의 경우 보험계약자가 지불하여야 할 보험료는 생명표에 의해 피보험자의 연령에 따른 예정사망률에 의해 결정되므로 피보험자의 나이[174]는 보험계약에서 중요한 요소이기 때문일 뿐만 아니라 서면상의 피보험자 및 보험수익자와 실제의 자가 동명이인(同名異人)일수 있으므로 동일성을 증명하기 위함이다. 만약, 보험계약체결 당시에 보험수익자가 지정되지 않고 유보되고 있을 경우에는 보험수익자가 지정될 때까지 유보된다.

174) 생명보험 표준약관(2011.1) 제8조(보험나이) ①이 약관에서의 피보험자(보험대상자)의 나이는 보험나이를 기준으로 합니다. 다만, 제4조(계약의 무효) 제2호의 경우에는 실제 만 나이를 적용합니다. ②제1항의 보험나이는 계약일 현재 피보험자(보험대상자)의 실제 만 나이를 기준으로 6개월 미만의 끝수는 버리고 6개월 이상의 끝수는 1년으로 하여 계산하며, 이후 매년 계약 해당일에 나이가 증가하는 것으로 합니다. ③피보험자(보험대상자)의 나이 또는 성별에 관한 기재사항이 사실과 다른 경우에는 정정된 나이 또는 성별에 해당하는 보험금 및 보험료로 변경합니다.

상법 제729조 [제3자에 대한 보험대위의 금지]

보험자는 보험사고로 인하여 생긴 보험계약자 또는 보험수익자의 제3자에 대한 권리를 대위하여 행사하지 못한다. 그러나 상해보험계약의 경우에 당사자 간에 다른 약정이 있는 때에는 보험자는 피보험자의 권리를 해하지 아니하는 범위 안에서 그 권리를 대위하여 행사할 수 있다. [개정 1991.12.31]

본 조항은 인보험계약에서의 제3자에 대한 보험자 대위가 금지됨을 규정하고 있다.[175] 인보험계약은 피보험이익의 관념, 손해의 관념 등이 없는 보험계약이므로 손해보험계약과 같이 이득금지의 원칙이나 손해보상의 원칙에 따라 피보험자가 실제 발생한 손해 이상으로 이익을 취함으로써 보험이 도박화되는 것을 방지하거나 불로(不勞)의 이중이득을 방지하기 위해 정책적인 측면에서 인정되는 보험자 대위가 원칙적으로 존재할 수 없다.[176] 그러나 손해보험으로서의 성질(손해보상성)이 있는 상해보험계약의 경우에는 지급받은 상해보험금이 손해로서의 성질이 있으므로 제3자에 대한 보험자대위를 인정할 필요가 있다.

가령, 자동차사고로 상해를 입은 피보험자가 자기가 가입한 자동차보험의 자기신체사고담보(상해보험)로 상해보험금을 받고, 상대방 차량이 가입한 자동차보험의 대인배상에 의해 손해배상금을 지급받을 수 있다. 피보험자가 자기가 가입한 자동차보험 자기신체사고담보에서 지급받은 상해보험금이 "손해" 의 성격이 존재하지 않

175) 특히, 잔존물 대위(상법 제681조)는 인보험계약의 보험목적이 사람의 신체 또는 생명이므로 잔존물이라는 개념이 없으므로 보험목적에 대한 잔존물 대위는 그 자체로서 성립할 수 없다.(상법 제681조 및 상법 제728조 조문해설 참조)

176) 대법원 1998.11.24. 선고 98다25061 판결. "상해보험에 의한 급부금은 이미 납입한 보험료의 대가적 성질을 가지는 것으로서 그 부상에 관하여 제3자가 불법행위 또는 채무불이행에 기한 손해배상의무를 부담하는 경우에도, 보험계약의 당사자 사이에 다른 약정이 없는 한, 상법 제729조에 의하여 보험자대위가 금지됨은 물론, 그 배상액의 산정에 있어서 손익상계로서 공제하여야 할 이익에 해당하지 아니하며, 보험자대위가 인정되는 경우에도 피보험자가 보험자로부터 손해의 일부를 전보받았다고 하여 그 나머지 손해에 대한 가해자의 피보험자에 대한 손해배상책임까지 소멸되는 것은 아니다."

으면 문제가 되지 않으나, 이때 지급받는 상해보험금은 손해로서의 성격이 있다. 따라서 이 경우에 피보험자가 상해보험금과 손해배상금 모두를 지급받게 된다면, 실제 손해이상의 이득을 취할 수 있기 때문에 본 조문과 같이 인보험이라고 하더라도 "손해" 의 개념이 존재하는 상해보험계약에서는 제3자에 대한 보험자 대위가 가능하도록 규정하고 있다.[177]

177) 대법원 2001.9.7. 선고 2000다 21833 판결. "인보험에 관한 상법 제729조는 보험자가 보험사고로 인하여 생긴 보험계약자 또는 보험수익자의 제3자에 대한 권리를 대위하여 행사하지 못하도록 규정하면서, 다만 상해보험계약의 경우에 당사자 간에 다른 약정이 있는 때에는 피보험자의 권리를 해하지 아니하는 범위 안에서 그 권리를 대위하여 행사할 수 있도록 규정하고 있고, 한편 자기신체사고 자동차보험은 피보험자가 피보험자동차를 소유·사용·관리하는 동안에 생긴 피보험자동차의 사고로 인하여 상해를 입었을 때에 약관이 정하는 바에 따라 보험자가 보험금을 지급할 책임을 지는 것으로서 인보험의 일종이기는 하나, 피보험자가 급격하고도 우연한 외부로부터 생긴 사고로 인하여 신체에 상해를 입은 경우에 그 결과에 따라 정해진 보상금을 지급하는 보험이어서 그 성질상 상해보험에 속한다고 할 것이므로, 그 보험계약상 타 차량과의 사고로 보험사고가 발생하여 피보험자가 상대차량이 가입한 자동차보험 또는 공제계약의 대인배상에 의한 보상을 받을 수 있는 경우에 자기신체사고에 대하여 약관에 정해진 보험금에서 위 대인배상으로 보상받을 수 있는 금액을 공제한 액수만을 지급하기로 약정되어 있어 결과적으로 보험자 대위를 인정하는 것과 같은 효과를 초래한다고 하더라도, 그 계약 내용이 위 상법 제729조를 피보험자에게 불이익하게 변경한 것이라고 할 수는 없다."

제2절 생명보험

> **상법 제730조 [생명보험자의 책임]**
>
> 생명보험계약의 보험자는 피보험자의 사망, 생존, 사망과 생존에 관한 보험사고가 발생할 경우에 약정한 보험금을 지급할 책임이 있다. [개정 2014.3.11.] [제목개정 2014.3.11.] [시행일 2015.3.12.]

> **2014.3.11. 개정 전 상법 규정**
>
> **제730조 [생명보험자의 책임]**
> 생명보험계약의 보험자는 피보험자의 생명에 관한 보험사고가 생길 경우에 약정한 보험금액을 지급할 책임이 있다.

1. 생명보험계약의 의의

생명보험계약이란 보험자가 피보험자의 생존 또는 사망에 관하여 우연한 사고가 생길 경우에 약정한 보험금을 지급하고, 이에 대하여 보험계약자가 보험료를 지급할 것을 약정함으로써 효력이 생기는 보험계약을 말한다. 생명보험계약은 인보험계약의 일종이지만, 사람의 생존과 사망을 보험사고로 한다는 점에서 상해를 보험사고로 하는 상해보험과 구별되고, 또한 보험사고가 발생한 경우에 보험자가 지급할 보험금액이 피보험자에게 구체적 손해가 있는지의 여부와 손해의 액수와는 무관(無關)하게 보험계약 당시에 약정한 금액(정액보험)이라는 점에서 실제의 손해를 보상하는 손해보험계약과 구분된다.

생명보험에는 당사자가 정한 보험금액을 제외하고 피보험이익이나 보험가액의 관념이 없으므로 보험가액과 보험금액의 관계에서 발생하는 초과보험, 중복보험, 일부보험의 문제는 없다.

2. 생명보험의 기능과 종류

생명보험계약은 피보험자가 보험기간 동안에 생존하거나 사망한 경우에 보험자는 보험수익자에게 약정한 보험금을 지급함으로써 피보험자의 노후생활에 대비하거나 피보험자의 사망으로 인한 유족의 생활을 보장하는 보장성 기능을 가진다.

생명보험계약에 있어 보험사고는 피보험자의 생존과 사망이다. 따라서 생명보험계약은 일정기간까지 피보험자가 생존해 있을 경우 보험금을 지급하는 생존보험, 사망한 경우 보험금을 지급하는 사망보험,[178] 일정기간까지 생존할 경우와 사망을 모두 보험사고로 하는 생사혼합보험(양로보험)으로 분류할 수 있다. 상법 제735조의 2에서 규정하고 있는 연금보험 역시 생존보험의 일종이라고 할 수 있다.[179]

3. 생명보험계약의 특징

1) 피보험자 자격의 제한과 신체검사

인보험 중 상해보험이나 생존보험의 경우에는 피보험자에 대해 특별한 자격을 요구하지 않는다. 하지만 생명보험계약 중 사망을 보험사고로 하는 사망보험계약에서는 보험의 도박화 방지 등을 위하여 15세 미만자, 심신상실·심신박약자를 피보험자로 할 수 없으며,(상법 제732조 조문해설 참조) 보험금액이 일정금액 이상인 고액의 사망보험계약(생사혼합보험 포함)의 경우에는 보험계약체결 당시 피보험자의 신체검사를 거치도록 하고 있다.(보험계약 체결 당시 의사의 진단을 거치는 보험을 診斷保險 또는 診査保險이라고 한다.)

---

178) 사망보험은 보험기간을 일정기간으로 하는 정기사망보험과 보험기간을 종신으로 하는 종신보험으로 나누어진다.

179) 생명보험의 종류로는 이외에도 피보험자의 수에 따라 개인보험 또는 단생보험, 연생보험(피보험자를 2인 이상 복수로 하고, 그 중 1인의 사망을 보험사고로 하는 보험), 단체보험(회사, 직장 등의 단체에 속하는 불특정 다수인을 포괄적으로 피보험자로 하는 생명보험)으로 분류되며, 보험금지급방법에 따라 일시금보험, 연금보험, 변액보험(보험료적립금의 운용실적에 따라 지급보험금이 달라지는 보험으로 1976년 미국에서 장기성 보험인 생명보험의 인플레이션에 따른 기능저하를 극복하기 위해 만들어진 보험)으로 분류된다.(알기쉬운 생명보험 Q&A, 생명보험협회)

2) 정액보험성

생명보험계약은 인보험계약 중에서도 상해보험과는 달리 피보험이익의 관념이나 보험가액의 개념이 존재하지 않으므로 즉, 손해의 개념이 없으므로 보험사고 발생 시 보험자가 지급하여야 할 보험금은 보험계약 체결 당시에 계약당사자의 약정에 의해 정하여진 일정금액이다.

3) 보험료적립금의 존재

생명보험계약의 보험료는 피보험자의 예정사망률에 기초하여 결정된다. 피보험자의 연령이 많아질수록 예정사망률이 높아지며, 이에 따라 보험계약자가 지불하여야 하는 보험료 역시 점점 많아지게 된다. 특히, 생명보험계약이 대부분 장기(長期)임에 비추어 보험료는 보험기간이 경과할수록(피보험자의 나이가 들수록) 점점 많아지게 된다. 이러한 까닭으로 실제 생명보험계약 실무에서는 전체 보험기간의 평균보험료를 부과하는 방식으로 이 문제를 해결하게 된다. 즉, 평균보험료를 기준으로 전반기에는 실제보험료보다 높은 보험료를 지불하며, 후반기에는 실제보험료보다 낮은 보험료를 지불하게 된다. 실제보험료보다 높은 보험료를 지급받는 보험자는 그 차액만큼을 후반기의 보험료에 충당하기 위하여 적립하여야 하는데, 이것이 바로 보험료적립금(保險料積立金)이다, 이러한 보험료적립금은 보험계약기간 중에 보험계약이 해지되거나 하는 등 보험계약이 유효하게 존속하지 못하는 사유가 생길 경우에는(保險契約의 瑕疵) 미리 높게 책정하여 받아 적립하여 둔 보험료적립금은 보험계약자에게 반환하여야 한다.(상법 제736조 참조)

4) 타인의 생명보험

타인의 생명보험이란 보험계약자가 자기 이외의 제3자를 피보험자로 하는 생명보험계약을 말한다. 상법 제731조에서는 타인의 사망을 보험사고로 하는 보험계약의 경우, 보험계약체결 당시에 그 타인으로부터 서면에 의한 동의를 받도록 규정하고 있으며 서면에 의한 동의를 받지 않은 보험계약은 그 효력이 발생되지 않는다.

4. 생명보험자의 책임과 면책사유

생명보험계약의 보험자는 피보험자에 대한 보험사고가 발생한 경우 보험계약체결

당시에 약정하였던 보험금을 지급하여야 한다. 다만, 보험사고가 발생한 경우라고 하더라도 보험자가 보험금 지급책임을 면할 수 있는 일정한 면책사유가 있을 경우에는 보험금 지급책임을 부담하지 않는다. 상법상 생명보험계약의 보험자 면책사유로는 상법 제660조(전쟁위험 등으로 인한 면책), 사망보험에서 피보험자의 자살(보험사고의 고의. 상법 제659조), 피보험자, 보험계약자의 고의에 의한 보험사고(상법 제732조의 2) 등이다. 한편, 장기보험인 생명보험계약에서는 계약이 여러 가지 사유로 중도에 해지될 경우 평균보험료와 자연보험료의 차액을 적립한 보험료적립금을 반환하여야 할 책임이 있다.(상법 제736조 조문해설 참조)

상법 제731조 [타인의 생명의 보험]

① 타인의 사망을 보험사고로 하는 보험계약에는 보험계약 체결시에 그 타인의 서면에 의한 동의를 얻어야 한다. [개정 1991.12.31.]
② 보험계약으로 인하여 생긴 권리를 피보험자가 아닌 자에게 양도하는 경우에도 제1항과 같다. [개정 1991.12.31]

본 조문은 타인의 생명보험에 관한 정의와 타인의 사망을 보험사고로 하는 계약을 체결할 경우 그 타인으로부터 서면에 의한 동의를 얻도록 규정하고 있다.

1. 타인의 생명보험

타인의 생명보험이란 보험계약자가 피보험자를 자신이 아닌 타인으로 하여 체결한 생명보험계약을 말한다. 타인을 피보험자로 한 "타인의 생존보험", "타인의 사망보험", "타인의 생사혼합보험" 모두 가능하며, 제3자를 보험수익자로 하는 타인을 위한 생명보험과는 구별된다.[180]

2. 타인의 생명보험계약의 도덕적 위험과 제한

타인의 생명보험계약 중에 특히, 타인의 사망을 보험사고로 하는 경우에는 그 타인의 입장에서 보면 자신의 생명이 보험에 붙여지는 것이므로 보험금 취득을 목적으로 한 범죄행위(피보험자의 살해) 등 피보험자의 생명이 위험에 노출되는 문제가 있다. 이에 따라 타인을 피보험자로 하는 생명보험계약을 체결할 경우에는 일정한 제한을 두고 있으며, 우리나라의 경우에는 본 조문과 같이 그 타인의 서면에 의한 동의를 얻도록 하고 있다.

---

180) 보험계약자 A가 B를 피보험자, C를 보험수익자로 하는 타인의 타인을 위한 생명보험계약도 가능하다.

1) 이익주의

타인의 생명보험계약을 체결할 경우 보험계약자가 그 타인(피보험자)의 생사와 관련하여 일정한 이해관계 즉, 피보험이익이 있음을 요구하는 방식을 이익주의(利益主義)라고 한다. 영미법 계통의 국가에서 채택하고 있는 방식이다. 중국의 경우에도 생명보험계약에 피보험이익의 관념을 인정하고 있다.[181)]

2) 동의주의

타인의 사망을 보험사고로 하는 보험계약을 체결함에 그 타인인 피보험자의 동의를 계약의 유효조건으로 하는 방식을 동의주의(同意主義)라고 한다. 독일, 스위스, 프랑스, 이탈리아, 오스트리아 등 대륙법 계통의 국가에서 채택하고 있는 방식이며, 우리나라의 방식이기도 하다. 일본 보험법도 우리나라와 같이 동의주의를 채택하고 있다.[182)]

3) 친족주의

보험수익자와 피보험자 사이에 친족관계가 있을 것을 요구하는 방식을 친족주의(親族主義)라고 한다. 친족간에는 도박보험의 위험성과 보험사고를 유발할 도덕적 위험이 적다는 이유를 근거로 하지만 실제 보험금을 노린 살인사건의 다수가 친족관계에 있는 현실인 점을 고려할 때 실효성이 없다는 비판이 있으며,[183)] 이러한 방식의 입법례를 찾기 힘들다.

---

181) 중국 보험법 제12조 "인보험의 보험계약자는 보험계약을 체결할 때 피보험자에 대하여 마땅히 피보험이익이 있어야 한다." 第十二條 人身保險的投保人在保險合同訂立時，對被保險人應當具有保險利益。

182) 일본 보험법 제38조(피보험자의 동의) "생명보험계약의 당사자 이외의 자가 피보험자로 되는 생명보험계약(보험자가 피보험자의 사망에 관계하여 보험급부를 행하는 것을 약속하는 생명보험계약을 말한다. 이하 본장에 있어서 동일하다)은 당해 피보험자의 동의가 없으면 그 효력이 없다." 第三十八條（被保險者の同意）生命保險契約の當事者以外の者を被保險者とする死亡保險契約（保險者が被保險者の死亡に關し保險給付を行うことを約する生命保險契約をいう。以下この章において同じ。）は、當該被保險者の同意がなければ、その効力を生じない。제38조

183) 김선정, 타인의 생명명의 보험계약, 보험학회지 41호(1993.3), 104면.

3. 피보험자의 동의

타인의 사망을 보험사고로 하는 보험계약을 체결할 경우에는 반드시 피보험자인 그 타인으로부터 서면에 의한 동의를 얻어야 하며, 동의를 얻지 못한 계약은 효력이 없다고 할 것이다. 이때 타인의 동의는 계약성립요건이 아니라 효력발생요건이다.[184] 또한 본 조문 제2항에서는 피보험자의 동의를 얻어 효력이 발생된 보험계약상의 권리(보험사고 발생 전 보험수익자의 권리)를 보험수익자가 타인인 피보험자가 아닌 다른 사람에게 양도하는 경우에도 피보험자의 동의가 필요함을 규정하고 있다. 아울러 상법 제734조 제2항에서는 타인의 생명보험계약이 체결된 이후에 보험수익자를 새로이 지정하거나 지정된 보험수익자를 변경할 경우에도 피보험자의 동의가 필요함을 규정하고 있다.

타인의 사망을 보험사고로 하는 계약을 체결함에 있어 피보험자인 그 타인의 보험계약에 대한 동의는 보험계약 체결당시에 하여야 하며(계약성립시까지), 보험기간 중의 권리 양도와 보험수익자의 지정 또는 변경의 경우에는 그 행위가 있을 때까지 동의를 하여야 한다. 동의의 방식은 법률이 정한 대로 서면에 의하며, 동의의 상대방은 보험자 또는 보험계약자 어느 쪽이든 상관없다. 생명보험 표준약관 제6조 제2항에서는 "사망을 보험금 지급사유로 하는 계약에서 서면에 의한 동의를 한 피보험자(보험대상자)는 계약의 효력이 유지되는 기간 중에는 언제든지 서면동의를 장래를 향하여 철회할 수 있다." 라고 규정하고 있어 동의의 철회(撤回)도 가능함을 약관에서 정하고 있다.

184) 법원판례는 "타인의 사망을 보험사고로 하는 보험계약에는 보험계약 체결시에 그 타인의 서면에 의한 동의를 얻어야 한다는 상법 제731조 제1항의 규정은 강행법규로서 이에 위반하여 체결된 보험계약은 무효이다." 라고 하여, 타인의 동의를 얻지 아니한 타인의 생명보험계약에 대해 무효임을 판시하고 있다.(대법원 2006.6.26. 선고 2005다11602; 대법원 1996.11.22. 선고 96다37084 판결; 2004.4.23. 선고 2003다62125 판결 등)

상법 제732조 [15세 미만자 등에 대한 계약의 금지]

15세 미만자, 심신상실자 또는 심신박약자의 사망을 보험사고로 한 보험계약은 무효로 한다. 다만, 심신박약자가 보험계약을 체결하거나 제735조의 3에 다른 단체보험의 피보험자가 될 때에 의사능력이 있는 경우에는 그러하지 아니하다. [개정 1991.12.31., 2014.3.11.] [시행일 2015.3.12.]

2014.3.11. 개정 전 상법 규정

제732조 [15세 미만자 등에 대한 계약의 금지]
15세 미만자, 심신상실자 또는 심신박약자의 사망을 보험사고로 한 보험계약은 무효로 한다. [개정 1991.12.31.]

본 규정은 이른바 동의 무능력자를 피보험자로 한 사망보험계약에 대해 무효를 규정하고 있다. 사망을 보험사고로 하는 보험계약에서 피보험자의 동의만 있으면 보험계약은 성립하게 된다. 하지만 15세 미만자,[185] 심신상실자 또는 심신박약자와 같이 정신능력이 부족한 자는 자기의 생명이 보험에 붙여진다는 것이 얼마나 위험한 것인지에 대한 판단능력이 부족하여 자유로운 의사에 기인한 동의 또는 스스로의 판단에 따른 동의를 기대할 수 없다. 이에 따라 상법은 본 조문에서 도덕적 위험을 방지하기 위해 이들을 피보험자로 한 사망보험에 대해서는 법정대리인의 동의 여부와 상관없이 무효로 규정하고 있다. 이는 15세 미만자, 심신박약자 또는 심신상실자의 법정대리인의 대리 동의를 인정할 경우, 법정대리인의 보험금 수취 목적에 이들이 희생될 수 있는 위험이 존재하기 때문이다. 피보험자가 15세 이상자인 경우에는 법정대리인의 동의를 얻어 보험계약 체결이 가능하다. 다만, 15세 이상의 미성년자가 법정대리인의 동의를 얻어 체결된 사망보험계약의 보험계약자 또는 보험수익자와 법정대리인이 동일한 경우에는 미성년자와 이익이 상반되는 때에 해당되므

185) 이전 상법에서는 18세이었지만 정신연령의 상승으로 스스로 판단능력을 갖게 되는 나이를 15세로 보고 1991년 상법 개정시 18세에서 15세로 개정하였다.

로 법원이 선임한 특별대리인의 동의가 있어야 한다.[186)]

한편, 2014년 상법 개정 법률에서는 심신박약자라도 의사능력이 있는 자는 피보험자가 될 수 있도록 규정하고 있는데, 이는 취업하여 생계를 유지 또는 보조하는 심신박약자는 생명보험에 가입할 수 있도록 하여 그 유족의 생활안정에 기여할 수 있도록 하기 위함이다. 하지만 현행 규정에 의해서도 심신박약자에게 상해보험 및 질병보험 가입이 허용되는 등 일부 보험보장이 가능하며, 심신상실자와 심신박약자의 구분이 불명확 하다는 점과 보험계약자의 악용가능성 등의 문제는 여전히 남아 있다.

용어해설

심신박약자 · 심신상실자

심신상실이란 자기 행위의 결과를 합리적으로 판단할 능력이 없는 상태 즉, 정신기능의 장애로 인하여 사물을 변별할 능력이 없거나 의사를 결정할 능력이 없는 상태를 말한다. 심신상실은 정신의학상의 관념이 아니라 법률상의 관념이므로, 그 의미내용을 책임이념에 비추어 결정되어야 하며, 심신상실이냐의 판단은 법관의 임무이다. 민법상 심신상실자는 금치산의 원인이 된다.

심신박약이란 의사능력을 전혀 상실한 정도에 이르지 않고, 불완전하지만 판단력을 가진 상태를 말한다. 대체로 비교적 성장한 미성년자가 가지는 정도의 정신능력을 가지고 있는 상태이다. 민법상 심신박약은 한정치산의 원인이 된다.

의사능력

의사능력이란 사리를 판단하여 의사결정을 할 수 있는 능력을 말한다. 일반적으로 술에 몹시 취한 자이거나 미친 사람 또는 유아 등은 이러한 능력이 없기 때문에 거래행위 등은 해도 그것은 의사에 의한 행위라고 할 수 없으며 따라서 무효이다. 대체로 초등학교 학생 정도이면 의사능력이 있는 것이라고 생각되지만 유언이나 혼인, 입양 등과 같은 신분행위는 한층 더 성숙할 것이 필요하므로 이러한 경우에는 각각 법률로 규정하고 있다.

출전 : 오세경 편저, 법률용어사전, 법전출판사

186) 양승규, 전게서, 455면.
민법 제921조(친권자와 그 자간 또는 수인의 자간의 이해상반행위) ①법정대리인인 친권자와 그 자 사이에 이해 상반되는 행위를 함에는 친권자는 법원에 그 자의 특별대리인의 선임을 청구하여야 한다. ②법정대리인인 친권자가 그 친권에 따르는 수인의 자 사이에 이해 상반되는 행위를 함에는 법원에 그 자 일방의 특별대리인의 선임을 청구하여야 한다.

상법 제732조의 2 [중과실로 인한 보험사고 등]

① 사망을 보험사고로 한 보험계약에서는 사고가 보험계약자 또는 피보험자나 보험수익자의 중대한 과실로 인하여 발생한 경우에도 보험자는 보험금을 지급할 책임을 면하지 못한다.
② 둘 이상의 보험수익자 중 일부가 고의로 피보험자를 사망하게 하는 경우 보험자는 다른 보험수익자에 대한 보험금 지급 책임을 면하지 못한다.
[전문개정 2014.3.11.] [시행일 2015.3.12.]

2014.3.11. 개정 전 상법 규정
제732조의 2 [중과실로 인한 보험사고] 사망을 보험사고로 한 보험계약에서는 사고가 보험계약자 또는 피보험자나 보험수익자의 중대한 과실로 인하여 생긴 경우에도 보험자는 보험금액을 지급할 책임을 면하지 못한다. [본조신설 1991.12.31.]

본 조문의 규정은 상법 제659조의 특칙으로서 생명보험(사망보험)에서 보험사고의 원인이 보험계약자, 피보험자, 보험수익자의 중대한 과실인 경우에는 보험자가 보험금지급책임을 지도록 규정하고 있다. 이유는 피보험자의 사망에 따른 유족 등의 보험수익자를 두텁게 보호하기 위함이다. 따라서 생명보험계약에서는 보험계약자, 피보험자, 보험수익자의 고의에 의한 보험사고만 보험자가 면책된다.

한편, 개정 전 상법 규정이 수인의 보험수익자 중 일부의 고의로 피보험자가 사망한 경우, 보험자의 다른 보험수익자에 대한 책임 문제에 관하여 별도의 규정을 두고 있지 않다. 이에 따라 2014년 개정 상법 규정에서는 보험수익자가 수인인 경우 그 일부의 자가 피보험자를 사망하게 한 때에 보험자는 다른 보험수익자에 대하여 책임을 지도록 하고 있다.

한편, 상법 제651조 고지의무와 관련하여 "다른 생명보험계약의 체결 사실" 이 고지사항인지에 대해 해석상 논란이 있었다.[187] 즉, 단시간에 걸쳐 다수의 생명보험계약을 체결한 후 인위적인 사고를 일으켜 거액(巨額)의 보험금을 수령하는 폐해가 증가하고 있으므로 다른 생명보험계약의 존재 유무를 미리 고지하도록 함으로써 보험계약자 측에 의해 발생할 수 있는 도덕적 위험에 대처하기 위하여 2008년 상법 개정시안에서는 사망을 보험사고로 하는 다른 생명보험계약이 있을 경우 보험자에게 이를 고지하도록 하고, 고의 또는 중대한 과실로 이를 고지하지 않거나 부실의 고지를 한 때에는 보험자에게 계약해지권을 부여(附與)할 수 있는 개정안을 마련하였으나 피보험자에게 다른 생명보험계약이 존재하는지 여부는 보험자가 보험계약자나 피보험자의 고지가 없다고 하더라도 보험자가 손쉽게 알 수 있는 내용이므로 보험자가 확인하여야 할 사항을 보험계약자나 피보험자에게 전가하는 것은 고지의무의 취지에 부합하지 않는다는 비판이 있어 2014년 상법 개정에서는 삭제되었다.

---

187) 한기정, 다른 보험계약의 존재에 대한 고지의무 및 통지의무, 법학논집 제8권 제1호(2003.08), 173-192면; 정경영, 다른 생명보험계약 체결사실에 관한 보험계약자의 통지의무, 보험법연구 (5)(2003.06), 27-48면; 양승규, 다른 보험계약의 존재사실에 대한 고지의무, 보험법연구(4)(2002.07), 12-22면; 장덕조, 다수의 손해보험계약과 고지의무, 보험법연구(4)(2002,07), 232-249면.

대법원 2001.11.27. 선고 99다33311 판결. "보험계약자나 피보험자가 보험계약 당시에 보험자에게 고지할 의무를 지는 상법 제651조에서 정한 '중요한 사항' 이란, 보험자가 보험사고의 발생과 그로 인한 책임부담의 개연율을 측정하여 보험계약의 체결 여부 또는 보험료나 특별한 면책조항의 부가와 같은 보험계약의 내용을 결정하기 위한 표준이 되는 사항으로서, 객관적으로 보험자가 그 사실을 안다면 그 계약을 체결하지 않든가 또는 적어도 동일한 조건으로는 계약을 체결하지 않으리라고 생각되는 사항을 말하고, 어떠한 사실이 이에 해당하는가는 보험의 종류에 따라 달라질 수밖에 없는 사실인정의 문제로서 보험의 기술에 비추어 객관적으로 관찰하여 판단되어야 한다.(대법원 1996. 12. 23. 선고 96다27971 판결, 2001. 2. 13. 선고 99다13737 판결 등 참조) 한편, 보험자가 생명보험계약을 체결함에 있어 다른 보험계약의 존재 여부를 청약서에 기재하여 질문하였다면 이는 그러한 사정을 보험계약을 체결할 것인지의 여부에 관한 판단자료로 삼겠다는 의사를 명백히 한 것으로 볼 수 있고, 그러한 경우에는 다른 보험계약의 존재 여부가 고지의무의 대상이 된다고 할 것이다. 그러나 그러한 경우에도 보험자가 다른 보험계약의 존재 여부에 관한 고지의무위반을 이유로 보험계약을 해지하기 위하여는 보험계약자 또는 피보험자가 그러한 사항에 관한 고지의무의 존재와 다른 보험계약의 존재에 관하여 이를 알고도 고의로, 또는 중대한 과실로 인하여 이를 알지 못하여, 고지의무를 다하지 않은 사실이 입증되어야 할 것이다."

상법 제733조 [보험수익자의 지정 또는 변경의 권리]

① 보험계약자는 보험수익자를 지정 또는 변경할 권리가 있다.
② 보험계약자가 제1항의 지정권을 행사하지 아니하고 사망한 때에는 피보험자를 보험수익자로 하고 보험계약자가 제1항의 변경권을 행사하지 아니하고 사망한 때에는 보험수익자의 권리가 확정된다. 그러나 보험계약자가 사망한 경우에는 그 승계인이 제1항의 권리를 행사할 수 있다는 약정이 있는 때에는 그러하지 아니하다. [개정 1991.12.31]
③ 보험수익자가 보험존속 중에 사망한 때에는 보험계약자는 다시 보험수익자를 지정할 수 있다. 이 경우에 보험계약자가 지정권을 행사하지 아니하고 사망한 때에는 보험수익자의 상속인을 보험수익자로 한다.
④ 보험계약자가 제2항과 제3항의 지정권을 행사하기 전에 보험사고가 생긴 경우에는 피보험자 또는 보험수익자의 상속인을 보험수익자로 한다.
[신설 1991.12.31]

1. 보험수익자의 지위

손해보험계약에서는 보험사고가 발생할 경우 보험금청구권(손해보상청구권)을 가지는 자는 피보험이익의 주체인 피보험자이지만, 생명보험계약에서의 보험금청구권자는 보험수익자(保險受益者)이다. 보험수익자 개념은 손해보험계약에는 존재하지 않는 인보험계약 고유의 개념이다. 이러한 보험수익자의 보험금청구권은 보험계약의 효력으로 생기는 고유한 권리이지만 보험계약자의 보험수익자 지정·변경권에 의해 그 지위가 변동될 수 있다.

2. 보험수익자 지정·변경권의 의의

생명보험계약 중 사망을 보험사고로 하는 사망보험은 사실상 타인을 위한 보험계약으로서의 성질이 있고, 생명보험계약은 계약관계가 장기간에 걸쳐 지속되므로 보험계약자가 계약 당시와는 다른 사정(事情)이 생겨, 보험수익자를 새로이 지정(指定)하거나 이미 지정한 보험수익자를 변경(變更)할 필요성이 생길 수 있다. 이에 따라

본 조문에서는 보험계약자에게 보험수익자를 지정하거나 변경할 수 있는 권리를 부여하고 있다.

3. 지정 · 변경권의 행사와 제한

보험계약자가 갖는 보험수익자 지정 및 변경권은 계약 상대방인 보험자의 동의를 필요로 하지 않는 단독행위이기 때문에 일방적인 의사표시만으로 효력이 발생한다. 다만, 보험자로서도 보험수익자가 이미 지정되어 있는 경우에는 보험수익자 역시 제2차 보험료납입의무를 부담하는 자이고, 보험계약자에 의한 보험사고 발생 전에 임의 해지할 경우 보험수익자의 동의가 필요할 뿐만 아니라 보험사고 발생시 보험금수령권자를 확정하기 위해서도 보험수익자가 누구인지가 중요하므로 상법 제734조 제1항에서는 보험계약 체결 이후 보험수익자를 지정 또는 변경할 경우 보험자에게 통지하도록 규정하고 있다.[188)]

한편, 상법 제734조 제2항의 규정에 따라 타인의 사망보험에 있어서는 그 타인(피보험자) 이외의 제3자를 보험수익자로 지정 또는 변경할 경우에는 그 타인의 동의를 얻어야 한다. 아울러 이미 보험수익자가 지정되어 있는 경우에 보험수익자를 변경할 경우에는 종전의 보험수익자의 동의는 필요하지 않다. 상법 제733조 제1항에서 규정하고 있는 보험계약자의 보험수익자 지정 · 변경권은 특별한 사정이 없는 한 항상 유보(留保)되어 있기 때문에 보험계약자가 갖는 보험수익자 지정 · 변경권에 의해 보험수익자가 언제든지 바뀔 수 있다. 이에 따라 보험수익자로 지정된 자의 지위는 확정적이지 않다. 다만, 보험계약자의 보험수익자 지정 · 변경권이 유보되어 있지 않은 보험계약의 경우에는 보험수익자로 지정된 자의 지위는 확정되며,[189)] 만약

188) 생명보험 표준약관(2011.1) 제5조(계약내용의 변경 등) ①계약자는 회사의 승낙을 얻어 다음의 사항을 변경할 수 있습니다. 이 경우 승낙을 서면으로 알리거나 보험증권(보험가입증서)의 뒷면에 기재하여 드립니다.
②계약자는 보험수익자(보험금을 받는 자)를 변경할 수 있으며 이 경우에는 회사의 승낙을 요하지 아니합니다. 다만, 계약자가 보험수익자(보험금을 받는 자)를 변경하는 경우 회사에 통지하지 아니하면 변경 후 보험수익자(보험금을 받는 자)는 그 권리로써 회사에 대항하지 못합니다.

189) 보험계약자가 무상으로 특정인에게 생명보험금을 수여하고자 하는 의사가 있을 경우에는 보험계약자의 보험수익자 변경권이 제한된다. 따라서 보험수익자로서 지정된 자의 지위가 확정된다.

보험수익자가 보험기간 중에 사망한 경우에는 상법 제733조 3항에 따라 보험계약자의 재지정권(再指定權)이 인정된다.

4. 지정 · 변경권 행사 전 보험계약자의 사망과 보험수익자의 사망

보험계약자가 보험수익자 지정권을 행사하지 아니하고 사망한 때에는 피보험자가 보험수익자로 되며, 변경권을 행사하지 아니하고 사망한 때에는 보험수익자의 권리는 확정된다.(상법 제733조 제2항) 그러나 이 경우 보험계약자의 승계인이 보험수익자 지정·변경권을 행사할 수 있다는 약정이 있을 경우에는 사망한 보험계약자의 승계인이 이를 보험수익자 지정·변경권을 행사한다. 또한 지정된 보험수익자가 보험존속 중에 사망할 경우 보험계약자는 새로이 보험수익자를 지정할 수 있으며, 이 경우 보험계약자가 지정권을 행사하지 아니하고 사망한 때에는 보험수익자의 상속인이 보험수익자로 확정된다.(상법 제733조 제3항)

5. 보험사고 발생 전 보험계약자 · 보험수익자의 사망

보험계약자가 보험수익자의 지정·변경권을 행사하기 전에 보험사고가 발생하면 보험계약자는 지정·변경권을 행사할 수 없게 되어 보험수익자의 지위는 그대로 유지된다. 따라서 보험계약자가 보험수익자의 지정권을 행사하기 전에 피보험자가 사망하면 피보험자의 상속인이 보험수익자가 되며, 변경권을 행사하지 아니한 때에는 보험수익자는 자신의 권리에 따라 보험금청구권을 행사하게 되고, 보험수익자가 사망하면 그 상속인이 보험금청구권을 갖게 된다.(상법 제733조 제4항)

상법 제734조 [보험수익자 지정권 등의 통지]

① 보험계약자가 계약체결 후에 보험수익자를 지정 또는 변경할 때에는 보험자에 대하여 그 통지를 하지 아니하면 이로써 보험자에게 대항하지 못한다.
② 제731조 제1항의 규정은 제1항의 지정 또는 변경에 준용한다.
[개정 1962.12.12., 1991.12.31]

생명보험계약에서 보험수익자는 보험계약자에 의해 지정(指定), 지정 후 변경(變更)될 수 있다. 보험수익자의 지정은 보험계약 체결당시 또는 계약체결 이후에도 가능하다. 본 조문은 보험계약을 체결할 당시에 보험수익자를 지정하지 않고 계약체결 이후에 지정할 경우 또는 보험계약체결 당시에 지정한 보험수익자를 계약체결 이후에 변경할 경우에는 보험자에 대해 통지를 하도록 하고 있다. 통지를 하지 아니한 때에는 보험자에 대해 대항하지 못함을 규정하고 있는데, 이는 생명보험금 이중지급의 위험을 방지하기 위함이다. 통지의 방법으로는 제한을 두고 있지 않지만 보험계약 실무에서는 보험증권에 보험자에 의한 승인의 배서를 받도록 하고 있다.[190] 아울러 본 조문 제2항에서는 타인의 사망을 보험사고로 하는 보험계약인 경

190) 생명보험 표준약관(2011.1) 제5조(계약내용의 변경 등) ①계약자는 회사의 승낙을 얻어 다음의 사항을 변경할 수 있습니다. 이 경우 승낙을 서면으로 알리거나 보험증권(보험가입증서)의 뒷면에 기재하여 드립니다.

1. 보험종목
2. 보험기간
3. 보험료의 납입주기, 수금방법 및 납입기간
4. 보험가입금액
5. 계약자
6. 기타 계약의 내용

②계약자는 보험수익자(보험금을 받는 자)를 변경할 수 있으며 이 경우에는 회사의 승낙을 요하지 아니합니다. 다만, 계약자가 보험수익자(보험금을 받는 자)를 변경하는 경우 회사에 통지하지 아니하면 변경 후 보험수익자(보험금을 받는 자)는 그 권리로서 회사에 대항하지 못합니다.

③회사는 계약자가 제1회 보험료를 납입한 때부터 1년 이상 지난 유효한 계약으로서 그 보험종목의 변경을 요청할 때에는 회사의 사업방법서에서 정하는 방법에 따라 이를

우에는 계약체결 후에 피보험자 이외의 자를 보험수익자로 지정 또는 변경할 때에는 보험자에 대한 통지와는 별도로 피보험자의 동의(서면상의 동의, 상법 제731조 제1항)를 얻도록 하고 있다. 피보험자로부터 서면상의 동의를 받지 못할 경우 보험계약자의 보험수익자 지정 또는 변경권이 제한됨은 당연하다.

변경하여 드립니다.
④회사는 계약자가 제1항 제4호에 의하여 보험가입금액을 감액하고자 할 때에는 그 감액된 부분은 해지된 것으로 보며, 이로 인하여 회사가 지급하여야 할 해지환급금이 있을 때에는 제18조(해지환급금) 제1항에 의한 해지환급금을 계약자에게 지급합니다.
⑤계약자가 제2항에 의하여 보험수익자(보험금을 받는 자)를 변경하고자 할 경우에는 보험금의 지급사유가 발생하기 전에 피보험자(보험대상자)의 서면에 의한 동의가 있어야 합니다.

상법 제735조 [양로보험]

삭제. [2014.3.11.] [시행일 2015.3.12.]

2014.3.11. 개정 전 상법 규정

제735조 [양로보험]
피보험자의 사망을 보험사고로 한 보험계약에는 사고의 발생없이 보험기간이 종료한 때에도 보험금액을 지급할 것을 약정할 수 있다.

2014년 상법 개정 법률에서는 본 조문의 양로보험과 연금보험 조항은 보험계약관계라기 보다는 보험상품에 관한 것으로 보아 상법에서 모두 삭제하고 있다. 삭제 전 본 규정은 생명보험계약 중 생사혼합보험 즉, 양로보험(養老保險)에 관하여 규정하였었다. 양로보험이란 피보험자가 사망, 생존 모두를 보험사고로 하는 생명보험계약이다. 즉, 피보험자가 보험기간 중에 사망한 경우에는 사망보험금을 지급하며, 보험기간 중 미리 정해진 시기(時期, 통상적으로 보험기간 만료시까지)에 피보험자가 사망하지 아니하고 생존하고 있는 경우에 생존보험금을 지급하는 보험을 말한다.

장기계약인 생명보험계약(사망보험)을 체결한 후 보험기간 동안에 피보험자가 사망하지 않았을 경우, 이미 노령(老齡)이 된 피보험자는 경제력을 상실하여 생계를 유지하기가 곤란하다. 생명보험계약의 피보험자가 보험기간까지 사망하지 않고 생존해 있을 경우 생존보험금을 지급함으로써 이미 경제력을 잃은 피보험자의 경제생활의 안정을 도모할 필요성이 있기 때문에 양로보험의 존재가 필요하다.

상법 제735조의 2 [연금보험]

삭제. [2014.3.11.] [시행일 2015.3.12.]

2014.3.11. 개정 전 상법 규정

제735조의 2 [연금보험]
생명보험계약의 보험자는 피보험자의 생명에 관한 보험사고가 생긴 때에 약정에 따라 보험금액을 연금으로 분할하여 지급할 수 있다. [본조신설 1991.12.31]

연금보험은 피보험자의 생존에 대하여 매년 일정액을 지급할 것을 약속한 생명보험계약 중 생존보험의 일종이다.(생존보험금 지급방법에 따른 구분의 한 종류) 일시에 보험금을 지급할 경우 수익자는 낭비하기가 쉽고 또 투자운용의 잘못으로 이를 모두 허비하는 위험도 적지 않다. 이렇게 되면 노후생활안전이 확보되기 어렵고, 소비경제의 수요도 감당할 수 없게 된다. 따라서 위협받는 노후의 생활 안전을 도모하기 위한 보험이 요청되어 생긴 것이 연금보험이다. 연금지급기간이 미리 어느 일정기간으로 확정되어 있는 연금을 확정연금이라 하고, 어느 시기부터 종신토록 연금을 지급하는 것을 종신연금(終身年金) 또는 영구연금(永久年金)이라 한다.

2014년 상법 개정 규정에서 본 조문을 삭제한 이유는 연금보험 규정과 관련하여 생명보험회사는 생명보험 상품만을 분할 지급할 수 있다고 해석하여 그들만이 연금보험상품을 판매할 수 있는 근거로 주장하고, 손해보험회사는 그들도 일부 연금보험상품을 판매하고 있다는 이유로 생명보험에서 규정하고 있는 연금보험(분할지급) 관련 조항의 삭제를 주장하고 있기 때문에 상법 개정 법률이 분할 지급의 근거를 인보험 통칙(상법 제727조 제2항 신설)으로 옮기면서 "연금" 이란 문구를 삭제한 것이다.

상법 제735조의 3 [단체보험]

① 단체가 규약에 따라 구성원의 전부 또는 일부를 피보험자로 하는 생명보험계약을 체결하는 경우에는 제731조를 적용하지 아니한다.
② 제1항의 보험계약이 체결된 때에는 보험자는 보험계약자에 대하여서만 보험증권을 교부한다.
③ 제1항의 보험계약에서 보험계약자가 피보험자 또는 그 상속인이 아닌 자를 보험수익자로 지정할 때에는 단체의 규약에서 명시적으로 정하는 경우 외에는 그 피보험자의 서면 동의를 받아야 한다. [신설 2014.3.11.] [시행일 2015.3.12.]

2014.3.11. 개정 전 상법 규정

제735조의 3 [단체보험]
① 단체가 규약에 따라 구성원의 전부 또는 일부를 피보험자로 하는 생명보험계약을 체결하는 경우에는 제731조를 적용하지 아니한다.
② 제1항의 보험계약이 체결된 때에는 보험자는 보험계약자에 대하여서만 보험증권을 교부한다.
③제1항의 보험계약이 체결된 때에는 보험자는 보험계약자에 대하여서만 보험증권을 교부한다. [본조신설 1991.12.31]

Ⅰ. 단체보험의 일반

1. 단체보험의 의의

단체보험계약이라 함은 일정한 단체의 대표자가 보험계약자가 되어 그 단체에 속해 있는 구성원의 전부 또는 일부를 일괄하여 피보험자[191]로 하고 피보험자의 생사(生死) 또는 상해를 보험사고로 하는 생명보험계약 내지 상해보험계약을 말한다. 이러한 단체보험계약은 단체의 구성원에 대하여 보험사고가 발생한 경우를 부보(付

191) 단체보험에서는 이러한 피보험자의 집단을 "피보험단체(被保險團體)" 라고 한다.

保)함으로써 단체 구성원에 대한 단체의 재해보상금이나 복리후생비용의 재원을 마련하기 위해 이용되며,[192] 이러한 이유에서 법인세법에서는 단체(기업)가 지불한 보험료를 손비(損費)로 인정하고 있다. 단체보험계약의 보험계약자는 단체의 구성원인 피보험자를 보험수익자로 하는 타인의 타인을 위한 보험계약으로 체결할 수도 있고, 보험계약자 자신을 보험수익자로 하여 타인의 자기를 위한 보험계약으로 체결할 수도 있다.[193](이 경우 피보험자의 동의가 필요할 것임. 이 부분은 후술하기로 함) 또한 단체보험의 보험료는 단체가 부담하는 것이 일반적이지만 단체와 구성원인 피보험자가 분담하는 경우도 있다. 피보험자가 보험료의 일부를 부담하는 경우에는 보험수익자는 당연히 피보험자가 될 것이다.

2. 단체보험의 특칙

타인의 생명을 보험사고로 하는 보험계약에서는 보험계약 체결시에 그 타인의 서면에 의한 동의를 효력 발생요건으로 하게 된다.(상법 제731조 조문해설 참조) 하지만 단체가 규약에 따라 구성원의 전부 또는 일부를 피보험자로 하는 생명보험계약(단체보험)에는 비록 피보험자의 사망을 보험사고로 하는 보험계약이라도 피보험자의 서면에 의한 동의를 요하지 않는다. 이는 단체규약에 따라 보험계약이 체결되는 한 도덕적 위험이 발생될 소지가 적고,(단체가 보험수익자가 되기도 하지만 대부분의 경우에는 피보험자나 그의 유족이 보험수익자로 지정됨) 피보험단체를 구성하는 피보험자가 다수이며, 피보험자마다 개별적으로 서면에 의한 동의를 받는다는 것은 많은 시간과 비용이 소요되어 비현실적일 뿐만 아니라 단체의 구성원을 일괄적으로 피보험자로 하는 단체보험의 취지에도 부합하지 않기 때문이다.[194]

---

192) 대법원 2007.10.12. 선고 2007다42877,42884 판결. "단체가 구성원의 전부 또는 일부를 피보험자로 하고 보험계약자 자신을 보험수익자로 하여 체결하는 생명보험계약 내지 상해보험계약은 단체의 구성원에 대하여 보험사고가 발생한 경우를 부보함으로써 단체 구성원에 대한 단체의 재해보상금이나 후생복리비용의 재원을 마련하기 위한 것"

193) 대법원 1999.5.25. 선고 98다59613 판결. "단체보험의 경우 보험수익자의 지정에 관하여는 상법 등 관련 법령에 별다른 규정이 없으므로 보험계약자는 단체의 구성원인 피보험자를 보험수익자로 하여 타인을 위한 보험계약으로 체결할 수도 있고, 보험계약자 자신을 보험수익자로 하여 자기를 위한 보험계약으로 체결할 수도 있을 것이며, 단체보험이라고 하여 당연히 타인을 위한 보험계약이 되어야 하는 것은 아니므로 보험수익자를 보험계약자 자신으로 지정하는 것이 단체보험의 본질에 반하는 것이라고 할 수 없다."

하지만 단체(보험계약자)가 자신을 보험수익자로 지정할 경우에는 완벽한 타인의 자기를 위한 보험이므로 도덕적 위험 등이 존재할 수 있으며, 이러한 경우에는 피보험자의 동의가 필요할 것인바 상법 제735조의 3 제1항 "……제731조를 적용하지 아니한다." 규정을 그대로 적용할 경우 도덕적 위험과 더불어 피보험자의 이익을 해하는 결과를 초래할 수 있어 해석상 논란이 있었다. 단체(보험계약자)가 자신을 보험수익자로 지정하여 체결된 단체보험에 대해 법원판례는 지방법원판결과 대법원의 판결이 나누어진다. 지방법원판결은 단체(보험계약자)가 자신을 보험수익자로 한 단체보험계약의 경우에는 보험수익자에게 보험금청구권을 인정하고 있다.[195] 반면에 대법원의 판결은 단체보험계약의 보험수익자를 보험계약자로 하더라도 궁극적인 보험수익자는 피보험자나 그 유족이라고 해석하고 있다.[196]

---

194) 1991년 상법이 개정되기 전의 대법원 판례는 단체보험이라고 하더라도 피보험자의 개별적인 동의를 요한다고 판시하고 있다.
대법원 1989.11.28. 선고, 88다카33367 판결. "타인의 사망을 보험사고로 하는 보험계약에는 피보험자의 동의를 얻어야 한다는 상법 제731조 제1항의 규정은 강행법규로 보아야 하므로 피보험자의 동의는 방식이야 어떻든 당해 보험계약의 효력발생 요건이 되는 것이고, 그 입법취지에는 도박보험의 위험성과 피보험자 살해의 위험성 외에도 피해자의 동의를 얻지 아니하고 타인의 사망을 이른바 사행계약상의 요건으로 삼는다는 데서 오는 공서양속 침해의 위험성을 배제하기 위한 것도 들어 있다고 할 것이므로 단체 대형보장보험의 경우 그 단체의 대표자 내지 사용자가 일괄적으로 그 구성원을 피보험자로 하여 보험계약을 체결하는 것이어서 도박보험이나 피보험자 살해의 위험성이 없다는 이유만으로는 피보험자의 서면에 의한 동의를 요구하고 있는 단체대형보장보험의 약관의 통용성을 부정할 수는 없다고 봄이 타당하다."

195) 인천지법 2005.3.16. 선고 2003가단76178 판결. "단체보험계약 체결 당시 피보험자와 계약단체 사이에 형식상 보험수익자는 계약단체로 하되, 실제 보험금수령자는 피보험자 또는 피보험자의 상속인으로 하기로 약정을 하였다 하더라도 그 약정은 피보험자와 계약단체 사이의 내부적인 약정에 불과하므로 피보험자의 상속인이 그와 같은 약정을 이유로 계약단체에 대하여 보험금의 지급을 구하는 것과는 별도로 보험자에게 자신들이 실질적인 보험수익자임을 이유로 직접 보험금의 지급을 청구할 수는 없다."

196) 대법원 1999.5.25. 선고 98다59613 판결. "단체보험의 경우 보험수익자의 지정에 관하여는 상법 등 관련 법령에 별다른 규정이 없으므로 보험계약자는 단체의 구성원인 피보험자를 보험수익자로 하여 타인을 위한 보험계약으로 체결할 수도 있고, 보험계약자 자신을 보험수익자로 하여 자기를 위한 보험계약으로 체결할 수도 있을 것이며, 단체보험이라고 하여 당연히 타인을 위한 보험계약이 되어야 하는 것은 아니므로 보험수익자를 보험계약자 자신으로 지정하는 것이 단체보험의 본질에 반하는 것이라고 할 수 없다. 단체보험의 보험수익자를 보험계약자 자신으로 한 경우에 보험사고가 발생하지 아니한

단체보험계약이라고 하더라도 피보험자가 아닌 자가 보험수익자로 지정되는 경우에는 피보험자의 동의가 필요하다고 할 것이므로, 이에 상법 개정 법률에서는 도덕적 위험을 배제할 뿐만 아니라 단체의 구성원과 그 유족의 이익을 보호하기 위하여 제3항에서 "피보험자가 아닌 자가 보험수익자로 지정될 경우에는 단체의 규약에서 명시적으로 정한 경우 외에는 그 피보험자의 서면에 따른 동의" 를 받도록 규정을 마련하고 있다.

한편, 단체보험계약에서는 보험증권을 보험계약자에 대하여서만 교부하며, 보험계약 체결시 보험자가 부담하는 보험약관의 교부 및 설명의무 또한 보험계약자에게만 이행함을 규정하고 있다.(단체보험약관 제2조)

3. 단체보험계약의 위헌여부

단체보험에서는 타인의 생명보험계약에서 일반적으로 요구되는 피보험자의 개별

경우에는 보험료를 납부한 피고 회사(보험계약자 겸 보험수익자)가 보험료의 원금을 수령하여 이를 취득하고, 보험사고가 발생한 경우에는 피보험자나 그 유족에게 지급하기로 하는 의미로 보험수익자를 보험계약자인 피고회사로 한 보험계약에 대하여 피고 회사가 그 직원들에게 동의를 구하였고 직원들도 그와 같은 의미로 알고서 이에 동의한 것이라고 해석함이 그들 사이의 의사에 합치된다고 할 것이다. 따라서 이 사건 보험계약은 보험기간 중에 피보험자인 피고 회사 직원들이 사망하거나 부상을 당하는 등의 보험사고가 발생할 경우에는 소외 회사가 보험약관에 정해진 보험금을 보험수익자인 피고 회사에게 지급하고, 보험기간의 만기까지 보험사고가 발생하지 아니한 경우에는 소외 회사가 피고 회사에게 납입한 보험료의 원금을 지급하는 내용의 계약으로서 보험사고를 업무상 재해로 인한 사망 또는 부상에 국한시키지 아니한 점, 피고 회사 직원들이 자신들이 업무상 재해가 아닌 사망이나 부상을 당하는 보험사고가 발생한 경우에는 피고 회사가 그 보험금을 수령하여 보유하는 것을 용인할 의도로 특별히 보험수익자를 피고 회사로 하는 위 보험계약 체결에 동의하였다고 보기는 통상적으로 어려운 점 등에 비추어 보면, 보험계약자인 피고 회사와 피보험자인 그 직원들 사이에서는 보험사고 내용에 따라 특별히 다른 약정을 하였다는 사정이 없는 한, 이 사건 보험기간 내에 피보험자가 사망하거나 부상을 당하는 보험사고가 발생하지 아니한 경우에는 보험료를 납부한 피고 회사가 보험료의 원금을 수령하여 이를 취득하고, 보험기간 내에 업무상 재해로 인한 보험사고가 발생한 경우뿐만 아니라 보험사고가 업무상 재해로 인한 것이 아닌 경우에도 피고 회사가 보험금을 수령하여 이를 보유하는 것이 아니라 피보험자나 그 유족에게 지급하기로 하는 의미로 보험수익자를 보험계약자인 피고 회사로 하는 데 대하여 피고 회사가 그 직원들에게 동의를 구하였고 직원들도 그와 같은 의미로 알고서 이에 동의한 것이라고 해석함이 그들 사이의 의사에 합치된다고 할 것이다."

적 동의를 요건을 배제하는 것이 헌법이 보장하고 있는 인간의 존엄성을 훼손하거나 기본권보장의무에 위배되는지의 여부에 대해 헌법재판소는 "상법 제 735조의 3 제1항의 입법취지는 타인의 생명보험계약을 체결함에 있어서 계약체결시 피보험자의 서면동의를 얻도록 하는 개별보험의 일반원칙에서 벗어난 규약으로써 동의에 갈음할 수 있게 함으로써 단체보험의 특성에 따른 운용상의 편의를 부여해 주어 단체보험의 활성화를 돕는다는 것이다. 이 사건 법률조항의 위와 같은 입법취지에 비추어 볼 때, 이 사건 법률조항은 단체구성원들의 복리 증진 등 이익에 기여하는 바가 있고, 단체보험의 특성에 따라 개별적 동의를 집단적 동의로 대체하는 것에 불과하며 그 방법은 합리성을 가지고 있다. 그러므로 이 사건 법률조항이 인간의 존엄성과 가치를 훼손하고 행복추구권을 침해하는 것이며, 국가의 기본적 보장의무에 위배되는 것이라고는 할 수 없다." 라고 하여 그 합헌성을 인정하고 있다.[197]

그러나 이에 대해서는 "단체보험이라는 형식의 보험계약을 체결할 때에는 개인의 생사(生死)를 보험사고로 한다는 점에서는 개별보험과 아무런 차이가 없음에도 불구하고 타인의 생명보험의 피보험자가 되는 개인의 동의라는 제약을 부과하는 것을 포기한 것으로서, 경제적 장점만을 고려하여 단체의 원리를 적용함으로써 개인의 의사와 결정권을 무시하는 것이다. 이 사건 법률조항에 의하여 체결된 단체보험에 있어서는 타인을 피보험자로 하는 생명보험계약을 그 당사자가 알지 못하는 사이에 용이하게 체결할 수도 있으므로 피보험자의 개별적 동의를 거쳐 체결되는 개별보험과 비교할 때 타인의 생명보험계약에 내재하는 가해행위 등 도덕적 위험도 더욱 커지게 되며, 각종 산업현장에서 재해방지대책이 소홀해질 우려도 있다. 그러므로 이 사건 법률조항은 헌법 제10조에 위반된다." 라는 소수의 반대의견도 있다.

4. 단체보험 계약관계자

단체보험계약에서 보험계약자는 단체의 대표자이며, 보험계약자로서 상법이 정하고 있는 권리 또는 의무를 가진다.[198] 피보험자는 그 단체의 구성원이므로 손해보

197) 헌법재판소 1999.9.16. 98헌가6 판결.

198) 단체보험약관 제15조에서는 임의해지권을 인정하고 있으나 이에는 반대의견이 있다. 즉, 단체보험계약에서 보험계약자의 임의해지권은 피보험자의 이익을 해할 수 있으므로 피보험자의 보호필요성을 감안하여 임의해지권이 제한되어야 한다는 취지의 주장이 있

험계약의 집합보험에서 피보험목적물의 변동이 예정되어 있는 것과 마찬가지로 피보험자의 변동이 예정되어 있다. 즉, 단체의 구성원이 단체에 가입 또는 탈퇴함으로 인해 피보험자의 자격이 취득 또는 상실될 수 있다. 이 경우 보험계약자는 피보험자의 변동사항(피보험자의 증가, 감소 또는 교체사항)을 보험자에게 지체없이 서면으로 그 사실을 통지하고 회사의 승인을 받아야 한다. 만약 보험계약자가 피보험자의 변동사항을 제때에 통지하여 보험자의 승인을 받지 않을 경우에는 증가 또는 교체되는 피보험자에 대해서는 보험금을 지급받을 수 없다.(단체보험 약관 제16조)

물론 피보험자가 보험사고 이외의 사고로 사망하거나 퇴직 등으로 단체의 구성원으로서의 자격을 상실하면 그에 대한 단체보험계약에 의한 보호는 종료된다. 이 경우 설령 보험계약자가 보험자에 대해 퇴직 등의 신분변동 사유를 통지하여 피보험자의 감소에 대한 승인을 받지 않았다고 할지라도 퇴직한 자의 피보험자로서의 지위는 인정되지 않는다.[199]

다.(김성태, 전게서, 821면)

199) 울산지방법원 2008.8.22. 선고, 2008가단 14465판결. "피고들은 이 사건 약관에 따르면 퇴직 등 피보험자의 신분변동 사유가 발생할 경우 피보험자를 변경할 수 있을 뿐 피보험자가 당연히 변경되는 것이 아니고, 계약자가 서면으로 신분변동 사실을 알리지 않아 감소승인을 받지 않은 이상 계속 피보험자의 지위를 유지한다고 보아야 하는바, 해당교육청이 피보험자의 퇴직사실을 원고에게 알리지 않아 원고가 감소사실을 승인한 바 없으므로 피보험자가 피보험자의 지위를 유지하는 상태에서 보험사고가 발생한 것이라고 주장한다. 이 사건 약관에 퇴직 등 피보험자의 신분변동 사유가 발생한 경우 계약자가 피보험자를 변경할 수 있도록 하고 있고, 이 경우 계약자가 서면으로 원고에게 이 사실을 알리고 원고의 승인을 받도록 하고 있는 사실은 앞서 인정한 바와 같다. 그러나 단체의 구성원에 대한 보험사고를 부보한다는 단체보험의 의의에 비추어 보면 위 규정을 보험계약자의 통지와 보험회사의 승인이 있기 전에는 기존의 피보험자가 퇴직 등으로 단체구성원으로 자격을 상실하더라도 피보험자의 지위를 유지함을 전제로 한 것으로 볼 수 없고, 위 규정은 피보험자의 변경에 따른 법률관계를 신속하고 명확하게 확정하기 위한 규정이라고 봄이 상당하다."

Ⅱ. 단체보험계약의 보험금 귀속에 관한 문제

1. 업무상 재해 이외의 사고에 대한 단체보험금의 문제

1) 단체의 이해관계 부존재

단체인 회사의 관점에서 종업원을 피보험자로 하여 단체보험에 가입하는 이유는 종업원의 복지증대로 생산성 향상 및 노사관계 안정이라는 포괄적이고 원론적인 목적을 배제할 수 없지만 현실적으로는 종업원의 업무상 재해로 인한 단체(회사)의 재정적 부담이라는 리스크를 관리하기 위한 수단적 측면이 강하다. 즉, 단체인 회사의 입장에서 단체보험 계약 체결의 주된 목적이 업무상 재해로 종업원이 사상을 당하는 경우, 산재보험의 재해보상금만으로는 충분한 보상이 이루어 지지 않아 단체(회사)의 피재(被災) 종업원에 대한 여분의 보상(배상)책임에 대한 재해보상금 재원마련을 위한 것이므로,[200] 업무상 재해 이외의 보험사고에 대해서는 회사는 종업원에 대해 사실상 이해관계가 있다고 할 수 없다. 따라서 업무상 재해 이외의 보험사고로 인해 지급되는 단체보험금에 대해 회사가 이를 수령하여 전체 종업원의 복지향상과 사고를 당한 종업원의 유가족을 위해 사용하지 않는 한 이를 수령하여야 할 근거는 없다.[201] 업무상 재해에 대해서는 회사가 종업원에 대해 법률상 손해배상책임을 부담하므로 종업원에 대해 일정한 이해관계를 가지는 것이 분명하지만 업무상 재해 이외의 사고로 인한 종업원의 사상에 대해서는 회사가 그 종업원에 대해 실질적인 이해관계를 갖는다고 할 수 없다. 물론 이에 대해서는 종업원의 사망으로 인한 퇴직시 고용주는 퇴직금을 지급하여야 하고, 또 우연한 인력손실로 인해 기업의 운영상 경제적 타격을 받을 뿐만 아니라 보충인력의 교육과 직업훈련으로 인한 비용을 부담하여야 하기 때문에 기업주(회사)는 피용자(종업원)의 산업재해사고는 물론이고, 일반적인 사고에 대해서도 경제적 이해관계를 가진다는 의견[202]과 피용인들

---

200) 대법원 2007.10.12. 선고 2007다42877 판결.

201) 금융감독원 홈페이지 자료실 2006-06-27 금융감독원(보험제도과) 법규 FAQ란에 "단체보험의 일반적 정의와 그 세제혜택은?"이라는 제목 하에 "단체보장성보험은 종업원의 업무상 우발적 사망, 상해 및 질병에 대하여 사전에 대비하는 보험"이라고 정의하고 있다.

202) 정호열, 단체생명보험계약과 보험금청구권의 귀속, 고시연구 27권 제5호, 2000, 102면.

에게 이익을 제공하는 단체조직에 있어서 고용인들 역시 피보험자가 되는 피용인들의 생명에 대하여 제한 없는 피보험이익을 갖는 것으로 보아야 한다는 반대의 의견이 있으며,[203] 영미법에서의 핵심종업원 즉, key person의 경우 회사가 그 핵심종업원에 대해 피보험이익이 존재할 수는 있다. 하지만 핵심종업원을 제외한 일반 종업원의 사상에 관하여서는 종업원의 퇴직에 따른 퇴직금 지급은 시기의 문제이지 언젠가는 지급하여야할 예정되어 채무일 뿐만 아니라, 종업원의 퇴직이 종업원의 사상으로 인한 것만이 아닌 자유로운 의사에 따라 퇴직할 수 있으며, 종업원의 사상으로 인한 퇴직 보다 종업원의 자유의사에 따른 퇴직이 훨씬 빈번하다는 점, 보충되는 신입사원의 직무수행 능력의 배양 또는 향상에 필요한 교육 투자비용은 기업의 관점에서 이미 예정된 비용이라는 비판이 있을 수 있다.[204] 회사가 종업원에 대해 가지는 이해관계는 어디까지나 업무상 재해 사고에 한정하여야 할 것이고, 이를 확장하여 업무상 재해 이외의 일반적인 사고에 대해서도 경제적 이해관계 즉 피보험이익이 존재한다는 주장과 단체조직이 피용인들에게 이익을 제공한다는 이유만으로 피용인들의 생명에 대하여 제한 없는 피보험이익을 갖는 다는 주장은 피보험이익에 관한 논리의 확장이며, 타인의 생명보험에 대해 엄격한 동의주의를 채택하고 있는 우리나라의 경우 이에 대한 논거의 실익은 없다. 회사가 종업원에 대해 이해관계를 가지는 것은 어디까지나 고용이라는 관계의 범위에 한정되어야 하며, 종업원이 근로의 대가로 회사로부터 임금을 받는다고 하여 회사 업무와 상관없는 상황에서도 회사가 자신의 생명이나 신체를 이용하는 것을 승낙하였다고 할 수는 없다고 할 것이다.

2) 도덕적 위험 발생의 여지와 공서양속의 침해 위험성

상법 제735조의3 제①항에서는 규약에 따라 단체보험계약을 체결할 경우에는 피보험자의 서면에 의한 동의를 배제하고 있다. 단체규약에 따라 보험계약이 체결된다고 하여 내재된 도덕적 위험이 감소하는 것이 아니다. 즉, 종업원인 피보험자의

203) 이진수, 보험계약체결후 계약당사자들의 의무 및 피보험이익에 관한 영국법 개정 논의의 시사점; 보험금지급의무와 사기적 보험금 청구를 중심으로, 보험학회지 제91집, 2012, 144면.

204) 김문재, 기업을 보험수익자로 하는 단체보험계약의 효력, 법학논고 제27권, 2007, 69면.

생명과 신체를 담보로 종업원의 의사와 상관없이 사행계약의 대상이 될 수 있어 공서양속의 침해 위험성이 존재할 가능성이 있다. 회사는 종업원의 업무 중 재해에 대해서는 단체보험금을 수령하여, 산재보상 이외 별도의 손해배상의 재원으로 사용할 때는 이러한 도덕적 위험이나 공서양속의 침해 위험성은 통제될 수 있지만, 회사의 업무와 아무런 상관없는 사고로 종업원이 사상한 것에 대해 보험금을 수령할 경우에는 회사가 단체보험계약을 통해 불로의 소득을 취득할 수 있고, 단체보험금이 회사의 영업 이외 수익으로 오용(誤用)될 가능성이 있어 도덕적 위험과 공서양속의 침해 위험성을 배제할 수 없다는 문제점을 노출한다. 헌법재판소 98헌가6 결정문 중 소수의 반대의견에서는 이러한 우려를 직시하고 있다.[205)]

3) 규약의 불완전성과 정보비대칭의 문제

종업원인 피보험자의 서면에 의한 동의가 배제되는 단체보험계약은 규약의 존재를 필요로 한다. 상법 제735조 3의 취지가 규약(단체협약, 취업규칙)에 따라 단체보험계약이 체결될 경우, 도박보험이나 피보험자에 대한 위해(危害)의 우려가 없음과 타인의 사망을 사행계약의 조건으로 하는 것에 대한 공서양속의 침해 위험성을 배제하고자 함이 전제되어 있다.[206)] 현실적으로 실질적인 노동조합이 있는 일정 규모 이상의 회사인 경우에는 노동조합과 회사의 관계가 대등한 관계이어서 단체규약에서 노동조합원인 종업원의 이익을 위해 당연히 단체보험계약의 보험수익자를 종업원으로 할 것이므로 회사가 보험수익자가 되는 경우는 거의 없다고 할 것이다. 실제 보험수익자를 회사로 지정하는 단체보험계약의 대부분은 소규모 사업장의 경우이다. 소규모 사업장의 경우에는 노동조합이 존재하지 않거나 존재하더라도 회사와

---

205) 헌법재판소 98헌가 6 결정문 중 소수의견 "피보험자의 개별동의를 요건으로 하지 않고 규약만으로 족하게 한 것은 결국은 단체보험이라는 보험 상품의 경제적 장점을 추구하기 위하여 개별체결방식에 단체적 원리를 도입한 것인데, 그것이 궁극적으로 누구의 이익을 취하는 것이든 간에 은연중에 물적 법익을 인간의 가치에 우선시키는 것이고, 인간이 어떤 목적을 위한 수단으로 격하될 수 있게 하는 여지를 허용함으로써 인간의 존엄성에 대한 보장을 후퇴시킨 결과를 낳고 있다. 또한, 회사를 보험수익자로 하는 경우 피보험자인 근로자가 업무상 재해를 당할 경우 보험금을 받아 자신의 경제적 수요에 효과적으로 대비할 수 있고, 정액보험인 생명보험의 성격상 경우에 따라서는 손해액을 현저히 초과흔 보험금의 수령도 가능할 수 있는 부작용이 우려된다."

206) 대법원 2006.4.27. 선고 2003다60259 판결요지.

대등한 관계가 아닌 형식적인 노동조합이거나 노동조합 자체가 결성되어 있지 않아서 단체협약이나 취업규칙의 존재 자체를 종업원이 알지 못하며, 단체협약이나 취업규칙의 내용이 종업원의 권리나 이익을 완전하게 규정하고 있지 않아 불완전 할 수 있다. 아울러 단체협약이나 취업규칙의 존재를 알고 있다고 하더라도 그 구체적인 내용에 대해서는 종업원이 알지 못하는 경우가 대부분인 것이 현실이다. 이렇듯 소규모 사업장의 경우, 피보험자인 종업원은 회사가 자기의 생명, 신체를 보험사고로 하는 단체보험계약에 체결하였는지 조차 모르는 것이 현실이므로, 단체보험계약의 담보범위를 업무상 재해 이외의 사고까지 담보하여 사업주가 단체보험금을 수령하는 것은 단체보험의 취지 또는 존재이유에 비추어 문제점으로 지적하지 않을 수 없다.

4) 단체위험의 동질성 문제

보험업감독규정 제7-49조에서는 단체보험계약의 체결의 요건으로서 "단체에 대한 규정을 단체의 구성원이 명확하고 위험의 동질성이 확보되어 계약의 일괄적인 관리가 가능한 단체로서 5인 이상의 구성원이 있는 단체"라고 규정하고 있다. 즉, 단체보험계약에서 위험의 동질성이 확보된 단체를 대상으로 하는 계약임을 규정하고 있다. 단체보험에서 위험의 동질성이라는 것이 넓은 의미에서 대수의 법칙을 성립할 수 있을 정도의 특정 집단의 사고율을 예측할 수 있는 적절한 동질성(reasonably homogeneous)을 의미한다고 하더라도 업무상 재해 사고의 경우에는 당연히 위험의 동질성이 확보되어 있지만, 업무상 재해 이외의 사고는 단체 구성원 개개인의 개별적이고 일상적인 단일의 위험으로서 개별 위험성이 강하므로 그 위험이 반드시 동질의 것이라고 할 수 없다. 따라서 업무상 재해 이외의 개별 위험은 보험업감독규정상 단체보험계약 체결 조건인 위험의 동질성이 완벽히 확보되는 상태가 아니라는 문제점이 있다.

2. 단체보험 약관 규정의 문제점과 모순

손해·생명보험의 단체보험 상품에서는 사망보험금을 청구하는 자가 피보험자의 법정상속인이 아닌 경우에는 "법정상속인의 확인서"를 첨부하도록 규정하고 있다.[207] 즉, 회사가 보험수익자인 단체보험계약에 있어 피보험자인 종업원이 보험사고로 사망한 경우 보험수익자인 회사가 사망보험금을 청구하기 위해서는 피보험자인 종업원의 법적상속인으로부터 확인서를 받아야 만이 보험금을 청구할 수 있도록 하고 있다. 동 약관 규정은 2005년 4월에 신설한 규정이며, 2005.02.18. 서울 중앙지법 민사합의22부 판결에서 업무상 재해 이외의 보험사고에 대해 회사가 수령한 단체보험계약의 보험금을 종업원에게 지급하라는 판결이 나온 직후, 단체보험금을 회사가 수령하는 것에 대한 언론(신문, 방송)의 비판이 쏟아졌으며, 금융감독원이 보험업계와 실무협의를 거쳐 신설한 규정이다.

한편, 단체보험금을 보험수익자인 회사가 청구할 경우 동 약관 규정에서는 "법정상속인의 확인서"를 첨부하여야 할 서류로 규정하면서 "법정상속인의 확인서"가 무엇에 관한 확인서인지에 대해 별도의 규정이나 설명이 없다. 다만, 생명보험협회와 손해보험협회의 입장은 "유족이 보험금 지급사실을 알았다는 확인서"라는 입장을 밝힌 바 있다.[208] 실제 손해사정 실무에서는 동 약관에서 규정하는 확인서의 양식이 별도로 존재하지 않으므로 "보험금 지급에 관한 권리일체를 보험수익자(회사)에게 위임한다."는 내용의 위임장으로 대체하고 있다. 보험금 수령에 관한 위임장이라는 것은 다른 사람에게 자기의 보험금 수령권에 대해 대리권을 수여하였다는 것을 표시하는 문서이므로, 결국 단체보험계약에서 보험수익자가 아닌 피보험자 유족의 보험금 수령권을 인정하고 있다는 것을 의미한다. 보험계약법상 보험수익자의 보험금 청구 및 수령권은 고유의 권리이며, 당연한 것임에도 보험금을 청구함에 있어 별도의 피보험자의 유족 확인서를 첨부하여야만 보험금을 지급한다는 모순적 규정을 두고 있다. 즉, 회사를 보험수익자로 한 단체보험계약에서 피보험자가 사망할 경우 보험수익자인 회사가 사망보험금을 전격적으로 수령하는 것에 대해 제한하고 있는 동 약관 규정을 신설하였다는 것 자체가 보험업계나 보험당국이 단체보험금을 회사가 수령하는 것에 대한 문제점을 인식하고 있다는 사실을 반증하고 있는 것이며, 보험당국이나 보험업계가 해결해야 할 단체보험금과 관련된 문제점을 보험소비자에게 전가시키는 결과를 초래하고 있다. 즉, 동 약관 규정의 존재는 단체보험계약의 보험수익자인 회사와 피보험자 유족간의 보험금 지급 또는 배분과 관련한 분쟁

207) 손해보험 상품 단체보험약관 제36조 제4호, 생명보험 상품 단체보험 약관 제34조 제5호
208) 한국경제신문, 2005.4.19. 보도자료

을 내재하고 있는 규정으로 보험수익자인 회사가 보험금을 수령하기 위해서는 유족들의 확인서가 필요하며, 피보험자의 유족들은 아무런 조건 없이 회사가 요구하는 확인서를 작성해 줄 이유가 없기 때문이다. 결국은 회사와 피보험자 유족들 간에 사망보험금에 관한 배분을 통한 합의를 유도하고 있는 것이다.[209]

3. 업무상 재해 이외의 사고에 대한 단체보험금 관련 판례의 검토

회사가 보험수익자인 단체보험계약에서 업무상 재해 이외의 사고에 대한 단체보험금 지급과 관련한 몇 가지 법원 판례를 검토하면 회사를 보험수익자로 하는 단체보험계약에 대해 종업원인 피보험자가 동의를 하였다고 하더라도, 그 동의는 업무상 재해 이외의 재해로 보험사고가 발생한 경우에는 피보험자나 그 유족에게 보험금을 지급하기로 하는 의미로 보험수익자를 보험계약자인 회사로 하는데 대해 동의한 것이라고 보는 것이 당자자의 의사에 부합한다는 취지이다. 즉, 보험금청구권은 보험계약법상 보험수익자인 회사의 것이지만 단체보험금의 최종적인 귀속주체는 피보험자의 유족에게 있음을 판시하고 있다.

즉, 대법원 1995.5.25. 선고 98다56913 판결[210] 및 대법원 2007.12.27. 선고 2007다70285 판결의 사례는 회사가 소속 직원들을 피보험자, 회사를 보험수익자로 하여 체결한 단체보험계약(소속 직원들인 피보험자가 회사를 보험수익자로 하는 것에 대해 서면동의를 한 사안임)에서 보험사고를 피보험자인 소속 직원들의 업무상 재해로 인한 사망이나 부상에 국한시키지 아니한 점, 피보험자인 소속 직원들이 업무상

209) 정호열, 앞의 논문, 100면에서는 단체의 규약이나 보험청약서에서 단체보험금의 배분에 관하여 명시적 정함이 없는 경우에는 단체보험의 기능과 특성을 고려하여 사회통념상 합리적으로 기대될 수 있는 범위 내에서 피보험자에게 상당한 금액을 지급하기로 하는 묵시적 합의가 있다고 보고, 이 합의에 따른 보험금을 보험수익자와 피보험자에게 배분하여야 한다는 "보험금배분에 관한 묵시적 합의론"을 소개하면서 이에 대해서 부정적 견해를 밝히고 있다.

210) 박은경, 단체보험에 있어서 보험수익자, 상사판례연구 제10권 제1호, 1999, 323-326면에서는 대법원 1999.5.25. 선고 98다59613 판결의 판례평석에서 "이 판례가 가지는 의의는 단체보험에서 보험수익자를 보험계약자로 지정한 경우에도 그것은 보험금수령상의 편의를 위하여 인정되는 것이며, 보험계약자가 보험금을 지급받아 이를 피보험자나 그 유족에게 지급하지 않고 자신이 보유할 수 있는 것임을 의미하는 것이 아니라는 점을 밝히데 있다."고 밝히고 있다.

재해가 아닌 사망이나 부상을 당하는 보험사고가 발생한 경우까지 보험수익자인 회사가 이 보험계약의 보험금을 수령하여 보유하는 것을 용인할 의도로 특별히 이 단체보험계약에 동의하였다고 보기는 어려우며, 업무상 재해로 인한 보험사고가 발생한 경우에는 보험금을 사업주가 수령하여 보유하되, 업무외 재해로 보험사고가 발생한 경우에는 피고가 보험금을 수령하여 이를 보유하는 것이 아니라 피보험자나 그 유족에게 지급하기로 하는 의미로 보험수익자를 사업주로 한 이 단체보험계약에 동의한 것이라고 보는 것이 타당하다는 취지의 판결이다.(가장 최근의 판결인 창원지법 2013.1.16. 선고 2012나5289 판결도 동일한 취지의 판결이다.) 하급심 판결로는 광주고등법원 2006.06.13. 판결에서 회사를 보험수익자로 체결한 단체보험계약에서 종업원이 업무와 상관없이 개인적인 일로 자동차를 운행 중 교통사고로 사망한 사고에 대해, 회사가 수령하여 피보험자인 종업원의 유가족이 소송을 제기한 보험금반환청구소송에서 업무상 재해 이외의 원인으로 사망하였을 경우에 보험금은 회사가 아닌 사망자 유족에게 지급하는 것이 보험계약 당사자의 의사에 합치한다는 취지의 판결이 있다.(서울중앙지법 민사합의22부 2005.2.18. 판결도 동일한 취지의 판결이다.)

4. 단체보험의 법제화 취지와 개정 상법 규정의 문제점

1) 기존 상법 제735조의 제정 취지

1991년 상법 보험편이 전면적으로 개정되기 이전까지는 단체보험에 관한 법률적 규정이 존재하지 않았으며, 생명보험회사의 약관만으로 운영되어 왔다. 이후 피보험자의 개별적인 서면동의의 번거로움의 해소와 보험판매비용(영업비용) 및 관리비용의 감소로 불필요한 부가보험료의 절약, 경제활동의 주체로서 기업(회사) 자체를 위험선택의 단위로 할 필요성이 대두되어 법제화하기에 이르렀다. 상법 보험편에서 단체보험에 관한 규정을 법제화하면서 제1항의 특칙 조항을 두고 있는 취지는 단체구성원의 후생복리의 차원에서 체결되는 보험계약이므로 도덕적 위험이 문제되지 않으며, 단체의 규약에 따라 체결되므로 그 보험계약에 대해 구성원들의 동의가 있는 것으로 볼 수 있다는 취지에서 신설된 규정이었다. 입법 당시 “단체규약에 따라 단체보험계약을 체결할 경우 피보험자를 보험수익자로 본다.”라는 규정을 마련하였으나 기업이 종업원의 복지향상을 위해 보험료를 부담하면서 단체보험계약을 체결한 상황에서도 업무상 재해가 발생한 경우, 종업원은 산재보상금과 단체보험금까지 지급받고도 여전히 기업을 상대로 별도로 손해배상청구소송을 제기할 수 있다는 현실적인 문제로 삭제되었다.[211] 이러한 특칙 규정은 인보험에 대해 피보험이익을 인정하고 있지 않은 대륙법계의 나라들 중 우리나라가 유일하다.

2) 개정 상법 규정의 내용과 동 규정의 개정이유

2012.06.15. 법무부 공고 제2012-156호 상법 일부개정법률안의 의안문에서는 단체보험계약이 타인의 생명보험계약임에도 그 타인의 서면 동의를 받도록 하는 규정의 적용이 배제되어 있어 단체가 자신을 보험수익자로 지정하는 경우 해석상의 논란 해소와 피보험자인 단체 구성원과 그 유족의 이익을 보호하기 위해 상법 제735조의 3의 규정에 제3항을 다음과 같이 신설규정한다고 밝히고 있다. "보험계약의 경우 보험계약자가 피보험자 또는 그 상속인이 아닌 자를 보험수익자로 지정할 때에는 단체의 규약에서 명시적으로 정한 경우 외에는 그 피보험자의 서면 동의 받아야 한다." 결국, 단체보험의 운영상 특성을 고려하여 제1항의 규정취지를 그대로 두고, 회사 자신이 보험수익자가 되기 위해서는 단체규약에서 이를 명시할 것을 법률로 엄격히 정함으로 피보험자의 서면동의 절차를 거치지 않는 단체보험계약의 보험수익자를 가능한 피보험자로 하고자 하는 것이 개정의 취지이다.[212]

3) 개정 상법 규정의 문제점

2014.02.20. 국회를 통과한 개정 상법규정은 "단체규약에서 명시적으로 정한 경우" 라고 규정하고 있다. 이는 피보험자의 서면에 의한 동의 절차를 면하는 것과 등가성이 있는 단체규약의 명시성을 필요로 하는데, 개정 상법규정만으로는 단체규약에서 무엇을 명시적으로 정하는 것인지 불분명하다는 문제점이 있다. 한편, 종업원인 피보험자의 서면에 의한 동의절차가 합법적으로 면제된다고 하여 회사와 아무런 이해관계가 없는 종업원의 업무상 재해 이외의 사고까지 현행과 같이 회사를 보

211) 법무부, 상법개정특별분과위원회 회의록, 1990.12. 586-590면.

212) 김문재, 상법 보험편 개정안에 대한 의견(단체보험규정을 중심으로), 상사판례연구, 제22권 제3호, 2009. 147-183면.

험수익자로 한 경우, 회사가 단체보험금을 수령하거나 회사가 단체보험금의 청구권을 채무에 대한 담보로 제공하는 것이 정당한 것인가에 대해 의문을 제기하지 않을 수 없다. 또한, 단체보험계약에 대해 개정 상법규정과 같이 단체규약에서 명시적으로 정하지 않는 경우, 회사가 종업원인 피보험자의 서면에 의한 동의를 받는다고 하더라도 소규모 회사의 경우에는 소위 "갑"과 "을"의 관계인 회사와 종업원의 관계에서 피보험자의 서면에 따른 동의가 회사로부터 묵시적 강요의 개연성을 배제할 수 없으며, 이 경우 보험수익자인 회사의 보험금 청구권을 업무상 재해 이외의 사고까지 확장하는 것이 단체보험의 취지에 비추어 타당한 것인지에 대해서도 의문이 생긴다.

5. 문제점의 해결방안

업무상 재해이외의 사고에 대한 단체보험금의 귀속문제점은 크게 두 가지로 요약할 수 있다.

첫째, 종업원의 업무상 재해 이외의 사고에 대해 아무런 이해관계가 없는 회사가 보험수익자로서 보험금을 수령함으로 인해 단체보험계약이 본연의 존재이유를 상실하고 도박화 내지 사행성에 노출된다는 점과 이를 보완하기 위하여 규정하고 있는 약관규정의 문제와 둘째, 현재 개정된 상법규정이 가지고 있는 규정의 불명료성에 대한 문제점이다.

이러한 문제점을 해결하기 위한 방안으로는 첫째, 단체보험계약의 보험사고 범위를 업무상 재해뿐만 아니라 업무상 재해 이외의 사고까지 담보하는 것을 제한하기 위해서는 단체보험에 관한 상법 개정안의 내용 중 제1항의 본문내용의 서두에 "업무상 재해 사고에 대해"를 삽입하여 보험사고의 범위에 대한 제한 규정을 두는 방안을 검토할 수 있다. 만약, 단체보험의 기능을 확대하기 위하여 보험사고의 범위를 업무상 재해 이외의 사고까지 확장할 필요가 있을 때에는 단체보험 상품에 "업무상 재해 이외의 사고 담보 특별약관" 두어 보험자가 종업원의 업무상 재해 이외의 사고를 특별약관에서 담보하도록 하고, 이 특별약관의 보험금이 회사에 귀속되는 것을 방지하기 위해 회사가 보험수익자일 경우에는 피보험자에게 보험금청구권을 양도하도록 하는 특별약관 규정을 두는 방안을 검토할 수 있다. 아울러 현행 피보험자가 사망하는 보험사고가 발생하여 사망보험금을 청구하는 자가 피보험자의 법정

상속인이 아닌 경우 "법정상속인의 확인서"를 첨부하도록 한 보험약관 규정은 삭제되어야 할 것이다.

둘째, 개정 상법규정의 내용이 "단체의 규약에서 명시적으로 정한 경우"라고 하여 무엇을 명시적으로 정한 경우인지에 대한 불명료성 문제의 해결방안으로는 "단체의 규약에서 단체보험계약에 관한 다음의 사항을 명시적으로 정한 경우..."라고 규정하고, 다음 각 호의 내용으로 "1. 단체보험금의 사용에 관한 사항 2. 단체보험계약에 관한 사용자의 설명의무에 관한 사항"으로 신설 규정하는 방안을 검토할 수 있다. 단체의 규약에 단체보험금의 사용에 관한 사항을 명확히 함으로써 단체보험금이 회사의 영업외 수익으로 오용되는 것을 방지할 수 있다. 또한, 규약에 단체보험계약에 관한 사용자의 설명의무에 관한 사항을 두게 함으로써 적어도 종업원은 자신의 신체, 생명이 보험에 붙여진다는 사실과 그 담보내용에 관한 사항을 인지할 수 있도록 하여 보험의 도박화 방지와 피보험자인 종업원이 회사를 퇴사할 경우 개별계약으로의 전환을 용이하게 할 필요가 있다.[213]

---

213) 보험감독규정 제7-49조에서는 단체보험계약의 개별계약으로의 전환 규정을 마련하여 두고 있는데, 보험료의 일부를 부담한 피보험자인 종업원이 개별계약으로 전환하기 위해서는 단체보험계약 체결의 사실과 그 담보내용을 알고 있어야 하기 때문이다.

※ 법원 판례(단체보험의 특칙과 관련된 판결)

대법원 2006.4.27. 선고 2003다60259 판결. "[1]상법 제735조의3은 단체가 규약에 따라 구성원의 전부 또는 일부를 피보험자로 하는 생명보험계약을 체결하는 경우에는 제731조를 적용하지 아니한다고 규정하고 있으므로 위와 같은 단체보험에 해당하려면 위 법조 소정의 규약에 따라 보험계약을 체결한 경우이어야 하고, 그러한 규약이 갖추어지지 아니한 경우에는 강행법규인 상법 제731조의 규정에 따라 피보험자인 구성원들의 서면에 의한 동의를 갖추어야 보험계약으로서의 효력이 발생한다.
[2]상법 제735조의3에서 단체보험의 유효요건으로 요구하는 '규약' 의 의미는 단체협약, 취업규칙, 정관 등 그 형식을 막론하고 단체보험의 가입에 관한 단체내부의 협정에 해당하는 것으로서, 반드시 당해 보험가입과 관련한 상세한 사항까지 규정하고 있을 필요는 없고 그러한 종류의 보험가입에 관하여 대표자가 구성원을 위하여 일괄하여 계약을 체결할 수 있다는 취지를 담고 있는 것이면 충분하다 할 것이지만, 위 규약이 강행법규인 상법 제731조 소정의 피보험자의 서면동의에 갈음하는 것인 이상 취업규칙이나 단체협약에 근로자의 채용 및 해고, 재해부조 등에 관한 일반적 규정을 두고 있다는 것만으로는 이에 해당한다고 볼 수 없다.
[3]규약을 구비하지 못한 단체보험의 유효요건으로서의 피보험자의 동의의 방식은 강행법규인 상법 제731조가 정하는 대로 서면에 의한 동의만이 허용될 뿐 묵시적, 추정적 동의는 허용되지 아니한다.
[4]타인의 사망을 보험사고로 하는 보험계약에 있어서 피보험자가 서면으로 동의의 의사표시를 하거나 그에 갈음하는 규약의 작성에 동의하여야 하는 시점은 상법 제731조의 규정에 비추어 보험계약 체결시까지이다.
[5]타인의 사망을 보험사고로 하는 보험계약에 피보험자의 서면동의를 얻도록 되어 있는 상법 제731조 제1항이나 단체가 구성원의 전부 또는 일부를 피보험자로 하는 생명보험계약을 체결하는 경우 피보험자의 개별적 동의에 갈음하여 집단적 동의에 해당하는 단체보험에 관한 단체협약이나 취업규칙 등 규약의 존재를 요구하는 상법 제735조의3의 입법 취지에는 이른바 도박보험이나 피보험자에 대한 위해의 우려 이외에도 피해자의 동의 없이 타인의 사망을 사행계약상의 조건으로 삼는 데서 오는 공서양속의 침해의 위험성을 배제하고자 하는 고려도 들어 있다 할 것인데, 이를 위반하여 위 법조 소정의 규약이나 서면동의가 없는 상태에서 단체보험계약을 체결한 자가 위 요건의 흠결을 이유로 그 무효를 주장하는 것이 신의성실의 원칙 또는 금반언의 원칙에 위배되는 권리행사라는 이유로 이를 배척한다면 위 입법 취지를 몰각시키는 결과를 초래하므로 특단의 사정이 없는 한 그러한 주장이 신의성실 등의 원칙에 반한다고 볼 수는 없다.
[6]타인의 사망을 보험사고로 하는 보험계약의 체결에 있어서 보험모집인은 보험계약자에게 피보험자의 서면동의 등의 요건에 관하여 구체적이고 상세하게 설명하여

보험계약자로 하여금 그 요건을 구비할 수 있는 기회를 주어 유효한 보험계약이 체결되도록 조치할 주의의무가 있고, 그럼에도 보험모집인이 위와 같은 설명을 하지 아니하는 바람에 위 요건의 흠결로 보험계약이 무효가 되고 그 결과 보험사고의 발생에도 불구하고 보험계약자가 보험금을 지급받지 못하게 되었다면 보험자는 구 보험업법(2003. 5. 29. 법률 제6891호로 전문 개정되기 전의 것) 제158조 제1항에 기하여 보험계약자에게 그 보험금 상당액의 손해를 배상할 의무가 있다.
[7]단체보험의 경우 보험수익자의 지정에 관하여는 상법 등 관련 법령에 별다른 규정이 없으므로 보험계약자는 단체의 구성원인 피보험자를 보험수익자로 하여 '타인을 위한 보험계약' 으로 체결할 수도 있고, 보험계약자 자신을 보험수익자로 하여 '자기를 위한 보험계약' 으로 체결할 수도 있을 것이며, 단체보험이라고 하여 당연히 타인을 위한 보험계약이 되어야 하는 것은 아니므로 보험수익자를 보험계약자 자신으로 지정하는 것이 단체보험의 본질에 반하는 것이라고 할 수 없다."

상법 제736조 [보험적립금 반환의무 등]

① 제649조, 제650조, 제651조 및 제652조 내지 제655조의 규정에 의하여 보험계약이 해지된 때, 제659조와 제660조의 규정에 의하여 보험금액의 지급책임이 면제된 때에는 보험자는 보험수익자를 위하여 적립한 금액을 보험계약자에게 지급하여야 한다. 그러나 다른 약정이 없으면 제659조 제1항의 보험사고가 보험계약자에 의하여 생긴 경우에는 그러하지 아니하다. [개정 1991.12.31]
② 삭제. [1991.12.31]

본 규정은 생명보험 특유의 제도로서 보험적립금의 반환에 관하여 규정하고 있다. 보험적립금이라는 것은 생명보험회사가 적립하여야 할 책임준비금[214]의 하나로서 사망 또는 생사혼합보험에서의 사망확률(위험률)은 계약체결 이후 피보험자의 나이가 들수록, 시간이 경과할수록 증가하므로 보험료 역시 이에 비례하여 증가되어야 함은 이론상 당연하다.

하지만 실제 보험계약에서는 편의상 보험기간 전체의 보험료를 평균하여 매년 일정한 평준보험료(平準保險料)를 지급하도록 하고 있다. 따라서 보험계약자가 지불하는 보험료에는 그 연도의 위험률에 해당하는 보험료에 더하여 후년도의 위험에 대비하기 위한 여분의 보험료가 포함되어 있으며, 이 여분의 보험료를 적립한 것을 보험료적립금이라고 한다. 보험료적립금은 일반적으로 매년 지급되는 보험료 중에 순보험료에 편입되어 있는 여분의 보험료를 원금으로 해서 예정이율로 증액시킨 원리합계금을 누계하여 적립한다. 이러한 보험료적립금은 보험기간의 만기 전에 여러 가지 사유로 보험계약이 중도에 종료하게 된 때에는 보험계약자에게 반환하여야 하는 것이 지극히 당연한 것이다.

상법은 본 규정에서 보험계약이 해지(상법 제649조의 임의해지, 제650조의 보험료 부지급으로 인한 계약해지, 제651조의 고지의무위반으로 인한 계약해지, 제652조 및

214) 보험업법 제120조(책임준비금 등의 적립) "보험회사는 결산기마다 보험계약의 종류에 따라 대통령령이 정하는 책임준비금과 비상위험준비금을 계상하고 따라 작성한 장부에 각각 기재하여야 한다."

제653조의 위험의 현저한 변경증가로 인한 계약해지, 제654조 보험자의 파산으로 인한 계약해지)되거나 보험사고가 발생하였지만 보험자의 면책사유(상법 제659조 및 제660조)로 보험금이 지급되지 않을 때에는 보험수익자를 위하여 적립한 금액 즉, 보험료적립금을 반환하도록 규정하고 있다.

다만, 계약당사자간에 다른 약정을 두지 않는 한 보험사고가 보험계약자의 고의 또는 중대한 과실로 인하여 생긴 때에는 보험료적립금을 반환할 필요가 없는데, 이는 보험계약의 보험계약자에 의한 도덕적 위험의 유발 방지를 위한 제재 규정이라고 할 것이다. 본 조문에서 규정하고 있는 보험자의 보험료적립금의 반환의무는 2014년 개정 상법 제662조의 규정에 따라 3년의 시효(時效)로 소멸한다.

용어해설

예정이율

생명보험계약은 대부분 장기이고, 보험료의 수입시점부터 보험금의 지급시점까지는 상당한 시간적 격차가 존재한다. 따라서 보험자는 그동안 적절한 투자활동을 통해 투자수익을 얻게 된다. 예정이율이란 보험자가 계약기간동안 축적된 자금(보험료적립금)을 투자하여 얻고자 하는 예상수익율을 말한다. 보험계약자가 실제로 지급하는 보험료는 이 예정이율로 할인하여 결정되기 때문에 다른 조건(예정사망율과 예정사업비율)이 같다면 보험가입자는 높은 예정이율이 적용되는 보험계약을 선호하게 된다.(보험경영연구회, 보험과 위험관리, 문영사, 229면)

제3절 상해보험

상법 제737조 [상해보험자의 책임]

상해보험계약의 보험자는 신체의 상해에 관한 보험사고가 생길 경우에 보험금액 기타의 급여를 할 책임이 있다.

1. 상해보험계약의 의의

본 조문에서는 상해보험계약에 있어 보험자의 책임에 관하여 규정하고 있다. 상해보험계약이란 피보험자 신체의 상해[215]에 관하여 보험사고가 발생한 경우에 보험자가 보험급여를 할 것을 약정한 인보험계약이다. 즉, 보험기간 중에 피보험자가 급격, 우연한 외래의 사고로 상해사고가 발생할 경우 보험자가 의료비, 후유장해에 따른 보험급여와 상해를 원인으로 사망한 경우에는 약정한 보험금을 지급할 책임을 지고, 보험계약자는 이의 대가로서 보험료를 지불함으로써 효력이 발생하는 보험계약이다.

2. 상해보험계약의 성질

상해보험계약은 그 특성상 손해보험성과 인보험성을 동시에 가지고 있다. 따라서 실무상 담보하는 방식도 손해보험식 상해보험과 인보험식 상해보험으로 나누어져 있다.

---

215) 상해(bodily injury)의 개념은 몸에 상처를 입는다는 부상(負傷)의 개념보다는 넓은 의미로 사용되며, 반드시 외관상 분명한 상처자국을 남기는 것에 한정하지 않는다. 상해로 인한 후유장해나 상해로 인한 사망을 포함하는 개념이다. 생명보험식 상해보험에서는 상해사고의 개념을 "재해사고 ; 우발적인 외래의 사고" 로 규정하고 있으며, 손해보험식 상해보험에서는 상해사고의 개념을 "급격하고도 우연한 외래의 사고" 라고 규정하고 있다.(상해보험 표준약관(2011.1) 제15조 제1항)

1) 손해보험성

상해보험계약은 보험금 지급방식이 상해의 정도에 따라 차등화 되어있거나 의료비의 경우 실손보상(實損補償)의 성격을 갖는다는 점에서 손해보험성이 존재한다.

2) 인보험성

상해보험계약은 피보험자의 신체를 보험목적으로 한다는 점에서 인보험계약이다. 또한, 같은 인보험계약이라고 하더라도 상해보험계약이 피보험자 신체의 상해를 담보한다는 점에서 피보험자의 생사(生死)를 보험사고로 하는 생명보험계약과는 구분된다.

3. 상해보험계약에 있어 보험사고(상해사고)의 특성

상해보험계약은 보험기간 중에 피보험자가 상해를 입은 경우에(보험기간 중에 발생한 급격하고도 우연한 외래의 사고로 신체에 입은 상해) 보험자가 책임을 지는 계약이다. 따라서 보험사고(상해사고)는 아래와 같이 급격성, 우연성, 외래성의 요건을 갖추어야 한다.

상해보험사고의 요건으로서 "우연한 사고" 에 대한 입증책임에 대해서는 보험금 청구권자에게 있다는 견해와 보험자에게 있다는 견해로 나누어지고 있으며,[216] 이에 대한 법원의 판례는 보험금 청구권자에게 입증책임이 있다는 견해이다.[217]

1) 급격성

급격성이란 결과의 발생을 피할 수 없을 정도로 급박한 상태를 의미하는 것으로, 신체에 상해를 발생시키는 사고가 이를 피할 수 있을 정도로 완만하거나 연속적으로 발생할 경우에는 상해보험사고에 해당되지 않는다. 이러한 급격성은 시간의 급

---

216) 손추찬 · 정동윤, 전게서, 760면.

217) 대법원 2003.11.28. 선고 2003다35215,35222 판결. "인보험계약에 의하여 담보되는 보험사고의 요건 중 '우연한 사고' 라 함은 사고가 피보험자가 예측할 수 없는 원인에 의하여 발생하는 것으로서, 고의에 의한 것이 아니고 예견치 않았는데 우연히 발생하고 통상적인 과정으로는 기대할 수 없는 결과를 가져오는 사고를 의미하는 것이며, 이러한 사고의 우연성에 관해서는 보험금 청구자에게 그 입증책임이 있고 사고의 외래성 및 상해라는 결과와 사이의 인과관계에 대해서도 보험금청구자에게 그 입증책임이 있다."

격성(보험사고의 원인으로부터 결과까지 시간적 간격이 없어야 함) 예견불가능성, 돌발성 및 불가피성(보험사고가 돌발적이고 예측이 불가능하며 불가피하게 발생하여야 함)이라는 충족요건을 가진다.

2) 우연성

우연성은 상해보험사고에 있어 핵심적인 조건으로서 보험사고가 피보험자의 "고의" 가 아닌 즉, 피보험자 관점에서 원인 또는 결과의 발생이 전혀 예견되지 않는 상태를 말한다.

3) 외래성

외래성이라 함은 신체 상해의 원인이 외부적인 사고이어야 함을 말한다. 따라서 상해사고의 발생 원인이 피보험자 자신의 신체에 내재(內在)되어 있는 것인 때에는 상해보험사고의 외래성을 결(缺)한 것으로 본다.[218]

4. 상해보험계약의 보험자 면책사유

보험사고가 보험기간 중에 발생하였다고 하더라도 일정한 사유가 있을 경우에는 보험자가 책임을 면하게 된다. 상해보험계약의 보험자는 상법 제659조에서 규정하고 있는 보험계약자, 피보험자, 보험수익자의 절대적 면책사유인 이른바 "고의" 에 의한 사고를 제외하고는 상법상 면책사유가 존재하지 않는다.(상법 제739조의 생명보험 준용규정에 따라 생명보험계약과 면책사유가 동일함)

단, 보험수익자가 수인일 경우에는 "고의" 로 피보험자를 해(害)한 자의 보험금만 면책되고, 나머지 수익자의 보험금에 대해서는 면책되지 않는다. 또한, 보험계약자의 "고의" 보험사고의 경우에는 보험자가 보험금에 대해 면책될 뿐만 아니라 보험료적립금 조차 반환하지 않는다.(상법 제736조 조문해설 참조)

한편, 2008년 상법 개정시안에서는 상해보험의 도박화 방지 등을 이유로 음주운

---

218) 생명보험 표준약관 재해분류표 "재해라 함은 우발적인 외래의 사고(다만, 질병 또는 체질적 요인이 있는 자로서 경미한 외부 요인에 의하여 발병하거나 또는 그 증상이 더욱 악화되었을 때에는 그 경미한 외부 요인은 우발적인 외래의 사고로 보지 아니함)로서 다음 분류표에 따른 사고를 말한다."

전사고나 무면허운전사고와 같은 고도의 위험성 및 반사회성 범죄행위에 대해서는 상해보험자가 면책될 수 있는 규정을 마련하였다. 즉, 범죄행위이자 고도의 위험성이 있는 음주운전이나 무면허운전 행위 등을 보험자 부책사항으로 할 경우 위법성을 조장할 뿐만 아니라 사고의 우연성을 전제로 하는 보험원리에도 반하는 문제점이 노출된다는 이유로 상법 개정 법률에서는 반사회성 및 고도의 위험성이 있는 행위 중에 대통령령으로 정하는 행위의 경우에는 당사자 간의 약정에 따라 보험자면책(保險者免責)으로 할 수 있음을 규정하고 있다. 즉, 상해보험계약에서 음주운전·무면허운전 등 면책조항의 효력을 인정하는 근거를 마련함으로써 보험계약자의 도덕적 해이(moral hazard)를 방지하고, 보험단체의 건전성을 확보하기 위하여 신설 안으로 마련하였으나 보험제도가 불의의 사고에 대비하고자 함에 목적을 두고 있는데, 그 사고의 원인이 되는 행위에 범죄성이나 고도의 위험성이 있다는 이유로 보험자 면책사유로 규정한다면 보험의 존재이유가 없다는 점, 동일한 인보험인 생명보험과는 달리 상해보험에서만 중과실 면책규정을 신설하는 것은 생명보험과의 관계에 있어 형평을 잃은 규정이라는 비판이 있을 수 있다. 즉, 법원판례(대법원 1999.5.25. 선고99다14723, 14730 판결; 대법원 2002.10.1. 선고2002다564 판결; 서울고법 1999.2.11. 선고 98나47834, 47841 판결)는 “피보험자가 보험기간 중에 교통사고로 신체에 상해를 입거나 그 직접 결과로써 피해일로부터 180일 이내에 사망하였을 경우에 미리 정해진 사망보험금을 지급하기로 한 보험을 정액보험의 일종인 생명보험이다.” 라는 판결에서 보는 바와 같이, “상해로 인한 사망의 경우” 와 같은 정액보상방식의 상해보험을 일종의 생명보험이라거나 생명보험으로서의 성질을 가진다고 함으로써 생명보험과 마찬가지로 취급되어야 함을 강조하고 있고, “사망을 보험사고로 하는 보험계약” 은 그것이 생명보험에 해당하는지, 상해보험에 해당하는지 그 구별이 용이하지도 않다는 비판[219]이 있어 금번 상법 개정에서는 삭제되었다.

219) 상법 일부개정 법률안 검토보고서, 법제사법위원회(2008.11), 113면 각주) 109.

※ 법원 판례(상해보험사고의 급격성, 우연성, 외래성에 관한 판결)

대법원 2003.11.28. 선고 2003다35215,35222 판결. "인보험계약에 의하여 담보되는 보험사고의 요건 중 '우연한 사고'라 함은 사고가 피보험자가 예측할 수 없는 원인에 의하여 발생하는 것으로서, 고의에 의한 것이 아니고 예견치 않았는데 우연히 발생하고 통상적인 과정으로는 기대할 수 없는 결과를 가져오는 사고를 의미하는 것이며, 이러한 사고의 우연성에 관해서는 보험금 청구자에게 그 입증책임이 있고 사고의 외래성 및 상해라는 결과와 사이의 인과관계에 대해서도 보험금청구자에게 그 입증책임이 있다."

대법원 1998.10.13. 선고 98다28114 판결. " '급격하고도 우연한 외래의 사고' 를 보험사고로 하는 상해보험에 가입한 피보험자가 술에 취하여 자다가 구토로 인한 구토물이 기도를 막음으로써 사망한 경우, 보험약관상의 급격성과 우연성은 충족되고, 나아가 보험약관상의 '외래의 사고' 란 상해 또는 사망의 원인이 피보험자의 신체적 결함 즉, 질병이나 체질적 요인 등에 기인한 것이 아닌 외부적 요인에 의해 초래된 모든 것을 의미한다고 보는 것이 상당하므로, 위 사고에서 피보험자의 술에 만취된 상황은 피보험자의 신체적 결함 즉, 질병이나 체질적 요인 등에서 초래된 것이 아니라 피보험자가 술을 마신 외부의 행위에 의하여 초래된 것이어서 이는 외부적 요인에 해당한다고 할 것이고, 따라서 위 사고는 위 보험약관에서 규정하고 있는 '외래의 사고' 에 해당하므로 보험자로서는 수익자에 대하여 위 보험계약에 따른 보험금을 지급할 의무가 있다."

부산고법 1998.5.22. 선고 98나130 판결. "[1] 상해보험계약상 보험사고로 규정된 '급격하고도 우연한 외래의 사고'에서, '급격하다' 는 것은 사고의 원인되는 사실이 돌발적으로 발생하여 그 사실의 직접적인 결과로써 상해가 발생할 것을 의미하는 것으로 피보험자가 예견하지 아니하였거나 예견할 수 없는 순간에 사고가 생긴 것을 뜻하고, 또 '우연한 사고' 라는 것은 사고가 피보험자가 예측할 수 없는 원인에 의하여 발생하는 것을 의미하는 것으로 고의에 의한 것이 아니고 예견치 않았는데 발생하고 통상적인 과정으로는 기대할 수 없는 결과를 가져오는 사고임을 뜻하고, '외래의 사고' 라 함은 상해 또는 사망의 원인이 신체의 내부에서 기인하는 것이 아닌 것 즉, 신체상해의 발생 원인이 피보험자의 신체에 내재하는 신체적 결함과는 달리 명백히 가시적으로 인식할 수 있는 외부에 있는 사고에 기인하는 것을 의미하는 것으로, 여기서 '외래' 란 것은 상해의 원인 그 자체가 외래에 있다는 것이고 상해 자체가 신체의 외부에 흔적이 있음을 요하는 것은 아니라고 보아야 한다. [2] 피보험자가 술에 취해 자다가 구토에 의한 기도폐색으로 질식사한 경우, 술에 만취된 상황은 피보험자의 신체적 결함 즉, 질병이나 체질적 요인 등에서 초래된 것이 아니라 술을 마신 외부의 행위에 의하여 초래된 것이고 이로 인하여 구토하다가 구토물이 기도를 막아 사망한 것이므로 이는 상해보험계약상의 보험사고인 외래의 사고에 해당한다."

서울고법 1989.7.21 선고 89나15897 판결. "피보험자가 밤 11시가 넘어 인적이 드문 시간에 주취한 상태에서 방향감각을 잃고 사람의 통행이나 출입이 금지되었을 뿐 아니라 추락의 위험성이 높고 대피하기도 어려운 철교를 따라 걷다가 마주오던 열차에 부딪쳐 사망하였다면 그 사고발생경위로 보아 피보험자는 술로 인한 일시적인 정신적 장애상태에서 자신도 모르는 사이에 자진하여 위와 같은 위험에 빠져 사고를 당하였다고 추정되므로 이는 객관적으로 보아 피보험자 스스로 자살행위라고 볼 수 있는 행위를 한 것으로서 이 사건 적립상해보험약관상의 보험사고인 급격하고도 우연한 외래의 사고에 해당하지 아니한다."

※ 법원 판례(상해보험계약의 음주운전 면책조항 효력에 관한 판결)

대법원 1998.3.27. 선고 97다48753 판결. "상법 제732조의2, 제739조, 제663조의 규정에 의하면 사망이나 상해를 보험사고로 하는 인보험에 관하여는 보험사고가 고의로 인하여 발생한 것이 아니라면 비록 중대한 과실에 의하여 생긴 것이라 하더라도 보험금을 지급할 의무가 있다고 할 것인데, 음주운전에 관하여 보면, 음주운전의 경우는 술을 먹지 않고 운전하는 자의 경우에 비하여 보험사고 발생의 가능성이 많음은 부인할 수 없는 일이나 그 정도의 사고 발생 가능성에 관한 개인차는 보험에 있어서 구성원 간의 위험의 동질성을 해칠 정도는 아니라고 할 것이고, 또한 음주운전이 고의적인 범죄행위이기는 하나 그 고의는 특별한 사정이 없는 한 음주운전 자체에 관한 것이고 직접적으로 사망이나 상해에 관한 것이 아니어서 그 정도가 결코 그로 인한 손해보상을 가지고 보험계약에 있어서의 당사자의 신의성·윤리성에 반한다고는 할 수 없으므로, 상해보험 약관 중 '피보험자가 음주운전을 하던 중 그 운전자가 상해를 입은 때에 생긴 손해는 보상하지 아니한다.' 고 규정한 음주운전 면책약관이 보험사고가 전체적으로 보아 고의로 평가되는 행위로 인한 경우뿐만 아니라 과실(중과실 포함)로 평가되는 행위로 인한 경우까지 보상하지 아니한다는 취지라면 과실로 평가되는 행위로 인한 사고에 관한 한 무효라고 보아야 한다."

서울민사법원 1989.4.6. 선고 88가합56122 판결. "상해보험보통약관상 면책사유의 하나로서 피보험자의 음주운전중의 사고가 규정되어 있다 하더라도 상법 제659조 제2항과 제663조의 규정에 비추어 이는 피보험자가 음주운전 중에 사고를 낸 모든 경우를 망라하는 의미가 아니고 피보험자가 음취상태에서 운전하다가 그 음주운전이 주된 원인이 되어 교통사고를 야기하고 그로 말미암아 상해 또는 사망에 이르게 됨으로써 당해 사고가 피보험자의 고의로 인하여 야기된 것과 같은 정도로 평가될 경우만을 의미하는 것이라고 보아야 하므로 그러한 정도에 이르지 아니한 음주운전도 면책사유에 해당한다는 상해보험보통약관은 그 범위 내에서는 위 상법규정에 위반되어 무효이다."

※ 법원 판례(상해보험계약의 무면허운전 면책조항 효력에 관한 판결)

대법원 1999.2.12 선고 98다26910 판결. "자동차종합보험계약상의 '무보험자동차에 의한 상해특약' 은 상해보험의 일종으로서, 상법 제732조의2, 제739조, 제663조의 규정에 의하면 사망이나 상해를 보험사고로 하는 인보험에 관하여는 보험사고가 고의로 인하여 발생한 것이 아니라면 비록 중대한 과실에 의하여 생긴 것이라 하더라도 보험금을 지급할 의무가 있다고 할 것이므로, 그 약관 중 '피보험자가 무면허운전을 하던 중 그 운전자가 상해를 입은 때에 생긴 손해는 보상하지 아니한다.' 고 규정한 무면허운전 면책조항이 보험사고가 전체적으로 보아 고의로 평가되는 행위로 인한 경우뿐만 아니라 과실(중과실 포함)로 평가되는 행위로 인한 경우까지 보상하지 아니한다는 취지라면 과실로 평가되는 행위로 인한 사고에 관한 한 무효라고 보아야 한다."

대법원 1998.4.28. 선고 98다4330판결. "상법 제732조의2, 제739조가 사망이나 상해를 보험사고로 하는 인보험에 관하여는 보험자의 면책사유를 제한하여 보험사고가 비록 중대한 과실로 인하여 생긴 것이라 하더라도 보험금을 지급하도록 규정하고 있는 점이나 인보험이 책임보험과 달리 정액보험으로 되어 있는 점에 비추어 볼 때, 인보험에 있어서의 무면허운전이나 음주운전 면책약관의 해석이 책임보험에 있어서의 그것과 반드시 같아야 할 이유가 없으며, 음주운전의 경우에는 보험사고 발생의 가능성이 많을 수도 있으나 그 정도의 사고 발생 가능성에 관한 개인차는 보험에 있어서 구성원 간의 위험의 동질성을 해칠 정도는 아니라고 할 것이고, 또한 음주운전이 고의적인 범죄행위기는 하나 그 고의는 특별한 사정이 없는 한 음주운전 자체에 관한 것이고 직접적으로 사망이나 상해에 관한 것이 아니어서 그로 인한 손해보상을 해준다고 하여 그 정도가 보험계약에 있어서의 당사자의 선의성 · 윤리성에 반한다고는 할 수 없으므로, 자기신체사고 자동차보험(자손사고보험)과 같은 인보험에 있어서의 음주운전 면책약관이 보험사고가 전체적으로 보아 고의로 평가되는 행위로 인한 경우뿐만 아니라 과실(중과실 포함)로 평가되는 행위로 인한 경우까지 포함하는 취지라면 과실로 평가되는 행위로 인한 사고에 관한 한 무효라고 보아야 한다."

대법원 1998.3.27 선고 97다27039 판결. "상법상 생명보험과 상해보험 같은 인보험에 관하여는 보험자의 면책사유를 제한하여 비록 중대한 과실로 인하여 생긴 것이라 하더라도 보험금을 지급하도록 규정하고 있는 점이나, 인보험이 책임보험과 달리 정액보험으로 되어 있는 점에 비추어 볼 때 인보험에 있어서의 무면허 면책약관의 해석이 책임보험에 있어서의 그것과 반드시 같아야 할 이유가 없으며, 무면허운전의 경우에는 면허 있는 자의 운전이나 운전을 하지 아니하는 자의 경우와 달리 보험사고 발생의 가능성이 많을 수도 있으나 그 정도의 사고 발생 가능성에 관한 개인차는 보험에 있어서 구성원 간의 위험의 동질성을 해칠 정도는 아니고, 또한 무면허운전이 고의적인 범죄행위이기는 하나 그 고의는 특별한 사정이 없는 한 무면허운전 자체에 관한 것이고 직접적으로 사망이나 상해에 관한 것이 아니어서 그로 인한 손해보상을 해준다고 하여 그 정도가 보험계약에 있어서의 당사자의 선의성·윤리성에 반한다고는 할 수 없으므로, 인보험에 해당하는 상해보험에 있어서의 무면허운전 면책약관이 보험사고가 전체적으로 보아 고의로 평가되는 행위로 인한 경우뿐만 아니라 과실(중과실 포함)로 평가되는 행위로 인한 경우까지 포함하는 취지라면 과실로 평가되는 행위로 인한 사고에 관한 한 무효라고 보아야 한다."

상법 제738조 [상해보험증권]

상해보험의 경우에 피보험자와 보험계약자가 동일인이 아닐 때에는 그 보험증권 기재사항 중 제728조 제2호에 게기(揭記)한 사항에 갈음하여 피보험자의 직무 또는 직위만을 기재할 수 있다.

본 규정은 타인의 신체를 보험의 목적으로 한 상해보험계약이다. 즉, 타인의 상해보험계약의 경우에 보험증권에 기재하여야 할 사항에 관한 특별규정이다. 이 규정은 보험목적인 피보험자의 교체 및 변동성을 예정한 일종의 예정보험 형태로 상해보험계약이 체결되는 경우를 예상한 것으로서 보험계약자와 피보험자가 동일인이 아닌 경우 즉, 피보험자가 어떤 특정인으로 구체화되지 않고, 보험사고가 발생할 당시 그 직무나 직위에 있는 자가 피보험자의 지위를 갖게 되는 상해보험계약의 경우에는 상법 제728조 제2호에서 규정하고 있는 "피보험자의 주소, 성명 및 생년월일"에 갈음하여 "피보험자의 직무 또는 직위만을 기재" 할 수 있음을 규정하고 있다. (예; 직장의 단체보험) 이러한 상해보험계약은 일정한 직무나 직위에 있는 자가 누구이든지 불문하고, 그 직무 또는 직위에 있는 자에게 보험사고가 생긴 경우(그 자가 피보험자의 지위를 갖게 됨)에 보험자가 책임을 부담하게 된다. 이러한 상해보험계약에서는 직무 또는 직위에 있는 자가 보험사고 발생시 피보험자의 지위를 갖게 되므로 그 직무 또는 직위는 구체적이고 상세히 기재되어야 한다. 아울러, 일반적인 상해보험계약의 보험증권에 기재하여야 할 사항은 상법 제666조 및 상법 제728조의 규정에 따른다.(상법 제640조, 제666조, 제728조 조문해설 참조)

상법 제739조 [준용규정]

상해보험에 관하여는 제732조를 제외하고 생명보험에 관한 규정을 준용한다.

현행 상법은 보험을 크게 손해보험과 인보험으로 구분하여 규정하고 있으며, 인보험은 다시 생명보험과 상해보험으로 구분하고 있다. 따라서 상해보험은 상법의 보험 분류상 생명보험과 같이 인보험에 속하며, 그 성질상 여러 가지 측면에서 생명보험과 유사하므로 본 조문에서는 상해보험에 대해 생명보험에 관한 규정이 준용됨을 규정하고 있다.

상해보험에 대해 상법 제732조의 내용이 준용되지 않는 것은 상법 제732조 규정이 사망을 보험사고로 하는 생명보험에서 판단능력이나 정신능력이 완전하지 못한 무능력자(15세 미만자, 심신상실자 또는 심신박약자)를 도박행위나 살해위험 등의 도덕적 위험으로부터 보호하기 위한 규정이기 때문이며, 상해보험계약은 이들을 피보험자로 하더라도 사망을 보험사고로 하는 생명보험(사망보험)과 같은 위험이 없으므로 이를 허용한다고 일반적으로 해석한다.[220] 하지만 상해보험계약 역시 판단력이 미숙한 15세 미만자, 심신박약자 및 심신상실자를 피보험자로 하는 이상, 여전히 상당한 도덕적 위험이 초래될 수 있음은 부정할 수 없다.[221]

220) 손주찬 · 정동윤, 전게서, 766면.
221) 김성태, 전게서, 859면; 양승규, 전게서, 482면.

제4절 질병보험(개정 법률 신설규정)

상법 제739조의 2 [질병보험자의 책임]

질병보험계약의 보험자는 피보험자의 질병에 관한 보험사고가 발생할 경우 보험금이나 그 밖의 급여를 지급할 책임이 있다.
[본조신설 2014.3.11.] [시행일 2015.3.12.]

상법 제739조의 3 [질병보험에 대한 준용규정]

질병보험에 관하여는 그 성질에 반하지 아니하는 범위에서 생명보험 및 상해보험에 관한 규정을 준용한다.
[본조신설 2014.3.11.] [시행일 2015.3.12.]

질병보험계약이란 피보험자의 입원·수술 등 상해 이외에 사람의 신체에 발생하는 사고를 보험사고로 하는 계약이다. 현행 상법은 질병보험에 관련한 규정을 두고 있지 않아서 보험통칙·인보험·상해보험에 관한 법률 규정과 질병보험계약의 보험약관 그리고 판례와 학설에 의존하여 규율되고 있는 실정이다. 특히, 보험업법 제2조 제5호 및 제4조 제1항 제3호 등에서는 질병보험을 제3보험업으로 규정하고 있는 반면에, 상법(보험계약법)에서는 이에 관한 규정이 없으므로 질병보험계약의 당사자간에 법률관계가 불명확하다는 문제점이 있었다. 이에 따라 질병보험에 관한 법률관계를 상법에 직접 규정함으로써 법적 안정성 제고를 위하여, 상법 개정 법률에서 상법 제739조의 2 내지 3까지 질병보험에 관한 규정을 신설하여 질병보험자의 책임 규정을 두어 질병보험계약의 개념을 분명히 하고, 생명보험 및 상해보험에 관한 상법 규정이 그 성질에 반하지 않는 한 질병보험에서 준용됨을 규정하고 있다.

부 록

일본 보험법(2008년 5월 30일 제정) 원문 및 번역본

일본 보험법 원문은 http://hourei.hounavi.jp/에서 발췌하였으며, 번역본은 한국외국어대학교 법학전문대학원 김은경교수님의 외법논집 제33권 제2호(2009.5)에 실린 "일본 보험법" 의 자료를 인용하였음.

원문	번역본
第一章　総則	**제1장 총칙**
第一条（趣旨） 保険に係る契約の成立、効力、履行及び終了については、他の法令に定めるもののほか、この法律の定めるところによる。	**제1조(취지)** 보험계약의 성립, 효력, 이행 및 종료에 관하여 다른 법령에 규정이 있는 경우를 제외하고는 이 법률이 정하는 바에 의한다.
第二条（定義） この法律において、次の各号に掲げる用語の意義は、当該各号に定めるところによる。 一．**保険契約** − 保険契約、共済契約その他いかなる名称であるかを問わず、当事者の一方が一定の事由が生じたことを条件として財産上の給付（生命保険契約及び傷害疾病定額保険契約にあっては、金銭の支払に限る。以下「保険給付」という。）を行うことを約し、相手方がこれに対して当該一定の事由の発生の可能性に応じたものとして保険料（共済掛金を含む。以下同じ。）を支払うことを約する契約をいう。 二．**保険者** − 保険契約の当事者のうち、保険給付を行う義務を負う者をいう。 三．**保険契約者** − 保険契約の当事者のうち、保険料を支払う義務を負う者をいう。 四．**被保険者** − 次のイからハまでに掲げる保険契約の区分に応じ、当該イからハまでに定める者をいう。 イ．**損害保険契約** − 損害保険契約によりてん補することとされる損害を受ける者 ロ．**生命保険契約** − その者の生存又は死亡	**제2조(정의)** 다음 각 호에서 기재한 용어의 의미는 해당 각호에 정한 것에 의한다. 1. **보험계약** − 보험계약, 공제계약 그 외에 어떠한 명칭에도 불구하고, 당사자 일방이 일정한 사유가 생기는 것을 조건으로 하여 재산상의 급부(생명보험계약 및 상해질병정액보험계약에 있어서 금전지급에 한한다. 이하 「보험급부」라 한다)를 행하는 것을 약속하고, 상대방이 이에 대하여 당해 일정사유의 발생 가능성에 따른 것으로서 보험료(공제기금을 포함한다. 이하 동일)를 지급할 것을 약속한 계약을 말한다. 2. **보험자** − 보험계약의 당사자 중, 보험급부를 행할 의무를 지는 자를 말한다. 3. **보험계약자** − 보험계약의 당사자 중 보험료를 지급할 의무를 부담하는 자를 말한다. 4. **피보험자** − 다음 ①에서③까지 언급한 보험계약의 구분에 따라 당해 ①에서③까지 정해진 자를 말한다. 가. **손해보험계약** − 손해보험계약에 의해 전보받을 것으로 여겨지는 자 나. **생명보험계약** − 그 자의 생존 또는 사망에 관

に関し保険者が保険給付を行うこととなる者 ハ． **傷害疾病定額保険契約** － その者の傷害又は疾病（以下「傷害疾病」という。）に基づき保険者が保険給付を行うこととなる者 五．**保険金受取人** － 保険給付を受ける者として生命保険契約又は傷害疾病定額保険契約で定めるものをいう。 六．**損害保険契約** － 保険契約のうち、保険者が一定の偶然の事故によって生ずることのある損害をてん補することを約するものをいう。 七．**傷害疾病損害保険契約** － 損害保険契約のうち、保険者が人の傷害疾病によって生ずることのある損害（当該傷害疾病が生じた者が受けるものに限る。）をてん補することを約するものをいう。 八．**生命保険契約** － 保険契約のうち、保険者が人の生存又は死亡に関し一定の保険給付を行うことを約するもの（傷害疾病定額保険契約に該当するものを除く。）をいう。 九．**傷害疾病定額保険契約** － 保険契約のうち、保険者が人の傷害疾病に基づき一定の保険給付を行うことを約するものをいう。	하여 보험자가 보험급부를 이행할 것으로 되는 자 다. **상해질병정액보험계약** - 그 자의 상해 또는 질병(이하 「상해질병」이라함)에 근거하여 보험자가 보험급부를 이행할 것으로 되는 자 5. **보험수익자** - 보험급부를 받는 자로 생명보험계약 또는 상해질병정액보험계약에 정한 자를 말한다. 6. **손해보험계약** - 보험계약 중 보험자가 일정한 우연한 사고에 의해 발생한 손해를 전보할 것을 약정한 것을 말한다. 7. **상해질병손해보험계약** - 손해보험계약 중 보험자가 사람의 상해질병에 의해 생긴 손해(당해 상해질병이 발생한 자가 받는 것에 한한다)를 전보할 것을 약정한 것을 말한다. 8. **생명보험계약** - 보험계약 중 보험자가 사람의 생존 또는 사망에 관하여 일정한 보험급부를 행할 것을 약정한 것(상해질병정액보험계약에 해당하는 것을 제외한다)을 말한다. 9. **상해질병정액보험계약** - 보험계약 중 보험자가 사람의 상해질병에 근거하여 일정 보험급부를 행할 것을 약정한 것을 말한다.
第二章　損害保険	**제2장 손해보험**
第一節　成立	**제1절 성립**
第三条（損害保険契約の目的） 損害保険契約は、金銭に見積もることができる利益に限り、その目的とすることができる。	**제3조(손해보험계약의 목적)** 손해보험계약은 금전으로 산정할 수 있는 이익에 한하여 보험계약의 목적으로 할 수 있다.
第四条（告知義務） 保険契約者又は被保険者になる者は、損害保険契約の締結に際し、損害保険契約によりてん補することとされる損害の発生の可能性（以下この章において「危険」という。）に関する重要な事項のうち保険者になる者が告知を求めたもの（第二十八条第一項及び第二十九条第一項において「告	**제4조(고지의무)** 보험계약자 또는 피보험자는 손해보험계약체결 시 손해보험계약에 의해 보상받을 수 있는 손해의 발생 가능성(이하의 장에서는 「위험」이라 말한다)과 관한 중요한 사항 중 보험자가 고지를 구하는 것(제28조 제1항 및 제29조 제1항에 있어서 「고지사항」이라 말한다)

知事項」という。）について、事実の告知をしなければならない。	에 한하여 사실의 고지를 하지 않으면 안 된다)
第五条（遡及保険） 1．損害保険契約を締結する前に発生した保険事故（損害保険契約によりてん補することとされる損害を生ずることのある偶然の事故として当該損害保険契約で定めるものをいう。以下この章において同じ。）による損害をてん補する旨の定めは、保険契約者が当該損害保険契約の申込み又はその承諾をした時において、当該保険契約者又は被保険者が既に保険事故が発生していることを知っていたときは、無効とする。 ２．　損害保険契約の申込みの時より前に発生した保険事故による損害をてん補する旨の定めは、保険者又は保険契約者が当該損害保険契約の申込みをした時において、当該保険者が保険事故が発生していないことを知っていたときは、無効とする。	**제5조(소급보험)** ① 손해보험계약을 체결 전에 발생한 보험사고(손해보험계약에 의해 전보 받을 수 있는 손해가 우연한 사고로 인한 것이며 해당 손해보험계약에서 정한 것을 말한다. 이하 이 장에 있어서 동일하다)에 의한 손해를 전보할 것에 관한 규정은 보험계약자가 해당 손해보험계약에서 이를 청약하거나 승낙을 한 때에 있어서 보험계약자 또는 피보험자가 이미 보험사고가 발생한 것을 알고 있는 때에는 무효로 한다. ② 손해보험계약의 청약의 시기보다 먼저 발생한 보험사고에 의한 손해를 전보하는 취지의 규정은 보험자 또는 보험계약자가 해당 손해보험계약의 청약의 때에 있어서 당해 보험자가 보험사고가 발생하지 않은 것을 안 때에는 무효로 한다.
第六条（損害保険契約の締結時の書面交付） 保険者は、損害保険契約を締結したときは、遅滞なく、保険契約者に対し、次に掲げる事項を記載した書面を交付しなければならない。 一．保険者の氏名又は名称 二．保険契約者の氏名又は名称 三．　被保険者の氏名又は名称その他の被保険者を特定するために必要な事項 四．保険事故 五．　その期間内に発生した保険事故による損害をてん補するものとして損害保険契約で定める期間 六．　保険金額（保険給付の限度額として損害保険契約で定めるものをいう。以下この章において同じ。）又は保険金額の定めがないときはその旨 七．　保険の目的物（保険事故によって損害が生ずることのある物として損害保険契約で定めるものをいう。以下この章において同	**제6조(손해보험계약의 체결시 서면교부)** 보험자는 손해보험계약을 체결할 때에는 지체없이 보험계약자에 대해 다음의 사항을 기재한 서면을 교부하여야 한다. 1. 보험자의 성명 또는 명칭 2. 보험계약자의 성명 또는 명칭 3. 피보험자의 성명 또는 명칭 그 외 피보험자를 특정하기 위해 필요한 사항 4. 보험사고 5. 그 기간 내 발생한 보험사고에 의한 손해를 전보할 것으로 손해보험계약에서 정한 기간 6. 보험급액(보험급부의 한도액으로 손해보험계약에서 정한 것을 말한다. 이하 장에 있어서 동일하다)또는 보험금액의 정함이 없을 때에는 그 취지 7. 보험의 목적물(보험사고에 의해 손해가 생기는 것이 있는 물건으로 손해보험계약에 정한 것을 말한다. 이하 이 장에 있어서 동일하다)이

じ。）があるときは、これを特定するために必要な事項 八．　第九条ただし書に規定する約定保険価額があるときは、その約定保険価額 九．保険料及びその支払の方法 十．　第二十九条第一項第一号の通知をすべき旨が定められているときは、その旨 十一．損害保険契約を締結した年月日 十二．書面を作成した年月日 ２．　前項の書面には、保険者（法人その他の団体にあっては、その代表者）が署名し、又は記名押印しなければならない。	있을 때에는 이것을 특정하기 위해 필요한 사항 8. 제9조 단서에 규정한 약정보험가액이 있을 때에는 그 약정보험가액 9. 보험료 및 그 지불의 방법 10. 제29조 제1항 제1호의 통지를 해야 할 취지가 정해져 있을 때는, 그 취지 11. 손해보험계약을 체결한 연월일 12. 서면을 작성한 연월일 ② 전항의 서면에서는 보험자(법인 그 외의 단체에 있어서는, 그 대표자)가 서명 또는 기명날인해야 한다.
第七条（強行規定） 第四条の規定に反する特約で保険契約者又は被保険者に不利なもの及び第五条第二項の規定に反する特約で保険契約者に不利なものは、無効とする。	**제7조(강행규정)** 제4조의 규정에 반하는 특약으로 보험계약자 또는 피보험자에게 불이익한 것 및 제5조 제2항의 규정에 반하는 특약으로 보험계약자에게 불이익한 것은 무효로 한다.
第二節　効力	**제2절 효력**
第八条（第三者のためにする損害保険契約） 被保険者が損害保険契約の当事者以外の者であるときは、当該被保険者は、当然に当該損害保険契約の利益を享受する。	**제8조(제3자를 위한 손해보험계약)** 피보험자가 손해보험계약의 당사자 이외의 자로 되는 때에는 해당 피보험자는 당연히 해당 손해보험계약의 이익을 향유한다.
第九条（超過保険） 損害保険契約の締結の時において保険金額が保険の目的物の価額（以下この章において「保険価額」という。）を超えていたことにつき保険契約者及び被保険者が善意でかつ重大な過失がなかったときは、保険契約者は、その超過部分について、当該損害保険契約を取り消すことができる。ただし、保険価額について約定した一定の価額（以下この章において「約定保険価額」という。）があるときは、この限りでない。	**제9조(초과보험)** 손해보험계약 체결시에 있어서 보험금액이 보험의 목적물의 가액(이하 이 장에 있어서 「약정보험가액」이라 한다.)을 초과하는 것에 대하여 보험계약자 및 피보험자가 선의이고 중대한 과실이 없는 때에는 보험계약자는 그 초과부분에 대하여 해당 손해보험계약을 취소할 수 있다. 다만 보험가액에 대하여 약정한 일정 가액(이하 이 장에 있어서 「약정보험가액」이라 한다.)이 있는 때에는 그러하지 아니하다.
第十条（保険価額の減少） 損害保険契約の締結後に保険価額が著しく減少したときは、保険契約者は、保険者に対し、将来に向かっ	**제10조(보험가액의 감소)** 손해보험계약 체결 후에 보험가액이 현저히 감소한 때에는 보험계약자는 보험자에게 장래를

て、保険金額又は約定保険価額については減少後の保険価額に至るまでの減額を、保険料についてはその減額後の保険金額に対応する保険料に至るまでの減額をそれぞれ請求することができる。	향하여 보험금액 또는 약정보험가액에 대하여 감소 후의 보험가액에 이를 때까지 감액을, 보험료에 대해서는 감액후의 보험금액에 대응하는 보험료에 이를 때까지 감액을 각각 청구할 수 있다.
第十一条（危険の減少） 損害保険契約の締結後に危険が著しく減少したときは、保険契約者は、保険者に対し、将来に向かって、保険料について、減少後の当該危険に対応する保険料に至るまでの減額を請求することができる。	**제11조(위험의 감소)** 손해보험계약의 체결 후에 위험이 현저하게 감소한 때에는 보험계약자는 보험자에게 장래를 향하여 감소후의 해당위험에 대응하는 보험료에 이를 때까지 감액을 청구할 수 있다.
第十二条（強行規定） 第八条の規定に反する特約で被保険者に不利なもの及び第九条本文又は前二条の規定に反する特約で保険契約者に不利なものは、無効とする。	**제12조(강행규정)** 제8조의 규정에 반하는 특약으로 피보험자에게 불리한 것및 제9조 본문 또는 전 2조의 규정에 반하는 특약으로 보험계약자에게 불리한 것은 무효로 한다.
第三節　保険給付	**제3절 보험급부**
第十三条（損害の発生及び拡大の防止） 保険契約者及び被保険者は、保険事故が発生したことを知ったときは、これによる損害の発生及び拡大の防止に努めなければならない。	**제13조(손해의 발생 및 확대의 방지)** 보험계약자 및 피보험자는 보험사고가 발생한 것을 안 때에는 이것에 의한 손해의 발생 및 확대의 방지에 노력하여야 한다.
第十四条（損害発生の通知） 保険契約者又は被保険者は、保険事故による損害が生じたことを知ったときは、遅滞なく、保険者に対し、その旨の通知を発しなければならない。	**제14조(손해발생의 통지)** 보험계약자 또는 피보험자는 보험사고에 의한 손해가 발생한 것을 안 때에는 지체없이 보험자에 대해 그 취지의 통지를 발송하여야 한다.
第十五条（損害発生後の保険の目的物の滅失） 保険者は、保険事故による損害が生じた場合には、当該損害に係る保険の目的物が当該損害の発生後に保険事故によらずに滅失したときであっても、当該損害をてん補しなければならない。	**제15조(손해발생 후 보험의 목적물의 상실)** 보험자는 보험사고에 의하여 손해가 생긴 경우에는 해당 손해에 관련된 보험의 목적물이 해당 손해의 발생 후에 보험사고에 의하지 않고 멸실 된 때에 있어서도 해당 손해를 전보해 주어야 한다.
第十六条（火災保険契約による損害てん補の特則） 火災を保険事故とする損害保険契約の保険者は、保険事故が発生していないときであっても、消火、避難その他の消防の活動の	**제16조(화재보험계약에 의한 손해전보의 특칙)** 화재를 보험사고로 하는 손해보험계약의 보험자는 보험사고가 발생되지 않은 때에도 소화, 피

ために必要な処置によって保険の目的物に生じた損害をてん補しなければならない。	난 그 외의 소방의 활동을 위하여 필요한 조치에 의하여 보험의 목적물에 생긴 손해를 전보해 주어야 한다.
第十七条（保険者の免責） 1．保険者は、保険契約者又は被保険者の故意又は重大な過失によって生じた損害をてん補する責任を負わない。戦争その他の変乱によって生じた損害についても、同様とする。 2．責任保険契約（損害保険契約のうち、被保険者が損害賠償の責任を負うことによって生ずることのある損害をてん補するものをいう。以下同じ。）に関する前項の規定の適用については、同項中「故意又は重大な過失」とあるのは、「故意」とする。	**제17조(보험자의 면책)** ① 보험자는 보험계약자 또는 피보험자의 고의 또는 중대한 과실에 의하여 생긴 손해를 전보할 책임을 지지 아니한다. 전쟁 그 외의 변란에 의하여 생긴 손해에 대하여도 동일하다. ② 책임보험계약 (손해보험계약 중, 피보험자가 손해배상의 책임을 지는 것에 의하여 생긴 손해를 전보하는 것을 말한다. 이하 동일하다) 에 관한 전항의 규정의 적용에 있어서 동항에서「고의 또는 중대한 과실」이라고 하는 것은 '고의' 로 한다.
第十八条（損害額の算定） 1．損害保険契約によりてん補すべき損害の額（以下この章において「てん補損害額」という。）は、その損害が生じた地及び時における価額によって算定する。 2．約定保険価額があるときは、てん補損害額は、当該約定保険価額によって算定する。ただし、当該約定保険価額が保険価額を著しく超えるときは、てん補損害額は、当該保険価額によって算定する。	**제18조(손해액의 산정)** ① 손해보험계약에 의해 전보할 손해액(이하 이 장에 있어서「전보손해액」이라 한다)은 이 손해가 생긴 장소 및 대에 있어서 가액에 의해 산정한다. ② 약정보험가액이 있는 때에는 전보손해액은 해당 약정보험가액에 의해 산정한다. 다만 해당 약정보험가액이 보험가액을 현저하게 초과한 때에는 전보손해액은 해당 보험가액에 의해 상정한다.
第十九条（一部保険） 保険金額が保険価額（約定保険価額があるときは、当該約定保険価額）に満たないときは、保険者が行うべき保険給付の額は、当該保険金額の当該保険価額に対する割合をてん補損害額に乗じて得た額とする。	**제19조(일부보험)** 보험금액이 보험가액(약정보험가액이 있는 때에는, 해당약정 보험가액)에 이르지 아니한 때에 보험자가 이행할 보험급부액은 해당보험금액의 해당보험가액에 대한 비율을 전보손해액에 곱하여 얻은 금액으로 한다.
第二十条（重複保険） 1．損害保険契約によりてん補すべき損害について他の損害保険契約がこれをてん補することとなっている場合においても、保険者は、てん補損害額の全額（前条に規定する場合にあっては、同条の規定により行うべき保険給	**제20조(중복보험)** ① 손해보험계약에 의해 전보되는 손해에 의하여 다른 손해보험계약이 이것을 전보하는 것으로 되어 있는 경우에 있어서도 보험자는 전보손해액의 전액(전조에 규정하는 경우에 있어서 동

付の額の全額）について、保険給付を行う義務を負う。 ２．　二以上の損害保険契約の各保険者が行うべき保険給付の額の合計額がてん補損害額（各損害保険契約に基づいて算定したてん補損害額が異なるときは、そのうち最も高い額。以下この項において同じ。）を超える場合において、保険者の一人が自己の負担部分（他の損害保険契約がないとする場合における各保険者が行うべき保険給付の額のその合計額に対する割合をてん補損害額に乗じて得た額をいう。以下この項において同じ。）を超えて保険給付を行い、これにより共同の免責を得たときは、当該保険者は、自己の負担部分を超える部分に限り、他の保険者に対し、各自の負担部分について求償権を有する。	조의 규정에 의해 이행할 보험급부액의 전부)에 대해 보험급부로 행할 의무를 진다. ② 두 개 이상의 손해보험계약의 각 보험자가 행하는 보험급부액의 합계액이 전보손해액(각 손해보험계약에 기초하여 산정한 전보손해액이 다를 때에는 그중 최고액. 이하 본장에 있어서 동일하다)을 초과한 경우 보험자의 일인이 자기의 부담부분(다른 손해보험계약이 없는 때에는 각 보험자가 행할 보험급부액의 합계에 대한 비율을 전보손해액에 곱하여 얻는 액을 말한다. 이하 본장에 있어서 동일하다) 을 초과한 보험급부를 행하고 ,이것에 의해 공동의 면책을 얻는 때에는 해당보험자는 자기의 부담부분을 초과한 부분에 한하여 다른 보험자에게 각자의 부담부분에 대한 청국권을 가진다.
第二十一条（保険給付の履行期） 1．保険給付を行う期限を定めた場合であっても、当該期限が、保険事故、てん補損害額、保険者が免責される事由その他の保険給付を行うために確認をすることが損害保険契約上必要とされる事項の確認をするための相当の期間を経過する日後の日であるときは、当該期間を経過する日をもって保険給付を行う期限とする。 ２．　保険給付を行う期限を定めなかったときは、保険者は、保険給付の請求があった後、当該請求に係る保険事故及びてん補損害額の確認をするために必要な期間を経過するまでは、遅滞の責任を負わない。 ３．　保険者が前二項に規定する確認をするために必要な調査を行うに当たり、保険契約者又は被保険者が正当な理由なく当該調査を妨げ、又はこれに応じなかった場合には、保険者は、これにより保険給付を遅延した期間について、遅滞の責任を負わない。	**제21조(보험급부의 이행기)** ① 보험급부를 행할 기한을 정한 때에 있어서도 해당기한이 보험사고, 전보손해액, 보험자의 면책 사유 그 외 보험급부를 행하기 위해 확인을 하는 것이 손해보험계약상 필요한 사항의 확인을 하기위한 상당한 기간을 경과한 후의 날이 있는 때에는 해당기간의 경과한 날을 보험급부를 행할 기한으로 한다. ② 보험급부를 행할 기간을 정하지 아니한 때에는 보험자는 보험급부의 청구가 있은 후 해당청구에 관련 보험사고 및 전보손해액을 확인하기 위하여 필요한 기간을 경과하기까지는 지연의 책임을 지지 않는다. ③ 보험자가 전2항에 규정된 확인을 하기 위해서 필요한 조사를 행함에 있어 보험계약자 또는 피보험자가 정당한 이유로 해당조사를 방해 또는 이것에 응하지 않는 경우에는 보험자는 이로 인해 보험급부를 지연한 기간동안의 지연의 책

	임을 지지 아니한다.
第二十二条（責任保険契約についての先取特権） 1．責任保険契約の被保険者に対して当該責任保険契約の保険事故に係る損害賠償請求権を有する者は、保険給付を請求する権利について先取特権を有する。 2．　被保険者は、前項の損害賠償請求権に係る債務について弁済をした金額又は当該損害賠償請求権を有する者の承諾があった金額の限度においてのみ、保険者に対して保険給付を請求する権利を行使することができる。 3．　責任保険契約に基づき保険給付を請求する権利は、譲り渡し、質権の目的とし、又は差し押さえることができない。ただし、次に掲げる場合は、この限りでない。 一．　第一項の損害賠償請求権を有する者に譲り渡し、又は当該損害賠償請求権に関して差し押さえる場合 二．　前項の規定により被保険者が保険給付を請求する権利を行使することができる場合	**제22조(책임보험계약에 의하는 선취특권)** ① 책임보험계약의 피보험자에 대하여 당해책임보험계약의 보험사고와 관계된 손해배상청구권을 가지는 자는 보험급부를 청구할 권리에 대하여 선취특권을 가진다. ② 피보험자는 전항의 손해배상청구권에 관련한 채무에 대해 변제를 한 금액 또는 해당 손해보험청구권을 가지는 자의 승낙이 있는 금액의 한도 내에서만 보험자에 대하여 보험급부를 청구한 권리를 행사할 수 있따. ③ 책임보험계약에 기초한 보험급부를 청구하는 권리는 양도, 질권의 목적으로 하거나 또는 압류할 수 없다. 다만 다음의 기재된 경우에는 그러하지 아니하다. 1. 제1항의 손해배상청구권을 가진 자에게 양도하거나 또는 해당 손해배상청구권과 관하여 압류하는 경우 2. 전항의 규정에 의해 피보험자가 보험급부를 청구하는 권리를 행사하는 것이 가능한 경우
第二十三条（費用の負担） 1．次に掲げる費用は、保険者の負担とする。 一．　てん補損害額の算定に必要な費用 二．　第十三条の場合において、損害の発生又は拡大の防止のために必要又は有益であった費用 2．　第十九条の規定は、前項第二号に掲げる費用の額について準用する。この場合において、同条中「てん補損害額」とあるのは、「第二十三条第一項第二号に掲げる費用の額」と読み替えるものとする。	**제23조(비용의 부담)** ① 다음에 기재된 비용은 보험자의 부담으로 한다. 1. 전보손해액의 산정에 필요한 비용 2. 제13조의 경우에 두고 손해의 발생 또는 확대의 방지를 위해 필요 또는 유익비용 ② 제19조의 규정은 전항 제2호에 기재된 비용의 액수에 대해 준용한다. 이 경우에 있어서 동조 「전보손해액」이라는 것은 「제23조 제1항 제2호에 기재된 비용액」으로 대체한다.
第二十四条（残存物代位）保険者は、保険の目的物の全部が滅失した場合において、保険給付を行ったときは、当該保険給付の額の保険価額（約定保険価額があるときは、当該約	**제24조(잔존물 대위)** 보험자는 보험의 목적물의 전부가 멸실된 경우에 보험급부를 행하는 때에는 해당 보험급부액의 보험가액(약정보험가액이 있는 때에는 해당약정보험가액)에 대한 비율에

定保険価額）に対する割合に応じて、当該保険の目的物に関して被保険者が有する所有権その他の物権について当然に被保険者に代位する。

第二十五条（請求権代位）
1．保険者は、保険給付を行ったときは、次に掲げる額のうちいずれか少ない額を限度として、保険事故による損害が生じたことにより被保険者が取得する債権（債務の不履行その他の理由により債権について生ずることのある損害をてん補する損害保険契約においては、当該債権を含む。以下この条において「被保険者債権」という。）について当然に被保険者に代位する。
一．当該保険者が行った保険給付の額
二．　被保険者債権の額（前号に掲げる額がてん補損害額に不足するときは、被保険者債権の額から当該不足額を控除した残額)
２．　前項の場合において、同項第一号に掲げる額がてん補損害額に不足するときは、被保険者は、被保険者債権のうち保険者が同項の規定により代位した部分を除いた部分について、当該代位に係る保険者の債権に先立って弁済を受ける権利を有する。

第二十六条（強行規定） 第十五条、第二十一条第一項若しくは第三項又は前二条の規定に反する特約で被保険者に不利なものは、無効とする。

第四節　終了

第二十七条（保険契約者による解除） 保険契約者は、いつでも損害保険契約を解除することができる。

第二十八条（告知義務違反による解除）　1．保険者は、保険契約者又は被保険者が、告知事項について、故意又は重大な過失により事

따라서 해당보험의 목적물과 관해 피보험자의 소유권 그 외 물권에 대하여 당연히 피보험자를 대위한다.

제25조(청구권 대위)
① 보험자가 보험급부를 행하는 때에는 다음 기재된 액 중 적은 액을 한도로 하고, 보험사고에 의한 손해로 인해 피보험자가 취득한 채권(채무의 불이행 그 외 이유에 의해 채권에 대하여 생긴 손해를 전보하는 손해보험계약에 있어서는 당해 채권을 포함한다. 이하 동조에 있어서 「피보험자채권」이라 한다)에 대하여 당연히 피보험자를 대위한다.
1. 당해 보험자가 행한 보험급부액
2. 피보험자채권액(전호에 기재된 액이 전보손해액보다 부족한 때에는, 피보험자채권액으로부터 해당 부족액을 공제한 금액)
② 전항의 경우에 있어서 동항 제 1호에 기재된 액이 전보손해액에 부족한 때에는 피보험자는 피보험자채권 중 보험자가 동항의 규정에 의해 대위한 부분을 제한 부분에 대하여 당해대위와 관련된 보험자의 채권에 대해 우선하여 변제 받을 권리가 있다.

제26조(강행규정) 제15조, 제21조 제1항 내지 제3항 또는 전 2조의 규정에 반하는 특약으로 피보험자에게 불리한 것은 무효로 한다.

제4절 종료

제27조(보험계약자에 의한 해제) 보험계약자는, 언제라도 손해보험계약을 해제 할 수 있다.

제28조(고지의무 위반에 의한 해제)
① 보험자는 보험계약자 또는 피보험자가 고지사항에 대하여 고의 또는 중대한 과실로 사실의 고지를 하지 않거나 부실고지를 한 때에는 손해

実の告知をせず、又は不実の告知をしたときは、損害保険契約を解除することができる。 ２．　保険者は、前項の規定にかかわらず、次に掲げる場合には、損害保険契約を解除することができない。 一．　損害保険契約の締結の時において、保険者が前項の事実を知り、又は過失によって知らなかったとき。 二．　保険者のために保険契約の締結の媒介を行うことができる者（保険者のために保険契約の締結の代理を行うことができる者を除く。以下「保険媒介者」という。）が、保険契約者又は被保険者が前項の事実の告知をすることを妨げたとき。 三．　保険媒介者が、保険契約者又は被保険者に対し、前項の事実の告知をせず、又は不実の告知をすることを勧めたとき。 ３．　前項第二号及び第三号の規定は、当該各号に規定する保険媒介者の行為がなかったとしても保険契約者又は被保険者が第一項の事実の告知をせず、又は不実の告知をしたと認められる場合には、適用しない。 ４．　第一項の規定による解除権は、保険者が同項の規定による解除の原因があることを知った時から一箇月間行使しないときは、消滅する。損害保険契約の締結の時から五年を経過したときも、同様とする。	보험계약을 해제 할 수 있다. ② 보험자는 전항의 규정에도 불구하고 다음에 기재된 경우에는 손해보험계약을 해제 할 수 있다. 1. 손해보험계약의 체결시에 보험자가 전항의 사실을 알거나 과실에 의해 알지 못하였을 때 2. 보험자를 위해 보험계약체결의 매개(중개)를 할 수 있는 자(보험자에 의해 보험계약체결의 대리를 할 수 있는 자를 제외하다. 이하 「보험매개(중개)자」라 한다)가 보험계약자 또는 피보험자가 전항의 사실을 고지하는 것을 방해할 때 ③ 전항 제 2호 및 제 3호의 규정은 해당 각호에 규정한 보험매개(중개)자의 행위가 없었다 하더라도 보험계약자 또는 피보험자가 제1항의 사실의 고지를 하지 않거나 부실고지를 했다고 인정된 경우에는 적용하지 아니한다. 체결 때부터 5년을 경과 했을 때도 같은 모양으로 한다. ④ 제1항의 규정에 의한 해제권은 보험자가 동항의 규정에 의한 해제의 원인이 있는 것을 안 날로부터 1개월간 행사하지 아니한 때에는 소멸된다. 손해보험계약의 체결시부터 5년을 경과한 때에도 이와 같다.
第二十九条（危険増加による解除） 1. 損害保険契約の締結後に危険増加（告知事項についての危険が高くなり、損害保険契約で定められている保険料が当該危険を計算の基礎として算出される保険料に不足する状態になることをいう。以下この条及び第三十一条第二項第二号において同じ。）が生じた場合において、保険料を当該危険増加に対応した額に変更するとしたならば当該損害保険契約を継続することができるときであっても、保険者は、次に掲げる要件のいずれにも該当する場合には、当該損害保険契約を解除することができる。	**제29조(위험증가에 의한 해제)** ① 손해보험계약의 체결 후에 위험증가(고지사항에 대한 위험이 높아지게 되어 손해보험계약에서 정한 보험료가 해당 위험을 계산의 기초로 산출한 보험료에 부족한 상태에 이른 것을 말한다. 이하 본조 및 제31조 제2항 제2호에 있어서 이와 동일하다)가 생긴 경우에 있어서 보험료를 해당 위험증가에 대하여 액수를 변경한다고 하면 당해 손해보험계약을 지속하는 것이 가능한 때에 있어서도 보험자는 다음 기재된 요건의 어느 것에 해당하는 때에는 당해 손해보험계약을 해제하는 것이 가능하다.

一.　当該危険増加に係る告知事項について、その内容に変更が生じたときは保険契約者又は被保険者が保険者に遅滞なくその旨の通知をすべき旨が当該損害保険契約で定められていること。 二.　保険契約者又は被保険者が故意又は重大な過失により遅滞なく前号の通知をしなかったこと。 ２.　前条第四項の規定は、前項の規定による解除権について準用する。この場合において、同条第四項中「損害保険契約の締結の時」とあるのは、「次条第一項に規定する危険増加が生じた時」と読み替えるものとする。	1. 해당 위험증가와 관한 고지사항에 대하여 그 내용에 변경이 생긴 때에는 보험계약자 또는 피보험자가 보험자에게 지체없이 그 취지의 통지를 해야함을 당해손해보험계약에서 정하고 있을 것 2. 보험계약자 또는 피보험자가 고의 또는 중대한 과실에 의하여 지체없이 전호의 통지를 하지 않았을 것 ② 전조 제4항의 규정은 전항의 규정에 의한 해제권에 대하여 준용한다. 그 경우에 있어서 동조 제4항 중「손해보험계약의 체결시」라고 하는 것은「다음 조 제1항에 규정한 위험증가가 생긴 때」로 대체한다.
第三十条（重大事由による解除） 保険者は、次に掲げる事由がある場合には、損害保険契約を解除することができる。 一.　保険契約者又は被保険者が、保険者に当該損害保険契約に基づく保険給付を行わせることを目的として損害を生じさせ、又は生じさせようとしたこと。 二.　被保険者が、当該損害保険契約に基づく保険給付の請求について詐欺を行い、又は行おうとしたこと。 三.　前二号に掲げるもののほか、保険者の保険契約者又は被保険者に対する信頼を損ない、当該損害保険契約の存続を困難とする重大な事由	**제30조(중대 사유에 의한 해제)** 보험자는 다음 기재된 사유가 있는 때에는 손해보험계약을 해제할 수 있다. 1. 보험계약자 또는 피보험자가 보험자에 당해손해보험계약에 기초하여 보험급부를 행하는 것을 목적으로 하여 손해를 생기게 하거나 생기게 하려고 할 때 2. 피보험자가 해당손해보험계약에 기초한 보험급부의 청구에 대하여 사기를 행하거나 또는 행할 의도를 가진 때 3. 전 2호에 기재된 것을 제외하고 보험자의 보험계약자 또는 피보험자에 대한 신뢰를 깨트리고 당해손해보험계약의 존속을 곤란하게 하는 중대한 사유
第三十一条（解除の効力） 1.　損害保険契約の解除は、将来に向かってのみその効力を生ずる。 ２.　保険者は、次の各号に掲げる規定により損害保険契約の解除をした場合には、当該各号に定める損害をてん補する責任を負わない。 一.　第二十八条第一項　解除がされた時までに発生した保険事故による損害。ただし、同項の事実に基づかずに発生した保険事故によ	**제31조(해제의 효력)** ① 손해보험계약의 해제는 장래에 향하여서만 그 효력을 발생한다. ② 보험자는 다음 각호에 기재된 규정에 의해 손해보험계약의 해제를 한 경우에는 해당 각호에 정한 손해를 전보할 책임을 지지 아니한다. 1. 제28조 제1항에 의해 해제가 된 경우 그때까지 발생한 보험사고에 의한 손해. 다만 동항의 사실에 기초하지 않고 발생한 보험사고에 의한

る損害については、この限りでない。 二． 第二十九条第一項 解除に係る危険増加が生じた時から解除がされた時までに発生した保険事故による損害。ただし、当該危険増加をもたらした事由に基づかずに発生した保険事故による損害については、この限りでない。 三． 前条 同条各号に掲げる事由が生じた時から解除がされた時までに発生した保険事故による損害	손해에 대하여는 그러하지 아니한다. 2. 제29조제1항의 해제에 관련된 위험증가가 생긴 때부터 해제가 된 때까지 발생한 보험사고에 의한 손해. 다만, 해당위험증가를 가져올 사유에 기초하지 않고 발생한 보험사고에 따른 손해에 대하여는 그러하지 아니한다. 3. 전조 동조 각호에 기재된 사유가 생긴 때부터 해제가 된 때까지 발생된 보험사고에 의한 손해
第三十二条（保険料の返還の制限） 保険者は、次に掲げる場合には、保険料を返還する義務を負わない。 一． 保険契約者又は被保険者の詐欺又は強迫を理由として損害保険契約に係る意思表示を取り消した場合 二． 損害保険契約が第五条第一項の規定により無効とされる場合。ただし、保険者が保険事故の発生を知って当該損害保険契約の申込み又はその承諾をしたときは、この限りでない。	**제32조(보험료의 반환의 제한)** 보험자는 다음 기재된 경우에는 보험료를 반환할 의무를 부담하지 아니한다. 1. 보험계약자 또는 피보험자의 사기 또는 강박을 이유로 하여 손해보험계약에 관련한 의사표시를 취소한 경우 2. 손해보험계약이 제5조 제1항의 규정에 의해 무효로 된 경우. 다만 보험자가 보험사고의 발생을 알고 당해손해보험계약에 포함 또는 승낙을 한 때에는 그러하지 아니하다.
第三十三条（強行規定） 1． 第二十八条第一項から第三項まで、第二十九条第一項、第三十条又は第三十一条の規定に反する特約で保険契約者又は被保険者に不利なものは、無効とする。 ２． 前条の規定に反する特約で保険契約者に不利なものは、無効とする。	**제33조(강행규정)** ① 제28조 제1항부터 제3항까지, 제29조 제1항, 제30조 또는 제31조의 규정에 반하는 특약으로 보험계약자 또는 피보험자에 불리한 것은 무효로 한다. ② 전조의 규정에 반하는 특약으로 보험계약자에게 불리한 것은 무효로 한다.
第五節 傷害疾病損害保険の特則	**제5절 상해질병손해보험의 특칙**
第三十四条（被保険者による解除請求） 1．被保険者が傷害疾病損害保険契約の当事者以外の者であるときは、当該被保険者は、保険契約者に対し、当該保険契約者との間に別段の合意がある場合を除き、当該傷害疾病損害保険契約を解除することを請求することがで	**제34조(피보험자에 의한 해제청구)** ① 피보험자가 상해질병손해보험계약의 당사자 이외의 자인 때에는 당해 피보험자는 보험계약자에 대하여 당해 보험계약자 간에 별단의 합의가 있는 때를 제외하고 해당 상해질병손해보험계약을 해제할 수 있다.

きる。 ２． 保険契約者は、前項の規定により傷害疾病損害保険契約を解除することの請求を受けたときは、当該傷害疾病損害保険契約を解除することができる。	② 보험계약자는 전항의 규정에 의해 상해질병손해보험계약을 해제하는 것의 청구를 받은 때에는 해당 상해질병손해보험계약을 해제 할 수 있다.
（傷害疾病損害保険契約に関する読替え） 第三十五条 傷害疾病損害保険契約における第一節から前節までの規定の適用については、第五条第一項、第十四条、第二十一条第三項及び第二十六条中「被保険者」とあるのは「被保険者（被保険者の死亡によって生ずる損害をてん補する傷害疾病損害保険契約にあっては、その相続人）」と、第五条第一項中「保険事故が発生している」とあるのは「保険事故による損害が生じている」と、同条第二項中「保険事故が発生していない」とあるのは「保険事故による損害が生じていない」と、第十七条第一項、第三十条及び第三十二条第一号中「被保険者」とあるのは「被保険者（被保険者の死亡によって生ずる損害をてん補する傷害疾病損害保険契約にあっては、被保険者又はその相続人）」と、第二十五条第一項中「被保険者が」とあるのは「被保険者（被保険者の死亡によって生ずる損害をてん補する傷害疾病損害保険契約にあっては、その相続人。以下この条において同じ。）が」と、第三十二条第二号中「保険事故の発生」とあるのは「保険事故による損害が生じていること」と、第三十三条第一項中「、第三十条又は第三十一条」とあるのは「又は第三十一条」と、「不利なものは」とあるのは「不利なもの及び第三十条の規定に反する特約で保険契約者又は被保険者（被保険者の死亡によって生ずる損害をてん補する傷害疾病損害保険契約にあっては、被保険者又はその相続人）に不利なものは」とする。	**제35조(상해질병손해보험계약에 관한 적용)** 상해질병손해보험계약에 있어서 제1절부터 전절까지 규정의 적용에 대하여는 제5조 제1항, 제14조, 제21조 제3항 및 제26조 중 「피보험자」라고 있는 것은 「피보험자(피보험자의 사망에 의하여 생긴 손해를 전보하는 상해질병손해보험계약에 있어서는 그 상속인), 제5조 제1항 중 「보험사고가 발생된」이라고 하는 것은 「보험사고에 의해 손해가 생긴 동조 제2항 중 「보험사고가 발생하지 않은」이라는 것은 「보험사고에 의해 손해가 생기지 않은」, 제17조 제1항, 제30조 및 제32조 제1호 중 「피보험자」라고 하는 것은 「피보험자(피보험자의 사망에 의하여 생긴 손해를 전보하는 상해질병손해보험계약에 있어서는 피보험자 또는 그의 상속인)」, 제25조 제1항 중 「피보험자가」라고 하는 것은 「피보험자(피보험자의 사망에 의하여 생긴 손해를 전보하는 상해질병손해보험계약에 있어서는 그의 상속인. 이하 이 조에 있어서는 이와 동일하다)가」 제32조 제2호 중 「보험사고의 발생」이라고 하는 것은 「보험사고에 의한 손해가 생긴 것」, 제33조 제1항 중 「제30조 또는 제31조」라고 하는 것은 「또는 제31조」와 「불리한 것은」이라고 하는 것은 「불리한 것 및 제30조의 규정에 반하는 특약으로 보험계약자 또는 피보험자(피보험자의 사망에 의하여 생긴 손해를 전보하는 상해질병손해보험계약에 있어서는 피보험자 또는 그 상속인) 에 불리한 것은」이라 한다.
第六節 適用除外	**제6절 적용제외**

第三十六条 第七条、第十二条、第二十六条及び第三十三条の規定は、次に掲げる損害保険契約については、適用しない。 一. 商法（明治三十二年法律第四十八号）第八百十五条第一項に規定する海上保険契約 二. 航空機若しくは航空機により運送される貨物を保険の目的物とする損害保険契約又は航空機の事故により生じた損害を賠償する責任に係る責任保険契約 三. 原子力施設を保険の目的物とする損害保険契約又は原子力施設の事故により生じた損害を賠償する責任に係る責任保険契約 四. 前三号に掲げるもののほか、法人その他の団体又は事業を行う個人の事業活動に伴って生ずることのある損害をてん補する損害保険契約（傷害疾病損害保険契約に該当するものを除く。）	**제36조** 제7조, 제12조, 제26조 및 제33조의 규정은 다음 기재된 손해보험계약에 대하여는 적용하지 아니한다. 1. 상법(1899년 법률 제 48호) 제815조 제1항에 규정하는 해상보험계약 2. 항공기 혹은 항공기에 의해 운송되는 화물을 보험의 목적물로 하는 손해보험계약 또는 항공기의 사고에 의해 생기는 손해를 배상하는 책임에 관한 책임보험계약 3. 원자력시설을 보험의 목적물로 하는 손해보험계약 또는 원자력시설의 사고에 의해 생기는 손해를 배상하는 책임에 관한 책임보험계약 4. 전3호에 기재된 것을 제외하고 법인 그 외 단체 또는 사업을 행하는 개인의 사업 활동에 수반하여 생긴 손해를 전보하는 손해보험계약(상해질병손해보험계약에 해당하는 것을 제외한다)
第三章 生命保険	**제3장 생명보험**
第一節 成立	**제1절 성립**
第三十七条（告知義務） 保険契約者又は被保険者になる者は、生命保険契約の締結に際し、保険事故（被保険者の死亡又は一定の時点における生存をいう。以下この章において同じ。）の発生の可能性（以下この章において「危険」という。）に関する重要な事項のうち保険者になる者が告知を求めたもの（第五十五条第一項及び第五十六条第一項において「告知事項」という。）について、事実の告知をしなければならない。	**제37조(고지의무)** 보험계약자 또는 피보험계약자에 해당하는 자는 생명보험계약의 체결시에 보험사고(피보험자의 사망 또는 일정의 시점의 경우에 생존을 말한다. 이하 본장에 있어서 동일하다)의 발생 가능성(이하 본장에 있어서 「위험」이라고 말한다)과 관한 중요한 사항 중 보험자로 되는 자가 고지를 구하는 것 (제55조 제 1항에 있어서 「고지사항」이라 말한다)에 대하여 사실의 고지를 하여야만 한다.
第三十八条（被保険者の同意） 生命保険契約の当事者以外の者を被保険者とする死亡保険契約（保険者が被保険者の死亡に関し保険給付を行うことを約する生命保険契約をいう。以下この章において同じ。）は、当該被保険者の同意がなければ、その効力を生じな	**제38조(피보험자의 동의)** 생명보험계약의 당사자 이외의 자가 피보험자로 되는 생명보험계약(보험자가 피보험자의 사망에 관계하여 보험급부를 행하는 것을 약속하는 생명보험계약을 말한다. 이하 본장에 있어서 동일하다)은 당해 피

い。 **第三十九条（遡及保険）** 1．死亡保険契約を締結する前に発生した保険事故に関し保険給付を行う旨の定めは、保険契約者が当該死亡保険契約の申込み又はその承諾をした時において、当該保険契約者又は保険金受取人が既に保険事故が発生していることを知っていたときは、無効とする。 ２． 死亡保険契約の申込みの時より前に発生した保険事故に関し保険給付を行う旨の定めは、保険者又は保険契約者が当該死亡保険契約の申込みをした時において、当該保険者が保険事故が発生していないことを知っていたときは、無効とする。 **第四十条（生命保険契約の締結時の書面交付）** 1． 保険者は、生命保険契約を締結したときは、遅滞なく、保険契約者に対し、次に掲げる事項を記載した書面を交付しなければならない。 一． 保険者の氏名又は名称 二． 保険契約者の氏名又は名称 三． 被保険者の氏名その他の被保険者を特定するために必要な事項 四 保険金受取人の氏名又は名称その他の保険金受取人を特定するために必要な事項 五． 保険事故 六． その期間内に保険事故が発生した場合に保険給付を行うものとして生命保険契約で定める期間 七． 保険給付の額及びその方法 八． 保険料及びその支払の方法 九． 第五十六条第一項第一号の通知をすべき旨が定められているときは、その旨 十． 生命保険契約を締結した年月日 十一． 書面を作成した年月日 ２． 前項の書面には、保険者（法人その他の団体にあっては、その代表者）が署名し、又	보험자의 동의가 없으면 그 효력이 없다. **제39조(소급보험)** ① 사망보험계약을 체결하기 전에 발생한 보험사고와 관련하여 보험급부를 행할 취지의 규정은 보험계약자가 당해 사망보험계약의 청약 또는 그 승낙을 한 때에 있어서 당해 보험계약자 또는 보험수익자가 이미 보험사고가 발생한 것을 알고 있을 때에는 무효로 한다. ② 사망보험계약의 청약 전에 발생한 보험사고에 관해 보험급부를 행하는 취지의 규정은 보험자 또는 보험계약자가 해당 사망보험계약의 청약을 한 경우 해당 보험자가 보험사고가 발생하지 않을 것을 알고 있을 때에는 무효로 한다. **제40조(생명보험계약의 체결시 서면교부)** ① 보험자가 생명보험계약을 체결하는 때에는 지체없이 보험계약자에게 다음의 사항을 기재한 서면을 교부하여야 한다. 1. 보험자의 성명 또는 명칭 2. 보험계약자의 성명 또는 명칭 3. 피보험자의 성명 그 외 피보험자를 특정하기 위해 필요한 사항 4. 보험수익자의 성명 또는 명칭 그 외 보험수익자를 특정하기 위해 필요한 사항 5. 보험사고 6. 그 기간 내에 보험사고가 발생한 경우 보험급부를 행할 것을 생명보험계약으로 규정한 기간 7. 보험급부의 액 및 그 방법 8. 보험료 및 그 지불 방법 9. 제56조 제1항 제1호의 통지를 해야 할 취지가 정해져 있는 때에는 그 취지 10. 생명보험계약을 체결한 연월일 11. 서면을 작성한 연월일 ② 전항의 서면에는 보험자(법인 그 외 단체에 있어서는 그 대표자)가 서명 또는 기명날인을 하여야 한다.

は記名押印しなければならない。	
第四十一条（強行規定） 第三十七条の規定に反する特約で保険契約者又は被保険者に不利なもの及び第三十九条第二項の規定に反する特約で保険契約者に不利なものは、無効とする。	**제41조(강행규정)** 제37조의 규정에 반하는 특약으로 보험계약자 또는 피보험자에게 불리한 것 및 제39조 제2항 규정에 반하는 특약으로 보험계약자에게 불리한 것은 무효로 한다.
第二節　効力	**제2절 효력**
第四十二条（第三者のためにする生命保険契約） 保険金受取人が生命保険契約の当事者以外の者であるときは、当該保険金受取人は、当然に当該生命保険契約の利益を享受する。	**제42조(제3자를 위한 생명보험계약)** 보험수익자가 생명보험계약의 당사자 이외의 자인 때에는 해당 보험수익자는 당연히 당해 생명보험계약의 이익을 향수한다.
第四十三条（保険金受取人の変更） 1.　保険契約者は、保険事故が発生するまでは、保険金受取人の変更をすることができる。 2.　保険金受取人の変更は、保険者に対する意思表示によってする。 3.　前項の意思表示は、その通知が保険者に到達したときは、当該通知を発した時にさかのぼってその効力を生ずる。ただし、その到達前に行われた保険給付の効力を妨げない。	**제43조(보험금수취인의 변경)** ① 보험계약자는 보험사고 발생 전까지 보험수익자를 변경할 수 있다. ② 보험수익자의 변경은 보험자에 대한 의사표시에 의한다. ③ 전항의 의사표시의 통지가 보험자에 도달한 때에는 당해 통지를 발한 때로 소급하여 효력이 발생한다. 다만 그 도달 전에 행한 보험급부의 효력에는 영향을 미치지 아니한다.
第四十四条（遺言による保険金受取人の変更） 1. 保険金受取人の変更は、遺言によっても、することができる。 2.　遺言による保険金受取人の変更は、その遺言が効力を生じた後、保険契約者の相続人がその旨を保険者に通知しなければ、これをもって保険者に対抗することができない。	**제44조(유언에 의한 보험수익자의 변경)** ① 보험수익자의 변경은 유언에 의하여도 할 수 있다. ② 유언에 의한 보험수익자의 변경은 그 유언의 효력이 발생한 후 보험계약자의 상속인이 그 취지를 보험자에 통지하지 않으면 그것으로 보험자에 대항할 수 없다.
第四十五条（保険金受取人の変更についての被保険者の同意） 死亡保険契約の保険金受取人の変更は、被保険者の同意がなければ、その効力を生じない。	**제45조(보험수익자 변경에 대한 피보험자의 동의)** 사망보험계약의 보험수익자의 변경은 피보험자의 동의가 없으면 그 효력이 발생하지 않는다. 사망보험계약의 보험수익자의 변경은 피보험자의 동의가 없으면 그 효력이 발생하지 않는다.

第四十六条（保険金受取人の死亡） 保険金受取人が保険事故の発生前に死亡したときは、その相続人の全員が保険金受取人となる。	**제46조(보험수익자의 사망)** 보험수익자가 보험사고 발생 전에 사망한 때에는 그 상속인 전원이 보험수익자가 된다.
第四十七条（保険給付請求権の譲渡等についての被保険者の同意） 死亡保険契約に基づき保険給付を請求する権利の譲渡又は当該権利を目的とする質権の設定（保険事故が発生した後にされたものを除く。）は、被保険者の同意がなければ、その効力を生じない。	**제47조(보험급부청구권의 양도 등에 대한 피보험자의 동의)** 사망보험계약에 기초한 보험급부를 청구하는 권리의 양도 또는 당해 권리를 목적으로 하는 질권의 설정(보험사고가 발생한 뒤에 설정된 것은 제외)은 피보험자의 동의가 없으면 그 효력을 발생시키지 못한다.
第四十八条（危険の減少） 生命保険契約の締結後に危険が著しく減少したときは、保険契約者は、保険者に対し、将来に向かって、保険料について、減少後の当該危険に対応する保険料に至るまでの減額を請求することができる。	**제48조(위험의 감소)** 생명보험계약의 체결 후 위험이 현저하게 감소한 때에는 보험계약자는 보험자에 대하여 장래를 향하여 보험료 감소 후의 해당 위험에 상응하는 보험료에 이를 때 까지 감액을 청구할 수 있다.
第四十九条（強行規定） 第四十二条の規定に反する特約で保険金受取人に不利なもの及び前条の規定に反する特約で保険契約者に不利なものは、無効とする。	**제49조(강행규정)** 제42조의 규정에 반하는 특약으로 보험수익자에게 불리한 것 및 전조의 규정에 반하는 특약으로 보험계약자에게 불리한 것은 무효로 한다.
第三節　保険給付	**제3절 보험급부**
第五十条（死亡保険契約の保険契約者又は保険金受被保険者の死亡の通知） 取人は、被保険者が死亡したことを知ったときは、遅滞なく、保険者に対し、その旨の通知を発しなければならない。	**제50조(피보험자의 사망통지)** 사망보험계약의 보험계약자 또는 보험수익자는 피보험자가 사망한 것을 안 때에는 지체없이 보험자에 대해 그 취지의 통지를 발송해야 한다.
第五十一条（保険者の免責） 死亡保険契約の保険者は、次に掲げる場合には、保険給付を行う責任を負わない。ただし、第三号に掲げる場合には、被保険者を故意に死亡させた保険金受取人以外の保険金受取人に対する責任については、この限りでない。 一．　被保険者が自殺をしたとき。 二．　保険契約者が被保険者を故意に死亡させ	**제51조(보험자의 면책)** 사망보험계약의 보험자는 다음 기재된 경우에는 보험급부를 행할 책임을 지지 아니한다. 다만 제3호에 기재된 경우에는 피보험자를 고의로 사망에 이르게 한 보험수익자 외의 보험수익자의 책임에 대하여는 그러하지 아니하다. 1. 피보험자가 자살을 한 경우 2. 보험계약자가 피보험자를 고의로 사망에 이

たとき（前号に掲げる場合を除く。）。 三．　保険金受取人が被保険者を故意に死亡させたとき（前二号に掲げる場合を除く。）。 四．　戦争その他の変乱によって被保険者が死亡したとき。	르게 한 경우(전호에 기재된 경우를 제외) 3. 보험수익자가 피보험자를 고의로 사망에 이르게 한 경우(전2호에 기재된 경우를 제외) 4. 전쟁 그 외의 변란에 의해 피보험자가 사망한 경우
第五十二条（保険給付の履行期） 1．保険給付を行う期限を定めた場合であっても、当該期限が、保険事故、保険者が免責される事由その他の保険給付を行うために確認をすることが生命保険契約上必要とされる事項の確認をするための相当の期間を経過する日後の日であるときは、当該期間を経過する日をもって保険給付を行う期限とする。 2．　保険給付を行う期限を定めなかったときは、保険者は、保険給付の請求があった後、当該請求に係る保険事故の確認をするために必要な期間を経過するまでは、遅滞の責任を負わない。 3．　保険者が前二項に規定する確認をするために必要な調査を行うに当たり、保険契約者、被保険者又は保険金受取人が正当な理由なく当該調査を妨げ、又はこれに応じなかった場合には、保険者は、これにより保険給付を遅延した期間について、遅滞の責任を負わない。	**제52조(보험급부의 이행기)** ① 보험급부를 행하는 기한을 정한 경우에도 당해 기한이 보험사고, 보험자가 면책되는 사유 그 외 보험급부를 행하기 위해서 확인을 하는 것이 생명보험계약상 필요한 사항을 확인하기 위해 상당기간을 경과한 날 이후의 날인 경우에는 당해 기간을 경과한 날에 있어서 보험급부를 행하는 기한으로 한다. ② 보험급부를 행하는 기한을 정하지 않은 때에는 보험자는 보험급부의 청구가 있은 후, 당해 청구와 관련된 보험사고의 확인을 하기 위해 필요한 기간이 경과되기까지는 지체의 책임을 지지 아니한다. ③ 보험자가 전2항에 규정된 확인을 하기 위해 필요한 조사를 행함에 있어 보험계약자, 피보험자 또는 보험수익자가 정당한 당해 조사를 방해 또는 이에 응하지 아니하는 때에는 보험자가 그로 인해 보험급부를 지연한 기간에 대하여 지체의 책임을 지지 아니한다.
第五十三条（強行規定） 前条第一項又は第三項の規定に反する特約で保険金受取人に不利なものは、無効とする。	**제53조(강행규정)** 전조 제1항 또는 제3항의 규정에 반하는 특약으로 보험수익자에게 불리한 것은 무효로 한다.
第四節　終了	**제4절 종료**
第五十四条（保険契約者による解除） 保険契約者は、いつでも生命保険契約を解除することができる。	**제54조(보험계약자에 의한 해제)** 보험계약자는 언제라도 생명보험계약을 해제할 수 있다.
第五十五条（告知義務違反による解除）　1．	**제55조(고지의무위반에 의한 해제)**

保険者は、保険契約者又は被保険者が、告知事項について、故意又は重大な過失により事実の告知をせず、又は不実の告知をしたときは、生命保険契約を解除することができる。 2． 保険者は、前項の規定にかかわらず、次に掲げる場合には、生命保険契約を解除することができない。 一． 生命保険契約の締結の時において、保険者が前項の事実を知り、又は過失によって知らなかったとき。 二． 保険媒介者が、保険契約者又は被保険者が前項の事実の告知をすることを妨げたとき。 三． 保険媒介者が、保険契約者又は被保険者に対し、前項の事実の告知をせず、又は不実の告知をすることを勧めたとき。 3． 前項第二号及び第三号の規定は、当該各号に規定する保険媒介者の行為がなかったとしても保険契約者又は被保険者が第一項の事実の告知をせず、又は不実の告知をしたと認められる場合には、適用しない。 4． 第一項の規定による解除権は、保険者が同項の規定による解除の原因があることを知った時から一箇月間行使しないときは、消滅する。生命保険契約の締結の時から五年を経過したときも、同様とする。	① 보험자는 보험계약자 또는 피보험자가 고지사항에 대하여 고의 또는 중대한 과실로 사실의 고지를 하지 않거나 부실고지를 한 때에는 생명보험계약을 해제할 수 있다. ② 보험자는 전항의 규정에도 불구하고 다음이 기재된 경우에는 생명보험계약을 해제할 수 없다. 1. 생명보험계약의 체결 시에 보험자가 전항의 사실을 알았거나 또는 과실에 의해 알지 못한 경우 2. 보험매개(중개)자가 보험계약자 또는 피보험자가 전항의 사실의 고지를 하는 것을 방해하는 경우 3. 보험매개(중개)자가 보험계약자 또는 피보험자에게 전항의 사실의 고지를 하지 않게 하거나 또는 부실고지 하는 것을 권하는 경우 ③ 전항 제2호 내지 제3호의 규정은 당해 각호에서 규정하는 보험매개(중개)자의 행위가 없었던 경우에도 보험계약자 또는 피보험자가 제1항의 사실의 고지를 하지 않게 하거나 또는 부실고지를 했다는 것을 인식하였던 경우에는 적용하지 아니한다. ④ 제1항의 규정에 의한 해제권은 보험자가 동항의 규정에 의한 해제권의 원인이 있는 것을 안 때부터 1개월간 행사하지 아니하는 경우에는 소멸된다. 생명보험계약의 체결시부터 5년을 경과하는 경우에도 이와같다.
第五十六条（危険増加による解除） 1． 生命保険契約の締結後に危険増加（告知事項についての危険が高くなり、生命保険契約で定められている保険料が当該危険を計算の基礎として算出される保険料に不足する状態になることをいう。以下この条及び第五十九条第二項第二号において同じ。）が生じた場合において、保険料を当該危険増加に対応した額に変更するとしたならば当該生命保険契約を継続することができるときであっても、保険者は、次に掲げる要件のいずれにも該当	**第56조(위험증가에 따른 해제)** ① 생명보험계약의 체결 후의 위험증가(고지사항에 대한 위험이 증가되어 생명보험계약에서 정하고 있는 보험료가 당해 위험을 계산의 기초로 하여 산출한 보험료에 부족한 상태가 되는 것을 말한다. 이하 본조 및 제59조 제2항 제2호에 있어서 이와 동일하다)가 생긴 경우에 보험료를 당해 위험증가에 대응한 액에 변경하는 것으로 했다면 당해생명보험계약을 지속할 수 있는 때라 할지라도 보험자는 다음에 기재된 요건

する場合には、当該生命保険契約を解除することができる。 一.　当該危険増加に係る告知事項について、その内容に変更が生じたときは保険契約者又は被保険者が保険者に遅滞なくその旨の通知をすべき旨が当該生命保険契約で定められていること。 二.　保険契約者又は被保険者が故意又は重大な過失により遅滞なく前号の通知をしなかったこと。 ２.　前条第四項の規定は、前項の規定による解除権について準用する。この場合において、同条第四項中「生命保険契約の締結の時」とあるのは、「次条第一項に規定する危険増加が生じた時」と読み替えるものとする。	의 어느 것에 해당하는 때에는 당해 생명보험계약을 해제 할 수 있다. 1. 당해위험증가와 관련된 고지사항에 대하여 그 내용에 변경이 생긴 때에는 보험계약자 또는 피보험자가 보험자에게 지체없이 그 취지의 통지를 하도록 당해 생명보험계약에 규정되어 있는 경우 2. 보험계약자 또는 피보험자가 고의 꼬는 중대한 과실로 인해 지체없이 전호의 통지를 하지 않은 경우 ② 전조 제4의 규정은 전항의 규정에 의한 해제권에 대하여 준용한다. 이 경우에 있어서 동조 제4조 중「생명보험 계약이 체결될 때」라고 있는 것은「다음 조 제1항에 규정하는 위험증가가 생겼을 때」로 대체
第五十七条（重大事由による解除） 保険者は、次に掲げる事由がある場合には、生命保険契約（第一号の場合にあっては、死亡保険契約に限る。）を解除することができる。 一.　保険契約者又は保険金受取人が、保険者に保険給付を行わせることを目的として故意に被保険者を死亡させ、又は死亡させようとしたこと。 二.　保険金受取人が、当該生命保険契約に基づく保険給付の請求について詐欺を行い、又は行おうとしたこと。 三.　前二号に掲げるもののほか、保険者の保険契約者、被保険者又は保険金受取人に対する信頼を損ない、当該生命保険契約の存続を困難とする重大な事由	**제57조(중대사유로 인한 해제)** 보험자는 다음에 기재하는 사유가 있는 경우에는 생명보험 계약(제1호의 경우에 있어서는 사망보험 계약에 한정한다)을 해제할 수 있다. 1. 보험계약자 또는 보험수익자가 보험자에게 보험급부를 지급하는 하는 것을 목적으로 고의적으로 피보험자를 사망시키거나 또는 사망 시키려고 한 경우 2.보험수익자가 해당 생명보험 계약에 근거하는 보험급부의 청구에 있어서 사기를 행하거나 또는 행하려고 한 경우 3. 전 2호에서 기재하는 것 이외에 보험자의 보험계약자, 피보험자 또는 보험급수익자에 대한 신뢰를 손상시키고 당해 생명보험 계약의 존속을 곤란하게 하는 중대한 사유가 있을 경우
第五十八条（被保険者による解除請求）　1. 死亡保険契約の被保険者が当該死亡保険契約の当事者以外の者である場合において、次に掲げるときは、当該被保険者は、保険契約者に対し、当該死亡保険契約を解除することを請求することができる。 一.　前条第一号又は第二号に掲げる事由があ	**제58조(피보험자에 의한 해제 청구)** ① 사망보험계약의 피보험자가 그 사망 보험계약의 당사자 이외의 사람인 경우에 있어서 다음에 기재된 사항일 경우 당해 피보험자는 보험계약자에 대해서 당해 사망보험계약을 해제할 수 있다.

る場合 二.　前号に掲げるもののほか、被保険者の保険契約者又は保険金受取人に対する信頼を損ない、当該死亡保険契約の存続を困難とする重大な事由がある場合 三.　保険契約者と被保険者との間の親族関係の終了その他の事情により、被保険者が第三十八条の同意をするに当たって基礎とした事情が著しく変更した場合 ２.　保険契約者は、前項の規定により死亡保険契約を解除することの請求を受けたときは、当該死亡保険契約を解除することができる。	1. 전조 제1호 또는 제2호에 기재사유가 있는 경우 2. 전호에 기재하는 것 이외에 피보험자의 보험계약자 또는 보험수익자에 대한 신뢰를 해쳐 그 사망보험계약의 존속이 곤란한 중대한 사유가 있는 경우 3. 보험계약자와 피보험자와의 사이의 친족 관계의 종료 그 밖의 사정에 의해 피보험자가 제38조의 동의를 할 것에 있어서 당해 기초로 한 사정이 현저하게 변경했을 경우 ② 보험계약자는 전항의 규정에 의해 사망보험계약을 해제할 경우의 청구를 받았을 경우에는 당해 사망보험계약을 해제할 수 있다.
第五十九条（解除の効力） 1.　生命保険契約の解除は、将来に向かってのみその効力を生ずる。 ２.　保険者は、次の各号に掲げる規定により生命保険契約の解除をした場合には、当該各号に定める保険事故に関し保険給付を行う責任を負わない。 一.　第五十五条第一項　解除がされた時までに発生した保険事故。ただし、同項の事実に基づかずに発生した保険事故については、この限りでない。 二.　第五十六条第一項　解除に係る危険増加が生じた時から解除がされた時までに発生した保険事故。ただし、当該危険増加をもたらした事由に基づかずに発生した保険事故については、この限りでない。 三.　第五十七条　同条各号に掲げる事由が生じた時から解除がされた時までに発生した保険事故	**제59조(해제의 효력)** ① 생명보험계약의 해제는 장래에 대해서만 그 효력이 생긴다. ② 보험계약자는 전항의 규정에 의해 사망보험계약을 해제할 경우의 청구를 받았을 경우에는 당해 사망보험계약을 해제할 수 있다. 1. 제55조 제1항 해제가 된 시점까지 발생한 보험사고, 다만 동항의 사실에 의거하지 않고 발생한 보험사고에 대해서는 그러하지 아니하다. 2. 제56조 제1항 해제에 관련한 위험증가가 발생한 시점부터 해제가 된 시점까지 발생한 보험사고, 다만 그 위험증가를 가져온 사유에 근거하지 않고 발생한 보험사고에 대해서는 그러하지 아니하다. 3. 제57조 동 조 각호에 기재한 사유가 발생한 시점부터 해제된 시점까지 발생한 보험사고
第六十条（契約当事者以外の者による解除の効力等） 1.　差押債権者、破産管財人その他の死亡保険契約（第六十三条に規定する保険料積立金が	**제60조(계약당사자 이외의 자에 있어서 해제의 효력 등)** ① 압류채권자, 파산관재인 그 밖의 사망보험계

あるものに限る。次項及び次条第一項において同じ。）の当事者以外の者で当該死亡保険契約の解除をすることができるもの（次項及び第六十二条において「解除権者」という。）がする当該解除は、保険者がその通知を受けた時から一箇月を経過した日に、その効力を生ずる。 2．　保険金受取人（前項に規定する通知の時において、保険契約者である者を除き、保険契約者若しくは被保険者の親族又は被保険者である者に限る。次項及び次条において「介入権者」という。）が、保険契約者の同意を得て、前項の期間が経過するまでの間に、当該通知の日に当該死亡保険契約の解除の効力が生じたとすれば保険者が解除権者に対して支払うべき金額を解除権者に対して支払い、かつ、保険者に対してその旨の通知をしたときは、同項に規定する解除は、その効力を生じない。 3．　第一項に規定する解除の意思表示が差押えの手続又は保険契約者の破産手続、再生手続若しくは更生手続においてされたものである場合において、介入権者が前項の規定による支払及びその旨の通知をしたときは、当該差押えの手続、破産手続、再生手続又は更生手続との関係においては、保険者が当該解除により支払うべき金銭の支払をしたものとみなす。	약 (제63조에 규정한 보험료적립금이 있는 경우에 한한다. 다음 항 또는 다음 조 제1항에 있어서 동일)의 당사자 이외의 자로서 그 사망보험계약의 해제를 할 수 있는 자(다음 항 또는 제62조에 있어서 「해제권자」라고 함)가 당해 해제는 보험자가 그 통지를 받은 시점부터 1개월을 경과한 날에 그 효력이 발생 한다. ② 보험수익자(전항에 규정한 통지의 시점에 있어서, 보험계약자인 자를 제외하고 보험계약자 또는 피보험자의 친족 또는 피보험자인 자에 한한다. 다음 항 또는 다음 조에 있어서 「개입권자-제3자」라고 한다)가, 보험계약자의 동의를 얻어 전항의 기간이 경과할 때까지의 사이에 당해 통지일까지 당해 사망보험계약의 해제의 효력이 발생하였다고 가정할 경우 보험자가 해제권자에 대해서 지불할 금액을 해제권자에 대해서 지불하고 또한 보험자에 대하여 그 취지의 통지를 할 때는 동항에 규정한 해제는 그 효력이 발생하지 아니한다. ③ 제1항에 규정한 해제의 의사표시가 압류절차 또는 보험계약자의 파산절차, 재생절차 또는 갱생절차의 경우에 있어서 개입권자(제3자)가 전항의 규정에 의해 지불 또는 그 취지의 통지를 한 경우 그 압류절차, 파산절차, 재생절차 또는 갱생절차와의 관련해서 보험자가 그 해제에 있어서 지불할 금전의 지불을 한 것이라고 본다.
第六十一条 1．死亡保険契約の解除により保険契約者が保険者に対して有することとなる金銭債権を差し押さえた債権者が前条第一項に規定する通知をした場合において、同条第二項の規定による支払の時に保険者が当該差押えに係る金銭債権の支払をするとすれば民事執行法（昭和五十四年法律第四号）その他の法令の規定による供託をすることができるときは、介入	**제61조** ① 사망보험계약자의 해제에 의해 보험계약자가 보험자에 대해 가지고 있다고 여겨지는 금전채권을 압류한 채권자가 전조 제1항에 규정된 통지를 한 경우에 있어서, 동 조 제2항의 규정에 의해 지불할 대에 보험자가 그 압류에 관계한 금전채권의 지불을 하려고 한다면 민사집행법(소화54년(1979년) 법률 제4호) 외의 법령의 규정에 의한 공탁을 할 수 있는 경우에

権者は、当該供託の方法により同項の規定による支払をすることができる。 2． 前項の通知があった場合において、前条第二項の規定による支払の時に保険者が当該差押えに係る金銭債権の支払をするとすれば民事執行法その他の法令の規定による供託の義務を負うときは、介入権者は、当該供託の方法により同項の規定による支払をしなければならない。 3． 介入権者が前二項の規定により供託の方法による支払をしたときは、当該供託に係る差押えの手続との関係においては、保険者が当該差押えに係る金銭債権につき当該供託の方法による支払をしたものとみなす。 4． 介入権者は、第一項又は第二項の規定による供託をしたときは、民事執行法その他の法令の規定により第三債務者が執行裁判所その他の官庁又は公署に対してすべき届出をしなければならない。	는 개입권자(제3자)는 당해 공탁의 방법에 의해 동항의 규정에 의한 지불을 할 수 있다. ② 전항의 통지가 있는 경우 전 조 제2항의 규정에 의해 지불할 때에 보험자가 그 압류와 관계있는 금전채권의 지불을 할혀고 한다면 민사집행법 그 외의 법령의 규정의 의해 공탁의 의무를 질 경우 개입권자(제3자)는 그 공탁의 방법에 의해 동항의 규정에 의거 지불을 해야한다. ③ 개입권자(제3자)가 전 2항의 규정에 의해 공탁의 방법에 의해 지불을 한 경우 그 공탁에 관련 있는 압류의 절차와의 관계에 있어서, 보험자가 그 압류에 관련 있는 금전채권에 있어 그 공탁의 방법에 의해 지불한 것으로 본다. ④ 개입권자(제3자)는 제1항 또는 제2항의 규정에 의해 공탁을 한 경우 민사집행법 외의 법령의 규정에 의해 제3자 채무자가 집행재판소 그 밖의 관청 또는 관공서에 대하여 제출해야 한다.
第六十二条 1． 第六十条第一項に規定する通知の時から同項に規定する解除の効力が生じ、又は同条第二項の規定により当該解除の効力が生じないこととなるまでの間に保険事故が発生したことにより保険者が保険給付を行うべきときは、当該保険者は、当該保険給付を行うべき額の限度で、解除権者に対し、同項に規定する金額を支払わなければならない。この場合において、保険金受取人に対しては、当該保険給付を行うべき額から当該解除権者に支払った金額を控除した残額について保険給付を行えば足りる。 2 前条の規定は、前項の規定による保険者の解除権者に対する支払について準用する。	제62조 ① 제60조 제1항에 규정된 통지의 시점부터 동항에 규정된 해제의 효력이 발생하거나 또는 각 조 제2항의 규정에 의해 그 해제의 효력이 발생하지 않게 될 때까지의 사이에 보험사고는 발생한 것으로부터 보험자가 보험급부를 행해야할 경우는 당해 보험자는 그 보험급부를 행할 금액의 한도에서 해제권자에 대해 동항에 규정된 금액을 지불해야 한다. 그 경우 보험수익자에 대해서는 당해 보험급부를 집행할 금액부터 그 해제권자에게 지불할 금액을 공제한 잔액에 대해서 보험급부를 행하면 충분하다. ② 전 조의 규정은 전 항의 규정에 의해 보험자의 해제권자에 대한 지불에 관하여 준용한다.
第六十三条（保険料積立金の払戻し）保険者は、次に掲げる事由により生命保険契約が終了した場合には、保険契約者に対し、当該終了の時における保険料積立金（受領した保険	**제63조(보험료적립금의 충당)** 보험자는 다음의 기재한 사유에 의해 생명보험계약이 종료한 경우에는 보험계약자에 대해서 그 종료시점에 있

料の総額のうち、当該生命保険契約に係る保険給付に充てるべきものとして、保険料又は保険給付の額を定めるための予定死亡率、予定利率その他の計算の基礎を用いて算出される金額に相当する部分をいう。）を払い戻さなければならない。ただし、保険者が保険給付を行う責任を負うときは、この限りでない。 一.　第五十一条各号（第二号を除く。）に規定する事由 二.　保険者の責任が開始する前における第五十四条又は第五十八条第二項の規定による解除 三.　第五十六条第一項の規定による解除 四.　第九十六条第一項の規定による解除又は同条第二項の規定による当該生命保険契約の失効	어서 보험료적립금(수령한 보험료의 총액 중, 그 생명보험예약에 관련 있는 보험급부에 충당해야 할 것으로서 보험료 또는 보험급부의 액수를 정하기 위한 예정사망률, 예정이율 그 밖의 계산의 기초를 가지고 산출된 금액에 상당하는 부분을 말함)을 환급하여야 한다. 다만 보험자가 보험급부를 행할 책임을 질 때는 그러하지 아니하다. 1. 제51조 각호(제2호를 제외)에 규정한 사유 2. 보험자의 책임이 개시되기 전에 있어서 제54조 또는 제58조 제2항의 규정에 의해 해제된 경우 3. 제56조 제1항의 규정에 의해 해제된 경우 4. 제96조 제1항의 규정에 의해 해제 또는 동조 제2항의 규정에 의해 그 생명보험계약의 실효된 경우
第六十四条（保険料の返還の制限） 保険者は、次に掲げる場合には、保険料を返還する義務を負わない。 一.　保険契約者、被保険者又は保険金受取人の詐欺又は強迫を理由として生命保険契約に係る意思表示を取り消した場合 二.　死亡保険契約が第三十九条第一項の規定により無効とされる場合。ただし、保険者が保険事故の発生を知って当該死亡保険契約の申込み又はその承諾をしたときは、この限りでない。	**제64조(보험료의 반환의 제한)** 보험자는 다음에 기재한 사유가 있는 경우 보험료를 반환할 의무를 지지 아니한다. 1. 보험계약자, 피보험자 또는 보험수익자의 사기 또는 강박을 이유로 생명보험계약과 관련된 의사표시를 취소할 경우 2. 사망보험계약이 제39조 제1항의 규정에 의해 무효처리 된 경우. 다만 보험자가 보험사고에 발생을 알고 그 사망보험계약의 신청 또는 그 승낙을 한 경우에는 그렇지 아니하다.
第六十五条（強行規定） 次の各号に掲げる規定に反する特約で当該各号に定める者に不利なものは、無効とする。 一.　第五十五条第一項から第三項まで又は第五十六条第一項　保険契約者又は被保険者 二.　第五十七条又は第五十九条　保険契約者、被保険者又は保険金受取人 三.　前二条　保険契約者	**제65조(강행규정)** 다음의 각 호에 나타내는 규정에 반하는 특약으로 당해 각호에 규정된 자에게 불리한 것은 무효이다. 1. 제55조 제1항부터 제3항까지 또는 제56조 제1항 보험계약자 또는 피보험자 2. 제57조 또는 제59조 보험계약자, 피보험자 또는 보험수익자 3. 전 2조 보험계약자

第四章　傷害疾病定額保険	제4장 상해질병정액보험
第一節　成立	제1절 성립
第六十六条（告知義務） 保険契約者又は被保険者になる者は、傷害疾病定額保険契約の締結に際し、給付事由（傷害疾病による治療、死亡その他の保険給付を行う要件として傷害疾病定額保険契約で定める事由をいう。以下この章において同じ。）の発生の可能性（以下この章において「危険」という。）に関する重要な事項のうち保険者になる者が告知を求めたもの（第八十四条第一項及び第八十五条第一項において「告知事項」という。）について、事実の告知をしなければならない。	**제66조(고지의무)** 보험계약자 또는 피보험자는 상해질병정액보험계약을 체결할 때 급부사유(상해질병에 의한 칠, 사망 그 외 보험급부를 행할 요건으로 상해질병정액보험계약에 규정된 사유로 한다. 이하 그 장에 있어서 같다)의 발생의 가능성(이하 이 장에 있어서 '위험' 이라고 한다)에 관한 즁요한 사항 가운데 보험자가 되는 대상이 고지를 구한 것(제84조 제1항 또는 제85조 제1항에 있어서 '고지사항' 이라고 한다)에 대해서 사실의 고지를 해야 한다.
第六十七条（被保険者の同意） 1. 傷害疾病定額保険契約の当事者以外の者を被保険者とする傷害疾病定額保険契約は、当該被保険者の同意がなければ、その効力を生じない。ただし、被保険者（被保険者の死亡に関する保険給付にあっては、被保険者又はその相続人）が保険金受取人である場合は、この限りでない。 2. 前項ただし書の規定は、給付事由が傷害疾病による死亡のみである傷害疾病定額保険契約については、適用しない。	**제67조(피보험자의 동의)** ① 상해질병정액보험계약의 당사자 이외의 자를 피보험자로 하는 상해질병정액보험계약은 당해 피보험자의 동의가 없으면 그 효력이 발생하지 아니한다. 단, 피보험자(피보험자의 사망에 관해 보험급부가 있는 경우, 피보험자 또는 그 상속인)가 보험수익자인 경우에는 그러하지 아니하다. ② 앞의 항목의 단서(예외항목)의 규정은 급부사유가 상해질병에 의한 사망뿐이다. 상해질병정액보험계약에 대해선 적용하지 않는다.
第六十八条（遡及保険） 1. 傷害疾病定額保険契約を締結する前に発生した給付事由に基づき保険給付を行う旨の定めは、保険契約者が当該傷害疾病定額保険契約の申込み又はその承諾をした時において、当該保険契約者、被保険者又は保険金受取人が既に給付事由が発生していることを知っていたときは、無効とする。 2. 傷害疾病定額保険契約の申込みの時より前に発生した給付事由に基づき保険給付を行う旨の定めは、保険者又は保険契約者が当該傷害疾病定額保険契約の申込みをした時にお	**제68조(소급보험)** ① 상해질병규정보험계약을 체결하기 전에 발생한 급부사항에 근거해 보험급부를 행할 취지를 정하는 것은 보험계약자가 당해 상해질병정액보험계약의 신청 또는 그 승낙을 한 때에 있어서 당해 보험계약자 피보험자 또는 보험 수익자가 이미 급부 사유가 발생되어 있음을 알고 있을 경우에는 무효가 된다. ② 상해질병정액보험계약의 신청으로부터 전에 발생한 급부 사유에 근거해 보험급부를 행할 취지를 정하는 것은 보험자 또는 보험계약자가 당

いて、当該保険者が給付事由が発生していないことを知っていたときは、無効とする。	해 상해질병정액보험계약의 신청을 한 시점에 있어서 당해 보험자가 급부사유가 발생하지 않은 것을 알고 있을 때는 무효로 한다.
第六十九条（傷害疾病定額保険契約の締結時の書面交付） 1. 保険者は、傷害疾病定額保険契約を締結したときは、遅滞なく、保険契約者に対し、次に掲げる事項を記載した書面を交付しなければならない。 一. 保険者の氏名又は名称 二. 保険契約者の氏名又は名称 三. 被保険者の氏名その他の被保険者を特定するために必要な事項 四. 保険金受取人の氏名又は名称その他の保険金受取人を特定するために必要な事項 五. 給付事由 六. その期間内に傷害疾病又は給付事由が発生した場合に保険給付を行うものとして傷害疾病定額保険契約で定める期間 七. 保険給付の額及びその方法 八. 保険料及びその支払の方法 九. 第八十五条第一項第一号の通知をすべき旨が定められているときは、その旨 十. 傷害疾病定額保険契約を締結した年月日 十一. 書面を作成した年月日 2. 前項の書面には、保険者（法人その他の団体にあっては、その代表者）が署名し、又は記名押印しなければならない。	**제69조(상해질병정액보험계약의 체결시의 서면교부)** ① 보험자는 상해질병정액보험계약을 체결한 때는 지체없이 보험계약자에 대해 다음의 사항을 기재한 서면을 교부하여야 한다. 1. 보험자의 이름 또는 명칭 2. 보험계약자의 이름 또는 명칭 3. 피보험자의 이름 그 외의 피보험자를 특정하기 위해 필요사항 4. 보험수익자의 이름 또는 명칭 그 외의 보험수익자를 특정하기 위해 필요사항 5. 급부사유 6. 그 기간 내에 상해질병 또는 급부 사유가 발생한 경우에 보험급부를 행하는 것에 있어서 상해질병정액보험계약이 정한 기간 7. 보험 급부의 금액 또는 그 수단 8. 보험료 및 그 지불의 방법 9. 제85조 제1항 제1호의 통지할 취지가 규정되어 있는 경우는 그 취지 10. 상해질병보험을 체결한 해월일 11. 서면을 작성한 연월일 ② 전 항의 서면에는 보험자(법인 그 외의 단체에 있어서 그 대표자)가 서명하고 또는 기명날인을 하여야 한다.
第七十条（強行規定） 第六十六条の規定に反する特約で保険契約者又は被保険者に不利なもの及び第六十八条第二項の規定に反する特約で保険契約者に不利なものは、無効とする。	**제70조(강행규정)** 제66조의 규정에 반하는 특약으로 보험계약자 또는 피보험자에게 불리한 또는 제 68조 제2항의 규정에 반하는 특약으로 보험계약자에 불리한 경우에는 무효로 한다.
第二節　効力	**제2절 효력**
第七十一条（第三者のためにする傷害疾病定額保険契約） 保険金受取人が傷害疾病定額保	**제71조(제3자를 위한 상해질병정액보험계약)** 보험수익자가 상해질병정액보험계약의 당사자 이

険契約の当事者以外の者であるときは、当該保険金受取人は、当然に当該傷害疾病定額保険契約の利益を享受する。	외의 자일 때에는 당해 보험수익자는 당연히 당해 상해질병정액보험계약의 이익을 향수한다.
第七十二条（保険金受取人の変更） 1．　保険契約者は、給付事由が発生するまでは、保険金受取人の変更をすることができる。 2．　保険金受取人の変更は、保険者に対する意思表示によってする。 3．　前項の意思表示は、その通知が保険者に到達したときは、当該通知を発した時にさかのぼってその効力を生ずる。ただし、その到達前に行われた保険給付の効力を妨げない。	**제72조(보험수익자의 변경)** ① 보험계약자는 급부사유가 발생할 때까지는 보험수익자의 변경을 할 수 있다. ②보험 수익자의 변경은 보험자에 대해서 의사표시에 의한다. ③ 전항의 의사표시는 그 통지가 보험자에 도달할 때는 당해 통지를 발송한 때로 거슬러 올라가 그 효력이 발생한다. 다만 그 도달 전에 행하여진 보험급부의 효력에는 영향을 미치지 아니한다.
第七十三条（遺言による保険金受取人の変更） 1．保険金受取人の変更は、遺言によっても、することができる。 2．　遺言による保険金受取人の変更は、その遺言が効力を生じた後、保険契約者の相続人がその旨を保険者に通知しなければ、これをもって保険者に対抗することができない。	**제73조(유언에 의한 보험수익자의 변경)** ① 보험수익자의 변경은 유언에 의해 변경될 수 있다. ② 유언에 의해 보험수익자의 변경은 그 유언이 효력을 발생한 후 보험계약자의 상속인이 그 취지를 보험자수익자에게 통지하지 아니하면 그것으로 보험자에게 대항할 수 없다.
第七十四条（保険金受取人の変更についての被保険者の同意） 1．保険金受取人の変更は、被保険者の同意がなければ、その効力を生じない。ただし、変更後の保険金受取人が被保険者（被保険者の死亡に関する保険給付にあっては、被保険者又はその相続人）である場合は、この限りでない。 2．　前項ただし書の規定は、給付事由が傷害疾病による死亡のみである傷害疾病定額保険契約については、適用しない。	**제74조(보험수익자의 변경에 있어서의 피보험자의 동의)** ① 보험수익자의 변경은 피보험자의 동의가 없으면 그 효력이 발생하지 아니한다. 다만 변경 후에 보험수익자가 피보험자 (피보험자의 사망에 관한 보험급부에 있어서는 피보험자 또는 그 상속인)인 경우 그러하지 아니하다. ② 전 항 단서의 규정은 급부사유가 상해질병에 의한 사망뿐인 경우 상해질병정액보험계약에 대해서는 적용하지 아니한다.
第七十五条（保険金受取人の死亡） 保険金受取人が給付事由の発生前に死亡したときは、	**제75조(보험수익자의 사망)** 보험수익자가 급부사항의 발생 전에 사망한 경우에는 그 상속인

その相続人の全員が保険金受取人となる。	전원이 보험수익자가 된다.
第七十六条（保険給付請求権の譲渡等についての被保険者の同意） 保険給付を請求する権利の譲渡又は当該権利を目的とする質権の設定（給付事由が発生した後にされたものを除く。）は、被保険者の同意がなければ、その効力を生じない。	**제76조(보험급부청구권의 양도 등에 대한 피보험자의 동의)** 보험급부를 청구한 권리에 양도 또는 당해권리를 목적으로 하는 질권의 설정(급부사유가 발생한 후에 된 것은 제외)은 피보험자의 동의가 없으면 효력이 발생하지 아니한다.
第七十七条（危険の減少） 傷害疾病定額保険契約の締結後に危険が著しく減少したときは、保険契約者は、保険者に対し、将来に向かって、保険料について、減少後の当該危険に対応する保険料に至るまでの減額を請求することができる。	**제77조(위험의 감소)** 상해질병정액보험계약의 체결 후에 위험이 현저하게 감소된 경우는 보험계약자는 보험자에 대해서, 장래에 대해서, 보험료에 대해 감소후의 당해위험에 대응하는 보험료에 이르기까지의 감액을 청구할 수 있다.
第七十八条（強行規定） 第七十一条の規定に反する特約で保険金受取人に不利なもの及び前条の規定に反する特約で保険契約者に不利なものは、無効とする。	**제78조(강행규정)** 제71조의 규정에 반하는 특약으로 보험수익자에게 불리한 것 등 전조의 규정에 반하는 특약으로 보험계약자에게 불리한 것은 무효로 한다.
第三節　保険給付	**제3절 보험급부**
第七十九条（給付事由発生の通知） 保険契約者、被保険者又は保険金受取人は、給付事由が発生したことを知ったときは、遅滞なく、保険者に対し、その旨の通知を発しなければならない。	**제79조(급부사유발생의 통지)** 보험계약자, 피보험자 또는 보험수익자는 급부사유가 발생한 것을 안 때에는 지체없이 보험자에게 대하여 그 취지의 통지를 하여야 한다.
第八十条（保険者の免責） 保険者は、次に掲げる場合には、保険給付を行う責任を負わない。ただし、第三号に掲げる場合には、給付事由を発生させた保険金受取人以外の保険金受取人に対する責任については、この限りでない。 一.　被保険者が故意又は重大な過失により給付事由を発生させたとき。 二.　保険契約者が故意又は重大な過失により給付事由を発生させたとき（前号に掲げる場合を除く。）。	**제80조(보험자의 면책)** 보험자는 다음에 기재한 경우에는 보험급부에 대한 책임을 지지 아니한다. 다만 제3호에 기재한 경우에는 급부사유가 발생한 보험수익자 이외의 보험수익자에 대한 책임에 대해서 그러하지 아니하다. 1. 피보험자가 고의 또는 중대한 과실에 의해 급부사유를 발생시켰을 경우 2. 보험계약자가 고의 또는 중대한 과실에 의해 급부사유를 발생시켰을 경우(전호에 기재한 경우를 제외한다.)

三. 保険金受取人が故意又は重大な過失により給付事由を発生させたとき（前二号に掲げる場合を除く。）。 四. 戦争その他の変乱によって給付事由が発生したとき。	3. 보험수익자가 고의 또는 중대한 과실에 의해 급부사유를 발생시켰을 경우(전2호에 기재한 경우를 제외한다.) 4. 전쟁 기타 변란에 의해 급부사유가 발생한 경우
第八十一条（保険給付の履行期） 1. 保険給付を行う期限を定めた場合であっても、当該期限が、給付事由、保険者が免責される事由その他の保険給付を行うために確認をすることが傷害疾病定額保険契約上必要とされる事項の確認をするための相当の期間を経過する日後の日であるときは、当該期間を経過する日をもって保険給付を行う期限とする。 2. 保険給付を行う期限を定めなかったときは、保険者は、保険給付の請求があった後、当該請求に係る給付事由の確認をするために必要な期間を経過するまでは、遅滞の責任を負わない。 3. 保険者が前二項に規定する確認をするために必要な調査を行うに当たり、保険契約者、被保険者又は保険金受取人が正当な理由なく当該調査を妨げ、又はこれに応じなかった場合には、保険者は、これにより保険給付を遅延した期間について、遅滞の責任を負わない。	**第81조(보험급부의 이행기)** ① 보험급부를 행할 기한을 정한 경우라도 당해 기간이 급부 사유, 보험자가 면책되어진 사유 그 외의 보험급부를 행하기 위해 확인을 한 것이 상해질병정액보험계약상 필요한 사항의 확인을 하기 위해 상당 기간을 경과한 날 이후의 날인 경우에는 당해 기간을 경과한 날에 있어서 보험급부를 행하는 기한으로 한다. ② 보험급부를 행하는 기한을 정하지 않았을 때는 보험자는 보험급부의 청구가 있는 후 해당 청구에 관계된 급부사유의 확인을 하기 위해 필요한 기간을 경과할 때까지는 지체에 대한 책임을 지지 않는다. ③ 보험자가 전2항에 규정한 확인을 하기 위해 필요한 조사를 행하는데 있어서 보험계약자, 피보험자 또는 보험금수취인이 정당한 이유없이 해당 조사를 방해하였거나 또는 이에 응하지 않은 경우에는 보험자는 이에 의해 보험급부를 지연한 기간에 대해서 지체의 책임을 지지 않는다.
第八十二条（強行規定） 前条第一項又は第三項の規定に反する特約で保険金受取人に不利なものは、無効とする。	**第82조(강행규정)** 전조 제1항 또는 제3항의 규정에 반하여 특약으로 보험수익자에게 불리한 것은 무효로 한다.
第四節　終了	**제4절 종료**
第八十三条（保険契約者による解除） 保険契約者は、いつでも傷害疾病定額保険契約を解除することができる。	**第83조(보험계약자에 의한 해제)** 보험계약자는 언제든지 상해질병정액보험계약을 해제 할 수 있다.

第八十四条（告知義務違反による解除）	제84조(고지의무이항에 의한 해제)
1. 保険者は、保険契約者又は被保険者が、告知事項について、故意又は重大な過失により事実の告知をせず、又は不実の告知をしたときは、傷害疾病定額保険契約を解除することができる。 2. 保険者は、前項の規定にかかわらず、次に掲げる場合には、傷害疾病定額保険契約を解除することができない。 一. 傷害疾病定額保険契約の締結の時において、保険者が前項の事実を知り、又は過失によって知らなかったとき。 二. 保険媒介者が、保険契約者又は被保険者が前項の事実の告知をすることを妨げたとき。 三. 保険媒介者が、保険契約者又は被保険者に対し、前項の事実の告知をせず、又は不実の告知をすることを勧めたとき。 3. 前項第二号及び第三号の規定は、当該各号に規定する保険媒介者の行為がなかったとしても保険契約者又は被保険者が第一項の事実の告知をせず、又は不実の告知をしたと認められる場合には、適用しない。 4. 第一項の規定による解除権は、保険者が同項の規定による解除の原因があることを知った時から一箇月間行使しないときは、消滅する。傷害疾病定額保険契約の締結の時から五年を経過したときも、同様とする。	① 보험자는 보험계약자 또는 피보험자가 고지사항에 관하여 고의 또는 중대한 과실에 의해 사실고지를 하지 않고, 또한 부실의 고지를 할 때 상해질병정액보험계약을 해제 할 수 있다. ② 보험자는 정항의 규정에 상관없이 다음의 기재한 경우에는 상해질병보험계약을 해제 할 수가 없다. 1. 상해질병정액보험계약을 체결할 때에 보험자가 전항의 사실을 알고, 또한 과실에 의해 알지 못했을 때 2. 보험중개자(보험설계사)가 보험계약자 또는 피보험자에 대해 전항의 사실을 고지 할 것을 방해한 경우 3. 보험중개자(보험설계사) 보험계약자 또는 피보험자에 대하여 전항의 사실을 고지하지 않고 또는 부실의 고지를 할 것을 권한 경우 ③ 전 항 제2호 또는 전 3호의 규정은 당해 각호의 규정한 보험중개자(보험설계사)의 행위가 없었다고 하더라도 보험계약자 또는 피보험자가 제1항의 사실을 고지하지 않거나 또는 부실의 고지를 한 것으로 인정되어 진 경우에는 적용하지 아니한다. ④ 제1항의 규정에 의해 해제권은 보험자가 동항의 규정에 의해 해제 원인이 있다는 것을 안 시기부터 1개월간 행사하지 않을 때 소멸한다. 상해질병정액보험계약의 체결해서 5년이 경과했을 때도 마찬가지로 한다.
第八十五条（危険増加による解除）	**제85조(위험증가에 의해 해제)**
1. 傷害疾病定額保険契約の締結後に危険増加（告知事項についての危険が高くなり、傷害疾病定額保険契約で定められている保険料が当該危険を計算の基礎として算出される保険料に不足する状態になることをいう。以下この条及び第八十八条第二項第二号において同じ。）が生じた場合において、保険料を当該危険増加に対応した額に変更するとしたならば当該傷害疾病定額保険契約を継続することができるときであっても、保険者は、次に掲	① 상해질병정액보험계약의 체결 후에 위험증가(고지사항에 있어서 위험이 높아지고 상해질병정액보험계약에 규정되어진 보험료가 당해 위험을 계산의 기초로 하여 산출되어진 보험료에 부족한 상태가 된 경우를 말한다. 다음 조 및 제88조 제2항 제2호에 있어서 동일)가 발생한 경우에 있어서 보험료를 당해 위험증가에 대응한 금액으로 변경하려 한다면 당해 상해질병정액보

げる要件のいずれにも該当する場合には、当該傷害疾病定額保険契約を解除することができる。 一．　当該危険増加に係る告知事項について、その内容に変更が生じたときは保険契約者又は被保険者が保険者に遅滞なくその旨の通知をすべき旨が当該傷害疾病定額保険契約で定められていること。 二．　保険契約者又は被保険者が故意又は重大な過失により遅滞なく前号の通知をしなかったこと。 ２．　前条第四項の規定は、前項の規定による解除権について準用する。この場合において、同条第四項中「傷害疾病定額保険契約の締結の時」とあるのは、「次条第一項に規定する危険増加が生じた時」と読み替えるものとする。	험계약을 계속할 수 있는 경우라 하더라도 보험자는 다음에 기재한 요건의 어느 것에 해당하는 경우에는 당해 상해질병정액보험계약을 해지할 수가 있다. 1. 당해 위험증가에 있어서 고지사항에 있어서 그 내용에 변경이 발생한 경우에는 보험계약자 또는 피보험자가 보험자에게 지체없이 그 뜻을 통지해야 할 취지가 당해 상해질병정액보험계약에 규정되어 있는 경우 2. 보험계약자 또는 피보험자가 고의 또는 중대한 과실에 의해 지체없이 전호의 통지를 하지 않은 경우 ② 전조 제4항의 규정은 전 항의 규정에 의한 해제권에 대하여 준용한다. 이 경우에 있어서 동 조 제4항 중 「상해질병정액보험계약을 체결한 때」라는 것은 「다음 조 제1항에 규정한 위험증가가 발생한 때」라고 대체한다.
第八十六条（重大事由による解除）　保険者は、次に掲げる事由がある場合には、傷害疾病定額保険契約を解除することができる。 一．　保険契約者、被保険者又は保険金受取人が、保険者に当該傷害疾病定額保険契約に基づく保険給付を行わせることを目的として給付事由を発生させ、又は発生させようとしたこと。 二．　保険金受取人が、当該傷害疾病定額保険契約に基づく保険給付の請求について詐欺を行い、又は行おうとしたこと。 三．　前二号に掲げるもののほか、保険者の保険契約者、被保険者又は保険金受取人に対する信頼を損ない、当該傷害疾病定額保険契約の存続を困難とする重大な事由	**第86조(중요한 사유에 의한 해제)** 보험자는 다음 기재한 경우에는 상해질병정액보험계약을 해제할 수 있다. 1. 보험계약자, 피보험자 또는 보험수익자가 보험자에 당해 상해질병정액보험계약에 근거하여 보험급부를 행하는 것을 목적으로 급부사유를 발생시키거나 또는 발생시키려 한 경우 2. 보험수익자가 당해상해질병정액보험계약에 근거하여 보험급부의 청구에 있어서 사기를 행하거나 행하려고 한 경우 3. 전 2호의 기재한 사항 이외에 보험자의 보험계약자 피보험자 또는 보험수익자에 대하여 신뢰를 손상시켜 당해 상해질병정액보험계약의 유지를 곤란하게 한 중요한 사유
第八十七条（被保険者による解除請求）　1.被保険者が傷害疾病定額保険契約の当事者以外の者である場合において、次に掲げるときは、当該被保険者は、保険契約者に対し、当該傷害疾病定額保険契約を解除することを請	**第87조(피보험자에 의한 해제 청구)** ① 피보험자가 상해질병정액보험계약의 당사자 이외의 자일 경우에 있어서 다음 기재한 경우에 당해피보험자는 보험계약자에 대해 당해 상해질

求することができる。 一．　第六十七条第一項ただし書に規定する場合（同項の同意がある場合を除く。） 二．　前条第一号又は第二号に掲げる事由がある場合 三．　前号に掲げるもののほか、被保険者の保険契約者又は保険金受取人に対する信頼を損ない、当該傷害疾病定額保険契約の存続を困難とする重大な事由がある場合 四．　保険契約者と被保険者との間の親族関係の終了その他の事情により、被保険者が第六十七条第一項の同意をするに当たって基礎とした事情が著しく変更した場合 ２．　保険契約者は、前項の規定により傷害疾病定額保険契約を解除することの請求を受けたときは、当該傷害疾病定額保険契約を解除することができる。	병정액보험계약을 해제할 것을 청구 할 수 있다. 1. 제 67조 제 2항 단서에 규정하고 있는 경우(동항의 동의가 있는 경우는 제외한다) 2. 전조 제 1호 또는 제 2호에 기재한 사유가 있는 경우 3. 전호에 기재한 사항 이외 피보험자의 보험계약자 또는 보험수익자에 대해서 신뢰를 손상시켜 당해 상해질병정액보험계약의 존속이 곤란한 중요한 사유가 있는 경우 4. 보험계약자와 피보험자 사이에 친족관계의 종료 그 외의 사정에 의해 피보험자가 제 67조 제 1항의 동의한 것에 있어서 기초로 한 사항이 현저히 변경된 경우 ② 피보험자는 전 항의 규정에 의해 상해질병정액보험계약을 해제할 것에 대한 청구를 받은 경우 당해 상해질병정액보험계약을 해제할 수 있다.
第八十八条（解除の効力） 1．傷害疾病定額保険契約の解除は、将来に向かってのみその効力を生ずる。 ２．　保険者は、次の各号に掲げる規定により傷害疾病定額保険契約の解除をした場合には、当該各号に定める事由に基づき保険給付を行う責任を負わない。 一．　第八十四条第一項　解除がされた時までに発生した傷害疾病。ただし、同項の事実に基づかずに発生した傷害疾病については、この限りでない。 二．　第八十五条第一項　解除に係る危険増加が生じた時から解除がされた時までに発生した傷害疾病。ただし、当該危険増加をもたらした事由に基づかずに発生した傷害疾病については、この限りでない。 三．　第八十六条　同条各号に掲げる事由が生じた時から解除がされた時までに発生した給付事由	**제88조(해제의 효력)** ① 상해질병정액보험계약의 해제는 장래에 대해서만 효력이 발생한다. ② 보험자는 다음 각호에 기재한 규정에 의해 상해질병정액보험계약의 해제를 한 경우에는 당해 각호에 규정된 사유에 근거하여 보험급부를 행할 책임을 지지 아니한다. 1. 제84조 제1항 해제된 때까지 발생한 상해질병, 다만, 동항의 사실에 기인하지 않고 발생한 상해질병에 대해서는 그러하지 아니하다. 2. 제85조 제1항 해제에 관련하여 위험증가가 발생한 시점부터 해제된 시점까지 발생한 상해질병. 다만 당해 위험증가를 야기한 사유에 근거하지 않고 발생한 상해 질병에 대해서는 그러하지 아니하다. 3. 제86조 동조 각 호에 기재된 사유가 발생한 시점부터 해제가 된 시점까지 발생한 급부사유
第八十九条（契約当事者以外の者による解除	**제89조(계약당사자 이외의 자에 의한 해제의 효**

の効力等)
1. 差押債権者、破産管財人その他の傷害疾病定額保険契約（第九十二条に規定する保険料積立金があるものに限る。以下この条から第九十一条までにおいて同じ。）の当事者以外の者で当該傷害疾病定額保険契約の解除をすることができるもの（次項及び同条において「解除権者」という。）がする当該解除は、保険者がその通知を受けた時から一箇月を経過した日に、その効力を生ずる。
2　保険金受取人（前項に規定する通知の時において、保険契約者である者を除き、保険契約者若しくは被保険者の親族又は被保険者である者に限る。次項及び次条において「介入権者」という。）が、保険契約者の同意を得て、前項の期間が経過するまでの間に、当該通知の日に当該傷害疾病定額保険契約の解除の効力が生じたとすれば保険者が解除権者に対して支払うべき金額を解除権者に対して支払い、かつ、保険者に対してその旨の通知をしたときは、同項に規定する解除は、その効力を生じない。
3.　第一項に規定する解除の意思表示が差押えの手続又は保険契約者の破産手続、再生手続若しくは更生手続においてされたものである場合において、介入権者が前項の規定による支払及びその旨の通知をしたときは、当該差押えの手続、破産手続、再生手続又は更生手続との関係においては、保険者が当該解除により支払うべき金銭の支払をしたものとみなす。

第九十条
1. 傷害疾病定額保険契約の解除により保険契約者が保険者に対して有することとなる金銭債権を差し押さえた債権者が前条第一項に規定する通知をした場合において、同条第二項の規定による支払の時に保険者が当該差押えに係る金銭債権の支払をするとすれば民事執行法その他の法令の規定による供託をするこ

력 등)
① 압류채권자, 파산관재인 이외의 상해질병정액보험계약(제92조에서 규정된 보험료적립금이 있는 경우에 한한다. 이하의 본조에서 제91조까지 있어서 동일하다)의 당사자 이외의 자로서 당해 상해질병정액보험계약의 해제를 할 수 있는 자(다음 항 및 동 조에 있어서 「해제권자」라고 한다)가 되는 당해 해제는 보험자가 그 통지를 받아들인 때부터 1개월을 경과한 날에 그 효력이 발생한다.
② 보험수익자(전항에 규정한 통지의 시점에 있어서 보험계약자인 자를 제외하고 보험계약자 또는 피보험자의 친족 또는 피보험계약자인 경우 자에 한한다. 다음 항 또는 다음 조에 있어서 「개입권자」라고 한다)가 보험계약자의 동의를 얻어 전항의 기간이 경과할 때까지의 사이에 당해 통지의 날에 당해 상해질병정액보험계약의 해제의 효력이 발생하였다고 한다면 보험자가 해제권자에 대하여 지불해야만 하는 금액을 해제권자에 대하여 지불하고 보험권자에 대하여 그 취지의 통지를 한 경우 동 항에 규정한 해제는 그 효력이 발생하지 아니한다.
③ 제1항에서 규정하는 해제의 의사표시가 압류의 절차 또는 보험계약자의 파산절차 재생절차 또는 갱생절차에 있어서 행한 것인 경우 개입권자가 전항에 규정된 것에 의한 지불 또는 그 취지의 통지를 한 경우에는 당해 압류의 절차 파산절차 재생절차 또는 갱생절차와의 관계에 있어서 보험자가 당해 해제에 의해 지불할 금전의 지불을 한 것으로 본다.

제90조
① 상해질병정액보험계약의 해제에 의해 보험계약자가 보험자에 대해서 가지고 있는 것으로 된 금전채권을 압류한 채권자가 전조 제1항의 규정을 통지한 경우에 있어서 동조 제2항의 규정에 의해 지불한 때에 보험자가 당해 압류에 관계한 금전채권의 지불을 한 것으로 한다면 민사집행

とができるときは、介入権者は、当該供託の方法により同項の規定による支払をすることができる。	법 그 외의 법령의 규정에 의해 공탁을 할 수 있는 때에는 개입권자는 당해 공탁의 방법으로 동항의 규정에 의해 지불할 수가 있다.
2． 前項の通知があった場合において、前条第二項の規定による支払の時に保険者が当該差押えに係る金銭債権の支払をするとすれば民事執行法その他の法令の規定による供託の義務を負うときは、介入権者は、当該供託の方法により同項の規定による支払をしなければならない。	② 전항의 통지가 있는 경우에 있어서 전조 제2항의 규정에 의해 지불한 경우에 보험자가 당해 압류에 대한 금전채권의 지불을 하려고 한다면 민사집행법 그 외의 법령의 규정에 의해 공탁의 의무를 질 경우에는 개입권자는 당해 공탁의 방법에 의해 동 항의 규정에 의해 지불해야 한다.
3． 介入権者が前二項の規定により供託の方法による支払をしたときは、当該供託に係る差押えの手続との関係においては、保険者が当該差押えに係る金銭債権につき当該供託の方法による支払をしたものとみなす。	③ 개입권자가 전 2항의 규정에 따라 공탁의 방법으로 지불한 경우에는 당해 공탁에 관련한 압류의 절차와의 관계에 있어서 보험자가 당해 압류에 관한 금전채권에 대해 당해 공탁의 방법에 의해 지불한 것으로 본다.
4． 介入権者は、第一項又は第二項の規定による供託をしたときは、民事執行法その他の法令の規定により第三債務者が執行裁判所その他の官庁又は公署に対してすべき届出をしなければならない。	④ 개입권자는 제1항 또는 제2항의 규정에 의해 공탁을 한 경우에는 민사집행법 그 외의 법령 규정에 의해 제3채무자가 집행재판소 그 외의 관청 또는 관공서에 대해서 해야 할 신고를 해야 한다.
第九十一条	**제91조**
1. 第八十九条第一項に規定する通知の時から同項に規定する解除の効力が生じ、又は同条第二項の規定により当該解除の効力が生じないこととなるまでの間に給付事由が発生したことにより保険者が保険給付を行うべき場合において、当該保険給付を行うことにより傷害疾病定額保険契約が終了することとなるときは、当該保険者は、当該保険給付を行うべき額の限度で、解除権者に対し、同項に規定する金額を支払わなければならない。この場合において、保険金受取人に対しては、当該保険給付を行うべき額から当該解除権者に支払った金額を控除した残額について保険給付を行えば足りる。	① 제89조 제1항에 규정된 통지의 시점부터 동항에서 규정한 해제의 효력이 발생하거나 또는 동조 제2항의 규정에 의해 당해 해제의 효력이 발생하지 않게 된 시점까지의 사이에 급부사유가 발생한 것으로부터 보험자가 보험급부를 행하여만 하는 경우 당해 보험급부를 행하는 것으로부터 상해질병정액보험계약이 종료하게 되는 때에는 당해 보험자는 당해 급부를 행해야할 금액의 한도에서 해제권자에 대해서 동항에서 규정한 금액을 지불해야 한다. 이 경우 보험수익자에 대해서는 당해 보험급부를 행해야할 금액으로부터 당해 해제권자에게 지불한 금액을 공제한 잔액에 대해서 보험급부를 행하면 충분하다.
2． 前条の規定は、前項の規定による保険者の解除権者に対する支払について準用する。	② 전항의 규정은 전항의 규정에 의해 보험자의 해제권자에 대한 지불에 준용한다.
第九十二条（保険料積立金の払戻し） 保険者	**제92조(보험료적립금의 환급)** 보험자는 다음에

は、次に掲げる事由により傷害疾病定額保険契約が終了した場合には、保険契約者に対し、当該終了の時における保険料積立金（受領した保険料の総額のうち、当該傷害疾病定額保険契約に係る保険給付に充てるべきものとして、保険料又は保険給付の額を定めるための給付事由の発生率、予定利率その他の計算の基礎を用いて算出される金額に相当する部分をいう。）を払い戻さなければならない。ただし、保険者が保険給付を行う責任を負うときは、この限りでない。 一．　第八十条各号（第二号を除く。）に規定する事由 二．　保険者の責任が開始する前における第八十三条又は第八十七条第二項の規定による解除 三．　第八十五条第一項の規定による解除 四．　第九十六条第一項の規定による解除又は同条第二項の規定による当該傷害疾病定額保険契約の失効	기재한 사항에 의해 상해질병정액보험계약이 종료한 경우에는 보험계약자에 대해서 당해 종료한 시점에 있어서 보험료적립금(수령한 보험료의 총액가운데 당해 상해질병정액보험계약에 관련한 보험급부에 충족할 만한 것으로 보험료 또는 보험급부의 금액을 정하기 위해 급부사유의 발생률, 예정이율 그 외의 계산의 기초를 가지고 산출되어진 금액에 상당한 부분을 말한다.)을 환급하여야 한다. 다만 보험자가 보험급부를 행할 책임을 지는 경우에는 그러하지 아니하다. 1. 제80조 각항(제2호는 제외)에 규정한 사유 2. 보험자의 책임이 개시하기 전에 있어서 제83조 또는 제87조 제2항의 규정에 의한 해제 3. 제85조 가1항의 규정에 의한 해제 4. 제96조 제1항에 규정에 의한 해제 또는 동조 제2항의 규정에 의한 당해 상해질병정액보험계약의 실효
第九十三条（保険料の返還の制限） 保険者は、次に掲げる場合には、保険料を返還する義務を負わない。 一．　保険契約者、被保険者又は保険金受取人の詐欺又は強迫を理由として傷害疾病定額保険契約に係る意思表示を取り消した場合 二．　傷害疾病定額保険契約が第六十八条第一項の規定により無効とされる場合。ただし、保険者が給付事由の発生を知って当該傷害疾病定額保険契約の申込み又はその承諾をしたときは、この限りでない。	**제93조(보험료의 반환의 제한)** 보험자는 다음 기재한 경우에는 보험료의 반환할 의무를 지지 아니한다. 1. 보험계약자, 피보험자 또는 보험수익자의 사기 또는 강박을 이유로 상해질병정액보험계약에 있어 의사표시를 취소한 경우 2. 상해질병정액보험계약이 제68조 제1항의 규정에 의해서 무효로 된 경우. 다만 보험자가 급부 사유의 발생을 알고 당해 상해질병정액보험계약의 신청 또는 승낙을 한 경우에는 그러하지 아니하다.
第九十四条（強行規定） 次の各号に掲げる規定に反する特約で当該各号に定める者に不利なものは、無効とする。 一．　第八十四条第一項から第三項まで又は第八十五条第一項　保険契約者又は被保険者 二．　第八十六条又は第八十八条　保険契約者、被保険者又は保険金受取人 三．　前二条　保険契約者	**제94조(강행규정)** 다음의 각호에 기재한 규정에 반하는 특약으로 당해 각호에 규정된 자에게 불리한 것은 무효로 한다. 1. 제84조 제1항부터 제3항까지 또는 제85조 제1항 보험계약자 또는 피보험자 2. 제86조 또는 제88조 보험계약자, 피보험자 또는 보험수익자 3. 전 2조 보험계약자

第五章　雑則	제5장 잡칙
第九十五条（消滅時効） 1．保険給付を請求する権利、保険料の返還を請求する権利及び第六十三条又は第九十二条に規定する保険料積立金の払戻しを請求する権利は、三年間行わないときは、時効によって消滅する。 ２．　保険料を請求する権利は、一年間行わないときは、時効によって消滅する。	제95조(소멸시효) ① 보험급부를 청구할 권리, 보험료의 반환을 청구할 권리 및 제63조는 제92조에 규정된 보험료적립금의 반환을 청구할 권리를 3년간 행사하지 않았을 때에는 시효로 소멸한다. ② 보험료를 청구할 권리는 1년간 행사하지 않았을 경우에는 시효로 소멸한다.
第九十六条（保険者の破産） 1．保険者が破産手続開始の決定を受けたときは、保険契約者は、保険契約を解除することができる。 ２．　保険契約者が前項の規定による保険契約の解除をしなかったときは、当該保険契約は、破産手続開始の決定の日から三箇月を経過した日にその効力を失う。	제96조(보험자의 파산) ① 보험자가 파산절차 개시의 결정을 받았을 때는 보험계약자는 보험계약을 해제할 수 있다. ② 보험계약자가 전항에 규정한 것에 의해 보험계약의 해제를 하지 않았을 경우에는 당해 보험계약은 파산절차개시의 결정일로부터 3개월을 경과한 날에 그 효력을 잃는다.

중국 보험법(2009년10월1일 시행)원문 및 번역본

중국 보험법 원문은 http://www.chinalaw.gov.cn에서 발췌하였으며, 번역본은 경성대학교 법학과 박은경교수님의 번역본을 인용하였음.

원문	번역본
第一章 总则	**제1장 총칙**
第一条 为了规范保险活动，保护保险活动当事人的合法权益，加强对保险业的监督管理，维护社会经济秩序和社会公共利益，促进保险事业的健康发展，制定本法。	**제1조** 보험활동을 규범화하고 보험활동 당사자의 합법적 권익을 보호하고 보험업에 대한 감독관리를 강화하여 사회경제질서와 사회공공이익을 수로하고 보험업의 건강한 발전을 촉진하기 위하여 본법을 제정한다.
第二条 法所称保险，是指投保人根据合同约定，向保险人支付保险费，保险人对于合同约定的可能发生的事故因其发生所造成的财产损失承担赔偿保险金责任，或者当被保险人死亡、伤残、疾病或者达到合同约定的年龄、期限等条件时承担给付保险金责任的商业保险行为。	**제2조** 본법에서 보험이라고 하는 것은 보험계약자가 보험계약에 근거하여 보험자에게 보험료를 지불하고 보험자는 계약 약정의 발생 가능한 사고로 인하여 발생된 재산손실에 대해 보험금을 배상하는 책임을 말하거나 혹은 피보험자가 사망, 상해, 질병 혹은 계약 약정의 연령, 기한에 등 조조건 부합될 때 보험금을 지불하는 책임을 감당하는 상업보험행위를 말한다.
第三条 在中华人民共和国境内从事保险活动，适用本法。	**제3조** 중화인민공화국 국경 내에서 보험활동에 종사하면 본법을 적용한다.
第四条 从事保险活动必须遵守法律、行政法规，尊重社会公德，不得损害社会公共利益。	**제4조** 보험활동에 종사하면 반드시 법률, 행정법규를 지켜야 하고 사회공덕을 존중해야지 사회 공공이익에 손해를 주어서는 안 된다.
第五条 保险活动当事人行使权利、履行义务应当遵循诚实信用原则。	**제5조** 보험활동당사자는 권리를 행사하고 의무를 이행할 때 반드시 성실 신용의 원칙을 지켜야 한다.
第六条 保险业务由依照本法设立的保险公司以及法律、行政法规规定的其他保险组织经营，其他单位和个人不得经营保险业务。	**제6조** 보험 업무는 본법에 근거하여 설립한 보험회사 및 법률, 행정법규에서 규정한 기타 보험조직 경영해야지 기타 회사와 개인은 보험 업무를 경영해서는 안 된다.

第七条 在中华人民共和国境内的法人和其他组织需要办理境内保险的，应当向中华人民共和国境内的保险公司投保	**제7조** 중화인민 공화국 국경내의 법인과 기타 조직이 국경 내에서 보험활동을 처리해야 한다면 마땅히 중화인민공화국 국경내의 보험회사에 보험가입을 해야 한다.
第八条 保险业和银行业、证券业、信托业实行分业经营、分业管理，保险公司与银行、证券、信托业务机构分别设立。国家另有规定的除外。	**제8조** 보험업, 은행 업, 증권업, 신탁업 은 분업경영, 분업관리를 해야 하고 보험회사와 은행, 증권, 신탁업무기구는 따로 설립해야 한다. 국가가 따로 규정이 있는 것은 예외이다.
第九条 国务院保险监督管理机构依法对保险业实施监督管理。国务院保险监督管理机构根据履行职责的需要设立派出机构。派出机构按照国务院保险监督管理机构的授权履行监督管理职责。	**제9조** 국무원 보험감독 관리기구는 법에 따라 보험업의 실시를 감독관리 해야한다. 국무원 보험감독관리 기구는 이행질책의 수요에 의해 설립한 분소이다. 분소는 국무원 보험감독 관리기구의 권리를 부여 받아 감독관리 기능을 이행한다.
第二章 保险合同	**제2장 보험계약**
第一节 一般规定	**제1절 일반규정**
第十条 保险合同是投保人与保险人约定保险权义务关系的协议。投保人是指与保险人订立保险同，并按照合同约定负有支付保险费义务的人。保险人是指与投保人订立保险合同，并按照合同定承担赔偿或者给付保险金责任的保险公司。	**제10조** 보험계약은 보험 가입자와 보험자가 보험권리 의무 관계를 약정한 협의이다. 보험계약자란 보험자와 보험계약을 체결하고 계약약정에 근거하여 보험료 지불의무가 있는 사람이다. 보험자란 보험계약자와 보험계약을 체경하고 계약 약정에 근거하여 배상 혹은 보험금 지불 책임을 감당하는 보험회사이다.
第十一条 订立保险合同，应当协商一致，遵循公平原则确定各方的权利和义务。除法律、行政法规规定必须保险的外，保险合同自愿订立。	**제11조** 보험계약을 체결할 때 마땅히 협상이 일치하고 공편원칙을 준수하여 서로의 권리와 의무를 확정해야 한다. 법률과 행정법규가 따로 규정이 있는 것 외에 보험계약은 임의로 체결해야 한다.
第十二条 人身保险的投保人在保险合同订立时，对被保险人应当具有保险利益。财产保险的被保险人在保险事故发生时，对保险标的应当具有保险利益。人身保险是以人的寿命和身体为保险标的的保险。财产保险是以财产及其有关利益为保险标的的保险。被保险人是指其财产或者人身受保险合同保障，享有保	**제12조** 인보험의 보험계약자는 보험계약을 체결할 때 피보험자에 대하여 마땅히 피보험이익이 있어야 한다. 재산보험의 피보험자는 보험사고 발생시 보험목적에 피보험이익이 있어야 한다. 인보험은 사람의 생명과 몸을 보험목적으로 하는 보험이다. 재산보험은 재산과 관련된 이익을 보험목적으로 하는 보험이다. 피보험자는 그 재산 혹은 몸이 보험계약의 보장을 받으며 보험금 청구권을 갖고 있는 사람을 말한다. 보험계약자는 피보험자가 될 수 있다. 피보험이익은 보험계약자 혹은 피보험자가 보험목적에 대하여 법

险金请求权的人。投保人可以为被保险人。保险利益是指投保人或者被保险人对保险标的具有的法律上承认的利益。	률상에서 승인하는 이익을 말한다.
第十三条 投保人提出保险要求，经保险人同意承保，保险合同成立。保险人应当及时向投保人签发保险单或者其他保险凭证。 保险单或者其他保险凭证应当载明当事人双方约定的合同内容。当事人也可以约定采用其他书面形式载明合同内容。依法成立的保险合同，自成立时生效。投保人和保险人可以对合同的效力约定附条件或者附期限。	**제13조** 보험계약자가 보험요구를 제기하고 보험자의 동의와 보험승낙을 거치면 보험계약은 성립된다. 보험자는 마땅히 제때에 보험계약자에게 보험증권 혹은 기타 보험증서를 발급해주어야 한다. 보험증권 혹은 기타 보험증거는 당사자 쌍방이 약정한 계약내용이 기재 되어 있어야 한다. 당사자는 기타 서명형식을 이용하여 보험내용을 기재할 수도 있다. 법에 의해 성립되는 보험계약은 성립 시부터 효력을 발생한다. 보험계약자와 보험자는 계약의 효력에 대해 부조건 혹은 부 기한을 약정할 수 있다.
第十四条 保险合同成立后，投保人按照约定交付保险费，保险人按照约定的时间开始承担保险责任。	**제14조** 보험계약이 성립 후 보험계약자는 약정에 의하여 보험료를 지불하고 보험자는 약정한 시간부터 보험책임을 감당해야 한다.
第十五条 除本法另有规定或者保险合同另有约定外，保险合同成立后，投保人可以解除合同，保险人不得解除合同。	**제15조** 보험이 따로 규정이 있거나 보험계약이 따로 약정이 있는 것 외에 보험계약이 성립 후 보험계약자는 계약을 해지할 수 있지만 보험자는 계약해지를 할 수 없다.
第十六条 订立保险合同，保险人就保险标的或者被保险人的有关情况提出询问的，投保人应当如实告知。投保人故意或者因重大过失未履行前款规定的如实告知义务，足以影响保险人决定是否同意承保或者提高保险费率的，保险人有权解除合同。 前款规定的合同解除权，自保险人知道有解除事由之日起，超过三十日不行使而消灭。自合同成立之日起超过二年的，保险人不得解除合同；发生保险事故的，保险人应当承担赔偿或者给付保险金的责任。投保人故意不履行如实告知义务的，保险人对于合同解除前发生的保险事故，不承担赔偿或者给	**제16조** 보험계약을 체결할 때 보험자가 보험목적 혹은 피보험자의 상황에 대해 질문을 하면 보험계약자는 마땅히 성실하게 고지하여야 한다. 보험계약자가 고의로 혹은 중대과실로 전항이 규정한 성실하게 고지하는 의무를 이행하지 않았을 경우 보험자가 보험승낙을 동의 할 것인가 혹은 보험비율을 높일 것인가에 충분히 영향을 미치기 때문에 보험자는 계약을 해지할 권리가 있다. 전항이 규정한 계약 해지권은 보험자가 해지 사유가 있다는 것을 안 그날부터 30일을 초과해서 행사하지 않으면 없어진다, 계약성립 일부터 2년을 초과한 것은 보험자가 계약을 해지 하지 못하며 보험사고가 발생하면 보험자는 마땅히 배상 혹은 보험금 지불 책임을 져야 한다. 보험계약자가 고의로 성실하게 고지하

付保险金的责任，并不退还保险费。投保人因重大过失未履行如实告知义务，对保险事故的发生有严重影响的，保险人对于合同解除前发生的保险事故，不承担赔偿或者给付保险金的责任，但应当退还保险费。保险人在合同订立时已经知道投保人未如实告知的情况的，保险人不得解除合同；发生保险事故的，保险人应当承担赔偿或者给付保险金的责任。保险事故是指保险合同约定的保险责任范围内的事故。	는 의무를 이행하지 않았으면 보험자는 계약해지 전에 발생한 보험사고에 대해 배상 혹은 보험금 지불 책임을 지지 않으며 보험료도 환불해주지 않는다. 보험계약자가 중대한 과실로 성실하게 고지하는 의무를 이행하지 않아서 보험사고의 발생에 막대한 영향을 미쳤다면 보험자는 계약 해지 전에 발생한 보험사고에 대해 배상 혹은 보험금 지불 책임을 지지 않지만 보험료를 환불해주어야 한다. 보험자가 계약을 체결할 때 이미 보험계약자가 성실하게 고지하지 않았다는 사실을 알고 있었으면 보험자는 계약을 해지 할 수 없고 보험사고의 발생에 대해 보험자는 마땅히 배상 혹은 보험금 지불 책임을 져야 한다. 보험사고는 보험계약이 약정한 보험책임 범위 내의 사고를 말한다.
第十七条 订立保险合同，采用保险人提供的格式条款的，保险人向投保人提供的投保单应当附格式条款，保险人应当向投保人说明合同的内容。对保险合同中免除保险人责任的条款，保险人在订立合同时应当在投保单、保险单或者其他保险凭证上作出足以引起投保人注意的提示，并对该条款的内容以书面或者口头形式向投保人作出明确说明；未作提示或者明确说明的，该条款不产生效力。	**제17조** 보험계약을 체결할 때 보험자가 제공한 격식조항을 사용한다면 보험자는 보험계약자에게 제공한 보험 증권에는 보험약관이 첨부되어 있어야 하며, 보험자는 보험계약자에게 계약의 내용을 설명해야 한다. 보험계약 중 보험자의 책임을 면제하는 조항은 보험자가 계약을 체결한과 동시에 보험가입증권, 보험증권 혹은 기타 보험증거상에 보험계약자의 주의를 일으킬만한 제시를 해야 하고 또한 이 조항의 내용이 서면형식이나 구두 형식으로 보험계약자에게 명확하게 설명을 해줘야 한다. 제시나 명확한 설명을 하지 않으면 이 조항은 효력이 발생하지 않는다.
第十八条 保险合同应当包括下列事项： (一) 保险人的名称和住所 (二) 投保人、被保险人的姓名或者名称、住所，以及人身保险的受益人的姓名或者名称、住所 (三) 保险标的 (四) 保险责任和责任免除 (五) 保险期间和保险责任开始时间； (六) 保险金额； (七) 保险费以及支付办法； (八) 保险金赔偿或者给付办法； (九) 违约责任和争议处理； (十) 订立合同的年、月、日。 投保人和保险人可以约定与保险有关的其他事项。 受益人是指人身保险合同中由被保险人或者投保人	**제18조** 보험계약은 마땅히 아래의 사항을 포함해야 한다. (1) 보험자의 명칭과 주소 (2) 보험계약자, 피보험자의 이름 혹은 명칭, 주소 및 인보험의 수혜자의 이름 혹은 명칭, 주소 (3) 보험목적 (4) 보험책임과 책임면제 (5) 보험기간과 보험책임 시작시간 (6) 보험금액 (7) 보험료 및 지불방법 (8) 보험금 배상 혹은 지불 방법 (9) 위약책임과 논쟁처리 (10) 계약 체결 연, 월, 일 보험계약자와 보험자는 보험에 관련된 기타 사항을 약정할 수 있다. 수혜자는 인보험 계약 중

指定的享有保险金请求权的人。投保人、被保险人可以为受益人。保险金额是指保险人承担赔偿或者给付保险金责任的最高限额。	피보험자 혹은 보험계약자가 지정한 보험금 청구권을 갖고 있는 사람이다. 보험계약자, 피보험자가 수혜자가 될 수 있다.보험금액은 보험자가 배상 혹은 보험금 지불 책임의 최고 한도액을 말한다.
第十九条 采用保险人提供的格式条款订立的保险合同中的下列条款无效 (一) 免除保险人依法应承担的义务或者加重投保人、被保险人责任的。 (二) 排除投保人、被保险人或者受益人依法享有的权利的。	**제19조** 보험자가 제공한 격식조항을 이용하여 체결한 보험계약중의 아래의 조항은 무효하다. (1) 보험자가 법에 의해 마땅히 감당해야 할 의무를 면제하거나 혹은 보험계약자, 피보험자의 책임 가중하는 것 (2) 보험계약자, 피보험자 혹은 수혜자가 법에 의해 누리는 권리를 배제한 것
第二十条 投保人和保险人可以协商变更合同内容。变更保险合同的，应当由保险人在保险单或者其他保险凭证上批注或者附贴批单，或者由投保人和保险人订立变更的书面协议。	**제20조** 보험계약자와 보험자는 협상하여 계약내용을 변경할 수 있다. 보험계약을 변경하려면 보험자가 보험증권 혹은 기타 보험증거상에 주해를 달거나 혹은 증권을 추가로 붙이거나 혹은 보험계약자와 보험자가 변경된 서면협의를 체결해야 한다.
第二十一条 投保人、被保险人或者受益人知道保险事故发生后，应当及时通知保险人。故意或者因重大过失未及时通知，致使保险事故的性质、原因、损失程度等难以确定的，保险人对无法确定的部分，不承担赔偿或者给付保险金的责任，但保险人通过其他途已经及时知道或者应当及时知道保险事故发生的除外。	**제21조** 보험계약자, 피보험자 혹은 수혜자가 보험사고 발생을 알고 난 후 마땅히 제때에 보험자에게 알려야 한다. 고의 혹은 중대과실로 제때에 통지하지 않아서 보험사고의 성질, 원인, 손실 정도 등을 확정하기 어렵게 만들면 보험자가 확정할 수 없는 부분에 대해서는 보험금을 배상하거나 지불할 책임을 지지 않는다. 하지만 기타 경로로 이미 제때에 알고 있거나 혹은 마땅히 제때에 알고 있는 보험사고는 제외한다.
第二十二条 保险事故发生后，按照保险合同请求保险人赔偿或者给付保险金时，投保人、被保险人或者受益人应当向保险人提供其所能提供的与确认保险事故的性质、原因、损失程度等有关的证明和资料。保险人按照合同的约定，认为有关的证明和资料不完整的，应当及时一次性通知投保人、被保险人或者受益人补充提供。	**제22조** 보험사고 발생 후 보험계약에 근거하여 보험자에게 배상 혹은 보험금 지불을 청구할 때 보험계약자, 피보험자 혹은 수혜자는 마땅히 보험자에게 보험사고의 성질, 원인, 손실 정도 등을 확인할 수 있는 제공 가능한 관련된 증명과 자료를 제공해야 한다. 보험자는 계약의 약정에 근거하여 관련된 증명과 자료가 완전하지 않다고 생각하면 마땅히 제때에 한꺼번에 보험계약자, 피보험자 혹은 수혜자에게 보충하여 제공하라고 알려야 한다.

第二十三条

保险人收到被保险人或者受益人的赔偿或者给付保险金的请求后，应当及时作出核定；情形复杂的，应当在三十日内作出核定，但合同另有约定的除外。保险人应当将核定结果通知被保险人或者受益人；对属于保险责任的，在与被保险人或者受益人达成赔偿或者给付保险金的协议后十日内，履行赔偿或者给付保险金义务。保险合同对赔偿或者给付保险金的期限有约定的，保险人应当按照约定履行赔偿或者给付保险金义务。保险人未及时履行前款规定义务的，除支付保险金外，应当赔偿被保险人或者受益人因此受到的损失。任何单位和个人不得非法干预保险人履行赔偿或者给付保险金的义务，也不得限制被保险人或者受益人取得保险金的权利。

제23조 보험자는 피보험자 혹은 수혜자의 배상 혹은 보험금 지불 청구를 받은 후 마땅히 제때에 심사하고 결정해야 한다. 상황이 복잡한 것은 30일 내에 심사하고 결정해야 하지만 계약이 따로 약정이 있는 것은 제외한다. 보험자는 마땅히 조사하여 결정한 결과를 피보험자 혹은 수혜자에게 알려야 한다. 보험책임에 속하는 것은 피보험자 혹은 수혜자와 배상 혹은 보험금 지불 협의가 달성한 후 10일 내에 배상 혹은 보험금 지불 의무를 해야 한다. 보험계약은 배상 혹은 보험금 지불을 약정한 것이 있으면 보험자는 마땅히 약정에 의하여 배상 혹은 보험금 지불의무를 이행해야 한다. 보험자가 전항이 규정한 의무를 제때에 이행하지 않으면 보험금을 지불 하는 것 외에 마땅히 피보험자 혹은 수혜자가 그로 인하여 받은 손실을 배상하야 한다. 어떤 회사와 개인도 보험자가 배상 혹은 보험금 지불하는 의무를 불법으로 간섭해서는 안 되고 피보험자 혹은 수혜자가 보험금을 얻을 권리를 제한해서는 안 된다.

第二十四条

保险人依照本法第二十三条的规定作出核定后，对不属于保险责任的，应当自作出核定之日起三日内向被保险人或者受益人发出拒绝赔偿或者拒绝给付保险金通知书，并说明理由。

제24조 보험자는 본법 제 23조의 규정에 따라 심사하고 결정한 후 보험책임에 속하지 않는 것은 마땅히 심사 결정한 날부터 3일 내에 피보험자 혹은 수혜자에게 배상 거절 혹은 보험금 지불을 거절하는 통지서를 보내야 하고 또한 이유를 설명해야 한다.

第二十五条

保险人自收到赔偿或者给付保险金的请求和有关证明、资料之日起六十日内，对其赔偿或者给付保险金的数额不能确定的，应当根据已有证明和资料可以确定的数额先予支付；保险人最终确定赔偿或者给付保险金的数额后，应当支付相应的差额。

제25조 보험자는 배상 혹은 보험금 지불의 청구와 관련된 증명, 자료를 받을 날부터 60일 내에 그 배상 혹은 보험금 지불의 액수를 확정하지 못하면 마땅히 이미 있는 증명과 자료로 확정할 수 있는 금액만큼 먼저 지불해주어야 한다. 보험자가 최종적으로 배상 혹은 보험금 지불 액수를 확정한 후 마땅히 상응한 차액을 지불해야 한다.

第二十六条

人寿保险以外的其他保险的被保险人或者受益人，向保险人请求赔偿或者给付保险金的诉讼时效期间为二年，自其知道或者应当知道保险事故发生之日起计算。人寿保险的被保险人或者受益人向保险人

제26조 생명보험 이외의 기타 보험의 피보험자 혹은 수혜자는 보험자에게 배상 청구 혹은 보험금지불의 소송 시효기간은 2년이고 보험사고 발생을 알거나 혹은 마땅히 안 날부터 계산해야 한다. 생명보험의 피보험자 혹은 수혜자는 보험자에게 보험금 지불 청구를 하는 시효기간은 5

请求给付保险金的诉讼时效期间为五年，自其知道或者应当知道保险事故发生之日起计算。	년이고 보험사고 발생을 알거나 마땅히 알아야 하는 날부터 계산한다.
第二十七条 未发生保险事故，被保险人或者受益人谎称发生了保险事故，向保险人提出赔偿或者给付保险金请求的，保险人有权解除合同，并不退还保险费。投保人、被保险人故意制造保险事故的，保险人有权解除合同，不承担赔偿或者给付保险金的责任；除本法第四十三条规定外，不退还保险费。保险事故发生后，投保人、被保险人或者受益人以伪造、变造的有关证明、资料或者其他证据，编造虚假的事故原因或者夸大损失程度的，保险人对其虚报的部分不承担赔偿或者给付保险金的责任。投保人、被保险人或者受益人有前三款规定行为之一，致使保险人支付保险金或者支出费用的，应当退回或者赔偿。	**제27조** 보험사고가 발생하지 않았거나 피보험자 혹은 수혜자가 보험사고 발생을 했다고 거짓말 하고 보험자에게 배상 혹은 수혜자가 보험사고 발생을 했다고 거짓말 하고 보험자에게 배상 혹은 보험금 지불 청구를 하면 보험자는 계약을 해지할 권리가 있고, 또한 보험료를 환불해주지 않는다. 보험계약자, 피보험자가 고의로 보험사고를 발생시키면 보험자는 계약을 해지 할 권리가 있고 배상 혹은 보험금 지불 책임을 지지 않는다. 불법 제43조 규정 외에 보험금을 환불해주지 않는다. 보험사고 발생 후 보험계약자, 피보험자 혹은 수혜자가 위조 변조한 관련된 증명, 자료 혹은 기타 증거에 대해 위조한 사고원인 혹은 손실 정도를 확대한 것은 보험자가 거짓으로 신고한 부분에 대해서는 배상 혹은 보험금 지불 책임을 지지 않는다. 보험계약자, 피보험자 혹은 수혜자가 전3항의 규정행위 중의 하나로서 보험자가 보험금을 지불하거나 혹은 비용을 지불한 것은 마땅히 되돌려주거나 배상해야 한다.
第二十八条 保险人将其承担的保险业务，以分保形式部分转移给其他保险人的，为再保险。应再保险接受人的要求，再保险分出人应当将其自负责任及原保险的有关情况书面告知再保险接受。	**제28조** 보험자는 그 감당한 보험 업무를 분담형식으로 기타 보험자에 전이해주는 것을 재보험이라고 한다. 재보험접수자의 요구에 근거하여 재보험 출제자는 마땅히 그 부담한 책임 및 원 보험의 관련된 상황을 서면형식으로 재보험접수자에게 알려야 한다.
第二十九条 再保险接受人不得向原保险的投保人要求支付保险费。原保险的被保险人或者受益人不得向再保险接受人提出赔偿或者给付保险金的请求。再保险分出人不得以再保险接受人未履行再保险责任为由，拒绝履行或者迟延履行其原保险责任	**제29조** 재보험 접수자는 원 보험의 보험계약자에게 보험료 지불을 요구해서는 안 된다. 원 보험의 피보험자 혹은 보험수익자는 재보험 접수자에게 배상 혹은 보험금 지불의 요구를 제기해서는 안 된다. 재보험출제자는 재보험접수자가 재보험책임을 이행하지 않았다는 이유로 그 원 보험의 책임을 이행하는 것 거절하거나 이행을 연기해서는 안 된다.
第三十条 采用保险人提供的格式条款订立的保险合同，保险人与投保人、被保险人或者受益人对合同条款有争议的，应当按照通常理解予以解释。对合同条款有	**제30조** 보험자가 제공한 약관으로 체결한 보험계약에서 보험자와 보험계약자, 피보험자 혹은 보험수익자가 계약조항에 대해 논쟁이 있으면 마땅히 통상의미로 이해를 해야 한다. 계약조항

两种以上解释的，人民法院或者仲裁机构应当作出有利于被保险人和受益人的解释。	에 대해 두 가지 이상의 해석이 있으면 인민법원 혹은 중재기구는 마땅히 피보험자와 보험수익자에게 유리한 해석을 해야 한다.
第二节 人身保险合同	**제2절 인보험계약**
第三十一条 投保人对下列人员具有保险利益 (一)本人 (二)配偶、子女、父母 (三)前项以外与投保人有抚养、赡养或者扶养关系的家庭其他成员、近亲属 (四)与投保人有劳动关系的劳动者。除前款规定外，被保险人同意投保人为其订立合同的，视为投保人对被保险人具有保险利益。订立合同时，投保人对被保险人不具有保险利益的，合同无效。	**제31조** 보험계약자는 아래의 사람들에 대해 피보험이익을 가지고 있다. ①본인 ②배우자, 자녀, 부모 ③전항 이외에 보험계약자와 부양관계가 있는 가족 기타 성원, 근친 ④보험계약자와 노동관계가 있는 노동자. 전항의 규정 외에 피보험자가 보험계약자가 계약체결에 동의 한 경우 보험계약자가 피보험자에 대하여 피보험이익이 있다고 간주한다. 계약을 체결할 때 보험계약자가 피보험자에게 피보험이익을 갖고 있지 않으면 계약은 무효하다.
第三十二条 投保人申报的被保险人年龄不真实，并且其真实年龄不符合合同约定的年龄限制的，保险人可以解除合同，并按照合同约定退还保险单的现金价值。保险人行使合同解除权，适用本法第十六条第三款、第六款的规定。投保人申报的被保险人年龄不真实，致使投保人支付的保险费少于应付保险费的，保险人有权更正并要求投保人补交保险费，或者在给付保险金时按照实付保险费与应付保险费的比例支付。投保人申报的被保险人年龄不真实，致使投保人支付的保险费多于应付保险费的，保险人应当将多收的保险费退还投保人。	**제32조** 보험계약자가 신고한 피보험자의 나이가 진실 되지 않고 또한 그 진실 나이가 계약에서 약정한 연령한계에 부합되지 않으면 보험자는 계약을 해지하고 계약에 근거하여 적립금을 반환해야 한다. 보험자가 계약 해지권을 행사하는 것은 본법 제16조 제3항 제6항의 규칙을 적용한다. 보험계약자가 신고한 피보험자의 나이가 진실 되지 않음으로 인하여 보험계약자가 지불한 보험료가 마땅히 지불해야 한 보험료보다 적으면 보험자는 고필 권리가 있고 또한 보험계약자에게 보험료를 추가로 내게 하거나 혹은 보험금을 지불할 때 실제로 낸 보험료와 마땅히 내야 할 보험료의 비례로 지불할 수 있다. 보험계약자가 신고한 피보험자의 나이가 진실하지 않음으로 인하여 보험계약자가 지불한 보험료가 마땅히 지불해야 할 보험료보다 많으면 보험자는 마땅히 더 많이 받은 보험료를 보험계약자에게 지불해주어야 한다.
第三十三条 投保人不得为无民事行为能力人投保以死亡为给付保险金条件的人身保险，保险人也不得承保。父母为其未成年子女投保的人身保险，不受前款规定限	**제33조** 보험계약자는 민사행위능력이 없는 사람을 사망을 보험금 지불 조건으로 하는 인보험에 가입시켜서는 안 되고 보험자도 보험승낙을 해서는 안 된다. 부모가 그 미성년 자녀를 인보험에 가입시킨 것은 전항 규정의 제한을 받지 않지만 피보험자의 사망으로 지불할 보험금 총약은 국무원 보험감

制。但是，因被保险人死亡给付的保险金总和不得超过国务院保险监督管理机构规定的限额。	독 관리기구가 규정한 제한 약수를 초과해서는 안 된다.
第三十四条 以死亡为给付保险金条件的合同，未经被保险人同意并认可保险金额的，合同无效。按照以死亡为给付保险金条件的合同所签发的保险单，未经被保险人书面同意，不得转让或者质押。父母为其未成年子女投保的人身保险，不受本条第一款规定限制。	**제34조** 사망을 보험금 지불 조건으로 한 계약이 피보험자의 동의를 거치지 않고 보험금약을 허가하면 계약은 무효하다. 사망을 보험금 지불 조건으로 하는 계약이 발급한 보험증권이 피보험자의 서명동의를 거치지 않으면 전이하거나 담보의 목적으로 제공할 수 없다. 부모가 그 미성년 자녀를 위하여 가입한 인보험은 본 조항 제1항의 규정제한을 받지 않는다.
第三十五条 投保人可以按照合同约定向保险人一次支付全部保险费或者分期支付保险费.	**제35조** 보험계약자는 계약의 약정에 근거하여 보험자에게 한 번에 전부의 보험료를 지불해도 되고 할부로 보험료를 지불해도 된다.
第三十六条 合同约定分期支付保险费，投保人支付首期保险费后，除合同另有约定外，投保人自保险人催告之日起超过三十日未支付当期保险费，或者超过约定的期限六十日未支付当期保险费的，合同效力中止，或者由保险人按照合同约定的条件减少保险金额被保险人在前款规定期限内发生保险事故的，保险人应当按照合同约定给付保险金，但可以扣减欠交的保险费。	**제36조** 계약에서 할부로 보험료를 지불하기로 약정하면 보험계약자는 첫 보험료를 낸 후 계약에 다른 약정이 있는 것을 제외하고 보험계약자는 보험자가 최고 한 일로부터 30일 내에 그 시기의 보험료를 지불하지 않거나 혹은 약정한 기한을 60일 초과해서 그 시기의 보험료를 지불하면 계약효력이 중지되거나 혹은 보험자는 전항이 규정한 기한 내에 보험사고가 발생하면 보험자는 계약 약정에 근거하여 보험금을 지불해야 하지만 내지 않은 보험료를 감할 수 있다.
第三十七条 合同效力依照本法第三十六条规定中止的，经保险人与投保人协商并达成协议，在投保人补交保险费后，合同效力恢复。但是，自合同效力中止之日起满二年双方未达成协议的，保险人有权解除合同。保险人依照前款规定解除合同的，应当按照合同约定退还保险单的现金价值。	**제37조** 계약효력이 본법 제36조 규정에 근거하여 중지되면 보험자와 보험계약자가 협상하고 또한 협상이 달성되면 보험계약자가 보험료를 보충해서 내면 계약효력은 회복된다. 하지만 계약효력중지일로부터 만2년 내에 쌍방이 협의에 달성하지 못하면 보험자는 계약을 해지할 권리가 있다. 보험자는 전항의 규정에 따라 계약을 해지할 경우 계약 약정에 근거하여 보험증권의 적립금을 반환해야 한다.
第三十八条 保险人对人寿保险的保险费，不得用诉讼方式要求投保人支付。	**제38조** 보험자는 생명보험의 보험료에 대하여 소송방식으로 보험계약자가 지불하기를 요구해서는 안 된다.

第三十九条 人身保险的受益人由被保险人或者投保人指定。投保人指定受益人时须经被保险人同意。投保人为与其有劳动关系的劳动者投保人身保险，不得指定被保险人及其近亲属以外的人为受益人。被保险人为无民事行为能力人或者限制民事行为能力人的，可以由其监护人指定受益人。	**제39조** 인보험의 보험수익자는 피보험자 혹은 보험계약자가 지정한다. 보험계약자는 보험수익자를 지정할 때 반드시 피보험자의 동의를 받아야 한다. 보험계약자가 그 노동관계가 있는 노동자를 위하여 인보험에 가입하면 피보험자 및 그 근친 이외의 사람을 보험수익자로 지정할 수 없다. 피보험자가 민사행위능력이 제한된 사람이면 그 보험자가 보험수익자를 지정할 수 있다.
第四十条 被保险人或者投保人可以指定一人或者数人为受益人。受益人为数人的，被保险人或者投保人可以确定受益顺序和受益份额未确定受益份额的，受益人按照相等份额享有受益权。	**제40조** 피보험자 혹은 보험계약자는 한 사람 혹은 다수의 사람을 보험수익자로 지정할 수 있다. 보험수익자가 다수인 경우 피보험자 혹은 보험계약자는 수익순서와 수익비율을 확정할 수 있고 수익비율을 확정하지 않은 것은 보험수익자가 균등하게 수익원을 가진다.
第四十一条 被保险人或者投保人可以变更受益人并书面通知保险人。保险人收到变更受益人的书面通知后，应当在保险单或者其他保险凭证上批注或者附贴批单。	**제41조** 피보험자 혹은 보험계약자는 보험수익자를 변경하여 서명으로 보험자에게 알릴 수 있다, 보험자는 보험수익자 변경통지를 서면으로 받은 후 보험증권 혹은 기타 보험증거상에 각주하거나 혹은 계약서에 첨부해야 한다. 보험계약자가 보험수익자를 변경할 때 반드시 피보험자의 동의를 거쳐야 한다.
第四十二条 被保险人死亡后，有下列情形之一的，保险金作为被保险人的遗产，由保险人依照《中华人民共和国继承法》的规定履行给付保险金的义务 (一)没有指定受益人，或者受益人指定不明无法确定的。 (二)受益人先于被保险人死亡，没有其他受益人的 (三)受益人依法丧失受益权或者放弃受益权，没有其他受益人的。受益人与被保险人在同一事件中死亡，且不能确定死亡先后顺序的，推定受益人死亡在先。	**제42조** 피보험자가 사망 후 아래의 상황 중에 하나일 경우 보험금은 피보험자의 유산으로 보험자가 <<중화인민공화국 상속법>>의 규정에 근거하여 보험금 지불 의무를 이행한다. ①보험수익자를 지정하지 않았거나 혹은 보험수익자를 지정한 것은 불명확하거나 확인할 방법이 없을 때 ②보험수익자가 피보험자보다 먼저 죽고 기타 보험수익자가 없을 때 ③보험수익자가 법에 의해 수익원을 상실했거나 혹은 수익권을 포기하여 다른 보험수익자가 없을 때. 보험수익자와 피보험자가 동일한 사건에서 사망하고 또한 사망선후 순서를 확정할 수 없을 때 보험수익자가 먼저 사망한 것으로 추정한다.
第四十三条 投保人故意造成被保险人死亡、伤残或者疾病的，保险人不承担给付保险金的责任。投保人已交足二	**제43조** 보험계약자가 고의로 피보험자를 사망, 상해 혹은 질병이 생기게 하면 보험자는 보험금을 지불할 책임을 지지 않는다. 보험계약자가

年以上保险费的，保险人应当按照合同约定向其他权利人退还保险单的现金价值。受益人故意造成被保险人死亡、伤残、疾病的，或者故意杀害被保险人未遂的，该受益人丧失受益权。

이미 2년 이상 보험료를 지불했으면 보험자는 마땅히 계약약정에 근거하여 기타 권리자에게 적립금을 반환해주어야 한다. 보험수익자가 고의로 피보험자를 사망, 상해, 질병에 들게 하거나 혹은 거의로 피보험자를 상해 미수하면 그 보험수익자는 수익권을 상실한다.

第四十四条

以被保险人死亡为给付保险金条件的合同，自合同成立或者合同效力恢复之日起二年内，被保险人自杀的，保险人不承担给付保险金的责任，但被保险人自杀时为无民事行为能力人的除外。保险人依照前款规定不承担给付保险金责任的，应当按照合同约定退还保险单的现金价值。投保人变更受益人时须经被保险人同意。

제44조 피보험자의 사망을 보험금 지급 조건으로 하는 계약은 계약이 성립되거나 혹은 계약이 효력을 회복한 일로부터 2년 내에 피보험자가 자살하면 보험자는 보험금 지불 책임을 지지 않지만 피보험자가 자살했을 시에는 민사행위능력이 없는 사람은 제외한다. 보험자가 전항에 규정에 의하여 보험금 지불 책임을 지지 않지만 계약 약정에 근거하여 적립금을 반환해야 한다.

第四十五条

因被保险人故意犯罪或者抗拒依法采取的刑事强制措施导致其伤残或者死亡的，保险人不承担给付保险金的责任。投保人已交足二年以上保险费的，保险人应当按照合同约定退还保险单的现金价值。

제45조 피보험자의 고의 범죄 혹은 법에 의해 형사강제조치를 취할 때 반항함으로 인하여 상해 혹은 사망할 경우 보험자는 보험금 지불 책임을 지지 않는다. 보험계약자가 이미 2년 이상 보험료를 냈으면 보험자는 마땅히 계약 약정에 근거하여 보험증권의 적립금을 반환해주어야 한다.

第四十六条

被保险人因第三者的行为而发生死亡、伤残或者疾病等保险事故的，保险人向被保险人或者受益人给付保险金后，不享有向第三者追偿的权利，但被保险人或者受益人仍有权向第三者请求赔偿。

제46조 피보험자가 제3자의 행위로 인하여 사망, 상해 혹은 질병 등 보험사고가 발생하면 보험자는 피보험자 혹은 보험수익자에게 보험금을 지불한 후 제3자에게 추상할 권리를 가지고 있지는 않지만 피보험자 혹은 보험수익자는 제3자에게 배상을 청구할 권리를 계속 가지고 있다.

第四十七条

投保人解除合同的，保险人应当自收到解除合同通知之日起三十日内，按照合同约定退还保险单的现金价值。

제47조 보험계약자가 계약을 해지하면 보험자는 마땅히 계약해지 통지를 받은 날부터 30일 내에 계약약정에 근거하여 보험증권의 적립금을 반환해야 한다.

第三节　财产保险合同

제3절 재산보험계약

第四十八条

保险事故发生时，被保险人对保险标的不具有保险利益的，不得向保险人请求赔偿保险金。

제48조 보험사고 발생 시 피보험자가 보험목적에 대하여 피보험이익을 갖고 있지 않으면 보험자에게 보험금 배상을 요구해서는 안 된다.

第四十九条 保险标的转让的，保险标的的受让人承继被保险人的权利和义务。保险标的转让的，被保险人或者受让人应当及时通知保险人，但货物运输保险合同和另有约定的合同除外。因保险标的转让导致危险程度显著增加的，保险人自收到前款规定的通知之日起三十日内，可以按照合同约定增加保险费或者解除合同。保险人解除合同的，应当将已收取的保险费，按照合同约定扣除自保险责任开始之日起至合同解除之日止应收的部分后，退还投保人。被保险人、受让人未履行本条第二款规定的通知义务的，因转让导致保险标的危险程度显著增加而发生的保险事故，保险人不承担赔偿保险金的责任。	**제49조** 보험목적을 전이하는 것은 보험목적의 양수인은 피보험자의 권리와 의무를 상속받는다. 보험목적의 전이는 피보험자 혹은 양수인이 마땅히 제때에 보험자에게 알려야하지만 화물운송보험계약과 따로 약정이 있는 계약은 제외한다. 보험목적의 전이로 위험 정도가 현저히 증가되면 보험자는 전항이 규정한 통지를 받은 날로부터 30일 내에 계약 약정에 의하여 보험료를 증가하거나 계약을 해지할 수 있다. 보험자가 계약을 해지하면 마땅히 이미 받은 보험료를 계약 약정에 근거하여 보험책임을 시작한 날로부터 계약해지 일까지 마땅히 받아야 할 수분을 감하고 보험계약자에게 돌려주어야 한다. 피보험자, 양수인이 제2항이 규정한 통지의무를 이행하지 않고 전이로 인하여 보험목적의 위험 정도가 현저히 증가하여 발생한 보험사고는 보험자가 보험금 배상 책임을 지지 않는다.
第五十条 货物运输保险合同和运输工具航程保险合同，保险责任开始后，合同当事人不得解除合同。	**제50조** 화물운송보험계약과 운송도구 항로보험계약은 보험책임을 시작한 후 계약당사자는 계약을 해지할 수 없다.
第五十一条 被保险人应当遵守国家有关消防、安全、生产操作、劳动保护等方面的规定，维护保险标的的安全。保险人可以按照合同约定对保险标的的安全状况进行检查，及时向投保人、被保险人提出消除不安全因素和隐患的书面建议。投保人、被保险人未按照约定履行其对保险标的的安全应尽责任的，保险人有权要求增加保险费或者解除合同。保险人为维护保险标的的安全，经被保险人同意，可以采取安全预防措施。	**제51조** 피보험자는 국가의 소장, 안전, 생산조작, 노동보호 등과 관련된 방면의 규정을 지켜 보험목적의 안전을 수로해야 한다. 보험자는 계약 약정에 근거하여 보험목적의 안전상황에 대하여 검사를 진행할 수 있고 보험계약자, 피보험자에게 불안전요소와 겉으로 드러나지 않는 폐해를 제때에 서면으로 건의를 해야 한다. 보험계약자, 피보험자가 약정에 근거하여 보험목적의 안전에 대해 책임을 다하지 않으면 보험자는 보험료를 증가하거나 계약을 해지할 권리가 있다. 보험자가 보험목적의 안전을 지키기 위하여 피보험자의 동의를 거쳐서 안전예방조치를 취할 수 있다.
第五十二条 在合同有效期内，保险标的的危险程度显著增加的，被保险人应当按照合同约定及时通知保险人，保险人可以按照合同约定增加保险费或者解除合同。保险人解除合同的，应当将已收取的保险费，按照	**제52조** 계약 유효기간 내에 보험목적의 위험 정도가 현저히 증가하면 피보험자는 마땅히 계약 약정에 근거하여 제때에 보험자에게 알려야 하고 보험자는 계약 약정에 의해 보험료를 증가하거나 계약을 해지할 권리가 있다. 보험자가 계약을 해지하면 마땅히 이미 받은 보험료를 계약 약정에 근거하여 보험책임 시작한 날로부터 계

合同约定扣除自保险责任开始之日起至合同解除之日止应收的部分后，退还投保人。被保险人未履行前款规定的通知义务的，因保险标的的危险程度显著增加而发生的保险事故，保险人不承担赔偿保险金的责任。	약해지 일까지 마땅히 받아야 할 부분을 감하고 보험자에게 돌려주어야 한다. 피보험자가 전항에 규정한 통지 의무를 이행하지 않아 보험 목적의 위험 정도가 현저히 증가함으로 인하여 발생한 보험사고는 보험자가 보험금 배상 책임을 지지 않는다.
第五十三条 有下列情形之一的，除合同另有约定外，保险人应当降低保险费，并按日计算退还相应的保险费 (一)据以确定保险费率的有关情况发生变化，保险标的的危险程度明显减少的。 (二)保险标的的保险价值明显减少的。	**第53条** 아래상황중의 하나이면 계약이 다른 약정이 있는 것 외에 보험자는 마땅히 보험료를 맞추고 날짜를 계산하여 상응한 보험료를 돌려주어야 한다. ①확정한 보험비율과 관련된 상황이 변화가 발생하여 보험목적의 위험 정도가 현저히 감소한 것. ②보험목적의 보험가치가 현저히 감소한 것.
第五十四条 保险责任开始前，投保人要求解除合同的，应当按照合同约定向保险人支付手续费，保险人应当退还保险费。保险责任开始后，投保人要求解除合同的，保险人应当将已收取的保险费，按照合同约定扣除自保险责任开始之日起至合同解除之日止应收的部分后，退还投保人。	**第54条** 보험책임 시작 전에 보험계약자가 계약해지를 요구하면 계약해지를 요구하면 계약 약정에 근거하여 보험자에게 수수료를 지불하고 보험자는 보험료를 돌려주어야 한다. 보험 책임이 시작된 후에 보험계약자가 계약해지를 요구하면 보험자는 이미 받은 보험료를 계약 약정에 근거하여 보험책임 시작한 날로부터 계약해지 일까지 마땅히 받아야 할 부분을 감하고 보험자에게 돌려주어야 한다.
第五十五条 投保人和保险人约定保险标的的保险价值并在合同中载明的，保险标的发生损失时，以约定的保险价值为赔偿计算标准。投保人和保险人未约定保险标的的保险价值的，保险标的发生损失时，以保险事故发生时保险标的的实际价值为赔偿计算标准。保险金额不得超过保险价值。超过保险价值的，超过部分无效，保险人应当退还相应的保险费。保险金额低于保险价值的，除合同另有约定外，保险人按照保险金额与保险价值的比例承担赔偿保险金的责任。	**第55条** 보험계약자와 보험자가 보험목적의 보험가치를 약정하고 또한 계약 중에 기재한 것은 보험목적ㅇ 손실이 발생하면 약정한 보험가치를 배상기준으로 하여 계산한다. 보험계약자와 보험자가 보험목적의 보험가치를 약정하지 않으면 보험목적이 손실이 발생하면 보험사고 발생시의 보험목적 실제 가치를 배상기준으로 계산한다. 보험금액은 보험가치를 초과해서는 안 된다. 보험가치를 초과하면 초과한 부분은 무효하고 보험자는 마땅히 상응한 보험료를 돌려주어야 한다. 보험금액이 보험가치보다 낮은 것은 계약이 다른 약정이 있는 것 외에 보험자는 보험금약과 보험가치의 비례에 근거하여 보험금 배상 책임을 감당해야 한다.
第五十六条 重复保险的投保人应当将重复保险的有关情况通知	**第56条** 중복보험의 보험계약자는 중복보험의 관련된 상황을 각 보험자에게 알려야 한다. 중복

各保险人。重复保险的各保险人赔偿保险金的总和不得超过保险价值。除合同另有约定外，各保险人按照其保险金额与保险金额总和的比例承担赔偿保险金的责任。重复保险的投保人可以就保险金额总和超过保险价值的部分，请求各保险人按比例返还保险费。重复保险是指投保人对同一保险标的、同一保险利益、同一保险事故分别与两个以上保险人订立保险合同，且保险金额总和超过保险价值的保险。	보험의 각 보험자가 보험금을 배상하면 총약은 보험가치를 초과해서는 안 된다. 계약이 다른 약정이 있는 것 외에 각 보험자는 그 보험금약과 보험금약 총액을 비례로 보험금 배상 책임을 감당해야 한다. 중복보험은 보험계약자가 동일한 보험목적, 동일한 피보험이익, 동일한 보험사고에 대해 각각 두 개 이상의 보험자와 보험계약을 체결하고 또한 보험금액총액이 보험가치를 초과한 보험을 말한다.
第五十七条 保险事故发生时，被保险人应当尽力采取必要的措施，防止或者减少损失。保险事故发生后，被保险人为防止或者减少保险标的的损失所支付的必要的、合理的费用，由保险人承担保险人所承担的费用数额在保险标的损失赔偿金额以外另行计算，最高不超过保险金额的数额。	**제57조** 보험사고 발생 시 피보험자는 마땅히 필요한 조치를 실시하여 방지 혹은 손실을 감소시켜야 한다. 보험사고 발생 후 피보험자가 보험목적의 손실을 방지 하거나 혹은 감소함으로 인하여 지불한 필요하고 합리적인 비용은 보험자가 감당해야 한다. 보험자가 감당한 비용액수는 보험목적의 손실 배상 금약 외에 따로 계산하고 보험금액의 수액을 초과하지 않는다.
第五十八条 保险标的发生部分损失的，自保险人赔偿之日起三十日内，投保人可以解除合同除合同另有约定外，保险人也可以解除合同，但应当提前十五日通知投保人。合同解除的，保险人应当将保险标的未受损失部分的保险费，按照合同约定扣除自保险责任开始之日起至合同解除之日止应收的部分后，退还投保人。	**제58조** 보험목적이 부분적인 손실이 발생하면 보험자의 배상일로부터 30일 내에 보험계약자는 계약을 해지할 수 있다. 계약에 따로 약정이 있는 것 외에 보험자도 계약을 해지할 수 있지만 마땅히 15일 전에 미리 보험계약자에게 알려야 한다. 계약 해지할 때 보험자가 마땅히 보험목적이 손실을 입지 않은 부분의 보험료를 계약 약정에 근거하여 보험책임 시작일로부터 계약해지까지의 마땅히 받아야 할 부분을 감하고 보험계약자에게 환불해주어야 한다.
第五十九条 保险事故发生后，保险人已支付了全部保险金额，并且保险金额等于保险价值的，受损保险标的的全部权利归于保险人保险金额低于保险价值的，保险人按照保险金额与保险价值的比例取得受损保险标的的部分权利。	**제59조** 보험사고 발생 후 보험자가 이미 전부 보험금액을 지불하고 또한 보험금액이 보험가치와 같을 경우 손상 받은 보험목적의 전부의 권리를 보험자에게 주고 보험금액이 보험가치보다 낮은 것은 보험자가 보험금액과 보험가치의 비례로 손실된 보험목적의 부분권리를 얻는다. **제60조** 제3자가 보험목적에 대한 손해로 보험사고를 만들었을 때 보험자는 피보험자에게 보험

第六十条 因第三者对保险标的的损害而造成保险事故的，保险人自向被保险人赔偿保险金之日起，在赔偿金额范围内代位行使被保险人对第三者请求赔偿的权利。前款规定的保险事故发生后，被保险人已经从第三者取得损害赔偿的，保险人赔偿保险金时，可以相应扣减被保险人从第三者已取得的赔偿金额。保险人依照本条第一款规定行使代位请求赔偿的权利，不影响被保险人就未取得赔偿的部分向第三者请求赔偿的权利。	금을 배상한 일로부터 배상금액 범위 내에 피보험자가 제3자에 대한 배상청구 권리를 행사한다. 전항에 규정한 보험사고 발생 후 피보험자가 이미 제3자에게서 손해배상을 받았다면 보험자가 보험금 배상할 때 피보험자가 제3자에게서 이미 얻은 배상금액에 상응하는 것을 감해야 한다. 보험자가 본 조항 제1항의 규정에 근거하여 대신하여 배상을 청구하는 권리를 행사할 때 피보험자의 미 취득한 배상의 부분에 영향을 미치지 않으면서 제3자에게 배상을 청구하는 권리이다.
第六十一条 保险事故发生后，保险人未赔偿保险金之前，被保险人放弃对第三者请求赔偿的权利的，保险人不承担赔偿保险金的责任。保险人向被保险人赔偿保险金后，被保险人未经保险人同意放弃对第三者请求赔偿的权利的，该行为无效。被保险人故意或者因重大过失致使保险人不能行使代位请求赔偿的权利的，保险人可以扣减或者要求返还相应的保险金。	**제61조** 보험사고 발생 후 보험자가 보험금을 배상하기 전에 피보험자가 제3자에 대한 배상청구 권리를 포기하면 보험자는 보험금 배상 책임을 지지 않는다. 보험자가 피보험자에게 보험금을 배상한 후 피보험자가 보험자의 동의를 거치지 않고 제3자에 대한 배상 청구 권리를 포기하면 이 행위는 무효하다. 피보험자가 고의 혹은 중대과실로 보험자로 하여금 대위하여 배상청구 할 수 있는 권리를 행사하지 못하게 하면 보험자는 감하거나 혹은 상응한 보험금을 돌려줄 것을 요구할 수 있다.
第六十二条 除被保险人的家庭成员或者其组成人员故意造成本法第六十条第一款规定的保险事故外，保险人不得对被保险人的家庭成员或者其组成人员行使代位请求赔偿的权利。	**제62조** 피보험자의 가족들 혹은 기타 관계자가 고의로 본법 제60조 제1항이 규정한 보험사고를 만들어 낸 것 외에 보험자는 피보험자의 가족들 혹은 그 관계자에 대해 대신하여 배상청구를 하는 권리를 행사해서는 안 된다.
第六十三条 保险人向第三者行使代位请求赔偿的权利时，被保险人应当向保险人提供必要的文件和所知道的有关情况。	**제63조** 보험자가 제3자에게 대신하여 배상청구 권리를 행사할 때 피보험자는 마땅히 보험자에게 필요한 서류와 알고 있는 관련된 상황을 제공해야 한다.
第六十四条 保险人、被保险人为查明和确定保险事故的性质、	**제64조** 보험자, 피보험자가 보험사고의 성질, 원인, 보험목적의 손실 정도를 조사하기 위하여 지불한 필요하고 합리적인 비용은 보험자가 감당한다.

原因和保险标的的损失程度所支付的必要的、合理的费用，由保险人承担。	
第六十五条 保险人对责任保险的被保险人给第三者造成的损害，可以依照法律的规定或者合同的约定，直接向该第三者赔偿保险金。责任保险的被保险人给第三者造成损害，被保险人对第三者应负的赔偿责任确定的，根据被保险人的请求，保险人应当直接向该第三者赔偿保险金。被保险人怠于请求的，第三者有权就其应获赔偿部分直接向保险人请求赔偿保险金。责任保险的被保险人给第三者造成损害，被保险人未向该第三者赔偿的，保险人不得向被保险人赔偿保险金。责任保险是指以被保险人对第三者依法应负的赔偿责任为保险标的的保险。	**제65조** 보험자가 책임보험의 피보험자가 제3자에게 손해를 주었을 때 법률의 규정 혹은 계약의 약정에 근거하여 직접 그 제3자에게 보험금을 배상한다. 책임보험의 피보험자가 제3자에게 손해를 입힌 경우 피보험자가 제3자에 대해 마땅히 직접 제3자에게 보험금을 배상해야 한다. 피보험자가 청구를 늦추면 제3자는 그가 마땅히 받을 배상부분을 직접 보험자에게 보험금 배상을 청구할 수 있다. 책임보험의 피보험자가 제3자에게 손실을 입힌 경우 피보험자가 그 제3자에게 배상을 하지 않으면 보험자는 피보험자에게 보험금 배상을 하지 않는다. 책임보험은 피보험자가 제3자에 대해 법률의 규정에 따라 배상책임을 부담하는 경우를 보험목적으로 하는 보험이다.
第六十六条 责任保险的被保险人因给第三者造成损害的保险事故而被提起仲裁或者诉讼的，被保险人支付的仲裁或者诉讼费用以及其他必要的、合理的费用，除合同另有约定外，由保险人承担。	**제66조** 책임보험의 피보험자는 제3자에게 손해를 입히는 보험사고로 인하여 중재 혹은 소송을 당했을 때 피보험자가 지불한 중재 혹은 소송비용 및 기타 필요하고 합리적인 비용은 계약이 따로 약정이 있는 것 외에 보험자가 부담한다.

제37회(2014년도) 손해사정사 – 보험계약법 기출문제

1. 보험의 특성에 관한 설명 중 틀린 것은?

① 보험은 동질의 우발적인 위험 하에 다수의 경제주체가 단체적 조직을 이룬 것이다.
② 보험사고는 그 발생 여부가 확정적이지만 그 발생시기가 불확정적인 경우도 있다.
③ 보험사고의 위험이 보험관계자들 사이에서 주관적으로만 불확정적인 경우에는 보험계약이 성립되지 않는다.
④ 보험은 위험에 대비하기 위한 것으로 반드시 위험을 전제로 한다.

2. 보험에 관한 설명 중 틀린 것은?

① 원보험의 성질이 무엇이든 재보험은 책임보험의 성격을 가지는 손해보험으로서 기업보험에 속한다.
② 영리보험은 보험가입자들이 직접적으로 위험단체를 구성한다.
③ 여러 개의 물건이나 사람을 집단으로 하여 1개의 보험계약을 체결하는 것을 집단보험이라 한다.
④ 집합된 보험의 목적이 보험기간 중 수시로 교체되는 것을 예상하고 체결하는 것을 총괄보험이라 한다.

3. 보험약관의 해석과 적용에 관한 설명 중 틀린 것은?

① 약관을 해석하여 적용하는 과정에서 그 의미를 정확하게 알 수 없을 때에는 우선적으로 작성자 불이익의 원칙을 적용한다.
② 약관은 평균적 고객의 이해가능성을 기준으로 하되, 보험단체 전체의 이해관계를 고려하여 객관적, 획일적으로 해석해야 한다.
③ 보험대리점이나 보험설계사가 보험회사가 제시한 약관의 내용과 다르게 설명한 경우에는 보험회사가 약관의 설명의무를 위반한 것이 된다.
④ 보험회사가 제시한 약관의 내용과 보험체약대리점이 보험계약자와 약정한 내용이 상이한 경우에는 후자가 우선한다.

4. 수인의 보험자에 관한 설명 중 틀린 것은?

① 수인의 보험자가 외부적으로 표시된 공동보험에서 보험자간 인수비율이 표시되지 않은 경우에는, 각 보험자는 연대하여 보험금의 지급책임을 부담한다.
② 병존보험과 중복보험은 수인의 보험자가 서로 의사의 연결 없이 각각 동일한 보험계약자와 보험

계약을 체결하는 경우에 생겨난다.

③ 수인의 보험자가 서로 의사의 연결 없이 각각 동일한 보험계약자와 보험계약을 체결한 경우, 각 계약의 보험금액의 합계가 보험가액을 초과하지 않는 경우에는 중복보험의 문제가 생겨날 수 없다.

④ 수인의 보험자가 외부적으로 표시되지 아니한 경우에는, 내부적으로 각 인수비율을 정했다고 하더라도 외부적으로는 표시된 보험자가 단일한 보험자로서 책임을 지게 된다.

5. 보험자의 보조자에 관한 설명 중 틀린 것은? (다툼이 있는 경우 대법원 판례에 의함.)

① 보험회사의 대리인이 피보험건물의 증개축 공사현장을 방문하면서 증개축공사로 인한 보험사고 발생의 위험이 현저하게 증가된 사실을 알았거나 중대한 과실로 알지 못하였다면, 보험자는 보험계약자나 피보험자가 위험변경·증가의 통지를 하지 않았음을 이유로 보험계약을 해지할 수 없다.

② 보험회사의 대리인이 보험계약자와 사이에 보험계약을 체결하고 보험계약자로부터 2, 3회분 보험료에 해당하는 약속어음을 교부받은 후 이를 횡령한 경우에는, 그 어음이 결제되더라도 보험료 납입의 효과가 생기지 않는다.

③ 보험대리점이 체약대리상인지 중개대리상인지 여부는 보험자와 보험대리상 간에 체결하는 대리상계약의 내용에 따라 결정된다.

④ 보험설계사가 보험사고 발생의 위험이 현저하게 변경 또는 증가된 사실을 알았다고 하더라도 이로써 보험자도 그 사실을 안 것으로 볼 수 없다.

6. 보험자의 약관설명의무에 관한 설명 중 틀린 것은? (다툼이 있는 경우 대법원 판례에 의함.)

① 보험자가 보험계약자의 대리인과 보험계약을 체결할 경우에는, 그 대리인에게 보험약관을 설명하는 것으로 충분하고 보험계약자에게까지 설명해야 하는 것은 아니다.

② 보험자는 약관의 내용 전부를 설명해야 하는 것은 아니고, 그 중요한 내용만을 설명하면 된다.

③ 보험계약자나 그 대리인이 보험약관의 내용을 잘 알고 있는 경우에는 보험자는 설명의무를 지지 않는다.

④ 약관의 내용이 보험계약자에게 불리한 것인 경우에는, 그 내용이 법령에 이미 규정되어 있는 것이더라도 보험자는 설명해야 한다.

7. 보험자의 보험금 지급의무에 관한 설명 중 틀린 것은?

① 보험계약자 등의 고의로 인한 사고에 대해서 보험자가 면책되는 경우, 그 고의는 보험금의 취득에 대한 고의까지를 요하는 것은 아니다.

② 보험계약자 등의 고의로 인한 사고에 대해서도 보험금을 지급한다는 약관규정은, 보험계약자 등의 불이익변경금지의 원칙에 반하지 않는다.

③ 대표자책임이론을 수용하지 않는 견해에 따르면, 상법상의 지배인이 고의로 사고를 일으킨 경우

를 그 영업주가 고의로 사고를 일으킨 경우로 볼 수 없다.

④ 보험자는 보험금의 지급에 관하여 약정기간이 없는 경우에는, 보험사고의 통지를 받은 후 지체 없이 지급할 보험금을 정하고 그 정하여진 날부터 10일내에 지급하여야 한다.

8. 제3자에 대한 보험자대위권에 관한 설명 중 틀린 것은?

① 보험자가 취득하는 권리의 범위는 보험자가 지급한 금액의 한도로 제한된다.
② 보험자가 취득하는 권리는 제3자에 대한 피보험자 또는 보험수익자의 권리이다.
③ 보험자의 대위권은 피보험자나 제3자의 그 대위권의 존재에 대한 선의·악의를 불문하고 보험금을 지급한 때에 생긴다.
④ 보험자에게 이전되는 권리의 소멸시효기간은 그 이전과 상관없이 계속해서 진행되고, 그 이전과 함께 새로이 시작되지 않는다.

9. 상법상 보험계약자 등의 고지의무와 통지의무를 비교한 것으로서 옳은 것은?

	고지의무	통지의무
① 의무자	보험계약자, 피보험자, 보험수익자	보험계약자, 피보험자, 보험수익자
② 의무이행시기	보험기간 동안	보험계약 성립 후
③ 의무이행방법	질문표를 작성한다.	반드시 서면으로 통지하여야 한다.
④ 의무위반의 효과	보험자는 위반사실을 안 날로부터 1월 내, 계약체결일로부터 3년 내에 계약을 해지할 수 있다.	위험변경·증가 통지의무의 위반의 경우에는, 보험자는 그 사실을 안 후 1월 내에 한하여 계약을 해지할 수 있다.

10. 보험수익자의 지정·변경에 관한 설명 중 틀린 것은?

① 보험계약자가 보험수익자의 지정권을 행사하지 아니하고 사망한 때에는, 보험계약자의 승계인이 그 지정권을 행사할 수 있다는 약정이 없는 한, 피보험자를 보험수익자로 한다.
② 보험기간 중에 보험수익자가 먼저 사망하고, 그 후에 보험계약자가 보험수익자의 지정권을 행사하기 전에 피보험자가 사망한 경우에는, 피보험자의 상속인을 보험수익자로 한다.
③ 보험기간 중에 보험수익자가 먼저 사망하고, 그 후에 보험계약자가 보험수익자의 지정권을 행사하지 않고 사망한 경우에는, 보험수익자의 상속인을 보험수익자로 한다.
④ 보험계약자가 계약체결 후에 보험수익자를 지정 또는 변경하고 이를 보험자에 대하여 통지하지 않은 경우에는, 그 지정 또는 변경된 보험수익자는 보험자에 대해서는 자신이 보험수익자임을 주장할 수 없지만, 보험계약자나 종전의 보험수익자에 대해서는 자신이 보험수익자임을 주장할 수 있다.

11. 승낙 전 사고 담보의 요건에 관한 설명 중 틀린 것은?

① 보험자가 보험계약자로부터 보험계약의 청약과 함께 보험료 상당액의 전부 또는 일부를 받아야 한다. 여기서 보험료 상당액의 전부 또는 일부는, 일시납 보험료를 내는 경우에는 그 전액을 말하고, 보험료를 분할하여 내는 경우에는 제1회 보험료를 말한다.
② 청약을 거절할 사유가 없어야 한다. 여기서 청약을 거절할 사유는, 보험계약의 청약이 이루어진 해당 보험에 관하여 보험자가 마련한 인수기준에 따라 인수할 수 없는 위험의 상태 또는 사정이 있는 것으로서, 인보험의 경우에는 피보험자가 적격 피보험체가 아닌 경우를 말한다.
③ 청약을 거절할 사유의 존재에 대한 증명책임은 보험자에게 있다.
④ 대법원 판례에 따르면, 승낙 전 사고에 대하여 청약을 거절할 사유가 없어서 보험자의 책임이 인정되는 경우라도, 보험료 납부 이전의 사고발생사실을 보험자에게 고지하지 않은 것은 청약을 거절할 사유에 해당하고, 계약 당시에 사고가 이미 발생하였으므로 계약이 무효가 된다.

12. 대법원이 한정무효 또는 무효로 판결한 약관이 아닌 것은?

① 실효약관
② 해지예고부 최고약관
③ 상해보험의 음주운전 면책약관
④ 자동차보험의 산업재해보상 면책약관

13. '보험계약자 등의 불이익변경금지의 원칙'에 관한 설명 중 틀린 것은?

① 대법원 판례에 따르면, 수산업협동조합 중앙회에서 실시하는 어선공제사업은 피공제자의 어선에 생긴 손해를 담보하는 점에서 해상보험과 유사하여 이 원칙이 적용되지 아니한다.
② 건설회사와 보증보험회사가 체결하는 이행보증보험계약은 기업보험계약으로서 이 원칙이 적용되지 아니한다.
③ 보험계약에 관한 사항이기는 하지만, 상법 제4편에 규정되어 있지 않고 또한 상법 제4편의 규정을 유추적용도 할 수 없는 사항에 대해서는, 이 원칙을 적용할 수 없다.
④ 이 원칙은 계약당사자의 사적 자치를 제한하는 법적 수단에 해당한다.

14. 피보험자 등이 보험금을 허위로 과다청구하는 경우에는 보험금청구권을 상실한다는 취지의 약관조항에 관한 설명 중 옳은 것은? (대법원 판례에 의함.)

① 피보험자가 증빙서류 구비의 어려움 때문에 일부 사실과 다른 서류를 제출하거나, 보험목적물의 가치에 대한 견해 차이로 보험목적물의 가치를 다소 높게 신고한 경우에는 이 조항을 적용할 수 없다.

② 이 조항은 보험계약자 등에게 상법의 규정보다 불리하여 무효이다.
③ 보험자는 이 조항이 약관에 존재하지 않는 경우에도 피보험자의 허위 과다청구를 이유로 보험금 전액의 지급을 거절할 수 있다.
④ 독립한 여러 개의 물건에 대해서 체결된 화재보험계약에서 피보험자가 일부의 물건에 관하여 과다하게 허위의 청구를 한 경우에는, 이 조항에 따라 허위의 청구를 하지 않은 다른 물건에 관한 보험금청구권까지 상실하게 된다.

15. 甲은 자신이 운영하는 점포에 대해서 자신을 피보험자로 하는 화재보험계약을 乙보험회사와 체결하였다. 그 후 그 점포에 LPG를 공급하는 丙의 과실이 경합하여 화재가 발생하고 甲은 총 1,000만원의 손해를 입었다. 乙 보험회사는 甲에게 800만원의 보험금을 지급하였다. 이 화재에 대한 甲의 과실은 40%이었고, 丙의 과실은 60%이었다. 이 경우 대법원 판례에 따를 때 甲과 乙 보험회사는 각각 얼마씩을 丙에게 청구할 수 있는가?

① 甲과 乙보험회사는 균분하여 300만원씩을 청구할 수 있다.
② 甲은 120만원, 乙 보험회사는 480만원을 청구할 수 있다.
③ 甲은 200만원, 乙 보험회사는 400만원을 청구할 수 있다.
④ 甲은 청구할 수 없고, 乙 보험회사만 600만원을 청구할 수 있다.

16. 협정보험가액이 사고발생 시의 가액을 현저하게 초과하는 경우에 관한 설명 중 틀린 것은? (다툼이 있는 경우 대법원 판례에 의함.)

① 현저한 초과 여부에 대한 증명책임은 보험자에게 있다.
② 보험자의 고의나 과실로 인하여 협정보험가액이 사고발생 시의 가액을 현저하게 초과하게 된 경우라도 사고발생 시의 가액을 보험가액으로 해야 한다.
③ 협정보험가액이 계약을 체결할 당시의 가액을 현저하게 초과함으로 인해 보험자 또는 보험계약자가 초과보험의 경우처럼 보험료와 보험금액의 감액을 청구할 수 있는 경우에는, 사고발생 시의 가액을 보험가액으로 해야 한다.
④ 협정보험가액이 사고발생 시의 가액을 현저하게 초과하는 경우에는, 그 초과 원인이 무엇이냐에 따라 사고발생 시의 가액을 보험가액으로 할 것인지의 여부가 달라지게 된다.

17. 甲과 乙이 통모하여 은행으로부터 대출을 받기 위하여 허위로 甲을 임대인, 乙을 임차인으로 하는 임대차계약서를 작성한 후, 甲이 보증보험회사와 이 임대차계약을 주계약으로 삼아, 임대인이 임대차보증금반환의무를 불이행하는 보험사고가

발생할 경우 보증보험회사가 보험금수령권자로 지정된 은행에 직접 보험금을 지급하기로 하는 내용의 보증보험계약을 체결하였다. 그 후 은행은 乙로부터 이 보증보험계약에 따른 이행보증보험증권을 담보로 제공받고 乙에게 대출을 하였다. 이 경우 틀린 설명은? (대법원 판례에 의함.)

① 보증보험계약은 보험계약으로서의 본질을 갖고 있으므로, 계약이 유효하게 성립하기 위해서는 원칙적으로 계약 당시에 보험사고의 발생 여부가 확정되어 있지 않아야 한다.
② 보험계약은, 그 계약 당시에 보험사고가 발생할 수 없는 것으로 확정된 경우라도, 보험계약 관련자 모두가 선의인 경우에는 유효한 것으로 볼 수 있다.
③ 민법의 보증계약에 관한 규정은 보증보험계약에도 적용될 수 있으므로, 甲과 보증보험회사 간의 보증보험계약이 보험계약으로서 무효가 되더라도 보증계약으로서의 효력은 지닐 수 있다.
④ 甲과 보증보험회사 간의 보증보험계약은, 그 계약이 성립할 당시 주계약인 임대차계약이 통정허위표시에 의한 것으로서 보험사고가 발생할 수 없는 것으로 확정된 경우라고 할 수 있다.

18. 인보험에 관한 설명 중 틀린 것은? (다툼이 있는 경우 대법원 판례에 의함.)

① 상해보험약관에 피보험자의 기왕증으로 인해 상해가 중하게 된 때에는 보험금을 감액한다는 규정이 있더라도, 상해보험은 정액보험성을 지니고 있으므로 보험금을 감액하여 지급할 수 없다.
② 타인의 생명보험에서 계약 체결 시까지 피보험자의 서면 동의를 얻어야 한다는 것은 강행법규이므로, 피보험자의 계약 체결 후의 서면동의로 무효인 계약이 추인되는 것으로 볼 수 없다.
③ 상해보험에서 사고의 외래성 및 사고와 상해·사망 간의 인과관계에 관한 증명책임은 보험금 청구자에게 있다.
④ 보험기간 개시 전에 발생한 신체장애가 있는 사람도 계약당사자 간의 약정으로 상해보험의 피보험자로 할 수 있다.

19. 단체보험에 관한 설명 중 틀린 것은? (다툼이 있는 경우 대법원 판례에 의함.)

① 단체가 구성원의 전부 또는 일부를 피보험자로 하는 생명보험계약을 체결하는 경우에는 단체의 규약이 있어야 하고, 이 규약이 없는 경우에는 구성원들의 서면 동의를 얻어야 보험계약이 유효하게 된다.
② 구성원의 일부가 고지의무를 위반한 경우에는, 단체보험은 1개의 계약으로 체결된 것이므로, 보험자는 원칙적으로 구성원 전부에 대한 계약관계를 해지할 수 있다.
③ 단체는 보험계약자로서 구성원의 동의 없이 자신을 보험수익자로 지정할 수 있다.
④ 단체의 규약은 단체협약, 취업규칙, 정관 등 그 형식을 불문하며, 대표자가 구성원에 대해서 일괄하여 어떠한 종류의 보험계약을 체결할 수 있다는 취지를 담고 있는 것으로 충분하다. 그러나 근로자의 채용 및 해고, 재해부조 등에 관한 일반적인 규정을 두고 있는 것만으로는 단체의 규

약에 해당한다고 할 수 없다.

20. 보험모집 종사자에 관한 설명 중 틀린 것은? (다툼이 있는 경우 대법원 판례에 의함.)

① 보험회사의 영업소장은 상법상의 표현지배인이 될 수 있다.

② 보험설계사는 상법상의 상업사용인에 해당한다고 할 수 없다.

③ 보험중개사는 특별한 사정이 없는 한 보험회사를 위한 어떠한 권한도 없다.

④ 보험회사는 그 임직원이 모집을 하면서 보험계약자에게 손해를 입힌 경우에는, 보험회사가 그 임직원에게 모집을 위탁하면서 상당한 주의를 하였고, 그 임직원이 모집과 관련하여 보험계약자에게 손해를 입히는 것을 막기 위하여 노력한 경우라도, 보험계약자에 대해 보험업법상의 손해배상책임을 져야 한다.

21. 대법원 판례에 의할 때, 약관의 내용 중 보험자가 설명하여야 할 사항은?

① 어떤 면허를 가지고 운전하여야 무면허운전이 되지 않는지에 관한 사항

② 다른자동차운전담보 특별약관에서 피보험자가 자동차취급업무상 수탁받은 자동차를 운전하던 중의 사고에 대한 보험자의 면책에 관한 사항

③ 무보험자동차에 의한 상해담보특약에서 보험금액 산정기준이나 방법에 관한 사항

④ 자동차의 구조변경으로 인한 위험변경·증가 통지에 관한 사항

22. 대법원 판례에 의할 때, 약관작성자 불이익의 원칙이 적용될 수 있는 경우가 아닌 것은?

① 대리운전보험의 대물배상 항목상 '남의 재물'이 대리운전 대상차량인 '타인의 자동차' 이외의 물건을 의미하는지가 문제된 경우

② 폐색전술이 암 수술급여금의 지급대상인 '수술'에 해당하는지가 문제된 경우

③ 고주파절제술이 보험약관상 '수술'에 해당하는지가 문제된 경우

④ 상피내암이 점막내 암종을 제외한 상피내 암종만을 의미하는 것으로 제한해석해야 하는지가 문제된 경우

23. 손해방지의무에 관한 설명 중 틀린 것은?

① 이 의무는 보험사고가 생긴 때부터 지는 의무이다.

② 손해방지를 위하여 필요하였던 비용이라도 손해의 방지 또는 경감의 효과가 생긴 경우에만 보험자에게 청구할 수 있다.

③ 보험계약자 또는 피보험자는 이 의무의 이행을 위해서는, 보험에 들지 않았을 경우에 자신의 이익을 위해 요구되는 정도의 주의를 기울여야 한다.

④ 보험계약자 또는 피보험자가 고의 또는 중대한 과실로 이 의무를 이행하지 않은 경우에는, 보험

자는 방지 또는 경감할 수 있었던 금액을 보험금에서 공제할 수 있다.

24. A와 B는 부부로서, A가 A와 B를 피보험자로 하여 C 보험회사의 자동차책임보험에 가입하였다. 그 후 B가 미혼의 아들인 K를 조수석에 태우고 운전하던 중 운전을 잘못하여 K가 사망하였다. 이 사례에 관한 설명 중 틀린 것은? (대법원 판례에 의함.)

① A는 K의 손해배상청구권에 대한 지분을 상속하면 그 지분에 관하여 C 보험회사에 대해 보험금을 청구할 수 있다.
② B는 K의 손해배상청구권에 대한 지분을 상속하더라도 그 지분에 관하여 C 보험회사에 대해 보험금을 청구할 수 없다.
③ B가 상속을 포기하더라도 A가 C 보험회사에 대해 보험금의 전액을 청구할 수 없다.
④ B가 상속을 포기하는 것은 C 보험회사에 대하여 신의칙에 반하는 행위로서 무효가 된다고 할 수 없다.

25. 보험증권에 관한 설명 중 틀린 것은?

① 보험증권은 어음·수표와 같은 엄격한 요식증권성을 갖는다.
② 보험계약의 성립 여부는 보험증권만이 아니라 계약체결의 전후경위 등을 종합하여 인정할 수 있다.
③ 보험증권이 멸실 또는 훼손된 때에는 보험계약자는 보험자에 대하여 증권의 재교부를 청구할 수 있다. 그러나 그 비용은 보험계약자의 부담으로 한다.
④ 기존의 보험계약을 연장하거나 변경한 경우에는 보험자는 그 보험증권에 그 사실을 기재함으로써 보험증권의 교부에 갈음할 수 있다.

26. 피보험자의 자살에 관한 설명 중 틀린 것은?

① 피보험자가 자살면책기간이 경과하여 자살한 경우에는 고의로 인한 보험사고이더라도 보험자는 보험금을 지급해야 한다.
② 피보험자가 정신질환 등으로 자유로운 의사결정을 할 수 없는 상태에서 자살한 경우에는, 이를 체질적 요인으로 인하여 사망한 것으로 보는 입장에서는 일반사망보험금의 지급사유가 되지 않는다고 한다.
③ 피보험자가 정신질환 등으로 자유로운 의사결정을 할 수 없는 상태에서 자살한 경우에는, 고의가 인정되지 않으므로 보험자의 면책사유인 자살에 해당한다고 할 수 없다.
④ 대법원 판례에 따르면, 피보험자가 자살 전날 우울증 진단을 받았지만 평소 정신과 치료를 받은 적이 없고 유서 등을 미리 준비한 경우라면, 자유로운 의사결정을 할 수 없는 상태에서 자살한 것으로 볼 수 없다.

27. 상해보험과 질병보험에 관한 설명 중 틀린 것은?

① 장애등급표에 따라 장애보험금을 지급하는 경우에는, 상해보험은 준정액보험(準定額保險)에 해당한다.
② 원칙적으로 상해로 인한 사망은 상해보험의 보험사고에 해당하고, 질병으로 인한 사망은 질병보험의 보험사고에 해당한다.
③ 민사 분쟁에서의 인과관계는 의학적·자연과학적 인과관계가 아니라 사회적·법적 인과관계이므로, 그 인과관계가 반드시 의학적·자연과학적으로 명백히 증명되어야 하는 것은 아니다.
④ 대법원 판례에 따르면, 의사의 사체 검안만으로 망인의 사망 원인을 밝힐 수 없었음에도 유족의 반대로 부검이 이루어지지 않은 경우에는, 사망 원인을 밝히려는 증명책임을 다하지 못한 유족에게, 부검을 통해 사망 원인이 명확히 밝혀진 경우보다, 더 유리하게 사망 원인을 추정할 수는 없다.

28. 타인을 위한 손해보험계약에 관한 설명 중 틀린 것은?

① 보험계약자는 보험증권을 소지하고 그 타인의 동의를 얻은 경우에 한하여 보험계약을 해지할 수 있다.
② 보험계약자가 예외적으로 보험금청구권을 취득할 수도 있다.
③ 보험계약자가 원칙적으로 보험료 지급의무를 부담한다.
④ 보험계약자와 피보험자가 서로 다른 손해보험계약이다.

29. 약관에서 책임보험의 보험금청구권의 발생시기나 발생요건에 관하여 달리 정한 경우 등 특별한 다른 사정이 없는 한, 원칙적으로 책임보험의 보험금청구권의 소멸시효는 대법원 판례에 따르면 언제인가?

① 제3자가 손해를 입은 사고가 발생한 때
② 피보험자가 제3자로부터 그 책임에 관하여 재판상 또는 재판외의 배상청구를 받은 때
③ 피보험자의 제3자에 대한 법률상의 손해배상책임이 변제, 승인, 화해 또는 재판의 방법 등에 의하여 확정된 때
④ 피보험자가 피해자에게 배상의무를 현실적으로 이행한 때

30. 보험계약 체결에 관한 설명 중 옳은 것은?

① 승낙 이후 보험증권 교부가 없으면 보험계약은 성립되지 않는다.
② 구술에 의한 보험계약체결은 불가능하다.
③ 청약과 승낙의 의사의 합치가 없어도 보험계약이 성립한다.

④ 보험료 납부 전에도 보험사고 발생 시 보험금을 지급하기로 하는 당사자의 특약은 유효하다.

31. 보험료의 지급에 관한 설명 중 틀린 것은?

① 보험계약에는 반드시 보험계약자가 지급해야 할 보험료가 있어야 하며, 이것이 보험계약자가 이행해야 할 적극적 의무이다.

② 통상적으로 보험료가 지급되어야 보험자의 책임이 시작되므로, 보험계약은 사실상 요물계약성(要物契約性)을 지니게 된다.

③ 보험료불가분의 원칙은 오늘날 일할(日割)계산이나 단기요율표에 의한 계산으로 인해 그 의의가 크게 퇴색되었다.

④ 대법원 판례에 따르면, 전화에 의한 보험료 대납의 약정은 무효이다.

32. 甲은 2008년 7월 25일에 A보험회사의 보험설계사인 B와 전화로 상담을 한 후 乙을 피보험자로 하는 보험(신부전증 등의 발병에 대해 치료비를 지급하는 보험)에 가입하기로 하고, 같은 날 13시 39분경에 신용카드로 제1회 보험료를 지급하였다. 그 후 甲은 B로부터 보험청약서 등을 우편으로 배달받고, 보험청약서의 질문표에 乙이 최근 5년 이내에 고혈압 등으로 의사로부터 진단을 받았거나 투약 등을 받은 적이 없다고 기재하여 2008년 8월 6일경에 A보험회사에게 우송하였다. A보험회사는 2008년 8월 7일에 甲이 우송한 보험청약서 등을 토대로 보험계약의 심사를 완료하였다. 한편 乙은 2008년 7월 25일 16시 5분경에 의원에 내원하여 신장기능검사 등을 받고 고혈압이라는 진단 아래 혈압약을 처방받았고, 2008년 7월 31일에 다시 그 의원에 내원하여 검사결과를 확인하면서 고혈압성 신부전증 등의 소견을 듣고 이에 관한 약을 처방받았다. 이 경우 대법원 판례에 의할 때, 옳은 설명은?

① A보험회사는 고지의무의 위반을 이유로 보험계약을 해지함으로써 보험금지급의무를 면할 수 있다.

② A보험회사는 고지의무의 위반을 이유로 보험계약을 해지할 수 있지만 보험금은 지급해야 한다.

③ A보험회사는 고지의무의 위반을 이유로 보험계약을 해지할 수 없으므로 보험금을 지급해야 한다.

④ A보험회사는 甲으로부터 보험계약의 청약과 보험료를 받고 그 청약을 승낙하기 전에 보험사고가 발생하였으므로 보험금을 지급해야 한다.

33. "외과적 수술, 그 밖의 의료처치로 인한 손해를 보상하지 아니한다. 그러나 보험회사가 부담하는 상해로 인한 경우에는 보상한다."라는 상해보험약관상의 면책조항에 관한 설명 중 옳은 것은? (최근의 대법원 판례에 의함.)

① 생명보험약관에서의 재해와 상해보험약관에서의 상해는 다른 것으로 보아야 하는 것은 아니다.
② 질병을 치료하기 위한 외과적 수술에서 의료과실로 상해가 발생하면 보험자는 면책될 수 없다.
③ 보험자가 책임져야 할 상해사고로 인한 외과적 수술에서는 의료과실 없이 상해가 발생한 경우에만 보험자는 면책될 수 있다.
④ 이 면책조항은, 보험거래상 일반적이고 공통된 것이어서 보험계약자가 별도의 설명 없이 충분히 예상할 수 있으므로, 보험자의 설명의무가 면제된다.

34. 공인중개사협회는 중개업자의 거래당사자에 대한 손해배상책임을 보장하기 위한 공제사업을 하고 있다. 이 공제에 관한 설명 중 옳은 것은? (최근의 대법원 판례에 의함.)

① 이 공제는 보험업법에 의한 보험사업이 아니므로, 보험업법상의 상호회사가 경영하는 상호보험과 유사한 성질을 갖고 있는 것으로 볼 수 없다.
② "공인중개사협회가 보상하는 금액은 공제가입금액을 한도로 한다"라는 공제약관상의 규정은, 작성자불이익의 원칙에 의할 때, '공제기간 내에 발생한 공제사고 1건당의 보상한도를 공제가입금액으로 한다'는 뜻으로 풀이할 수 없고, '공제기간 내에 발생한 모든 공제사고에 대한 총 보상한도를 공제가입금액으로 한다'는 뜻으로 풀이해야 한다.
③ 중개업자가 공제계약을 갱신할 당시 장래 공제사고를 일으킬 의도를 가지고 있었다고 하더라도, 그 당시에 공제사고의 발생 여부가 객관적으로 확정되었음을 이유로, 갱신된 공제계약이 무효가 된다고 볼 수 없다.
④ 공인중개사협회가 공제약관에 따라 중개업자의 사기를 이유로 공제계약의 무효를 주장하는 경우에는, 공제계약의 취소를 주장하는 경우와는 달리, 그 무효로써 선의·무과실의 거래당사자에게 대항할 수 있다.

35. 고지의무에 관한 설명 중 옳은 것은?

① 보험계약자나 피보험자의 탐지의무를 배제하는 견해에 의하면, 이들이 계약체결 당시에 고지사항의 존재를 모르고 그 사항이 없다고 답변한 경우라도 원칙적으로 중대한 과실로 고지의무를 위반한 것으로 볼 수 있다.
② 고지의무가 수동화(受動化)되면, 질문표에서 물어보지 않은 사항에 관해서는 보험계약자의 사기로 인한 계약체결이 인정될 수 없다.
③ 보험계약자나 피보험자가 고지의무를 위반한 경우에도 그 위반 사실과 보험사고 간의 인과관계가 없음을 이유로 보험금을 지급하는 것이 고지의무의 기능을 약화시키게 된다는 점을 고려하면, 가능한 한 고지의무 위반사실과 보험사고 간에 인과관계가 존재했던 것으로 인정해야 할 것이다.

④ 최근의 대법원 판례에 따르면, 피보험자와 지역적으로 떨어져 살고 있는 보험계약자와 그 대리인이 피보험자가 진단받은 사실을 모르고서 질문표에서 그 진단사실의 유무에 대한 답변으로 '아니오'라는 칸에 표기를 한 경우에는, 피보험자에게 전화 등을 통하여 쉽게 그 진단사실을 확인할 수 있었음에도 이를 확인하지 아니하였으므로, 그 표기만으로도 중대한 과실로 고지의무를 위반한 것으로 볼 수 있다.

36. 제3자에 대한 보험자의 대위권에 관한 설명 중 옳은 것은?

① 최근의 대법원 판례에 따르면, 甲이 자동차종합보험약관상의 '승낙피보험자'로부터 구체적·개별적인 승낙을 받고 그 승낙피보험자를 위하여 운전을 한 경우에는, 甲은 '기명피보험자'의 의사와는 상관없이 자동차종합보험약관상의 '운전피보험자'에 해당하므로, 보험자는 甲에게 대위권을 행사할 수 없다.
② 최근의 대법원 판례에 따르면, 보험자가 손해액의 산정을 위하여 지출한 비용은 보험계약자 또는 피보험자를 대위하여 가해자를 상대로 그 비용 상당의 손해배상을 청구할 수 없다.
③ 보험자가 보험금의 전액을 지급한 경우에는 피보험자의 제3자에 대한 권리에 우선하여 제3자에게 대위권을 행사할 수 있다.
④ 제3자가 피보험자에게 변제, 승인 또는 화해를 할 때에 보험자에게 권리가 이전되어 있음을 안 경우라도, 일단 변제, 승인 또는 화해가 이루어진 이상, 보험자는 피보험자에게 부당이득의 반환을 청구할 수 있을 뿐 제3자에게 대위권을 행사할 수 없다.

37. A 보험회사와 甲은 피보험자를 甲, 乙, 丙으로 하여 손해배상책임보험계약을 체결하였다. 甲과 乙은 부부이고 丙은 이들의 자녀이다. 이 보험계약이 체결된 후에 丙이 고의로 불을 내어 타인에게 손해를 입혔고, 甲과 乙은 자녀 丙에 대한 감독의무를 소홀히 하였음을 이유로 민법상 손해배상책임을 지게 되었다. 이 보험의 면책약관에는 보험계약자 또는 피보험자의 고의를 원인으로 하여 생긴 손해는 보상하지 아니한다고 규정되어 있었다. 최근의 대법원 판례에 따를 때 옳은 설명은?

① 丙이 고의로 보험사고를 일으켰으므로, A 보험회사는 면책약관에 따라 보험금의 지급책임을 지지 않게 된다.
② 甲과 乙은 丙과 함께 고의로 인한 공동불법행위책임을 지게 되므로, A 보험회사는 면책약관에 따라 보험금의 지급책임을 지지 않게 된다.
③ 甲과 乙은 과실로 인한 손해배상책임을 지게 되므로, A 보험회사는 면책약관의 적용을 주장할 수 없고 보험금의 지급책임을 지게 된다.
④ 甲과 乙은 과실로 인한 손해배상책임을 지고 丙은 고의로 인한 손해배상책임을 지게 되므로, A 보험회사는 丙에 대해서만 면책약관을 적용할 수 있고, 따라서 보험가입금액의 2/3를 한도로 보

험금의 지급책임을 지게 된다.

38. 자동차의 양도에 따른 보험관계의 승계에 관한 설명 중 옳은 것은?

① 상법에 의하면, 보험자가 자동차의 양수사실을 통지받고 그 양수에 대한 낙부(諾否)의 통지를 게을리 하면 그의 승낙이 의제되므로, 양수의 사실이 보험자에게 통지된 자동차의 경우에는 무보험(無保險)상태가 생겨나지 않는다.

② 자동차손해배상보장법에 의하면, 자동차의 양도일부터 자동차소유권 이전등록 신청기간이 끝나는 날 또는 그 전에 양수인이 새로운 책임보험 등의 계약을 체결한 날까지의 기간에 대해서는, 자동차의 양수인이 그 기간에 해당하는 의무보험의 보험료를 양도인에게 지급하기 전이라도 의무보험에 관한 양도인의 권리·의무를 승계한다.

③ 최근의 대법원 판례에 따르면, 甲이 자동차를 乙에게 양도하고, 乙이 자동차소유권 이전등록 신청기간 내에 이전등록을 하지 않고 자동차를 다시 丙에게 양도한 경우에는, 丙은 乙에게 부여된 자동차소유권 이전등록 신청기간 중에서 乙이 이전등록을 하지 않고 경과한 기간을 뺀 나머지 기간 동안만 자동차손해배상보장법에 따라 甲이 가입한 의무보험에 관한 권리·의무를 승계할 수 있다.

④ 최근의 대법원 판례에 따르면, 자동차의 양도인이 가입한 A 보험회사가, 양수인이 새로 B 보험회사의 자동차보험에 가입한 사실을 모르고 그 자동차가 무보험차로 된 것으로 오인하여, 그 자동차 양도 후의 사고로 인한 피해자에게 자동차손해배상보장사업에 따른 금액을 지급한 경우라도, 피해자의 B 보험회사에 대한 책임보험금청구권이 시효로 소멸된 경우에는 A 보험회사는 B 보험회사에 대하여 구상권을 행사할 수 없다.

39. 타인의 생명보험에 관한 설명 중 옳은 것은?

① 피보험자가 계약의 체결 시에 서면동의를 한 경우에는, 그 후에 보험계약자가 피보험자가 아닌 자를 보험수익자로 지정하거나 변경할 때에는 다시 피보험자의 서면동의를 얻을 필요가 없다.

② 심신상실자는 정신능력의 결여로 스스로 서면동의를 할 수 없으므로, 그의 법정대리인이 그를 대리하여 서면동의를 한 경우에만 그를 피보험자로 하는 계약이 유효하게 체결될 수 있다.

③ 최근의 대법원 판례에 따르면, 회사가 임직원이 재직 중의 사고로 사망할 경우에 그 유가족에게 지급할 위로금을 마련하기 위하여 임직원의 서면동의를 얻어 회사를 보험수익자로 하여 계약을 체결한 경우에는, 회사는 보험수익자로서 계약상의 권리를 가지게 되므로, 그 임직원은 퇴사를 하게 된 경우라도 회사의 동의를 얻은 경우에만 자신의 서면동의를 철회할 수 있다.

④ 최근의 대법원 판례에 따르면, 甲이 피보험자를 자신의 만 7세 아들인 丙으로 하고 보험수익자를 자신으로 하여, 丙이 재해로 사망하였을 때는 사망보험금을 지급하기로 하고, 재해로 장애가 생겼을 때는 소득상실보조금 등을 지급하기로 하는 내용의 보험계약을 보험회사와 체결한 경우

에는, 이 계약은 재해사망에 대한 부분을 제외하고 나머지 부분만을 유효한 것으로 볼 수 있다.

40. 상법상의 '보험약관 설명의무', 보험업법상의 '설명의무'와 '적합성의 원칙' 등에 관한 설명 중 옳은 것은?

① 상법상의 보험약관 설명의무가 이행되지 않더라도, 보험회사에게 보험업법상의 설명의무 위반으로 인한 책임은 물을 수 없다.

② 상법상의 보험약관 설명의무가 이행되면, 보험업법상으로도 보험회사에게 설명의무 위반으로 인한 책임을 물을 수 없다.

③ 최근의 대법원 판례에 따르면, 변액보험에 관해서는 보장되지 않는 고율의 수익률을 전제로 하여 계약의 내용을 설명했다고 하더라도 보험업법상의 설명의무의 위반이 되지 않는다.

④ 최근의 대법원 판례에 따르면, 보험업법상의 적합성 원칙의 위반에 따른 손해배상책임의 존재에 관한 증명책임은 보험계약자에게 있다.

※ 제37회(2014년도) 손해사정사 1차 시험 보험계약법 정답

1	2	3	4	5	6	7	8	9	10
③	②	①	②,③	②	④	②③	②	④	②
11	**12**	**13**	**14**	**15**	**16**	**17**	**18**	**19**	**20**
④	②	①	①	③	④	③	①	②	①
21	**22**	**23**	**24**	**25**	**26**	**27**	**28**	**29**	**30**
②	①	②	③	①	②	②	①	③	④
31	**32**	**33**	**34**	**35**	**36**	**37**	**38**	**39**	**40**
④	①	①	③	③	②	③	②	④	④

제36회(2013년도) 손해사정사 - 보험계약법 기출문제

1. 보험사고에 대한 설명 중 옳지 않은 것은?

① 보험사고는 그 사고의 발생이 우연한 것이어야 한다.

② 보험사고의 불확정성은 당사자의 주관에 있어서 불확정하면 족하다.

③ 보험사고는 일정한 보험의 목적에 대하여 일어나는 일정한 사고로서 보험계약에서 특정한 것을 의미한다.

④ 보험계약체결 당시 계약당사자의 일방 또는 피보험자가 보험사고의 발생이나 불발생을 안 때에는 그 계약은 해지할 수 있다.

2. 다음의 설명 중 옳지 않은 것은?

① 대리인에 의하여 보험계약을 체결한 경우에 대리인이 안 사유는 그 본인이 안 것과 동일한 것으로 한다.

② 보험계약의 당사자가 특별한 위험을 예기하여 보험료의 액을 정한 경우에 보험기간 중 그 예기한 위험이 소멸한 때에는 보험계약자는 보험계약 성립 당시로 소급하여 보험료의 감액을 청구할 수 있다.

③ 보험계약의 전부 또는 일부가 무효인 경우에 보험계약자와 피보험자가 선의이며 중대한 과실이 없는 때에는 보험자에 대하여 보험료의 전부 또는 일부의 반환을 청구할 수 있다.

④ 판례에 의하면, 승낙전 보험사고에 대하여 보험계약의 청약을 거절할 사유가 없어서 보험자의 보험계약상의 책임이 인정되면, 그 사고발생 사실을 보험자에게 고지하지 아니하였다는 사정은 청약을 거절할 사유가 될 수 없다.

3. 보험증권에 관한 상법의 규정 중 옳지 않은 것은?

① 보험자는 보험계약이 성립한 때에는 지체없이 보험증권을 작성하여 보험계약자에게 교부하여야 한다.

② 기존의 보험계약을 연장하거나 변경한 경우에는 보험자는 그 보험증권에 그 사실을 기재함으로써 보험증권의 교부에 갈음할 수 있다.

③ 보험계약의 당사자는 보험증권의 교부가 있은 날로부터 일정한 기간 내에 한하여 그 증권내용의 정부에 관한 이의를 할 수 있음을 약정할 수 있다. 이 기간은 3월을 내리지 못한다.

④ 보험증권을 멸실 또는 현저하게 훼손한 때에는 보험계약자는 보험자에 대하여 증권의 재교부를 청구할 수 있다. 그 증권작성의 비용은 보험계약자의 부담으로 한다.

4. 약관의 교부·명시의무에 관한 상법 및 판례의 설명 중 옳지 않은 것은?

① 약관의 교부 · 명시의무의 이행시기는 보험계약을 체결할 때이다.
② 약관의 교부 · 명시의무의 상대방은 보험계약자 본인이며, 그 대리인에게 보험약관을 설명하는 것은 의무이행으로 인정될 수 없다는 것이 판례의 입장이다.
③ 약관에 따라서는 계약취소기간을 달리 정하고 있는 것도 있다.
④ 당사자가 명시적으로 약관의 내용과 달리 약정한 경우에는 달리한 약정이 우선한다는 것이 판례의 입장이다.

5. 보험약관설명의무에 대한 판례의 입장을 설명한 것 중 옳지 않은 것은?

① 업무용자동차보험에서의 유상운송면책약관은 약관설명의무의 대상이다.
② 자동차보험에서 가족한정특약은 약관설명의무의 대상이 아니다.
③ 화재보험가입후의 건물의 증개축은 위험변경증가로서 통지의무의 대상이며 이는 약관을 설명하여 주지 않았어도 약관대로 계약해지가 가능하다.
④ 자동차보험에 있어서의 산재보험수혜자 면책조항은 약관설명의무의 대상이 아니다.

6. 다음의 설명 중 옳지 않은 것은?

① 보험중개사는 보험계약의 체결권이 없고, 고지수령권도 없다.
② 보험설계사는 보험계약의 체결권이 없고, 고지수령권도 없다.
③ 보험대리점이 중개대리상인 경우에 보험계약의 체결권은 없으나, 고지수령권은 인정된다.
④ 판례에 의하면, 보험설계사는 제1회 보험료의 수령권은 인정된다.

7. 다음 중 보험계약의 당연소멸사유에 해당하지 않는 것은?

① 여행자보험에서 여행의 종료
② 화재보험에서 보험목적물의 멸실
③ 자동차책임보험에서 보험사고인 교통사고 발생
④ 생명보험에서 보험자가 파산선고를 받은 후 3개월 경과

8. 다음의 설명 중 옳지 않은 것은? (다툼이 있는 경우 판례에 의함)

① 최초보험료의 보험료지급채무 기산점은 보험계약이 성립한 날이다.
② 상법에는 보험금청구권의 소멸시효를 2년으로 두고 있지만 그 기산점에 대하여는 아무런 규정을 두고 있지 아니하다.
③ 보험금청구권의 소멸시효의 기산점은 특별한 사정이 없는 한 보험사고가 발생한 때이지만, 약관

등에 의하여 보험금액청구권의 행사에 특별한 절차를 요구하는 때에는 그 절차를 마친 때가 된다.
④ 보험약관에 보험금 지급유예기간을 정하고 있는 경우 보험금청구권의 소멸시효는 지급유예기간이 경과한 다음날부터 진행한다.

9. 보험금지급에 관한 설명 중 옳지 않은 것은?

① 보험금액의 지급에 관하여 약정기간이 없는 경우에는 보험사고 통지를 받으면 10일 내에 조사하여 보험금액을 정하고 이를 지체 없이 지급하여야 한다.
② 보험금의 지급장소에 관하여는 거래관행에 따라 추심채무로서 보험자의 영업소에서 지급된다.
③ 책임보험의 경우 보험회사는 특별한 기간의 약정이 없으면 채무가 확정되었다는 통지를 받은 날부터 10일 내에 보험금액을 지급해야 한다.
④ 보험금액의 지급에 관하여 약정기간이 있는 경우에는 그 기간 내에 보험금액을 지급해야 한다.

10. 낙부통지의무와 승낙 전 사고에 대한 설명 중 옳지 않은 것은?

① 무진사보험의 경우 보험자가 보험계약자로부터 보험계약의 청약과 함께 보험료 상당액의 전부 또는 일부를 지급받은 때에는 다른 약정이 없을 경우 30일 내 낙부통지를 발송해야 하고, 이를 게을리 하면 승낙한 것으로 추정된다.
② 진사보험의 경우에는 낙부통지를 위한 30일의 기간과 관련하여 그 기간은 신체검사를 받은 날로부터 기산한다.
③ 무진사보험의 경우 보험자가 보험계약자로부터 보험계약의 청약과 함께 보험료 상당액의 전부 또는 일부를 받은 경우에 그 청약을 승낙하기 전에 보험사고가 생긴 때에는 그 청약을 거절할 사유가 없는 한 보험자는 보험계약상의 책임을 진다.
④ 인보험의 피보험자가 신체검사를 받아야 하는 경우에 그 검사를 받지 아니한 때에는 승낙 전 사고시 보험자가 책임을 지지 않는다.

11. 보험계약자는 무효인 보험계약에 의하여 보험회사에게 분할지급한 보험료의 반환을 청구할 수 있다. 이 보험료 반환청구권의 소멸시효에 관한 설명 중 옳은 것은? (다툼이 있는 경우 판례에 의함)

① 마지막 분할보험료를 지급한 때로부터 1년이 지나면 분할보험료 전체의 소멸시효가 완성한다.
② 마지막 분할보험료를 지급한 때로부터 2년이 지나면 분할보험료 전체의 소멸시효가 완성한다.
③ 각 분할보험료를 지급한 때로부터 1년이 지나면 해당 분할보험료별로 소멸시효가 완성한다.
④ 각 분할보험료를 지급한 때로부터 2년이 지나면 해당 분할보험료별로 소멸시효가 완성한다.

12. 고지의무에 대한 설명 중 옳지 않은 것은?

① 판례에 의하면, 고지의무 위반과 보험사고 발생 사이에 인과관계가 없는 경우 상법 제655조 단서에 의하여 보험금액 지급책임을 지게 되더라도 그것과 별개로 고지의무 위반을 이유로 계약을 해지할 수 있다.
② 고지의무의 부담자는 보험계약자, 피보험자, 보험수익자이다.
③ 판례에 의하면, 고지의무 위반과 보험사고 발생 사이에 인과관계를 조금이라도 엿볼 수 있는 여지가 있으면 인과관계를 인정할 수 있다고 한다.
④ 고지의무위반이 민법상 사기에 의한 의사표시의 취소 요건을 충족하는 경우 판례는 사기에 의한 취소를 인정한다.

13. 고지의무에 관한 다음의 설명 중 옳지 않은 것은? (다툼이 있는 경우 판례에 의함)

① 고지의무 위반으로 인한 해지는 형성권이다.
② 해지권 행사의 상대방 중 보험계약자가 사망한 때에는 그 상속인에게 하여야 한다.
③ 보험계약자가 아닌 피보험자나 보험수익자에게 한 해지의 의사표시도 효력이 있다.
④ 보험자가 계약체결 당시 고지의무 위반의 사실을 알았거나 중대한 과실로 인하여 알지 못한 때에는 보험자는 계약을 해지할 수 없다.

14. 보험계약의 부활에 대한 다음의 설명 중 옳지 않은 것은?

① 이 제도를 활용하기 위해서는 보험계약이 해지되고 해지환급금이 지급되지 않았어야 한다.
② 보험계약이 고지의무나 통지의무 위반 등에 의해 해지되었어야 한다.
③ 보험계약의 부활을 청약하는 경우에 연체보험료에 약정이자를 붙여 보험자에게 지급하여야 한다.
④ 보험계약이 해지된 시점부터 다시 부활된 시점까지 발생한 보험사고에 대하여는 보험자는 보험금지급책임이 없다.

15. 위험의 현저한 변경·증가를 이유로 보험자가 계약을 해지할 수 있는 경우를 모두 고른 것은?

가. 보험계약자 등이 위험변경·증가를 통지하지 않은 경우 나. 보험계약자 등이 위험변경·증가를 통지한 경우 다. 보험계약자가 보험자의 보험료 증액청구를 거절한 경우

① 가　② 가, 나　③ 가, 다　④ 가, 나, 다

16. 계속보험료의 지급 지체에 관한 설명 중 옳은 것은?

① 판례에 의하면, 보험자가 지급기일 전에 미리 그 지급을 안내하는 통지를 한 경우에는, 보험계약자에게 보험료의 지급의무를 환기시킨다는 점에서 적법한 최고가 된다.

② 지급기일 다음날부터 보험자의 책임이 중단되고 이후 최고를 거쳐 계약을 해지하는 약관조항은 보험계약자 등의 불이익변경금지의 원칙에 반한다.

③ 해지예고부 최고는 최고기간 내의 보험료 부지급(不支給)을 해제조건으로 하여 미리 계약을 해지하는 것이다.

④ 상법상 계속보험료의 지급 지체에 대한 최고기간은 지급기일의 다음날부터 진행한다.

17. 보험계약의 해지에 관한 설명 중 옳지 않은 것은?

① 보험자가 파산선고를 받은 때에는 보험계약자는 계약을 해지할 수 있다.

② 보험계약자는 보험사고가 발생하기 전에는 계약을 임의로 해지할 수 있고, 이 경우 부득이한 사유가 있음을 증명할 필요가 없다.

③ 판례에 의하면, 보험계약자의 채권자가 추심명령에 의하여 보험자에게 해지환급금 청구의 소를 제기한 경우라도, 그 채권자가 그 소의 제기와는 별도로 자기의 이름으로 계약 해지의 의사표시를 보험자에게 하여야 계약 해지의 효과가 발생한다.

④ 보험사고의 발생으로 보험금액이 감액되지 아니하는 보험의 경우에는, 보험계약자는 보험사고 발생 후에도 계약을 해지할 수 있지만, 그때까지의 미경과보험료는 청구할 수 없다.

18. 타인을 위한 보험에 대한 설명 중 옳지 않은 것은?

① 타인을 위한 보험은 손해보험과 인보험에서 피보험자가 보험계약자 이외의 다른 사람인 보험계약을 가리킨다.

② 운송업자나 창고업자가 송하인, 임치인을 위하여 체결하는 운송보험계약, 창고화재보험계약 등이 타인을 위한 보험에 속한다.

③ 손해보험에 있어서 보험의 목적물과 위험의 종류만이 정해져 있고 피보험자와 피보험이익이 명확하지 않은 경우에 타인을 위한 보험인지 여부는 보험계약서 및 당사자가 보험계약의 내용으로 삼은 약관의 내용, 당사자가 보험계약을 체결하게 된 경위와 그 과정, 보험회사의 실무처리 관행 등 제반 사정을 참작하여 결정하여야 한다.

④ 판례에 의하면, 임차인이 임차건물과 그 안의 시설 등에 대하여 피보험자에 대한 명확한 언급 없이 자신을 소유자로 기재하여 보험의 목적물의 화재로 인한 손해 등을 보상하는 보험계약을 체결한 경우, 그 보험계약은 손해보험의 일종인 화재보험으로서의 성격을 가진다.

19. 상법 규정에 관한 다음의 설명 중 옳지 않은 것은?

① 보험자는 보험사고로 인하여 부담할 책임에 대하여 다른 보험자와 재보험계약을 체결할 수 있다. 이 재보험계약은 원보험계약의 효력에 영향을 미치지 아니한다.
② 보험사고가 전쟁 기타의 변란으로 인하여 생긴 때에는 당사자간에 다른 약정이 없으면 보험자는 보험금액을 지급할 책임이 없다.
③ 보험계약자가 파산선고를 받은 때에는 보험자는 계약을 취소할 수 있다.
④ 상법 보험편의 규정은 그 성질이 상반되지 아니하는 한도에서 상호보험에 준용한다.

20. 다음 ( )안에 들어갈 올바른 것은?

보험회사 영업소장이 보험모집사원이 아닌 자에게 동 영업소의 '영업과장'명함을 만들어 주고 동 회사 전용의 보험청약서 등을 교부한 후 동인이 모집한 보험을 성립하도록 하여 주기도 하였다면, 그 밖의 보험계약체결에 관하여도 대리권을 주었다고 보아야 하므로 ( )에 따라 보험회사가 보험자로서 책임을 져야 한다.

① 취소권행사 ② 무효행위
③ 무권대리 ④ 표현대리

21. 손해보험과 인보험 양쪽에 모두 존재하는 것은?

① 피해자의 직접청구권 ② 보험수익자
③ 타인의 보험 ④ 부정액보험(不定額保險)

22. 피보험이익에 대한 설명 중 옳지 않은 것은? (다툼이 있는 경우 판례에 의함)

① 피보험이익은 보험의 목적에 대한 보험사고와 피보험자의 경제적인 이해관계를 가리킨다.
② 보험계약의 목적은 보험의 목적과는 구별하여야 한다.
③ 특정물건에 대하여 소유권자와 저당권자는 동일한 피보험이익을 가지므로 독립하여 보험계약을 체결하는 것이 인정되지 아니한다.
④ 두 개의 책임보험계약이 보험의 목적, 즉 피보험이익과 보험사고의 내용 및 범위가 전부 공통되지는 않으나 상당 부분 중복되고, 발생한 사고가 그 중복되는 피보험이익에 관련된 보험사고에 해당된다면, 이와 같이 두 개의 책임보험계약에 가입한 것은, 피보험이익과 보험사고 및 보험기간이 중복되는 범위 내에서 중복보험에 해당한다.

23. 보험가액에 대한 설명 중 옳지 않은 것은? (다툼이 있는 경우 판례에 의함)

① 기평가보험으로 인정되기 위한 당사자 사이의 보험가액에 대한 합의는 명시적인 것이어야 하며, 보험증권에 협정보험가액 혹은 약정보험가액이라는 용어를 사용하여야 한다.

② 보험계약체결당시 당사자 사이에 피보험이익의 가액에 대해 아무런 평가를 하지 아니한 미평가보험의 경우, 원칙적으로 사고발생시의 가액을 보험가액으로 한다.

③ 육상운송보험의 경우 운송물을 발송한 때와 곳의 가액과 도착지까지의 운임 기타의 비용을 보험가액으로 한다.

④ 해상보험에서는 적하보험의 경우 선적한 때와 곳의 적하의 가액과 선적 및 보험에 관한 비용을 보험가액으로 한다.

24. 다음의 설명 중 옳지 않은 것은?

① 당사자간에 보험가액을 정한 때에는 그 가액은 보험계약 체결시의 가액으로 정한 것으로 추정한다. 그러나 그 가액이 사고발생시의 가액을 현저하게 초과할 때에는 사고발생시의 가액을 보험가액으로 한다.

② 당사자간에 다른 약정이 있는 경우에는 그 신품가액에 의하여 손해액을 산정할 수 있다.

③ 보험의 목적에 관하여 보험자가 부담할 손해가 생긴 경우에는 그 후 그 목적이 보험자가 부담하지 아니하는 보험사고의 발생으로 인하여 멸실된 때에도 보험자는 이미 생긴 손해를 보상할 책임을 면하지 못한다.

④ 손해액의 산정에 관한 비용은 보험자의 부담으로 한다.

25. 상법 규정에 관한 설명 중 옳지 않은 것은?

① 보험자가 손해를 보상할 경우에 보험료의 지급을 받지 아니한 잔액이 있으면 그 지급기일이 도래하지 아니한 때라도 보상할 금액에서 이를 공제할 수 있다.

② 보험의 목적의 성질로 인한 손해는 보험자가 이를 보상할 책임이 없다.

③ 동일한 보험계약의 목적과 동일한 사고에 관하여 수개의 보험계약이 동시에 또는 순차로 체결된 경우에 그 보험금액의 총액이 보험가액을 초과한 때에는 보험자는 각자의 보험가액의 한도에서 연대책임을 진다. 이 경우에는 각 보험자의 보상책임을 각자의 보험가액의 비율에 따른다.

④ 동일한 보험계약의 목적과 동일한 사고에 관하여 수개의 보험계약을 체결하는 경우에는 보험계약자는 각 보험자에 대하여 각 보험계약의 내용을 통지하여야 한다.

26. 보험목적의 양도에 관한 다음의 설명 중 옳지 않은 것은?

① 피보험자가 보험의 목적을 양도한 때에는 양수인은 보험계약상의 권리와 의무를 승계한 것으로

추정한다.
② 보험의 목적의 양도인 또는 양수인은 보험자에 대하여 지체없이 보험목적의 양도 사실을 통지하여야 한다.
③ 보험의 목적은 물권적 양도방법에 의하여 양도되어야 한다.
④ 상속이나 합병으로 인한 경우에도 상법상 승계추정 규정이 적용된다.

27. 초과보험에 대한 설명 중 옳지 않은 것은?

① 초과보험인지의 여부는 보험계약체결시의 보험금액을 기준으로 한다.
② 초과보험은 보험기간 중 물가하락으로 인하여 보험가액이 감소한 경우에도 발생한다.
③ 단순초과보험의 경우 보험자 또는 보험계약자는 보험료와 보험금액의 감액을 청구할 수 있는데 이는 형성권이다.
④ 사기에 의한 초과보험의 경우 보험계약 전체가 무효가 되고 보험자는 그 사실을 안 때까지의 보험료를 청구할 수 있다.

28. 손해보험상 손해방지의무에 대한 설명 중 옳지 않은 것은? (다툼이 있는 경우 판례에 의함)

① 보험계약자와 피보험자는 손해의 방지와 경감을 위하여 노력하여야 한다. 그러나 이를 위하여 필요 또는 유익하였던 비용과 보상액이 보험금액을 초과한 경우라도 보험자가 이를 부담한다.
② 상법 보험편은 손해방지의무 위반의 효과에 대하여 보험자의 해지권을 규정하고 있다.
③ 배상책임보험에서 피보험자에게 배상책임이 발생하지 않은 사고라도 긴급조치비용으로 지출된 비용은 보험자가 예외적으로 보상한다.
④ 손해방지의무는 보험사고의 발생을 전제로 하는 것이나, 보험사고가 발생한 것과 같게 볼 수 있는 상태가 생겼을 때에도 손해방지의무는 생겨난다.

29. 청구권대위에 관한 다음의 설명 중 옳지 않은 것은?

① 제3자의 행위로 인해 보험사고가 발생하고 이로 인하여 피보험자가 손해를 입어야 한다.
② 판례는 타인을 위한 보험계약에서의 보험계약자를 청구권대위의 객체가 되는 제3자로 본다.
③ 제3자의 행위는 불법행위 뿐만 아니라 채무불이행에 의하여 손해배상의무를 부담하는 경우도 포함한다.
④ 판례는 보험계약자와 피보험자와 공동생활을 같이하는 가족을 청구권대위의 객체가 되는 제3자로 본다.

30. 다음의 설명 중 옳지 않은 것은?

① 보험사고의 성질은 손해보험증권의 기재사항이 아니다.
② 손해보험에서 보험사고로 인하여 상실된 피보험자가 얻을 이익이나 보수는 당사자간에 다른 약정이 없으면 보험자가 보상할 손해액에 산입하지 아니한다.
③ 운송의 노순(路順)과 방법은 운송보험증권의 기재사항이다.
④ 무효와 실권의 사유는 손해보험증권에 기재해야 하는 사항이다.

31. 다음 사안과 관련하여 판례의 입장에 관한 설명 중 옳지 않은 것은?

2000.1.19. A는 그의 처 B의 이름으로 보험자 S와의 사이에 A가 신축하여 레스토랑을 경영하던 건물 및 그 내부 집기 및 시설에 대하여 보험금액 2억 7000만원(2회에 걸쳐 증액하여 3억 7000만원)으로 하는 화재보험계약을 체결하였다. 2000.1.31. 03:46경 그 건물 내부에서 정확한 원인을 알 수 없는 화재가 발생하여 건물 및 시설물, 비품 등 보험의 목적물이 전소되었다. A는 2000.2. 하순경 손해사정사에게 이 사건 화재로 인한 손해액을 3억6800만원이라고 주장하면서 그 근거로 금액을 과대 기재하는 등 허위내용이 담긴 거래내역서 등을 첨부하여 제출하였다. 그러나 손해사정사의 조사에 의한 실제 손해액은 161,818,159원으로 A는 그 손해액보다 2배 이상의 보험금을 청구한 것이다. 이 사건 화재보험약관 제30조 제1항은 보험금청구권의 상실사유로서 “보험계약자 또는 피보험자가 손해의 통지 또는 보험금청구에 관한 서류에 고의로 사실과 다른 것을 기재하였거나 그 서류 또는 증거를 위조하거나 변조한 경우”를 규정하고 있다.

① 주거를 같이하는 피용인의 허위과다청구는 보험계약자 (피보험자)의 허위과다청구와 동일시한다.
② 보험의 목적이 J부분과 K부분으로 분리되는 경우 J부분에 대하여 2.5배 허위과다청구하였으나 K부분은 정직하게 신고하여 청구한 경우, K부분의 보험금을 받을 수 있다.
③ 목적물을 분리할 수 없는 경우 가액을 허위로 3배 과다청구한 경우 보험금청구권을 상실한다.
④ 사기적 보험금청구의 경우 보험금청구권을 상실한다는 조항은 보험자가 설명하여야 하는 중요한 사항에 해당하는 것으로 볼 수 없다.

32. 보험자의 면책사유로서 옳은 것은?

① 판례에 의하면, 인보험에서 극도의 흥분 및 심리불안 상태를 이기지 못하고 순간적으로 정신적 공황상태를 일으켜 스스로 투신한 경우, 이와 같은 심신상태는 보험약관에서 정한 정신질환상태에 해당한다고 보아야 할 것이며 그러한 상태에서 고의로 자신을 해쳐 사망한 경우 면책사유에 해당한다.
② 판례에 의하면, 사람이 승용차 보닛 위에 엎드려 매달리자 그를 차량에서 떨어지게 할 생각으로 승용차를 지그재그로 운전하다가 급히 좌회전하여 위 사람을 승용차에서 떨어뜨려 사망케 한 사

안은 고의에 의한 손해라고 볼 수 없다.

③ 판례에 의하면, 1600cc의 수혈을 거부하여 사망한 경우 수혈거부가 사망의 유일하거나 결정적인 원인이었다고 단정할 수 없어도 고의에 의한 보험사고로 인정된다.

④ 보험의 목적의 자연소모로 인한 손해는 보험자가 이를 보상할 책임을 진다.

33. 다음의 설명 중 옳지 않은 것은?

① 책임보험계약의 보험자는 피보험자가 보험기간 중의 사고로 인하여 제3자에게 배상할 책임을 진 경우에 이를 보상할 책임이 있다.

② 피보험자가 담보의 제공 또는 공탁으로써 재판의 집행을 면할 수 있는 경우에는 보험자에 대하여 보험금액의 한도 내에서 그 담보의 제공 또는 공탁을 청구할 수 있다.

③ 피보험자가 제3자로부터 배상의 청구를 받은 때에는 지체없이 보험자에게 그 통지를 발송하여야 한다.

④ 피보험자가 경영하는 사업에 관한 책임을 보험의 목적으로 한 때에는 피보험자의 대리인 또는 그 사업감독자의 제3자에 대한 책임은 보험의 목적에 포함되지 않는다.

34. 다음의 설명 중 옳지 않은 것은?

① 항해단위로 선박을 보험에 붙인 경우에는 보험기간은 하물 또는 적하의 선적에 착수한 때에 개시한다.

② 적하를 보험에 붙인 경우에는 보험기간은 하물의 선적이 완료한 때에 개시한다. 그러나 출하지를 정한 경우에는 그 곳에서 운송에 착수한 때에 개시한다.

③ 보험자는 피보험자가 지급할 공동해손의 분담액을 보상할 책임이 있다. 그러나 보험의 목적의 공동해손분담가액이 보험가액을 초과할 때에는 그 초과액에 대한 분담액은 보상하지 아니한다.

④ 보험자는 피보험자가 보험사고로 인하여 발생하는 손해를 방지하기 위하여 지급할 구조료를 보상할 책임이 있다. 그러나 보험의 목적물의 구조료분담가액이 보험가액을 초과할 때에는 그 초과액에 대한 분담액은 보상하지 아니한다.

35. 무면허 · 음주운전에 대한 설명 중 옳지 않은 것은? (다툼이 있는 경우 판례에 의함)

① 손해보험에서 보험계약자나 피보험자의 중대한 과실에 의한 보험사고는 면책사유에 해당한다.

② 상해보험에서 무면허운전 면책을 규정한 경우 보험사고가 전체적으로 보아 고의로 평가되는 행위로 인한 경우뿐만 아니라 과실(중과실 포함)로 평가되는 행위로 인한 경우까지 보상하지 아니한다는 취지라면 과실로 평가되는 행위로 인한 사고에 관한 한 무효이다.

③ 자동차종합보험상 대인배상의 경우 음주운전사고시 자기부담금을 인정하지 않고 있다.

④ 무면허운전이 보험계약자나 기명피보험자의 명시적 또는 묵시적 승인하에 이루어진 경우가 아니

라, 승낙피보험자의 승인만이 있는 경우에는 무면허운전면책약관은 적용되지 아니한다.

36. 인보험에 대한 설명 중 옳은 것은? (다툼이 있는 경우 판례에 의함)

① 인보험계약의 보험사고는 사람에 대하여 발생하는 우연한 사고이며 사고발생의 객체는 사람이며 그 보험에 붙여진 자가 보험수익자이다.
② 상법에는 인보험계약의 하부에 생명보험과 질병보험을 귀속시키고 있다.
③ 인보험계약에서는 계약에서 정하는 바에 따라 보험금액은 연금식으로 지급하는 것만이 인정된다.
④ 인보험계약에 의하여 담보되는 보험사고의 우발성과 외래성 및 상해 또는 사망이라는 결과와 사이의 인과관계에 관해서는 보험금청구자에게 그 증명책임이 있다.

37. 단체생명보험에 관한 설명 중 옳은 것은?

① 판례에 의하면, 취업규칙이나 단체협약에 있는 근로자의 재해부조에 관한 일반적 규정으로도 단체보험의 유효요건인 '규약'이 존재하는 것으로 볼 수 있다.
② 판례에 의하면, 단체보험계약을 체결한 자가 스스로 단체보험의 유효요건인 규약이나 구성원의 서면동의가 결여되어 그 단체보험계약이 무효라고 주장하는 것은 신의성실의 원칙에 반한다.
③ 단체보험에서 피보험자가 보험사고 이외의 사고로 사망하거나 퇴직 등으로 단체의 구성원으로서 자격을 상실하면 그에 대한 단체보험계약에 의한 보호는 종료된다.
④ 단체의 구성원이 보험료를 분담하는 경우에는 그 구성원에게도 보험증권을 발행하여야 한다.

38. 타인의 생명보험에서 타인의 서면동의에 관한 설명 중 옳지 않은 것은?

① 아내가 남편의 위임을 받아서 남편의 사망을 보험사고로 하는 계약을 대리하여 체결하는 경우에는 남편의 서면동의를 얻을 필요가 없다.
② 판례에 의하면, 15세 이상의 미성년자가 타인이 되는 경우에는, 민법의 규정에 따라 법정대리인의 서면동의로 그 미성년자의 서면동의를 갈음할 수 있다.
③ 판례에 의하면, 보험설계사가 "타인의 서면동의를 얻지 아니하면 계약이 무효가 된다"는 취지의 약관조항을 설명하지 아니한 경우에도, 보험자는 계약의 무효로 인하여 보험금지급책임을 면한다.
④ 甲이 乙의 사망을 보험사고로 하고 丙을 보험수익자로 하는 계약을 체결하는 경우에는, 乙은 甲이 자신을 피보험자로 지정하는 데에 대한 서면동의를 해야 할 뿐만 아니라, 甲이 丙을 보험수익자로 지정하는 데에 대한 서면동의도 하여야 한다.

39. 당연 무효인 보험계약은?

① 심신박약자의 생사혼합보험계약
② 심신상실자를 피보험자로 한 생존보험계약
③ 13세 미성년자를 피보험자로 하는 상해보험계약
④ 17세의 미성년자가 법정대리인의 동의를 얻지 아니하고 자신의 사망을 보험사고로 하여 직접 체결한 보험계약

40. 상해보험의 보험사고에 대한 설명 중 옳지 않은 것은? (다툼이 있는 경우 판례에 의함)

① 세균성 음식물중독과 상습적으로 흡입, 흡수 또는 섭취한 결과로 생긴 중독증상은 상해보험의 보험사고로 인정된다.
② 급격성은 사고가 돌발적으로 일어나 그로부터 상해라는 결과가 초래되기까지의 시간적 간격이 없는 상태로 피보험자가 예견하지 아니하였거나 예견할 수 없는 순간에 사고가 발생하는 경우 인정된다.
③ 상해에는 유독가스 또는 유독물질을 우연하게도 일시에 흡입·흡수 또는 섭취하였을 때에 생긴 중독증상을 포함한다.
④ 외래성은 상해의 원인이 신체의 내부에서 기인하는 것이 아님을 뜻한다.

※ 제36회(2013년도) 손해사정사 1차 시험 보험계약법 정답

1	2	3	4	5	6	7	8	9	10
④	②	③	②	②	③	③	④	①	①
11	12	13	14	15	16	17	18	19	20
④	②	③	②	④	②	③	①	③	④
21	22	23	24	25	26	27	28	29	30
④	③	①	①	③	④	①	②	④	①
31	32	33	34	35	36	37	38	39	40
①	②	④	②	③	④	③	②	①	①

제35회(2012년도) 손해사정사 - 보험계약법 기출문제

1. 선박미확정의 적하예정보험에 관한 설명으로 틀린 것은?

① 법적 성질은 보험계약의 예약이다.
② 보험계약의 체결 당시에 하물(荷物)을 적재할 선박을 지정하지 않은 보험을 말한다.
③ 보험계약자는 하물(荷物)이 선적되었음을 안 때에는 지체 없이 보험자에게 선박의 명칭 등을 통지하여야 한다.
④ 위 통지를 게을리한 때에는 보험자는 그 사실을 안 날부터 1월내에 계약을 해지할 수 있다.

2. 해상보험계약에 대한 설명으로 틀린 것은?

① 선박의 보험에 있어서는 보험자의 책임이 개시될 때의 선박가액을 보험가액으로 하며, 선박의 속구, 연료, 양식 기타 항해에 필요한 모든 물건은 보험의 목적에 포함된 것으로 한다.
② 항해단위로 선박을 보험에 붙인 경우에는 보험기간은 하물 또는 저하의 선적에 착수한 때에 개시한다.
③ 항해도중에 불가항력으로 보험의 목적인 적하를 매각한 때에는 보험자는 그 대금에서 운임 기타 필요한 비용을 공제한 금액과 보험금액과의 차액을 보상하여야 한다.
④ 선박의 존부가 2월간 분명하지 아니한 때에는 그 선박의 행방이 불명한 것으로 하여 전손으로 추정한다.

3. 책임보험에서 보험자의 손해보상책임의 범위에 관한 설명으로 틀린 것은?

① 피보험자가 제3자의 청구를 방어하기 위하여 지출한 재판상 또는 재판외의 필요비용도 보상한다.
② 방어비용에 손해액을 가산한 금액이 보험금액을 초과하는 때에도 언제나 보험자가 이를 부담한다.
③ 담보제공으로 재판의 집행을 면할 수 있는 경우 피보험자는 보험금액의 한도 내에서 보험자에 대하여 담보제공을 청구할 수 있다.
④ 영업책임보험의 경우에는 피보험자의 사업감독자의 제3자에 대한 책임으로 인한 손해도 보상한다.

4. 보험자가 보험계약자로부터 보험계약의 청약과 함께 보험료 상당액의 전부 또는 일부의 지급을 받은 때에 관한 설명으로 옳은 것은?

① 신체검사를 요하는 사망보험계약의 청약에 대한 낙부통지의 기간은 청약시로부터 기산한다.
② 보험자가 상법이 규정하는 기간 내에 낙부의 통지를 게을리한 때에는 보험계약이 성립한 것으로 본다.

③ 보험자가 그 청약을 승낙하기 전에 보험계약에서 정한 사고가 생긴 때에는 보험자의 책임은 생기지 않는다.
④ 낙부통지의무나 승낙의제는 인보험계약을 전제로 한 것이므로 손해보험계약의 경우에는 인정되지 아니한다.

5. 타인의 사망보험계약에서 피보험자의 동의에 관한 설명으로 틀린 것은?

① 보험계약의 성립요건이다(통설).
② 피보험자의 동의를 요구하는 상법 제731조는 강행규정이다(판례).
③ 보험금청구권을 피보험자가 아닌 자에게 양도하는 경우에도 필요하다.
④ 피보험자는 보험계약의 성립 전에는 언제든지 자신의 동의를 철회할 수 있다.

6. 고지의무에 관한 설명으로 옳은 것은? (다툼이 있는 경우에는 판례에 의함)

① 보험계약자의 대리인이 보험계약을 체결하는 경우 대리인은 보험계약자는 아니므로 본인이 알고 있는 사항만 고지하면 되고 대리인 자신이 알고 있는 사항까지 고지할 필요는 없다.
② 질문표에서 질문한 사항에 대하여만 답변하면 비록 보험계약자가 알고 있는 중요사항을 고지하지 아니하더라도 고지의무를 이행한 것으로 규정한 약관은 보험계약의 선의성을 해할 가능성이 있어 무효이다.
③ 고지의무자가 중대한 과실로 중요사실의 존재를 알지 못하여 고지하지 아니한 경우에도 고지의무 위반이 된다.
④ 보험사고가 발생한 경우, 고지의무 위반과 보험사고 발생 사이에 인과관계가 없는 경우에도 보험자가 고지의무 위반을 이유로 보험계약을 해지할 수 있다.

7. 상법상 해상보험자의 면책사유에 해당하지 않는 것은?

① 도선료와 입항료
② 적하에 관한 항해중의 통상비용
③ 적하보험에서 수하인의 중대한 과실로 인하여 생긴 손해
④ 적하보험에서 감항능력주의의무 위반으로 인하여 생긴 손해

8. 상법상 보험계약의 무효사유에 속하는 것은?

① 보험계약자가 고지의무를 위반한 경우
② 보험계약자가 계속보험료의 지급을 게을리한 경우
③ 보험계약자의 사기로 인하여 중복보험계약이 체결된 경우
④ 보험기간 중에 피보험자의 중대한 과실로 인하여 사고발생의 위험이 현저하게 변경된 경우

9. 임차인이 임차건물과 그 안에 있는 자신 소유의 시설・집기 등에 대한 화재보험계약을 체결하면서, 건물에 대한 피보험자를 명확히 정하지 않은 경우에 대법원 판례에 따른 설명으로 옳은 것은? (특별한 사정이 없는 경우를 전제로 함)

① 이 화재보험계약은 건물에 대해서는 임차인이 건물의 소유자에게 지게 되는 손해배상책임을 담보하는 자기를 위한 책임보험으로서의 성격을 지닌다.

② 이 화재보험계약은 건물에 대해서는 건물의 소유자를 피보험자로 하는 타인을 위한 책임보험으로서의 성격을 지닌다.

③ 이 화재보험계약은 건물에 대해서는 건물의 소유자를 피보험자로 하는 타인을 위한 물건보험으로서의 성격을 지닌다.

④ 임차인이 서류를 위조하여 시설・집기의 멸실・훼손에 대한 보험금을 과다하게 청구함으로 인해 이 화재보험약관상의 실권조항에 의하여 보험금청구권을 상실한 경우에는 건물과 시설・집기 일체에 대하여 1개의 화재보험계약이 체결된 이상 건물의 소유자도 그 건물에 대한 보험금청구권을 상실한다.

10. 보험약관의 교부・명시의무에 관한 설명으로 옳은 것은?

① 보험계약이 양도된 경우 양수인에 대해서는 보험약관의 명시의무를 부담하지 않는다(판례).

② 보험약관의 교부・명시의무 위반시 보험계약자는 보험계약이 성립한 날부터 1월내에 계약을 해지할 수 있다.

③ 법령에 의하여 정하여진 것을 되풀이하거나 부연하는 정도에 불과한 사항에 대해서는 보험약관의 교부·명시의무가 없다(판례).

④ 보험자는 보험계약을 체결할 때에 보험계약자와 피보험자에게 보험약관을 교부하고 약관의 중요한 내용을 알려주어야 한다.

11. 상법상 보험가액의 평가에 관한 설명으로 틀린 것은?

① 미평가보험에서는 사고발생시의 가액을 보험가액으로 한다.

② 운송보험에서는 미평가보험의 경우 보험가액불변경주의가 적용된다.

③ 기평가보험의 협정보험가액이 사고발생시의 가액을 초과하는 경우에는 사고발생시의 가액을 보험가액으로 한다.

④ 기평가보험의 협정보험가액은 원칙적으로 사고발생시의 가액으로 정한 것으로 추정하며, 보험증권에 기재하여야 한다.

12. 보험약관에 관한 설명 중 옳은 것은?

① 보험약관조항의 계약편입 여부는 보험계약자마다 달라질 수 있다.
② 보험약관조항의 무효 여부는 보험계약자마다 달라질 수 있다.
③ 보험약관조항이 계약에 편입되면 더 이상 무효 여부를 다툴 수 없다.
④ 공정거래위원회의 보험약관의 심사는 보험계약자의 구체적인 권리구제를 위한 것이다.

13. 단체보험에 관한 설명으로 틀린 것은? (다툼이 있는 경우 판례에 의함)

① 보험계약자에 대해서만 보험증권을 교부한다.
② 단체구성원을 보험수익자로 해야만 한다.
③ 피보험자의 교체에도 불구하고 보험계약은 동일성을 갖는다.
④ 단체보험에서 피보험자의 서면동의를 필요로 하지 않는다는 상법 제735조의3 제1항은 위헌이 아니다.

14. 甲이 자신의 사망을 보험사고로 하는 보험계약의 청약을 하고 제1회 보험료를 지급하였으나, 그 청약을 받은 乙보험회사는 甲이 사망할 때까지 승낙이든 거절이든 아무런 의사표시를 하지 아니하였다. 이 경우 乙보험회사가 甲의 사망에 대해 보험금 지급책임을 면할 수 있게 되는 경우를 모두 고른 것은?

가. 甲이 암의 치료 사실을 고지하였고 승낙기간이 지난 후 곧 암으로 사망한 경우 나. 甲이 암의 치료 사실을 고지하였고 승낙기간이 지나기 전에 암으로 사망한 경우 다. 甲이 암의 치료 사실을 사기로 숨기고 승낙기간이 지난 후에 곧 교통사고로 사망한 경우

① 가, 나 ② 나, 다 ③ 가, 다 ④ 나

15. (　)의 기간이 가장 긴 것은?

① 보험계약자가 보험목적에 관한 위험증가 통지의무를 게을리한 때에는 보험자는 그 사실을 안 날로부터 (　)내에 한하여 계약을 해지할 수 있다.
② 보험자가 보험계약자로부터 보험계약의 청약과 함께 보험료 상당액의 전부 또는 일부의 지급을 받은 때에는 다른 약정이 없으면 (　) 내에 상대방에 대하여 낙부(諾否)의 통지를 발송하여야 한다.
③ 보험자는 보험금액의 지급에 관하여 약정기간이 없는 경우에는 보험사고 발생의 통지를 받은 후

지체 없이 지급할 보험금액을 정하고 그 정하여진 날부터 ( ) 내에 피보험자 또는 보험수익자에게 보험금액을 지급하여야 한다.

④ 보험계약자는 계약체결 후 지체 없이 보험료의 전부 또는 제1회 보험료를 지급하여야 하며, 보험계약자가 이를 지급하지 아니하는 경우에는 다른 약정이 없는 한 계약성립 후 ( )이 경과하면 그 계약은 해제된 것으로 본다.

16. 피보험자가 복막암 진단을 받고 종양절제 수술을 받았다가 예기치 않은 감염으로 인하여 사망하였다. 이에 보험수익자가 상해보험금을 청구하였으나, 보험회사는 상해보험약관상의 면책조항("피보험자의 외과적 수술 또는 의료 처치를 원인으로 하여 생긴 손해는 보상하지 아니한다")을 이유로 그 지급을 거절하였다. 이 사건에서 대법원 판례는 이 면책조항이 적용될 수 있다고 판시하였다. 그 근거는?

① 위 면책조항은 수술 등 의료처치가 행해지는 경우에는 일상생활에서보다 상해가 발생할 위험이 현저히 증가하므로 그러한 위험을 처음부터 보험보호의 대상에서 배제하려는 데 있다.

② 피보험자에 대한 수술은 상해사고로 인한 것이 아니라, 외래성이 결여된 암 등의 질병으로 인한 것이므로 그 수술로 인한 사망은 상해사고에 해당하지 아니한다.

③ 수술이 피보험자의 동의 아래 이루어진 이상 그가 의료진의 과실로 인하여 감염되어 사망했더라도 이를 우연한 사고로 볼 수 없다.

④ 피보험자가 의료진의 과실로 감염되어 사망에 이르게 된 것은 피보험자가 예측할 수 없는 우연한 사고이기는 하지만, 이 사건에서 피보험자가 수술 시로부터 사망에 이르기까지 상당한 기간이 경과되었으므로 이를 급격한 사고로 볼 수 없다.

17. 보험계약법상의 용어에 관한 설명 중 옳은 것은?

① '타인의 보험'은 손해보험에서도 존재할 수 있다.

② 책임보험에서 보험금액의 총액이 보험가액을 초과하는 경우에는 '중복보험'에 관한 규정이 준용된다.

③ 상법상 '다수계약 통지의무'('수개의 계약의 통지의무')는 보험금액의 총액이 보험가액을 초과하지 않는 경우에는 인정되지 아니한다.

④ '피보험자'가 없는 보험계약은 존재할 수 없다.

18. 책임보험에서 제3자의 직접청구권에 관한 설명으로 틀린 것은?

① 피보험자의 보험금청구권과 경합하는 경우 이에 우선한다.

② 법적 성질에 대해서는 보험금청구권설이 최근 판례의 입장이다.

③ 보험자는 피보험자에게 대항할 수 있는 항변으로 제3자에게 대항할 수 있다.
④ 제3자로부터 직접청구를 받은 보험자는 지체 없이 피보험자에게 통지하여야 한다.

19. 甲은 자신의 건물에서 음식점을 경영하면서 乙보험회사와 그 건물에 대하여 화재보험계약을 체결하였다. 그 음식점의 영업이 부진하자, 甲과 같이 살고 있던 아들 丙은 甲으로 하여금 보험금을 받게 할 목적으로 그 건물에 불을 질렀다. 이 경우 옳은 설명은?

① 대법원 판례에 의하면, 甲과 丙은 가족으로서 이해를 같이 하므로 丙의 고의에 의한 방화는 당연히 甲의 고의에 의한 것으로 볼 수 있다.
② 통설에 의하면, 乙보험회사는 丙에게 보험자대위권을 행사할 수 있다.
③ 대법원 판례에 의하면, "피보험자에게 보험금을 받도록 하기 위하여 피보험자와 세대를 같이하는 친족 및 고용인이 고의로 일으킨 손해"를 보험자의 면책사유로 규정한 화재보험약관조항은 무효이다.
④ 위 ①부터 ③까지의 설명 중 옳은 것이 없다.

20. 타인을 위한 보험계약에서 타인의 권리에 관한 설명으로 틀린 것은?

① 권리행사시 수익(受益)의 의사표시를 필요로 하지 않는다.
② 보험자는 보험계약자와의 관계에 기인한 항변사유로 타인에게 대항할 수 없다.
③ 인보험의 경우에는 보험계약자가 보험수익자의 지정 · 변경권을 가지므로 타인의 권리는 그 한도에서 제한을 받는다.
④ 판례는 보증보험계약에서 보험자가 보험계약자의 사기를 이유로 보험계약을 취소하는 경우, 특별한 사정이 없는 한 보험자는 보험계약의 취소를 가지고 피보험자에게 대항할 수 없다고 한다.

21. 甲은 그의 부인 乙의 사망을 보험사고로 하는 다수의 보험계약을 체결하고, 제3자에게 乙의 살해를 교사한 적이 있었으나 그 제3자가 거부하여 실패하였다. 그 후 경제형편에 비해 지나치게 과다한 보험료를 납입하고 있던 과정에서 乙이 석연치 않은 교통사고로 사망하자 甲이 보험금을 청구한 사건에서, 그 청구를 물리친 대법원 판례가 주된 근거로 삼은 규정은?

① 민법 제103조(사회질서에 반하는 법률행위)
② 민법 제110조(사기에 의한 의사표시)
③ 상법 제653조(위험유지의무)
④ 상법 제672조 제3항(사기에 의한 중복보험)

22. 제3자에 대한 보험자대위에 관한 설명으로 판례의 입장과 다른 것은?

① 피보험자의 동거 친족은 제3자에서 제외된다.
② 보험자가 공동불법행위자 중의 일부에 대하여 가지는 구상권에 관한 보험자대위권은 소멸시효기간이 10년이다.
③ 보험자가 대위에 의하여 취득하는 권리의 소멸시효의 기산점과 그 기간은 대위에 의하여 이전되는 권리 자체를 기준으로 판단하여야 한다.
④ 보험약관상 보험자가 면책되는 무면허 운전시에 생긴 사고에 대하여 보험회사가 보험금을 지급한 경우, 보험자는 구상권을 대위행사할 수 있다.

23. 고지의무 위반으로 인한 보험자의 계약해지권에 관한 설명으로 판례의 입장과 다른 것은?

① 타인을 위한 인보험계약의 보험수익자도 보험계약 해지의 의사표시의 상대방이 될 수 있다.
② 보험회사의 외무사원에게 기왕병력을 말한 것만으로는 보험회사에 대하여 고지하였다고 볼 수 없다.
③ 고지의무 위반이 사기에 해당하는 경우 보험자는 상법의 규정에 의하여 보험계약을 해지할 수 있음은 물론, 민법의 일반원칙에 따라 보험계약을 취소할 수 있다.
④ 보험자가 보험약관의 중요한 내용에 대한 명시 · 설명의무를 위반한 경우에는 보험계약자가 약관에 규정된 고지의무를 위반하였다 하더라도 보험계약을 해지할 수 없다.

24. A는 화재보험에 들어 있는 자신의 주택을 B에게 양도하고 등기까지 이전해 주었다. 다음 설명 중 틀린 것은?

① B가 보험금청구권을 승계한 것으로 추정한다.
② 화재보험계약은 타인(B)을 위한 보험계약으로 변경된다(통설).
③ A 또는 B는 보험자에게 지체 없이 양도사실을 통지하여야 한다.
④ 위 통지의무 위반으로 인해 위험의 현저한 변경 또는 증가가 없었다면 보험자는 보험금 지급의무를 진다(판례).

25. 다음 중 보험계약관계에 관한 대법원 판례의 태도라 볼 수 없는 것은?

① 고지의무의 존재와 고지의무의 대상에 대하여 보험계약자 또는 피보험자가 이를 알았거나, 중대한 과실로 알지 못하여 고지의무를 다하지 못한 사실은 보험자가 증명하여야 한다.
② 위험의 현저한 증가나 변경시 보험계약자의 통지의무 위반으로 인한 보험자의 해지권 행사기간의 기산점은 단순한 의심의 수준이 아니라 보험자가 조사 · 확인절차를 거쳐 보험계약자의 통지의무 위반을 뒷받침하는 객관적인 근거를 확보함으로써 통지의무 위반이 있음을 안 때에 비로소

진행한다.

③ 보험자대위에 의하여 피보험자 등의 제3자에 대한 권리는 보험자에게 이전되며, 이때 보험자가 취득하는 채권의 소멸시효 기간과 그 기산점은 피보험자 등이 보험자에 대하여 가지는 보험금지급청구권을 기준으로 판단하여야 한다.

④ 피보험자가 정신질환 등으로 자유로운 의사결정을 할 수 없는 상태에서 사망의 결과를 발생케 한 경우에는 보험자의 면책사유로 규정된 '자살'에 해당하지 않는다.

26. A는 시가 10억원의 자기 소유 아파트에 대해 보험금액을 20억원으로 하는 화재보험 계약을 B보험회사와 체결하였다. 다음 설명 중 틀린 것은?

① A가 선의인 경우 B는 보험금액의 감액을 청구할 수 있다.
② A가 선의인 경우 A는 보험료의 감액을 청구할 수 있으며, 이는 장래에 대하여서만 효력이 있다.
③ A의 사기로 인한 경우 B는 보험계약을 취소할 수 있다.
④ B는 A의 사기 사실을 안 때까지의 보험료를 청구할 수 있다.

27. 다음 중 피보험자의 자격제한에 대한 설명으로 틀린 것은?

① 손해보험의 피보험자는 보험의 목적에 대하여 피보험이익을 가지는 자라면 자연인이든 법인이든 관계없다.
② 사망보험에서는 자기의 사망보험인 경우에도 피보험자가 15세 미만자, 심신상실자, 심신박약자인 경우 효력이 없다.
③ 사망보험계약 체결 당시 피보험자가 15세 미만이었다면, 비록 보험사고 발생 시에 15세 이상이었다 할지라도 보험계약은 무효이다.
④ 상해보험계약상 판단능력이 불완전한 심신상실자나 심신박약자를 피보험자로 하면 무효사유가 된다.

28. 보험위부에 관한 설명으로 올바른 것은 몇 개인가?

가. 피보험자의 편의를 위하여 인정된 제도이다. 나. 보험자가 위부를 승인한 때에 효력이 발생한다. 다. 언제나 보험의 목적 전부에 대하여 하여야 한다. 라. 보험자가 피보험자의 권리를 취득하기 위해서는 보험금을 지급하여야 한다.

① 1개　② 2개　③ 3개　④ 4개

29. 상법상 보험계약상 보험자가 증명책임을 지는 사항이 아닌 것은? (다툼이 있는 경우에는 판례에 의함)

① 승낙전 보험보호제도에 있어서 적격피보험체가 아니라는 이유로 청약을 거절할 사유의 존재
② 보험계약자 등의 고의나 중과실로 인한 위험증가
③ 고지의무위반의 사실과 보험사고 발생과의 인과관계의 존재
④ 보험가액의 제한 또는 보험계약의 무효를 주장하는 경우 초과보험계약이라는 사유

30. 책임보험에 있어 제3자가 보험자에 대하여 직접청구권을 행사하는 경우에 대한 설명으로 옳은 것은?

① 책임보험은 피해자구제수단이므로 보험자는 피보험자가 그 사고에 관하여 가지는 항변으로써 제3자에게 대항하지 못한다.
② 보험자는 그가 보험사고 발생 전에 보험계약자 또는 피보험자에 대하여 갖고 있던 항변사유로써 피해자에게 대항할 수 없다.
③ 보험자가 제3자로부터 직접청구를 받은 때에는 지체 없이 보험계약자 또는 피보험자에게 이를 통지하여야 한다.
④ 보험자가 자신의 피해자에 대한 반대채권을 스스로 행사하여 상계를 한 경우에는 그 상계로 인한 손해배상채권의 소멸의 효력은 피보험자에게도 미친다.

31. 재보험계약에 관한 설명으로 틀린 것은?

① 보험자대위가 인정된다.
② 책임보험에 관한 규정을 준용한다.
③ 원보험계약의 효력에 영향을 미치지 않는다.
④ 보험계약자등 불이익변경금지의 원칙이 적용된다.

32. 보험계약자가 보험료지급을 게을리한 경우의 효과에 관한 설명으로 올바른 것은 몇 개인가?

가. 판례는 해지예고부 납입최고약관의 효력을 인정하지 않는다.
나. 최초보험료는 계약 성립일, 계속보험료는 지급기일에 지급청구권의 소멸시효가 기산된다.
다. 특정한 타인을 위한 보험의 경우 보험자는 그 타인에게도 상당한 기간을 정하여 보험료의 지급을 최고한 후가 아니면 보험계약을 해제 또는 해지하지 못한다.
라. 계속보험료가 약정한 시기에 지급되지 않은 때에는 보험자는 상당한 기간을 정하여 보험계약자에게 최고하고, 그 기간 내에 지급되지 않은 때에는 보험계약을 해지할 수 있다.

① 1개 ② 2개 ③ 3개 ④ 4개

33. 상법상 손해보험자의 보상책임에 관한 설명으로 틀린 것은?

① 손해액 산정비용은 보험자의 부담으로 한다.
② 보험의 목적의 자연소모로 인한 손해는 보험자가 보상할 책임이 없다.
③ 보험자가 보상할 손해액은 원칙적으로 손해가 발생한 때와 곳의 가액에 의하여 산정한다.
④ 지급받지 않은 보험료 잔액은 지급기일이 도래한 때에 한하여 보상할 금액에서 공제할 수 있다.

34. 다음 설명 중 틀린 것은? (다툼이 있는 경우에는 판례에 의함)

① 보험계약은 그 계약전의 어느 시기를 보험기간의 시기(始期)로 할 수 있다.
② 보험계약 당시에 보험사고가 이미 발생한 것인 때에는 그 계약은 무효로 하지만, 당사자쌍방과 피보험자가 이를 알지 못한 때에는 그러하지 아니하다.
③ 보험계약 체결 당시 보험사고가 발생하지 않았다고 하더라도 시간의 경과에 따라 보험사고의 발생이 필연적으로 예견되는 질병의 확정 진단을 이미 받은 상태라면 그 보험계약은 무효이다.
④ 보험계약 당시에 보험사고가 발생할 수 없는 것인 때에는 그 계약은 무효로 하지만, 당사자쌍방과 피보험자가 이를 알지 못한 때에는 그러하지 아니하다.

35. 보험계약 해지에 관한 설명으로 틀린 것은?

① 보험자가 파산한 때 보험계약자의 계약해지 없이 2월을 경과하면 보험계약은 자동적으로 실효된다.
② 보험자가 법령에 정한 사유 이외에 약관상 사유로 계약을 해지하는 것이 강행법규에 어긋나지 않으면 유효하다.
③ 보험계약자는 당사자 간에 다른 약정이 없으면 미경과보험료의 반환을 청구할 수 있다.
④ 타인을 위한 보험계약의 경우 보험계약자가 그 타인의 동의를 얻거나 보험증권을 소지하고 있어야 보험계약을 해지할 수 있다.

36. 제3자에 대한 보험자대위에서 '제3자'의 범위에 관한 설명으로 틀린 것은? (통설, 판례에 의함)

① 제3자는 1인이든 수인(數人)이든 무방하다.
② 타인을 위한 손해보험에서 보험계약자는 제3자에 포함된다.
③ 보험계약자와 공동생활을 하는 사용인은 제3자에 포함되지 않는다.
④ 자동차종합보험에서 보험사고를 일으킨 피보험자의 피용운전사는 제3자에 포함된다.

37. 보험계약관계자의 권리·의무에 관한 설명 중 틀린 것끼리 짝지어진 것은?

> ㉠ 보험계약자는 보험사고 발생 전에는 언제든지 보험계약을 해지할 수 있다.
> ㉡ 초과보험의 보험자는 보험금액의 감액을 청구할 수 있다.
> ㉢ 타인을 위한 보험계약에서 타인은 보험사고 발생 전 보험계약을 해지할 수 있다.
> ㉣ 타인의 사망보험의 피보험자는 보험계약에 대한 동의권을 가진다.
> ㉤ 손해보험의 피보험자와 인보험의 보험수익자는 보험기간 동안 상법상의 위험유지의무를 부담한다.
> ㉥ 타인의 사망보험의 경우 피보험자인 타인은 보험수익자를 지정 · 변경할 권리를 가진다.
> ㉦ 타인을 위한 보험계약의 보험자는 보험계약이 성립한 때에는 지체없이 보험증권을 작성하여 알고 있는 타인에게 교부하여야 한다.

① ㉠,㉢,㉣　　② ㉡,㉤,㉥　　③ ㉢,㉥,㉦　　④ ㉣,㉤,㉦

38. 보험자의 면책사유에 대한 대법원의 태도로 틀린 것은?

① 동산종합보험보통약관 소정의 '보험계약자, 피보험자 또는 이들의 법정대리인의 고의 또는 중대한 과실로 생긴 손해'라는 면책조항은 보험계약자, 피보험자 또는 이들의 법정대리인에게 단순히 고용된 자의 고의 또는 중대한 과실로 생긴 손해에 대해서는 적용되지 않는다.
② 자동차종합보험약관상의 '전쟁, 혁명, 내란, 사변, 폭동, 소요 기타 이들과 유사한 사태'를 면책사유로 규정한 경우 여기서 '소요'는 폭동에는 이르지 아니하나, 한 지방에서의 공공의 평화 내지 평온을 해할 정도로 다수의 군중이 집합하여 폭행, 협박 또는 손괴 등 폭력을 행사하는 상태를 말한다.
③ 자동차운행으로 인한 사고의 경위와 전후 사정 등에 비추어 보험계약자 등이 피해자가 상해를 입으리라는 점에 대해서 이를 인식 · 용인하고 있었다고 볼 만한 사정이 있다면, 피해자가 이를 넘어서서 사망이라는 중대한 결과에 이르리라는 점까지 인식 · 용인하지 못한 경우에도 '보험계약자 또는 피보험자의 고의로 인한 손해'로 보아 면책약관을 적용함이 타당하다.
④ 자동차종합보험약관상 '배상책임 있는 피보험자의 피용자로서 산업재해보상보험법에 의한 재해보상을 받을 수 있는 사람에 대하여 보상하지 아니한다'는 면책조항의 취지는 산재보험에 의하여 전보가 가능한 범위 내에서만 면책된다는 것이다.

39. 다음 중 보험계약 당사자 간에 특약이 없는 경우에도 가능한 것은?

① 손해보험자가 희망이익을 보상하기로 하는 것
② 상해보험에서 제3자에 대한 보험자대위를 인정하는 것
③ 보험자가 최초의 보험료를 받은 때로부터 책임지기로 하는 것

④ 일부보험에서 보험자가 보험금액의 한도 내에서 손해액 전액을 보상하기로 하는 것

40. 손해방지의무에 관한 설명으로 옳은 것은?

① 당사자간의 특약으로 이 의무를 면제할 수 있으며 보험계약자 등의 간접의무이다.
② 방어비용은 손해방지비용의 일종으로 보아야 한다.
③ 일부보험의 경우에도 보험자는 손해방지비용을 전액 상환하여야 한다.
④ 상법은 손해방지의무위반의 효과에 관하여 보험자면책사유의 하나로 규정한다.

※ 제35회(2012년도) 손해사정사 1차 시험 보험계약법 정답

1	2	3	4	5	6	7	8	9	10
①	③	②	②	①	④	④	③	③	①②③④
11	12	13	14	15	16	17	18	19	20
③	①	②	②	④	①	④	②	②	②
21	22	23	24	25	26	27	28	29	30
①	④	①	②	③	③	④	①	③	④
31	32	33	34	35	36	37	38	39	40
④	③	④	③	①	④	③	③	③	①②③④

제34회(2011년도) 손해사정사 - 보험계약법 기출문제

1. 상법상 중복보험에 관한 설명으로 틀린 것은?

① 보험계약자의 사기로 인하여 중복보험계약이 체결된 때에는 계약이 무효이나, 보험자는 그 사실을 안 때까지의 보험료를 청구할 수 있다.
② 보험의 목적이 같아도 보험계약의 목적이 다른 경우에는 중복보험에 해당하지 않는다.
③ 판례는 보험자에게 각자의 보험금액의 한도에서 연대책임이 있고, 각자의 보험금액의 비율에 따라 보상할 책임이 있다는 상법의 규정을 강행규정으로 해석한다.
④ 보험자 1인에 대한 권리포기는 다른 보험자의 권리의무에 영향을 미치지 아니한다.

2. "보험기간 중에 보험계약자 또는 피보험자가 사고발생의 위험이 현저하게 변경 또는 증가된 사실을 안 때에는 지체없이 보험자에게 통지하여야 한다." 는 상법 제652조의 위험변경 · 증가의 통지의무에 관한 설명으로 틀린 것은?

① 통지의무를 위반한 때에는 보험자는 그 사실을 안 날로부터 1월내에 한하여 계약을 해지할 수 있다.
② 보험자가 통지를 받은 때에는 보험료의 증액을 청구할 수 있으나, 계약은 해지할 수 없다.
③ 판례는 화재보험계약에서 회사(보험계약자)의 근로자들이 폐업신고에 항의하여 공장건물을 장기 점거 농성하던 중 보험사고가 발생한 경우 이러한 장기점거 농성의 사실은 통지의무대상이라고 한다.
④ 판례는 생명보험계약 체결 후 다른 생명보험에 다수 가입하였다는 사정만으로는 사고발생의 위험이 현저하게 변경 또는 증가된 경우에 해당한다고 할 수 없다고 한다.

3. 초과보험에 관한 설명 중 틀린 것은?

① 초과보험이 성립하기 위해서는 보험가액이 보험금액을 현저하게 초과하여야 한다.
② 당사자가 선의인 경우 보험자 또는 보험계약자는 보험료와 보험금액의 감액을 청구할 수 있다.
③ 보험기간 중에 보험가액이 현저하게 감소하는 경우 보험자 또는 보험계약자는 보험료와 보험금액의 감액을 청구할 수 있다.
④ 보험계약자의 사기로 인하여 초과보험계약이 체결된 때에는 그 계약은 무효로 한다.

4. 판례에 의할 경우 제3자에 대한 보험자대위에서 제3자에 해당하지 않는 자는?

가. 자동차종합보험에 가입한 차주(車主)의 피용운전사 나. 자동차종합보험에서 기명피보험자의 승낙을 얻어 자동차를 사용 또는 관리하는 자 다. 무면허운전 면책약관부 자동차종합보험에서 보험계약자의 무면허운전자인 동거 가족 라. 타인을 위한 손해보험의 보험계약자

① 가, 다
② 가, 나, 라
③ 가, 나, 다
④ 가, 다, 라

5. 상법상 보험자의 면책사유에 관한 판례의 입장으로 틀린 것은?

① 사망을 보험사고로 한 보험계약에는 사고가 보험계약자의 중대한 과실로 인하여 생긴 경우에도 보험자는 보험금액을 지급할 책임을 면하지 못한다.
② 사망보험에서 자살을 보험자의 면책사유로 규정하고 있는 경우 자살은 피보험자가 자유로운 의사결정을 할 수 있는 상태에서 의도적으로 자기의 생명을 절단한 경우를 의미한다.
③ 보험계약자에게 단순히 고용된 자의 고의 또는 중대한 과실로 생긴 손해는 면책사유에 해당하지 않는다.
④ 자동차보험의 보험계약자가 피해자의 상해결과를 인식 · 용인하고 있지만 피해자의 사망결과까지는 인식 · 용인하였다고 볼 수 없는 경우, 사망으로 인한 손해는 보험계약자의 고의로 인한 손해로서 면책사유에 해당한다.

6. ( ) 안의 기간이 다른 하나는?

① 보험자는 보험금액의 지급에 관하여 약정기간이 없는 경우에는 보험사고 발생의 통지를 받은 후 지체없이 지급할 보험금액을 정하고 그 정하여진 날부터 ( )내에 피보험자에게 보험금액을 지급하여야 한다.
② 보험자가 보험계약자로부터 보험계약의 청약과 함께 보험료 상당액의 전부 또는 일부의 지급을 받은 때에는 다른 약정이 없으면 ( )내에 그 상대방에 대하여 낙부의 통지를 발송하여야 한다.
③ 책임보험의 피보험자가 제3자에 대하여 변제, 승인, 화해 또는 재판으로 인하여 채무가 확정된 때에는 지체없이 보험자에게 그 통지를 발송하여야 하고, 보험자는 특별한 기간의 약정이 없으면 통지를 받은 날로부터 ( )내에 보험금액을 지급하여야 한다.
④ 자동차보험의 보험자가 양수인으로부터 자동차 양수사실을 통지받은 때에는 지체없이 낙부를 통지하여야 하고 통지 받은 날부터 ( )내에 낙부의 통지가 없을 때에는 승낙한 것으로 본다.

7. 상법상 손해보험증권의 기재사항이 아닌 것은?

① 무효와 실권의 사유
② 보험사고의 성질
③ 보험계약자의 주소와 성명 또는 상호
④ 보험청약의 연월일

8. 상법상 보험계약자 등의 보험료지급의무에 관한 설명으로 틀린 것은?

① 타인을 위한 보험계약에서 보험계약자가 파산선고를 받은 때에는 타인인 피보험자나 보험수익자가 보험계약상의 권리를 포기하지 아니하는 한, 그 타인도 보험료를 지급하여야 한다.
② 최초의 보험료는 보험계약 성립 후 30일 내에, 2회 이후의 계속보험료는 약정한 납입기일에 지급하여야 한다.
③ 보험기간 중 보험계약자의 고의 또는 중대한 과실로 인하여 위험이 현저하게 증가한 경우에는 보험자에게 보험료증액청구권이 인정된다.
④ 판례는 보험설계사가 청약의 의사표시를 한 보험계약자로부터 제1회 보험료로서 선일자수표를 발행받은 경우에는 수표를 받은 날을 보험료의 수령일로 보아서는 안 된다고 한다.

9. 보험기간 중에 보험자의 동의 없이 보험계약자 등이 고의 또는 중대한 과실로 인하여 사고발생의 위험을 현저하게 변경하거나 증가시키지 않을 의무인 상법 제653조의 위험유지의무에 관한 설명으로 맞는 것은?

① 보험자는 위험의 현저한 변경·증가사실을 안 때에는 10일 내에 한하여 보험료의 증액을 청구하거나 계약을 해지할 수 있다.
② 판례는 생명보험계약에서 피보험자의 직업이나 직종이 바뀐 것을 통지하지 아니한 것을 위험유지의무위반으로 판단하지 않는다.
③ 위험의 변경·증가와 보험사고 발생 간에 인과관계가 없는 경우에도 보험자는 보험금액을 지급할 책임이 있다.
④ 판례는 보험자가 위험의 현저한 증가사실을 알았거나 중대한 과실로 인하여 알지 못한 경우에도 해지권을 인정한다.

10. 해상보험에 관한 설명 중 틀린 것은?

① 적하를 보험에 붙인 경우에 보험계약자 또는 피보험자의 책임 있는 사유로 인하여 선박을 변경한 때에는 보험자는 그 변경 후의 사고에 대하여 책임을 지지 아니한다.
② 보험자는 도선료, 입항료, 등대료, 검역료, 기타 선박 또는 적하에 관한 항해 중의 통상비용을 보상할 책임이 없다.

③ 선박의 일부가 훼손되었으나 이를 수선하지 아니한 경우에는 보험자는 그로 인한 감가액을 보상할 책임이 있다.
④ 선박의 일부가 훼손되어 그 훼손된 부분의 전부를 수선한 경우에는 보험자는 수선에 따른 비용을 1회의 사고에 대하여 보험가액을 한도로 보상할 책임이 있다.

11. 상법상 타인을 위한 보험계약에서 보험계약자의 권리 · 의무에 관한 설명 중 틀린 것은?

① 보험계약자는 타인의 동의를 얻거나 보험증권을 소지한 경우에만 보험계약해지권을 갖는다.
② 보험계약자가 타인에게 보험사고 발생으로 인한 손해배상을 한 경우, 타인의 권리를 해하지 아니하는 범위 안에서 보험금청구권을 갖는다.
③ 보험계약자는 보험료 감액청구권과 반환청구권을 가지지 않는다.
④ 보험계약자는 타인의 위임을 받지 아니하고 불특정의 타인을 위하여 보험계약을 체결할 수 있다.

12. 보험계약에 관한 설명 중 틀린 것은?

① 보험사고가 전쟁 기타의 변란으로 인하여 생긴 때에는 당사자간에 다른 약정이 없으면 보험자는 보험금액을 지급할 책임이 없다.
② 재보험계약에는 상법상의 책임보험에 관한 규정을 준용한다.
③ 단체보험계약이 체결된 때에는 상법상 보험자는 보험계약자와 구성원인 피보험자에게 각각 보험증권을 교부하여야 한다.
④ 보험자는 위부로 인하여 그 보험의 목적에 관한 피보험자의 모든 권리를 취득한다.

13. 상법상 보험가액의 평가에 관한 설명으로 틀린 것은?

① 미평가보험에서는 사고발생시의 가액을 보험가액으로 한다.
② 판례는 기평가보험에서 보험가액에 대한 합의는 묵시적으로도 가능하다고 한다.
③ 판례는 협정보험가액이 사고발생시의 가액을 현저하게 초과한다는 점에 대한 증명책임은 보험자가 부담한다고 한다.
④ 운송물의 보험에 있어서는 발송한 때와 곳의 가액과 도착지까지의 운임 기타의 비용을 보험가액으로 한다.

14. 상법상 보험자대위와 보험위부의 차이점으로 틀린 것은?

① 전자는 법률상 당연히 발생하는 권리이나, 후자는 피보험자의 특별한 의사표시에 의하여 발생하는 권리이다.
② 전자는 피보험자에게 지급한 보험금 범위 내에서 권리를 취득하나, 후자는 지급한 보험금보다 위부 목적물의 가액이 더 클 수도 있다.

③ 전자는 보험목적의 전부가 멸실한 경우에 인정되나, 후자는 선박의 수선비용이 수선후의 선박가액을 초과하리라고 예상될 경우 등에 인정된다.
④ 전자는 해상보험에서는 인정되지 않으나, 후자는 해상보험에서 인정된다.

15. 판례에 의할 경우, 고지의무의 대상이 되는 중요한 사항이 아닌 것은?

① 손해보험에서 중복보험계약을 체결한 사실
② 보증보험에서 주계약상의 거래조건, 금액이나 기간
③ 화재보험에서 가옥의 물리적 성상, 구조, 장소적 관계, 사용목적
④ 생명보험계약 체결시 암치료 종료 후 5년이 지나 검사한 결과 의사로부터 암재발 가능성을 고지받고 확진을 위한 재검사 요구를 받은 사실

16. 상법상 운송보험에 관한 설명으로 틀린 것은?

① 운송에 이용되는 용구인 자동차는 보험의 목적이다.
② 보험자는 다른 약정이 없으면 운송인이 운송물을 수령한 때로부터 수하인에게 인도할 때까지 생길 손해를 보상할 책임이 있다
③ 보험사고가 수하인의 중대한 과실로 인하여 발생한 때에는 보험자는 면책된다.
④ 보험계약은 다른 약정이 없으면 운송의 필요에 의하여 일시운송을 중지한 경우에도 그 효력을 잃지 않는다.

17. 책임보험에서 방어비용의 부담에 관한 설명으로 틀린 것은?

① 피보험자는 보험자에 대하여 방어비용의 선급을 청구할 수 있다.
② 피보험자가 제3자의 청구를 방어하기 위하여 지출한 재판외의 필요비용은 보험목적에서 제외된다.
③ 피보험자가 담보의 제공으로 재판의 집행을 면할 수 있는 경우, 보험자에 대하여 보험금액의 한도 내에서 담보의 제공을 청구할 수 있다.
④ 보험자의 지시에 의하여 방어비용을 지출한 경우, 방어비용에 손해액을 가산한 금액이 보험금액을 초과하는 때에도 보험자가 이를 부담하여야 한다.

18. 상법상 손해보험에 관한 설명 중 맞는 것은 ?

① 동일한 보험의 목적에 보험자의 책임이 발생하는 1차적 사고발생 후, 보험자의 책임이 발생하지 않는 2차적 사고로 당해 목적이 멸실된 경우 보험자는 2차적 사고로 인한 손해도 보상하여야 한다.
② 보험자가 보상할 손해액은 손해가 발생한 때와 곳의 가액에 의하여 산정하는 것이 원칙이다.
③ 손해액의 산정에 관한 비용은 보험계약자의 부담으로 한다
④ 보험의 목적의 자연소모로 인한 손해에 대해 보험자는 보상책임을 진다.

19. 해상보험에서 보험가액에 관한 설명 중 틀린 것은 ?

① 선박보험의 보험가액은 보험계약체결시의 선박가액이다.
② 선박보험의 경우 연료도 보험의 목적에 포함된 것으로 한다.
③ 적하보험의 보험가액은 선적한 때와 곳의 적하의 가액과 선적 및 보험에 관한 비용이다.
④ 희망이익보험의 보험가액은 특별한 정함이 없는 한 보험금액인 것으로 추정된다.

20. 상법상 보험약관의 교부·명시의무에 관한 판례의 입장으로 틀린 것은?

① 보험자가 의무를 위반하여 보험계약을 체결한 때에는 보험계약자가 약관에 규정된 고지의무를 위반하였다 하더라도 이를 이유로 보험계약을 해지할 수 없다.
② 보험자가 의무를 위반한 때에 보험계약자가 행사할 수 있는 취소권은 보험계약자에게 주어진 권리일 뿐이고 의무는 아니다.
③ 보험자가 의무를 위반한 경우 보험계약자가 보험계약을 취소하지 않았다고 하더라도 보험자의 의무위반의 하자가 치유되는 것은 아니다.
④ 자동차종합보험계약을 체결하면서 만 26세 이상만 운전가능하다는 운전자의 한정연령의 특약은 설명이 필요한 중요한 사항에 해당하지 않는다.

21. 보험증권에 관한 설명 중 틀린 것은 ?

① 보험계약이 성립하여도 보험료의 전부 또는 최초의 보험료가 지급되지 않으면 보험자는 보험증권교부의무가 없다.
② 상법상 보험증권의 재교부시 증권작성비용은 보험자가 부담한다.
③ 보험증권내용의 정부에 관한 이의제기기간은 보험증권의 교부일로부터 1월을 내리지 못한다.
④ 보험증권은 요인증권이다.

22. 보험계약의 부활에 관한 설명 중 틀린 것은?

① 보험계약자는 보험계약의 부활에 따르는 중요한 사항을 보험자에게 고지할 의무를 진다.
② 보험계약의 성립 후 보험료의 전부 또는 일부를 지급하지 아니하여 계약이 해제된 경우 보험계약의 부활이 허용된다.
③ 보험계약이 계속보험료의 부지급을 이유로 해지된 시점부터 다시 부활될 시점까지 발생한 보험사고에 대하여는 보험자는 보험금지급책임이 없다.
④ 보험계약자가 부활청약시 연체보험료와 약정이자를 보험자에게 지급한 경우에 보험자의 승낙 전에 보험사고가 생긴 때에는 보험자가 그 부활청약을 거절할 사유가 없는 한 보험계약상의 책임을 진다.

23. 해상보험에 관한 설명 중 틀린 것은?

① 보험자는 피보험자가 지급할 공동해손의 분담액을 보상할 책임이 있다. 그러나 보험의 목적의 공동해손분담가액이 보험가액을 초과할 때에는 그 초과액에 대한 분담액은 보상하지 아니한다.
② 보험자는 보험의 목적의 안전이나 보존을 위하여 지급할 특별비용을 보험금액의 한도 내에서 보상할 책임이 있다.
③ 선박의 보험에 있어서는 사고발생시의 선박가액을 보험가액으로 한다.
④ 선박보험에서 보험자의 동의 없이 선박을 새로운 관리로 옮긴 경우 보험계약은 종료한다.

24. 상법상 보험계약에 관한 설명 중 틀린 것은?

① 보험자가 서면으로 질문한 사항은 중요한 사항으로 본다.
② 보험자가 파산의 선고를 받은 때에는 보험계약자는 계약을 해지할 수 있다.
③ 생명보험계약의 보험자는 피보험자의 생명에 관한 보험사고가 생긴 때에 약정에 따라 보험금액을 연금으로 분할하여 지급할 수 있다.
④ 보관자의 책임보험계약의 효과로서 보험사고가 발생하면 물건의 소유자는 보험자에 대하여 직접 그 손해의 보상을 청구할 수 있다.

25. 일부보험에 관한 설명 중 틀린 것은?

① 일부보험이란 보험가액의 일부를 보험에 붙인 경우를 말한다.
② 일부보험의 경우에 보험자는 보험가액의 보험금액에 대한 비율에 따라 보상할 책임이 있다.
③ 일부보험의 계약당사자간의 특약으로 보험자는 보험금액의 한도 내에서 그 손해를 보상할 책임이 있는 것으로 할 수 있다.
④ 보험가액의 전부를 보험에 붙인 경우 보험기간 중 물가의 상승으로 인하여 자연적으로 일부보험이 될 수 있다.

26. 상법상 손해보험계약에 관한 설명 중 틀린 것은?

① 보험의 목적에 관하여 보험자가 부담할 손해가 생긴 경우에는, 그 후 그 목적이 보험자가 부담하지 아니하는 보험사고의 발생으로 인하여 멸실된 때에도 보험자는 이미 생긴 손해를 보상할 책임을 면하지 못한다.
② 보험자가 보상할 손해액은 다른 약정이 있는 때에는 물건의 신품가액에 의하여 손해액을 산정할 수 있다.
③ 보험자가 손해를 보상할 경우에 보험료의 지급을 받지 아니한 잔액이 있으면 그 지급기일이 도래하지 아니한 때라도 보상할 금액에서 이를 공제할 수 있다.
④ 피보험자가 보험의 목적을 양도한 때에는 양수인은 보험계약상의 권리와 의무를 승계한 것으로 간주한다.

27. 손해방지의무에 관한 설명 중 틀린 것은?

① 전손만을 담보하는 보험계약에서 분손의 위험만 있으면 손해방지의무는 생기지 아니한다.
② 판례는 책임보험계약에서 피보험자의 법률상 책임여부가 판명되지 않은 상태에서 손해확대방지 비용을 지급한 경우 보험자는 이 비용을 부담할 필요가 없다고 판단하였다.
③ 손해방지의무의 이행을 위하여 필요 또는 유익하였던 비용과 보상액이 보험금액을 초과한 경우라도 보험자는 이를 부담한다.
④ 손해방지의무 위반 사실에 대한 증명책임은 보험자가 부담한다고 해석된다.

28. 보험자대위에 관한 설명 중 틀린 것은?

① 보험자대위는 손해보험에서만 인정되고 인보험에서는 허용되지 않는 것이 원칙이다.
② 상해보험의 경우에는 당사자간에 약정이 있으면 피보험자의 권리를 해하지 아니하는 범위 내에서 청구권대위가 인정된다.
③ 보험의 목적의 전부가 멸실한 경우에 보험금액의 전부를 지급한 보험자는 그 목적에 대한 피보험자의 권리를 취득한다.
④ 잔존물대위의 경우 보험자가 보험금액의 일부만을 지급한 때에는 그 지급부분에 대하여 잔존물에 대한 권리를 취득한다.

29. 보험의 목적의 양도에 관한 설명 중 틀린 것은?

① 보험의 목적의 양도란 피보험자가 보험의 대상인 목적물을 그 의사표시에 의하여 타인에게 양도하는 것을 말한다.
② 판례는 화재보험의 목적물 양도로 인하여 위험의 현저한 증가 또는 변경이 없는 경우에는 통지의무 위반을 이유로 보험계약을 해지할 수 없다고 한다.
③ 보험의 목적을 양도한 때에는 양도인 또는 양수인은 보험자에 대하여 지체없이 그 사실을 통지하여야 한다.
④ 보험의 목적을 양도한 사실의 통지의무 위반효과에 대해 상법 보험편은 해지를 인정하고 있다.

30. 책임보험에 관한 설명 중 틀린 것은?

① 피보험자가 보험자의 동의 없이 제3자에 대하여 변제, 승인 또는 화해를 한 경우에는 보험자가 그 책임을 면하게 되는 합의가 있는 때에도 그 행위가 현저하게 부당한 것이 아니면 보험자는 보상할 책임을 면하지 못한다.
② 보험자는 피보험자가 책임을 질 사고로 인하여 생긴 손해에 대하여 제3자가 그 배상을 받기 전에는 보험금액의 전부 또는 일부를 피보험자에게 지급하지 못한다.
③ 보험자는 특별한 기간의 약정이 없으면 피보험자의 채무확정의 통지를 받은 날로부터 1월내에

보험금액을 지급하여야 한다.
④ 피해자의 직접청구권의 법적 성질에 관하여 최근 판례는 손해배상청구권설을 취한다.

31. 생명보험에 관한 설명 중 틀린 것은?

① 타인의 사망을 보험사고로 하는 보험계약에는 보험계약 체결시에 그 타인의 서면에 의한 동의를 얻어야 한다.
② 15세미만자, 한정치산자, 금치산자의 사망을 보험사고로 한 보험계약은 무효이다.
③ 보험계약자의 보험료적립금반환청구권의 소멸시효기간은 2년이다.
④ 생명보험표준약관에 의하면 보험자는 보험기간 개시일로부터 일정기간이 경과하면 피보험자의 고의로 인한 보험사고의 경우에도 면책되지 않는 것을 원칙으로 한다.

32. 타인의 사망을 보험사고로 하는 생명보험계약에 관한 설명 중 틀린 것은?

① 타인의 동의는 서면에 의하여야 한다.
② 보험계약 체결 이후에 이루어진 타인의 동의도 유효하다.
③ 단체보험계약에서 구성원을 피보험자로 하는 생명보험계약을 체결한 경우에는 피보험자의 서면에 의한 동의를 얻지 않아도 된다.
④ 판례는 단체보험계약에서 구성원을 피보험자로 하는 생명보험계약을 체결하는 경우 보험계약자 자신을 보험수익자로 할 수 있다고 한다.

33. 상법상 보험계약에 관한 설명 중 틀린 것은?

① 보험계약은 그 계약전 어느 시기(時期)를 보험기간의 시기(始期)로 할 수 있다.
② 보험계약당시에 보험사고가 발생할 수 없는 것을 당사자 쌍방과 피보험자가 안 때에는 그 계약은 무효이다.
③ 대리인에 의한 보험계약체결시 대리인이 안 사유는 그 본인이 안 것과 동일한 것으로 추정한다.
④ 보험계약의 당사자가 특별한 위험을 예기한 경우 보험기간중 예기한 특별위험이 소멸하였을 때 보험계약자는 그 후의 보험료의 감액을 청구할 수 있다.

34. 보험수익자의 지정 또는 변경에 관한 설명 중 틀린 것은?

① 보험계약자가 보험수익자의 지정권을 행사하지 아니하고 사망한 경우 피보험자를 보험수익자로 한다.
② 보험계약자가 보험수익자의 변경권을 행사하지 아니하고 사망한 경우 보험수익자의 권리가 확정된다.
③ 보험수익자가 보험존속 중에 사망한 경우 보험계약자는 다시 보험수익자를 지정할 수 있다.
④ 보험수익자의 지정권 행사 전에 보험사고 발생시 보험계약자의 상속인을 보험수익자로 한다.

35. 보험약관에 관한 설명 중 틀린 것은?

① 보험약관의 구속력의 근거에 대해 판례는 의사설을 지지하고 있다.
② 판례는 약관에 정해진 사항이라도 이미 법령에 의하여 정하여 진 것을 되풀이하거나 부연하는 정도의 사항은 보험자에게 설명의무가 없다고 한다.
③ 보험약관의 교부·명시의무의 이행시기는 보험계약을 체결한 때이다.
④ 판례는 보험계약을 갱신하는 계속적 보험계약관계에서 보험약관이 개정된 사실을 보험자가 보험계약자에게 알리지 않을지라도 새로운 보험계약에는 개정된 보험약관이 적용된다고 한다.

36. 고지의무에 관한 설명 중 틀린 것은?

① 고지의무 위반효과인 해지의 의사표시를 피보험자나 보험수익자에게 한 것은 효력이 없다.
② 보험자는 고지의무 위반의 사실을 안 날로부터 1월, 계약을 체결한 날로부터 3년이 경과하면 계약을 해지할 수 없다.
③ 보험자가 계약체결 당시 고지의무 위반의 사실을 알았거나 중대한 과실로 인하여 알지 못한 때에는 보험자는 계약을 해지할 수 없다.
④ 고지의무 위반과 보험사고 사이에 인과관계 부존재의 사실은 보험자가 증명하여야 한다.

37. 화재보험에 관한 설명 중 틀린 것은?

① 화재보험에서 집합된 물건을 일괄하여 보험의 목적으로 한 때에는 피보험자의 사용인의 물건은 보험의 목적에 포함되지 아니한다.
② 화재보험에서 집합된 물건을 일괄하여 보험의 목적으로 한 때에는 그 목적에 속한 물건이 보험기간 중에 수시로 교체된 경우에도 보험사고 발생시에 현존한 물건은 보험의 목적에 포함된 것으로 한다.
③ 건물을 화재보험의 목적으로 한 때에는 화재보험증권에 그 소재지, 구조와 용도를 기재하여야 한다.
④ 동산을 화재보험의 목적으로 한 때에는 그 존치한 장소의 상태와 용도를 화재보험증권에 기재하여야 한다.

38. 보험의 종류에 관한 설명 중 틀린 것은?

① 재보험은 손해보험이다.
② 재보험에는 보험계약자 등의 불이익변경금지 원칙이 적용된다.
③ 상해보험은 인보험에 속하지만, 손해보험적인 요소도 가지고 있다.
④ 선원보험은 공보험이다.

39. 다음 중 '추정'하는 경우가 아닌 것은?

① 선박의 존부가 2월간 분명하지 아니한 때에는 선박의 행방이 불명한 것으로 하고, 이 경우에는 전손으로 ( )한다.

② 해상보험에서 희망이익보험의 보험가액을 정하지 아니한 때에는 보험금액을 보험가액으로 한 것으로 ( )한다.

③ 당사자 간에 보험가액을 정한 때에는 그 가액은 사고발생시의 가액으로 정한 것으로 ( )한다.

④ 보험자가 보험계약자의 청약과 함께 보험료상당액의 전부 또는 일부의 지급을 받은 경우 일정한 기간 내에 낙부의 통지를 게을리한 때에는 승낙한 것으로 ( )한다.

40. 해상보험에 관한 설명 중 틀린 것은?

① 항해단위로 선박을 보험에 붙인 경우에는 보험기간은 하물 또는 저하의 선적에 착수한 때에 개시한다.

② 적하를 보험에 붙인 경우에는 보험기간은 하물의 선적에 착수한 때에 개시한다. 그러나 출하지를 정한 경우에는 그 곳에서 운송에 착수한 때에 개시한다.

③ 항해 도중에 불가항력으로 보험의 목적인 적하를 매각한 때에는 보험자는 매각대금에서 운임 기타 필요한 비용을 공제한 금액과 보험금액과의 차액을 보상하여야 한다.

④ 보험자의 책임이 개시된 후에 보험계약에서 정하여진 도착항이 변경된 경우에는 보험자는 그 항해의 변경이 결정된 때부터 책임을 지지 아니한다.

※ 제34회(2011년도) 손해사정사 1차 시험 보험계약법 정답

1	2	3	4	5	6	7	8	9	10
③	②	①	③	④	②	④	②	③	④
11	**12**	**13**	**14**	**15**	**16**	**17**	**18**	**19**	**20**
③	③	②	④	①	①	②	②	①	④
21	**22**	**23**	**24**	**25**	**26**	**27**	**28**	**29**	**30**
②	②	③	①	②	④	②	④	④	③
31	**32**	**33**	**34**	**35**	**36**	**37**	**38**	**39**	**40**
②	②	③	④	④	④	①	②	④	③

제33회(2010년도) 손해사정사 - 보험계약법 기출문제

1. 보험계약의 사행계약성(射倖契約性)과 직접적인 관련이 없는 상법규정은?

① 상법 제650조의 2 (보험계약의 부활)
② 상법 제652조(고지의무)
③ 상법 제680조 (손해방지의무)
④ 상법 제732조(15세 미만자 등에 대한 계약자 금지)

2. 보험계약자가 암(癌)의 진단 확정을 받은 후 그 사실을 숨기고 생면보험계약을 체결한 경우에 관한 설명으로 틀린 것은? (통성과 대법원 판례에 의함)

① 보험자는 보험계약자가 암으로 사망한 경우 보험계약을 해지할 수 있다.
② 보험자는 보험계약자가 암으로 사망한 경우 보험계약을 취소할 수 있다.
③ 보험자는 보험계약자가 암이 아닌 다른 사유로 사망한 경우 보험계약을 취소할 수 없다.
④ 보험자는 그 사실을 안 때까지의 보험료를 청구 할 수 있다.

3. 고지의무의 위반에 관하여 대법원 판례와 학설 간의 다툼이 없는 사항은?

① 보험자가 보험약관의 교부·설명의무를 위반한 경우에는 고지의무자가 약관에 규정된 고지의무를 위반하더라도 보험자는 보험계약을 해지할 수 없다.
② 보험계약자가 사망한 경우라도 보험자가 보험수익자에 대해서 한 계약의 해지는 무효이다.
③ 고지의무 위반사실과 보험사고 간의 인과관계가 없으면 보험자는 보험계약을 해지할 수 없다.
④ 고지의무자가 중대한 과실로 중요한 사항을 알지 못하여 고지하지 아니한 경우에도 고지의무의 위반이 된다.

4. 보험증권이 요인증권(要因證券)인 이유는?

① 상해보험증권은 유가증권이 될 수 없기 때문이다.
② 지시식으로 발행된 물건보험증권은 일정한 경우에 유가증권성이 인정될 수 있기 때문이다.
③ 보험료가 지급된 경우에 보험자의 보험증권 교부의무가 새겨나기 때문이다.
④ 보험자는 보험계약에 의한 항변사유로 보험증권의 소지인에게 대항할 수 있기 때문이다.

5. 다음 중 ( )속의 기간이 다른 하나는?

① 보험자는 보험금액 지급에 관하여 약정기간이 없는 경우에는 보험사고 발생통지를 받은 후 지체없이 지급할 보험금액을 정하고, 그 정하여진 날부터 ( )내에 보험금액을 지급하여야 한다.
② 보험계약의 당사자는 보험증권의 교부가 있는 날로부터 ( )을 내리지 않은 기간 내에 한하여 그 증권내용의 정부(正否)에 관한 이의를 할 수 있음을 약정할 수 있다.
③ 자동차보험자가 자동차 양수인으로부터 양수사실을 통지받은 때에는 지체없이 낙부(諾否)를 통지하여야하고, 통지받은 날부터 ( )내에 낙부의 통지가 없을 때에는 승낙한 것으로 본다.
④ 책임보험의 피보험자가 제3자에 대하여 변제로 인하여 채무가 확정된 때에는 지체없이 보험자에게 그 통지를 발송하여야 하고, 보험자는 특별한기간의 약정이 없으면 통지를 받은 날로부터 ( ) 내에 보험금액을 지급하여야 한다.

6. 보험계약자가 계속보험료를 지급하지 아니한 경우에 보험자가 하는 해지예고부 최고(解止豫告附 催告)는, 최고에서 정한 기간 내에 보험료가 지급되지 않는 것을( )조건으로 계약 해지의 의사표시를 미리 하는 것이다. ( )에 맞는 것은?

① 필요 ② 충분 ③ 해제 ④ 정지

7. 간접의무(자기의무)에 속하는 의무는?

① 보험금지급의무
② 보험료반환의무
③ 위험유지의무
④ 손해방지의무

8. 피보험이익이 될 수 있는 것은?

① 사실상의 이해관계
② 개인적인 특수가치
③ 객관적으로 확정할 수 없는 이익
④ 조박에 의하여 얻을 이익

9. 손해방지의무의 이행에 관한 설명으로 틀린 것은?

① 보험사고가 발생한 때로부터 진다.
② 보험자를 위한 것임을 의식했어야 한다.
③ 자신의 일을 처리하는 정도의 주의로써 하면 된다.

④ 손해방지비용은 기업보험이 아닌 한 보험자가 전액을 부담한다.

10. 운손보험에 관한 설명으로 틀린 것은?

① 보험사고는 육상운송 중에 운송물에 생길 수 있는 모든 사고이다.
② 당사자 간의 합의로 보험가액을 정한 때에는 보험가액불변경주의가 적용된다.
③ 운송용구는 보험의 목적이 될 수 없다.
④ 운송인이 보험계약자 또는 피보험자가 아닌 경우에는 운송인의 고의는 보험자의 면책사유가 아니다.

11. 운송보험과 적하보험의 다른 점을 모두 고른 것은?

가. 운송인이 보험계약을 체결할 수도 있다. 나. 운임이 피보험이익에 포함되어 있다. 다. 운송의 노순·방법을 변경하더라도 원칙적으로 보험계약은 유지된다. 라. 송하인의 중대한 과실로 인한 손해는 보험자의 면책사유가 된다.

① 가, 나, 다　② 가, 나, 라　③ 가, 다　④ 나, 다

12. 해상보험의 면책사유로서의 감항능력주의의무 위반에 관한 설명으로 틀린 것은?

① 상법은 이 의무 위반을 적하보험에서는 면책사유로 규정하지 않고 있다.
② 이 의무 위반과 손해 발생 사이에 인과관계가 없으면 보험자는 그 손해에 대해서 면책되지 못한다.
③ 이 의무 위반으로 인한 운송물의 손해에 관한 보험의 이익을 운송인에게 양도하는 약정은 유효하다.
④ 이 의무는 선박의 발항 당시에 이행되어야 하는 의무이다.

13. 다음 중 ( )안에 들어갈 단어가 나머지와 다른 하나는?

① 손해보험계약은 금전으로 산정할 수 있는 이익에 한하여 ( )으로 할 수 있다.
② 영업책임보험에서는 피보험자의 대리인의 제3자에 대한 책임도 ( )에 포함된 것으로 한다.
③ 책임보험의 피보험자가 제3자의 청구를 방어하기 위하여 지출한 재판상 또는 재판외의 필요비용은 ( )에 포함된 것으로 한다.
④ 해상보험의 보험자는 ( )의 안전이나 보존을 위하여 지급할 특별비용을 보험금액의 한도 내에서 보상할 책임이 있다.

14. 화재보험에 관한 설명으로 옳은 것은?

① 총괄보험의 경우에는 보험계약의 성립 시에 보험의 목적이 특정되어야 한다.
② 다수설에 의하면, 보험의 목적에 대한 담보물권자는 피보험자가 받게 되는 보험금에 대하여 물상대위권(物上代位權)을 행사할 수 있다.
③ 대법원 판례에 의하면, 화재는 보험계약자나 피보험자의 고의 또는 중과실에 의하여 발생한 것으로 추정된다.
④ 대법원 판례에 의하면, 독립한 여러 물건이 보험의 목적으로 된 경우에 피보험자가 그 하나의 물건에 대해 허위의 보험금청구를 한 경우에는 다른 물건에 대한 보험금청구권도 상실한다.

15. 상해보험에 의한 보험금 중에서 준정액보험성(準定額保險性)이 인정되는 것은?

① 사망보험금
② 후유잘해보험금
③ 의료보험금
④ 생존보험금

16. 상법이 규정한 손해보험증권의 기재사항이 아닌 것은?

① 보험료와 그 지급방법
② 무효와 실권의 사유
③ 피보험자의 주소와 성명
④ 보험증권의 작성지

17. 보험위부에 관한 설명으로 옳은 것은?

① 피보험자는 보험금을 지급받지 않는 한 보험자에게 보험의 목적에 관한 다른 보험계약과 그 부담에 속한 채무의 유무와 그 종류 및 내용을 통지할 의무를 지지 않는다.
② 보험금의 지급기간은 보험자가 위부를 승인한 날로부터 기산한다.
③ 위부의 원이 보험목적의 일부에 대하여 생긴 경우 피보험자는 그 부분에 대해서만 위부를 하더라도 그 부분에 대한 보험금액의 전부의 지급을 청구할 수 있다.
④ 보험자가 위부를 승인하지 아니한 때에는 피보험자는 보험금의 지급을 청구하지 못한다.

18. 손해보험계약에 관한 설명으로 옳은 것은?

① 보험자가 지급하는 보험금은 보험금액과 일치하여야 한다.
② 보험사고로 인하여 상실된 피보험자가 얻을 이익이나 보수는 그 성질상 당연히 보험자가 보상할

손해액에 산입된다.
③ 피보험자가 다르더라도 보험의 목적이 동일하면 피보험이익도 동일하게 된다.
④ 상법상 보험사고의 성질을 손해보험증권에 기재하여야 한다.

19. 잔존물대위와 보험위부의 비교에 관한 설명으로 틀린 것은?

① 잔존물대위는 피보험자의 이중이득을 금지하기 위한 제도이다.
② 잔존물대위는 피보험자의 특별한 의사표시를 필요로 하지 않는다.
③ 보험위부는 보험목적의 가약이 지급보험금을 초과하더라도 그 목적 전부를 보험자가 취득한다.
④ 보험위부는 보험목적의 현실전손을 전제로 한다.

20. '청구기분(claims-made basis)'의 책임보험에 관한 설명으로 옳은 것은?

① 책임보험의 보험사고에 관하여 손해사고설과 부합한다.
② 책임보험의 보험사고에 관하여 책임부담설(채무확정설)과 부합한다.
③ 보험기간 이후의 손해배상수준의 상승을 고려할 필요가 없게 된다.
④ 손해사고의 발생 후 즉시 피해자의 손해배상청구가 있는 경우에 유용한 보상방식이다.

21. 보험계약의 부합계약성과 관계가 없는 것은?

① 기술적 · 반복적 계약
② 다수인을 상대로 대향으로 체결하는 계약
③ 보험약관에 의한 계약의 정형화
④ 보험계약자의 이해관계의 현실적 반영

22. 보험계약의 특성에 관한 설명으로 틀린 것은?

① 보험계약은 계속적 성질을 지니므로 상법상 계약을 해제할 수 있는 경우가 많다.
② 보험계약은 일방당사자가 그 내용을 미리 정하고 상대방이 이를 포괄적으로 동의하는 방법으로 하는 경우가 보통이다.
③ 보험자의 불확정한 보험금지급의무는 일정기간 존속하고 보험계약자의 확정적인 보험료지급의무도 일절기간 존속하는 것이 보통이다.
④ 보험계약관계는 일정기간 계속되므로 당사자 간의 현조의무가 특별의무가 특별히 강조된다.

23. 유효한 보험계약이 성립하기 위한 보험계약의 요소가 아닌 것은?

① 보험계약의 관계자

② 보험약관
③ 보험의 목적
④ 보험기간

24. 고지의무 및 그 위반으로 인한 계약해지권에 관한 설명으로 틀린 것은?

① 이 의무는 보험계약의 효과로서 지게 되는 의무가 아니다.
② 보험자는 이 해지권을 보험사고가 발생하기 전에도 행사할 수 있다.
③ 보험자는 이 해지권을 행사하더라도 보험료적립금을 보험수익자에게 반환해야 한다.
④ 보험자는 보험사고가 발생한 후에 이 해지권을 행사하면 보험사고 발생 시까지 소급하여 보험금 지급책임을 면하게 된다.

25. 甲(보험계약자)은 乙을 피보험자로 지정하여 생명보험계약을 체결하면서 丙을 보험수익자로 지정하였다. 그런데, 甲은乙을 피보험자로 지정한 데에 대해서는 乙서면동의를 얻었으나, 丙을 보험수익자로 지정한 데에 대해서는 乙의 서면동의를 얻지 않았다. 그 계약 체결 후 乙이 사망하였다. 이 경우에 관한 설명으로 옳은 것은?

① 甲이 보험금청구권자가 된다.
② 乙이 상속인이 보험금청구권자가 된다.
③ 丙이 보험금청구권자가 된다.
④ 계약이 무효이므로 누구도 보험금청구권자가 되지 못한다.

26. A(보험계약자)는 B를 피보험자로 지정하여 생명보험계약을 체결하면서 C를 보험수익자로 지정하였다. A는 B를 피보험자로 지정한 데에 대해서도, C를 보험수익자로 지정한 데에 대해서도 모두 B의 서면동의를 얻었다. 그 계약 체결 후 C가 사망하여 A는B의 서면동의를 얻어 보험수익자를 D로 다시 지정하였으나, 그 사실을 보험자에게 통지하지 아니하였다. 그 후 B도 사망하였다. 이 경우에 보험자에 대한 관계에서 누가 보험금청구권자가 되는가?

① A
② B의 상속인
③ C의 상속인
④ D

27. A는 그가 소류하는 시가 1천만원의 자동차에 대해서 B보험회사와 보험금약을 500만원으로 하는 차량보험계약을 체결하였다. 그 후 자동차는 C자동차와 충돌하여 700만원의 손해가 생겼다(C의 자동차는 손해가 생기지 않았음.)이 사고에 대한 A와 C의 과실비율은 1:1이다. A가 먼저 B보험회사에게 보험금을 청구한 후에 C에게 손해배상을 청구하기로 하고, B보험회사의 보험금 지급은 제1차위험보험(실손보상특약)에 의하기로하는 경우, 청구권대위(제3자에 대한 보험자대위)에 관한 '피보험자우선설(차액설)'에 따를 때 A가 취득하는 금약과 B보험회사가 취득하는 금액은 각각 얼마가 되는가?

① A는 700만원, B보험회사는 0원
② A는 500만원, B보험회사는 350만원
③ A는 700만원, B보험회사는 150만원
④ A는 350만원, B보험회사는 350만원

28. 위의 27번 사례에서'청구권비례설(상대설)'에 따를 때. A가 취득하는 금액과 B보험회사가 취득하는 금액은 각각 얼마가 되는가?

① A는 250만원, B보험회사는 600만원
② A는 600만원, B보험회사는 250만원
③ A는 170만원, B보험회사는 525만원
④ A는 525만원, B보험회사는 175만원

29. 보험계약의 성립 전에 보험사고가 발생한 경우에는 보험자가 청약을 거절할 사유가 없는 한 보험계약상의 책임을 진다. 이 제도에 관한 설명으로 옳은 것은?

① 이 제도는 보험사고가 승낙기간(다른 약정이 없으면 30일)이 경과한 후에 발생한 경우에 적용된다.
② 청약을 거절할 사유가 없는 것은 보험계약자에게 유리한 사정이므로 이에 관한 증명책임을 보험계약자가 진다.
③ 생명보험에서 보험계약자가 청약서에서 질문한 사항으로 인하여 보험사고가 발생한 경우에는 고지의무를 이행했더라도 청약을 거정할 사유가 인정될 수 있다.
④ 대법원 판례에 의하면, 보험계약자가 보험계약의 청약과 함께 보험료를 지급한 후에 발생한 보험사고를 보험자에게 알리지 아니한 사정도 청약을 거정할 사유가 된다.

30. 보험목적의 양도에 관한 설명으로 틀린 것은?

① 양도인뿐만 아니라 양수인도 양도의 통지의무자가 된다.
② 특정재산의 이용에 관한 책임보험의 경우에는 보험목적의 양도의 법리가 적용될 수 있다.
③ 타인을 위한 보험의 목적이 양도되는 경우에는 보험계약자의 지위는 이전되지 않고 피보험자의 지위만 이전된다.
④ 대법원 판례에 의하면, 자동차의 양도의 통지의무를 규정한 약관조항은 보험자의 설명의무의 대상이 된다.

31. 보험계약의 해지에 관한 설명으로 틀린 것은?

① 보험사고가 발생하기 전에 계약을 해지한 보험계약자는 미경과보험료의 반환을 청구할 수 있다.
② 보험사고의 발생으로 보험금액이 감액되지 아니하는 보험의 경우에는 보험계약자는 보험사고 발생 후에도 계약을 해지할 수 있다.
③ 대법원 판례에 의하면, 보험계약자의 채권자가 해지환급금채권에 대하여 추심명령을 얻은 경우라도 보험계약자의 해지권을 자기의 이름으로 행사할 수 없다
④ 대법원 판례에 의하면, 계약체결권과 통지수령권이 없는 보험설계사가 위험변경 · 증가사실을 알았다고 하더라도 이로써 곧 보험사가 그 사실을 알았다고 볼 수는 없으므로, 보험자는 보험계약자의 위험변경 · 증가통지의무의 위반을 이유로 계약을 해지할 수 있다.

32. 보험약관의 구속력에 관한 설명으로 틀린 것은?

① 규범설에 의하면 보험약관은 법원(法源)이 된다.
② 백지상관습법설에 의하면 약관 자체가 상관습법으로서 구속력을 지니게 된다고 한다.
③ 의사설(계약설)은 거래의 신속과 안전보다 고객의 보호를 중시하는 견해이다.
④ 보험약관예외설은 보험계약의 단체성을 중시하는 경해이다.

33. 보험약관의 교부 · 설명의무에 관한 설명으로 틀린 것은?

① 대법원 판례가 교부 · 설명되지 아니한 보험약관조항이 계약의 내용으로 되지 않는다고 한 것은 보험계약자 평등대우를 중시한 결과이다.
② 보험자가 이 의무를 이행한 경우라도 보험계약자는 보험약관에 의한 청약철회권을 행사할 수 있다.
③ 보험자는 보험계약자의 요구가 없더라도 보험약관을 교부할 의무를 진다.
④ 보험자는 계약체결 시에 이 의무를 이행하지 아니하면 계약 체결 후에 이행하더라도 이 의무 위반의 책임을 면하지 못한다.

34. 사기에 의한 초과보험계약의 효과에 관한 설명으로 옳은 것은?

① 객관주의 입법주의에 의하면, 보험금액이 보험가액을 초과하는 부분만 무효가 되는 것은 아니고 계약 전부가 무효가 된다.
② 보험계약자가 타인을 위한 초과보험계약을 체결한 경우, 그 타인이 보험계약자의 사기사실을 몰랐다고 하더라도, 보험계약자의 사기에 의한 그 초과보험계약은 무효가 된다.
③ 보험사고가 발생한 후에 사기의 사실을 밝혀진 경우에는, 보험계약은 처음부터 무효가 되므로, 보험자와 보험계약자는 각각 상대방으로부터 받았던 보험금과 보험료를 상대방에게 반환해야 한다.
④ 사기에 의한 초과보험계약은, 보험설계사나 보험대리점이 자신의 수수료를 올리기 위하여 보험계약자에게 보험가액을 과대평가하도록 유도하여 보험계약자가 이를 인식하지 못하고 계약을 체결한 경우에도 인정될 수 있다.

35. 책임보험, 보증보험, 신용보험, 관한 설명으로 틀린 것은?

① 신용보험은 자기를 위한 보험 또는 타인을 위한 보험의 형태를 취한다.
② 보증보험은 채무자가 보험계약자가 되고 채권자가 피보험자가 된다.
③ 책임보험은 채무자(손해배상의무자)가 피보험자가 되고 채권자(손해배상청구권자)는 제3자가 된다.
④ 신용보험과 보증보험은 계약체결 시에 채권자가 특정되어 있는 반면, 책임보험은 계약체결시에 채권자가 특정되어 있지 않다.

36. 보험업법과 보험계약법의 관계에 관한 설명으로 틀린 것은?

① 보험업법이 감독관청과 보험회사간의 불평등관계를 규율하는 데 반해, 보험계약법은 보험회사(보험자)와 보험가입자(보험계약자 등)간의 평등관계를 규율한다.
② 보험업법상의 보험모집조직의 권한·의무는 보험계약자의 보험계약법상의 권리·의무와 상호관련성이 있다.
③ 보험회사의 설립·운영에 관한 보험업법상의 규정은 대체로 사법규정(寺法規定)의 성질을 지니며, 보험계약법보다는 회사법과 더 밀접한 관계를 지닌다.
④ 보험회사는 보험업법이든 보험계약법이든 위반하면 처벌을 받게 된다.

37. A는 술에 취한 나머지 판단능력이 극히 저하된 상태에서 신병을 비관하는 넋두리를 하고, 베란다에서 뛰어내린다는 등의 객기를 부리다가, 마침내 음주로 인한 병적(病的)인 만취로 인하여 심신을 상실한 나머지 자유로운 의사결정을 할 수 없는 상태에서 충동적으로 베란다에서 뛰어내려 사망하였다. 이 사건에서 A의 만취상태가 병적이었음을 중시한다면, 상해사고의 어떠한 요건이 결여된 것으로 볼 수 있는가?

① 급격성
② 우연성
③ 외래성
④ 인과관계성

38. 책임보험에서의 방어비용에 관한 설명으로 틀린 것은?

① 대법원 판례에 의하면, 피보험자가 아닌 제3자를 상대로 한소송의 변호사비용은, 피보험자가 그 소송의 결과에 영향을 받게 되는 한, 방어비용에 해당한다.
② 다수설에 의하면 방어비용은 손해방지비용의 일종이다.(손해방지비용설)
③ 보험 급여설은 방어비용을 책임보험의 본질적인 급여의 일부로 본다.
④ 방어비용과 보험금의 합계약은 당해 방어행위가 보험자의 지시에 의한 것이 아닌 한 보험금액을 초과할 수 없다.

39. 재보험과 원보험의 관계에 관한 설명으로 틀린 것은?

① 원보험자의 재보험자에 대한 보험금청구권 발생 시기는 원보험계약상의 보험사고 발생시가 된다.
② 원보험계약의 피보험자는 재보험자에 대하여 직접청구권을 행사하지 못한다.
③ 원보험자의 재보험자에 대한 협조의무는 책임보험(원보험)에서의 피보험자의 원보험자에 대한 협조의무에 준한다.
④ 재보험자는 재보험료의 지급이 없더라도 직접 원보험계약자에게 그 지급을 청구할 수 있다.

40. 인보험에 관한 설명으로 틀린 것은?

① 생명보험에서는 피보험자가 중대한 과실로 인하여 사망하더라도 보험자가 면책될 수 없으나, 책임보험에서는 피보험자가 중대한 과실로 인하여 피해자를 사망하게 한 경우에는 보험자가 면책될 수 있다.
② 상법이 상해보험의 경우 당사자 간의 대위약정에 따라 제3자에 대한 보험자대위를 할 수 있게 한 것은 상해보험의 실손보상적 성격을 고려한 것이다.
③ 타인의 상해보험에서는 그 타인의 동의가 없는 한 그 타인이 아닌 사람을 보험수익자로 할 수 없다.
④ 대법원 판례에 의하면, 단체보험의 요건인 '규약'은 취업규칙이나 단체협약에 근로자의 재해부조에 관한 일반적인 규정을 두는 것으로 충분하다.

※ 제33회(2010년도) 손해사정사 1차 시험 보험계약법 정답

1	2	3	4	5	6	7	8	9	10
①	③	②	④	②	④	③	①	②	②
11	12	13	14	15	16	17	18	19	20
①	③	①	②	②	③	③	④	④	③
21	22	23	24	25	26	27	28	29	30
④	①	②	③	②	③	③	②	③	④
31	32	33	34	35	36	37	38	39	40
③	②	①	②	①	④	③	①	③	④

제32회(2009년도) 손해사정사 – 보험계약법 기출문제

1. 상법상의 제도로서 보험계약자를 보호하기 위한 것은?

① 보험자대위
② 일부보험에서의 비례보상주의
③ 상대적 강행규정화
④ 변경된 보험약관의 기존 보험계약자에 대한 소급적용

2. 보험가입자 평등대우의 원칙에 관한 설명 중 옳지 않은 것은?

① 이 원칙은 영리보험 뿐만 아니라 상호보험에서도 적용된다.
② 이 원칙은 위험률과 보험금액 등이 동일한 보험계약자끼리는 동일한 보험료를 내야 한다는 뜻을 지닌다.
③ 단체보험이나 인터넷보험에서 순보험료를 할인하는 것은 이 원칙에 반하지 않는다.
④ 개정된 보험약관의 기존 보험계약자에 대한 소급적용은 이 원칙을 표현한 것이라고 할 수 있다.

3. 보험약관의 적용에 관한 설명 중 옳지 않은 것은?

① 보험자와 보험계약자가 약관조항과 다른 내용을 별도로 약정한 경우에는 그 약정된 내용이 약관조항에 우선한다.
② 약관조항이 보험계약자에게 교부되고 설명되어 계약의 내용으로 된 경우에는 더 이상 그 효력을 다툴 수 없다.
③ 약관조항이 여러 가지의 뜻으로 해석된다고 하더라도 그 조항이 무효가 되는 것은 아니다.
④ 약관을 해석할 때 보험계약자의 개별적인 특수한 사정을 고려해서는 안 된다.

4. 보험약관의 구속력의 근거에 관하여 규범설을 취하는 견해가 근거로 들고 있는 규정은?

① 보험약관의 교부·설명의무 위반의 효과로서 보험계약자가 일정 기간 내에 계약을 취소할 수 있다는 상법상의 규정
② 약관의 명시·설명의무 위반의 효과로서 사업자가 약관을 계약의 내용으로 주장할 수 없다는 약관규제법상의 규정
③ 고지의무 위반의 효과로서 보험자가 일정 기간 내에 계약을 해지할 수 있다는 상법상의 규정
④ 상법 제4편(보험)을 상대적 강행규정화한 상법상의 규정

5. 보험대리점, 보험설계사, 보험중개사에 관한 설명 중 옳은 것은?

① 보험대리점과 보험중개사는 상법상의 상인이지만 보험설계사는 상법상의 상인이 아니다.
② 보험중개사는 보험회사를 위하여 보험료를 받을 권한이 있다.
③ 보험업법은 보험대리점으로서 중개대리점과 체약대리점을 규정하고 있다.
④ 보험설계사는 불특정 다수의 보험회사를 위하여 보험계약의 중개를 할 수 있다.

6. 보험중개사와 보험설계사에 공통되는 설명으로서 옳은 것은?

① 보험료수령권이 없다.
② 계약체결권이 있다.
③ 고지수령권이 없다.
④ 각종 통지의 수령권이 있다.

7. 보험계약은 법적으로는 낙성계약(諾成契約)이지만, '사실상의 요물계약(要物契約)'이라고 하는 이유는?

① 청약에 대해 승낙이 항상 즉시 있게 되는 것이 아니기 때문이다.
② 외상보험의 약정에 의하여 보험료의 지급이 없더라도 보험자가 책임을 지는 경우도 있기 때문이다.
③ 보험계약자가 계약의 성립사실을 알게 되는 때가 보통 보험증권을 받은 때가 되기 때문이다.
④ 보험료가 지급되어야 보험자의 책임이 시작되기 때문이다.

8. 보험계약법과 보험업법에 관한 설명 중 옳지 않은 것은?

① 보험계약법이 보험사업자와 보험계약자 사이의 관계를 규율하는 데 반해, 보험업법은 감독기관과 보험사업자 사이의 관계를 규율한다.
② 보험사업자의 설립·운영에 관한 보험업법상의 규정은 회사법보다는 보험계약법과 더 밀접한 관계를 지닌다.
③ 보험사업자가 보험계약법을 위반하더라도 형사처벌이나 행정벌을 받는 것이 아니지만, 보험업법을 위반하면 그러한 처벌을 받는다.
④ 보험계약자의 보험계약법상의 권리·의무는 보험업법상의 모집조직의 권한과 관련될 수 있다.

9. 보험증권에 관한 설명 중 옳지 않은 것은?

① 보험계약의 성립요건이 아니다.
② 보험계약의 증거증권이다.

③ 타인을 위한 보험계약에서 보험계약자가 보험증권을 소지한 경우에는 그 타인의 동의 없이 계약을 해지할 수 있다.
④ 유가증권성이 인정되는 해상적하보험증권은 무인증권(無因證券)이다.

10. 보험계약자가 적자의 누적으로 폐업신고를 하자, 근로자들이 폐업철회를 요구하면서 근 3개월 동안 보험의 목적인 공장건물을 점거하여 숙식하던 중, 전열기 과열로 보험사고인 화재가 발생하였다. 이 화재 발생 시까지 보험계약자는 근로자들의 점거사실을 보험자에게 알리지 아니 하였다. 이 사건에 대한 대법원 판례의 입장은?

① 보험사고가 변란으로 인하여 생긴 것으로 볼 수 있다.
② 보험사고가 보험계약자의 중대한 과실로 인하여 생긴 것으로 볼 수 있다.
③ 보험계약자의 고지의무의 위반에 해당한다.
④ 보험계약자의 위험변경증가 통지의무의 위반에 해당한다.

11. 고지의무에 관한 설명 중 옳은 것은?

① 보험자가 질문표로 묻지 않은 사항에 대해서는, 보험계약자가 고지하지 않았다고 하더라도 어느 경우든 고지의무를 위반한 것으로 되지 않는다.
② 타인을 위한 손해보험계약에서 보험계약자에게 계약의 체결을 위임하지 않은 피보험자는 고지의무자가 될 수 없다.
③ 통설에 의하면, 보험계약자 또는 피보험자가 고지의 대상이 되는 사실을 중대한 과실로 알지 못하여 이를 고지하지 않은 경우에는 고지의무를 위반한 것으로 되지 않는다.
④ 통설에 의하면, 고지의무의 위반이 있는 경우 보험자는 민법상 착오를 이유로 계약을 취소할 수 있다.

12. 보험계약자는 화재보험의 목적인 건물의 증개축공사를 하면서, 그 사실을 보험자에게 알리지 아니하였다. 보험자의 보험대리점의 운영자가 이 공사가 본격적으로 시행된 후에 공사현장을 방문하였다. 그 후 이 공사 중의 용접작업으로 인하여 화재가 발생하였다. 이 사건에서 대법원 판례는 보험자가 보험계약을 해지할 수 없다고 하였다. 그 이유는?

① 이 사건의 증개축공사는 보험계약자의 위험변경증가 통지의무의 대상이 되지 않기 때문이다.
② 뚜렷한 위험변경증가와 관련된 건물의 증개축을 보험자에게 알릴 의무사항으로 규정한 약관조항을 보험자가 설명하지 않았기 때문이다.

③ 보험대리점의 운영자의 악의나 중대한 과실은 보험자의 악의나 중대한 과실로 볼 수 없기 때문이다.
④ 보험자가 현저한 위험변경증가의 사실을 안 날로부터 1개월이 지났거나 그 사실을 중대한 과실로 알지 못했기 때문이다.

13. 보험료의 지급에 관한 설명 중 옳은 것은?

① 보험료의 지급장소는 계약당사자 간의 특약이나 관습이 없으면 보험계약자의 주소지이다.
② 보험계약자가 최초보험료의 지급을 위하여 어음을 교부하는 경우, 해제조건부 대물변제설(解除條件附 代物辨濟說)에 의하면, 보험자의 책임은 어음이 교부된 때가 아니라 현금으로 추심된 때로부터 시작된다.
③ 보험계약자가 최초보험료의 지급을 위하여 어음을 교부하는 경우, 유예설(猶豫說)에 의하면, 보험자의 책임은 어음이 교부된 때가 아니라 현금으로 추심된 때로부터 시작된다.
④ 대법원 판례가 실효약관(失效約款)을 무효로 본 이유는, 계속보험료의 지급지체에 대해 최고(催告)절차를 거치도록 한 상법의 규정이 상대적 강행규정이기 때문이다.

14. 상법상 보험료에 관한 설명 중 옳지 않은 것은?

① 고지의무 위반의 경우 보험자는 보험계약을 해지할 수 있지만, 생명보험에서는 보험료적립금을 반환하여야 한다.
② 보험사고가 발생하기 전에는 보험계약자는 언제든지 보험료의 감액을 청구할 수 있다.
③ 보험계약자가 보험계약의 청약과 함께 보험료를 지급한 경우에는, 보험계약이 성립하기 전에 보험사고가 발생하더라도 보험자가 책임을 지는 경우가 있다.
④ 보험사고의 발생으로 보험자가 보험금을 지급한 때에도 보험금액이 감액되지 아니하는 보험에서는, 보험계약자는 보험사고의 발생 후에도 보험계약을 해지할 수 있지만, 이 해지의 경우에는 미경과보험료의 반환을 청구할 수 없다.

15. 보험자의 보험금지급책임에 관한 설명 중 옳지 않은 것은?

① 상법은 피보험자가 계약성립일로부터 일정 기간이 지난 후에 자살하는 경우에는 보험자의 책임을 인정한다.
② 상법은 보험사고가 전쟁위험으로 인한 경우 보험자의 면책으로 하지만, 보험자가 특약에 의하여 전쟁위험을 인수하는 것은 상관없다.
③ 보험자의 면책사유가 발생하더라도 계약이 무효로 되는 것은 아니다.
④ 보험계약자의 고의로 인한 사고에 대하여 보험자의 책임을 인정하는 약정은 원칙적으로 무효이다.

16. 보험자 또는 보험계약자의 증명책임(입증책임)에 관한 설명 중 옳은 것은?

① 손해보험에서 고지의무 위반의 주관적 요건과 객관적 요건에 관한 증명책임은 보험계약자가 진다.
② 손해보험에서 고지의무 위반사실과 보험사고 간의 인과관계에 관한 증명책임은 보험자가 진다.
③ 상해보험에서 상해(재해)사고로 인한 건강손상에 관한 증명책임은 보험계약자가 진다.
④ 생명보험에서 고의로 인한 사망에 관한 증명책임은 보험계약자가 진다.

17. 보험가액, 보험금액, 보험금에 관한 설명 중 옳은 것은?

① 보험가액은 손해보험의 경우 계약에 의해서 정해지는 보험자의 책임의 최고한도액이다.
② 생명보험은 정액보험으로서 보험가액과 보험금이 일치하는 것이 보통이다.
③ 보험료의 산출의 토대가 되는 것은 손해보험이든 인보험이든 보험금액이다.
④ 책임보험의 피보험자가 보험자의 지시에 의하지 아니하고 방어비용을 지출한 경우에는, 보험자는 그 비용과 손해액의 합계액을 보험가액의 한도 내에서 부담한다.

18. 보험가액의 결정에 관한 설명 중 옳은 것은?

① 당사자 간에 보험가액을 정하지 아니한 때에는 계약체결 시의 가액을 보험가액으로 한다.
② 당사자 간에 보험가액을 정한 경우에는 사고발생 시의 가액이 보험가액으로 될 여지가 없다.
③ 운송물의 보험은 도착한 때와 곳의 가액과 도착지까지의 운임 기타의 비용을 보험가액으로 한다.
④ 항해단위로 선박을 보험에 붙인 경우에는 하물 또는 저하의 선적에 착수한 때의 선박가액을 보험가액으로 한다.

19. 사기에 의한 초과보험계약에 관한 설명 중 옳은 것은?

① 객관주의 입법주의에 의하면 계약 전부가 무효가 된다.
② 보험계약자가 타인을 위한 초과보험계약을 체결한 경우에는, 그 타인이 선의라고 하더라도 보험계약자의 사기에 의한 그 초과보험계약은 무효가 된다.
③ 보험사고가 발생한 후에 사기의 사실이 밝혀진 경우에는, 보험계약은 처음부터 무효가 되므로 보험자와 보험계약자는 각각 받았던 보험료와 보험금을 상대방에게 반환해야 한다.
④ 사기에 의한 초과보험계약은, 보험설계사나 보험대리점이 자신의 수수료를 올리기 위하여 선의의 보험계약자에게 보험가액을 과대평가하도록 유도하여 계약을 체결하게 한 경우에도 인정될 수 있다.

20. 중복보험에 관한 설명 중 옳지 않은 것은?

① 보험자는 각자의 보험금액의 한도에서 연대책임을 진다.

② 각 보험자의 보상책임은 각자의 보험금액의 비율에 따른다.
③ 보험계약자의 사기로 인하여 체결된 때에는 그 계약은 취소할 수 있으나, 보험자는 그 사실을 안 때까지의 보험료를 청구할 수 있다.
④ 보험자 1인에 대한 권리의 포기는 다른 보험자의 권리의무에 영향을 미치지 아니한다.

21. 보험계약자의 다수계약 통지의무(수개의 계약의 통지의무)에 관한 설명 중 옳지 않은 것은?

① 약관에는 이 의무를 고지의무나 위험변경증가 통지의무에 포함시켜서 규정하고 있는 것도 있다.
② 이 의무에 관한 상법의 규정은 불완전법규이다.
③ 이 의무는 병존보험의 경우에는 인정되지 않는다.
④ 이 의무의 이행이 있으면 중복보험이라도 사기에 의하여 체결된 것으로 인정되지 않는다.

22. 손해방지의무에 관한 설명 중 옳지 않은 것은?

① 이 의무는 보험계약상의 의무가 아니라 법정의무이다.
② 보험계약자 또는 피보험자는 자기의 재산에 대해 기울이는 정도의 주의로써 이행하면 된다.
③ 이 의무 위반으로 인하여 확대된 손해에 대해서는 보험자는 그 해당액만큼 보험금에서 공제하여 지급하거나 별도로 손해배상을 청구할 수 있다.
④ 전기의 누전으로 화재의 발생위험이 있음을 알면서 이를 방치하여 화재가 생긴 경우에도 이 의무의 위반이 된다.

23. 손해방지비용에 관한 설명 중 옳은 것은?

① 상법에 의하면, 보험자는 손해방지조치가 그의 지시에 따라 행해진 경우에만, 이 비용과 손해보상액의 합계가 보험금액을 초과하더라도 그 전부를 부담한다.
② 상법에 의하면, 피보험자는 이 비용의 선급을 청구할 수 있다.
③ 보험자는 면책사유에 해당하는 보험사고가 발생한 경우라도 이 비용을 부담한다.
④ 대법원 판례에 의하면, 책임보험의 피보험자가 그의 책임 유무가 판명되지 아니한 상태에서 손해의 발생이나 확대를 방지하기 위하여 비용을 지급한 경우에는, 나중에 그의 책임이 없는 것으로 판명되더라도, 그 비용은 손해방지비용이 된다.

24. 제3자에 대한 보험자대위에 관한 설명 중 옳지 않은 것은?

① 제3자는 피보험자에 대한 항변으로 보험자에 대하여 대항할 수 있다.
② 보험자가 제3자에 대한 청구권을 취득하기 위하여는 민법상 지명채권양도절차에 의한 대항요건

을 갖추어야 한다.

③ 보험자는 지급한 보험금의 한도 내에서 제3자에 대한 청구권을 대위한다.

④ 제3자에 대한 보험자대위가 생긴 후에 제3자의 피보험자에 대한 변제는 원칙적으로 변제로서의 효력이 없다.

25. 보험목적의 양도에 관한 설명 중 옳지 않은 것은?

① 보험의 목적이 양도된 경우에 양도인 또는 양수인이 지체없이 그 사실을 보험자에게 통지한 때에는, 보험자는 현저한 위험변경증가가 있더라도 계약을 해지할 수 없다.

② 타인을 위한 보험계약에서 보험의 목적이 피보험자에 의해 양도된 경우에는 양수인이 보험계약자의 지위를 승계한 것으로는 추정되지 않는다.

③ 자동차가 양도된 경우에는 양수인에게 무보험(無保險)의 상태가 생길 수 있다.

④ 선박이 보험자의 동의 없이 양도된 경우에는 양수인은 보험계약으로 인하여 생긴 권리와 의무를 승계하지 못한다.

26. 화재보험에 관한 설명 중 옳은 것은?

① 집합된 물건을 일괄하여 보험의 목적으로 한 때에도 피보험자의 사용인의 물건은 보험의 목적에 포함된 것으로 하지 않는다.

② 동산을 보험의 목적으로 한 때에는 존치한 장소의 상태와 용도를 보험증권에 기재하여야 한다.

③ 집합된 물건을 일괄하여 보험의 목적으로 한 때에는 그 목적에 속한 물건이 보험기간 중에 수시로 교체된 경우에도 보험계약의 체결시에 현존한 물건은 보험의 목적에 포함된 것으로 한다.

④ 보험자는 화재의 소방 또는 손해의 감소에 필요한 조치로 인하여 생긴 손해는 보상할 책임이 없다.

27. 해상보험자의 보상책임에 관한 설명 중 옳은 것은?

① 보험자는 보험의 목적의 안전이나 보존을 위하여 지급할 특별비용을 보험금액의 한도 내에서 보상할 책임이 있다.

② 보험자는 보험의 목적의 공동해손분담가액이 보험금액을 초과할 때에는 그 초과액에 대한 분담액은 보상하지 아니한다.

③ 보험자는 보험의 목적의 구조료분담가액이 보험금액을 초과할 때에는 그 초과액에 대한 분담액은 보상하지 아니한다.

④ 선박의 존부가 2월간 분명하지 아니한 때에는 보험위부의 원인이 된다.

28. 해상보험자의 보상책임에 관한 설명 중 옳지 않은 것은?

① 선박의 일부가 훼손되었으나 이를 수선하지 아니한 경우에는 보험자는 그로 인한 감가액을 보상

할 책임이 있다.

② 선박이 정당한 사유없이 보험계약에서 정하여진 선로를 이탈하면, 손해발생 전에 원항로로 돌아온 경우에도 보험자는 책임을 지지 아니한다.

③ 적하를 보험에 붙인 경우에 보험자의 동의 없이 선박을 새로운 관리로 옮긴 때에는 보험계약은 종료한다.

④ 항해 도중에 불가항력으로 보험의 목적인 적하를 매각한 때에는 보험자는 그 대금에서 운임 기타 필요한 비용을 공제한 금액과 보험가액과의 차액을 피보험자에게 보상하여야 하고, 이 경우 매수인이 대금을 지급하지 아니한 때에는 보험자는 그 금액도 지급하여야 한다.

29. 보험위부에 관한 설명 중 옳지 않은 것은?

① 피보험자가 위부를 하고자 할 때에는 보험사고의 발생 후 상당한 기간 내에 보험자에 대하여 그 통지를 발송하여야 한다.

② 위부는 무조건이어야 한다.

③ 위부의 원인이 보험목적의 일부에 대하여 생긴 때에도 전부에 대하여만 위부를 할 수 있다.

④ 보험자가 위부를 승인하지 아니한 때에는 피보험자는 위부의 원인을 증명하지 아니하면 보험금의 지급을 청구하지 못한다.

30. 책임보험에 관한 설명 중 옳지 않은 것은?

① 피보험자는 제3자의 청구를 방어하기 위한 재판상 또는 재판외의 필요비용의 선급을 보험자에게 청구할 수 있다.

② 약관에 의하면, 자동차의무배상책임보험(대인배상 I)에서는 피보험자의 고의로 인한 사고라도 제3자가 직접청구를 하는 경우에는 보험자는 보험금을 지급한다.

③ 제3자의 직접청구권을 보험금청구권으로 보게 되면, 보험자는 피보험자에 대한 보험계약상의 항변사유로써 제3자에게 대항할 수 있다.

④ 제3자의 직접청구권을 손해배상청구권으로 보게 되면, 보험자는 피보험자가 당해 사고에 관하여 가지는 항변으로써 제3자에게 대항할 수 없다.

31. 보증보험에 관한 설명 중 옳지 않은 것은?

① 대법원 판례에 의하면, '보험자'와 '보험계약자의 다른 보증인' 간의 구상에 대하여는 민법상의 공동보증인 간의 구상권에 관한 규정이 적용된다.

② 대법원 판례에 의하면, 보험계약자가 보험자를 기망하고, 이에 피보험자가 공모하였거나 그 기망의 사실을 알면서도 묵인한 상태에서 보험계약이 체결된 것이 아닌 경우에는, 보험자는 보험계약을 취소하거나 해지할 수 없다.

③ 보험계약자가 고의로 보험사고를 야기한 경우라도 피보험자가 공모한 바가 없었으면 보험자는 보험금지급책임을 진다.
④ 보험계약자는 피보험자와의 채무관계가 소멸하지 않은 경우에는 임의로 보험계약을 해지할 수 없다.

32. 보증보험과 신용보험의 공통점은?

① 채권자를 보험계약자로 한다.
② 채무자를 보험계약자로 한다.
③ 채권자를 피보험자로 한다.
④ 채무자를 피보험자로 한다.

33. 상법상 인보험에 대해서는 피보험이익이 인정되지 않는다는 견해의 근거가 되는 것은?

① 피보험이익은 금전산정 가능성이 있어야 하기 때문이다.
② 피보험이익은 보험계약의 동일성을 구별하는 기준이 되어야 하기 때문이다.
③ 피보험이익은 보험계약 체결 당시 확정되지 아니하여도 되기 때문이다.
④ 피보험이익은 주관적인 면이 있기 때문이다.

34. 생명보험에 관한 설명 중 옳지 않은 것은?

① 보험계약자가 고의로 보험사고를 일으킨 경우에는 다른 약정이 없으면 보험자는 보험료적립금반환의무를 지지 아니한다.
② 보험계약자가 중대한 과실로 보험사고를 일으킨 경우에는 보험자는 보험료적립금반환의무를 지지 않게 된다.
③ 단체보험계약이 체결되면 보험자는 보험증권을 보험계약자와 보험수익자에게 교부하여야 한다.
④ 피보험자가 제3자의 불법행위로 사망한 경우 보험자는 보험금을 지급하더라도 그 제3자에 대하여 보험자대위권을 행사할 수 없다.

35. 생명보험에서 보험수익자의 지정·변경권이 유보되어 있을 때, 피보험자가 보험수익자로 확정되는 경우는?

① 보험계약자가 보험수익자의 변경권을 행사하기 전에 보험사고가 생긴 경우
② 보험계약자가 보험수익자의 지정권을 행사하기 전에 사망하고, 보험계약자의 승계인이 그 지정권을 행사할 수 있다는 약정이 없는 경우
③ 보험수익자가 보험존속 중에 사망하고 이어서 보험계약자도 다시 보험수익자의 지정권을 행사하

지 아니하고 사망한 한 경우

④ 보험수익자가 보험존속 중에 사망한 후 보험계약자가 다시 보험수익자의 지정권을 행사하기 전에 보험사고가 생긴 경우

36. 타인의 사망보험계약의 체결을 위해서는 그 타인의 동의를 얻어야 한다. 이에 관한 설명 중 옳지 않은 것은?

① 이 동의는 서면에 의하여야 하고, 계약체결 시까지 얻어야 한다.

② 이 동의가 없는 계약에 대한 사후 추인은 인정되지 아니한다.

③ 보험설계사나 보험대리점이 보험계약자가 이 동의를 얻도록 주의를 기울이지 않은 경우에는, 보험계약자는 계약이 무효화됨으로 인해 생기는 손해의 배상을 보험자에게 청구할 수 있다.

④ 대법원 판례에 의하면, 이 동의는 반드시 본인이 하여야 하므로, 보험계약자나 보험설계사가 타인으로부터 명시적으로 권한을 수여받아 그 타인의 서명을 대행한 경우에도 동의로서의 효력이 없다.

37. 단체생명보험에 관한 설명 중 옳지 않은 것은?

① 단체 내부에서의 보험료 분담관계를 불문하고 보험자에 대해서 보험료지급의무를 부담하는 자는 단체이다.

② 대법원 판례에 의하면, 단체의 규약을 갖추지 못한 단체가 단체보험계약을 체결하기 위해서는 구성원의 서면동의를 얻어야 한다.

③ 대법원 판례에 의하면, 단체는 구성원의 동의를 얻어 자신을 보험수익자로 지정할 수 있다.

④ 구성원이 단체에서 탈퇴하면 그 구성원에 대한 보험관계는 해지되거나 개인보험으로 된다.

38. 상해보험에 관한 설명 중 옳지 않은 것은?

① 질병은 외래성의 결여로 상해보험의 보험사고가 되지 아니한다.

② 상해로 인하여 질병이 생긴 경우는 그 질병도 상해보험의 보험사고가 된다.

③ 의료보험금에 대해서 이득금지의 원칙이 적용되지 않는다.

④ 상해로 인하지 아니한 피보험자의 사망이라도 생명보험에서는 보험사고가 될 수 있다.

39. 상해보험과 생명보험에 관한 설명 중 옳지 않은 것은?

① 심신박약자를 피보험자로 하는 상해보험계약은 유효하다.

② 심신박약자를 피보험자로 하는 생명보험계약은 무효이다.

③ 피보험자가 전쟁 기타의 변란으로 인하여 상해를 입은 경우에는 다른 약정이 없으면 상해보험자

는 면책된다.

④ 상법상 상해보험의 보험계약자는 위험유지의무를 지지만 생명보험의 보험계약자는 이 의무를 지지 않는다.

40. 대법원 판례는 상해보험의 음주 · 무면허운전 면책약관을 무효로 보고 있다. 이 판례의 논거가 되는 것은?

① 손해보험에서 보험계약자 등의 고의 또는 중과실로 인한 사고는 보험자의 면책사유가 된다.
② 인보험에서 보험계약자 등의 중과실로 인한 사고는 보험자의 부책(負責)사유가 된다.
③ 음주 · 무면허운전은 상해보험의 담보위험제외사유에 해당한다.
④ 음주 · 무면허운전에 대한 고의가 있으면 최소한 상해에 대한 미필적 고의(未必的 故意)를 인정할 수 있다.

※ 제32회(2009년도) 손해사정사 1차 시험 보험계약법 정답

1	2	3	4	5	6	7	8	9	10
③	③	②	①	①	③	④	②	④	④
11	**12**	**13**	**14**	**15**	**16**	**17**	**18**	**19**	**20**
③	④	④	②	①	③	③	④	②	③
21	**22**	**23**	**24**	**25**	**26**	**27**	**28**	**29**	**30**
③	④	④	②	①	②	①	③	③	④
31	**32**	**33**	**34**	**35**	**36**	**37**	**38**	**39**	**40**
①	③	①	③	②	④	③	③	②,④	②

제31회(2008년도) 손해사정사 - 보험계약법 기출문제

1. 보험의 목적에 관한 다음의 기술 중 옳은 것은?

① 인보험의 경우 특정된 자연인만이 보험의 목적이 될 수 있다.
② 특허권은 손해보험의 목적이 될 수 없다.
③ 집합물도 보험의 목적이 될 수 있다.
④ 한정치산자는 사만보험의 목적이 될 수 있다.

2. 다음은 보험계약달사에 관한 기술이다. 옳은 것은?

① 16세의 경우 특정된 자연인만이 보험의 목적이 될 수 있다.
② 상법은 보험수익자의 범위를 피보험자에 대하여 일정한 경제적 이해관계 있는 사람으로 한정하고 있다.
③ 인보험의 경우 보험계약자란 생명 또는 신체에 관하여 보험이 붙여진 자를 말한다.
④ 손해보험의 경우 피보험자란 보험계약자를 의미한다.

3. 고지의무의 내용에 대한 다음의 설명으로 옳지 않은 것은?

① 차인을 위한 손해보험계약에서 보험계약의 체결을 알고 있는 피보험자는 고지의무를 진다
② 인보험에서 보험금청구권을 가지는 보험금수익자는 고지의무자가 아니다.
③ 보험계약이 대리인에 의하여 체결되는 경우 그 대리인이 고지의무를 부담하는 데 본인이 알고 있는 사실만 고지하면 될 것이지 대리인이 고지의무를 부담하는 데 본인이 알고 있는 사실만 고지하면 될 것이지 대리인이 알고 있는 사실을 알릴 필요는 없다.
④ 보험계약자가 수인이 있는 경우에 각 보험계약자가 고지의무를 부담하여야 한다.

4. 고지의무에 관한 다음의 설명 중 옳지 않은 것은?

① 보험자가 서면으로 질문한 사항은 중요한 사항으로 간주한다.
② 고지의무 위반사실은 보험자가 입증하여야 한다.
③ 고지의무위반의 효과로서 보험자가 보험수익자에게 함 해지의 의사표시는 특별한 사정이 없는 한 효력이 없다는 것이 판례의 입장이다.
④ 고지의무위반과 보험사고 사이에 상당한 인과관계가 없다는 것을 보험계약자가 입증한 경우 보험자는 보험금약을 지급하여야 한다.

5. 보험자의 보험약관 명시, 설명의무와 관련한 대법원 판례의 내용이 아닌 것은?

① 보험자의 명시, 설명의무가 제대로 이행되었다고 하여도 보험계약의 체결여부에 영향을 미치지 않는다면 비록 보험사고의 내용이나 범위를 정한 보험약관이라고 하더라도 명시·설명의무의 대상이 되지 아니한다.

② 피보험자동차의 구조변경 등 중요한 사항에 변동이 있는 경우 보험계약자의 통지의무를 규정한 보험약관조항은 상법 제652조에서 이미 정하여 놓은 통지의무를 자동차보험에서 구체적으로 부연한 정도의 규정에 해당하여 보험자에게 별도의 설명의무가 인정되지 아니한다.

③ 보험회사를 대리한 보험대리점이 보험계약자에게 교부한 보통보험약관과 다른 내용을 설명하고 그 계약이 체결된 경우에는 그 설명된 내용이 보험계약의 내용이 되는 것은 아니다.

④ 보험약관에 정하여진 사항이라고 하더라도 거래상 일반적이고 공통된 것이어서 보험계약자가 별도의 설명 없이도 충분히 예상할 수 있었던 사항이거나 이미 법령에 의하여 정하여진 것을 되풀이하거나 부연하는 정도에 불과한 사항이라면 그러한 사랑에 대하여서까지 보험자에게 명시설명의무가 인정된다고 할 수 없다.

6. 약관설명의무에 관한 다음의 설명 중 옳지 않은 것은?

① 보험약관의 명시·설명의무에 위반하여 보험계약을 체결한 경우에는 보험계약자가 그 약관에 규정된 고지의무를 위반하였다 하더라도 이를 이유로 보험자는 계약을 해지할 수 없다.

② 약관면책조항의 배우자에 사실혼 관계의 배우자가 포함된다는 점은 명시설명의무에 해당하는 약관의 중요한 내용에 해당하지 않는다는 판례가 있다.

③ 보험자가 약관의 교부 명시의무를 위반한 때에는 보험계약자는 보험계약이 성립한 날로부터 1월 내에 그 계약을 취소 할 수 있다.

④ 설명의무의 상대방은 보험계약자 본인에 국한된다.

7. 보험료 지급지체의 효과에 대한 설명 중 틀린 것으로 묶인 것은?

보험계약자는 계약 체결 후 ⓐ상당한 기간 내에 보험료의 전부 또는 제1회 보험료를 지급하여야 하며, 이를 지급하지 아니한 경우에는 다른 약정이 없으면 계약 성립 후 ⓑ2개월이 경과하면 그 계약은 ⓒ해제된 것으로 본다. 계속보험료가 약정한 시기에 지급되지 아니한 때에는 보험자는 ⓓ2개월 안에 보험계약자에게 최고하고 그 기간 내에 지급하지 아니하면 그 계약은 ⓔ해제된 것으로 본다.

① ⓐ, ⓑ, ⓒ ② ⓑ, ⓒ, ⓓ ③ ⓒ, ⓓ, ⓔ ④ ⓐ, ⓓ, ⓔ

8. 보험자와 보험계약자의 의무위반 양태에 따른 법률상 효과를 옳게 연결한 것은?

ⓐ 보험약관 명시 · 설명의무위반 : 계약해지 ⓑ 고지의무위반 : 계약해지 ⓒ 보험증권교부의무위반 : 계약해지 ⓓ 위험변경증가의 통지의무위반 : 계약해지 ⓔ 보험사고통지의무위반 : 계약해지

① ⓐ, ⓑ　② ⓒ, ⓓ　③ ⓒ, ⓔ　④ ⓑ, ⓓ

9. 보험계약의 체결에 관한 설명 중 옳지 않은 것은?

① 보험자의 책임은 당사자 간에 다른 약정이 없으면 최초의 보험료의 지급을 받은 때로부터 개시한다.

② 보험자가 보험계약자로부터 보험계약의 청약과 함께 보험료상당액의 전부 또는 일부를 받은 경우에 그 청약을 승낙하기 전에 보험계약에서 정한 보험사고가 생긴 때에는 보험자는 보험계약상의 책임을 져야 한다.

③ 보험계약의 당사자는 보험증권의 교무가 있은 날로부터 일정한 기간 내에 한하여 그 증권내용의 정부에 관한 이의를 할 수 있음을 약정할 수 있는데, 그 기간은 1월을 내리지 못한다.

④ 보험증권의 발행은 계약의 성립요건이 아니다.

10. 보험계약의 부황에 관한 다음의 설명 중 옳지 않은 것은?

① 보험계약자가 제1회 보험료를 지급하지 않아 보험계약이 해제되었어야 한다.

② 해지환급금이 있는 경우에 해지환급금을 보험자가 반환하지 아니하였어야 한다.

③ 보험계약자는 부활계약을 청약하면서 일정한 기간 내에 연체보험료에 법정이자를 붙여 보험자에게 지급하여야 한다.

④ 보험자는 보험계약부활의 청약을 받은 때에는 30일 이냥 승낙여부의 통지를 발송하여야 하며 보험자가 이 기간 내에 낙부의 통지를 발송하지 아니한 때에는 승낙한 것으로 본다.

11. 보험계약의 부활에 관한 다음의 설명 중 옳지 않은 것은?

① 해지된 시점부터 다시 부활된 시점까지 발생한 보험사고에 대하여는 보험자는 보험금 지급책임이 없다.

② 통설은 부활계약의 법적 성질은 종래의 보험계약과 동일성을 유지하여 존속할 것을 목적으로 하는 특수한 계약으로 본다.

③ 계약의 부활의 청약의 경우에도 보험계약자는 보험계약의 부활에 따르는 중요한 사항의 고지의

무를 부담한다고 해선된다.

④ 종래 보험계약에 존재하던 해지나 무효 사유 등은 소멸된다.

12. 초과보험과 중복보험에 대한 설명 중 옳지 않은 것은?

① 초과보험은 보험금약이 보험가약을 현저하게 초과하는 경우에 성립한다.

② 초과보험인지의 여부는 원칙적으로 보험기간 중의 보험가약을 기준으로 한다.

③ 단순 초과보험의 경우에 보험자 또는 보험계약자는 보험료와 보험금약의 감액을 청구할 수 있는데 보험료의 감액은 장래에 대하여만 그 효력이 있다.

④ 중복보험의 경우 보험계약자가 선의인 때에는 각 보험자는 각자의 보험금액의 한도에서 연대책임을 지고— 각 보험자의 보상책임은 각자의 보험금액의 비율에 따라 정해진다.

13. 초과보험에 관한 다음의 설명 중 옳지 않은 것은?

① 책임보험의 경우에는 원칙적으로 초과보험이 성립될 여지가 없다.

② 초과보험은 경기의 변동으로 피보험이익의 가치가 떨어진 경우에도 생긴다.

③ 판례에 의하면 사기에 의한 초과보험의 경우 사기의 입증책임은 보험자가 부담한다.

④ 초과보험계약이 보험계약자의 사기로 인하여 체결된 때에는 그 계약은 무효로 하지만, 보험자는 그 사실을 안 때까지의 보험료를 청구할 수 없다.

14. 보험가액에 관한 다음의 설명 중 옳지 않은 것은?

① 당사자 간에 보험가액을 정한 때에는 그 가액은 사고발생시의 가약으로 정한 것으로 추정한다.

② 당사자 간에 보험가약을 정하지 아니한 때에는 보험계약 체결시의 가약을 보험가약으로 한다.

③ 판례에 따르면 보험계약상의 보상최고한도액을 기재한 것만으로는 기평가보험이 되지 않는다.

④ 보험가액은 피보험이익의 금전적 평가액을 말한다.

15. 피보험이익에 관한 다음의 설명 중 옳지 않은 것은?

① 피보험이익은 계약체결 당시 확정되어 있거나 적어도 보험사고가 발생할 때까지는 확정 할 수 있어야 한다.

② 피보험이익이 다르면 동일한 보험의 목적에 관하여 수개의 보험계약이 성립할 수 있다.③ 판례에 따르면 보험사고 발생 후 보험금을 청구하는 단계에서 비로소 보험자가 피보험이익의 흠결을 주장하는 것은 신의칙에 반한다고 한다.

④ 피보험이익은 법의 보호를 받을 수 있는 이익이어야 한다.

16. 중복보험에 관한 다음의 설명 중 옳지 않은 것은?

① 판례에 따르면 산업재해보상보험과 자동차종합보험은 자동차사고가 동일하므로 중복보험에 해당된다.

② 보험계약자가 선의인 경우 중복보험의 효과에 대해 우리 상법은 비례주의와 연대주의를 함께 정하고 있다.

③ 중복보험의 보험계약자는 각 보험자에 대하여 각 보험계약의 내용을 통지하여야 하는데 판례에 따르면 단순히 통지의무를 게을리 하였다는 사유만으로 사기로 인한 중복보험계약이 체결되었다고 추정할 수는 없다고 한다.

④ 중복보험의 규정에 희한 수 개의 보험계약을 체결한 경우에 보험자 1인에 대한 권리의 포기는 다른 보험자의 권리의무에 영향을 미치지 아니한다.

17. 일차위험보험에서 보험자는 어떠한 방식으로 보험금을 지급하는가?

① 비례부담의 원칙에 따라 지급한다.

② 보험가액의 일정비율의 범위 내에서 지급한다.

③ 보험금약의 범위 내에서 손해액 전액을 지급한다.

④ 중복보험의 규정에 의한 수 개의 보험계약을 체결한 경우에 보험자 1인에 대한 권리의 포기는 다른 보험자의 권리의무에 영향을 미치지 아니한다.

18. 다음은 보험계약자 등의 통지의무에 관한 설명이다. 잘못된 것은?

① 보험사고발생시 통지를 해태함으로써 손해가 증가된 경우에는 보험자가 그 발생을 안 때에라도 증가된 손해를 보상할 책임은 없다.

② 보험기간 중에 보험계약자 등이 사고발생의 위험이 변경·증가된 사실을 안 때에는 그 정도가 현저한 경우에 한하여서만 보험계약자 등에 통지의무가 있다.

③ 보험계약자 등이 위험변경증가의 통지의무를 해태한 때에는 보험자는 그 사실을 안 날로부터 1월내에 한하여 계약을 해지할 수 있다.

④ 위험변경증가의 통지의무의 해태로 보험자가 보험계약을 해지한 경우에는 그 때부터 장래에 향하여 효력을 상실한다.

19. 보험자의 보험금지급의무와 관련된 다음의 설명 중 옳지 않은 것은?

① 타인을 위한 손해보험계약의 경우에는 보험계약자가 타인의 손해를 배상한 때에는 보험계약자는 그 타인의 권리를 해하지 않는 범위 내에서 보험자에게 보험금액의 지급을 청구할 수 있다.

② 보험회사가 보험료를 대납하기로 약정한 경우 보험료가 지급된 것으로 판례는 해석하고 있다.

③ 보험자는 보험금약의 지급에 관하여 약정이 없는 경우에는 피보험자로부터 사고발생의 통지를

받은 후 10일 내에 보험금액을 정하여 지급해야 한다.

④ 보험금지급의무는 2년의 시효로 소멸한다.

20. 보험자의 보상책임에 관한 다음의 설명 중 옳지 않은 것은?

① 보험의 목적의 성질, 하자 또는 자연소모로 인한 손해는 보험자가 이를 보상할 책임이 없다.

② 육상운송보험에서 보험사고가 송하인 또는 수하인의 고의 또는 중대한 과실로 인하여 발생한 때에는 보험자는 이로 인하여 생긴 손해를 보상할 책임이 없다.

③ 해상보험에 있어서 적하를 보험에 붙인 경우에 용선자, 송하인 또는 수하인의 고의 또는 중대한 과실로 인한 손해에 대해 보험자는 보상할 책임이 없다.

④ 상법상 적하를 보험에 붙인 경우에는 발항 당시 안전하게 항해를 하기에 필요한 준비를 하지 아니하거나 필요한 서류를 비치하지 아니함으로 인하여 생긴 손해에 대해 보험자는 보상책임이 없다.

21. 보험자의 손해보상에 관한 다음의 설명 중 옳지 않은 것은?

① 중복보험이 보험계약자의 사기로 인하여 체결된 때에는 그 계약은 취소할 수 있다.

② 판례는 분납보험료가 소정의 시기에 납부하지 아니하였음을 이유로 상법 제 650조 조성의 최고와 해지정차를 거치지 아니하고 막 바로 보험계약의 실효를 규정한 보험약관은 무효이다.

③ 보험계약 당시에 보험사고가 이미 발생하였거나 또는 발생 할 수 없는 것인 때에는 그 계약은 무효가 된다.

④ 보험계약자가 사기로 고지의무를 위반한 경우 보험자는 계약을 취소할 수 있다.

22. 보험자의 손해보상에 관한 다음의 설명 중 옳지 않은 것은?

① 손해보험의 경우 보험자가 보상할 손해액의 산정에 관한 비용은 보험자의 부담으로 한다.

② 선박의 일부가 훼손되어 그 훼손된 일부를 수선한 경우에는 보험자는 수선에 따른 비용과 수선을 하지 아니함으로써 생긴 감가 액을 보상할 책임을 진다.

③ 선박보험에 있어서는 양륙시의 선박가액을 보험가액으로 한다.

④ 선박을 보험에 붙인 경우에 보험자의 동의 없이 선박을 새로운 관리로 옮긴 때에는 보험계약은 종료 하다.

23. 다음은 상법상 보험계약과 관련된 소멸시효를 예시한 것이다. 옳은 것만을 모아 놓은 것은?

ㄱ. 보험금지급의무 : 2년 ㄴ. 보험료반환의무 : 1년 ㄷ. 보험료지급의무 : 1년

① ㄱ, ㄴ ② ㄴ, ㄷ ③ ㄱ, ㄷ ④ ㄱ, ㄴ, ㄷ

24. 보험자의 손해보상의무에 관한 다음의 기술 중 옳지 않은 것은?

① 손해보상의무는 보험사고와 손해 간에 상당한 인과관계가 있어야 발생한다.
② 피보험자의 희망이익은 원칙적으로 손해보상액에 산입한다.
③ 신사보험의 경우에는 당해 목적물의 재조달가액으로 손해액을 산정할 수 있다.
④ 보험자는 고지의무위반의 사실을 안 날로부터 1월, 보험계약이 성립한 날로부터 3년이 지나면 그 예약을 해지할 수 없다.

25. 다음 중 보험자의 면책사유에 해당하지 않는 것은?

① 당사자 간에 다른 약정이 없으면 전쟁으로 인하여 보험사고가 발생한 경우
② 피보험자의 고의로 인하여 사고가 발생한 경우
③ 손해보험의 목적이 자연소모로 인하여 손해를 입은 경우
④ 보험자가 파산한 경우

26. 잔존물대위에 관한 다음의 설명 중 옳지 않은 것은?

① 잔존물대위의 경우 보험의 목적의 전부가 멸실되어야 한다.
② 잔존물대위의 경우 보험자는 보험금약의 전부를 지급하여야 한다.
③ 경제적 가치가 전손에 가까울 때 이를 전손으로 보기로 당사자 간에 특약을 하는 것은 무방하다.
④ 보험자가 권리를 취득하는 시기는 보험사고가 발생한 때이다.

27. 청구권대위에 관한 다음의 설명 중 옳지 못한 것은?

① 청구권 대위를 인정하기 위해서는 보험사고로 인한 피보험자의 손해가 제3자의 행위로 말미암은 것이어야 하는데, 제3자의 행위란 채무불이행 또는 적법행위를 포함하지만 불법행위는 포함하지 않는다.
② 판례상 제3자가 피보험자의 동거가족이고 그 가족의 과실로 인하여 손해가 생긴 경우에는 보험

자대위의 적용을 배제한다.
③ 보험자에게 보험금지급책임이 없음에도 불구하고 임의로 보험금을 지급한 경우에는 보험자에게 대위권이 발생하지 아니한다.
④ 천구권대위의 경우 보험자가 보험금의 일부를 지급한 때에도 피보험자의 권리를 해야지 아니하는 범위 안에서 그 권리를 대위할 수 있다.

28. 제3자에 대한 보험자대위에 대한 설명으로 옳지 않지 않은 것은?

① 생명보험사의 피보험자의 불법행위로 사망하게 한 경우 보험금약을 지급한 보험자는 제3자에 대한 피보험자의 법률상의 권리를 취득한다.
② 판례에 따르면 자동차종합보험에서 보험사고를 일으킨 자가 기면피보험자로부터 굴삭기를 운전기사와 함께 임차하여 사용 또는 관리중인 자인 경우 이 자에게 보험자대위권을 행사할 수 없다.
③ 판례에 따르면 타인을 위한 손해보험에서 보험계약자는 제3자에 해당한다고 한다.
④ 피보험자가 보험자의 동의 없이 제3자에 대한 권리를 행사 또는 처분함으로써 보험자의 권리를 침해한 때에는 피보험자는 그 한도에서 보험자에 대한 청구권을 잃게 되고 보험자대위권도 존재하지 않는다.

29. 손해보험상 손해방지의무에 대한 설명으로 옳지 않은 것은?

① 보험자가 전손만을 담보하는 보험계약에 있어서 분손의 위험만이 있는 경우에는 손해방지 및 경감의무는 발생하지 않는다.
② 상법상 일부보험의 경우 보험금액의 보험가약에 대한 비율로 손해방지비용을 부담한다.
③ 보험계약자 등은 손해의 방지와 경감을 행위의 목적으로 하면 되므로 그 효과가 반드시 나타나야하는 것은 아니다.
④ 손해방지 및 경감의무는 계약당사자인 보험계약자뿐만 아니라 피보험자도 부담한다.

30. 보험목적의 양도에 대한 기술 중 옳지 않은 것은?

① 보험목적의 양도의 대상으로서의 보험목적은 특정되고 개별화된 물건이어야 한다.
② 보험의 목적을 양도한 경우 양수인은 보험계약상의 권리와 의무를 승계한 것으로 추정한다.
③ 판례에 따르면 화재보험의 모적물이 양도되었으나 소유자만 바뀌고 보험료율의 결정 요소는 동일한 경우 양도에 대한 통지의무위반을 이유로 보험계약을 해지할 수 없다고 한다.
④ 보험목적의 양도에 대한 통지의무는 양도인에게만 있다.

31. 손해보험에 있어 보험의 목적의 양도에 관한 다음의 기술 중 옳지 않은 것은?

① 자동차를 양도하는 경우 보험자의 승낙이 있어야 보험계약이 승계된다.
② 보험목적의 양도로 인해 현저히 위험이 증가하면 양도계약은 자동 무효이다.
③ 선박보험에서 선박의 양도는 보험자의 동의가 없으면 보험계약이 종료된다.
④ 상법은 피보험자가 보험의 목적을 양도한 경우 통지의무를 지우고 있을 뿐 이를 게을리 한 때의 효과를 규정하지 않고 있다.

32. 화재보험에 관한 다음의 기술 중 옳은 것은?

① 화재보험의 목적은 유체물인 동산에 한한다.
② 상법은 집합보험에 관한 규정을 두고 있지 않다.
③ 피보험자의 과실로 인하여 화재발생시 보험자는 면책된다.
④ 목적물이 동일하다 할지라도 피보험이익은 피보험자에 따라 다를 수 있다.

33. 해상보험에 관한 다음의 설명 중 옳지 않은 것은?

① 발송한 때와 곳의 가액과 도착지까지의 운임 기타의 비용
② 손해가 발생한 곳에 있어서의 그 가액
③ 운송한 때와 곳에 있어서의 그 가약과 보험비용
④ 손해가 발생한 곳에 있어서의 그 가약과 희망이익

34. 해상보험에 관한 다음의 서령 중 옳지 않은 것은?

① 항해단위로 선반을 보험에 붙인 경우에는 보험기간은 하물 또는 저하의 선적에 착수한 때에 개시한다.
② 적하를 보험에 붙인 경우에는 보험기간은 하물의 선적에 착수한 때에 개시한다.
③ 적하를 보험에 붙인 경우 출하지를 정한 경우에는 발항 당시를 보험기간의 개시로 본다.
④ 보험자는 보험의 목적의 안전이나 보존을 위하여 지급할 특별비용을 보험금약의 한도 내에서 보상할 책임이 있다.

35. 해상보험에 과한 다음의 설명 중 옳지 않은 것은?

① 선박이 보험계약에서 정하여진 발항항이 아닌 다른 항에서 출항한 때에는 보험자는 책임을 지지 아니한다.
② 선박이 보험계약에서 정하여진 도착항이 아닌 다른 항을 향하여 출항한 때에는 보험자는 책임을 지지 아니한다.

③ 보험자의 책임이 개시된 후에 보험계약에서 정하여진 도착항이 변경된 경우에는 보험자는 그 항해의 변경이 결정된 때부터 책임을 지지 아니한다.
④ 선박이 정당한 사유없이 보험계약에서 정하여진 항로를 이탈한 경우에는 보험자는 그때부터 책임을 지지 아니한다. 그러나 선박이 손해발생 전에 원항로로 돌아오면 보험자의 책임은 재개된다.

36. 보험위부에 관한 다음의 설명 중 옳지 않은 것은?

① 보험위부는 불요식 단독행위이고 위부권은 형성권으로 해석된다.
② 선박의 존부가 2월간 분명하지 아니한 때에는 그 선박의 행방이 불명한 것으로 하며 전손으로 추정한다.
③ 적하보험에서 선박이 수선불능으로 되었다면 선장이 지체없이 다른 선박으로 적하의 운송을 계속하더라도 피보험자는 그 적하를 위부할 수 있다.
④ 피보험자가 상당한 기간 내에 위부의 통지를 발송하지 않으면 위부권은 상실하게 되나, 손해액을 입증하고 청구할 수 있는 보험금약청구권까지 상실하는 것은 아니다.

37. 책임보험자의 손해보상의 범위에 속하지 않는 것은?

① 피보험자의 제3자에 대한 변제, 승인
② 피보험자의 상실된 희망이익
③ 피보험자가 지출한 담보의 제공 또는 공탁비용
④ 방어하기 위하여 지출한 재판외의 필요비용

38. 생명보험계약에 관한 다음의 기술 중 옳지 않은 것은?

① 타인의 생명보험에 있어서 피보험자의 서면에 의한 동의를 얻어야 한다는 규정은 강행규정이고, 동의의 시기는 보험계약의 체결시기이다.
② 생명보험의 경우에는 피보험이익이 없어도 계약이 성립한다.
③ 타인의 사망보험계약이 성립되어 보험수익자가 가지는 보험금청구권을 피보험자가 아닌 제3자에게 양도하는 경우에 피보험자의 동의를 얻어야 한다.
④ 생명보험의 경우 상해와 질병을 보험사고로 한다.

39. 상해보험에 관한 다음의 설명 중 옳지 않은 것은?

① 상해보험은 정액보험일 수도 있고 부정액 보험일 수 도 있다.
② 약관의 정함으로 상해보험자의 대위권을 인정할 수 없다.
③ 상해보험의 경우에 보험계약자나 피보험자의 중과실로 인하여 보험사고가 발새안 경우에 보험자는 보험금지급책임을 면하지 못한다.

④ 심신박약자의 상해를 보험사고로 한 상해보험계약은 유효하다.

40. 다음은 생면보험계약 보험자에게 부과한 의무의 내용이다. 상법이 규정하고 있는 의무에 해당하지 않는 것은?

① 보험금액지급의무
② 보험증권교부의무
③ 보험증권대부의무
④ 보험료적립금반환의무

※ 제31회(2008년도) 손해사정사 1차 시험 보험계약법 정답

1	2	3	4	5	6	7	8	9	10
③,④	①	③	①	③	④	④	④	②	①,③
11	12	13	14	15	16	17	18	19	20
④	②	④	②	③	①	③	①	③	④
21	22	23	24	25	26	27	28	29	30
①	③	③	②	④	④	①	①	②	④
31	32	33	34	35	36	37	38	39	40
②	④	①	③	④	③	②	④	②	③

제30회(2007년도) 손해사정사 - 보험계약법 기출문제

1. 보험의 종류에 대한 설명 중 틀린 것은?

① 보증보험과 신용보험은 채권가(권리자)를 피보험자로 한다는 점에서 공통된다.
② 책임보험은 보험계약자와 피보험자가 일치하지 않을 수도 있다.
③ 신용보험은 보험계약자와 피보험자가 일치하지 않을 수도 있다..
④ 원보험이 손해보험이든 인보험이든 재보험은 항상 손해보험이다.

2. 보험중개대리전과 보험중개사의 차이점을 모두 고른다면?

가. 독립된 상인인지의 여부
나. 특정한 보험자를 위하여 일하는지의 여부
다. 계약체결권 유무
라. 보험료수령권 유무

① 가, 나, 다 ② 가, 나, 라 ③ 나, 라 ④ 다, 라

3. 보험약관에 관한 설명 중 옳은 것은?

① 보험자가 그 중요한 내용을 설명하지 아니한 약관조항은 '약관의 규제에 관한 법률'에 의하면 무효가 된다.
② 보험약관은 용어의 통상적이고 일반적인 의미에 따라 보험계약자의 개별적인 의사를 구체적으로 고려하여 해석해야 한다.
③ 보험자가 약관조항의 설명의무를 위반한 경우에는, 그 약관조항을 계약에 편입되지 않게 하는 것이, 보험계약자가 계약을 취소할 수 있게 하는 것보다, 보험계약자에게 더 유리 할 수도 있다.
④ 대법원 판례에 의하면, 거래상 일반적이고 공통된 것이어서 보험계약자가 충분히 예상할 수 있었던 사항에 관한 약관조항은, 이를 보험자가 교부할 의무가 없다고 한다.

4. 보험효의 지급에 관한 설명 중 옳은 것은?

① 보험자가 그 중요한 내용을 설명하지 아니한 약관조항은 ' 관의 규제에 관한 법률'에 의하면 무효가 된다.
② 보험약관은 용어의 통상적이고 일반적인 의미에 따라 보험계약자의 개별적인 의사를 구체적으로 고려하여 해석해야 한다.

③ 보험자가 약관조항의 설명의무를 위반한 경우에는, 그 약관조항을 계약에 편입되지 않게 하는 것이, 보험계약자가 계약을 취소할 수 있게 하는 것보다, 보험계약자에게 더 유리 할 수도 있다.
④ 대법원 판례에 의하면, 거래상 일반적이고 공통된 것이어서 보험계약자가 충분히 예상할 수 있었던 사항에 관한 약관조항은, 이를 보험자가 교부할 의무가 없다고 한다.

5. 보험계약자가 계약이 체결된 후 최초보험료를 지급하지 아니하는 경우에는 다른 약정이 없는 한 (가)이 경과하면 계약이 해제된 것으로 보고, 보험자의 보험료반환의무는 (나)의 시효로 소멸한다. (가),(나)의 순서대로 맞는 긴간은?

① 1월, 1년 ② 2월, 1년 ③ 1월, 2년 ④ 2월, 2년

6. 다음은 보험료의 지급에 관한 대법원 판례의 취지를 설명한 것이다. 이 중에서 틀린 것은?

① 보험계약자나 피보험자가 주소변경을 통지하지 아니하면 보험자가 보험 증권에 기재된 보험계약자 또는 피보험자의 주소로 보험료의 지급을 최고하거나 계약의 해지를 통지 할 수 있다는 약관조항이 적용되려면, 보험자가 보험계약자나 피보험자의 주소 등 소재를 알지 못한 데에 대해 과실이 없어야 한다.
② 보험대리점이 보험료의 대납을 약정하고 보험계약자에게 보험료영수증을 발행한 경우에는, 보험계약자가 그 후에 보험료를 지급하였다고 하더라도— 그 대납을 약정한 날에 보험료의 지급이 있는 것으로 본다.
③ 보험계약자가 보험설계사에게 최조보험료로 선일 자수 표를 발생하고 보험료 가수 증을 받은 경우에는, 그 선일자수표가 교부된 날을 보험자의 책임이 시작되는 최초보험료의 수령일로 본다.
④ 보험자의 대리인이 보험계약자와 보험계약을 체결하고 그 보험계약자로부터 제1회 보험료를 받으면서 제2회, 제3회 보험료에 해당하는 약속어음을 함께 교부 받은 경우에는, 그 대리인이 그 약속어음을 횡령하였다고 하더라도, 그 약속어음이 지급 결제되면 당해 보험료 지급의 효과가 생긴다.

7. 보험계약의 부활에 관한 설명 중 틀린 것은?

① 최초보험료의 지급지체로 인해 보험계약이 종료된 경우에는, 그 계약의 부활이 허용된다.
② 보험계약자가 보험계약의 부활을 청약한 경우에 보험자가 일정 기간 내에 낙부(落否)의 통지를 하지 아니하면, 그 계약이 부활된 것으로 의제된다.
③ 보험계약자가 보험자의 보험약관 설명의무 위반을 이유로 보험계약을 취소한 경우에는, 그 계약의 부활이 허용되지 않는다.
④ 보험계약자가 해지환급금을 받은 경우에는 보험계약의 부활이 허용되지 않는다.

8. 보험계약의 소멸에 관한 설명 중 틀린 것은?

① 보험계약의 전부 또는 일부가 무효인 경우에 보험계약자 또는 피보험자가 선의이며 중과실이 없는 때에는 보험자에 대하여 보험료의 반환을 청구할 수 있다.
② 보험사고의 발생으로 보함자가 보험금을 지급한 때에도 보험금액이 감액되지 아니하는 보험의 경우에는, 보험계약자는 보험사고의 발생으로 보험금을 받은 후라도 보험계약을 해지할 수 있다.
③ 보험계약자가 보험계약을 해지한 때에 미경과 보험료가 남아있고, 당사자 간에 다른 약정이 없더라도, 그 반환을 청구할 수 없게 되는 경우도 있다.
④ 타인을 위한 보험계약에서 보험계약자가 보험 증권을 소지하고 있는 경우에는, 타인의 동의를 얻지 않고서도 임의로 계약을 해지할 수 있다.

9. 고지의무에 관한 설명 중 옳은 것은?

① 중요한 사항의 불고지 또는 부실고지가 고지의무자의 고의 또는 중과실로 인한 것인지 여부에 관한 입증책임은 보험자에게 있다.
② 일반적으로 고지의무자가 중요한 사항을 스스로 탐지하여 알려야 할 의무도 고지의무의 내용이 된다.
③ 보험자가 고지의무의 위반으로 보험계약을 해지하면, 인보험의 경우 보험수익자를 위하여 적립한 금약을 보험계약자에게 지급할 책임이 없게 한다.
④ 보험대리점의 경우에는 고지의무자를 보호하기 위하여 체약대리점이건 중개대리점이건 불문하고 고지수령권을 인정하는 것이 통설이다.

10. 고지의무 위반에 대한 민·상법규정의 적용에 관해서는 민·상법적용설, 상법적용설, 절충설의 경해가 있다. 이 학설들에 관한 설명 중 옳은 것은?

① 민·상법적용설은, 고지의무 위반의 효과에 관한 상법규정을 계약이 소급하여 무효가 되는 것을 방지하기 위한 규정으로 보고 있다.
② 절충설에 의하면 보험자는 착오를 이유로 계약을 취소할 수 있다.
③ 고지의무자의 사기가 인정되더라도, 고지의무 위반사실과 보험사고 발생 간의 인과관계가 없는 경우에는, 절충설에 의하면 보험자는 계약을 취소할 수 있다.
④ 고지의무자의 사기가 인정되더라도 상법적용설에 의하면 보험자는 계약을 취소할 수 없다.

11. 보험계약자의 위험변경증가통지의무에 관한 설명 중 옳은 것은?

① 상법 제 653조는 이 통지의무를 명문으로 규정하지 않았으므로, 주관적 위험변경증가의 경우에는 보험계약자가 이 통지 의무를 지지 않는 것으로 볼 수 있다.

② 대법원 판례에 의하면, 방앗간을 운영하고 자가용승용차를 보유한 보험 계약자가 생명보험계약을 체결한 후에, 화물운송업을 하기 위해 중형 화물자동차를 취득하여 운전하기 시작한 사실을 보험자에게 알리지 않고 그 화물자동차를 운전하다가 사망한 경우에, 보험자가 보험금의 일부만을 지급하기 위해서는 이 통지의무의 위반으로 인한 계약해지의 요건을 갖추어야 한다.
③ 손해보험에서 보험계약자가 위험의 현저한 변경 또는 증가의 사실을 알면서도 지체없이 보험자에게 통지하지 않은 경우에, 보험자가 보험사고의 발생 후에 이 통지의무위반을 이유로 계약을 해지하기 위해서는 이 통지의무 위반사실과 보험사고 발생 간의 인과관계가 있음을 입증해야한다.
④ 보험계약자의 과실로 인하여 사고발생의 위험이 현저하게 변경 또는 증가된 때에도 보험자는 그 사실을 안 날로부터 1월내에 보험료의 증액을 청구하고나 계약을 해지할 수 있다

12. 다음은 기계보험의 약관조항이다. 이 중에서 상법 제 663조(보험계약자 등의 불이익변경 금지)에 위반되는 약관조항을 모두 고른다면?

가. 보험계약자가 보험증권이 교부된 날로부터 20일 이내에 그 증권내용의 정부(正否)에 관한 이의를 할 수 있다는 약관조항
나. 보험자가 보험계약자로부터 보험계약의 청약과 함께 보험료상당액의 전부 또는 일부의 지급을 받은 때에는 2월내에 낙부의 통지를 발송한다는 약관조항
다. 생명보험의 경우 보험계약자의 중대한 과실로 보험사고가 생긴 때에 보험자가 보험금지급책임을 면한다는 약관조항
라. 피보험자가 고의로 보험사고를 생기게 한 경우에도 보험자가 보험금을 지급한다는 약관조항

① 가, 나, 다 ② 나, 라 ③ 가, 나 ④ 다

13. 손해보험에서 보험자의 손해보상의무에 관한 설명 중 틀린 것은?

① 보험의 목적에 관하여 보험자가 부담할 손해가 생긴 경우에는, 그 후 그 목적이 보험자가 부담하지 아니하는 보험사고의 발생으로 인하여 멸실된 때에도, 보험자는 이미 생긴 손해를 보상할 책임을 면하지 못한다.
② 보험계약자에게 현실적으로 손해가 생기는 이상, 당사자 간에 다른 약정이 없으면 상실이익도 보상해야 한다.
③ 보험자가 손해를 보상할 경우에 보험료의 지급을 받지 아니하는 보험사고의 발생으로 인하여 멸실된 때에도, 보험자는 이미 생긴 손해를 보상할 책임을 면하지 못한다.
④ 보험의 목적의 성질, 하자 또는 자연소모로 인한 손해는 보험자가 이를 보상할 책임이 없다.

14. 가구점을 경영하는 甲은 가구점의 건물, 시설 및 동산에 관하여 乙보험회사와 화재보험계약을 체결하였다. 甲은 가구점에 화재가 발생한 후 그 건물, 시설 및 동산의 손해에 대하여 乙보험회사에게 보험금을 청구하였는데, 그 중 동산의 손해에 대해서는 허위사실이 기재된 서류를 제출하여 과다한 보험금을 청구하였다. 이 계약의 약관에는 "보험계약자 또는 피보험자가 손해의 통지 또는 보험금의 청구에 관한 서류에 고의로 사실과 다른 것을 기재하였거나 그 서류 또는 증거를 위조 또는 변조한 경우에는 보험금청구권을 잃는다."는 취지의 조항이 있었다. 한편 乙보험회사는 이 계약을 체결할 당시 甲에게 이 실권조항(失權條項)을 설명하지 아니하였다. 이 경우 옳은 설명은?

① 대법원 판례에 의하면, 乙보험회사는 설명의무의 위반으로 이 실권조항을 적용할 수 없다.
② 대법원 판례에 의하면, 乙보험회사는 건물, 시설 및 동산에 대한 모든 보험금의 지급책임을 면하게 된다.
③ 대법원 판례에 의하면, 乙보험회사는 건물 및 시설에 대한 보험금과 동산의 실제 손해에 따르는 보험금을 지급할 책임을 지게 된다.
④ 이 실원조항은 보험금의 사기청구를 방지하고자 하는 규정일 뿐이고, 사기계약의 체결을 방지하고자 하는 규정은 아니다.

15. 피보험이익에 관한 설명 중 옳은 것은?

① 주주가 회사재산에 대하여 가지는 이익도 피보험이익으로 할 수 있다.
② 당사자 간에 보험가약을 정하지 아니한 때에는 계약당시의 보험목적에 대한 피보험이익의 가액을 보험가약으로 한다.
③ 법률상의 이익이 아닌 사실상의 이익이라도 피보험이익으로 할 수 있다.
④ 보험계약의 성립 전에 존재하는 이익은 피보험이익으로 할 수 없다.

16. 보험가액에 관한 서명 중 옳은 것은?

① 당사자 간에 보험가약을 정한 때에는 그 가약은 사고발생시의 가약을 정한 것으로 간주한다.
② 보험 증권에 협정보험가액 또는 약정보험가약이라는 용어가 사용되지 않았더라도, 계약체결의 제반사정, 보험증권의 기재 내용 등을 통하여 당사자가 보험가약을 합의한 것으로 인정할 수도 있다.
③ 선박보험에서는 사고발생 시의 선박가액을 보험가약으로 한다.
④ 신가보험은 계약 성립 당시의 보험목적의 가약을 보험가약으로 하는 보험이다.

17. 중복보험에 관한 설명 중 옳은 것은?

① 책임보험에서는 중복보험관계가 인정되지 아니한다.
② 대법원 판례에 의하면, 중복보험에서는 보험자의 보상방식이나 보험자 간의 책임분담 방식에 관하여 상법의 규정과 다른 약관규정을 둘 수 없다고 한다.
③ 보험계약자가 다르더라도 피보험자가 동일하면 중복보험이 성립할 수 있다.
④ 피보험이익이 다르더라도 중복보험이 성립할 수 있다.

18. 초과전보조항(超過塡補條項)에 관한 설명 중 틀린 것은?

① 이 조항에 의하면, 다른 보험계약에 의해 보상받을 수 있는 손해액에 대해서는 보험금을 지급하지 아니한다.
② 이 조항은 다른 보험자와의 사이에 부담부분의 조정에 관한 규정일 뿐, 피보험자에게 다른 계약을 체결하도록 강제하는 것이 아니다.
③ 이 조항은 담보내용이 같은 보험 사이에서만 이용될 수 있고, 담보내용이 서로 다른 보험 사이에서는 이용될 수 없다.
④ 각 보험약관이 이 조항을 두어 서로 충돌하는 경우에는, 각 보험자는 이 조항을 무시하고 각 보험금액의 비율에 따라 보상책임을 지는 것으로 해야 한다는 해석론도 있다.

19. 손해보험에서의 다수계약통지의무(수개의 계약의 통지의무)에 관한 설명 중 틀린 것은?

① 이 통지의무는 진정의무로 보는 것이 통설이다.
② 이 통지의무는 병존보험의 경우에도 인정된다.
③ 이 통지의무는 책임보험에서도 인정된다.
④ 이 통지의무에 관한 상법의 규정은 불완전법규이다.

20. 甲은 공장에 설치된 기계를 보험의 목적으로 하여 A보험회사와 화재보험계약(제1계약)을 체결하였고, 그 후 B보험회사와 다른 화재보험계약(제2계약)을 체결하였다. 그 후 공장에 화재가 발생하여 기계가 훼손 되었다. 제1계약과 제2계약의 각 보험금약의 합계액은 기계의 가액을 초과하였고, 보험계약자는 A · B보험회사는 보험회사에게 각기 다른 보험회사와 체결한 계약의 내용을 알리지 아니하였다. 이 경우 대법원 판례에 의하면, A보험회사는 위험변경증가통지의무의 위반을 이유로, B보험회사는 고지의 위반을 이유로 각각 제1계약과 제2계약을 해지할 수 없으므로, A · B보험회사는 보험금지급책임을 면하지 못한다고 판시하였다. 이 대법원 판례에 대한 비판의 논거가 되는 것은?

① 다수계약통지의무는 보험실무에서 고지의무 또는 위험변경증가통지의무의 형식으로 그 이행이 요구되고 있다.
② 다른 계약의 존재 또는 발생은 다수계약통지의무의 대상이 된다.
③ 다른 계약의 존재 또는 발생은 고지의무 또는 위험변경증가통지의무의 대상이 되지 않는다.
④ 고지의무 또는 위험변경증가통지의무와 다수계약통지의무는 별개의 의무이다.

21. 손해방지비용에 관한 설명 중 옳은 것은?

① 손해방지비용에는 손해의 방지와 경감을 위한 필요비만이 포함되고 유익 비는 포함되지 아니한다.
② 상법은, 손해방지행위를 북돋우기 위하여, 손해방지의무자가 보험자에게 손해방지비용의 선급을 청구할 수 있는 것으로 규정하고 있다.
③ 일부보험의 경우에는 보험자가 손해방지비용을 부담하지 않는다.
④ 대법원 판례에 의하면, 공동불법행위자 중의 1인과 보험계약을 체결한 보험자가 손해방지비용을 상환 경우에는, 그 보험자는 다른 공동불법행위자와 보험계약을 체결한 보험자에게 구상할 수 있다.

22. 甲은 자신의 자동차에 대하여 乙보험회사와 보험금액을 2천만원으로 하는 대물배상 책임보험계약을 체결하였다. 甲은 그 자동차를 운전하다가 운전부주의로 유조차를 부딪혀 넘어뜨리고, 그 유조차에 적재되었던 폐유가 유출되었다. 이에 甲은 폐유제거업자에게 폐유제거를 의뢰하고 그 보수로 8천만원을 지급하였다. 한편 유조파주는 유조차의 수리비로 5천만원이 들었다. 이 경우 폐유제거비용이 손해방지비용에 해당 한다고 보면, 乙보험회사는 이 사고로 인하여 모두 얼마의 금액을 지급해야 하는가?

① 1억 3천만원 ② 1억원 ③ 4천만원 ④ 2천만원

23. 위 문제 22번의 사례에서 폐유제거비용이 보험사고로 인한 손해액에 해당한다고 보면, 乙보험회사는 이 사고로 인하여 모두 얼마의 금액을 지급해야 하는가?

① 1억 3천만원 ② 1억원 ③ 4천만원 ④ 2천만원

24. 보험자대위에 관한 설명 중 옳은 것은?

① 분손의 경우에는 처음부터 잔존한 목적물의 가치를 공제하고 실손해액만을 산정하여 보험금을 지급하므로, 보험자가 보험의 목적에 대한 대위를 할 수 없다.
② 보험의 목적에 대한 대위를 하려면, 보험자는 그가 부담하는 손해방지비용을 제외한 보험금의 전부를 지급하여야 한다.

③ 생명보험의 경우에는, 당사자 간에 특별한 약정이 있는 경우에만, 보험자는 피보험자의 권리를 침해하지 아니하는 한도에서 제3자에 대한 대위를 할 수 있다.
④ 보험자대위권은 당사자의 의사표시에 의해서가 아니라 법률의 규정에 의하여 보험사고 발생 시에 당연히 생겨난다.

25. 보험자대위에 관한 설명 중 틀린 것은?

① 일부보험에서 보험자가 잔존물대위에 의하여 취득하는 권리는 원칙적으로 보험금약의 보험가액에 대한 비율에 따라 결정된다.
② 보험금이 지급되기 전에 피보험자가 잔존물을 처분한 경우에는, 보험자는 잔존물대위를 할 수 없게 되는 한편, 보험금의 지급책임을 면한다.
③ 대법원 판례의 주류적인 입장에 의하면, 타인을 위한 손해보험에서 피보험자의 보험계약자에 대한 청구권에 대하여도 보험자의 대위를 인정한다.
④ 보험자는 보험금의 일부를 지급한 경우라도 청구권대위를 할 수 있다.

27. 보험목적의 양도에 관한 설명 중 옳은 것은?

① 선박보험에서 선박의 양도에 따라 보험관계를 이전시키기 위해서는, 그 양도에 보험자의 동의를 얻어야 한다.
② 상법은, 선박이 선박의 관리를 전문으로 하는 회사에 의하여 관리되고 있는 현실을 감안하여, 선박관리자의 변경을 보험계약의 종료사유로 규정하지 않았다.
③ 대법원 판례에 의하면, 허위의 매매계약서를 작성한 것만으로는 선박보험계약의 종료사유인 선박의 양도에 해당하지 않는다고 한다.
④ 자기를 위한 손해보험계약에서 보험계약자가 보험의 목적을 양도하는 경우에는, 피보험자의 지위뿐만 아니라 보험계약자의 지위도 양수인에게 승계되는 것으로 추정된다는 것이 통설이다.

28. 화재보험에 관한 설명 중 옳은 것은?

① 보험자는 화재의 소방 또는 손해의 감소에 필요한 조치로 인하여 생긴 손해는 보상할 책임이 없다.
② 보험가약을 정한 때에는 그 가약을 화재보험증권에 기재하여야 한다.
③ 집합보험에서는 피보험자의 사용인의 물건은 보험의 목적에 포함된 것으로 하지 않는다.
④ 총괄보험에서는 그 계약 체결 시에 현존하는 물건을 보험의 목적에 포함된 것으로 한다.

29. 운송보험에 관한 설명 중 틀린 것은?

① 운송보험의 목적은 운송물과 여객이다.
② 보험자는 다른 약정이 없으면 운송인이 운송물을 수령한 때로부터 수하인에게 인도할 때까지 생

길 손해를 보상할 책임이 있다.

③ 보험계약은 다른 약정이 없으면 운송의 필요에 의하여 일시운송을 중지하거나 운송의 노순(路順) 또는 방법을 변경한 경우에도 그 효력을 잃지 아니한다.

④ 보험사고가 송하인 또는 수하인의 고의 또는 중대한 과실로 인하여 발생한 때에는 보험자는 이로 인하여 생긴 손해를 보상할 책임이 없다.

30. 해상보험에 관한 설명 중 틀린 것은?

① 적하보험의 경우에는 오늘날 복합운송의 발달로 육상구간의 운송도 함께 담보하는 것이 일반적이다.

② 선박보험의 피보험이익에는 선박소유자의 이익 외에 선박담보권자나 선박임차인의 이익도 포함될 수 있다.

③ CIF계약에서는 매수인이 적하보험에 가입하는 것이 원칙이다.

④ 대법원 판례에 의하면, 영국 법 준거약관조항이 삽입된 해상보험계약에 대해서는 고지의무에 관하여 상법규정의 적용을 배제하고 영국의 법리를 적용한다.

31. 해상보험에서 예정보험에 관한 설명 중 옳은 것은?

① 상법은, 예정보험은 일반적인 조건만을 정하고 선박의 이름이나 기타 상세한 사항은 확정통지에 의하여 정하는 보험으로 규정하고 있다.

② 적하미확정의 예정보험계약에서 적하가 선적되었음을 알고 선박의 명칭 등을 지체없이 통지하지 않은 때에는, 보험자는 그 사실을 안 날로부터 1월내에 계약을 해지할 수 있다.

③ 적하미확정의 예정보험계약에서 선박확정의 통지의무는 진정의무이다.

④ 적하미확정의 예정보험계약에서 선박확정의 통지방법은 구술이든 서면이든 묻지 않으나, 통지유무에 대한 입증책임은 보험자가 진다.

32. 해상보험자의 손해보상책임에 관한 설명 중 옳은 것은?

① 보험 목적의 구료분담액이 보험가약을 초과할 때에는 그 초과액에 대한 분담액도 보상할 책임을 진다.

② 보험 목적의 안전이나 보존을 위하여 지급할 특별비용을 보험금약의 한도 내에서 보상할 책임을 진다.

③ 선박보험에서 발할 당시 안전하게 항해를 하기에 필요한 서류를 준비하지 아니함으로 인하여 생긴 손해에 대해서도 보상할 책임을 진다.

④ 적하보험의 경우 용선자의 중과실로 인한 손해에 대해서도 고의로 인한 손해가 아닌 한 보상할 책임을 진다.

33. 보험위부에 관한 설명 중 옳은 것은?

① 위부의 원인이 보험의 목적의 일부에 대하여 생긴 때에는 위부를 할 수 없다.
② 선박의 행방불명은 보험위부의 원인이다.
③ 피보험자가 보험사고로 자기의 적하의 점유를 상실하여 이를 회복할 가능성이 없는 경우 보험위부의 원인이 된다.
④ 선박의 수선불능의 경우 선장이 지체없이 다른 선박으로 적하의 운송을 계속한 때에도 피보험자는 그 적하를 위부 할 수 있다.

34. 책임보험에 관한 설명 중 옳은 것은?

① 피보험자의 협조의무는 상법상의 의무가 아니라 약관상의 위무일 뿐이다.
② 물건보관자의 책임보험은 초과보험이 성립될 수 있다.
③ 피보험자가 보험자에게 제3자에 대한 채무가 변제, 승인, 화해 또는 재판으로 인하여 확정되었음을 통지한 때에는, 보험자는 특별한 기간의 약정이 없으면 지체없이 보험금을 지급해야 한다.
④ 영업책임보험은 원칙적으로 피보험자의 영업으로 인한 제3자에 대한 책임만을 담보 하고, 피보험자의 대리인이나 사업 감독자의 제3자에 대한 책임은 담보하지 않는다.

35. 책임보험에 관한 설명 중 옳은 것은?

① 대법원 판례에 의하면, 보험자가 “보험자는 제3자가 손해배상을 받기 전에는 보험금의 전부 또는 일부를 피보험자에게 지급하지 못한다.” 는 취지를 약관에 규정하지 않았다면, 상법이 규정하는 이 지급 거절 권을 포기한 것으로 볼 수 있다고 한다.
② 피보험자가 제3자의 청구를 방어하기 위하여 지출한 필요비용이더라도, 피보험자의 그 제3자에 대한 손해배상책임이 없는 것으로 판명된 경우에는, 보험자가 그 비용을 보상할 책임이 없게 된다.
③ 제3자의 직접청구권은 책임보험관계와 책임관계의 엄격한 분리의 결과이다.
④ 피해자가 고의로 사고를 낸 경우라도 제3자의 직접청구가 있으면 보험자가 그 손해를 전보하고 피보험자에게 구상한다는 자동차강제책임보험약관상의 규정에 의하면, 이 경우의 제3자의 직접청구권은 보험청구권으로서의 성질을 가지게 된다.

36. 상해보험에 관한 설명 중 틀린 것은?

① 일반적으로 질병은 외래성이 없으므로 상해보험의 보험사고가 되지 아니한다.
② 보험실무상 일반적으로 수술은 의료과실이 없는 경우에는 우연성이 없으므로 상해보험의 보험사과 되지 아니한다.
③ 질병이나 수술이라도 상해로 인하여 생겨난 것이면 상해보험의 보험사고가 될 수 있다.

④ 실손보상을 하는 상해보험의 경우에는 초과보험이 성립할 수 있다.

37. 타인의 생명보험에서 타인의 서면동의에 관한 설명 중 옳은 것은?

① 대법원 판례에 의하면, 타인으로부터 특정한 보험계약에 대하여 동의할 권한을 구체적·개별적으로 수여받은 자가 그 타인을 대리 또는 대행하여 서면동의를 한 경우에는, 그 타인의 서면동의로서의 효력이 있다.
② 대법원 판례에 의하면, 보험설계사가 "타인의 서면동의를 얻지 아니하면 계약이 무효가 된다."는 취지의 약관조항을 설명하지 아니한 경우에는, 그 약관조항이 적용될 수 없으므로, 타인의 서면동의를 얻지 아니하고 계약을 체결했다고 하더라도 보험자는 그 계약에 의한 보험금지급책임을 지게 된다.
③ 15세 이상의 미성년자가 타인이 되는 경우에는, 민법의 행위무능력에 관한 규정에 따라 법정대리인이 서면동의를 대리할 수 있다는 것이 통설이다.
④ 아내가 남편의 위임을 받아 남편의 사망을 보험사고로 하는 계약을 대리하여 체결하는 경우에도 별도로 남편의 서면동의를 얻어야 한다.

38. 당연 무효인 보험계약은?

① 13세 미성년자를 피보험자로 한 생존보험계약
② 한정치산선고를 받지 아니한 심신박약자의 생사혼합보험계약
③ 17세의 미성년자가 자신의 사망을 보험사로 직접 체결한 보험계약
④ 금치산선고를 받은 심신상실자를 피보험자로 한 생존보험계약

39. 상해보험에 관한 설명 중 옳은 것을 모두 고르면?

가. 타인의 상해보험에서는 보험증권의 기재사항 중 피보험자의 주소, 설명 및 생년월일에 강음하여 피보험자의 직무 또는 직위만을 기재할 수 있다.
나. 보험사고가 보험계약자 또는 피보험자의 중대한 과실로 인하여 생긴 경우에도 보험자는 보험금약을 지급할 책임을 면하지 못한다.
다. 심신상실자를 피보험자로 하는 상해보험계약은 무효로 한다.

① 가, 나, 다 ② 가, 나 ③ 나, 다 ④ 가, 다

40. 타인을 위한 상해보험에서 보험수익자의 지정에 관한 설명 중 옳은 것은?

① 보험계약자는 보험수익자를 계약체결 시에 지정해야 하고, 계약체결 후에 지정하는 것은 무효이다.

② 대법원 판례에 의하면, 보험계약자는 특정의 타인을 보험수익자로 지정할 수는 있지만 불특정의 타인은 이를 보험수익자로 지정할 수 없다.
③ 대법원 판례에 의하면, 정액형 상해보험의 경우에는 보험계약자가 보험수익자를 지정한 결과 피보험자와 보험수익자가 일치하지 않게 되면 그 보험수익자의 지정행위는 무효가 된다.
④ 대법원 판례에 의하면, 피보험자인 보험계약자가 보험수익자를 '상속인'으로 지정한 것은, 그 보험계약자가 상해로 사망한 경우의 보험수익자를 지정한 것으로 볼 수 있다.

※ 제30회(2007년도) 손해사정사 1차 시험 보험계약법 정답

1	2	3	4	5	6	7	8	9	10
③	③	③	③	④	③	①	①	①	④
11	**12**	**13**	**14**	**15**	**16**	**17**	**18**	**19**	**20**
①,②	③	②	④	③	②	③	③	①	①
21	**22**	**23**	**24**	**25**	**26**	**27**	**28**	**29**	**30**
④	②	④	①	②	④	②	②	①	③
31	**32**	**33**	**34**	**35**	**36**	**37**	**38**	**39**	**40**
②	②	③	②	①	④	①	②	②	④

참고문헌

강원희, 손해사정이론, 보험연수원, 1995.
권기범, 보험모집인의 법적 지위, 보험법 연구(3), 1999.
김성태, 보험법강론, 법문사, 2002.
김선정, 타인의 생명명의 보험계약, 보험학회지 41호, 1993.
김은경, 일본 보험법, 한국외국어대학교 법학연구소, 2009.
김주동, 손해보험론, 형설출판사, 2004.
김주동, 보험학원론, 형설출판사, 2004.
김주수, 민법개론 4판, 삼영사, 1993.
박은경, 중국보험법(2009)의 주요 개정내용과 시사점, 보험학회 보험법위원회 동계세미나, 2011.
서돈각, 상법(하), 법문사, 1991.
손주찬, 상법(하), 박영사, 1993.
손주찬 · 정동윤, 주석상법(보험), 한국사법행정학회, 2003.
양승규, 다른 보험계약의 존재사실에 대한 고지의무, 보험법연구(4), 2002.
양승규, 보험법 3판, 삼지원, 1998.
양승규 · 장덕조 · 한창희, 보험법개정의 관점, 청목출판사, 2009.
오세경, 법률용어사전, 법전출판사, 2008.
이기수, 보험법 · 해상법학 5판, 박영사, 2000.
이원돈, 상법 제649조 제1항 단서의 해석, 보험학회지 제59집, 2001.
이원석, 해상법 · 보험법, 세영사, 1987.
이재복, 손해사정이론, 두양사, 2008.

이천성외 2인, 보험계약법해설, 정론사, 1993.
장경환, 보험약관의 교부 · 설명의무, 보험학회지 제46집, 1995.
장경환, 상법 제650조 제2항과 실효약관, 보험법연구(3), 1999.
장덕조, 다수의 손해보험계약과 고지의무, 보험법연구(4), 2002.
장덕조 · 양승규, 보험법의 쟁점(보험계약의 기본구조), 법문사, 2000.
정경영, 다른 생명보험계약 체결사실에 관한 보험계약자의 통지의무, 보험법연구(5), 2003.
정찬형, 상법 제651조와 동 제655조 단서와의 관계, 고시연구 통권 제313호, 2000.
정호열, 보험모집인의 과대설명과 보험자의 책임, 상사판례연구Ⅱ, 1996.
정희철, 상법(하), 박영사, 1990.
채이식, 상법강의(하), 법문사, 1992.
최기원, 보험법 3판, 박영사, 2002.
한기정, 다른 보험계약의 존재에 대한 고지의무 및 통지의무, 법학논집 제8권 제1호, 2003.
대한변호사협회, 상법개정안에 대한 의견, 2008.
보험법연구(전문법률과목), 사법연수원, 2007.
상법 일부개정 법률안 검토보고서, 법제사법위원회, 2008.
알기쉬운 생명보험 Q&A, 생명보험협회, 2009.
화재보험 표준약관(2011.1)
자동차보험 표준약관(2011.5)
생명보험 표준약관(2011.1)
상해보험 표준약관(2011.1)
http://hourei.hounavi.jp/
http://www.chinalaw.gov.cn/
http://www.scourt.go.kr/
http://www.moleg.go.kr/
http://www.fss.or.kr/
http://www.kidi.or.kr/
http://www.klia.or.kr/
http://www.knia.or.kr/

찾아보기

(ㅇ)